ドイツ観念論
カント
フィヒテ
シェリング
ヘーゲル
フォイエルバッハ

実存主義
キルケゴール	サルトル
ニーチェ	ボーヴォワール
ヤスパース	マルセル
ハイデッガー	カミュ

生の哲学
ニーチェ
ベルグソン
ディルタイ

フランクフルト学派
フロム
ベンヤミン
ホルクハイマー
アドルノ
ハーバーマス

現象学
フッサール
メルロ=ポンティ

功利主義
アダム=スミス
ベンサム
J. S. ミル

社会主義
マルクス　エンゲルス

他者と倫理
ハンナ=アーレント
レヴィナス

空想的社会主義
オーウェン
サン=シモン
フーリエ

修正社会主義
ベルンシュタイン
ウェッブ夫妻
バーナード=ショウ

構造主義
レヴィ=ストロース
フーコー
ソシュール
アルチュセール
ラカン

実証主義
コント

プラグマティズム
パース
ジェームズ
デューイ

ヒューマニズム
シュヴァイツァー
キング
マザー=テレサ
ガンディー

ポスト構造主義
リオタール
デリダ
ドゥルーズ

進化論
ダーウィン
スペンサー

分析哲学・科学哲学
ウィトゲンシュタイン
クーン　クワイン

陽明学
王陽明

派
など

古学派
伊藤仁斎など

思想

農民の思想
安藤昌益
二宮尊徳

蘭学・洋学
高野長英
渡辺崋山
佐久間象山
吉田松陰

西洋近代思想
の受容

啓蒙思想
明六社／福沢諭吉
中江兆民

国家主義
徳富蘇峰　三宅雪嶺
西村茂樹

近代日本哲学
西田幾多郎
和辻哲郎
三木清

現代思想
小林秀雄
丸山真男
など

近代的自我の確立
夏目漱石

キリスト教の受容
内村鑑三など

社会主義
幸徳秋水

大正デモクラシー
吉野作造
平塚らいてう

民俗学
柳田国男
折口信夫

①ロダン作「考える人」
（パリ，ロダン美術館蔵）
　フランスの彫刻家オーギュスト＝ロダンが作製したブロンズ像。
　人は，考えることによって，人間としての成長が深まる。ここに動物との違いが見られるが，人間が人間であることの所以はどこにあるのだろうか。➡ *p. 8*

②ムンク作「思春期」（オスロ国立美術館）
　ノルウェーの画家エドヴァルド＝ムンクが1894年に発表した作品。
　その表情やポーズから，思春期特有の不安が見てとれる。青年期における子どもから大人への変化とはどのようなものだろうか。➡ *p.10*

③現代日本の青年像
　現代の青年は若いころからソーシャルメディアで友人や社会とつながっており「スマホ世代」「Z世代」ともいわれている。
　私たちは，日常生活において家族，友人など多くの人との関わりの中で，自分らしさをつくりあげているといえる。私たちは青年期をどのように過ごしたらよいのだろうか。➡ *p.10*

④「銀の匙　Silver Spoon」
（荒川弘『銀の匙 Silver Spoon』小学館）
　農業高校に通う主人公の高校生活3年間を描いた学園漫画。受験に失敗し高圧的な親から逃れ寮生活をはじめた主人公が，農業実習や部活動を通して自分の弱さを痛感しつつ，農業の厳しさを学び，「命をいただくこと」を考え成長していく。他者との関わりは，人をどのように成長させるのだろうか。➡ *p.14*

⑤「スタンド・バイ・ミー」
　1986年公開のアメリカ映画。思春期特有の若者の心情を，友人との旅の中の出来事とともに描いている作品。
　思春期特有の心情とはどのようなものだろうか。また，友情や恋愛はいかに人の心を成長させるのだろうか。➡ *p.10*

⑥ゴッホ作「自画像」(パリ，オルセー美術館蔵)
　ゴッホは，オランダの後期印象派の画家。この「自画像」は1889年の作品で，鏡像を描いたと伝えられている。
　鏡に映る自らの顔を見て，その奥にある本当の自分というものを，自分で見つけることはできるだろうか。➡ *p.12*

⑦「ロミオとジュリエット」
　(© BHE Films / PARAMOUNT 写真提供 アフロ)
　イギリスの文豪シェークスピアの名作を映画化したもの。
　この作品では，対立する両家に翻弄される2人の愛が悲しい結末を迎える。恋愛は恩讐を乗り超えられるのか，また，死をも怖れない情念はどこから来るのだろうか。➡ *p.14*

⑧「いまを生きる」
　(©TOUCHSTONE 写真提供 Maximum Film / Alamy)
　1989年公開のアメリカ映画。全寮制の名門進学校を舞台に大人の指示に従順だった生徒たちが型破りな教師の授業を通して自由な生き方に目覚めていく作品。自分とは何かを，人生とは何かを初めて自分の頭で考え始める。自分の人生を生きるとは，どういうことだろうか。➡ *p.14*

①パルテノン神殿（アテネ）

　紀元前5世紀，ペリクレス時代に建設された神殿。パルテノンの名称は，女神アテナ＝パルテノスに由来するといわれている。

　古代ギリシャで生まれた愛知の精神が人類に与えたものは何であったのか。➡ **p.26**

②ヘロデス－アッティコス奏楽堂（アテネ）

　2世紀後半にアテネの大富豪ヘロデス＝アッティコスにより建造されたアテネ黄金時代を偲ばせる円形劇場。ペルシャ戦争に勝利した紀元前5世紀前半のアテネは民主制が確立し，それとともに古典文化が花開いた時代であった。彼らが求めた善や正義，あるべき生き方とは何であったのか。➡ **p.30**

③サモトラケのニケ

（パリ，ルーヴル美術館蔵）

　紀元前2世紀ころの海戦の勝利を記念して作製されたといわれるヘレニズム時代の作品。ニケ（ナイキ）は女神アテナの随神。

　この時代には，これまでのポリスの道徳的価値観が崩壊した。揺れ動く世界で人間はいかに生きるべきか。➡ **p.44,45**

⑦「受胎告知」

（フィレンツェ，ウフィツィ美術館蔵）

　ルネサンスの万能人レオナルド＝ダ＝ヴィンチの作品。天使ガブリエルが，メシア（キリスト）を身籠ったことをマリアに告げる場面が厳かに描かれている。

　マリアの子イエスは，キリストとして，人々に何を伝えたのだろうか。➡ **p.50**

⑧「最後の晩餐」

15世紀末，ミラノのサンタ‐マリア‐デッレ‐グラーツィエ聖堂の修道院食堂に描かれたレオナルド＝ダ＝ヴィンチの壁画。

最後の晩餐の後，イエスは処刑された。残された弟子たちは，イエスの教えをどのように伝え広めたのだろうか。➡ **p.54**

④ミロのヴィーナス
（パリ，ルーヴル美術館蔵）

紀元前2世紀後半ころに作製されたといわれている作品。古代ギリシャ彫刻最高傑作の一つとされており，両手の復元は，未解決のままで美術史上最大の謎といわれている。

美が私たちに与えるものは何か。➡ **p.27**

⑤ラオコーン群像
（ヴァチカン美術館蔵）

紀元前1世紀後半の作品。トロイア戦争で，自国を救うため神の企図に逆らったトロイアの神官ラオコーンの最期が描かれている。

人間は，自らに課された義務を真摯に果たそうとする。そこに見られる正義や善とはどのようなものなのだろうか。➡ **p.27**

⑥「ダヴィデ」
（フィレンツェ，アカデミア美術館蔵）

ルネサンスの芸術家ミケランジェロの傑作。ミケランジェロ（1475〜1564）はイタリア‐ルネサンスを代表する芸術家で，特に彫刻や壁画に才能を発揮し，レオナルド＝ダ＝ヴィンチとともに「万能人」と称えられた。当時の写実的な作風を超え，精神的・神的な美を追究した。代表作はこの他に「ピエタ像」，「最後の審判」など。

ダヴィデは，紀元前10世紀はじめごろにイスラエル人の統一国家を形成した名君。イスラエル人が迫害を受けていた時，彼らを支えた信仰とはどのようなものだったのだろうか。➡ **p.48**

⑨カーバ神殿

メッカにあるイスラームの神聖なる神殿。後に聖地と呼ばれるメッカは，ムハンマドの時代，活気あふれる一方，貧富の差も激しく，風俗も乱れていた。

このような都市において，ムハンマドは，いかにして神と出会ったのであろうか。➡ *p.59*

⑪サールナート

ブッダがはじめて「説教」を行った場所。インドのヴァラナシ郊外に位置する。ブッダとともに修行していた弟子たちは，説法しているブッダの迷いのない表情を見て驚いたといわれる。

悟りを開いたブッダは，弟子たちに何を語ったのだろうか。➡ *p.65*

⑩シヴァ神

「破壊」と「創造」をくり返す，ヒンドゥー教の代表的な神。

ヒンドゥー教の輪廻の思想は，古くから日本にも伝わっている。生まれ変わることをくり返すという生命観の根底には，どのような思想があるのだろうか。➡ *p.64*

⑫サーンチーのストゥーパ

紀元前3世紀，インドのアショーカ王の時代に建設された建物。卒塔婆とも書かれる。

この時代に形成された，大乗仏教最大の思想家と呼ばれるナーガールジュナ（竜樹）の「空」の思想とは，どのようなものなのだろうか。➡ *p.69*

⑬孔子像

（長崎孔子廟　長崎県観光連盟提供）

長崎市にある孔子像。春秋時代の終わりに魯の国で生まれた孔子は，幼くして両親と死別し貧困でありながら，勉学に励んだ。

乱世の時代にあって，孔子が説いた「仁」と「礼」が人々に与えたものは何か。➡ *p.73*

⑬**ブッタガヤ塔・生誕レリーフ**
　ブッダガヤは，インド北東部ビハール州（ガヤー県）にあり，釈迦が菩提樹の下で悟りを開き仏陀になったとされる仏教最高の聖地とされている。
　仏陀の誕生と生涯，また，仏陀が悟った世界の究極の真理とはどのようなものなのか。➡ *p.65*

⑭**法隆寺百済観音像**
　現存する飛鳥時代につくられた木造の観音像。観音菩薩は，日本でも古くから多くの信仰を集めている。
　中国・朝鮮をへて日本に伝わった仏教は，人々の生き方にどうかかわったのか。また人々は何を求めたのか。
➡ *p.62*

⑯**孔子廟**
　（中国，山東省曲阜市）
　紀元前5世紀に魯国の哀公が孔子を偲んで旧居を改築したことが始まりとされる。
　この廟は，儒学が官学化された漢の時代に，大規模な増改築がくり返されていた。儒教はどのように発展していったのだろうか。➡ *p.83,84*

①法隆寺五重塔
（奈良県生駒郡）

法隆寺は，607（推古15）年ころに，聖徳太子によって建立されたと伝えられている。別名，斑鳩寺。

日本に伝わった仏教は，律令国家の形成の中で政策的傾向を強くもった。その成立と発展はいかなるものであったか。➡ *p.99*

④平等院鳳凰堂（京都府宇治市）

摂関時代の後半を担った藤原頼通が，末法2年とされた1053（天喜元）年に建立した阿弥陀堂。

末法思想はどのように広まり，人々は何に救いを求めて信仰したのだろうか。また，描かれた極楽浄土は誰のためのものであったのか。➡ *p.103*

②東大寺大仏殿（奈良市）

奈良時代天平年間に建立された。創建当時は，その両脇に七重塔が2基あり，国分寺の総本山にふさわしい外観を呈していた。

この時代，学問研究の対象とされた仏教とはどのようなものだったのだろうか。➡ *p.100*

③延暦寺総本堂根本中堂（滋賀県大津市）
と金剛峯寺主殿（和歌山県伊都郡）

左は，最澄が建立した延暦寺。右下は，空海が建立した金剛峯寺。最澄は天台宗を，空海は真言宗を広めた。

平安時代初頭の日本仏教界を背負っていた2人の人生と教えがその後の日本に与えたものは何であったか。➡ *p.101,102*

⑤来迎図

　平安中期以降，浄土教の発達にともなって描かれた仏画。阿弥陀仏が臨終の信者を極楽浄土に迎えるためにこの世に下降するようすが描かれている。この図は，日本人の死生観の特徴がよく表されているといわれている。それはなぜか。➡ *p.104*

⑥竜安寺石庭（京都市）

　竜安寺は応仁の乱で知られる細川勝元が創建した。その石庭（枯山水）はわが国の美意識を表現するものとして世界的に有名である。枯淡・閑寂の美は禅の教えが根底にあるとされている。禅が求めた境地とは何か。➡ *p.109,110*

⑦両界曼荼羅（画像提供：凸版印刷株式会社）

　真言密教の教えの中心である大日如来の説く真理を仏や菩薩を配列して視覚化した絵画。密教の二大経典である「大日経」に基づく胎蔵界を表している大日如来を中央に配した「胎蔵界曼荼羅」（写真左）と，「金剛頂経」に基づく金剛界を表している数々の仏を一定の秩序に従って配置した「金剛界曼荼羅」（写真右）の２つを合わせたものである。真言密教が説く救済される道とはどのような考えか。➡ *p.102*

⑧藤樹書院（滋賀県高島市。近江聖人中江藤樹記念館提供）

日本陽明学の祖である中江藤樹が，近江の自宅に開いた私塾。

藤樹は，武士に限らず村人たちにも熱心に教育を行った。誠実な人柄から近江聖人と呼ばれ慕われた彼の思想とはどのようなものであったのだろうか。**➡ p.121**

⑨古義堂跡（京都市）

江戸時代の前期，京都堀川の町人学者であった伊藤仁斎の私塾跡。

仁斎は，朱子学を批判して，日常生活における人の道として仁愛を説いた。儒教の根幹ともいえる仁愛をあえて強調した仁斎のねらいは何であったのか。**➡ p.127**

⑩本居宣長書斎 鈴屋（本居宣長記念館提供）

三重県松阪市にある，国学を大成した本居宣長の書斎。

彼は，古代の神々の物語を研究し，『古事記伝』を著した。日本人の価値観の源流を探究した彼は，日本人の心に何を見いだしたのだろうか。**➡ p.134**

⑪湯島聖堂講義の図（『聖堂講釈図』）

徳川5代将軍綱吉のとき，儒学の振興を図るために湯島に建てられた孔子廟で，後に幕府直轄の「学問所」となった。ここで主に説かれていた朱子学が幕府に受け入れられたのはなぜか。**➡ p.116**

⑫二宮尊徳像

日本各地に見られる二宮尊徳像。かつては，彼の勤勉な姿勢などが庶民の生き方の手本とされた時代があった。

尊徳は，藩の財政改革や農村復興に尽くした。経済と倫理を包摂した彼の思想が現代人におくるものは何か。**➡ p.142**

⑬松下村塾
（山口県萩市　松陰神社提供）

吉田松陰が主宰した私塾。ペリーの来航など，日本が近代に向けて変わろうとしていた中，この塾からはその後の明治維新の中心となる人物が多数出ている。

松陰は，これからの日本をどう描いていたのだろうか。
➡ *p.149*

⑭福沢諭吉旧邸
（大分県中津市　福澤旧邸保存会提供）

福沢諭吉が幼少期を過ごした家。やがて諭吉は兄の勧めで蘭学を学び始め，西洋への関心を強める。

その後，啓蒙思想家として大成する彼は，どのような思いで日本を近代国家へと導こうとしたのだろうか。➡ *p.151*

⑮札幌時計台（北海道札幌市）
北海道大学の前身である札幌農学校の演武場。札幌農学校初期に，教頭として赴任していたクラーク博士の影響もあって，キリスト教徒になる若者がいた。

彼らはその後どのような人生を歩んでいったのだろうか。➡ *p.156*

⑯哲学の道（京都市）
西田幾多郎がいつも散策して自らの哲学思想を構築していたとされる道。彼は，西洋近代哲学の主観と客観の二元構造を批判して，独自の哲学を確立した。

彼が見いだした日本人の哲学とはどのようなものであったのか。➡ *p.168*

⑰遠野の民家（岩手県遠野市）
遠野にある伝統的な民家。柳田国男は，そこで昔ながらの生活をしている人々に聞き取り調査を行い，日本の民俗学を打ち立てた。

彼が，日本の伝統の中から見いだした日本人の心の源流とは何であったか。➡ *p.173*

①フィレンツェ

イタリア－ルネサンスの中心都市。商業都市として栄える中で，神中心の思想から離れて，人間がもつ能力に対する評価が高まった。

ルネサンス期の万能人を輩出したこの都市から，どのような思想が生まれたのだろうか。➡ *p.180*

②ヴィーナスの誕生
（フィレンツェ，ウフィツィ美術館蔵）

イタリア－ルネサンス期の画家ボッティチェッリの作品。裸体の女性を美しく描く手法は，それまでにない新しいものであった。

神の姿を人間らしく描こうとした根底にある精神とは，何なのだろうか。➡ *p.180*

③モナリザ（パリ，ルーヴル美術館蔵）

ルネサンスを代表する画家・科学者レオナルド＝ダ＝ヴィンチ（1452～1519）の名作。遠近法と幾何学的構図を駆使したこの作品は人類の至宝である。モデルと微笑みは謎に包まれている。レオナルドは「万能人」と呼ばれ，芸術，数学，物理学，解剖学，各種器械の設計や建築などにも才能を発揮した。文学・思想に関する手稿も残している。

近代黎明期にルネサンスの芸術家が果たした役割は何であったか。➡ *p.180*

④モンテーニュ城

ワインで有名なボルドー市近郊にある16世紀フランス－ルネサンス期の代表的思想家モンテーニュの生まれた城。ユグノー戦争を目の当たりし，人間はなぜ争うのか，なぜ憎しみ合うのかという問いから出発し，モンテーニュは人間とは何であるか，人間はどうあるべきであると説いたのか。➡ *p.201*

⑤サン－ピエトロ大聖堂
（ヴァチカン）

ローマ－カトリック教会を代表する大聖堂。ローマ教皇レオ10世はこの教会の改築資金を集めるために贖宥状の販売を命じた。このことが宗教改革を生み出した。

宗教改革で，キリスト教はどのような展開を遂げたのだろうか。➡ *p.181*

⑥破門警告状を焼くルター

　1517年，ルターは『95か条の論題』を発表
し，贖宥状販売に神学的見地から抗議した。
ローマ教皇からの破門の警告にも自説を撤回
しなかった。

　この絵はこうしたルターの不屈の意志を描
いている。彼が広めた教えとは何だろうか。

➡ *p.186*

⑦ヴェルサイユ宮殿 鏡の間

　ルイ14世がつくらせた，絶対王政期のフランスを代表する宮殿。
　絶対王政は市民革命によって終わり，近代市民社会が成立する。そこでは，政治のあり方をどのように論じているのだろうか。➡ *p.205*

⑧クリスティナ女王とデカルト（ヴェルサイユ宮殿美術館蔵）

　デュメニルの作品。クリスティナ女王は7歳でスウェーデン国王に即位し，22年間王位に就いていた。
　彼女は，デカルトを自国に招聘して哲学を学び，デカルトはその地で死んだ。国王にまでも信頼されたデカルトの思想とは何だろうか。➡ *p.198*

⑨「民衆を率いる自由の女神」（パリ，ルーヴル美術館蔵）

　ドラクロワの作品。フランス七月革命において政治的自由を要求して王権と闘う市民の姿を描いている。
　先頭で闘う女神は自由の象徴である。市民の求めた自由とは何だったのだろうか。➡ *p.205*

⑩カントの記念牌

　カントの生地ケーニヒスベルク（現ロシア連邦カリーニングラード）にある記念牌。墓碑銘には「私を最も感動させたもの―天上に輝く満点の星々とわが心の内なる道徳法則」とある。彼は上なる星空と内なる道徳法則から，何を訴えたかったのだろうか。
➡ *p.213*

⑪アルプスを越えるナポレオン（ヴェルサイユ宮殿美術館蔵）

　ダヴィッドの作品。ナポレオンは"革命の子"，新時代の象徴であった。ベートーヴェンの交響曲第3番『英雄』は彼をイメージしたものとされている。ヘーゲルは一時期，ナポレオンの出現を絶対精神の自己実現の現れと見なした。
　ヘーゲルは，時代の転換期にあたり，絶対精神の企図をどこに求めたのか。➡ *p.218*

⑫ビックベン
　イギリスのロンドンにあるウェストミンスター宮殿の時計台につけられている最も大きい鐘の愛称。現在は時計台全体を指す。鐘の鳴る4面時計としてはイギリス最大で世界で最も有名な時計塔といわれている。初の鐘の音は1859年7月であった。18世紀後半から19世紀にかけてのイギリスは政治的にも文化的にも隆盛を極め，学問や思想の面では古典派経済学と功利主義の時代であった。当時の人たちの生活にどのような意味をもっていたのか。
➡ **p.231**

⑬ビクトリア朝
　1837年から1901年にビクトリア女王がイギリスを治めていた時代。産業革命により資本主義経済が発達しイギリスが世界の覇者としての地位を誇った時代でもある。人々の生活は便利で豊かになったが，その一方で起こってきた新たな問題とは何か。➡ **p.231**

⑭グランドティトン山～「シェーン」
　「シェーン」は1953年制作のアメリカ映画で西部劇の名作。ワイオミング州の高原を舞台に，西部開拓の過程で生じた開拓農民と土着の牧場主との対立を背景として，主人公の旅人と開拓農民一家とのドラマがガンファイトとともに描かれる。19世紀後半はアメリカ史では，西部開拓時代にあたり，未開拓地の開拓が進められ，ガンマンやカウボーイ，アウトローなどが時代を象徴した。その一方で，開拓は農民たちの努力と忍耐の賜物でもあった。西部開拓を進めたアメリカ人に芽生えていたフロンティア精神とはどのようなものであり，その後のアメリカ人の思考と行動にどのような影響を与えたのか。➡ **p.226**

⑮マルクスの生家

　ドイツの社会主義思想家マルクスの生家は，現在マルクスの生涯と著作に関する資料等を展示する記念館になっている。生家はドイツ南西部，ルクセンブルクとの国境近くのトリーアにある。トリーアはワインで有名なモーゼル川に沿った美しい街で，古代ローマ時代からの歴史をもち，19世紀には自由で文化的な気風に満ちていた。

　人間をすべてのかかわりのなかで生きる存在（類的存在）ととらえたマルクスは，資本主義社会の矛盾を指摘し，人間が陥っている状態をどのように考えていたか。**➡ p.234**

⑯「モダンタイムス」

　チャップリン制作の映画。機械に操られて道具として働く労働者の姿。主体性を喪失した現代人の人間疎外が巧みに描かれている。

　モノが豊かな一方で，人間性が疎外される社会に求められる生き方は何だろうか。**➡ p.231**

⑰「シーシュポス」

　（ティツィアーノ作　マドリード，プラド美術館蔵）

　『シーシュポスの神話』はフランスの実存主義の作家カミュの作品。大神ゼウスの怒りを買い，絶望的で不条理な刑罰を受ける。

　これは，生きる意味や目的が分からないまま生きる私たちそのもの。それでも生き続ける意味とは何だろうか。**➡ p.249**

⑱ワシントン大行進

　1963年8月28日，アメリカ合衆国ワシントンで20万人以上を動員した黒人による人種差別撤廃運動。指導者キング牧師は，黒人の公民権運動に生涯をささげた。

　彼がおこしたこの運動の真の目的は何だったのだろうか。➡ *p.254*

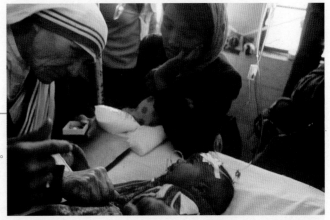

⑲マザー＝テレサ

（©SINH/SIPA /amanaimages）

　インドで奉仕活動を行うマザー＝テレサの様子。彼女が生涯を通して献身的行為をし続けた思想的源泉とは何であったのだろうか。また，そこに貫かれている彼女の信念とは，どのようなものだろうか。➡ *p.254*

⑳「ゲルニカ」（マドリード，ソフィア王 妃芸術センター蔵）

　ピカソの作品。ナチスによる空爆に怯えるゲルニカの市民を，戦争への怒りを込めて表現した。

　ファシズムの反省からわれわれは何を学んだのか。そこから生まれた現代の思想とはどのようなものだろうか。➡ *p.256*

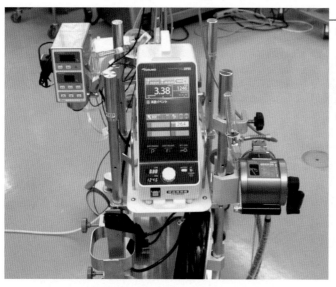

① 高度医療

　新型コロナウイルス感染症の重症患者の治療に使われた体外式膜人工肺（エクモ）。

　生命を尊重するために医療技術はめざましい進歩を遂げている。その一方で，生命の尊厳の在り方にかかわって起こっている倫理的な新たな問題とは何だろう。➡ *p.274*

② 終末医療

　ともに支え合って老後を過ごす。これまでは病院で死を迎えていたのが，今は自宅で家族が見守る中で死を迎える動きが高まっている。

　人間にとってのよき生の終わり方とは，一体何なのだろうか。➡ *p.279*

④ 宗谷丘陵（風力発電）

（(c)MASAAKI TANAKA/SEBUN PHOTO/ amanaimages）

　北海道稚内市にある宗谷岬の背後に広がる宗谷丘陵に設置されている風力発電。風の強いこの地域では風力発電の導入が進んでいる。現代世代の私たちが，未来世代の生存の可能性を狭めることのないようにするためには，何をしなければならないか。➡ *p.282*

③ COP26（グラスゴー）

　イギリスのグラスゴーで開催された「国連気候変動枠組条約第26回締約国会議」のこと。地球規模で平均気温が上昇している。私たちには将来の世代のために環境を守る責務がある。

　これから，私たちは，どのように自然環境と向き合い，持続可能な発展を進めていけばよいのだろうか。➡ *p.287*

⑤三丁目の夕日 夕焼けの詩

（西岸良平『三丁目の夕日 夕焼けの詩』小学館）

　高度経済成長期の東京下町が舞台で，ここに暮らす人々の心温まる人情模様を描いた作品。

　産業化や都市化により家族が社会に果たす役割が弱くなってきており，その役割を家庭外の機関や施設に委ねることが多くなってきている。「家族の変容」が進行するなか，現代における家族の在り方を考えてみよう。➡ p.290

三丁目の夕日

BIG COMICS

夕焼けの詩

三丁目の夕日

西岸良平（さいがんりょうへい）

⑥ＩＴ産業の発展

　スマートフォンの新商品の発売を待って並んでいる人々（東京都渋谷区）。

　IT技術は私たちの生活やビジネスモデルを革命的に変えた。これからの高度情報社会にふさわしいライフスタイルとモラルとはどのようなものだろうか。➡ p.294

⑦テロ事件（ニューヨーク）

　アメリカ同時多発テロ事件（2001年9月11日）。テロの背景には，宗教や文化の違いと，そこから生まれている様々な対立がある。

　私たち人類にとって，文明の衝突は不可避なのであろうか。完全なる平和はいつ訪れるのだろうか。➡ p.298

⑧国際的支援活動

　（©UNHCR/S.Modola）

　ソマリアで国連の緊急支援を受けている人々の様子。

　援助物資を受け取るために並ぶのは，おもに女性と子ども。グローバル化は国境を越えて善意を運ぶが，遠くの貧しい人を救う義務はあるのだろうか。

➡ p.280

はしがき —語るべきもの，贈るべきもの—

1　青春の問い—生きていることの証し

なぜか知らないうちに私たちはこの世に生を受け，他のどの時代でもなく，他のどの国でもなく日本人として，今を生きている。さらにあの人でもなく，この人でもなく「自分」として生きている。フランスの実存主義の文学者カミュが言ったように，このことは理由のない「不条理」かもしれない。そして不可思議であり，神秘であり，真実である。

自分がひとりの人間として，他人と異なる存在であることに気がついたのはいつのころであったろうか。記憶をたどってみよう。中学校，小学校，幼稚園，近所の公園で遊んでいた日々…。その時々にどんな想いで毎日をおくっていたか。無邪気でいた子どものころ，自分と他人との垣根はなかった。喧嘩をしてもすぐに仲良くなり，友だちのことを自分のことのように自慢した。親や学校の先生を頼りにし，素直に言うことを聞いた。それが年々成長するにつれ少しずつ変わってきた。友人間にも好き嫌いが生じ，いがみ合い，嫉妬したりすることもあれば，兄弟姉妹以上の親近感をもち，絶えず一緒にいる親友ができたりもした。自分の容姿，成績，性格，能力，他人からどう思われているかを気にするようになる。頭髪や服装に関心をはらい，異性を意識する。友情について考え，恋愛にあこがれる。他人から注目されるよう自分を飾ることもある。そんなとき，「自分はなぜ自分なのだろう」「なぜもっと〜できないのか」という想いにとらわれる。それが青春の問いである。自己への問いは，自分をとりまく人々への関心につながり，やがて人間そのものの探究へと進んでいく。

2　かけがえのない存在—宇宙の中の自分

星のきらめく夜空。どこまでも無限に広がる宇宙を眺めてみよう。遠く星が輝いているが，その光には何百万年も何千万年も昔の光がある。私たちの住んでいる銀河系宇宙の端から端までは光速で十万年もかかり，そこには太陽のような恒星が二千億個もあるという。そんな中に地球があり，その片隅に私たちは生きている。私たちの存在はささやかでちっぽけなものかもしれない。しかし，宇宙の中にあっても，自分という人間がただ一人しかいないということも事実である。唯一の存在である個々の人間は，宇宙に対しても引け目のない尊厳をもっている。ゆえに，私たちはかけがえのない人生を，有意義に悔いのないように過ごさなければならない。それは生命を与えられたものの義務でもある。

3　倫理とは何か—生きるための道標

宇宙の中で唯一の存在であり，かけがえのない人生を与えられた私たちは，どのように生きなければならないのか。その道標が「倫理」の学習である。「倫理」とは人間としてあるべき生き方のことで，先哲（古今東西の思想家・宗教家・文学者・芸術家たち）が示した人生観・世界観・人間性や社会の特色を学び考える科目である。そんなことを知らなくても自分はもう生きている，そう言う人がいるかもしれない。人生金がすべてだよ，その日その日を気楽に過ごせればいい，そんな声も聞こえる。しかし，自分の人生を狭い価値観の中だけで生きることと，各時代，それぞれの国，様々な状況のもとで実践された生き方を学んだうえで生きるのとどちらが有意義で楽しいだろうか。高校時代は人間形成への大きな一歩を踏みだす時期である。その実現のために「倫理」を学ぶことが私たちに求められている。人生観・世界観などと言えば，かたく聞こえるかもしれない。だが，難しいことではない。どんな人間になりたいか，何にあこがれ，何をめざすか，誰を友とし，誰を愛するか，それを考えることなのである。

最新版

倫理 資料集

ソフィエ
~智を学び夢を育む~

清水書院

目次

第**3**章

日本思想

第4章

西洋近現代思想

第**5**章

現代社会
の諸問題

本書の使い方

　この資料集には，次のような特色があります。高校生の皆さんには，この特色を十分活用して「倫理」の学習に主体的に取り組み，幅広い知識と深い教養，多面的・多角的な思考力や判断力，多くの人に伝わる表現力など，今，高校生に求められている力を豊かに身に付けてほしいと願っています。そして，「倫理」で学んだことを手がかりとして，現代の倫理的諸課題などについて主体的に考えを深め，社会の中で自立した「倫理的主体」として活動できる，有為な存在となってほしいと願っています。

> 1　本資料集では，思想家の人生や生きた時代に触れ，原典資料の内容が理解できるよう，思想の概観や丁寧な解説，理解を助ける重要語句など，理解を助け思考力を養成する事項を豊富に掲載しています。青年の心理や現代社会における倫理的な課題などについても興味深く学べるよう，章の構成を工夫しています。また，各章には，知識横断型の「学びの横糸」を配置して，深い学びにつながるヒントを用意しています。
> 2　本資料集では，共通テストで求められている読解力や正解を見極める判断力を身に付けるため，センター試験の過去の良問，共通テストの問題等を基にした，「読解力 powerup!」や「大学入試 challenge!」を随所に配置し，共通テストの出題の趣旨や範囲を網羅しています。
> 3　本資料集を効果的に活用して，主体的に**考える力**，**読み取る力**，**学ぶ力**を UP していきましょう。

口絵　写真で見る第○章
　これから学ぶ内容をイメージアップするとともに，近年の試験にこうした資料も多く掲載されていることを踏まえて，理解を深めておきましょう。

単元の概観
　その単元で学ぶ内容を概観しています。どのような思想を学ぶのか，その思想にはどのような背景があるのか，今の私たちにとってどのような学びがあるのかなどについて理解しましょう。

人と思想
　その単元で学ぶ思想家の人となりや思想の概要をまとめています。思想家の人生とその思想のポイントを理解しましょう。
　※年表にある年齢は，満年齢で統一しました。

思想の図解
　その単元で学ぶ思想の概略を「図解」と「解説」で理解しましょう。

原典資料
　原典資料は，思想を理解する上で最も基本的で最も重要な手がかりです。「資料解説」や「重要語句」などを参考にして，原典を理解しましょう。
　※原典資料については，教育的な観点から，常用外漢字を常用漢字に改めたり，ふりがなを改変したりした場合があります。また，中略は「……」，（……）で示し，引用者によって語句を補った場合は〔　〕で示しました。

考えよう
　単元で学ぶ思想や思想家について理解する手がかりを「問い」の形で置いています。考えてみましょう。

重要語句
　各章の概観や原典資料，解説等の理解に必要な重要語句を取り上げ，語句にまつわるエピソード等も含め，解説しています。繰り返し確認して，理解を深めていきましょう。

読解力 power up!
　原典資料の内容の理解を確認できる問題を置いています。共通テストに対応できる資料読解力や正解を見極める判断力を身に付けましょう。

大学入試 challenge!
　センター試験の過去の良問，共通テストの過去問を置いています。共通テスト対策を強化しましょう。

学びの横糸
　各章には，「学びの横糸」というページを設けています。そこでは，共通テストなどに役立つ複合的立体的知識力，多面的・多角的な考察力を高めるとともに，倫理的なものの見方考え方が身に付くよう，それぞれの章で取り上げられた思想などについて，充実した解説文や豊富な原典資料を掲載し，単元と単元を交差させて横断的に振り返ることができる問いを掲載しています。じっくり取り組んで共通テストに対応できる力を身に付けましょう。

思索の広場
　各章に関係する読み物です。幅広い知識をもつことと，深い教養を身につけることをねらいとしています。じっくり読んでみましょう。

第1章

青年期の特色と課題

アメリカ映画「卒業の朝」（2002年）監督／マイケル＝ホフマン 出演／ケヴィン＝クラインほか

生を受け，ヒトから人間へ歩み始める

1 人間性の特質

人間とは何だろうか。そもそも人間を人間たらしめているものとは何か。この問いは，きわめて根源的であり，哲学的である。古来，様々な思想家が「人間とは何か」という問いの答えを求めて思索を深めてきた。例えば，**アリストテレス**は，「**人間は本性上，ポリス的動物（zōion politikon）である**」といい，人間が社会との関係の中で存在していることに注目した。古代ギリシャでは，人間は，知性，あるいは理性をもつことによって，他の動物と決定的に異なると考えていたが，その考え方にもとづいて，18世紀，スウェーデンの生物学者リンネが，「ホモ－サピエンス」（知性人・叡智人 homo sapiens）と呼んだ。

以後も多くの思想家が人間を定義しようとしてきたが，着目の視点によって，人間をどのようなものと定義するかが変わる。例えば，フランスの哲学者**ベルクソン**は，人間の理性を，何よりも道具の製作をめざすものであるととらえ，「**ホモ－ファーベル**」（工作人 homo faber）と呼び，オランダの歴史学者**ホイジンガ**は，理性が「遊び」を通して発達したことを指摘し，「**ホモ－ルーデンス**」（遊戯人 homo ludens）と呼んだ。ドイツの哲学者**カッシーラー**は，理性の特徴を，物質ではなく，抽象的なものに向かうことにあるとし，人間は感覚と運動によって世界にはたらきかけるだけでなく，シンボル（象徴）によって世界をとらえることができると指摘し，「**アニマル－シンボリクム**」（象徴的動物 animal symbolicum）と呼んだ。

しかし，私たちは，理性で自分を律することができず，理屈に合わない行動をとったり，罪を犯したりすることもある。人間存在は，多面的であり，きわめて複雑な様相を示す。

例えば，17世紀フランスの哲学者**パスカル**は，こうした相反する方向の中に人間の真の姿を模索し，人間存在を，宇宙における偉大と悲惨との「**中間者**」であると考えた。また，19世紀後半のロシア文学を代表する文豪**ドストエフスキー**は，理性を万能とする考え方に懐疑を抱き，自己の内面の矛盾を見つめる近代的な人間の苦悩を描いた小説を数多く残している。例えば，人間回復への強烈な願望が描かれた『**罪と罰**』では，主人公ラスコーリニコフが，選ばれた者は，世の中の成長のために，社会道徳を踏み外してもよいとする犯罪理論をもとに殺人を犯すが，その現場に偶然居合わせた者まで殺害してしまう。思いがけない殺人がラスコーリニコフの罪の意識を増長させる様子が，彼の苦悩とともに描かれている。

これらの思索は，いずれも人間を一面的に解釈せず，自分と向き合って，人間性の特質について思索を深めることの大切さを教えてくれている。哲学や文学，自然科学などの幅広い分野からアプローチされる「人間とは何か」については，それぞれが大きな意味をもつ。私たちは，そうした思索に耳を傾け，かけがえのない地球上に生きる生物としての人間存在にも目を向けつつ，自らがどのように生きていくべきかを考える必要があるのではないか。

読解力 power up!

上記文章の内容として，最も適当なものを一つ選べ。

①人間は，時として理性に反し自らを律することができず理屈に合わない行動などをとることがあるが，これは潜在意識による。

②人間は，その存在が多面的であり，きわめて複雑な様相を呈していることを理解することが大切であると同時に，生態系の一環としての存在であることも忘れてはならない。

③人間は，エゴや弱さをむき出しにして数々の戦争をくり返してきたが，理性によりそれらの過ちを正すことはできる。

④人間は，自らの存在を問うことを過去から続く永遠のテーマとして追求してきたが，どのような困難も理性により克服する存在であるとする点においては不変である。

人間とは

人物名		人間の定義	出典等
アリストテレス	ゾーン－ポリティコン	人間はポリス的動物	『政治学』
リンネ	ホモ－サピエンス	知恵のある人・知性人・叡智人	『自然の体系』
ベルクソン	ホモ－ファーベル	工作人。自然にはたらきかけて物をつくり，環境を変えていく存在	『創造的進化』
ホイジンガ	ホモ－ルーデンス	遊戯人。遊びの中で文化を創造する存在	『ホモ－ルーデンス』
アダム＝スミス	ホモ－エコノミクス	経済人	『国富論』
カッシーラー	アニマル－シンボリクム	象徴的動物。シンボルを介して世界を理解し，文化，芸術や宗教をつくり出す存在	『人間 シンボルを操るもの』

解答：【読解力 power up!】 ②

1 ホモ－ルーデンス

原典資料

かくてここに，遊びの第一の主要特徴がとらえられる。それは自由なものであり，自由そのものである。そこから直ちに第二の特徴が続く。

遊びは「ありきたりの」生活でもなく，「本来の」生活でもない。そこから一歩踏み出して独自の性格をもった活動の仮構の世界に入るのが遊びだ。……

遊びはありきたりの生活から場所と継続期間によって区別される。この閉ざされた性格，つまり場所的，時間的限定性に遊びの第三の特徴がある。それはある定められた時間と場所の範囲内で「遊びに切りをつける」のだ。遊びは遊び自体の中にそれなりの筋道とそれなりの意味をもっている。
〈里見元一郎訳，ヨハン＝ホイジンガ『ホイジンガ選集1　ホモ・ルーデンス』河出書房新社〉

資料 解説

オランダの歴史学者**ホイジンガ**（Johan Huizinga，1872～1945）は，1919年に発表した『中世の秋』における研究から，キリスト教が浸透していた中世ヨーロッパでも民族的背景を基盤とした文化が存在し，そこから成熟した文化に発展していったと論じた。人間の最初の文化的な行為は，**遊び**から始まり，人間の特質は遊び・遊戯にあるとする人間観を構築した。ここでは，遊びの特徴を3つに区分している。特に，第3の特徴としての「遊びは遊び自体の中にそれなりの筋道とそれなりの意味をもっている」という指摘は重要である。自由に（第1の特徴），非日常の仮構の世界に入る（第2の特徴）が，この遊びには，時間と場所の範囲があり，秩序のある取り組みとしての遊びとなっている（第3の特徴）。したがって彼は，「人間の文化は遊びにおいて，遊びとして，成立し，発展した」というのである。

2 シンボル

原典資料

人間は，「物」それ自身を取り扱わず，ある意味において，つねに自分自身と語り合っているのである。……人間は固い事実の世界に生活しているのではなく，彼の直接的な必要および願望によって生きているのではない。彼は，むしろ想像的な情動のうちに，希望と恐怖に，幻想と幻滅に，空想と夢に生きている。エピクテトスはいった，「人間を不安にし，驚かすものは，『物』ではなくて，『物』についての人間の意見と想像である」。……

理性という言葉は，人間の文化生活の豊富にして多様な形態を了解せしめるには，はなはだ不完全な言葉である。しかし，あらゆるこれらの形態はシンボル的形態である。だから，人間を animal rationale（理性的動物）と定義する代りに，animal symbolicum（シンボルの動物―象徴的動物）と定義したい。〈宮城音弥訳，カッシーラー『人間』岩波書店〉

資料 解説

ドイツの哲学者**カッシーラー**（Ernst Cassirer，1874～1945）は，人間は，言葉を操る動物であると表現した。人間は他の動物と異なり，言葉，言語を使用する動物である。人間の言葉は動物の音声と異なって，いろいろな意味を表現することができ，**シンボル化**させることができるのである。思考のシンボル化は言語・科学・芸術を発展させ，人間の文化を他の動物と分けた大きな要因であると述べた。上記の資料では，次のように続いている。「このように定義することによって，我々は人間の特殊の差異を指示できるのであり，人間の前途にひらかれている新たな道――文明への道――を理解しうるであろう」。

重要語句

人間性：人間を人間たらしめている本質を，人間性という。英語では humanity というが，これは，ローマのキケロ（前106～前43）が「弁論家について」の中で用いたフマニタス（humanitas）に由来するといわれる。

ホモ－サピエンス（知性人・叡智人）：スウェーデンの生物学者リンネ（1707～78）によって命名された，ラテン語で知恵のある人，賢い人の意味。われわれの祖先である現世人類につけられた学問上の名称。人間は他の動物に比べて，理性的な思考をするところに人間としての特質があるとする人間観。

ホモ－ファーベル（工作人）：フランスの哲学者ベルクソン（1859～1941）の人間観を表す言葉。つくる人の意味。人間は道具をつくりそれを使用し，環境を便利なものにつくりかえる。

大学入試 challenge!

ベルクソンは人間を「ホモ－ファーベル」と捉えているが，これに関連して，人間性の特徴を示す次のア～エの言葉は，A～Dのどれを表したものか。その組合せとして正しいものを，下の①～⑧のうちから一つ選べ。

ア　ホモ－ファーベル
イ　ホモ－ルーデンス
ウ　ホモ－サピエンス
エ　ホモ－レリギオースス

A　人間は知恵をもち，理性的な思考能力をそなえた存在である。
B　人間は道具を使って自然に働きかけ，ものを作り出す存在である。
C　人間は自らを超えるものに目を向け，宗教という文化をもつ存在である。
D　人間は日常から離れて自由に遊び，そこから文化を作り出す存在である。

①ア－A　イ－B　ウ－C　エ－D
②ア－A　イ－C　ウ－B　エ－D
③ア－B　イ－D　ウ－A　エ－C
④ア－B　イ－A　ウ－D　エ－C
⑤ア－C　イ－B　ウ－D　エ－A
⑥ア－C　イ－D　ウ－B　エ－A
⑦ア－D　イ－C　ウ－A　エ－B
⑧ア－D　イ－A　ウ－C　エ－B

〈12本試〉

青年期, 自分らしさとは(体育祭:兵庫県立兵庫高校)

青年期は,「子ども（児童）から大人（成人）への過渡期」といわれ, 一般的には14, 15歳ごろから24, 25歳ごろまでを指し, 児童期から成人期（壮年期）へ移行する時期のことを指す。また, 青年期は身体的, 生理的成熟が顕著な時期で, 男女とも身長, 体重, 胸囲, 骨格など身体的に急速な発達が見られ, 性ホルモンによる男女差の特徴が大きく現れる。さらに, この時期は心理状態が不安定となり, 感情の動揺が激しいことも特徴である。

青年期には自意識が芽生え, 自分が他者とは異なる存在であることを意識し, 今まで気づかなかった自分を発見するようになる。ここから本当の自分とは何か, という問いかけが始まる。しかし, 自分を客観的に見つめることは, 決して容易なことではない。確かな根拠をもたない優越感や劣等感を覚えたり, 孤独感におそわれたりする。だが, 孤独の中で自分を見つめ, どのような自分になりたいかを考えていく中で, 自分と同じようにかけがえのない存在である他者を発見し, 受け入れていく機会を得るのである。このように, 他者とは異なる唯一の「私」として, 自己の存在や人生の意味について考え始めることを「**自我のめざめ**」という。アメリカの社会心理学者**G.H. ミード**によれば, 人間の自我は社会的経験や活動の過程で, 他者とのコミュニケーションを通じて形成されていくとし, 複数の他者の多様な期待が組織化された「**一般化された他者**」からの期待を身につけ, 社会の中で生きていくことが可能になるとした。

青年が自己を形成し, 自分らしい生き方を実現していくための大切な要因として, アメリカの心理学者**エリクソン**は「**アイデンティティの確立**」を挙げている。エリクソンによれば, これまでの生き方を肯定しながらこれから先の生き方を考える自分, 他者とのかかわりの中で対等な関係をもち続ける自分, そして社会の中で自信と責任をもって自分の役割を引き受け, 周囲から評価され役に立っていると意識している自分, の3点を総合して考えることによってアイデンティティの基本的な図式ができ上がるとしている。アイデンティティとは, 「自分が自分である」という明確な意識を維持している状態のことといえる。

その一方で, 青年は「自分の存在」に関係する様々な問題に遭遇し, ときに, 自分と友人や恋人あるいは家族などとの間の様々な人間関係の中で心が揺れ動く。信頼と裏切り, 親しさと煩わしさ, 孤独と集団などの間で様々にふるまう自己を発見し, 現在の, そして未来の自分のとるべきポジションや, 本当の自分のあり方について悩む。このように自己を見失いがちになる青年期ではあるが, そこに, **ルソー**のいう「**第二の誕生**」の意味がある。

青年期には, 苦悩しながら, 様々な課題を自分の力で達成していくことが求められている。その解決をはかることによって, 成熟した一人の大人として生きていける力を身につけることができるのではないか。

読解力 *power up!*

上記文章の内容として, 最も適当なものを一つ選べ。

①青年期は自己を見失いがちになる時期ではあるが, 自らの力で様々な課題をクリアしていくことにより, 本当の意味での一人前の人間になれる。

②青年期は心が揺れ動き, その中で悩みを多く抱える時期でもあるが, 周囲とコミュニケーションをとる中で悩みを解決し自我にめざめる。

③青年期はアイデンティティを確立する時期であり, エリクソンはその確立を自己実現の欲求と並ぶ青年期の発達課題と位置づけている。

④青年期は子どもから大人への過渡期であり, 大きく心が揺れ動き不安定であるから, 周囲の支えである一般化された他者が必要である。

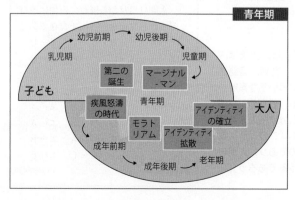

青年期

重要語句

第二反抗期: 子どもが成長する過程において親やまわりの人々に対して反抗的な態度を強く示す時期。最初の反抗期（第一反抗期）は3歳前後であり, 12歳～15歳のころを第二反抗期と呼ぶ。この時期は, 子どもから大人への過渡期で, 精神的, 社会的自我の拡大などが精神的な自主性の主張, 社会秩序への反抗などの形で現れる。

ピーターパン-シンドローム: 20世紀アメリカの臨床心理学者ダン＝カイリーが提唱した。大人としての社会的義務を果たそうとせず, いつまでもモラトリアムの状況を続けようとする, 自立できない青年期の心理状況を指す。

解答:【読解力 power up!】①

1 第二の誕生

原典資料

　われわれはいわば二度生まれる。一度は生存するため，二度めは生きるために。一度は人類の一員として，二度めは性をもった人間として。……
　わたしのさっき言った第二の誕生である。いまこそ人間が真に人生に対して生まれるときなのであり，人間のなすどんなことも，彼にとって無縁ではなくなるのである。いままでのわれわれの配慮は子供の遊戯にすぎなかった。今になってはじめて，それらの配慮は真の重要性を帯びるのである。世間一般の教育の終わるこの時期こそ，まさにわれわれの教育の始まるべき時期なのだ。〈ルソー『エミール』〉

資料 解説

　18世紀の思想家**ルソー**（Jean-Jacques Rousseau, 1712〜78）によれば，青年期は，人間が人間として生きる上での出発点だという。生物的な側面だけで人間の本質をとらえることはできない。人間は自己の存在を認識し，いかに生きるかについて考え始める。だからこそ，ルソーは「**自我のめざめ**」を「**第二の誕生**」と呼び，第一の誕生に劣らず重要だと主張するのである。こうした「青年期」の考え方は，近代以降の特徴である。資本主義の発達にともなって，社会の複雑化や労働の高度化に適応できるように長い学習期間が必要となり，子どもと大人の間に青年期が成立した。
　アメリカの心理学者 **K. レヴィン**によれば，青年期の人間は，児童ではないがまだ成人集団にも所属できない過渡期の「**境界人（マージナル-マン）**」であるという。また，アメリカの心理学者ホリングワースは，青年期の心理的独立の過程を，「生理的離乳」になぞらえて，「**心理的離乳**」と呼んだ。青年期は様々な問題の中で，試行錯誤しながら自分にふさわしい生き方や自分のあり方を社会の中で探り，一人前の社会人としての人格を形成するべき重要な時期である。

2 アイデンティティ

原典資料

　エリクソン以来，アイデンティティ（同一性）という言葉は，「自分であること」「自己の存在証明」……などと意訳されるが，やはりエリクソンにとってもまずそれは，自分の連続性・単一性，または独自性・不変性であり，また個人のこのような同一性の意識的感覚である。……
　しかし，ここで言う「自分」は，けっして従来の哲学や心理学で語られてきた，……主観的自己（意識）だけを意味しない。……
　つまり，それは，対人関係論ないし役割論的な概念であって，抽象的な自己ではなく，むしろ兵士として，課長として，妻として……の自分である。……
　こう考えてみると，われわれは「……としての」たくさんの自分をもっている。たくさんの歴史を背負い，たくさんの役割を課せられ，たくさんの伴侶や集団や仲間に忠誠を尽くす自分（複数）をもっている。私たちの毎日は，このたくさんの「……としての自分」を随時，機に応じて選択し，秩序・序列をつけながら，しかもそれらを統合する自我の営みである。
〈小此木啓吾「アイデンティティ論」『現代のエスプリNo.78』至文堂〉

資料 解説

　青年期は，親への依存から脱し，大人として社会に参加できる自己を形成する大切な時期である。青年は，様々な社会的役割関係の中から自らの役割と立場を自覚し，「社会に適応できる自分にふさわしい自己」をつくり出していかなければならない。これが，**アイデンティティ**の確立の意味である。アイデンティティの確立とは，単なる自己意識の形成ではなく，自分の生と社会とのつながりを試行錯誤の中から確認していく主体的な自己の形成の営みである。

発達心理学者のジェームズ・マーシアは，自我同一性の獲得の状態を，自分の可能性を模索し，迷い，苦闘する経験（「探索」）と，実際に何かに積極的に関わり取り組んでいるか（「関与」）という二つの観点から説明し，ア〜エの四つに分けている。それを踏まえると，次のA〜Dの進路・職業選択に関わる青年期の状況は，ア〜エの四つの状態のどれにあてはまるか。その組合せとして最も適当なものを，下の①〜⑥のうちから一つ選べ。

A　小さい頃から家業を継ぐことを期待され，他の選択肢を考えて悩むことなく，親の仕事の手伝いをしている。

B　就職するか大学院に進むか悩んでいるが決めることができず，大学を卒業せずに留年することにした。

C　将来の目標について考えたうえで法律に関わる仕事をしたいと思い，司法試験のための勉強をしている。

D　まだ将来について真剣に考えたことがなく，とりあえず目標もなくアルバイトで時間をつぶしている。

ア　同一性拡散：「探索」の経験がないか，以前経験したが今は「探索」しておらず，何にも「関与」していない状態

イ　早期完了：「探索」の経験がないが，何かに「関与」している状態

ウ　モラトリアム：積極的に「探索」している最中だが，何にも「関与」していない状態

エ　同一性達成：積極的に「探索」した結果，何かに「関与」している状態

① A—ア　B—イ　C—エ　D—ウ
② A—ア　B—ウ　C—イ　D—エ
③ A—イ　B—ア　C—エ　D—ウ
④ A—イ　B—ウ　C—エ　D—ア
⑤ A—エ　B—イ　C—ウ　D—ア
⑥ A—エ　B—ウ　C—イ　D—ア
〈08本試〉

解答：【大学入試 challenge!】 ④

　誕生から死に至るまでの心理・社会的発達の諸段階の……希望（hope），忠誠（fidelity），世話（care）といった……諸用語……は，三つの主要な人生段階における同調傾向と失調傾向の葛藤から現われる心理・社会的な強さを表わすものである。希望は，乳児期における基本的信頼対基本的不信の対立の中から現われ，忠誠は青年期における同一性対同一性混乱の対立から，世話は成人期における生殖性対自己耽溺の対立から現われるものである。（……「～対～」の意味であるが，対比される二つの特性には或る相補性があり，「～とその逆の～」という意味もこめられている）。これらの用語の多くは次のような主張，つまり希望や忠誠や世話は，若者には世代継承的サイクルに参入する「資格」を与え，成人にはそのサイクルを完結する「資格」を与える幾つかの基本的資質を表わしている，という主張と無関係ではない。〈村瀬孝雄・近藤邦夫訳，E.H. エリクソン・J.M. エリクソン『ライフサイクル，その完結〈増補版〉』みすず書房〉

資料 解説

　エリクソン（E.H. エリクソン，1902～94）は，ドイツ出身でユダヤ系の心理学者である。ウィーンでフロイトに出会い精神分析を研究した。エリクソンは，人生には8つの**発達段階**からなる**ライフ－サイクル（人生周期）**があり，それぞれの発達段階には達成すべき発達課題があると考え，発達心理学を確立した。ライフ－サイクルの各段階を「危機」の様相からとらえ，個人は一定の「心理社会的課題」に直面させられるとし，人間の心理的な成長は，内発的な発達過程と，それをむかえ包む文化的な影響との相互関係の中で行われるとした。各段階で生じる発達課題を克服できたときに次の段階に進むことができると考えた。青年期の発達課題は自分が自分であることを知る**アイデンティティ（自我同一性）**の確立であるとした。また，青年期は大人としての義務や責任が猶予される**モラトリアム**の期間であると説いた。主著『アイデンティティとライフ－サイクル』，『幼児期と社会』。

子ども： 20世紀フランスの歴史学者**フィリップ＝アリエス**（Philippe Ariès，1914～84）は，ヨーロッパ中世においては，いわゆる「子ども」という存在はなかったという。7歳を過ぎれば，仕事も遊びも大人と共有していくため，「小さな大人」として扱われた。16，17世紀ごろにかけて「子ども期」という考え方が生まれたとしている（『〈子供〉の誕生』，1960）。

鏡映的自己： アメリカの社会学者**クーリー**（Charles Horton Cooley，1864～1929）は，他者の目に映った自分の姿を通して形成された自己像のことを「鏡映的自己」と呼んだ。人間の自我は親や友達，また先輩や先生など他者とのコミュニケーションを通して，自分をどうみているのか，どう評価しているのかを知ることによって，自分を知ることができるようになる。

ライフ－サイクル： 人生の周期。人の生涯を誕生，就職，結婚，定年などを目安にいくつかの時期に区分する。最近は人間の寿命が長くなっていることにともなって，ライフ－サイクルのとり方や老後の過ごし方がかつてとは異なってきている。

　次のア・イは，自己の発達についてエリクソンが提示したライフサイクルの各段階における課題の説明である。その正誤の組合せとして正しいものを，下の①～④のうちから一つ選べ。

ア　青年期以前には，自発性や勤勉性を獲得することが目指され，青年期には，「自分らしさ」を模索するなかで，一貫した自己を確立することが課題である。

イ　成人期には，完全に統合した自己を獲得することが課題であり，老年期には孤独や人生の停滞に向き合い，「自分とは何か」という問いへの最終的な答えを見いだすことが目指される。

① ア　正　　イ　正
② ア　正　　イ　誤
③ ア　誤　　イ　正
④ ア　誤　　イ　誤

〈19追試〉

	1	2	3	4	5	6	7	8
老年期 VII								統合対絶望，嫌悪 **英知**
成人期 VII							生殖性対停滞 **世話**	
前成人期 VI						親密対孤立 **愛**		
青年期 V					同一性対同一性混乱 **忠誠**			
学童期 IV				勤勉性対劣等感 **適格**				
遊戯期 III			自主性対罪悪感 **目的**					
幼児期初期 II		自律性対恥，疑惑 **意志**						
乳児期 I	基本的信頼対基本的不信 **希望**							

エリクソンによる心理・社会的な発達段階と発達課題（前出『ライフ－サイクル，その完結〈増補版〉』）

解答：【大学入試 challenge!】　②

4 脱中心化

　空間や時間を構成したり，感覚運動的ないし実際的な面での因果の世界や事物の世界とかを，つくりあげるためには，子どもは，自分の知覚的自己中心性および運動的自己中心性から，解放されなければいけない。つまり，つぎつぎと連続的に脱中心化をすることによって，じっさいの経験的移動群を，組織することができるのだ。そして自分自身のからだや運動を，ほかのものの全体の中に位置づけることもできるわけなのである。

　思考の操作的群性体および群がつくりあげられるためにも，おなじ方向に転換することが必要になる。だが，その過程の道すじは，かぎりなくふくざつになっていくのだ。だから，じっさいの知覚的中心化にたいして，思考を脱中心化することだけではなく，自分の活動全体にたいしても，思考を脱中心化することなのである。……

　じっさい，わたくしたちは，ほかの人たちと思想をたえず交換しあうことによって，このように脱中心化することができ，また，ちがった見地から生じる関係を，こころの中で，確実に協調させることもできるのだ。

〈波多野完治・滝沢武久訳，J. ピアジェ『知能の心理学』みすず書房〉

資料 解説

　スイスの心理学者**ジャン＝ピアジェ**（Jean Piajet，1896〜1980）は，幼児期の子どもは自己中心的なものの見方をするが，成長するにともなって他者を意識するようになり，客観的なものの見方や論理的な思考，社会性などを身につけていくとして，これを**脱中心化**とよんだ。また，子どもと大人は質的に異なる方法で自分の環境を理解し，それと相互作用し，発達を感覚運動期・前概念的思考期・具体的操作期・形式的操作期の４つに分けた。

5 一般化された他者

　組織された共同体とか社会集団がある個人に自我としてのまとまりを与える場合，その共同体や社会集団のことを「一般化された他者」と呼んでもいいだろう。一般化された他者の態度は共同体全体の態度である。たとえば野球チームのような社会集団の場合，組織的なチームプレーとかチームのための活動として，どのメンバーの経験にもチームが入り込んでいるなら，そのチームが一般化された他者である。……

　組織された自我をつくりあげていくのは，その集団に共通する態度の集合体である。人が人格を持っているとみなされるのは，人が共同体に属しているからであり，自分の行動のなかに共同体の諸慣行を取り込んでいるからである。人は共同体の言語を自分の言語とし，その言語を手段として人格を手に入れ，他のすべての成員が提供してくれるいろいろな役割を取り入れることを通して共同体成員の態度を獲得するようになる。この態度が人格の構造であると言ってもよいだろう。

〈山本雄二訳，G.H. ミード『精神・自我・社会』みすず書房〉

資料 解説

　アメリカの社会心理学者**G.H. ミード**（G.H.Mead，1863〜1931）は，人間の自我は「役割取得」を通じて社会的に形づくられるとしている。そして自我形成にかかわる他者は特定の人ではなく，多くの人たちが存在しており，そこから，複数の他者の多様な期待が組織化された「一般化された他者」の期待が形成されるとした。子どもは，野球などのゲームにおいて**「一般化された他者」**の期待を経験することによってゲームをうまく楽しむことができ，その過程において，自我を発達させるのである。

次の図は，高校生約600名について，個人的出来事と社会的出来事への感情反応を三つに分類し，それぞれの感情反応を示した人たちの仮想的有能感得点の平均値を比較したものである。ここでいう個人的出来事とは，楽しみにしていた約束事を破られたというような事態であり，社会的出来事とは，テロ事件のような事態である。また仮想的有能感とは，明確な根拠もなく他者を見下すことで自分が優れていると思うことである。この調査結果から読み取れることとして最も適当なものを，下の①〜④のうちから一つ選べ。

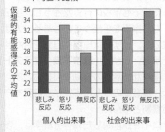

図　感情反応ごとの仮想的有能感得点の平均値の比較

①個人的出来事と社会的出来事のいずれに対しても悲しみを感じる高校生は，他者を見下す程度が高い。

②個人的出来事および社会的出来事に対する感情反応と，他者を見下す程度との間には，明確な関連が無い。

③個人的出来事に対する高校生の感情反応の無さは，他者を見下す程度が高いことと関連している。

④個人的出来事に対して怒りを感じる高校生と，社会的出来事に対して無反応な高校生は，他者を見下す程度が高い。

〈10本試〉

重要語句

主我と客我：G.H. ミードは，自我のうち，共同体の態度に対する個人の反応を主我（I），個人が他者の態度として取り入れたものの集合体を客我（Me）とした。自我とは，まず存在しそのあとに他者との関係の中に入っていくようなものではなく，社会の流れの中で起きる小さな渦のようなものであり，同時にまた社会の流れの一端を担うものとした。他者の態度を取り入れることで初めて人は自分を自我として認識することができるのである。

3 人間の心のあり方と自己形成

社会人への希望と不安

寝たい，食べたい，見たい，会いたい，話したい……。このような行動はすべて欲求（必要なものが得られないことに満足できず，欠乏（けつぼう）状態となり，その状態から脱却（だっきゃく）しようとする傾向〔動因〕）である。

欲求には食欲・性欲・睡眠欲といった生理的（一次的）欲求と，きれいになりたい，遊びたい，好かれたいなどの社会的（二次的）欲求がある。社会的欲求は人間が発達していく途上で獲得するものであり，その社会や文化，生活環境などにより違いが見られる。例えば，食べることが最優先のサバイバル社会では，食べる欲求が強い状態が生まれやすく，都会で遊興（ゆうきょう）的に暮らす人々の中で生活している場合には，遊びたいという欲求が強まる状況になりやすい。

生きていく上で，いつも欲求が満たされるとは限らない。現実には，満たされないことのほうが多い。行きたくないと思った日でも学校に行くだろうし，手伝いたくないと思いながらも，家事を手伝うこともある。人は，はじめは慣れない環境でも，いずれは環境に自分を合わせるなどして適応しようとする。しかし，**欲求不満（フラストレーション）**の状態は，様々な無意識の行動を引きおこす。フロイトは，このような，無意識のうちに不安から自我を守るためのはたらきを，**防衛機制**と呼んだ。

フロイトが創始した精神分析学は，多くの人に影響を与えた。日本では，**土居健郎**（どいたけお）は『甘えの構造』著し，日本人の精神構造について考察した。また，**小此木啓吾**（おこのぎけいご）は，いつまでも人生の重要な決断を避ける青年を**「モラトリアム人間」**と名

付けた。一方，日本にユングの思想を広めた第一人者として，**河合隼雄**（かわいはやお）がいる。河合はユング派心理学者の立場から，日本人の心理についても多くの著作を残した。

フロイトの精神分析の考え方をもとに発展したのが力動的精神療法である。心理療法にはさまざまなものがあり，例えば，認知行動療法は，人間の心的不調を認知や行動の側面から改善する治療法である。

心理学というとこのような心理療法が想像されがちであるが，心理学が扱う分野は幅広い。例えば，人間は目標に向かってどのように取り組むだろうか。人間の思考や感情，行動には個人差があり，その個人の全体像を**パーソナリティ**という。ユングが唱えた外向型－内向型などの類型論や**ビッグファイブ（5因子モデル）**などの特性論がある。何かを覚えようとするときは記憶を頼りにするが，記憶には，一時的な**短期記憶**や半永久的な**長期記憶**がある。問題解決のためにさまざまな**推論**を行う。そもそも，何かを頑張ろうとする気持ちは何らかの動機によるもので，良い評価や報酬などの**外発的動機付け**と興味や関心，やりがいなどの**内発的動機付け**がある。また，小学生のときにはできなかったことも高校生になるとできるようになることがある。それは，人間は誕生時から生涯にわたって**発達**するからである。目標が達成された場合は喜び，達成されなかった場合は悲しみや怒りの**感情**が生まれるかもしれない。これらはすべて心理学で扱うものである。

人の心は目に見えないものである。その「心」を探究する試みは古くから，さまざまな方法でなされてきた。

読解力 power up!

上記文章の内容として，最も適当なものを一つ選べ。

①人間の欲求には生理的欲求と社会的欲求があり，いずれも人間に特有のものである。

②人間は欲求不満の状態に陥るとさまざまな方法で解決を図ろうとするが，これは人間の生理的欲求と密接に関連する。

③人間は誰一人として自分と同じではなく，一人ひとりの違いである個性は先天的なものと後天的なものに分けられる。

④心理学が扱う分野には，その個人の全体像であるパーソナリティのほかに，記憶，発達や感情などがある。

A 個性と人格の心理

1 適応と正常

原典資料

適応という言葉は本来は生物学の概念ですが，人間にとっては生物学的適応のほかに，個人と環境との間の社会的適応や，個人の中での内的適応が重要な意味をもつと考えられます。環境との関係がうまくいかない場合や，自分の理想とする自己と現実の自己との間に過大なギャップがある場合には，不適応と呼ばれる状態に陥ります。先に述べたストレス状態などは，その1つといえるでしょう。〈大坊郁夫編著『わたし　そして　われわれ　ミレニアムバージョン』北大路書房〉

ストレスの発散

自分の理想とする自己と現実の自己との間に過大なギャップがある場合，不適応状態に陥るが，その中で，近年，クローズアップされているのがストレスである。このストレス状態に長くとどまり続けないために，欲求不満の状態を解消するための適度なストレス発散や耐性（トレランス）を身につけることが大切である。

2 マズローの欲求階層説

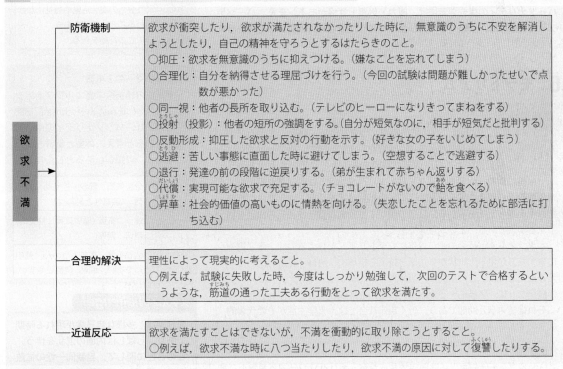

高い

① 自己実現の欲求　成長欲求

② 承認欲求

③ 所属と愛情の欲求　欠乏欲求

④ 安全欲求

低い　⑤ 生理的欲求

マズローの考えた欲求の階層

解説

アメリカの心理学者**マズロー**（Maslow, 1908〜70）は，人間の欲求には階層があるとして，**欲求階層説**を説いた。彼は，最も低次の生理的欲求から，最も高次の自己実現の欲求までおよそ5つの階層があるとし，低次の欲求が満たされてはじめて次の階層の欲求が生まれると述べている。

上図の②から⑤は欠乏欲求であるが，①の「自己実現の欲求」は成長欲求であり，自分自身を高め，自分の可能性を発揮することで幸せな人生を送ることができる重要な欲求だと位置づけている。

3 葛藤（コンフリクト）

解説

二つ以上の欲求の中から一つを選ばなければならない時，どちらかに決めることができず，思い悩むことを**コンフリクト（葛藤）**という。アメリカで活躍した心理学者**K. レヴィン**（Kurt Lewin, 1890〜1947）はコンフリクトをおもに次の3つの型に分けた。

接近―接近コンフリクト（＋＋）	二つの正の欲求があるが，どちらかを選ばなくてはならない（例：大阪の大学に行きたいが，東京の大学にも行きたい）。
回避―回避コンフリクト（――）	二つの負の欲求があるが，どちらかを選ばなくてはならない（例：勉強をしたくないが，追試になりたくない）。
接近―回避コンフリクト（＋―）	正の欲求と負の欲求が一つの事象になっている（例：ケーキを食べたいが，太りたくない）。

4 適応

欲求不満

防衛機制 — 欲求が衝突したり，欲求が満たされなかったりした時に，無意識のうちに不安を解消しようとしたり，自己の精神を守ろうとするはたらきのこと。
○抑圧：欲求を無意識のうちに抑えつける。（嫌なことを忘れてしまう）
○合理化：自分を納得させる理屈づけを行う。（今回の試験は問題が難しかったせいで点数が悪かった）
○同一視：他者の長所を取り込む。（テレビのヒーローになりきってまねをする）
○投射（投影）：他者の短所の強調をする。（自分が短気なのに，相手が短気だと批判する）
○反動形成：抑圧した欲求と反対の行動を示す。（好きな女の子をいじめてしまう）
○逃避：苦しい事態に直面した時に避けてしまう。（空想することで逃避する）
○退行：発達の前の段階に逆戻りする。（弟が生まれて赤ちゃん返りする）
○代償：実現可能な欲求で充足する。（チョコレートがないので飴を食べる）
○昇華：社会的価値の高いものに情熱を向ける。（失恋したことを忘れるために部活に打ち込む）

合理的解決 — 理性によって現実的に考えること。
○例えば，試験に失敗した時，今度はしっかり勉強して，次回のテストで合格するというような，筋道の通った工夫ある行動をとって欲求を満たす。

近道反応 — 欲求を満たすことはできないが，不満を衝動的に取り除こうとすること。
○例えば，欲求不満な時に八つ当たりしたり，欲求不満の原因に対して復讐したりする。

欲求不満に対する反応

大学入試 challenge!

防衛機制としての逃避に当てはまる事例として最も適当なものを，次の①〜④のうちから一つ選べ。
①本当は好意をもっているクラスメートに，わざと意地悪なことを言ったり，無関心を装って冷たい態度を取ったりする。
②溺愛していた一人息子が海外に留学して寂しくなった夫婦が，代わりに子犬を飼うことで心の隙間を埋めようとする。
③自分がレギュラー選手になれないのは，自分のせいではなく，選手の実力を把握できていない監督のせいだと考える。
④部活動が苦痛になってきた生徒が，部活動の時間が近づくと体調を崩し，このところ部活動を休んでいる。〈17本試[改]〉

解答：【大学入試 challenge!】　④

5 パーソナリティ

原典資料

　人間の主体，独自性を示す概念として，パーソナリティがある。オルポートは多くの定義を概観し，包括して次の定義を示している。「パーソナリティとは，その環境に対する，その人独特の適応を決定する心理・生理的体系の個体内における力動的体制である」。パーソナリティとは，身体と心理の両方が一体となった，しかも，変化と発展の可能性をもった総合体であることを強調している。パーソナリティは個人の部分ではなく，その人全体を指しているのである。
〈岩本隆茂他『現代心理学の基礎と応用』培風館〉

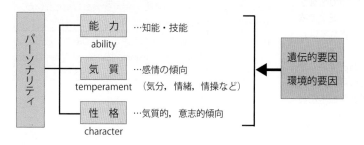

解説

　パーソナリティの構成要素には，能力・気質・性格がある。また，パーソナリティの形成には，遺伝やその人が生まれ育った環境や対人関係も影響を与える。

6 モラトリアム

原典資料

　「モラトリアム」とは，支払猶予期間，つまり戦争，暴動，天災などの非常事態下で，国家が債務・債権の決算を一定期間延期，猶予し，これによって，金融恐慌による信用機関の崩壊を防止する措置のことである。……米国の精神分析学者エリク・H・エリクソンは，この言葉を転用して，青年期を「心理社会的モラトリアム」の年代と定義した。青年期は，修業，研修中の身の上であるから，社会の側が，社会的な責任や義務の決済を猶予する年代である，という意味である。
　本来，オトナ＝社会の側が青年にモラトリアムを与えるのは，まず第一に青年たちがオトナ世代から知識・技術を継承する研修＝見習い期間を与えるためである。この期間中，当然青年は，親なり，オトナ＝社会の一定の機構なりに，経済的・心理的に何らかの形で依存せざるを得ないが，古くそれは徒弟奉公期間であり，近く現代社会では，大学生活がその代表的なものである。〈小此木啓吾『モラトリアム人間の時代』中央公論新社〉

資料 解説

　モラトリアムとは元来は経済用語であったが，**エリクソン**はそれを社会心理学に当てはめ，社会の側が，青年に責任ある大人になることを猶予することを「**心理的社会的モラトリアム**」といい，**小此木啓吾**はいつまでもその状態であり続けようとする青年を「**モラトリアム人間**」と呼んだ。さらに，近年では，青年自らが大人になることを拒否するかのような新しいタイプの「モラトリアム人間」が出現している。彼らは，すべての価値観から自由で，社会の出来事に当事者意識をもっていない，「新しいモラトリアム心理」をもっていると，小此木はいう。

シュプランガーの6類型

　ドイツの哲学者・心理学者エドゥアルト＝シュプランガー（Eduard Spranger, 1882～1963）は，人がどの領域に文化的価値をおいているかにより，6つの類型に分類した。

理論型	理論が通じることや真理に価値をおく。論理的に理解することで真理を追究する。
経済型	金銭的・社会的地位に価値をおく。利己主義的で，経済的観点から物事を捉える。
審美型	美的なもの，楽しいことに価値をおく。ものごとを感情を通して考える。
宗教型	神を崇め，信仰に価値をおく。博愛的で，人生を見つめ，道徳的に生きようとする。
権力型	他人を自分の意のままに従わせることに価値をおく。権力掌握に満足感を覚える。
社会型	社会への奉仕活動や福祉にかかわることに価値をおき，人の役に立つ行動をとる。

クレッチマーの3気質

　ドイツの精神医学者エルンスト＝クレッチマー（Ernst Kretschmer, 1888～1964）は，パーソナリティの中心は気質であると考え，体型と気質を結びつけた3つの類型があるとした。

細長型	分裂気質。静か，控えめ，真面目。（敏感性と鈍感性）
肥満型	躁うつ気質（循環気質）。社交的，親切，温厚。
闘士型（筋骨型）	粘着気質。きちょうめん，熱中しやすい，頑固，興奮しやすい。

大学入試 challenge!

青年期は，多様な自己像が現れる時期であり，しばしば内面の混乱を伴う。このことに関して，自我同一性の拡散を表す語句として適当でないものを，次の①～⑤のうちから選べ。
①通過儀礼（イニシエーション）
②自意識の過剰
③否定的アイデンティティ
④モラトリアム人間
⑤ピーターパン・シンドローム
〈12本試〉

日本の内閣府が5年ごとに『我が国と諸外国の若者の意識に関する調査』を実施し,同様の質問に対する回答を「過去との比較」や「国際的な比較」の形でまとめ公表している。こうした資料を通して自己を振り返り,自己の現在や将来の在り方に対する意識を深めてみよう。

あなたは,どんなときに充実していると感じますか。あてはまるものをそれぞれ1つ選んでください。

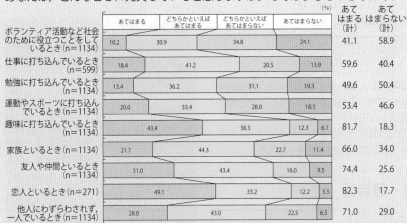

まず,平成30年(2018)の日本の若者の回答を見てみよう。「趣味に打ちこんでいるとき」と「恋人といるとき」の割合が高い。このグラフを見ると,親密な関係(恋人・家族・友人)にある他者といるときに充実感を感じる人が多いことが見て取れる。

同時に,「他人に煩わされず一人でいるとき」もまた,「家族といるとき」以上に充実していると考える人が多いことも興味深い。一人で自己の内面に意識を向けることも,充実につながる。

次に,この「一人でいるとき」を前回(平成25年(2013年))と比較するとこのようになる。

Q3 (i) 他人にわずらわされず,一人でいるとき

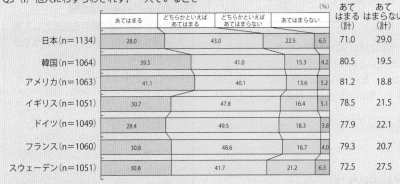

前回調査よりも,「あてはまる」とより強い肯定の回答をした割合が高まったことが見て取れる。一人でいるということは必ずしもマイナスという訳でもないようだ。

次に,この質問から国際比較してみよう。

Q3 (i) 他人にわずらわされず,一人でいるとき

	あてはまる	どちらかといえばあてはまる	どちらかといえばあてはまらない	あてはまらない	あてはまる(計)	あてはまらない(計)
日本(n=1134)	28.0	43.0	22.5	6.5	71.0	29.0
韓国(n=1064)	39.5	41.0	15.3	4.2	80.5	19.5
アメリカ(n=1063)	41.1	40.1	13.6	5.2	81.2	18.8
イギリス(n=1051)	30.7	47.8	16.4	5.1	78.5	21.5
ドイツ(n=1049)	28.4	49.5	18.3	3.8	77.9	22.1
フランス(n=1060)	30.8	48.6	16.7	4.0	79.3	20.7
スウェーデン(n=1051)	30.8	41.7	21.2	6.3	72.5	27.5

諸外国と比較したとき,日本の回答は必ずしも多くはないということがわかる。韓国やアメリカではこの割合がさらに高い。私たちは「他者とつながる」ことを求めるとともに「一人の時間」も求める存在であることがわかるのではないだろうか。

私たちの多くは,現代の日本社会の中で考え,判断している。こうした国際比較の中で新しい視点が得られることがあるのかもしれない。

君ならどの選択肢を選んだだろうか。何に生きがいを感じ,何に価値を見出すかも,人生の方向性に影響を与える。生き生きと活動する中で他者と交流し,得られる経験を通して私たちは自己を形成する。もちろん一人で自己の内面と向き合うことも,私たちの自己を形成する。多様な経験を通して,豊かな自己形成を目指してほしい。

Q この調査に答えるとしたら,どの選択肢で,どんな理由で選んだのか,考えをまとめた後で友人と意見交換をしてみよう。

フロイト

Sigmund Freud (1856〜1939)

オーストリアの精神医学者で、**精神分析学**の創始者。ウィーンで開業し、夢の研究や神経症の治療に当たる中で、人間の心には無意識の領域が存在し、**無意識**が意識に影響を与えると考えた。フロイトの理論は、理性に信頼をおく、西洋近代思想に異を唱えるものであり、はじめ批判を浴びたが、後に、ユング、アドラーなど優秀な研究者が集まった。葉巻を愛好し、口蓋がんの手術を33回受けた。1938年、ナチスのユダヤ人迫害のため、ロンドンに亡命し、翌年死去した。

主著は、『精神分析入門』、『夢判断』など。

1 無意識

無意識とは意識されていない心の領域のことである。フロイトは、無意識に抑圧された欲求や記憶が神経症の原因になり、それを意識化することが治療となると考えた。無意識は、夢や言い間違いなどにあらわれる。

近代の理性中心主義に対して、理性では捉えきれない無意識の欲望によって人間の行動は支配されているとの考えは、現代の思想に影響を与えた。

2 エス（イド）・自我・超自我

フロイトは、人間の心をエス（イド）・自我・超自我の3つに分類した。

エス（Es）はドイツ語で、英語のit（それ）にあたる（イド〔Id〕はラテン語）。エスは性的衝動（リビドー）を中心とする無意識の部分であり、生物的・本能的な欲求を満たすことで快楽を得ようとする。

超自我（スーパーエゴ）は、親のしつけや教育を自分の心の中に取り組んだ道徳的良心である。「…してはならない」もしくは「…しなくてはならない」という形であらわれ、自分を厳しく監視し、欲求のままに行動しようとするエスを抑制する。

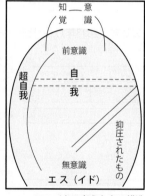

フロイトの考えた心の構造

（図中：知・覚／意識、前意識、自我、超自我、無意識、エス（イド）、抑圧されたもの）

自我（エゴ）は、エスと超自我との間にたち、欲求を抑えたり、形を変えるなどの調整をはかる。例えば、「眠りたい」という欲求がエスとするならば、「決めた勉強時間を守らなければならない」というのが超自我であり、「あと30分がんばろう」と考えたり「今日は寝て、明日早起きして勉強しよう」と調整するのが自我である。

エスや自我、超自我はいずれかが強すぎたり、また弱すぎても心の安定を失ってしまうので、バランスが求められる。

3 エディプス - コンプレックス

フロイトは、心の発達を口愛期・肛門期・男根期・潜伏期・性器期の5つに分類した。その中で**エディプス - コンプレックス**は、男児が3〜6歳ころの男根期におきる現象だと考えた。このころの男児は母親に愛着を感じ、母親の愛情を独占したいという欲求を抱くのに対し、父親に対してはライバル心や憎しみのような感情を持つようになる。しかし、このような欲求は満たされないため、自らの感情は無意識へと抑圧される。

なお、ユングは、女児が母親に対抗意識を感じ、父親に愛着を示すことをエレクトラ - コンプレックスと呼んだ。

『オイディプス王』

エディプス - コンプレックスの語源となったのは、ギリシャ神話の悲劇、オイディプスの物語である。

アテネの北方テーバイに暮らす国王夫妻の間に生まれたオイディプスは、生後まもなく、様々な出来事をへてコリントの国王夫妻に引き取られる。長じてデルフォイで「故郷に帰れば、父を殺し、母を娶るであろう」という神託を受ける。悩んだ彼はテーバイに向かうが、その途中、誤って老人を殺してしまう。実はその人物が父親であったと後に知る。その後、彼はテーバイの王となり、年上の妻を娶る。しかし、愛した妻は実母であった。彼は、悩み苦しみ、荒野をさすらう。

フロイトは、この物語をヒントに、父への潜在的な敵意や反発、母への思慕の念を、エディプス - コンプレックスと唱えたのである。

大学入試 challenge!

フロイトの学説に関する記述として最も適当なものを、次の①〜④のうちから一つ選べ。

①自我は快感を求めるエス（イド）の要求を現実に適応させ、同時に良心としての超自我の命令にも応じようとする。

②ノイローゼ（神経症）の原因となるものは、心の深層としての無意識の中に昇華された性的欲求などの衝動である。

③欲求不満から生じる不安や緊張から自我を守ろうとする防衛機制は、欲求不満の原因となった当の問題を取り除く。

④両親の愛情を独り占めにしようとして、弟妹を邪魔者と感じる兄姉の心理をエディプス・コンプレックスと呼ぶ。

〈04本試〉

ユング

Carl Gustav Jung（1875〜1961）

人と思想

　スイスの精神科医，心理学者。はじめフロイトに師事し学んでいたが，後に，あらゆる無意識を性的欲求に結びつけるフロイトと，その考え方の違いから決別した。

　ユングは，人間の無意識には個人的な経験による個人的無意識のほかに，人類に共通するイメージである集合的（普遍的）無意識があると考えた。ユングのはじめた心理学を**分析心理学**という。

　主著は，『自我と無意識の関係』，『心理学と錬金術』など。

1 集合的無意識

　個人的無意識は，その人の経験にもとづくものであるが，**集合的（普遍的）無意識**は，人類が共通してもっているとされる普遍的イメージにあたる無意識である。ユングは個人的無意識の奥底に集合的無意識があると考えた。集合的無意識は，神話やおとぎ話，夢，精神病患者の妄想などにあらわれる。ユングはこうした患者の話を偶然や妄想と片付けることはせず，研究の対象とした。例えば，世界各国である動物が同じ意味の象徴であることや，交流がないはずの別の地域でも同様の神話があることに着目し，共時性や人類普遍の元型があると考えた。

2 外向と内向

原典資料

　人間というものを類型としてとらえるためのいろんな分類が昔からあるわけですね。ユングの場合は，非常に有名な「内向」と「外向」ということを言ったわけです。つまり，興味とか関心が外界へ向かう人と内界へ向かう人とある。もちろん両方が備わってないとだめなんだけれども，どちらかと言えば片方が優勢である場合に，内向性とか外向性と呼ぶことができるということをユングは言いだしたんです。

　もともと西洋においては，どうしても外向のほうが尊ばれるわけです。外的に見えるものとして，どれだけお金をもうけたかとか，どれほど大きい家を建てたかとか，どれほど飛行機が速く飛んだかとか，そういうことにみんなが浮身をやつしているときに，内向ということもはっきりと存在していて，外向と内向はどちらが価値が高いと断ずることはできないということをはっきりと言ったという点で，非常に意味があると思うんです。

　もう一つ，ユングには「相補性」の考え方があるんです。外向的な人は，実は無意識に内向的なものによって補われている。その逆もある。あるいは外向的な人は何となく内向的な人を，たとえば自分の結婚相手に選んでお互いに相補的な働きをしているとか，そういうことを考えたわけです。

〈河合隼雄・谷川俊太郎『魂にメスはいらない─ユング心理学講義』講談社〉

資料 解説

　ユングは，人の心のエネルギーが向かう方向によって，**外向型**と**内向型**に分類した。外向型は自分の外側に，内向型は自分の内面に興味・関心が向かう。誰もがいずれの型も持ち合わせている。また，いずれの型が優れていたり劣っていたりするものではない。

　また，ユングは，外向型と内向型という2つの態度とは別に，合理的機能としての思考・感情と，非合理的機能としての感覚・直観の4つ心理機能があると考えた。

外向型	社交的，活動的，陽気，こだわりがない，あきやすい
内向型	控えめ，慎重，思慮深い，じっくり物事を考える

重要語句

元型：個々人の心の奥底には，時代や文化の影響を超越した集合的（普遍的）無意識の層があり，いくつかの人類が共通してもつ神話的・原初的な心のイメージがあるという。すべての人間がもつ無意識の共通した基本的な型（タイプ）を指す。アーキタイプ（archetype）ともいう。

アニマ，アニムス：ともに元型の一つであり，心の奥底に潜む異性的な性質。アニマは男性の心の中にある女性的な性質であり，アニムスは女性の心の中にある男性的な性質のことである。

グレートマザー：元型の一つであり，すべてのものを包み込む（または飲み込む）はたらきのことをユングは母（mother）になぞらえた。太母ともいう。

4つの心理機能

1	思考	物事を論理的に理屈で捉え，分析して判断する。
2	感情	物事を好き嫌い，快不快などの感情で判断する。
3	感覚	物事の色や食感などを具体的に把握し，あるがままに感じとる。
4	直観	物事そのものより，その背後にある可能性や発想を感じとる。

　下図のように，思考機能が発達していた場合，思考機能が優越機能であり，感情機能が劣等機能となる。

　ユングは，外向型・内向型の2つの態度と4つの心理機能とを組み合わせ，人間には8つのタイプがあると考えた。

```
            思考
             ↑
感覚 ←───────┼───────→ 直観
             ↓
            感情
```

フロイト以後の精神分析学～20世紀以降の心理学者～

アドラー
Alfred Adler（1870～1937）

オーストリア出身の精神科医，心理学者。ユダヤ人の家系に生まれた。幼い頃から病気がちであったが，それを克服したことが「補償」の理論に影響を与えている。1902年よりフロイトが主宰する研究グループに参加しフロイトの研究仲間として活動していたが，のちに理論の違いから決別した。その後，アドラーは自らの心理学を「個人心理学」と名付けた（一般的には「アドラー心理学」とよばれる）。

アドラーによると，自分は他人と比べて何かが劣っていると負い目を感じることが劣等感となる。しかし，人は**劣等感**を持つことこそ自己を向上させる原動力となる。この劣等感を克服しようと努力することを**補償**という。一方，劣等感を理由にして自己の課題から逃げようとすることを劣等コンプレックスという。

心身症の原因を求めるフロイトの考え方に対して，アドラーは，心身症になった目的を考える。例えば，教室で教師に向かって消しゴムを投げる生徒は教師からの注目を集める「ために」行っているのだとアドラーはいう。アドラーの理論は，**マズロー**や**フランクル**などに影響を与えた。

オルポート
Gordon Willard Allport（1897～1967）

アメリカの心理学者。精神分析を行い神経症の研究を行うフロイトに対し，健全な人格全体を理解しようとし，パーソナリティの研究を行った。**特性論**を提唱した人物としても知られる。特性論とは，パーソナリティを典型的な特徴により類型（タイプ）に分類する**類型論**に対し，個人の持つ特性の組合せによって捉えようとする考えである。オルポートは，パーソナリティを多くの人々が持つ**共通特性**と個人が特徴的に持つ**個人特性**に分類し，共通特性を用いて他者との比較をしようとした。また，**成熟した人格の特徴**として，①自己感覚の拡大，②温かい人間関係の構築，③情緒の安定，④現実的知覚，⑤自己の客観視，⑥人生哲学の獲得を挙げた。主著『人格心理学』，『偏見の心理』。

B 感情の心理

感情生起の理論

ジェームズ・ランゲ説 （末梢起源説）	外界の刺激に対して，手足が震える，心臓の鼓動が早まるなど，身体の末梢部分で身体反応が起こり，それを大脳が知覚することによって感情が生まれるという理論。
キャノン・バード説 （中枢起源説）	脳や脊髄など中枢神経から感情が生じるという考えで，外界からの刺激が脳内の視床や大脳皮質に伝わり感情が生じると同時に，身体反応が生じるという理論。
シャクター・シンガー説 （二要因説）	心臓の鼓動が早まっていることなどの身体的反応（生理的覚醒状態）と，置かれている状況（認知的解釈）を照らし合わせることで，感情を感じるという理論。

解説

〈感情の生起〉

19世紀に相次いで発表された**ジェームズ**（James, W.1842～1910）と**ランゲ**（Lange, C.G.1834～1900）の説は，外界からの刺激を知覚した結果，心拍数が上がる，震えるなどの身体反応が起こり，その末梢における変化を大脳が知覚することによって感情が生まれるというものである。このことをジェームズは「悲しいから泣くのではない，泣くから悲しいのだ」と述べている。これに対して，**キャノン**（Cannom, W.B.1871～1945）と**バード**（Bard, P.1898～1977）が提唱した説は，ある身体反応がいつも同じ感情を生み出すとは限らないことを指摘して，視床が感情の中枢であると考えた。外界からの刺激は感覚受容器から視床を経由して大脳皮質へ送られる。そこで処理された情報が視床へ返され，視床を興奮させ，この興奮が大脳皮質へ伝達され，身体反応が引き起こされると主張した。**シャクター**（Schachter, S.1922～97）と**シンガー**（Singer, J. 1929～）は，感情は生理的反応だけでなく認知的解釈により成立すると考えた。例えば，心臓の鼓動が早まっている場合，目の前にいるのが熊であれば恐怖だろうし，好きな異性なら喜びかもしれない。

〈感情の構成〉

表情の研究は**ダーウィン**（Darwin, C.R.1809～82）まで遡ることができる。ダーウィンは，人間は進化の過程において表情を獲得したと考えた。**エクマン**（Ekman, P.1934～）は，人間は，喜び，悲しみ，怒り，驚き，嫌悪，恐怖という6つの基本感情を持っていると考えた。この基本感情は人種や文化にかかわらず共通なものだとした。一方で，感情の表出については社会や文化で異なる。これに対して，**ラッセル**（Rusell, J.A.1947～）は，感情は「快－不快」と「覚醒－睡眠」のそれぞれの軸の二次元の座標軸上に配置されるという円環モデルを提案した。

C 認知の心理

1 認知

感覚とは，外界からの刺激を目や耳などの感覚器官で受け取ることによって生じる主観的な体験である。視覚，聴覚，味覚，触覚，嗅覚を五感という。知覚とは，感覚よりも高次の働きで，感覚器官で受けた刺激を分析，判断する。例えば，遠くから人が近づいてきた際，網膜像における人の大きさは大きくなるが，普通「人が大きくなった」とは考えない。このように，感覚器官が受け取る刺激が変化しても知覚が安定していることを知覚の恒常性という。

しかし，感覚器官に異常がなくても実際と異なる知覚をすることがある。これを錯覚といい，とくに視覚における錯覚を錯視という。

2 記憶

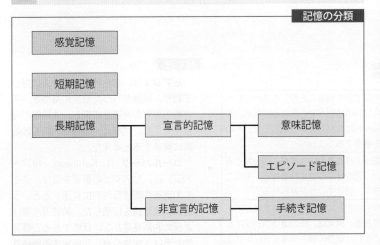

記憶の分類

解説

認知とは知覚よりも高次の働きで，知覚された事物が何であるかを認識する働きで，知識や経験などにより持っている情報に基づいて情報処理を行う。

記憶は，ある情報を覚える（記銘・符号化）→覚えておく（保持・貯蔵）→必要に応じて思い出す（想起・検索）の過程からなる。

感覚記憶は，感覚器官によって得られた情報が符号化されずに，瞬間的に保持されるものである。その中で注意を向けた情報のみが短期記憶へ送られる。短期記憶では，数秒から数十秒程度，限られた情報を保持する。保持できる容量は7±2程度とされている（例えば，電話番号を覚えて電話をかけるなど）。短期記憶の情報がリハーサルされたり印象的だった場合に，長期記憶に送られる。長期記憶は，保持できる情報の容量に限界がなく，半永久的に保持できる。長期記憶は，宣言的記憶と非宣言的記憶に分類される。宣言的記憶とは，言葉で表現可能な記憶であり，事実や知識といった意味記憶，個人的な思い出や出来事に関するエピソード記憶がある。非宣言的記憶は，言葉で表現が難しいボールの投げ方やハサミの使い方といった記憶である手続き記憶など（ほかに，プライミング，古典的条件づけなど）がある。

短期記憶を単に一時的に情報を保持する場所として考えるのではなく，情報の処理機能を重視した短期記憶の側面を作動記憶（ワーキングメモリ）といい，情報を一時的に保持しながら，同時に処理するための記憶である。例えば，計算をしている際に何か数字を記憶しておきながら別の計算をするような場合を指す。

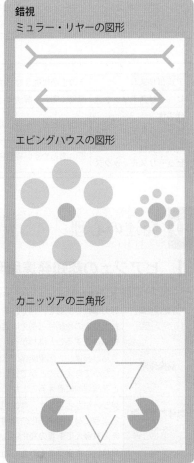

錯視
ミュラー・リヤーの図形

エビングハウスの図形

カニッツアの三角形

心理学の研究

心理学の研究法には，ピアジェが行ったような観察法のほかに，実験法や質問紙法などがある。質問紙法は，ビッグ＝ファイブのような個人の行動や考えなどを尺度に示し，被験者に回答してもらうもので，比較的多数の被験者に一度に調査を行える利点がある。質問紙法を行うにあたって，信頼性と妥当性の高さが求められる。信頼性には，結果が測定すべきことを測定できているかという安定性と，似た内容の質問に対して被験者が同じような回答をしているか，という一貫性が求められる。いつも大きく異なる結果になるような尺度は信頼性が低いといえる。妥当性には，測定したいことを的確に測定できているかが求められる。

3 問題解決

	推論の種類
演繹的推論	一般的な前提から個別的な結論を論理的に導く方法
帰納的推論	個別的な事例から一般的な法則を導く方法

	問題解決の種類
アルゴリズム	その手順に従えば必ず問題が解決できる手続き
ヒューリスティックス	簡易に問題を解決する手法
代表性ヒューリスティックス	代表的なイメージに基づいて判断する
利用可能性ヒューリスティックス	思い出しやすい経験に基づいて判断する

解説

問題解決とは，推論やさまざまな方法を用いて解決しようとする思考過程のことである。推論とは，利用可能な情報から，過去の事例や規則などに基づき結論を導くもので，演繹的推論と帰納的推論がある。問題解決の手法にはアルゴリズムやヒューリスティックスがある。決まった手順を用いるため，確実だが比較的時間がかかるアルゴリズムに対して，ヒューリスティックスは，直感的に素早く判断を下すことができるが，経験やイメージに基づくため，常に正しいとは限らない。

D 発達の心理

1 ピアジェの認知発達段階

感覚運動期 (0〜2歳頃)	感覚と運動動作によって（目で見て物を触ることができるなど）外界の事物を認識し，自分とそれ以外の区別ができるようになる。また，対象の永続性（例えば目の前の物をハンカチで隠しても，その物は存在することはわかる）を獲得する。
前操作期 (2〜6, 7歳)	言語が発達し，因果関係の認識ができるようになるが，他者の立場にたって考えることができない，見かけに左右されるなど，ものごとを論理的に考えることができず，自己中心性がみられる。
具体的操作期 (7〜11歳頃)	見かけに左右されず，具体的なものごとについて論理的思考ができるようになる脱中心化の時期である。例えば，形の違うコップに水を入れ替えても量の変化はないという保存の概念などを身につける。
形式的操作期 (11歳以降)	具体的な場面でなくても，抽象的な概念を用いて論理的にものごとを考えられるようになる。「もし〜だったら」という仮説をたてて考えるなど，科学的思考ができるようになり，成人と同様の思考ができるようになる。

解説

ピアジェは，自らの子ども3人に対して観察，実験を行った結果に基づき，子どもの思考の発達を研究し，4段階の発達を考えた。同様に，道徳的判断も段階的に発達すると考えた。

コールバーグ（L, Kohlberg, 1927〜1987）は，ピアジェの影響を受け，子どもの道徳判断は段階的に発達するという道徳発達理論を提唱した。前慣習水準は，道徳の判断基準がない状態である。慣習的水準は，家族や自らが所属する価値基準を重視し，その期待に応えようとする。脱慣習的水準は，自分の内部から価値基準が生まれ，自己の良心に基づいて行動する。

2 コールバーグの道徳性発達段階

前慣習水準	第1段階	褒められることは良い行動，叱られることは悪い行動という権威ある大人に従う
	第2段階	やられたらやり返すような，他者との関係において相互の欲求や利益を満たす
慣習的水準	第3段階	「良い子」と評価され，身近な他者から褒められるために良い行動を取る
	第4段階	法などのルールを守るという義務を守ることが正しいと考える
脱慣習的水準	第5段階	法を社会契約の観点から捉え，生命や自由など個人の価値や権利を守ろうとする
	第6段階	人間の尊厳をを尊重することを重んじ，良心に基づいて行動する

さまざまな発達理論

エリクソンが8つの発達段階からなるライフサイクルを説くように，人間にはさまざまな発達段階がある。例えば，ボウルビィ（Bowlby, J.）は，出生からの愛着（アタッチメント）の発達段階を考えた。愛着は，乳児が親や養育者など特定の他者との間に結ぶ情緒的な結びつきである。

一方，老年期については，発達ではなく衰えなど否定的な印象をもつかもしれない。しかし，エリクソンが老年期の発達段階を考えたように，バルテス（Baltes.P.B.）は，生涯続く適応の過程として発達を捉えた。幸福な老いをサクセスフル - エイジングという。

生きる意味〜より良い生の在り方を求めて〜

　ルソーは、「最も多く生きた人は、もっとも長く生きた人ではなく、生きていることをもっとも多く感じた人である」と言った。ソクラテスは、「ただ生きるのではなく、善く生きること」を求めた。生き方を考えることは、自己の在り方や他者との関わり方を考えることに他ならない。困難な状況の中でも、人間は自己であることができる。サン゠テグジュペリは当時危険と隣り合わせの仕事であった飛行機のパイロットとして愛に満ちた作品を多く残した。ユダヤ人の医師であったフランクルは、自身が強制収容所に収容された極限状況の中で生きる意味を問い続けた。ハンセン病の隔離施設で医師として勤務した神谷美恵子は、病によって人間関係も将来の目標も奪われてしまった患者たちと接する中で、それでも生き生きと生活している人がいるのはなぜかと問う中で、生きがいについての思索を深めた。

サン゠テグジュペリ
Saint-Exupéry（1900〜44）

　サン゠テグジュペリは1900年、フランスに生まれた。陸軍のパイロットとなった後、民間の航空会社に所属して運輸業に携わりながら26歳で作家としてデビューした。第二次世界大戦が勃発すると軍に召集された。フランスがドイツと講和するとアメリカに亡命し、アメリカから自由フランス軍に志願して地中海で任務に就いた。1944年に偵察任務に出撃し、地中海上空で行方不明となった（2003年に搭乗していた機体が引き上げられ、戦死認定）。

　パイロットとしての経験をもとに『夜間飛行』『人間の土地』などのベストセラーを残しており、高い評価を受けている。『星の王子さま』は1943年に出版され、現在でも世界で愛読されている。作中でキツネが王子に語る「大切なものは、目に見えない」という言葉は、生命とは何か、愛とは何かなど人生をよりよく生きるための問いに向き合う上での指針として広く知られる。また、作中の「ぼく（砂漠に不時着したパイロット…作者がモデル）」が王子の話をいい加減に聞き流してしまう場面や、王子が語る、これまでに巡ってきた星々の大人たちの欲深さ、狭隘な真面目さなどは、現実の世界を生きている人間を皮肉ったユーモアとしてわれわれ自身の在り方を鋭く問い直してくる。

フランクル
V. Frankl（1905〜97）

　フランクルは1905年にウィーンでユダヤ人として生まれた。ウィーン大学医学部に在学中にフロイトやアドラーらに学び、精神科医となる。オーストリアがナチスドイツに併合された後、家族とともに強制収容所に収容された。

　強制収容所という極限状態を耐え抜いたのは、「恐ろしい周囲の世界から精神の自由と内的な豊かさへと逃れる道が存在していたから」と述べており、この体験をもとに書かれた主著『夜と霧』では、人間を**「生きる意味を求める精神的な存在」**として捉え、世界に意味を求めるのではなく、世界から自己をみて、**「人生が何をわれわれから期待しているか」**を問題とした。われわれの生とは、人生からの問いに対する応答であると彼は考え、いかなる状況においても、主体的に自分の生きる意味や価値を追求することが精神の死や肉体の死をも克服する力になると説いた。このような思想を背景に創始されたのが、人生の意味に焦点を当てた心理療法の**実存分析（ロゴセラピー）**である。ロゴセラピーは①意志への自由。決定論への反対。人間は諸条件に対して自らある態度をとる自由を持つ。②意味への意志。人間は何よりも生きる意味を求めようとする。③人生の意味。各々の人間に独自な人生の意味が必ず存在している。という3つの基本仮説にもとづく。

神谷美恵子
かみや みえこ（1914〜79）

　神谷美恵子は、1914年に岡山県で生まれた。津田英学塾で文学を専攻したが、1934年にオルガニストとしてハンセン病養所施設を訪問した際に強い衝撃を受け、医師を志した。周囲の反対や、自身も結核を患うなど困難を乗り越えて医師となり、1957年から岡山県の長島愛生園でハンセン病患者の精神医学調査を開始した。1965年には同園の精神科医長に就任し、治療にあたった。

　著書『生きがいについて』では、日本語で「生きがい」というと、対象を指す場合を「生きがい」、感情を指す場合を「生きがい感」と呼び分けることもできると述べている。人間は、どんな環境にあっても生きがいを求めるとし、このような欲求を**生存充実への欲求**と呼んだ。さらに変化と成長の欲求、未来性への欲求、**反響**（他者との関わりから得られる承認など肯定的な反応）への欲求と、**自由**（主体性や自律を求める）への欲求、**自己実現**（自己内部の可能性を発揮する）への欲求、**意味と価値**（自己の生を意味あるものにする）への欲求を挙げ、こうした生きがいは、愛・勇気・信頼・喜び・希望などの精神的な充実感であり、生きがい感をもっとも強く感じるのは「使命感」に生きている人であると説いた。

学びの横糸 日本的ニヒリズムと「自分内存在」

高校生を対象としたある調査によれば，1990年代から2000年代初頭にかけて，日本社会全体において，これまで価値観の多様化の時代を経て，しだいに価値観の拡散が進み，価値観の「カオス（混沌）」の時代になったと言われる。現在では，そうした価値観のカオス化の中から日本的ニヒリズムの蔓延とでも呼ぶべき状況が生じているという。

ニヒリズム（虚無主義）とは，精神的拠りどころや価値観を見出すことをせず，すべての価値観や道徳を否定する思想を指す。ニヒリズムという語は，19世紀のロシアの小説家ツルゲーネフがはじめて用いたとされ，ドストエフスキーが「神がいなければ，すべてがゆるされる」と述べたことにより，思想的に論じられた。ニーチェはニヒリズムの元凶がキリスト教道徳にあるとし，そのゆえに人間は堕落したと説いた。彼が残した「神は死んだ」ということばは，ニヒリズムの到来を告げるものである。20世紀に入り，実存主義の哲学者たちは，ニヒリズムと出会った。ヤスパースは，人間は本来的に，誰もが死や争いなどの限界状況に囲まれており，それに直面したときに自己の何たるかを自覚すると説き，ハイデッガーは，人間は時間的存在であり，誰もが死へと向かう存在であることが究極の真実であるとした。また，サルトルは，近代思想が求め続けた人間の本質としての自由を再考し，「人間は自由の刑に処せられている」と述べ，自由のもたらす自他への責任の重さを論じ，カミュは人間は多かれ少なかれ誰もが論理性も必然性もない「不条理」のなかにあると述べた。彼らはそれぞれにその課題と向き合った。しかし，「日本的ニヒリズム」とは，彼らがその克服を課題とした西洋近代的ニヒリズムとは異なる。そもそも，「神は死んだ」は，ほとんどの日本人にとって異形のことばであり，「人間」も社会に対峙する概念ではない。「日本的ニヒリズム」は，キリ

スト教道徳や近代理性的人間観などの思想に裏づけられた帰結ではなく，精神的対立や思想的抵抗を極端なまでに嫌う心情，よく言えば「寛容さ」にもとづく精神的状況である。現代に生きる私たちは，深刻に「人生には意味も価値もない」と思ってはいないようである。ましてや，社会を自分たちの手で変える意志もない。街を行く人々の多くがイヤホンをつけてスマートフォンを操作しながら行き交い，電車内ではかなりの割合の人が画面を見つめる。国政選挙の投票率が50%を上回れば，上々である。自分が他者や社会に影響を及ぼせるという感覚を持たずに他者と生活の場と時間を共有しながらも，深い関わり合いを持とうとせずに自分の興味・関心にのみ集中する。このような人間のあり方を「自分内存在」と呼んでよいであろう。その根底には，不本意ながらも抗えない現実を受け入れる「宿命主義的人生観」や「消極的現状肯定主義」があるかもしれない。

一方，調査では高校生の学校生活などへの満足度は高い。しかし，満足の質的レベルそのものは低く，そこには得体の知れない不全感がともなっていることが想定できる。その不全感を抑圧し，達成度の低い満足感をもってよしとするためには，無欲・無関心を装うニヒリズム的な態度とそこから醸し出される，ある種の力がなければならない。「日本的ニヒリズム」は根強く，克服するのは容易ではないだろう。現実を厳しく見つめ，自分がいかにあるべきかを考えることも「倫理」を学ぶ意義のひとつである。

読解力 プラスα

上記の「日本的ニヒリズム」について書かれた文章の内容に合致するものとして，適当でないものを一つ選べ。
①「日本的ニヒリズム」には，ニーチェがキリスト教道徳を批判したような明確な思想的背景がない。
②「日本的ニヒリズム」には，ヤスパースが限界状況で捉えたような深刻な人間観はみられない。
③「日本的ニヒリズム」には，サルトルが自由について説いたように個人が社会に課せられた責任がみられる。
④「日本的ニヒリズム」には，カミュが用いた「不条理」とも言える現実を消極的に受け入れる一面がある。

第 **2** 章

源流思想

ラファエッロ＝サンティオ作「アテネの学堂」（1509〜1510年）ヴァチカン宮殿（ヴァチカン市国）所蔵

1 古代ギリシャ思想

アテネのアクロポリス

単元の概観

古代ギリシャの特徴

[神話の世界]

古代ギリシャ人は，人間と自然についての様々な事象や事柄を神々の意思によると考え，神託を信じ，祭礼を重視した。彼らは紀元前8世紀ごろから各地に伝わる伝説や説話を神話としてまとめていった。これらの神話には，神と人間との交流や恋愛が描かれており，神界と人間界を一元的構造でとらえた世界観を見ることができる。また，神と人間との間に生まれ卓越した力をもつ英雄に人間としての理想を見ることもできる。前8世紀ごろに小アジアに生まれたと伝えられる**ホメロス**の『**イリアス**』と『**オデュッセイア**』はその中の1つであるトロイア伝説を題材とした叙事詩で，登場人物を通して愛や憎しみ，人間としての理想が描かれている。また，同じく前8世紀ごろに登場した**ヘシオドス**は『**神統記**』において神々の誕生と系譜を記し，神話的手法を用いながら宇宙の生成について述べている。

[自然哲学]

前6世紀ごろ，伝統的な**ロゴス**（理性）的思考と経済の発展による自由な気風を背景に，小アジアの植民市で自然や宇宙の成立，事物の根源を探究する自然哲学が生まれた。その祖とされる**タレス**（前624？～前546？）は，「**万物の根源は水である**」と述べ，人間が経験的に認識する事実から出発し，論理的に結論を導き出すという学問的姿勢を打ち出した。こうして，ギリシャ思想は神話的思考から理性的思考へと新たな一歩を踏み出した。

[真理の探究]

ソクラテスやプラトンが登場する時代は，アテネがペロポネソス戦争でスパルタに敗れ，歴史に名を残す民主政治は堕落し，人心から道徳性や個人の尊厳は失われた。そのような危機的状況にあって，**ソクラテス**は「**徳とは何か**」「**善く生きることとは何か**」を問うたのである。

[ヘレニズムの思想]

アレクサンドロス大王の東方遠征と世界帝国の樹立は，ギリシャ文化とオリエント文化の融合をもたらした。一方，各ポリスは，独立を失い統一国家へ吸収され，人々は広大な世界国家の一員，**コスモポリテース**（**世界市民**）として生きることになった。ポリスの崩壊は，公的生活と私的生活の分離をもたらし，その結果，個人的満足や内面的平安を重視する**ストア派**や**エピクロス派**の思想が生まれた。

年	地域情勢	活躍した人物										
前800	ポリスの形成 ホメロス『イリアス』『オデュッセイア』 ヘシオドス『神統記』	アナクシメネス	アナクシマンドロス	タレス（624?-546?）	ピュタゴラス	ヘラクレイトス	アナクシマンドロス（610-540）	パルメニデス	プロタゴラス	ソクラテス	アリストテレス	キプロスのゼノン（335?-263?）
前700												
前600	594 ソロンの改革											
前500	508 ローマ共和政											
	500 ペルシャ戦争（～449） 443 ペリクレスの時代（～29） 431 ペロポネソス戦争（～404）											
前400	399 ソクラテスの刑死 387ごろ プラトン，アカデメイア開設											
前300	334 アレクサンドロスの東方遠征（～24） 264 第一次ポエニ戦争（～241）											

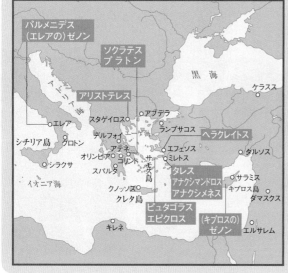

解説 自然哲学者とその後の哲学者の出身地域

地中海東部のエーゲ海沿岸は，比較的雨が少なく，夏の乾燥が激しい地域である。**自然哲学者**と呼ばれる者たちは，もともとギリシャの中心地であるアテネの出身ではなく，エーゲ海の対岸であるイオニア地方の出身者が多かった。ギリシャと小アジア地域は，ほとんどの土地がやせていることから，人々は早くから交通路を整備し，貿易を発達させた。それとともに，外来文化も入り込み混ざり合い，新たな文化や伝統に根ざしながらも独自の精神的風土を生み出したのである。

ギリシャ人は紀元前8世紀ごろに，多数のポリス（都市国家）をつくり上げた。この共同体での生活やポリス間の相克によって，様々な思想が生まれたのである。**タレス，アナクシマンドロス，アナクシメネス，ヘラクレイトス**らを代表とする自然哲学の隆盛をへて，ギリシャ本土では**ソクラテス，プラトン，アリストテレス**に代表される古代哲学の黄金時代が成立した。

古代ギリシャ世界と神話

前8世紀ごろ

考えよう

○世の中のわからないことを神々を原因として説明することで，人間が得られるものは何か。
○神話を私たちの生きる指針とした場合，どのようなことに価値があると考えるか。

オリンポス山

オリンポス12神

（ ）内はラテン語の英語読み

ゼウス	（ジュピター）	主神，世界の支配
ポセイドン	（ネプチューン）	海神
デメテル	（セレス）	農業神
ヘラ	（ジュノー）	結婚の神　ゼウスの妻
ヘスティア	（ヴェスタ）	かまどの神
ヘファイストス	（ヴァルカン）	鍛冶の神
アレス	（マース）	軍神
アテナ	（ミネルヴァ）	知恵と勝利の神
アフロディテ	（ヴィーナス）	愛と美の女神
アポロン	（アポロ）	太陽・音楽・学芸の神
アルテミス	（ダイアナ）	月・狩猟の神
ヘルメス	（マーキュリー）	商業の神

解説　神話の世界

　紀元前8世紀ごろからギリシャ人はギリシャから小アジアにかけて多くの**ポリス**（都市国家）をつくり上げた。彼らが信じるものは**ゼウス**を主神とするオリンポスの神々であり，人間の運命や自然界の出来事は神の意思によるものととらえて，祭礼や神託を重んじていた。

　ギリシャの神々はそれぞれ自然物，事象，理念や価値などの属性と人間的な感情をもち，神話の中には恋愛や結婚など人間界との交流，また神と人間の子である**英雄**の冒険などが語られた。これらを通して描かれた神や人間の姿は，古代ギリシャ人の行動や思考の指針となった。

1 ホメロス『イリアス』

原典資料

　怒りを歌え，女神よ，ペレウスの子アキレウスの――アカイア勢に数知れぬ苦難をもたらし，あまた勇士らの猛き魂を冥府の王に投げ与え，その亡骸は群がる野犬野鳥の啖うにまかせたかの呪うべき怒りを。かくてゼウスの神慮は遂げられていったが，はじめアトレウスの子，民を統べる王アガメムノンと勇将アキレウスとが，仲違いして袂を分かつ時より語り起して，歌い給えよ。〈松平千秋訳『イリアス（上）』岩波文庫〉

資料 解説

　前8世紀ごろの詩人**ホメロス**の『**イリアス**』は，**ギリシャ最古の叙事詩**で，トロイアの王子パリスに連れ去られた世界一の美女ヘレネを取り戻すべくおこったトロイア戦争を題材とした，ギリシャの英雄アキレウスとトロイアの王子ヘクトールの生と死の物語である。ホメロスの作品からは，それまでの星や草花にまつわる起源の物語や英雄伝説の枠を超えた人生観や世界観がうかがえる。

2 ヘシオドス『神統記』

原典資料

ここを出で立ち　深い霧につつまれて
夜の道を進みながら　艶やかな声あげて
彼女たちが賛えまつるのは　神楯もつゼウス
黄金の沓はくアルゴスの女神　畏いヘラ
神楯もつゼウスの娘　輝く眼のアテナ
……
また畏いテミス　畇巧みなアプロディテ
黄金の冠つけたヘベ　美しいディオネ
レト　イアペトス　悪智恵長けたクロノス〈廣川洋一訳『神統記』岩波文庫〉

資料 解説

　前8世紀ごろの詩人**ヘシオドス**の『**神統記**』は，古代ギリシャの神々の系譜について語った詩。混沌（カオス）から天空（ウラノス）と大地（ガイア）が生まれ，やがて凶暴な巨神族ティターンをゼウスが倒し，ゼウスを主神としたオリンポスの神々が世界を支配する様子を謳っている。

重要語句

神話（ミュトス　mythos）：もともとは「語り伝えられるもの」の意味で，やがて伝承された世界の創造や神々についての物語を意味するようになった。「神話」は，神から一方的に伝えられたものであり，人知ではその真意を確かめられない。理性に基づき真理を確かめる言葉である「ロゴス logos」と対比される。

神話の世界について

　神話的世界観とは人間の運命や自然や社会の出来事を，神の超越的なはたらきによるものとして理解するものの見方・考え方のことである。

　『**イリアス**』はミケーネ時代にあったとされるトロイア戦争を題材にしている。物語はギリシャ軍がトロイアを包囲してむかえた10年目の49日間の出来事を綴っている。『**オデュッセイア**』はトロイアを攻略したオデュッセイアが漂流を重ね困難を克服し，12におよぶ冒険を克服して，10年後故郷に帰る冒険を描いたものである。この二大叙事詩からは，英雄たちの活躍をとおして，人間らしい，感情の素直な肯定が読み取れる。

　戦いの勝敗や生死は神の手の中にあり，人間は神意を知ることができない。しかし，自己に課せられた義務を，自己の意思によって果たすことを理想とし，運命に敢然と立ち向かう姿が古代ギリシャの理想であり，美にして善であろうとする姿を見ることができる。

自然哲学の誕生

前6世紀

考えよう

○自然哲学が哲学的世界観を形成したとされるのはなぜか。
○自然哲学の意義を近現代的視点から考えるとどのような説明が可能か。

タレス

万物の根源（アルケー）の探究

学派	哲学者	アルケー，思想等
ミレトス学派	タレス	水
	アナクシマンドロス	無限なもの（ト・アペイロン）
	アナクシメネス	空気
エフェソス派	ヘラクレイトス	火，「万物は流転する」
ピュタゴラス教団	ピュタゴラス	数の比例関係
エレア学派	パルメニデス	有るもののみが有る
	エレアのゼノン	アキレスと亀の逆説
多元論者	アナクサゴラス	種子（スペルマタ）・理性（ヌース）
	エンペドクレス	土・空気・水・火
原子論者	デモクリトス	原子（アトム）

解説

　自然哲学は紀元前6世紀ごろ，小アジア西海岸のイオニア地方の**植民市ミレトス**で生まれた。ミレトスは多様な習慣をもつ商人が行き交い，自由な気風があった。先進的なオリエント文明の流入や経済発展により人々に閑暇（スコレー，school の語源）が生じたことも哲学誕生の背景となった。自然哲学の研究対象は，外界の自然であり，**万物の根源（アルケー）**や自然の成り立ちである。これらの生成変化を，神話的思考によるのではなく**合理的に探究**し，説明しようとした。

重要語句

自然哲学：自然の事物や現象を根本的に探究し，統一的に考察した古代ギリシャの学問のこと。神話的な世界観から脱して，理性（ロゴス）に基づいて考察し，万物の根源（アルケー）や事物の本質や原理を探究した。

ロゴス（logos）：「拾い集める」を原義とし，「言葉」を意味する。また，「言葉」によって説明される「定義」「論理」を意味する。

アルケー（archē）：始まり・根源・原理を表す。自然哲学者が探究した哲学の最初のテーマである。タレスは「万物がそれより生じ，再びそれへと消滅していくところの根源的なもの」といった。

1 タレス

原典資料

　哲学の開祖タレスは水がそれ〔アルケー〕であると言っている。（このゆえに彼はまた大地が水の上に浮いているという意見を持っていた），彼がこのような見解を抱くにいたったのは，おそらく万物の栄養は湿っていること，また熱そのものは湿ったものから生じ，またそれによって維持されるということなどを観察したことからであろう。

〈山本光雄訳編『初期ギリシア哲学者断片集』岩波書店〉

資料 解説

　タレスは，自然哲学の祖と呼ばれる。イオニア地方の植民市ミレトス出身で，ギリシャの七賢人の一人に数えられた。日食を予言し，ピラミッドの高さを測ったとされ，自然を神話的な解釈によらずに説明しようとした。「**万物の根源は水**」といい，感覚的に経験できる「水」という物質によって世界の成り立ちや諸現象を説明しようとした。

2 ヘラクレイトス

原典資料

　この世界は，神にせよ人にせよ，これは誰が作ったものでもない，むしろそれは永遠に生きる火として，きまっただけ燃え，きまっただけ消えながら，つねにあったし，あるし，またあるだろう。……

　万物は火の交換物であり，火は万物の交換物である……。

　河は同じだが，その中に入る者には，後から後から違った水が流れよってくる。

　同じ河に二度はいることは出来ない。〈同前〉

資料 解説

　ヘラクレイトスは，万物の根源を「火」に求め，「**万物は流転する（パンタ・レイ）**」と説いた。燃えさかる炎は変化の象徴であり，「同じ河に二度はいることはできない」というたとえも，世界の実相を変化においてとらえようとする彼の哲学者としての考え方を示している。

大学入試 challenge!

世界の根源を探究した古代ギリシャの思想家についての説明として最も適当なものを，次の①〜④から選べ。

①ヘラクレイトスは，この世界は常に不変不動であり，そこには静的な秩序が維持されていると考えた。

②ヘラクレイトスは，この世界は絶え間なく運動変化しており，そこにはいかなる秩序も存在しないと考えた。

③ピタゴラス（ピュタゴラス）は，この世界には調和的な秩序が実現されており，そこには調和を支える数的な関係があると考えた。

④ピタゴラス（ピュタゴラス）は，この世界は無秩序であることを特徴としており，そこには調和は見いだせないと考えた。

〈21本試共通テ2回目〔改〕〉

3 ピュタゴラス

　……いわゆる "ピュタゴラスの徒" は，……数学の原理を凡ての存在者（…）の原理だと考えた。しかし，数学の諸原理のうちでは，数が本性上最初のものである上，また彼等は，数のうちに，火や土や水などのうちよりも一そう多く，存在するものや生成するものどもと類似した点が観察される，……さらに音階（…）の属性や割合（（…）比）も数で言い表わされるのを見たので，……彼等は数の構成要素（…）を凡ての存在者の構成要素であると考え，また天界全体を音階〔調和〕であり，数であると考えた。〈山本光雄訳編『初期ギリシア哲学者断片集』岩波書店〉

資料 解説

　ピュタゴラスは，万物は数の関係にしたがって**コスモス（宇宙の秩序）**を形成していると考え，天体の運動や琴の弦の長さなどに**数の法則**をみいだした。彼の思想は，後に形成された**ピュタゴラス学派**における理論数学の構築につながった点で多大なる功績を残した。

4 パルメニデス

原典資料

　そしてなお残れるは，ただ，有るものはある，と説く道の話である。この道の上には非常に多くの目じるしがある。曰く，有るものは不生なるものゆえ，不滅なるもの，何故なら完全無欠なるもの（…），また動揺せざるもの，無終なるものゆえ（…）。それはかつて或る時にだけ有ったでもなく，またいつか或る時に初めて有るだろうでもない，何故ならそれは現在一緒に全体とし，一つとし，連続せるものとして有るゆえ。……私は汝が有らぬものから，と言うことをも考えることをも許さぬであろう。何故なら有らぬものが有るとは，言うことも考えることも出来ぬことゆえ。〈同前〉

資料 解説

　パルメニデスは，ただ**「有るもの」**が有り，**「有らぬもの」**は有らぬと主張する。この考えの論拠は，**理性（ロゴス）**のみが真理であり，理性が真理を判断する規準となるためである。理性のはたらきによって「有るもの」と考えられるものだけが有るといえる。「有るもの」は生成消滅しない揺らぐことのないものであり，普遍的で永遠なものである。

5 エンペドクレス

原典資料

　〔万物は四元素から生ずる〕……見るに明るく，いずこにても温き太陽を，またその熱と輝く光輝とに浸されたる凡ての不死なる部分〔空気〕を，また凡ゆるところにおいて暗く冷き雨を。而して土からは基礎の確たる固きものどもが流れ出る。そしてこれらのものは凡て怒（…，コトス）の御代にありては，形を異にし，離れているが，愛の御代にありては，一緒になり，互に相求める。〈同前〉

資料 解説

　エンペドクレスは，万物の根源を不生不滅の**地・水・火・風**の４つと考え，これらが結合したり分離したりするのは，愛（フィリア）と憎しみ（ネイコス）の２つの力の作用によるものだと主張した。憎しみの力は，結合したものを分離させ，愛は，分離しているものを結合する力を持つ。

その他の自然哲学者

アナクシマンドロス（前610？〜前540？）：**万物の根源（アルケー）**を質的・量的に限定されない無限なるもの**（ト・アペイロン）**であるとした。無限なるものを存在者の原理（あるいは始源）であるとし，原理は水でもなく，また他の要素でもなく，むしろそれらとは別の無限なもの（原質〔ピュシス〕）であるとした。この無限なものからすべての世界**（コスモス）**が生じてくると主張した。

エレアのゼノン（前490？〜前430？）：**パルメニデス**の弟子と伝えられる。南イタリアのエレア出身，パルメニデスの哲学を継承し，存在の多数性や運動の否定などの議論を提起した。運動に対するゼノンの論証として，「アキレスと亀」が知られている。亀のように最ものろい走者でも決してアキレスのように最も速い走者によって追いつかれることはない。なぜなら前者がそこから出発した地点へ後者は先ず達しなければならない。したがって足ののろい走者でも常にいくらか先に進んでいなければならないのである。

アナクサゴラス（前500年？〜前428？）：彼は，植物の種子（スペルマタ）や**知性（ヌース）**などを万物の根源といった。「その他のものは，凡てものの部分を含んでいる，しかしヌースは無限で，独裁的で，何物とも混合されず，ただひとり自分だけいる」や「植物はヌースも知識も持っている」が言い伝えられている。

次のア〜イは，古代ギリシアの自然哲学者たちの説明である。その説明と人名の組合せとして正しいものを，下の①〜④のうちから一つ選べ。

ア　生成変化し流動する万物には，根源（アルケー）があり，生命の源となる水がその根源であると考えた。

イ　万物はそれ以上に分割することのできない原子（アトム）から成り，原子は空虚のなかを運動すると考えた。

①ア　タレス　　イ　デモクリトス
②ア　デモクリトス　　イ　タレス
③ア　タレス　　イ　ピュタゴラス
④ア　ピュタゴラス　　イ　タレス

〈18追試〔改〕〉

ソフィストの登場

前5世紀

人と思想

○相対主義の考えを持つ人は、どのような発言をすると思うか。
○ソフィストが説いた相対主義は民主主義の立場とどのように関わるか。

教師と生徒

◆アテネ民主制の発達とソフィストの活動

　ギリシャの各ポリスがエーゲ海を中心に経済を発達させているころ、オリエント世界では、アケメネス朝ペルシャが勢力を拡大させ大帝国を建設した。やがて、ギリシャとペルシャは勢力圏を争うようになり、ペルシャ戦争（前500〜前449）が勃発する。戦争は、アテネを中心とするギリシャ連合軍が勝利し、その功績者がポリスの市民層であったため、市民の政治参加が実現した。政治への参加のためには、政治的能力がなければならない。その能力を教える教師が**ソフィスト**である。彼らは、相手を説得するための「**弁論術**」、読むものに感動を与える表現としての「**修辞学**」や一般教養を市民に教えた。ここにおいて、思想の課題は自然の成り立ちや万物の根源など実用にかかわりのない真理の探究から、人間と社会に関すること、特に法律や社会制度について考察し、自分の主張をどのようにして説得するか、あるいは、文章をどのようにうまく表現するかを課題とするようになった。

◆プロタゴラス

　エーゲ海北岸、トラキア地方のアブデラで出生。諸国を遍歴し、弁論によって評判を得た。**ソフィスト**と名乗り、教師として報酬をもらうことを正当と考えた最初の人とされる。アテネで40年間活動したが、無神論者として告発され、アテネを追放された。シチリア島へ向かう途中、船が沈没し、死んだとされる。彼が残した「**人間は万物の尺度である**」という言葉は、この世界に絶対的な基準や普遍的な真理などはなく、あるのは個々の人間による主観的な判断のみという考え方を表している。このことは、法律の解釈や裁判の判断が育った国や地域、生まれた時代や時期により、それぞれ異なる

ことを示す。プロタゴラス自身は人格高潔な人物として伝えられているが、彼の説いた相対主義の思想は、各人の価値観の違いを認め、それぞれの主観性を尊重する一方で、普遍的な道徳や価値観などを揺るがす結果を招いた。

◆ゴルギアス

　シチリア島のレオンティノイに生まれ、一説によると**エンペドクレス**に学んだとされる。アテネに外交使節団の団長として赴いて以来、**弁論術**の第一人者として活躍した。弁論術以外にも、修辞法を得意とし、散文の文体論の開拓に功績があった。一説によると、100歳以上まで生き、断食によって自ら命を絶ったとされる。彼は、弁論術の専門家として名をはせた。弁論術で最も大切なのは、真実を語ることや、自分が真実だと確信していることをいうのではなく、相手を説得するということである。したがって、議論されている中身についての知識が必要なのではなく、相手の論理を突き崩し、言い負かす知識や技術を身につけることが必要となった。

年	年齢？	人物史
前494？	0	プロタゴラス、アブデラで出生。
前483？	0	ゴルギアス、レオンティノイで出生。
前444？		プロタゴラス、ペリクレス指導下、植民都市トゥリオイの建設にあたり、法律を起草。
前427	56	ゴルギアス、アテネに赴く。
前424？	70	プロタゴラス死去。
前376？	107	ゴルギアス死去。

自然（ピュシス）から人為（ノモス）へ

	自然哲学者	ソフィスト
研究対象	**自然（ピュシス）**	**人為的なもの（ノモス）** 法律・習俗・制度・道徳など
中心地域	イオニア地方 植民市	アテネ ギリシャ本土
特徴	**アルケーの探究**	**相対主義** 絶対的真理の否定
代表的人物	タレス ヘラクレイトス ピュタゴラス デモクリトス エンペドクレス	プロタゴラス ゴルギアス
意義・影響	神話的世界観からの脱却 合理的・学問的精神の誕生	**弁論術**の浸透 **懐疑論**の提唱 批判的精神の育成 **詭弁**の横行、ポリスの**道徳の混乱**

解説

　「**ピュシス**」とは、**自然**と訳されるが、もともとは、ものの本来あるがままの姿、あるがままの真実を意味する。**神話的世界観**に疑問をもち始めた人々は、自然をあるがままに観ることを始めた。そのような中で、自然哲学者たちは、神話的世界観から脱却し、合理的な精神に基づいて、**万物の根源（アルケー）** を探究していった。これに対し、**ソフィスト**は、法律、習俗、制度、道徳などの**人為的**なものである「**ノモス**」について説いた。市民が政治の担い手となり、議論が重んじられるポリスにおいて、人々は、**弁論術**、修辞学や政治的教養を身につけようとし、ソフィストたちは、その要求に応えた。

　ソフィストたちは、価値の**相対主義**を主張し、結果的にそれは普遍的・絶対的真理を否定、あるいは認識することは不可能であるという**懐疑論**を唱えることとなり、**詭弁**の横行という事態を招くことになるが、彼らの文化史的意義は、人々の関心を自然から人間と社会に向け、ポリスの一員として啓蒙したことや、伝統にとらわれない批判的精神を育成したことにある。

1 プロタゴラス

原典資料

　神々については，彼等が存在するということも，存在しないということも，またその姿がどのようなものであるかということも知ることは出来ない。何故なら，それを知ることを妨げるものは多いから，すなわちそれは知覚することが出来ないのみならず，人間の生命も短いから。……

　万物の尺度は人間である。有るものどもについては，有るということの，有らぬものどもについては，有らぬということの。

〈山本光雄訳編『初期ギリシア哲学者断片集』岩波書店〉

読解力 power up!

上記資料の内容として，最も適当なものを一つ選べ。

①「有るもの」を「有る」といえる人は，知覚の妨げが少なく，生命が長い人に限られる。

②誰が判断しても「有るもの」といえるものは，そのものが真に存在しているからである。

③真の存在かどうかは，神々が「有るもの」と「有らぬもの」のいずれかの判断を下す場合に限る。

④人が「有るもの」や「有らぬもの」と判断するのは，真の存在を知ることができないからである。

資料 解説

　「**人間は万物の尺度である**」という**プロタゴラス**の考え方は，**ソフィスト**の立場を的確に表している。これは，人間尺度論ともいい，個人の感覚によってとらえられたものが真理であることを意味している。例えば，同じ風が吹いていても，ある人は寒さを感じ，他の人は寒さを感じないことがある。この場合，ある人にとっては，風は冷たく，他の人にとっては冷たくない。このことは，価値や個人の生き方についてもいえることで，すべての人に共通する普遍的な真理はない。このように真理の判断の基準は個々の人間にあるとした彼の考え方は，普遍的・絶対的な真理を否定する**相対主義**といえる。

　この相対主義の考え方は，後にポリスにおける道徳の規準を揺るがし，詭弁の横行とポリスの荒廃につながっていったが，彼の考え方は，哲学の関心を自然から人間へ転換させるものであった。

2 ゴルギアス

原典資料

　何ものも有らぬ。有るにしても，何ものも知り得ない。たとい知り得るにしても，それを何人も他の人に明かにすることは出来ないであろう。それは事物が言葉ではないためであり，また何人も他の人と同一のものを心に考えぬからである。〈同前〉

資料 解説

　ゴルギアスはプロタゴラスと並ぶ代表的なソフィストである。その雄弁ぶりが有名になり，ギリシャ全土にその名声を博した弁論術の大成者とされる。

　彼の考えは懐疑主義と呼ばれる。知的相対主義を唱えて，上の資料にあるように，①何ものも存在しない，②存在しても知り得ない，③知り得ても伝達し得ない，という虚無的3命題を，帰謬法（証明しようとする命題と矛盾する命題を真と仮定すると，矛盾が生じてくることを示すことによって原命題を証明する仕方）を用いて論証しようとした。ゴルギアスもプロタゴラスも絶対的真理を否定しているが，プロタゴラスが認識を真であるとしたのに対して，ゴルギアスは存在を否定して，存在と認識の関係も否定し，認識を偽であるとした。

重要語句 ••••••••••

相対主義：いつ，どこにでも，誰にでも当てはまるような絶対的普遍的な真理や価値は存在しない，という考え方。例えば，「暑い」，「寒い」という基準も人によって違うように，人間の感覚は主観的なものであり，同様に，知識，価値などはそれを認識する人間との関係によって相対的に変化する。相対主義は個人の自由な思考と判断を尊重し，旧来の因習から人間を解放し，独断や偏見を批判するものでもあったが，客観的な真理をすべて否定してしまう懐疑論に陥る傾向をもつ。

ソフィスト：もともとは知恵のある者，賢者という意味であったが，前5世紀ごろには，ギリシャのポリスを巡回し，教養や弁論術を教え，報酬を得ていた職業教師を指すようになった。特に，民主主義が発達したアテネでは，政治的教養と，相手を説得し議論に勝つ弁論術に対する高い要求が存在し，多くのソフィストが活躍した。

詭弁：偽りを真理のように見せかけて，相手をだます弁論。白を黒といい，黒を白というような，相手を打ち負かすことだけを目的としたもの。ソフィストたちは，はじめは，相手を説得するための弁論術を人々に教えたが，やがて，真実であるかどうかにかかわりなく，自分に有利なように議論を進める技術を教えるようになったため，詭弁家とも呼ばれるようになった。この詭弁によって，人々の道徳的意識が揺らぎ，民主政治は衆愚政治と化し，ポリスの混乱と荒廃を招いた。

大学入試 challenge!

ソフィストに関する記述として適当でないものを，次の①〜④のうちから一つ選べ。

①謝礼金をとる職業的教師として，青年たちに弁論術や一般教養を教えた。

②社会制度や法律の由来をノモスとピュシスの対比によって説明した。

③相手との論争に打ち勝つことを目的とし，詭弁を用いるようになった。

④原子が虚空の中を運動し結合することで万物が形成されると考えた。

〈07追試［改]〉

ソクラテス

Sōkratēs（前470？〜前399）古代ギリシャ哲学者

考えよう

○ソクラテスの無知の自覚から出発する問答法は、日常的な会話と何が異なるのか。
○私たちは、どのような人生を歩めば、ソクラテスの「善く生きる」という考え方に当てはまるのだろうか。

人と思想

ソクラテスの前半生についてはよく分かっていない。父は彫刻師、母は助産師だったと伝えられている。彼は紀元前399年にアテネで死刑になり、その時71歳くらいだったと伝えられることから、前470年ごろに生まれたと推定される。したがって、彼が生まれ青年時代を過ごしたのは**アテネ民主制の全盛期**であり、後半生はアテネが**ペロポネソス戦争**でスパルタに敗れ、政治的・経済的に衰退し、精神的にも退廃へと向かう時代であった。

ソクラテスは1つも著作を残していないが、彼の思想は弟子のプラトンや友人クセノフォンなど同時代の文筆家の著作を通して知ることができる。また、喜劇作家**アリストファネス**もソクラテスについて、彼のソフィスト的性格に着目した作品を残している。

ソクラテスは、当時の学問・思想に通じ、高い評価を得ていたようである。また、ペロポネソス戦争にも参加し、勇敢な戦士だったともいわれている。前399年、ソクラテスはメレトスという若者によって告発される。告発の内容はソクラテスが国家の認める神々を認めないで、新しい神霊（**ダイモーン**）を崇めたということと、青年を堕落させたということであった。しかしこの告発の背景には、ペロポネソス戦争後の政治的抗争があったことが知られている。妥協を受け入れなかったソクラテスは、死刑判決を受け、友人や弟子たちの逃亡の企ても拒否し、毒杯をあおって死に赴いた。ソクラテスの死は、不正を犯さないこと（正義）への内面的な強い確信と、ポリスへの高い使命感の体現であった。ソクラテスの課題は**魂**（**プシュケー**）を善いものにすること、すなわち、人としての**徳**（**アレテー**）を探究することである。その方法として用いた問答法は互いに認められる共通の基盤である**理性**（**ロゴス**）を交わすことであり、徳（アレテー）を求めてのその活動が**愛知**（**フィロソフィア**）であり、これは後に**哲学**（**philosophy**）の語源となった。

年	年齢？	人物史
前470？	0	アテネに生まれる。
前429？	41	デルフォイの神殿で神託を受ける。
前419？	51	このころ、結婚する。
前407	63	プラトンと出会う。
前404	66	ペロポネソス戦争が終結し、アテネの敗北が決定する。
前399	71	告発され、裁判にかけられる。同年、刑死。

「善く生きる」の意味

```
デルフォイの神託  ……「ソクラテス以上の知者はいない」
                    「汝自身を知れ」（デルフォイの格言）
          │
          │   知者と呼ばれている者（ソフィスト）たちを訪問
          ▼
「無知の知」  ……哲学の出発点，無知の自覚
          │
          │   真の知（徳）への探究   問答法
          ▼
「善く生きること」 ＝ 魂への配慮
          │
          ├─ 知徳合一  ……徳は知に基づく
          ├─ 知行合一  ……知は行為につながる
          └─ 福徳一致  ……徳の実践者は幸福である
```

解説

ソクラテスは、「**自分以上の知者はいない**」という**デルフォイの神託**を受け取った時、言葉どおりの意味として理解できなかった。なぜならば、自身が無知であることを自覚していたからである。そのため、神が何を言おうとしているのかを理解するために、世間で知者と呼ばれている者と対話を試みる。そして、世間で知者と呼ばれる者が、知らないことを知っていると思っているのに対し、ソクラテスは「**知らないことをそのまま知らないと思う**」というその分だけ、知恵があるとの理解に至った。その自覚をもとに、真の知（徳）の探究を開始する。その探究は、自分一人で行うものではなく、対話相手の了解のもと問答により進められた。

ソクラテスがめざすのは、ただ単に生きることではなく、「**善く生きること**」であった。それは、地位や欲望に配慮するのではなく、自分自身の魂を善くする配慮といえる。彼は、徳を知り実践する者は、最も幸福な者であると考えた（**福徳一致**）。そのため、自分が何をなすべきかを正しく知れば（**知徳合一**）、その知恵に基づいて正しい行為につながる（**知行合一**）と主張した。

1 ソクラテスの訴状

原典資料

その宣誓口述書となるものを、別に取り上げてみましょう。それはだいたいこんなふうなものなのです。ソクラテスは犯罪人である。青年を腐敗させ、国家の認める神々を認めずに、別の新しい鬼神（ダイモーン）のたぐいを祭るがゆえにという、こういうのが、その訴えなのです。

〈田中美知太郎訳「ソクラテスの弁明」『プラトン全集1』岩波書店〉

重要語句

『**ソクラテスの弁明**』：ソクラテスの弟子である**プラトン**の著作。ソクラテスは、**国家の神々を認めず、青年を堕落させた**という理由で訴えられた。これに対し、陪審員の市民に向けて、堂々と弁明する様子を描いている。裁判では、陪審員の反感を買って死刑を宣告された。

1ソクラテスの訴状の原典資料の内容として，最も適当なものを一つ選べ。

①ソクラテスは，自ら犯罪人としての汚名（おめい）をかぶったことで，新しい鬼神（ダイモーン）を祭る者と呼ばれた。

②ソクラテスは，青年を腐敗させたことで，国家の神々の怒りを受け，新しい鬼神（ダイモーン）に訴えられた。

③ソクラテスは，青年を腐敗させ，国家の神々ではない神である鬼神（ダイモーン）を信仰した理由で訴えられた。

④ソクラテスは，新しい神々を祭ることで，青年を腐敗させ，犯罪人扱いになっていることを訴えた。

資料 解説

ソクラテスは，「**青年を腐敗・堕落させた**」という罪と「**国家の認める神々ではなく，新しい神（神霊，ダイモーン）**」を信じたという罪の2つの罪状により告訴された。この2つの罪状について，新しい神を信じたことで，青年を腐敗・堕落（だらく）させたのか，それぞれ別の罪であるかは，はっきりしない。彼が，無罪を勝ち取るためには，自身が国家の認める神々を信じ，若者を堕落させていないことを証明しなければならなかったが，結果的にはこの弁明に失敗し，死刑の判決を受けた。

2 デルフォイの神託

原典資料

わたしに，もし何か知恵があるのだとするならば，そのわたしの知恵について，それがまたどういう種類のものであるかということについて，わたしはデルポイの神（アポロン）の証言を，諸君に提出するでしょう。というのは，カイレポンを，たぶん，諸君はごぞんじであろう。……あれは何をやり出しても，熱中するたちだったのです。それでこの場合も，いつだったか，デルポイに出かけて行って，こういうことで，神託（しんたく）を受けることをあえてしたのです。それで，そのことをこれからお話しするわけなのですが，どうか諸君，そのことで騒がないようにしていてください。それはつまり，わたしよりも誰か知恵のある者がいるか，どうかということを，たずねたのです。すると，そこの巫女（みこ）は，より知恵のある者は誰もいないと答えたのです。〈同前「ソクラテスの弁明」〉

資料 解説

「**デルフォイの神託**」とは，ギリシャ中部のデルフォイにおいて，予言の神である**アポロン神**を祀った神殿で下される神託（くだ）のことである。デルフォイの神殿は，ギリシャ人の入植とともに権威を高め，前6世紀には最盛期をむかえた。

数多くの神託は，巫女により下された。原典にある「わたしよりも誰かより知恵のある者は誰もいない」という神託は，「わたしよりも誰か知恵のある者がいるか」というソクラテスの友人が発した問いを受けてのものであり，つまりは「**ソクラテスより知恵のある者は誰もいない**」という意味でとらえることができる。この神託は，ソクラテスにとって理解しがたいものであった。なぜならば，彼は，自分に知恵があるとは考えたこともなかったからである。しかし，この神託をないがしろにすれば，神を疑うことにもなる。ソクラテスは，神託と自分の考えの違いの狭間（はざま）で，大いに悩むことになる。

ちなみに，**ギリシャ三大悲劇作家**の一人である**ソフォクレス**が描いた『**オイディプス王**』でもデルフォイの神託が重要な予言として扱われている。神から不吉な予言を受け取った王は，わが子オイディプスを捨てる。羊飼いによって育てられ成人となったオイディプスは，運命によって実の父親を殺し，母親を妻とする。この作品では，神の定めた運命にあらがえない人間の悲劇を描いている。

デルフォイのアポロン神殿跡 デルフォイはギリシャ中部に位置し，**予言の神**としてアポロンが祀られている。神殿は，ギリシャ人による植民活動の拡大とともに権威が高まり，前6世紀には最盛期となった。

重要語句

ダイモーン（神霊）：元来，人間と関係が身近で，あまり位が高くない神々を意味した。また，神からの徴であり，天上の世界からの合図であり，内なる神の声でもある。ソクラテスは，時々心の内にはたらきかけるダイモーンの声を聞き，この声のはたらきかけを自身の行為の指針とした。

大学入試 *challenge!*

知をめぐるソクラテスの思想についての説明として最も適当なものを，次の①〜④のうちから一つ選べ。

①対話を通して，相手が真なる知を探求することを手助けする問答法を用い，それを助産術とも呼んだ。

②真理を探求したソフィストたちに議論を挑み，知の真偽を判断する基準は相対的なものであるとした。

③実践を通して徳を身に付けることによって，徳とは何かを知ることができるとする知行合一を説いた。

④無知を自覚した者は誰でも，その状態を脱して善美の知を獲得できるとした。〈19追試 [改]〉

重要語句

「汝自身を知れ」：もともとデルフォイの神殿に刻まれていた箴言（しんげん）。言葉どおり読むと「身の程を知れ」と理解できるが，ソクラテスは言葉の意味を哲学的に深め，自分が無知であることを自覚し，自身をかえりみて，真の知を追い求めることと解釈した。彼は，この考え方から，人々が集まる広場に出向き，問答をくり返すことで，真の知を得ようとした。

3 無知の知

原典資料

　というのは，いまの神託のことを聞いてから，わたしはこころに，こういうふうに考えたのです。いったい何を神は言おうとしているのだろうか。いったい何の謎をかけているのであろうか。なぜなら，わたしは自分が，大にも小にも，知恵のある者なんかではないのだということを自覚しているからです。すると，そのわたしをいちばん知恵があると宣言することによって，いったい何を神は言おうとしているのだろうか。というのは，まさか嘘をいうはずはないからだ。……そしてまったくやっとのことで，その意味を，何か次のような仕方で，たずねてみることにしたのです。それは誰か，知恵のあると思われている者のうちの一人を訪ねることだったのです。ほかはとにかく，そこへ行けば，神託を反駁して，ほら，この者のほうが，わたしよりも知恵があるのです，それだのに，あなたはわたしを，知者だといわれた，というふうに，託宣にむかってはっきり言うことができるだろうというわけなのです。ところが，……その人物を相手に，これと問答をしながら，観察しているうちに，アテナイ人諸君，何か次のようなことを経験したのです。つまりこの人は，他の多くの人たちに，知恵のある人物だと思われているらしく，また特に自分自身でも，そう思いこんでいるらしいけれども，じつはそうではないのだと，わたしには思われるようになったのです。……

　わたしは，自分ひとりになった時，こう考えたのです。この人間より，わたしは知恵がある。なぜなら，この男もわたしも，おそらく善美のことがらは，何も知らないらしいけれども，この男は，知らないのに，何か知っているように思っているが，わたしは，知らないから，そのとおりに，また知らないと思っている。だから，つまりこのちょっとしたことで，わたしのほうが知恵のあることになるらしい。つまりわたしは，知らないことは，知らないと思う，ただそれだけのことで，まさっているらしいのです。〈同前「ソクラテスの弁明」〉

読解力 power up!

上記資料の内容として，最も適当なものを一つ選べ。

①知者と呼ばれる者は，知らないことを隠すことができるので，ソクラテスよりも知恵があると解釈できる。

②ソクラテスは，知っていることの中にも知らない可能性があるという知恵をはたらかせることができる。

③知者と呼ばれる者は，ソクラテスが知恵のある者という神託を理解し受け入れることができる存在である。

④ソクラテスは，知らないことは知らないと思っているが，知者と呼ばれる者は，知らないことを何か知っていると思っている。

資料 解説

　ソクラテスが，「**ソクラテス以上の知者はいない**」という**神託**に疑問をもつ理由は，「**自身には知恵がない**」という自覚にある。問題は，彼の自覚が本当だとすると，神は嘘をついていることになることであった。しかし，神が嘘をつくことは，万が一にも考えられないことから，彼は，神はいったい何を言おうとしているのかを探ることになる。この問題を解決するために彼が選んだ方法は，知者と呼ばれる者たち（**ソフィスト**など）との問答であった。そして，その問答から導かれた答えは，「善美の事柄について，これらの者たちが何も知らないのに知っていると思っている」のに対して，自分は「**知らないことはそのとおり知らないと思っている**」このことの分だけ，自分が知恵があると解釈したのである。この無知の自覚が，物事を探究するソクラテスの起点となった。

重要語句

無知の知（無知の自覚）：自身が無知であることを自覚するという意味。ソクラテスは，**デルフォイの神託**に疑問を感じ，当時，知者と呼ばれていた人物と問答を重ねることで，彼らが，実際に知らないことを知っていると思っていることに対し，自分は，知らないことは，そのまま知らないと思う，まさにその分だけ，知恵があると判断した。

問答法：対話を通して相手に無知を自覚させ，それを出発点として真の知を発見しようとするソクラテスの探究方法のこと。相手にヒントを与えるような形で，真理を探究しているところから，赤子のお産を手伝う産婆になぞらえて，**産婆術**（助産術）とも呼ばれる。

大学入試 challenge!

自らの知をめぐって，ソクラテスがどう考えていたかの説明として最も適当なものを，次の①〜④のうちから一つ選べ。

①自分に何一つ知恵はないが，人間にとって最善のことだけは知っている，と自覚していた。

②自分が知者だと思い上がらないために，知っていても知らないふりをするべきだと考えていた。

③自分は大切なことについて知らないので，そのとおりに，知らないと自覚していた。

④知らないと知っている以上，自分はすべてを知っていることになると考えていた。〈14追試［改］〉

重要語句

アレテー：魂における卓越性を意味する言葉で，「**徳**」と訳されることが多い。犬のもつ**卓越性**（アレテー）は「鼻がよい」ことであり，馬のもつ卓越性（アレテー）は「速く走ること」である。ソクラテスは，人間のもつ卓越性（アレテー）は魂をより善くし，正しく生きることとした。

エイロネイア（皮肉）：アイロニー（irony）の語源となる言葉で，「知らないふり」を意味している。ソクラテスは，無知をよそおいつつ対話相手の矛盾点を明らかにし，相手に自身の無知を自覚させた。

4 善く生きること

原典資料

ソクラテス そこで今度は，もう一つこういうのを，ぼくたちにとって，それは依然として動かないのか，否かということを，よく見てくれたまえ。それはつまり，大切にしなければならないのは，ただ生きるということではなくて，よく生きるということなのだというのだ。

クリトン いや，その原則は動かないよ。

ソクラテス ところで，その〈よく〉というのは，〈美しく〉とか，〈正しく〉とかいうのと，同じだというのは，どうかね，動かないだろうか，それとも動くだろうか。

クリトン 動かないよ。

〈田中美知太郎訳「クリトン」『プラトン全集1』岩波書店〉

資料解説

『クリトン』は，死刑判決後の獄中において，ソクラテスと友人のクリトンとの対話を描いた著作である。ソクラテスは，クリトンから脱獄をすすめられるが，それに応じることはなかった。なぜならば，彼を裁いたのは，彼がこれまで生活を営んできたアテネの国法であり，それをないがしろにすることは，国をないがしろにすることに匹敵すると考えたからである。さらに，たとえ裁判の判決が不正であったとしても，その不正に対して，脱獄という不正を上塗りすることは，彼がいう「**善く生きること**」とかけ離れてしまうと考えたからであった。

5 魂への配慮

原典資料

「おもうに，神であるとか，また，まさに生の形相そのものであるとか，——ほかにもなお，不死であるとされるなにかが見出されるとするならば，そのものはけっして滅びることはないと，おそらく万人からひとしく同意されるであろうねえ」

「ゼウスに誓って，すべての人から同意されるでしょうし，さらにはわたしのおもうところ，神々からも，なおちからづよく同意されることでしょう！」

「では，不死のものはけっして破滅をうけることはないとされる以上は，魂はまさに不死のものであるからには，また不滅なるものであることになる，のではないか」〈松永雄二訳「パイドン」『プラトン全集1』岩波書店〉

読解力 power up!

上記資料の内容として，最も適当なものを一つ選べ。

① 神は，決して滅びることがないものであるが，魂は人間に備わっているものであることから，最終的にはなくなるものといえる。

② 不死なるものは，決して滅びることがないものであると誰しもが同意できるが，魂が不死であることには同意できないといえる。

③ 魂が不死なるものであるということは，人間の死によっても魂が死なないということであり，滅びることがないものといえる。

④ 人間が破滅をむかえることは，人間が死んでいくものと神によって定められていることから，まったくの必然であるといえる。

資料解説

『パイドン』は，ソクラテスの処刑が行われる当日に，彼が友人や弟子たちとともに「魂」や「死」について話し合った内容を描いたものである。魂をよくすることは，生きている時だけの問題ではなく，肉体の死後も続くということであり，ここで議論された「死の問題」や「**魂の問題**」は，その後の哲学の展開に大きな影響を与えている。

大学入試challenge!

ソクラテスは，自らに下された死刑判決を不当としながらも，脱獄の勧めを拒み，国家の法に従って刑を受け入れた。彼の考えとして最も適当なものを，次の①〜④のうちから一つ選べ。

① 国家は，理性に従って人々が相互に結んだ社会契約のうえに成立している。それゆえ，国家の不当な決定にも従うことが市民のよき生き方である。

② たとえ判決が不当であるとしても，脱獄して国家に対し不正を働いてはならない。不正は，それをなす者自身にとって例外なく悪だからである。

③ 脱獄して不正な者と国家にみなされれば，ただ生きても，よく生きることはできない。人々に正しいと思われることが正義であり，善だからである。

④ 悪いことだと知りつつ脱獄するのは，国家に害をなす行為である。だが，人間の幸福にとって最も重要なのは，国家に配慮して生きることである。

〈16本試［改］〉

ソクラテスの死 毒杯を手に，弟子たちに別れを告げるソクラテス（ダヴィッド画　ニューヨーク　メトロポリタン美術館蔵）

プラトン

Platōn（前427〜前347）古代ギリシャ哲学者

考えよう

○私たちは生活のどのような場合にイデアを想定することができるか。
○プラトンが考える理想国家は，私たちの知る政治の視点でみると何が期待され，何が懸念されるか。

人と思想

　プラトンは，**ペロポネソス戦争**が勃発するさなか，アテネに近いアイギナ島で生まれた。両親が名門貴族の出身であったこともあり，彼は政治家を志していた。しかし，戦況の悪化により民主制が不安定となり，さらには，彼が最も尊敬していたソクラテスが裁判の判決で刑死するに及んで，政治家の道を捨て，ソクラテスから学んだ愛知の精神を貫くために哲学を志し，メガラ，エジプト，イタリアなどに遊学し，後にアテネ郊外に「**アカデメイア**」を創設した。プラトンが生涯のテーマとしたのは，人間の理想的な生き方とともに，人間が形成する**理想的な国家**についてである。彼は，自分の教え子であるディオンとともに理想国家の実現をシチリア島でめざす。しかし，プラトンの考え方が当時，島を支配していた王に認められることはなかった。彼は80歳で没するまで，執筆活動に情熱を傾け，人間と国家のあり方を描き続けた。

　理想主義といわれるプラトンの思想の中心は**イデア論**で，**イデア**とは現実にある個々の事物や事象を超えた**永遠不変の真実在**のことである。例えば，美しい花はやがて枯れてしまうが，美そのものは永遠である。彼は，永遠不変なイデアこそ知識の対象となるべきものと考えた。また，イデアを把握できる哲学者の統治（**哲人政治**）によって，理想国家が実現すると説いた。著書は『**ソクラテスの弁明**』『**クリトン**』『**パイドン**』『**饗宴**』『**国家**』『**ソフィスト**』『**法律**』など。

年	年齢	人物史
前427	0	アテネに生まれる。
前407	20	ソクラテスと親交を深める。
前399	28	ソクラテスの刑死に衝撃を受ける。
前387ごろ	40	学園「アカデメイア」を創設する。
前367	60	シチリアを訪れる。そこで王を教育するが失敗する。
前361	66	再度シチリアを訪れるが，軟禁され，外交手段によって救出される。
前347	80	生涯を終える。

三角形のイデア

黒板に描かれた数学の問題

不完全な正三角形
（現象界）

・不完全な世界
・変化する世界

→ 理性 →
→ 真実在 →

理性のはたらき

完全な正三角形
（イデア界）

・完全な世界
・不滅の世界

解 説

　われわれが黒板に描かれる「正三角形」を見る時，それは，厳密な意味での「正三角形」とはいえない。しかし「正三角形」と仮定して，数学の問題に取り組むことは可能である。このことは，我々が理性をはたらかせることで，本来描かれていない完全な「正三角形」をとらえているともいえる。つまり，不完全な三角形の中に真の存在としての完全な「正三角形」をみているのである。このように人間の理性は，現実世界に**真の存在**で完全な三角形がある世界，つまり「**イデア界**」をみることができるのである。ちなみに，**イデア**は英語の **idea** の語源で，それには「**観念**」と「**理想**」の意味がある。

理想国家について

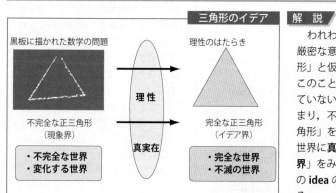

人間の魂　　徳の実現　　国家

理性 → 知恵 → 統治者

気概 → 勇気 → 防衛者

欲望 → 節制 → 生産者

正　義 → 理想国家

四元徳

解 説

　人の魂は，「**理性**」「**気概（意志）**」「**欲望**」の3つに分けられる。それを正しくはたらかせることで，魂はよくなり，それぞれ「**知恵**」「**勇気**」「**節制**」の徳が実現する。そして，「**正義**」は「**理性**」を中心とした秩序が保たれた時，実現するという。これら「知恵」「勇気」「節制」「正義」の4つの基本的な徳のことを「**四元徳**」という。これを国家に当てはめた場合，「知恵」「勇気」「節制」は，「**統治者**」「**防衛者（軍人）**」「**生産者**」それぞれが担うべき徳と重なる。プラトンは，個人の徳と同じように，国家においても，それぞれが担うべき徳を実現した時，調和に満ちた「**正義**」の国家が実現されると考えた。さらに，統治者が担うべき「**知恵**」とはイデアについての真の知であるから，**哲学者が統治者となるか，統治者が哲学者となること（哲人政治）**で，理想国家が実現すると考えた。『**国家**』においては，「哲学者たちが王となって統治するか，現在の王が十分に哲学をするのでない限り，その国にとって不幸が訪れる」と説かれている。

1 イデアの考え方

原典資料

「われわれは、なにか〈正しさ〉ということが、それそのものとしてあるのだ、と主張するだろうか。それとも、そのようなものはないと主張するだろうか」

「ゼウスに誓って、たしかにあると主張します！」

「ではまた、なにか〈美しさ〉ということとか、〈善〉ということについても、それは同様ではなかろうか」

「その通りです」

「それでは、そのような仕方であるもののうち何かを、君はいままでに、眼によってみたことがあったろうか」

「いや、けっしてありません」と彼〔シミアス〕はいった。

「ではほかの、このからだを通じてのなんらかの感覚によって、そのような存在にふれたことがあるだろうか。いま、わたしが言おうとしているのは、すべてについて、たとえば、〈大〉ということとか、〈健康〉ということとか、〈強さ〉ということとか、さらには一言にしていえば、その他のすべてについて、──そのそれぞれの存在の本来的なるもの（ウゥシアー）、つまり、〈おのおのがまさにそれであるという、そのもの〉──を問題としているのである。」〈松永雄二訳「パイドン」『プラトン全集1』岩波書店〉

読解力 power up!

上記資料の内容として、最も適当なものを一つ選べ。

① 「正しさ」や「美しさ」、「善」は本来異なるものであり、「そのもの」を探るためには、そのものに触れることが求められる。

② 「正しさ」や「美しさ」、「善」は本来同じものであり、「そのもの」を探るためには、人間の目で確かめることが有効である。

③ 「正しさ」が「正しさ」としてあるのは、その存在が本来的な「そのもの」なのであって、それは「美しさ」も「善」も同様である。

④ 「大」や「健康」などは、各々がそれであるということを人間の感覚で理解しなければ、本来的なものを見つけられないといえる。

資料 解説

『パイドン』は、ソクラテスが獄中で刑死する前に、彼の友人たちと対話した様子を描いたプラトンの著作（対話篇）である。ソクラテスは「正しい」や「美しい」ものを他との比較や事例で説明するのではなく、「正しい」や「美しい」ものを存在させている「そのもの」を問題とし探究した。

2 「想起（アナムネーシス）」

原典資料

人間がものを知る働きは、人呼んで〈実相〉（エイドス）というものに則して行なわれなければならない、すなわち、雑多な感覚から出発して、思考の働きによって総括された単一なるものへと進み行くことによって、行なわれなければならないのであるが、しかるにこのことこそ、かつてわれわれの魂が、神の行進について行き、いまわれわれがあると呼んでいる事物を低く見て、真の意味においてあるところのもののほうへと頭をもたげたときに目にしたもの、そのものを想起することにほかならないのである。〈藤沢令夫訳「パイドロス」『プラトン全集5』岩波書店〉

資料 解説

プラトンは、ソクラテスにものを知るというはたらきが**イデアの世界**にある「**そのもの**」を探るはたらきであると語らせている。ものを知るとは、我々の「魂」が経験した**イデアの世界を思い出す**（**想起する**）ことによってなされる。

重要語句

イデア（idea）：事物の理想的な形や本源を示す真実在で、プラトン哲学の中心概念。プラトンは、現実世界は生滅する感覚の世界であり、これに対して感覚を超えた不滅の世界があるとし、これが真実で、理想の世界である**イデア界**とした。

善のイデア：すべての善いものを「善いもの」にしているそのもの。最も理想とする善であり、「イデア」の中の**最高のイデア**である（「イデア」の「イデア」）。プラトンは、哲学によって善のイデアに魂が向かうことを説いた。

洞窟の比喩：プラトンは、『国家』の中で、現実の世界としての現象界を暗い洞窟に、イデア界を太陽の光が照らす外の世界にたとえた。人間は、洞窟の奥に閉じこめられた囚人のような存在で、壁に映る影を見て現実と思い込んでいる。影の世界から自己を解放し、太陽の光が照らす真の実在の世界に至るためには、**哲学**を学ぶことが必要であると説いた。

大学入試 challenge!

プラトンについての説明として最も適当なものを、次の①～④のうちから一つ選べ。

① イデアを認識するのは、憧れという欲求であり、イデアへの憧れに衝（つ）き動かされた魂を、翼を持った一組の馬と御者が天上に飛翔（ひしょう）する姿になぞらえた。

② この世に生まれる前は無知であった人間の魂が肉体を持って生まれてきた後、感覚に頼ることでイデアを知ることができると論じた。

③ 感覚的次元に囚われた魂を、暗闇の中で壁に映し出された影を真実と思い込む洞窟内の囚人の姿にたとえ、感覚的世界からイデアへと魂を向け変える必要があると説いた。

④ 理想国家を、理性と欲望が調和した魂の姿と類比し、そのような国家では、全ての人が哲学を学び優れた市民となることで、統治する者とされる者の関係が消滅すると述べた。

〈20本試〔改〕〉

重要語句

想起（アナムネーシス）：人間の魂は、もともと完全なイデアの世界に住み、そこでイデアをみていた。現実の世界は、不完全でイデア界の影のような世界である。人間の魂は、もともと住んでいた完全なイデアの世界にあこがれ、これを想い起こそう（想起）とするのである。

3 エロース

エロース：元来は，古代ギリシャの愛の神，もしくは愛をいう。これをプラトンは，不変の世界であるイデア界にあこがれる欲求を表す言葉とした。イデアを求めるエロースにより，自分が善く生き，正しく生きることができる。

二元論的世界観：プラトンは，生滅する感覚の世界（現実世界）と，感覚を超えた不滅の世界，真実，理想の世界（**イデア界**）とに，世界を二元論的にとらえた。

原典資料

「神々にあっては，知を愛することはなく，知者になろうと熱望することもない——なぜなら，現に知者であるから，——また神以外にも，知者であれば知を愛することはしない。しかし反面，無知蒙昧な者もまた知を愛さず，知者になろうと熱望することもない。つまり，この点こそは，無知の始末の悪いゆえんなのです。自分が立派な人間でもなければ思慮ある者でもないのに，自分の目には申し分のない人間にうつる点がね。ともかく，自分は欠けたところのある人間だと思わない者は，欠けているとも思わないものを自分から欲求するということは決してありません」

「それなら，ディオティマ」とぼくは言った「いったい誰が知を愛する者なのです。知ある者も無知な者もそうでないとすれば」

「そのことなら」と彼女は答えた「もう子供にだってわかり切ったことではありませんか。いま言った両者の中間にある者がそれです。そしてその中にエロースもまた入るのです。さて，そのわけは言うまでもなくこうです。知は最も美しいものの一つであり，しかもエロースは美しいものに対する恋（エロース）です。したがって，エロースは必然的に知を愛する者であり，知を愛する者であるがゆえに，必然的に，知ある者と無知なる者との中間にある者です」〈鈴木照雄訳「饗宴」『プラトン全集5』岩波書店〉

読解力 *power up!*

上記資料の内容として，最も適当なものを一つ選べ。
① 「知」は，神々や知者が追い求めるものであり，神々と知者の中間の存在であるエロースをもつ者は，恋する美しい者である。
② 「知」は，神々はすでに有しているが，無知なる者は，これから有することができるものであるから，始末が悪い者である。
③ 「知」は，もともと神々が熱望することがないものだから，知を愛することは神々の意思に反する行為である。
④ 「知」は，知者も，無知なる者も愛さないが，両者の中間にあるエロースをもつ者は，知を愛する者である。

資料 解説

プラトン中期の著作として位置づけられる『饗宴』では，実際の話し手が「饗宴」に参加した人物の情報をもとに話すという，当時においても斬新な形式が採用され，また，対話内容も単なる酒宴としての「饗宴」ではなく，「知」を愛し求める（**エロース**）という高尚な談話が中心となっている。対話に登場するソクラテスは，「**エロース**」を，肉体の美，精神の美，美のイデアを愛慕するものへと，しだいに高まるものと語っている。

4 四元徳と理想国家

大学入試 *challenge!*

〔1〕 **プラトンの想起説についての記述として最も適当なものを，次の①〜④のうちから一つ選べ。**
① 知識の獲得とは，この世を去る際に身体から解放された魂が，この世で起きたことをイデアを通して想い起こすことである。
② 知識の獲得とは，この世を去る際に身体から解放された魂が，自分は何も知らないという無知を想い起こすことである。
③ 知識の獲得とは，この世に誕生する際に身体に閉じ込められた魂が，不動の動者である神を観想によって想い起こすことである。
④ 知識の獲得とは，この世に誕生する際に身体に閉じ込められた魂が，もともと見知っていたイデアを想い起こすことである。　〈09追試〔改〕〉

〔2〕 **プラトンのいう「愛（エロース）」の説明として最も適当なものを，次の①〜④のうちから一つ選べ。**
① 善美そのものを追い求めようとする情熱のことである。
② 異性を精神的にのみ愛する，清浄な情熱のことである。
③ 精神的な価値観を共有する者に対して感じる友情である。
④ 究極的な一者から人間に与えられた愛である。　〈05追試〔改〕〉

四元徳：「**知恵**」「**勇気**」「**節制**」「**正義**」の4つの基本的な徳のことである。プラトンは「**理性**」「**気概**」「**欲望**」にそれぞれ対応する「**知恵**」「**勇気**」「**節制**」の徳があり，その3つの部分に「**理性**」を中心に秩序が保たれた時，「**正義**」の徳が現れるとした。

原典資料

「こうしてまた，思うに，グラウコン，人が正しい人間であるのも，国家が正しくあったのとちょうど同じ仕方によるものであると，われわれは主張すべきだろう」

「それもまた，まったく必然的なことです」

「しかるに，この点はわれわれがよもや忘れてしまっているはずのないことだが，国家の場合は，そのうちにある三つの種族のそれぞれが『自分のことだけをする』ことによって正しいということだった」

「忘れてしまっているとは思いません」と彼は答えた。

「すると，ここでわれわれのひとりひとりの場合もやはり，その内にあ

解答：【読解力 power up!】④　【大学入試 challenge!】〔1〕④，〔2〕①

るそれぞれの部分が自分のことだけをする場合，その人は正しい人であり，自分のことだけをする人であるということを，憶えておかなければならないわけだ」

「ええ，しっかり憶えておかなければなりません」と彼。

「そこで，〈理知的部分〉には，この部分は知恵があって魂全体のために配慮するものであるから，支配するという仕事が本来ふさわしく，他方〈気概の部分〉には，その支配に聴従しその味方となって戦うという仕事が，本来ふさわしいのではないか」

「たしかに」

「ところで，われわれが言っていたように，音楽・文芸と体育とは，相まって，それらの部分を互いに協調させることになるのではないだろうか？——一方〔理知的部分〕を美しい言葉と学習によって引き締め育くみ，他方〔気概の部分〕を調和とリズムをもって穏和にし，宥めながら弛めることによってね」〈藤沢令夫訳「国家」『プラトン全集11』岩波書店〉

読解力 *power up!*

上記資料の内容として，最も適当なものを一つ選べ。
①個人と国家における徳のあり方は本来違うものであることから，国家を善くすることと個人を善くすることは，基本的に異なる。
②個人と国家における徳のあり方は本来違うものであることから，音楽や体育によって，徳を調和させることで「正義」が実現する。
③個人と国家における徳のあり方は同様のものであり，3つの部分を国家がそれぞれ受けもつことで個人としてのバランスがとれる。
④個人と国家における徳のあり方は同様のものであり，国家の3つの種族のように，個人のそれぞれの部分が自分のことだけをする場合，正しくなる。

資料 解説

『国家』では，プラトンの**理想国家**について説かれている。人間の魂は，「理性」「気概」「欲望」の3つの部分からなり（**魂の三分説**），それぞれの部分の徳として，**「知恵」「勇気」「節制」**を考え，これらに秩序が生まれる時，**「正義」**の徳が実現されるという。市民が正しく生きるためには，国家において正義が実現されていなければならない。彼は，個人の徳と同様に，国家においても，**「統治者」「防衛者」「生産者」**の3つに分け，それらの分業を正しく行うことで国家が秩序ある正しい状態となって，**正義**と幸福が実現すると説いた。

5 哲人政治論

原典資料

「哲学者たちが国々において王となって統治するのでないかぎり」とぼくは言った，「あるいは，現在王と呼ばれ，権力者と呼ばれている人たちが，真実にかつじゅうぶんに哲学するのでないかぎり，すなわち，政治的権力と哲学的精神とが一体化されて，多くの人々の素質が，現在のようにこの二つのどちらかの方向へ別々に進むのを強制的に禁止されるのでないかぎり，親愛なるグラウコンよ，国々にとって不幸のやむときはないし，また人類にとっても同様だとぼくは思う。」〈同前〉

資料 解説

アテネにおけるポリスの政治が腐敗していることに失望したプラトンは，理想国家のあり方として，哲人が統治者となる政治を主張した（**哲人政治・哲人王**）。ここでは，**「知恵をもつ哲学者が統治者になるか」**，**「統治者が哲学を学んで知恵を身につけるか」**のどちらかでなければ，国家の**正義**は実現できないと説かれている。

重要語句

理想国家：プラトンが『国家』の中で主張した，個人の倫理と同一の原理から導き出した国家論のこと。個人の3つの部分からなる魂の構成に対応して，国家は，**支配者階級**（統治者），**防衛者階級**（軍人），**生産者階級**（農民や職人）の3つの階級に分かれる。それら3階級が**知恵・勇気・節制**の徳を発揮することで美しく調和して国家全体の**正義**が実現するとした。

大学入試 *challenge!*

プラトンは，魂の三部分の関係に基づいて国家のあり方を説明した。彼の国家についての思想として最も適当なものを，次の①～④のうちから一つ選べ。

①一人の王の統治は，知恵を愛する王による統治であっても，つねに独裁制に陥る危険を孕んでいる。それゆえ防衛者階級も生産者階級も知恵・勇気・節制を身につけ，民主的に政治を行う共和制において正義が実現する。

②統治者階級は，知恵を身につけ，防衛者階級を支配し，防衛者階級は，勇気を身につけ，生産者階級を支配する。さらに生産者階級が防衛者階級に従い節制を身につけたとき，国家の三部分に調和が生まれ，正義が実現する。

③知恵を愛する者が王になることも，王が知恵を愛するようになることも，いずれも現実的には難しい。知恵を愛する者が，勇気を身につけた防衛者階級と節制を身につけた生産者階級とを統治するとき，正義が実現する。

④知恵を身につけた統治者階級が，防衛者階級に対しては臆病と無謀を避け勇気を身につけるよう習慣づけ，生産者階級に対しては放縦と鈍感とを避け節制を身につけるよう習慣づける。このようなときに正義が実現する。　〈05本試〉

重要語句

哲人国家：プラトンが理想とした国家のあり方のこと。**善のイデア**を認識できる，哲人による政治が行われる国家を理想とした。「哲学者が政治家になるか，支配者が理性をはたらかせて哲学を学ぶか」，そのどちらかによって理想国家が実現すると考えている。

アリストテレス

Aristotelēs （前384〜前322） 古代ギリシャ哲学者

考えよう

○アリストテレスが現実主義者だといわれるのはなぜか。
○アリストテレスの考えは，私たちの社会の幸福につながると思うか。

人と思想

　ギリシャ北東部の植民市スタゲイロスにマケドニア王の侍医ニコマコスを父として生まれた。早くに父と死別したが，義兄の後見により生活は豊かで，学問に励むことができた。17歳の時，アテネに行き**アカデメイア**に入門，プラトンの死まで20年間，研究生活を送った。ただし，当時のプラトンは各地に出向くことが多く，一般に思われているほど親密な師弟関係ではなかったと思われる。アカデメイアを去った後は各地を遊学し，41歳の時，マケドニア王フィリッポスに招かれ，王子アレクサンドロスの教師として7年間を過ごした。しかし，後のアレクサンドロスの政策とアリストテレスの思想には大きなへだたりがある。その後，アリストテレスはマケドニア支配下のアテネに戻り，郊外の**リュケイオン**に学校を開き，あらゆる分野の研究と教育に没頭した。彼の学校には屋根つきの遊歩道（ペリパトス）があり，そこで講義をしたことから，彼の学派は**ペリパトス（逍遙）学派**と呼ばれた。やがて，アレクサンドロスが急死すると，アテネに反マケドニア運動がおこり，アリストテレスにもその矛先が向けられた。彼は，神を冒瀆する罪で告発され，奇しくもソクラテス

と似た立場となったが，亡命し，翌年死去した。
　アリストテレスはプラトンとは反対に**現実主義**の立場をとり，事物は概念である**エイドス（形相）**と素材である**ヒュレー（質料）**からなるとして，現実の個物を離れて，イデアは存在しないとした。また，徳を**知性的徳**と**中庸**を原理とする**倫理（習性）的徳**に分け，最高善である幸福は**テオリア（観想）**の生活であるとした。後世「**万学の祖**」と称えられたアリストテレスが西洋の学問に残した功績は大きい。主著は『**形而上学**』『**自然学**』『**ニコマコス倫理学**』『**政治学**』など。

年	年齢	人物史
前384	0	マケドニアに生まれる。
前367	17	アカデメイアに入門，以後20年間の研究生活を送る。
		帰国後，ピュテアスと結婚する。
前343	41	マケドニア王子アレクサンドロスの家庭教師を務める。
前335	49	アテネのリュケイオンに学校設立。
前323	61	アテネを去る。
前322	62	カルキスで死去。

アリストテレスの徳

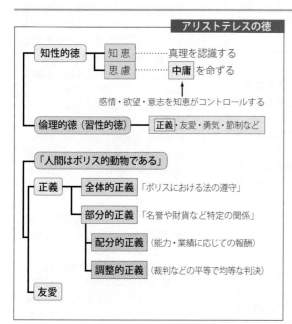

知性的徳 ── 知恵 ……… 真理を認識する
　　　　　└ 思慮 ……… 中庸 を命ずる
　　　　　　　　　　　感情・欲望・意志を知恵がコントロールする
倫理的徳（習性的徳） ── 正義・友愛・勇気・節制など

「人間はポリス的動物である」
正義 ── 全体的正義 「ポリスにおける法の遵守」
　　　└ 部分的正義 「名誉や財貨など特定の関係」
　　　　　├ 配分的正義（能力・業績に応じての報酬）
　　　　　└ 調整的正義（裁判などの平等で均等な判決）
友愛

解説

　アリストテレスは，徳を「**知性的徳**」と「**倫理（習性）的徳**」の2つに分けて考えた。「知性的徳」には，真理を認識する知恵や，感情や欲望をコントロールし，「中庸」を命ずる思慮がある。「倫理的徳」は，習慣づけや反復によって獲得される徳のことである。具体的には，「正義」や「友愛」などの徳が該当し，これらを獲得するためには，感情や欲望をコントロールすることで得られる**中庸の判断を習慣づけること**が重要とされた。彼は，倫理的徳の中で「**正義**」と「**友愛**」を特に重視した。なぜならば，これらの徳は，個人の人格を善にするとともに，ポリス社会において全体に幸福を与え，秩序を安定させるものと考えたからである。しかし，ただ単に個人の幸福を実現するといっても，各人で異なる。そこで，人々が公平に生活し，公正な社会を実現するために「正義」の概念を区切ることで，正しい判断を導き出そうとしたのである。彼は，まず「**全体的正義**」と「**部分的正義**」に分けた。「全体的正義」は，ポリス社会において全員が守るべき正義を示しており，「部分的正義」は，個々の職業や権利における正義を示している。

形相と質料

概念　　　　　　素材　　　　　　現実の個物
形相（エイドス） ＋ **質料（ヒュレー）** ＝ **実体（ウーシア）**
机を例にとると…
（机のかたち）　　（机の素材）　　　（机）

解説

　アリストテレスは，現実の存在を**形相（エイドス）**と**質料（ヒュレー）**からなると考えた。机を例にとると，机の素材としての木材などが質料であり，机の形，机たらしめる概念が形相を示している。
　形相とは，質料を限定して個物たらしめる本質のことであり，プラトンのイデアに相当する。彼は，プラトンのイデアが，現実世界から分離していることを批判し，形相があくまでも**現実世界の個物に内在している**と考えた。

1 イデアの解釈

原典資料

　ところでソクラテスは，倫理的方面の事柄についてはこれを事としたが，自然の全体についてはなんのかえりみるところもなく，そしてこの方面の事柄においてはそこに普遍的なものを問い求め，また定義することに初めて思いをめぐらした人であるが，このことをプラトンはソクラテスから承け継いで，だがしかし，つぎのような理由から，このことは或る別種の存在についてなさるべきことで感覚的な存在については不可能であると認めた。その理由というのは，感覚的事物は絶えず転化しているので，共通普遍の定義はどのような感覚的事物についても不可能であるというにあった。そこでプラトンは，あの別種の存在をイデアと呼び，そして，各々の感覚的事物はそれぞれその名前のイデアに従いそのイデアとの関係においてそう名づけられるのであると言った。けだし，或るイデアと同じ名前をもつ多くの感覚的事物は，そのイデアに与かることによって，そのように存在するというのであるから。

〈出隆訳，アリストテレス『形而上学（上）』岩波文庫〉

読解力 *power up!*

上記資料の内容として，最も適当なものを一つ選べ。

①ソクラテスは，自然のことについて考えることがなかったが，自然と倫理的な事柄が重なる部分について，普遍的な定義を追い求め，感覚的な存在の中で共通不変の定義を見つけ出した。

②プラトンは，イデアの存在をソクラテスから受け継いだことで，倫理的な事柄だけでなく，感覚的な事物の中においても普遍的な定義を見つけ出すことが不可能であることを証明した。

③ソクラテスは，感覚的な事柄が常に転化することを知っていたことから，自然のことではなく倫理的な事柄についてのみ普遍的な定義を追い求め，それはイデアという考え方でプラトンに引き継がれた。

④プラトンは，ソクラテスが求めた普遍的な定義の考え方を受け継いだが，不変の定義づけが感覚的なものが常に転化する世界では不可能であるのを見て，別にイデアという存在を考えた。

資料 解説

　アリストテレスによると，彼の師であるプラトンがイデアの考えに至ったのは，ソクラテスが普遍的なものを追い求める中，感覚的事物が存在する世界＝**現実世界**は，常に変化するため定義不能であることから，イデアの存在する別種の世界を設定したと説明される。この分析のもと，アリストテレスはプラトンのイデアの考えを批判し，事物の本質についての考えを展開していく。

2 形相と質料

原典資料

　いまここでは，しかし，一般に認められている実体についての研究に進むことにしよう。それは，感覚的な実体である。そして，感覚的な実体はすべて質料をもっている。ところで，基体は実体であるが，（1）或る意味では質料が基体である，……また（2）いま一つの意味では，説明方式または型式〔形相〕がそれである，……（3）第三の意味では，これら両者から成るものがそれであって，この意味での基体にのみ生成または消滅があるのであり，これのみが端的に離れて存するものである。というのは，説明方式〔形相〕としての実体のうちでも或るもの〔たとえば理性のごとき〕はそうであるが，その他の多くは〔説明方式の上で離されうるのみで〕端的に離れて存するものではないからである。〈同前〉

重要語句

現実主義：理想に対して現実的なものを重視する立場のこと。プラトンはイデアの世界という理想を説いたが，アリストテレスはこれを批判し，現実の世界に真実を見る，現実主義の立場をとった。

観想（テオリア）：元来は見ることを意味し，「実践」に対する語で，事物を冷静にとらえることをいう。ギリシャにおける合理的精神を象徴的に表す言葉で，アリストテレスは，感覚的なものに惑わされない観想的な生活を人間の幸福と考えた。

大学入試 *challenge!*

アリストテレスの自然観の説明として最も適当なものを，次の①～④のうちから一つ選べ。

①自然界の事物は，質料に形相が与えられることで成り立っており，事物は質料の実現という目的に向かって生成・発展していく。

②自然界の事物は，質料と形相とが結び付いて成り立っており，事物は形相の実現という目的に向かって生成・発展していく。

③自然界の事物は，質料に形相が与えられることで成り立っており，形相がもつ潜在性によって，偶然的で自由な仕方で生成・発展していく。

④自然界の事物は，質料と形相とが結び付いて成り立っており，質料がもつ潜在性によって，偶然的で自由な仕方で生成・発展していく。

〈18本試〉

重要語句

形相（エイドス）：広い意味での形のこと。アリストテレスの存在論の概念で，プラトンのいうイデアに相当し，事物に内在し，そのものたらしめている本質を示す。

質料（ヒュレー）：事物の素材のこと。形相とともに事物を構成する要素のことをいう。

現実態（エネルゲイア）と可能態（デュナミス）：アリストテレスの哲学用語であり，形相が現実に姿を現し完成した状態を現実態（エネルゲイア），そして，質料の中に形相が実現する可能性がある段階でいまだ混沌としてかたちが現れていない状態を可能態（デュナミス）と呼んだ。

目的論的自然観：自然の成り立ちは，「何かのためにある」という一定の目的の規則によるとの考え方。アリストテレスが自然における事物の生成（物理的側面）にまで目的論を適用したことで，後の西洋世界にあらわれる**機械論的自然観**と対立する。

解答：【読解力 power up!】④　【大学入試 challenge!】②

　ここでアリストテレスは，一般的なモノ（**実体・ウーシア**）について説明している。ここでいう**実体**は，人間が感覚によりつかむものである。**質料**（ヒュレー）は，材料，素材という意味であり，個物は，質料と「それが何であるか」ということを規定する**形相**（エイドス）より成り立つ。したがって，実体には，（1）でいう質料と（2）でいう形相の存在を確かめることができる。（3）では，理性という形相のみで存在するものを除けば，多くの実体は質料と形相の両者を離すことなく存在しているという。木材を例にすると，木材は質料であると同時に「それが何であるか」という形相としての木材という性格を有し，それを現実世界において分離することはできない。したがって，アリストテレスは，彼の師であるプラトンのイデアのように，現実界から離れるのではなく，ものの本質を形成する形相（エイドス）は，あくまで，**現実世界の中に内在する**と考えた。

3　習性的徳

　卓越性（徳 アレテー）には二通りが区別され，「知性的卓越性」「知性的徳」（ディアノエーティケー・アレテー）と，「倫理的卓越性」「倫理的徳」（エーティケー・アレテー）とがすなわちそれであるが，知性的卓越性はその発生をも成長をも大部分教示に負うものであり，まさしくこのゆえに経験と歳月とを要するのである。これに対して，倫理的卓越性は習慣づけに基づいて生ずる。……

　このことからして，もろもろの倫理的な卓越性ないしは徳というものは，決して本性的に，おのずからわれわれのうちに生じてくるものでないことは明らかであろう。……これらの倫理的な卓越性ないしは徳は，だから，本性的に生れてくるわけでもなく，さりとてまた本性に背いて生ずるのでもなく，かえって，われわれは本性的にこれらの卓越性を受けいれるべくできているのであり，ただ，習慣づけによってはじめて，このようなわれわれが完成されるにいたるのである。

〈高田三郎訳，アリストテレス『ニコマコス倫理学（上）』岩波文庫〉

読解力 power up!

上記資料の内容として，最も適当なものを一つ選べ。

①倫理的徳は，経験と歳月が必要なことから，習慣づけではなく，人間の本性より生ずるものといえる。

②知性的徳は，倫理的徳と同じ性格をもっており，人間の習慣づけに基づいて身につけることができる。

③倫理的徳は，ひとりでに人間から生み出されるものではないが，習慣づけによって身につけることができる。

④知性的徳は，教育によって成長させることができる一方で，人間の本性との関連で習慣づけによっても獲得できる。

　「ニコマコス」という名称は，彼の息子の名前に由来するが，この著作はアリストテレスが創設した学園で行われた講義に基づくものである。

　アリストテレスは，徳（**アレテー**）を，理性をはたらかせる「**知性的徳**」と，習慣づけや反復によって獲得される「**倫理的徳**」に分けた。「知性的徳」には，真理を認識する**知恵**や，過度や不足という両極端を避け，善の実現をめざす**中庸**を命ずる**思慮**がある。この徳を身につけるためには，教育や学習が必要である。一方「倫理的徳」は，習慣を身につけることによって，獲得できる徳（習性的徳）であり，感情や欲望を統制する習慣を身につけることにより達成できる。そして，習慣を身につけるための行為などの基準として，中庸を重んじた。

〔1〕アリストテレスは形相と質料という概念を導入した。この二つの概念の関係を説明する例として適当なものを，次の①〜③のうちから一つ選べ。

①それぞれの猫が持っている性質と，私の猫の能力。

②椅子の機能や構造と，椅子の素材となる鉄材。

③水という物質と，雨や嵐などの自然現象。　〈98本試［改］〉

倫理的卓越性（倫理的徳）：習慣づけやくり返しによって獲得される徳のこと。アリストテレスは，この徳による**習慣**（エートス）により，感情や欲望を統制し，正義や**友愛**という徳につながると考えた。

思慮（フロネーシス）：知性的徳の一つである。思慮は，過不足のない**中庸**を判断して，周囲の状況に応じた行動ができる能力である。行為そのものの，善悪について判断することにかかわる。

〔2〕徳に関するアリストテレスの思想の説明として最も適当なものを，次の①〜③のうちから一つ選べ。

①中庸とは，各々の状況下で極端を避けて適切に行動し得る状態のことである。そうした行動を習慣づけたならば，徳をもたなくても，常に正しく行動することができる。

②部分的正義は，人々の間に公正をもたらす徳であり，弱者や困窮者に富や機会を配分する配分的正義と，取引や訴訟において当事者の利害得失を均等に保つ調整的正義とに分けられる。

③理性の最高の徳は知恵である。この知恵の徳に基づいて，日常的な利害への関心を離れ，理性を純粋にはたらかせる観想（テオーリア）の生にこそ，人間にとって究極の幸福がある。　〈16追試［改］〉

「人間はポリス的動物である」：人間は，幸福も人間としての徳も，ポリスの生活においてのみ実現されるということ。アリストテレスは，『政治学』の中で，ポリスという共同体において，仕事を分業して生きる**社会的動物**が人間であると定義した。

4 中庸（メソテース）

原典資料

　反対なるものは互いに他を拒否し合う。そして両極は相互に反対であるし、またそれは中とも反対である――なぜというに、中は両極のおのおのに対してそれぞれの極だからであって、たとえば「平均」は「より少」よりもより大であるが、「より大」よりもより少であるごときである。それゆえに倫理的徳は或る中に関わらねばならぬし、また何らかの中庸でなければならない。してみれば、如何なる性質の中庸が徳であり、また如何なる性質の中に徳は関わるか、そのことが理解されねばならない。

〈茂手木元蔵訳「エウデモス倫理学」『アリストテレス全集14』岩波書店〉

資料 解説

　アリストテレスは、人間として正しく生きるためには、理性に従って欲望や感情を抑え、**中庸**を重視しなければならないと考えた。中庸は、過度と不足の両極端を避け、中間を選ぶことにあるが、単に両極端を機械的に2で割ったようなものではない。つまり、「**無謀**」と「**臆病**」という両極端の行為がとれる場合に、その中間の行動をとるという意味ではなく、その場面に見合った、適切な行為としての中庸（この場合は「**勇気**」）をめざすということである。

5 愛（フィリア）について

原典資料

　友のためには、ひとは友そのひとのために善いことを願わなければならないと言われている。しかも、このように相手のために善いことを願うひとが、相手からも同じようにされない場合には、かれは好意あるひとと呼ばれる。すなわち、「相互に相手に対して抱かれる好意」をわれわれは愛と呼ぶのである。……相手が自分に対してどのような気持を持っているかに気付かないでいるひとびと同志をわれわれはどうして友人であると呼ぶことができようか。こうして、友とは、上述の動機のうちの一つによって、互いに相手に対して好意をいだき、相手のために善いことを願い、かつ、そのことが互いに相手に気付かれているものでなければならない。

〈加藤信朗訳「ニコマコス倫理学」『アリストテレス全集13』岩波書店〉

読解力 power up!

上記資料の内容として、最も適当なものを一つ選べ。

①「友に好意がある」とは、人間だけではなく、無生物との関係で互いに好意をもち、善いことを願うことをいう。

②「友を愛する」とは、相手がまったく気づくことがなく、一方的であっても、善いことを願い、好意をもつことをいう。

③「友を愛する」とは、相手のために善いことを願うことであり、愛し返すことが難しい敵に、自分の愛を注ぐことをいう。

④「友に好意がある」とは、互いに好意があると気づいていて、自分が相手のために善いことを願っていることをいう。

資料 解説

　アリストテレスのいう愛は、**友愛（フィリア）**と呼ばれる。これは、互いに好意を抱き、相手のために善いことを願う愛のことである。一方、プラトンが説いた愛（**エロース**）は、理性をはたらかせて真善美に到達しようとする衝動を意味し、相互関係を強調するアリストテレスの**友愛（フィリア）**とは、異なるものであった。人間どうしの互いの関係で成立する友愛（フィリア）の重視は、ポリスの結合を重視したアリストテレスの考えの根幹ともいえるものである。

重要語句

中庸（メソテース）：習性的徳を成立させる原理となるもので、両極端を避けた程度のよさ、具体的状況における適切さのことである。

中庸の考え方

超過な情念	中　庸	過小な情念
無　謀	勇　気	臆　病
放　埒	節　制	鈍　感
見　栄	真　実	卑　下
追　従	厳　正	横　柄
おごり	自　負	卑　屈
邪　知	思　慮	愚　直

大学入試 challenge!

イデア論を批判したアリストテレスについての説明として最も適当なものを、次の①〜④のうちから一つ選べ。

①善のイデアを追究する生き方を理想としたプラトンを批判して、善は人によって異なるので、各自が自分にとっての善を追究すべきだと説いた。

②理性で捉えられるイデアを事物の原型としたプラトンを批判して、事物が何であるかを説明する唯一の原理は、事物を構成する質料であるとした。

③永遠不変のイデアが存在するとしたプラトンを批判して、すべては現実態から可能態へと発展するのであり、同一であり続けるものはないと述べた。

④個々の事物を離れて存在するイデアを真の知の対象としたプラトンを批判して、個々の具体的な事物こそ探究の対象とすべきだと主張した。

〈15本試［改］〉

重要語句

友愛（フィリア）：アリストテレスが倫理的徳として、**正義**とともに重視した、ポリス内の人間としての親愛の情のこと。

正義：ポリス的存在として身につける徳のこと。アリストテレスは、正義を**全体的正義**（ポリスの法を守ることなど）と部分的正義に分け、**部分的正義を配分的正義**（各人の能力や地位に応じた分配）と調整的正義（裁判や刑罰など全員平等が原則）に分けた。

ゼノン

Zēnōn（前335？〜前263？）ストア学派の哲学者

考えよう

○「自然に従う生き方」を私たちの生活の場面で考えるならば、どのように表現できるか。
○ストア派の考え方が、ローマ時代の皇帝に受け入れられたのはなぜか。

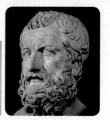

人と思想

ゼノンはキプロス島の貿易商人で、30歳ごろ、航海中に難破してからアテネに住み、**クセノフォン**の『ソクラテスの思い出』を読んで哲学を志したと伝えられている。自然哲学者のエレアのゼノンと区別して、ストアのゼノンあるいはキプロスのゼノンと呼ばれる。

ゼノンは世界を支配しているのは理性であり、人間も自らの理性に従って情欲を抑えることが、あるべき生き方と考えた。そして、何ものにも動揺しない**アパテイア**を説くとともに、理性は世界を支える原理と説き、**情念（パトス）**によって左右されず、自然に従って理性的に生きることが人間の幸福であるとした。

年	人物史
前335？	キプロスに誕生。
前313？	アテネで師に学ぶ。
前301？	ポイキレー－ストア（彩色柱廊）で講義。
前263？	死去。

古代ギリシャ思想の変質

アレクサンドロス大王の東方遠征
ポリス社会の崩壊（共同体の喪失）

↓

世界市民主義（コスモポリタニズム）
世界（コスモス）をポリスとする市民の構想。

「自然に従って生きよ」
ゼノンは、理性に従い魂の徳を求める生き方を説いた。

解説

ギリシャを征服したアレクサンドロス大王によって建設された大帝国の出現によって、**ポリス（共同体）**を失った人々は、広大な世界に個人として孤立的に生きる存在（**世界市民〔コスモポリテース〕**）となった。戦乱が続く不安定なこの時代においては、客観的真理を求めることよりも、個人がどのように生きていくべきかという問題に関心が高まった。

ゼノンは、**世界（コスモス）**をポリスとする市民を構想し、広大な世界に生きる人間のあるべき姿として、自然の摂理である理性に従って、魂の徳を求める生き方を提唱した。

1 アパテイア

原典資料

生の目的は「自然と整合的に生きること」である……これは、実に「徳に従って生きること」と同じことなのである。なぜなら、自然は徳を目標にわれわれを導いて行くからである。……それは、自分を自然の状態に保つことであり、……自然に即してあるものは持ち続け、その反対は斥けることだ、ということになる。……ついで、その選択が絶えず繰返されて、終には、それは首尾一貫した、しかも自然と整合したものとなる。そして、かかる選択にまで進んで初めて、その中に真実"善"と呼ばれうるものが内在するに至り、その善の何たるかが理解され始めるのである。……この最高善は、ストア派の人々が整合的生と呼び、そして、よければ、われわれが一致した生と呼んでいるものの中に置かれているのである……。

〈山本光雄・戸塚七郎訳編『後期ギリシア哲学者資料集』岩波書店〉

資料 解説

自然（理性）に従って生きることの究極のあり方が**アパテイア（無情念・不動心）**の境地である。優れた者は、悲しみや恐怖、欲望に打ち勝ち、正しい判断と行動を選択して、穏やかな生を過ごすことができるとした。避けることのできない死や災難を受け入れ、耐える力をもつことが、優れた者の生き方であるとする**ストア派**の思想は、ローマ時代の皇帝たちに受け入れられていった。ちなみに**ストア**は、英語のストイック（stoic）の語源となっている。

また、人間の有する理性の普遍性という考え方は、人間の理性に従うことと、**自然を支配する理法**に従うことが同様であることから導き出されている。そのため、後の人間の理性（自然）に基づく法としての自然法の人権思想に結びついていった（自然法思想→ p.205）。

重要語句

禁欲主義（stoicism）：ゼノンによる**ストア派**に代表される考え方。理性によって感情や欲望を抑制し、理想の境地に到達することをめざす。

アパテイア（無情念・不動心）：情念（パトス）の否定形を意味する。情念のはたらきは、人間を迷い苦しませる。ゆえにストア派の人々は、**アパテイア**としての非情念的な生活を営むことを求めた。

大学入試challenge!

ストア派のアパテイアの説明として正しいものを、次の①〜③のうちから一つ選べ。

① 自然に従って生きることで、魂が完全に理性的で調和したものとなり、欲望や快楽などの情念によって動かされない状態。

② 情念や欲望が理性の命令に聞き従うことで、魂の三部分間の葛藤や分裂が克服され、心が全体として理性によって制御された状態。

③ 苦しみや悲しみなどが取り除かれて、心のうちに快楽が得られることによって、魂が浄化された平静な状態。

〈13本試［改］〉

エピクロス

Epikouros（前341?〜前270?）　エピクロス学派の哲学者

○アタラクシアよりも幸福な状況とは何だ
ろうか。
○アタラクシアが達成された社会とは，現
代で考えるとどのように説明できるか。

人と思想

　エピクロスはサモス島の植民者の子に生まれ，必ずしも経済的に恵まれていたとは
いえないが，父の影響で早くから学問に親しんでいた。
　エピクロスは精神的快楽に幸福を求め，すべてに平静な心である**アタラクシア**を説
いた。彼のいう快楽とはどんな小さなことにも満足する自制の心でもあった。また，
公的生活を避け，平穏で安全な生活を理想として，**「隠れて生きよ」**と述べた。とは
いえ，それは，人間関係を断ち切ったものではなく，性別や身分に関係のない友情に
あふれた共同生活であった。

年	人物史
前341？	サモス生まれ。
前324ごろ	アテネへ。
前310ごろ	学派結成。
前270？	死去。

アタラクシア

```
┌─────────────────────────┐  ┌─────────────────────────┐
│ ポリス的世界観・価値観の崩壊 │  │ 政情の不安定さや社会の混乱 │
└─────────────────────────┘  └─────────────────────────┘
              ↓
┌─────────────────────────────────────────┐
│ 個人の生活に幸福と満足を求める生き方の提唱 │
└─────────────────────────────────────────┘
              ↓
┌─────────────────────────────────────────┐
│ 心の平静（アタラクシア）こそが幸福である │
└─────────────────────────────────────────┘
```

解説

　エピクロスは，社会が混乱し不安定な時代において，恐
怖から逃れて幸福な生活を送るためには，現実社会の欲望
を捨て世俗社会から身を引いて（**「隠れて生きよ」**），肉体
の健康に留意しながら，魂を動揺させる臆見をなくすこと
をめざして，思慮深く美しく正しく生きることが大切であ
ると考えた。彼の説く快楽主義の快楽とは，苦しみや悩み
のない状態のことであり，幸福とは快楽を求めることによ
って得られる心の平静（**アタラクシア**）であり，精神的
にも肉体的にも苦痛のない状態のことである。

1 アタラクシア

原典資料

　これらの欲望について迷いのない考察ができていれば，人はどんな選択
や回避も，身体の健康や魂の平静に帰着させることができる。すなわち，
身体が健康で魂が平静であることこそが，浄福なる生の目的だからである。
……苦痛を感じたり恐れたりしないことを目的として，なされているからで
ある。……われわれが快楽を必要とするのは，ほかでもない，現に快楽
がないために苦痛を感じている場合なのであって，苦痛がない時には，わ
れわれはもう快楽を必要としない……。

〈山本光雄・戸塚七郎訳編『後期ギリシア哲学者資料集』岩波書店〉

読解力 power up!

上記の内容として，最も適切なものを一つ選べ。

①快は，どのような種類のものであっても，害悪をもたらすものではなく，
　人間にとって善なるものである。
②快く生きるためには，あらゆる苦痛や恐怖の原因を取り除き，長生きで
　きるように努めることが大切である。
③快く生きるためには，肉体において苦しみを避け，快楽に満たされた状
　態になることが大切である。
④快は，身体の健康や魂の平静によって，苦痛を感じたり恐れたりしない
　状況になることで得られる。

資料 解説

　現実生活の中でよりよき生と幸福は，身体の健康を保ち，恐怖や苦しみの原
因となる臆見を取り除くことによって求められるとした。苦しみは悪であり，
悩みや動揺のない状態である快が善なのである。**「死はわれわれにとってなに
ものでもない」**とエピクロスは述べている。

重要語句

快楽主義：欲求を満たすための快楽に最高
の価値をおき，人生の目的とする考え方や
生き方を指す。古代ギリシャのキュレネ派
に属するアリスティッポスが初期の快楽主
義者といわれる。さらに，ヘレニズム時代
のエピクロス，そして，近代においては，
ベンサムの功利主義によって主張された。
エピクロス的な快楽主義の特徴は，徳によ
って得ることができる心の平安に基づく永
続的な快楽といえる。

アタラクシア：外界のわずらわしさに影響
されない心の平静さのこと。エピクロスの
いう真の快楽とは，放縦や奢侈な生活から
得られるものではなく，質素で節度ある生
活によって実現されるものである。

「隠れて生きよ」：エピクロス派の信条を示
す言葉。心の平静を乱す政治や世俗にかか
わることを回避しようとする考え方が表れ
ている。

エピクロスと原子論：エピクロスは，快楽
主義を説く一方で，自然哲学者であるデモ
クリトスらの原子論の考えを取り入れた。
原子論は，人間が死に至ることが単に原子
（アトム）から構成された有機体が分解さ
れた状態に戻るにすぎないことを意味する。
したがって，死がもたらすものは，異世
界でも物質的な苦痛でもない。死の恐れの
払拭は，心の不安を取り除き，**心の平静
（アタラクシア）**につながるとエピクロス
は考えた。

後期ストア派・新プラトン主義

考えよう
○ヘレニズム時代にストア派の思想が受け入れられたのはなぜだろうか。
○新プラトン主義で唱えられた「一者」は、現代で考えると何を想定することができるだろうか。

キケロ
（前106〜前43）

ローマ共和政末期の政治家であり哲学者。ローマの執政官を務めるが、政争に巻き込まれ暗殺された。

原典資料

さしあたりは、法の根源をたずねることにしよう。

さて、そのばあい、すぐれた学者たちはおきてというものから出発するのがよいと考えたのだ。このやり方は、彼らが定義しているように**おきて**となるものが自然に内在した最高の理性であり、なすべきことを命じ、なすべからざることを禁じるものであるとするならば、おそらく正しいであろう。そして、その同じ理性が、人間の心のなかに確立され、完成されたばあいには、**法律**となるわけだ。

〈中村善也訳、キケロ「法律について」『世界の名著13』中央公論社〉

資料 解説

法の根源は、自然に内在する理性と指摘される。法律の根源を、人間や自然に内在する最高の理性に求める姿勢は、ストア派の思想によるものと解釈できる。

セネカ
（前1頃〜後65）

ローマ帝国時代の政治家・哲学者。皇帝ネロ（37〜68）の教育係を務め、政治最高顧問を担当した。

原典資料

生きることの最大の障害は期待をもつということであるが、それは明日に依存して今日を失うことである。運命の手中に置かれているものを並べ立て、現に手元にあるものは放棄する。君はどこを見ているのか。どこに向かって進もうとするのか。将来のことはすべて不確定のうちに存する。今直ちに生きなければならぬ。

〈茂手木元蔵訳、セネカ『人生の短さについて他二篇』岩波文庫〉

資料 解説

セネカは、私たちの人生は短いものであるが、無駄をなくしたよりよい生活を過ごせば、決して短いものではなく、十分に長いという。さらに、人生をよく生きるための生き方の質にも言及している。生活に必要な実務を捨て去り、自然の研究や徳を修得するするために生きるべきだと主張した。

プロティノス
（205〜270）

新プラトン主義の確立者。弟子のポルピュリオスが編纂した『エネアデス』に彼の考えが表されている。

原典資料

まことに、万有を生むものとしての、一者自然の本性は、それら万有のうちの何ものでもないわけである。したがって、それは何らかのもの（実体）でもなく、また何かの性質でも量でもないわけである。それは知性でもなければ、魂でもない。それは動いているものでもなければ、また静止しているものでもない。場所のうちになく、時間のうちにないものである。それはそれ自体だけで唯一つの形相をなすものなのである。

〈田中美知太郎訳「エネアデス」『プロティノス全集第4巻』中央公論社〉

資料 解説

人間の魂は「善なるもの」、もしくは、「**一者**」との合一を目的とする書。「一者」は、「善者」とも呼ばれ、有るものが「一者」ではなく、無形相であるため、魂でとらえることはできない。「一者」をみるためには、魂がいっさいの形相を捨て、理性以上のはたらき（感情、欲望、思考などを捨て、脱我の状態となる）によって、「一者」へ到達することができるとする。

解説

ヘレニズム時代以降、古代ギリシャ哲学は、プラトンの流れをひくアカデメイア学派、アリストテレスを祖とするペリパトス学派、ストア学派、エピクロス学派の4大学派が成立した。なかでもストア学派はキケロ、セネカ、ローマ皇帝マルクス＝アウレリウスらを輩出し、隆盛した。一方、プラトン哲学の影響を受け、3世紀には新プラトン主義が登場し、初期キリスト教に大きな影響を与えた。

重要語句

後期ストア派：ローマ帝政時代にローマに普及したストア学派にもとづく思想。ストア学派の思想の中で、特に道徳的な考えについて思索を深め、後世に大きな影響を与えた。

エピクテトス（55？〜135）：ローマ帝国時代のストア派の哲学者。奴隷の子として生まれた。ニコポリスに学校を開き哲学を教えた。自己の内面的な意志を重視した。

マルクス＝アウレリウス（121〜180）：後期ストア派に位置しローマ五賢帝のひとりである。皇帝に即位してから戦乱が絶えず、ドナウ河畔の陣内で病に倒れ、没した。神に与えられた運命を受け入れる敬虔と理性によって自己を律する克己心を重視した。主著に『自省録』がある。

フィロン（前25〜後45）：ユダヤ人の哲学者。古代懐疑論に影響を与えた。ギリシャ哲学のイデアなどの概念をユダヤ教に取り込んで解釈するかたちでギリシャ哲学との融合を図った。主著『モーセの生涯』

新プラトン主義：3世紀半ばから6世紀前半にかけて形成された。プラトンの思想を根幹としながら、**アリストテレス**や**ストア学派**、**ピュタゴラス**などの思想やキリスト教の神秘主義的な部分を取り入れている。基礎を築いたのは、アンモニオスの弟子である**プロティノス**である。

2 ユダヤ教とキリスト教の成立

ピエタ像（ヴァチカン宮殿蔵）

単元の概観

[ユダヤ教の成立]

伝承によれば，アラビア半島で遊牧生活を送っていたイスラエル人は，紀元前1500ごろ，**カナン**（パレスチナ）に移住し，その一部はエジプトに移住した。エジプトの地で，集団奴隷として過酷な生活を強いられた彼らは，**モーセ**の指導によりエジプトを脱出（出エジプト）し，神から**十戒**をはじめとする**律法**を授かり信仰共同体を形成し，前10世紀ごろパレスチナに王国を建設した。王国はダヴィデ王，ソロモン王の時代に栄華をむかえたが，北イスラエルと南ユダに分裂し，北イスラエルは前722年にアッシリアにより滅ぼされ，南ユダは前586年に**新バビロニア**に攻められ，指導者らは**バビロニア**に連れ去られた（**バビロン捕囚**）。そのころ，自分たちは神により選ばれた民族であるという信念が形成された（**選民思想**）。

[キリスト教の誕生と原始キリスト教]

イエスは，イスラエル（パレスチナ）のベツレヘムで，大工を営む父ヨゼフと，**聖霊**によって身ごもったマリアとの間に生まれたとされている。30歳のころ，**洗礼者**（バプテスマの）**ヨハネ**からユダヤ教の洗礼を受け，その後，自らが神の子であると自覚し宣教した。彼は，他国に支配され希望をもてぬ多くの人々に，悔い改めて神を心から信ずれば，**福音**（喜ばしい知らせ＝幸福）が得られると説いた。また，**神の愛（アガペー）**はすべての人に平等に注がれると説き，ユダヤ教の**選民思想**から，**世界宗教**に拡大する素地を培った。しかし，敵対するユダヤ教の主流派やローマ官憲によって，ユダヤ教の教えに反し，ローマ帝国への反逆を企てたとして訴えられ**十字架刑**に処された。その3日後，イエスが復活し，イエスこそ**キリスト**（メシア，救い主）であるとする教えが**ペテロ**ら弟子たちにより広められ，**パウロ**によって人間のもつ**根源的罪**（**原罪**），キリストによる**罪の償い**（**贖罪**）と神の恵みを説くキリスト教が確立した。

[キリスト教の全盛]

キリスト教は，313年ローマ皇帝コンスタンティヌスにより公認され，392年，テオドシウス帝の時に国教化された。キリスト教が様々な歴史的背景や習慣をもつ異邦人へ伝道されるようになると，他の宗教に優越する体系化された理論的な教義が必要となった。数々の論議や会議が行われる中，5世紀前半に**教父**と呼ばれる指導者の中から**アウグスティヌス**が登場し，カトリックの教義の基本が確立した。13世紀には，**トマス＝アクィナス**が**アリストテレス哲学**を応用し，理性と信仰との統一をねらいとし，体系的な**神学**を確立した。この学問は，**スコラ哲学**と呼ばれた。

年	地域情勢	活躍した人物
前1500？	イスラエル人がパレスチナに移住。	
前1250？	モーセの指導により，エジプト脱出。	モーセ
前1000	イスラエル王国が成立。ダヴィデ，ソロモン王の時代に栄華を極める。	
前722	北イスラエル滅亡。	イザヤ
前586	南ユダ滅亡。バビロン捕囚。	エレミヤ
前538	ペルシャによる解放。このころユダヤ教が成立。	
前250？	『旧約聖書』が形成される。	
前4？	イエスの誕生。	イエス
後27	ローマ帝国成立。	
30？	イエスの処刑。	
33？	パウロの回心。	パウロ
1～2世紀	『新約聖書』が形成される。	
392	キリスト教の国教化。	
427	アウグスティヌス『神の国』完成。	アウグスティヌス
1096	第1回十字軍遠征。	
1265	トマス＝アクィナスが『神学大全』の執筆開始。	トマス＝アクィナス

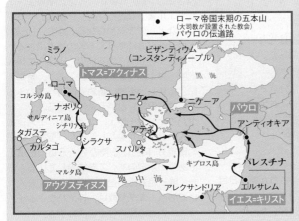

ローマ帝国末期の五本山（大司教が設置された教会）
→ パウロの伝道路

ミラノ
ローマ **トマス＝アクィナス**
コルシカ島
ナポリ
サルディニア島
シチリア島
タガステ
カルタゴ **アウグスティヌス**
マルタ島
地中海
ビザンティウム（コンスタンティノープル）
黒海
テサロニケ
ニケーア
アテネ
スパルタ
シラクサ
アンティオキア **パウロ**
キプロス島
パレスチナ
アレクサンドリア
エルサレム **イエス＝キリスト**

解説　キリスト教の礎

モーセが生まれたころ（前13世紀ごろ），エジプトに従属していたイスラエル人は，ファラオの支配に苦しんでいた。**モーセ**は，神の言葉を伝える預言者として，苦しむイスラエル人を導き，エジプトを脱出し，その途中**シナイ山**で唯一神ヤハウェから十戒を授かった。

前4年ごろ生まれたイエスは，30歳ごろから活動を始めたが，ユダヤ教の**律法主義者**らによりユダヤ教の教えに反した廉などで訴えられ，十字架にかけられた。その後弟子たちにより，イエスを救世主とする信仰が生まれ，キリスト教が成立した。イエスの死後活躍した**パウロ**は，当初，キリスト教を弾圧していたが，イエスの声を聞いて**回心**し，キリスト教の教義を確立した。彼らの活動が，今日の世界宗教としてのキリスト教の礎をつくったといえる。

ユダヤ教

考えよう
○ユダヤ教のどのような考えが当時のイスラエル民族に希望をもたらしたか。
○唯一神信仰や律法などは，他者と生きる上でどのようなはたらきをもたらすか。

モーセ

人と思想

◆ユダヤ教の成立

キリスト教の母胎であるユダヤ教は，イスラエル（ヘブライ）人の民族宗教である。彼らはアラビア半島で遊牧生活を送っていたが，長きにわたり他民族の支配を受け，流浪の生活を送らなければならなかった。このような苦難の中で，自分たちが存在する拠り所を精神的基盤に求め，神への信仰により民族の自覚と結束をはかろうとした。彼らの苦難の歴史や神への信仰，**戒律**や生活規範，伝説や文学などを記したものが，『聖書』（『旧約聖書』）である。

◆ユダヤ教の教え

ユダヤ教は唯一神への絶対的信仰と帰依を基本とする宗教である。**神ヤハウェ**（**ヤーウェ，エホバ**）は天地万物の創造主であり，人間は神に似せて造られた。神は罪深い存在である人間と世界を支配し，裁きを下す。人間が救われるためには神が与えた律法を固く守らなければならない。それをなし得た時，イスラエルの人々は神から選ばれた民族となり，栄光と繁栄が与えられるとした。この教えの根底にあるのは，神の教えに従えば，人間は本来のあり方を実現することができ，人間としての幸福が得られるという人生観であった。

年	できごと
前1500？	イスラエル人がパレスチナに移住。
前1400？	イスラエル人がエジプトに移住。その後，集団奴隷となる。
前1250？	モーセの指導により，エジプトを脱出。
前1000	イスラエル王国が成立。ダヴィデ，ソロモン王の時代に栄華を極める。
前922？	南ユダ，北イスラエル両王国に分裂。
前722	北イスラエルの滅亡。
前586	南ユダが滅亡（バビロン捕囚）。
前538	ペルシャによる解放，このころにユダヤ教が成立。
前250ごろ	『旧約聖書』が形成される。

ユダヤ教の神

```
┌─────────────────────────┐
│  ユダヤ教の神（ヤハウェ）    │
│  ・唯一神    ・義の神       │
│  ・人格神    ・創造主       │
│  ・怒りと裁き              │
└─────────────────────────┘
  祝福      契 約      律法・信仰
        イスラエルの民
```

解説

ユダヤ教は，唯一絶対の神**ヤハウェ**への絶対的信仰と**モーセ**が授かった**十戒**をはじめとする**律法の遵守**を特色としている。そして，神とイスラエル人は，律法の遵守と信仰により神の恵みを得るという契約（**旧約**）により結ばれる。この契約によりイスラエル人は，ヤハウェにより選ばれた民族であるとされた。このことを**選民思想**という。

イスラエル王国が南北に分裂して，北イスラエルの滅亡についで，南ユダもバビロン捕囚の憂き目にあうと，宗教的指導者である預言者たちはイスラエル人が神への信仰を深くし，律法を守るならば，やがて**メシア**（**救世主**）が遣わされ，最後の審判の日に栄光がもたらされると説いた。

1 天地の創造

原典資料

初めに，神は天地を創造された。地は混沌であって，闇が深淵の面にあり，神の霊が水の面を動いていた。神は言われた。

「光あれ。」

こうして，光があった。神は光を見て，良しとされた。神は光と闇を分け，光を昼と呼び，闇を夜と呼ばれた。夕べがあり，朝があった。第一の日である。……

天地万物は完成された。第七の日に，神は御自分の仕事を完成され，第七の日に，神は御自分の仕事を離れ，安息なさった。この日に神はすべての創造の仕事を離れ，安息なさったので，第七の日を神は祝福し，聖別された。〈「創世記」第1章，第2章『新共同訳 聖書』日本聖書協会〉

資料 解説

神は最初に光をつくり，光を昼，闇を夜とし，時間を生む。これが第1日目で，その後，天と地，陸と海，植物などをつくり，最後に人間をつくった。神は7日目に休み，その日を安息日に定めた。これが一週間の起源となった。

重要語句

『旧約聖書』：ユダヤ教とキリスト教における聖典。**モーセ五書**（「創世記」，「出エジプト記」，「レビ記」，「民数記」，「申命記」），預言書（「イザヤ書」，「エレミヤ書」，「エゼキエル書」など），諸書（「詩篇」，「ヨブ記」など）の3部からなる。なお，「旧約」という呼び方はキリスト教の見方による。キリスト教が成立する前の，イスラエル人と唯一神ヤハウェとの契約であり，イエスによる新しい契約（**新約**）に対してのふるい契約（**旧約**）という意味である。

ヤハウェ（**ヤーウェ，エホバ**）：イスラエル人が信仰の対象としてきた『聖書』（『旧約聖書』）における神の名。万物の創造主であり，宇宙のすべてを統治している。また，唯一絶対の神として正義と信仰を人々に求める。ユダヤ教は，神ヤハウェとイスラエル人との契約の上に成立する。

2 裁きと選び（アブラハム，イサクをささげる）

原典資料

神が，「アブラハムよ」と呼びかけ，彼が，「はい」と答えると，神は命じられた。

「あなたの息子，あなたの愛する独り子イサクを連れて，モリヤの地に行きなさい。わたしが命じる山の一つに登り，彼を焼き尽くす献げ物としてささげなさい。」……

神が命じられた場所に着くと，アブラハムは，そこに祭壇を築き，薪を並べ，息子イサクを縛って祭壇の薪の上に載せた。そしてアブラハムは，手を伸ばして刃物を取り，息子を屠ろうとした。

そのとき，天から主の御使いが，「アブラハム，アブラハム」と呼びかけた。彼が，「はい」と答えると，御使いは言った。

「その子に手を下すな。何もしてはならない。あなたが神を畏れる者であることが，今，分かったからだ。あなたは，自分の独り子である息子すら，わたしにささげることを惜しまなかった。」〈同前「創世記」第22章〉

資料 解説

息子であるイサクを生け贄として要求する神に対して，**アブラハム**は悩み苦しんだ末，モリヤ山に登る。父と山登りをすることを無邪気に喜ぶ**イサク**を，アブラハムは，手足を縛り，祭壇の上に置き小刀をもって喉をかき切ろうとした。その時，神の声が聞こえる。アブラハムは，イサクを生け贄にすることなく，かわりに雄羊を神にささげた。神は，アブラハムを大いに祝福し，イスラエル人は神に選ばれた民族となった（**選民思想**）。この物語において，すでに神との強い形での**契約**が示されているといってよい。

3 十戒

原典資料

あなたには，わたしをおいてほかに神があってはならない。

あなたはいかなる像も造ってはならない。……

あなたの神，主の名をみだりに唱えてはならない。みだりにその名を唱える者を主は罰せずにはおかれない。

安息日を心に留め，これを聖別せよ。六日の間働いて，何であれあなたの仕事をし，七日目は，あなたの神，主の安息日であるから，いかなる仕事もしてはならない。……

あなたの父母を敬え。……

殺してはならない。

姦淫してはならない。

盗んではならない。

隣人に関して偽証してはならない。

隣人の家を欲してはならない。隣人の妻，男女の奴隷，牛，ろばなど隣人のものを一切欲してはならない。〈同前「出エジプト記」第20章〉

資料 解説

モーセの十戒を柱とする旧約は，律法（トーラー）の遵守（**律法主義**）と戒め事に背いた罰として**裁きの神**の威厳が強調され，今日のユダヤ教に受け継がれている。この戒め事を忠実に守った者が神の救いの対象になるとされる。また，神が救いの対象とする民は，ユダヤ人のみが該当するという**選民思想**が生まれ，必然的に世界宗教とはならなかった。一方，選民思想がユダヤ人の「民族」としての自覚を形成していったことも否定できない。

重要語句 ••••••••••••••

カナン（パレスチナ）：カナンという表現は，パレスチナ地方の古い言い方である。ヨルダン川西部の地域に位置する。『聖書』（『旧約聖書』）では，**アブラハム**とその子孫のために与えられた「約束の地」とされる。「出エジプト記」にあるとおり，エジプトを脱出した後，イスラエル人がカナンの地を征服し定住した。

アブラハム：イスラエル人の祖先とされる。神との契約により，**カナン**の地の所有と子孫の繁栄を約束された。神は，アブラハムの信仰を試すために息子**イサク**を犠牲にするように命じた。

イサクの犠牲（レンブラント＝ファン＝レイン作）

選民思想：特定の民族が神から選ばれて，律法を課される一方で恩恵を受け，救済を約束されている「選ばれた民」であるとする考え方。ユダヤ教では，イスラエル人がヤハウェの選民である。

重要語句 ••••••••••••••

預言者：神によって選ばれ，神の啓示を民衆に伝える者。イスラエルが滅亡の危機にさらされた前8〜6世紀に登場し，活躍した。イザヤ，エレミヤ，エゼキエル，第二イザヤ，ダニエルらが代表的人物である。

イザヤ：前8世紀頃に活躍した預言者である。律法を軽んじ悔い改めない民には，必ずヤハウェの審判が下されると説いた。

エレミヤ：前7〜6世紀頃活躍した預言者。バビロン捕囚は，神の裁きの結果であり，やがてメシアが登場し「新しい契約」を結ぶ時が訪れると説いた。

エゼキエル：前6世紀頃，バビロン捕囚の時期にあらわれた預言者。エルサレムの滅亡を預言し，神による新たなイスラエルが創造され救済がなされると説いた。

メシア：救世主。ヘブライ語で，王に就く儀式から「香油を注がれた者」の意味で，異民族からイスラエルを救う王のことである。前6世紀のバビロン捕囚のころ，預言者たちはイスラエルの人々が信仰を取り戻した時，メシアが出現すると説いた。キリストはギリシャ語で救世主の意味であり，キリスト教ではイエス＝キリスト自身を指し，現実の王ではなく，すべての人間を罪から救う内面の救い主を意味する（→ p.50）。

イエス

Jesus（前4ごろ〜後30ごろ）　キリスト教の創始者

考えよう

○当時のユダヤ教は，イエスにとってどのようにとらえられていたと考えられるか。
○神の愛（アガペー）は，現代社会のどのような問題の解決に有効と考えられるか。

人と思想

イエスは，イスラエル（パレスチナ）のベツレヘムで生まれ，ナザレで若き日を過ごした。父は，大工であったヨゼフ，母マリアは聖霊によって身ごもったと『新約聖書』の「福音書」には記されている。30歳のころ「悔い改めよ，神の国は近づいた」と説教をする洗礼者ヨハネから洗礼を受け，40日40夜にわたる「荒野の誘惑」の試みを受けた後，メシア（救世主）としての自覚をもち，神の国の福音を伝える活動に入った。「福音書」にはイエスが行った数々の奇跡とともに，短期間にイエスの教えを信じる者たちが集まってきたことが記されている。しかし，無差別平等の神の愛や律法を守ることの真意をとらえ直すイエスの教えと行動は，ユダヤ教主流派の指導者たちの反感を買う。イエスは，裁判にかけられ，ユダヤの王を自称しローマに反逆する者として，**十字架刑に処せられた**。

年	年齢？	人物史
前4ごろ	0	ベツレヘムで誕生したと伝えられる。
後27ごろ	30？	ヨハネから洗礼を受ける。その後ガリラヤ地方で布教を開始する。
30ごろ	33？	ゴルゴタの丘で十字架にかけられ処刑される。

イエスは，当時形式的な**律法の遵守**に重きを置いていたユダヤ教に対し，律法の精神に込められた**神の愛（アガペー）**を実践することを説いた。

彼は，神の愛はすべての人間に分けへだてなく注がれるとし，民衆にも心から神を愛し（信仰），**神の愛**にならって，すべての人に対して「**自分を愛するように，あなたの隣人を愛せよ**」（隣人愛）という教えを説いた。

イエスの思想

イエスの思想

イエスの教え
- **神への愛** … （心から神を愛する）
- **隣人愛** … （神にならった人間相互の代償なき愛）

信仰
- 山上の垂訓
- 黄金律

イエスの死

イエスからキリストへ（救世主）へ
↑
復活の信仰
↑
ローマ官憲 … 政治犯 → イエスの十字架刑
ユダヤ教主流派 … 異端者 →

解説

ユダヤ教の教えは，人間としての厳格な生き方と民族の団結心を与えたが，律法を尊重するあまり，律法を守ること自体が神からの救いであるととらえられ，生活の隅々において，人々の考えや行動を支配するようになり，しだいに律法本来の精神が失われていった。このような中で登場したイエスは，律法を形式的に守るのではなく，**律法に込められた神の愛を実現することを説いた**。律法は，本来，人間への限りない神の愛に満ちたものなのである。

神の愛（アガペー）はイエスの思想の根幹といえる。神は，すべての人間，善人にも罪人に対しても，分けへだてなく，愛を注ぐ。人間は，神を心から愛し，神があらゆる人々を愛するように自らも他人を愛すること（**隣人愛**）により，神の愛に応えることができるのである。

イエスは，「律法の中で最も重要な掟は何か」と聞かれて，神への愛を表す「**心を尽くし，精神を尽くし，思いを尽くして，あなたの神である主を愛しなさい**」（「マタイによる福音書」第22章），また隣人愛を表す「**あなた自身を愛するようにあなたの隣人を愛しなさい**」（同前）と説いている。

エロースとアガペー

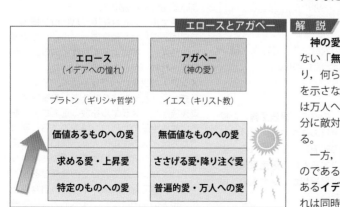

エロース（イデアへの憧れ）	アガペー（神の愛）
プラトン（ギリシャ哲学）	イエス（キリスト教）
価値あるものへの愛	無価値なものへの愛
求める愛・上昇愛	ささげる愛・降り注ぐ愛
特定のものへの愛	普遍的愛・万人への愛

解説

神の愛（アガペー）の第一の特色は，相手に見返りを求めない「**無償の愛**」である。それは，「太陽のごとき愛」であり，何らかの代償を求めるものではない。そして，自分へ愛を示さないものにも与える愛である。アガペーの最大の特色は万人への「**無差別，平等の愛**」である。さらにその愛は自分に敵対するもの，憎むもの，迫害するものにまで向けられる。

一方，**エロース**は，特定の人や特別の相手に向けられるものである。プラトンは，その対象として真実で理想の世界である**イデア界**に対する知的な憧れをエロースと表現した。それは同時に，イデアの世界に憧れることで，個人が理性をはたらかせ，善く生きようとすることを意味した。

1 山上の垂訓

原典資料

心の貧しい人々は，幸いである，
　　　天の国はその人たちのものである。
悲しむ人々は幸いである，
　　　その人たちは慰められる。
柔和な人々は，幸いである，
　　　その人たちは地を受け継ぐ。
義に飢え渇く人々は，幸いである，
　　　その人たちは満たされる。
　……
心の清い人々は，幸いである，
　　　その人たちは神を見る。
平和を実現する人々は，幸いである，
　　　その人たちは神の子とよばれる。
義のために迫害される人々は，幸いである，
　　　天の国はその人たちのものである。
わたしのためにののしられ，迫害され，身に覚えのないことであらゆる
悪口を浴びせられるとき，あなたがたは幸いである。喜びなさい。大いに
喜びなさい。天には大きな報いがある。あなたがたより前の預言者たちも，
同じように迫害されたのである。

〈「マタイによる福音書」第5章『新共同訳　聖書』日本聖書協会〉

資料 解説

「マタイによる福音書」第5章に記されている「山上の垂訓」の一節である。
イエスの最初の説教といわれ，彼は丘の上に登り，評判を聞いたおびただしい
群衆の前で説いた。

なかでも「心の貧しい人々は幸いである」という言葉は，経済的に貧しい下
層階級の人々を励ます言葉であるとの解釈もあるが，「心の貧しい人」とは
「自分たちの心の貧しさを知っている人」という意味といえる。つまり，イエ
スは，人間がみな，罪深い存在であり，その弱さや罪深さを知ることが人間と
して大切であると考えたのである。

2 見失った羊

原典資料

徴税人や罪人が皆，話を聞こうとしてイエスに近寄って来た。すると，
ファリサイ派の人々や律法学者たちは，「この人は罪人たちを迎えて，食
事まで一緒にしている」と不平を言いだした。そこで，イエスは次のたと
えを話された。「あなたがたの中に，百匹の羊を持っている人がいて，そ
の一匹を見失ったとすれば，九十九匹を野原に残して，見失った一匹を見
つけ出すまで捜し回らないだろうか。そして，見つけたら，喜んでその羊
を担いで，家に帰り，友達や近所の人々を呼び集めて，『見失った羊を見
つけたので，一緒に喜んでください』と言うであろう。言っておくが，こ
のように，悔い改める一人の罪人については，悔い改める必要のない
九十九人の正しい人についてよりも大きな喜びが天にある。」

〈同前「ルカによる福音書」第15章〉

資料 解説

「ルカによる福音書」にある「見失った羊」では，迷い出た一匹の羊を例に
して，神の愛（アガペー）がすべての人間に及んでいることを説いている。羊
は，弱い心をもった罪人や病人や社会的弱者を示しており，神は，このような
人間に対して，無差別で平等の愛を与える存在なのである。

解答：【大学入試 challenge!】　②

重要語句

『新約聖書』：『旧約聖書』とともにキリ
スト教の聖典である文書。イエスの生涯，言
行，復活などを記した福音書（「マタイに
よる福音書」，「マルコによる福音書」，「ル
カによる福音書」，「ヨハネによる福音書」）
やパウロの書簡などからなる。1～2世紀
の間にギリシャ語で書き記された。

山上の垂訓：ガリラヤ湖畔の丘の上でイエ
スが，弟子や信者たちに説いた教えのこと。
当時の形式主義に陥ったユダヤ教の律法を
批判し，**律法の内面に込められた神の愛を**
明らかにしている。

大学入試 challenge!

新約聖書の説明として最も適当なもの
を，次の①～④のうちから一つ選べ。

① 新約聖書の「新約」とはイエスがも
たらした神と人間との新しい契約で
あり，旧約聖書の律法は完全に否定
されている。

② 新約聖書ではイエスが救い主キリス
トであるという信仰と，イエスの十
字架上の死による神からの罪の赦し
が語られている。

③ 新約聖書では神の国が到来したこと，
また神の国とローマ帝国などの地上
の国との戦いが終結したことが述べ
られている。

④ 新約聖書では神の無償の愛であるア
ガペーと，それにこたえて真の実在
としての神へ向かう愛であるエロー
スとが説かれている。〈09追試〉

重要語句

福音：ギリシャ語で「よろこばしい知ら
せ」の意味で，イエス＝キリストによりも
たらされた全人類の救いのことである。

神の国：ユダヤ教では，律法の遵守により
もたらされる現実の国。神を王としてイス
ラエル人を支配するという考えが根底にあ
る。これに対し，イエスの説く神の国は，
人間の内面に実現される世界である。

ユダヤ教とキリスト教の比較

	ユダヤ教	キリスト教
聖典	『旧約聖書』（ヘブライ語）	『旧約聖書』，『新約聖書』（ギリシャ語）
宗教の特色	民族宗教選民思想	世界宗教
神の性格	裁きの神（神によって定められた掟を守ること）	愛の神（完全な神が不完全な人間に対して恵みを与える）
律法	律法主義	律法の内面化

3 隣人愛

原典資料

　　すると，ある律法の専門家が立ち上がり，イエスを試そうとして言った。「先生，何をしたら，永遠の命を受け継ぐことができるでしょうか。」イエスが，「律法には何と書いてあるか。あなたはそれをどう読んでいるか。」と言われると，彼は答えた。「『心を尽くし，精神を尽くし，力を尽くし，思いを尽くして，あなたの神である主を愛しなさい。また，隣人を自分のように愛しなさい。』とあります。」イエスは言われた。「正しい答えだ。それを実行しなさい。そうすれば命が得られる。」しかし，彼は自分を正当化しようとして，「では，わたしの隣人とはだれですか。」と言った。イエスはお答えになった。「ある人がエルサレムからエリコへ下って行く途中，追いはぎに襲われた。追いはぎはその人の服をはぎ取り，殴りつけ，半殺しにしたまま立ち去った。ある祭司がたまたまその道を下って来たが，その人を見ると，道の向こう側を通っていった。同じように，レビ人もその場所にやって来たが，その人を見ると，道の向こう側を通って行った。ところが，旅をしていたあるサマリア人は，そばに来ると，その人を見て憐れに思い，近寄って傷に油とぶどう酒を注ぎ，包帯をして，自分のろばに乗せ，宿屋に連れて行って介抱した。そして，翌日になると，デナリオン銀貨二枚を取り出し，宿屋の主人に渡して言った。『この人を介抱してください。費用がもっとかかったら，帰りがけに払います。』さて，あなたはこの三人の中で，だれが追いはぎに襲われた人の隣人になったと思うか。」律法の専門家は言った。「その人を助けた人です。」そこで，イエスは言われた。「行って，あなたも同じようにしなさい。」

〈同前「ルカによる福音書」第10章〉

読解力 *power up!*

上記資料の内容として，最も適当なものを一つ選べ。
① イエスは，律法に書かれている隣人の意味について，服をはぎ取り，殴りつけた者も，手助けをしなかった者も，実際に傷の手当てをして助け出した人も，みな，同じ罪があると説いた。
② イエスは，追いはぎにおそわれた人をたとえにして，祭司やレビ人が，サマリア人と違って厳しい態度で立ち去ったことから，誰に対しても親切にするべきではないと説いた。
③ イエスは，追いはぎの話のたとえを用いて，おそわれた人を置き去りにした祭司やレビ人と，傷の手当てをしたサマリア人のうち誰が隣人であるかを問い，律法の内面を説いた。
④ イエスは，律法学者に対して，追いはぎのたとえを用いて，サマリア人が最も親切で，隣人としてふさわしい資格を有することを認めさせ，同じ実践をするように説いた。

資料 解説

　　イエスは，彼を試そうとする律法学者に対して，「よきサマリア人」のたとえを用いた。この話は，盗賊におそわれた哀れな人に，ユダヤ教の祭司も，レビ人（聖職に就いている人）も彼を見捨てて通り過ぎたが，律法学者が異教の民として軽蔑しているサマリア人だけが彼を介抱し，お金まで与えて助けた。イエスは，この3人のうちで，誰が「隣人」に値するのかを問い，律法学者に向かって「あなたもサマリア人と同じようにしなさい」と説いた。

　　イエスは，自分に都合のよい仲間だけを愛するのではなく，自分の敵を含めたすべての人を愛することを説いた。この自分からすべての人に手を差し伸べる隣人愛によって，すべての人々が自分の隣人に変わるのである。

重要語句

アガペー（神の愛）：元来はギリシャ語で一般的な「愛」のことであるが，キリスト教では神の絶対愛を意味し，万人への愛，無差別・平等の愛，**無償の愛**（代償を求めない愛）を特色とし，善人にも悪人にも恵みを与える太陽や雨にたとえられる。イエスは神の愛に応えるのが人間のあるべき姿であり，それが「神への愛」と「隣人愛」の実践であるとした。**アガペー**は，イエスの「十字架の死」として究極的に結実する。神のひとり子であるイエス＝キリストを犠牲にしてまでもすべての人間を罪（**原罪→**p.55）から救うこと（**贖罪→**p.55）こそが人間への神の愛の発露であるとされている。

黄金律：「何ごとでも人々からしてほしいと望むことは，人々にもそのとおりにせよ」というキリスト教道徳の最高の教え。イエスは，神の愛にならって，神は人間が求めるものを与えることから，自身が望むことはまず自分からそのとおりに実践することを説いた。

ファリサイ派（パリサイ派）：ユダヤ教の一派のこと。ユダヤ教社会では，中産階級に属する。律法を厳格に守ることを主張し，禁欲的な厳しい態度で律法にこだわった。この姿勢は，やがて律法の形式にこだわる**形式主義**に陥り，イエスに批判された。

大学入試 *challenge!*

イエスが安息日に病人を癒そうとしたことの説明として最も適当なものを，次の①〜④のうちから一つ選べ。
① イエスは，安息日に関する律法からあえて逸脱することで，律法が人々の間で形式的にしか守られていないことを批判し，神に対して忠実であることの本来の意味を明らかにしようとした。
② イエスは，安息日に関する律法からあえて逸脱することで，律法が神の意志そのものとは関係のないものであることを明らかにし，あらゆる律法が不要な状態を理想とした。
③ イエスは，安息日に関する律法を厳格に守り通すことによって，律法に則った正しい信仰のあり方を，自らの行いという実例を通して周囲の人々に示そうとした。
④ イエスは，安息日に関する律法を厳格に守り通すことによって，人々が重視していた律法と，人にしてもらいたいと思うことを人にもすべきだとする黄金律とが一致することを示そうとした。

〈19本試〉

解答：【読解力 power up!】 ③　【大学入試 challenge!】 ①

4 罪のない者から石を投げよ

原典資料

　律法学者たちやファリサイ派の人々が，姦通（かんつう）の現場で捕らえられた女を連れて来て，真ん中に立たせ，イエスに言った。「先生，この女は姦通をしているときに捕（つか）まりました。こういう女は石で打ち殺せと，モーセは律法の中で命じています。ところで，あなたはどうお考えになりますか。」イエスを試して，訴える口実を得るために，こう言ったのである。イエスはかがみ込み，指で地面に何か書き始められた。しかし，彼らがしつこく問い続けるので，イエスは身を起こして言われた。「あなたたちの中で罪を犯したことのない者が，まず，この女に石を投げなさい。」そしてまた，身をかがめて地面に書き続けられた。これを聞いた者は，年長者から始まって，一人また一人と，立ち去ってしまい，イエスひとりと，真ん中にいた女が残った。〈同前「ヨハネによる福音書」第8章〉

資料 解説

　「ヨハネによる福音書」にある「姦通の女」では，自己の弱さや罪の自覚について問われている。イエスが民衆に教えを説いていると，律法学者や**律法の遵守（じゅんしゅ）**を強調する**ファリサイ派**の人たちが，一人の女を連れてきて，イエスの前に突き出した。彼らは，**モーセ**が律法の中でこういう女を打ち殺せと命じていると主張する。この場合どのようにするかを問い，イエスを試したのである。イエスの回答は，**「あなたたちの中で罪を犯したことがない者がこの女に石を投げつけよ」**という，誰もが畏れる言葉だった。

　人間は，完全に自分が悪いと思っていても言い訳をする。他者への責任転嫁（てんか）は，罪深い人間の諸相（しょそう）といえる。ここにイエスの人間観が表れている。

5 イエスの死

原典資料

　既に昼の十二時ごろであった。全地は暗くなり，それが三時まで続いた。太陽は光を失っていた。神殿の垂れ幕が真ん中から裂けた。イエスは大声で叫ばれた。「父よ，わたしの霊を御手（みて）にゆだねます。」こう言って息を引き取られた。百人隊長はこの出来事を見て，「本当に，この人は正しい人だった」と言って，神を賛美した。見物に集まっていた群衆も皆，これらの出来事を見て，胸を打ちながら帰って行った。イエスを知っていたすべての人たちと，ガリラヤから従って来た婦人たちとは遠くに立って，これらのことを見ていた。〈同前「ルカによる福音書」第23章〉

資料 解説

　ユダヤ教の主流派配下の兵士に捕らえられたイエスは，まず大祭司カヤパの屋敷に連れて行かれ厳しい尋問（じんもん）を受けた。夜が明けるとイエスは，ローマ総督のピラトに引き渡される。ピラトは，イエスを見てローマに反逆するような人物には思えず，ユダヤ教内部の問題にしようとした。しかし，カヤパたちが反逆罪の主張を譲（ゆず）らず，煽動（せんどう）された民衆も強硬に十字架刑を主張した結果，ピラトは暴動を怖れ，**十字架の刑の判決**を下（くだ）した。

　イエスは，棒で頭を打たれ，茨（いばら）の冠をかぶせられ，つばを吐きかけられ，嘲（あざけ）りの中，炎天下のエルサレム市中を十字架を担いで歩かされた。刑場となったゴルゴタの丘で，二人の盗賊とともに十字架にかけられ，民衆に罵声（ばせい）をあびせられる中，イエスは最期（さいご）をむかえる。彼は天に向かって祈り，息を引き取った。

　「マタイによる福音書」「マルコによる福音書」には上記のような最後の言葉ではなく「わが神よ。なぜ私を見捨てたのか」という言葉もある。ここには，すべての人々の罪や咎（とが），憂（うれ）いを取り去るイエスが，あらゆる人間の中で最も惨（みじ）めで，悲しみ苦しみの極限にあった人物と見ることができるだろう。

解答：【大学入試 challenge!】①

キリスト：ギリシャ語で救世主の意味。ユダヤ教のメシア（→ p.48）は現実の王のことであるが，キリスト教では復活したイエス＝キリスト自身であり，全人類を罪から救う救い主である。また，キリストはこの世の**最後の審判**を行い神の国を実現する。

大学入試 challenge!

イエスの教えについての説明として最も適当なものを，次の①〜④のうちから一つ選べ。

①愛を実践する生き方の基本として，「人にしてもらいたいと思うことは何でも，あなたがたも人にしなさい」と説いた。

②ユダヤ教の教典に書かれた律法を重視し，たとえ形式的であっても律法を厳格に順守しなければならないと説いた。

③旧約聖書の根幹をなす「敵を愛し，迫害する者のために祈りなさい」という教えを受け継ぎ，敵をも赦（ゆる）す普遍的な愛を説いた。

④神が与えてくれた悔い改めの機会として，安息日を忠実に守り，すべての労働を避けなければならないと説いた。〈16本試〉

十字架：イエスは，ユダヤ教徒によって伝統的な教えを冒瀆（ぼうとく）する者とされ，ローマ官憲により**十字架刑**に処された。キリスト教を伝道したパウロは，イエスは，すべての人間の身代わりとなり，自分の苦しみと引きかえに磔（はりつけ）にされ，人々の罪を贖（あがな）ったと説いた。

復活：ゴルゴタの丘で十字架にかけられたイエスは，死後墓に納められたが，3日後に復活し，弟子たちの前に現れたとされる。この復活により，イエスが神の子であるという信仰が生まれ，キリスト教が成立した。そして，イエスが神の子であるとの考えは，彼が人々の罪を贖（あがな）うために十字架にかけられた（贖罪）との解釈を生み出した。

使徒：イエスによって福音を伝える使命を託された弟子のこと。イエスの死と復活の後，教会を設立しイエスの言行を伝える活動をはじめる。ペテロ，ヤコブ，ヨハネ，マタイらイエスの生前に選ばれた使徒は，十二使徒と呼ばれる。なおパウロは，復活したイエスによって選ばれた使徒とされる。

ペテロ：イエスの使徒の筆頭であり，初代ローマ教皇とされる。ペテロは，イエスの死後，エルサレム教会の設立に中心的な役割を担った。

パウロ

Paulos（?～後60）　キリスト教の使徒・異教徒への伝道者

考えよう

○贖罪の考えは、イエスがどのような存在であることを表そうとしたのだろうか。
○パウロが回心できたのは、なぜだろうか。

人と思想

パウロ（ヘブライ語ではサウロ，小さき者の意である）の生没年は不明であるが，小アジアのタルソスの生まれで，ローマ市民権をもち，当時のユダヤでは富裕層に属していた。当初は熱心なユダヤ教徒としてイエスの信者たちを迫害していたが，シリアのダマスクスに行く途中，イエスの声を聞き回心した。その後，エルサレムからシリアへ活動の拠点を移し，さらに小アジア，マケドニア，ギリシャの各地で伝道した。ユダヤ教主流派からの迫害，弾圧やイエス信者たちからの疑念の中，彼は布教活動と著述の日々を送った。後世，「異邦人の使徒」と呼ばれたパウロの使命感に満ちた伝道により，キリスト教はイスラエル民族を超えた世界宗教となった。その後，彼はエルサレムに戻るがユダヤ教徒に捕らえられ，ネロ帝統治下のローマに護送されて殉教したと伝えられる。

パウロによりイエスを**キリスト（メシア，救い主）**とするキリスト教の教義や**三元徳（信仰・希望・愛）**も確立された。彼によれば，人間は誰もが本性的な罪（**原罪**）をもち，ユダ

年	人物史
?	小アジアのタルソスで誕生。
後30?	キリスト教徒を迫害。
33?	キリスト教に回心。
47～48	第1回伝道旅行。
50～52	第2回伝道旅行。
52～56	第3回伝道旅行。
56～	カイザリア・ローマで獄中生活。
60?	殉教。

ヤ教が説く**律法の遵守**によってでは，罪から逃れられない。そもそも律法を守りきることなどは人間にはできないのである。そこで，神は人間を救うために，わが子イエスをキリストとして地上に遣わした。イエスの死は人間の**罪の贖い（贖罪）**であり，神の愛の表れである。イエスは**神の子キリスト**であり，イエスをキリストであると信じていることによってのみ，人間は**神の愛**にあずかることができるのである。

パウロの思想

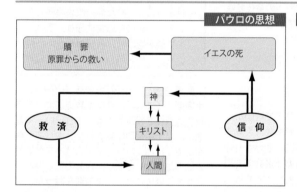

解説

パウロのいう**原罪**とは，自分の意志の及ばない，生きている限り犯さざるを得ない罪のことである。私たちは，心に思っていても，いざ行うとなるとできない弱さや隙をもっている。これが原罪の源である。パウロは，原罪から救われる方法は，イエス＝キリストへの信仰以外にないと考えた。なぜならば，イエス＝キリストは全人類を原罪から解き放つために**十字架の刑**に処せられたからである。イエス＝キリストは，私たちの原罪を私たちにかわって背負い，贖った。ゆえに，キリストへの信仰こそが私たちが救いにあずかる唯一の道であるとパウロは説いたのである。

1　回心

原典資料

彼は地に倒れたが，その時，「サウロ，サウロ，なぜわたしを迫害するのか」と呼びかける声を聞いた。そこで彼は「主よ，あなたは，どなたですか」と尋ねた。すると答があった，「わたしは，あなたが迫害しているイエスである。さあ立って，町にはいって行きなさい。そうすれば，そこであなたのなすべき事が告げられるであろう」。サウロの同行者たちは物も言えずに立っていて，声だけは聞こえたが，だれも見えなかった。サウロは地から起き上がって目を開いてみたが，何も見えなかった。

〈「使徒行伝」第9章『小形聖書（口語）』日本聖書協会〉

資料 解説

キリスト教迫害に熱心だったパウロは，**回心**し，それ以後はキリスト教の伝道に努めた。**割礼**や**モーセ律法の遵守**などのユダヤの戒律を遵守することを押しつけない彼の伝道方法により，キリスト教はユダヤ人以外の異邦人にも広がり，やがては世界宗教となっていった。

重要語句

原始キリスト教：イエスの死後，キリスト教の成立から2世紀ごろまでのキリスト教の総称。ペテロを中心としたイエスの弟子たちによって，イエスがキリスト（救世主）であるとする教団が結成され，パウロらの伝道によりキリスト教が広まっていった。

回心：もともと信仰していた宗教を捨て，宗教を改めること。具体例としては，パウロのユダヤ教からキリスト教への回心や，アウグスティヌスのキリスト教への回心が挙げられる。

『使徒行伝』（『使徒言行録』）：『新約聖書』の一つの書。第一部は，ペテロを中心に，エルサレム教会の設立と宣教活動，第二部は，パウロを中心に，異邦人への宣教活動とローマへの福音の浸透が描かれている。

2 信仰義認

原典資料

「義人はいない，ひとりもいない。
悟りのある人はいない，
神を求める人はいない。……」
……なぜなら，律法を行うことによっては，すべての人間は神の前に義とせられないからである。律法によっては，罪の自覚が生じるのみである。……わたしたちは，こう思う。人が義とされるのは，律法の行いによるのではなく，信仰によるのである。〈同前「ローマ人への手紙」第3章〉

資料 解説

キリスト教においての義とは，罪の対立概念である。理由は，律法を守ろうと努力すればするほど，それができない自分の罪の深さの自覚にとらわれるからである。それゆえ，パウロは，イエス＝キリストの**贖罪**による神の愛への信仰によってのみ義となるということを悟り，人々に示した。

3 罪の自覚

原典資料

わたしは自分のしていることが，わからない。なぜなら，わたしは自分の欲する事は行わず，かえって自分の憎む事をしているからである。……すなわち，わたしは，内なる人としては神の律法を喜んでいるが，わたしの肢体には別の律法があって，わたしの心の法則に対して戦いをいどみ，そして，肢体に存在する罪の法則の中に，わたしをとりこにしているのを見る。わたしは，なんというみじめな人間なのだろう。だれが，この死のからだから，わたしを救ってくれるのだろうか。わたしたちの主イエス・キリストによって，神は感謝すべきかな。〈同前「ローマ人への手紙」第7章〉

資料 解説

人は罪のとりこになっているために，律法を守ることができない。神の律法を喜んでいても，肉体に存在する罪に負けてしまう。そこで，神は自分の子イエスを遣わし，イエスを犠牲にすることにより，人の罪を贖った。神は，人間の罪を贖うために，自らの子イエス＝キリストを遣わし，その身を犠牲にしたのである。そこには，無力な人間に対する深く広い神の愛が示されている。

4 キリスト教の三元徳

原典資料

愛は寛容であり，愛は情け深い。また，ねたむことをしない。愛は高ぶらない，誇らない，不作法をしない，自分の利益を求めない，いらだたない，恨みをいだかない。不義を喜ばないで真理を喜ぶ。そして，すべてを忍び，すべてを信じ，すべてを望み，すべてを耐える。
愛はいつまでも絶えることがない。……いつまでも存続するものは，信仰と希望と愛と，この三つである。このうちで最も大いなるものは愛である。〈同前「コリント人への第一の手紙」第13章〉

資料 解説

「信仰」「希望」「愛」という**キリスト教の三元徳**はアウグスティヌスにより広められたが，元来は『新約聖書』にあるパウロの「コリント人への手紙」に記されたものである。キリスト教は愛の宗教といわれるが，それは，無差別で平等に万人を無償の愛で包む神に感謝することであるとともに，神の愛を信じて，希望をもって，自ら隣人を愛するということである。

重要語句

原罪：人間がもつ，生まれながらに自分では贖うことができない罪のこと。人間が神に背いたことから始まった。すなわち，『旧約聖書』「創世記」に記されている人間の祖アダムとイブがエデンの園で神に背いたことにより全人類の罪となったのである。ユダヤ教においては律法を守ることが原罪からの救いにつながるとされたが，パウロは特に原罪を人間が本来もつ心の弱さ，あわれさであるととらえた。人間は原罪から逃れることはできない。しかし，悔い改め，神を愛し，隣人を愛することによって，救われるのである。

贖罪：人々を救うために神の子であるイエスが人間の罪の身代わりとなって十字架刑に処され，それによって人間が罪から解放されるという考え方。パウロは，「**私は自分の望む善は行わず，望まない悪を行っている**」（『新約聖書』「ローマ人への手紙」）と言って，人間としての罪深さを告白した。この罪を人間は自力で償うことはできない。イエスの処刑は，この深刻な罪を贖ってのことであることから，パウロは，キリストによってのみ人間が神の救いを受けることができると説いている。

『ローマ人への手紙』：『新約聖書』の1つの書。パウロがローマ教会へ宛てて書いた手紙でパウロの基本的な考え方が述べられている。

大学入試 challenge!

人間の罪について考えたイエスおよびパウロの説明として最も適当なものを，次の①～④のうちから一つ選べ。

①イエスは，ファリサイ派（パリサイ派）に倣って，神が与えた律法を遵守できない人々を救われることのない罪人とみなした。

②イエスは，自分が来たのは罪人を招くためであると述べ，神の愛（アガペー）は罪人が悔い改めることを条件として与えられると説いた。

③深刻な罪の意識に苦しんだパウロは，神の命令に背いたアダムの罪が，生まれながらの罪として全ての人間に引き継がれていると考えた。

④異邦人への伝道にも従事したパウロは，神から十戒が与えられたことで全ての人間の罪が贖われたと考えた。

〈20本試〉

解答：【大学入試 challenge!】　③

アウグスティヌス

Augustinus（354〜430） 初代キリスト教会教父・神学者

考えよう
○恩寵の考えを受け入れた者は，どのような生き方を目指すと考えられるか。
○キリスト教の教義の成立におけるアウグスティヌスの意義とはどのようなものであるか。

人と思想

　北アフリカの小都市タガステで生まれ，母が熱心なキリスト教徒であったため，キリスト教とは早くからかかわりをもっていた。16歳でカルタゴに遊学した折には放蕩生活に走るが，18歳の時には哲学にめざめ，善悪二元論を説くマニ教の信者となった。しかし，アリストテレスの哲学を学んでマニ教から離れ，ローマに出て修辞学の教師をしながら新プラトン主義の哲学を学び，その後，パウロの書簡に感銘を受けて32歳の時ミラノでキリスト教に回心した。その後は司教となり，キリスト教の教義と教会体制の確立のために生涯を送った。主著は『告白』『神の国』など。

　アウグスティヌスは初期キリスト教会最大の教父で，パウロが説いた原罪観，贖罪論，三元徳や**恩寵予定説**，**三位一体説**などを理論化し，**教父哲学**を確立した。また，歴史を「神の国」と「地上の国」との戦いとみる独自の歴史観を展開した。

年	年齢	人物史
354	0	タガステで誕生。
370	16	カルタゴに遊学。
372	18	マニ教に入信。
386	32	キリスト教への回心。
396	42	ヒッポの司教となる。
400	46	『告白』完成。
427	73	『神の国』完成。
430	76	死去。

1 恩寵

原典資料

　偉大なるかな，主よ。まことにほむべきかな。汝の力は大きく，その知恵ははかりしれない。

　しかも人間は，小さいながらもあなたの被造物の一つの分として，あなたを讃えようとします。それは，おのが死の性を身に負い，おのが罪のしるしと，あなたが「たかぶる者をしりぞけたもう」ことのしるしを，身に負うてさまよう人間です。

　それにもかかわらず人間は，小さいながらも被造物の一つの分として，あなたを讃えようとするのです。

　よろこんで，讃えずにはいられない気持にかきたてる者，それはあなたです。あなたは私たちを，ご自身にむけてお造りになりました。ですから私たちの心は，あなたのうちに憩うまで，安らぎを得ることができないのです。〈山田晶訳「アウグスティヌス」『中公バックス　世界の名著16』中央公論社〉

読解力 power up!

上記資料の内容として，最も適当なものを一つ選べ。
①知恵がはかりしれない神につくられた人間だからこそ，無限の可能性がある。
②人間として讃えられるのは，自身の感情の高ぶりを抑制できる者である。
③罪によってさまよう人間は，神を讃えることだけでは許されない者である。
④すべての創造主である神を讃えることが，心に安らぎを得る方法である。

資料 解説

　人は，神の不変の善と美による世界を求めていながら，肉体への欲望に傾き，悪へと転落せざるを得ない。アウグスティヌスは，理想と肉欲の矛盾に苦悩しながら，これを乗り越え「人は，ただ神の愛によってのみ救われる」という**恩寵**の考えに至った。そして，信仰そのものも，神によってもたらされる恩寵と考えた。恩寵は，神の絶対的な力と知恵により人間に無償で与えられる救済である。

　アウグスティヌスは，パウロと同様にキリスト教に回心している。パウロが，もとは熱心なユダヤ教信者でキリスト教を迫害していた立場から回心したのに対し，アウグスティヌスは，実生活での欲望に対する悩みが彼の回心に大きく影響している。その意味で，自らの実体験を踏まえてキリスト教の考え方に共鳴した上での回心といえよう。

重要語句

恩寵（gratia）：神が与える無償の愛，超自然的な愛。アウグスティヌスは，原罪を負う，弱く無力な罪深い人間を救うのは，人間の意志にかかわりなく神が与えてくれる絶対愛であると説いた。

キリスト教の三元徳：信仰・希望・愛のこと。アウグスティヌスは『新約聖書』にあるパウロの言葉を用い，キリスト教道徳の根本とした。

大学入試challenge!

神と教会についてのアウグスティヌスの考えとして最も適当なものを，次の①〜④のうちから一つ選べ。
①教会が指導する聖書研究を通して信仰を深めることにより，神の恩寵を得ることができると考えた。
②人は神の恩寵によらなければ救われないと主張し，教会は神の国と地上の国を仲介するものだと考えた。
③教会への寄進といった善行を積むことにより，神の恩寵を得ることができると考えた。
④人は神の恩寵によらなければ救われないと主張し，贖宥状の購入による救済を説いた教会の姿勢は間違っていると考えた。　〈17本試〉

重要語句

神の国：アウグスティヌスの主著『神の国』で記される。世界の歴史は，神を愛し自己をさげすむ「神の国」と，自己を愛し神をさげすむ「地上の国」との争いであるとした。

解答：【読解力 power up!】 ④　　【大学入試 challenge!】 ②

トマス＝アクィナス

Thomas Aquinas （1225？〜1274） スコラ哲学の大成者

考えよう
○信仰と理性が調和した状態とは，どのようにイメージしたらよいだろうか。
○スコラ哲学には，どのような意義があったと考えられるか。

人と思想

　ナポリ近郊の領主の息子として誕生した。初等教育を受けるため，モンテ－カッシーノ修道院に入った後，ナポリ大学で**アリストテレス哲学**を知る。キリスト教の教義に強い関心をもち，家族の反対を振り切ってドミニコ会に入り，パリ大学で神学を学び，パリ大学教授となった。その後，ローマやナポリなどで講義を行い，**スコラ哲学**を大成した。

　トマスはアリストテレス哲学を用いてキリスト教神学を合理化し，神学と哲学，**信仰と理性を調和**させた。哲学の及ばないところは神学によって明らかになり，両者は互いに補い合って究極的には一致すると説いた。主著は『**神学大全**』など。

年	年齢？	人物史
1225？	0	誕生。
1239	14	ナポリ大学入学。
1243	18	ドミニコ会入会。
1256	31	パリ大学教授。
1265	40	『神学大全』執筆開始。
1274	49	死去。

1 理性と信仰

原典資料

　トマスによれば，理性は自然本性的に人間に賦与されている認識能力であり，これによって人間は，その本質を知ることはできないが，しかし，世界を超えながら世界を存在せしめている何者かが「存在する」という認識にまでは到達することができる。……

　しかし人間は，単なる理性だけでは，人間が熱望している究極の「救済」を得るに十分なる神の知を持つことができない。そこで神は人間の救済のために，理性を超える神についての知を，或る特別の人々（預言者，キリスト，使徒）を通して人類に啓示されたのである。この啓示は聖書のなかに含まれている。ゆえに「聖書」（サクラ・スクリプトゥラ）のうちに啓示されていることを信仰をもって受け取り，これを原理としてその上に成り立つのが「聖なる教」（サクラ・ドクトリーナ）である。
〈山田晶「トマス・アクィナス」『中公バックス　世界の名著20』中央公論社〉

読解力 *power up!*

上記資料の内容として，最も適当なものを一つ選べ。
①人類を救済するのは，理性的な人間ではなく理性を超えた人間である。
②神は，人間の救済のために理性を超えた知を有する特別な人々を遣わした。
③人間の理性を超える存在である神は，人類の一部分をつくりだした。
④人間が熱望しているのは，神についての知を理性で理解することである。

資料 解説

　中世のカトリック教会では，ギリシャ哲学を用いて，キリスト教の正統な教義を確立しようとする努力がなされた。これらの研究は，教会や修道院の付属学校（**スコラ**）で行われたので，**スコラ哲学**といわれる。**アリストテレス哲学**を研究したトマス＝アクィナスは，**理性による諸学（哲学）**と，**信仰による神学**との区別と調和に努めた。

　彼によれば，他の諸学は，ただ理性に服する事柄を考察するにすぎないが，神学は，理性を超越する事柄（神についての知）を対象としているため両者は区別される。そして，永遠の至福を直接の目的とする神学は，諸学よりも上位のものであるとする。しかし，その一方で，トマスは諸学による知を，神についての知の理解をいっそう容易にするものと考え，信仰の優位のもと理性を位置づけ，両者を調和させた。彼の「**恩寵は自然を破壊せず，かえって自然を完成させる**」という言葉には，神から与えられる**恩寵**の光に基づく信仰の真理のもとに自然の万物を認識する理性の真理を従わせることで両者が調和するという意味が込められている。

重要語句

スコラ哲学： スコラ（schola）とはラテン語で学校を意味し，スコラ哲学は12〜15世紀に隆盛したキリスト教哲学である。「哲学は神学の侍女」と表し，理性に対する信仰の優位を説いた。トマス＝アクィナスのほか，代表的な哲学者として**ロジャー＝ベーコン，ウィリアム＝オブ＝オッカム，ニコラウス＝クザーヌス**らがいる。

『神学大全』： トマス＝アクィナスの主著。この書は，後に，神学の教科書となった。第一部は，神の存在を証明するための「5つの途」などを，第二部は，神から恩寵として授けられる信仰・希望・愛という徳や正義や節制などを内容とする。

大学入試 *challenge!*

トマス・アクィナスの思想の説明として最も適当なものを，次の①〜④のうちから一つ選べ。
①信仰も理性も等しい価値をもつが，信仰によって得られる真理と，理性によって得られる真理とは異なると考え，両者を分離する二重真理説を説いた。
②神が啓示した真理は，信仰によって受け入れられるものであり，この真理の理解には理性が必要であるため，信仰と理性は調和すると説いた。
③救済のために最も重要なのは愛であるが，信仰も理性も等しく愛の働きを支えると考え，信仰・理性・愛の三つの徳をもって生きることを説いた。
④人間の本性である理性と，万物を貫く理性は同一であるため，自然に従うことによって，その造り主である神への信仰にめざめると説いた。
〈17追試〉

解答：【読解力 power up!】 ②　　【大学入試 challenge!】 ②

　私たちは，誰もが自分の人生が幸福になることを願っている。星占いを見たりおみくじを引いたりして自分の運勢をうかがうのも，幸福をねがっているからに他ならない。それでは幸福とは何か。その問いにためらうことなく「お金」や「地位」と答える人もいよう。

　古代ギリシャのヘレニズム時代に生きたエピクロスは，幸福が，肉体に飢えや渇きなどによる苦痛がなく，精神も安らいだ状態であるとした。身体的・精神的欲求を満たすことによって幸福を追求する立場は，快楽主義と呼ばれている。しかし，①エピクロスが説く快楽は，単に一時的な感性的欲求を満足させるものではなく，精神が安定することにより不安が取り除かれた，心の平静な状態であるアタラクシアを意味する。他方，幸福を人間としての正しい生き方の視点より見いだそうとする立場もある。エピクロスと同時代を生きた②ストア派のゼノンは，人間も自然の一部として神の理法（ロゴス）を共有していると考え，人間が神から分けもった理性に従うことが神の理法（ロゴス）に従うことであり，正しい生き方にかなうとした。そして，感情や欲望に惑わされない不動の心としてのアパテイアを求めた。このように，幸福を理性の活動に求める姿勢は，ギリシャ思想の伝統であり，アリストテレスの幸福論にも見られる。③彼は，理性を発揮し真理を考察するテオリア（観想）という活動が人生における最高の活動であり，幸福であると説いた。そして，幸福を導く理性のはたらきは，何か他に目的があってなされるのではなく，それ自体を目的とする

ことが最高善であるとした。

　宗教では，どのように幸福が考えられたのであろうか。キリスト教の布教に貢献したパウロは，もともとユダヤ教の信者でありキリスト教を弾圧していた。しかし，彼は不思議な光に打たれ，イエスの声を聞いたことでキリスト教へと回心した。

　④彼は，イエスの死が人間の根源的な罪を贖ったものであり，この愛へと人間が信仰を深めることでのみ救われ，幸福が訪れるとした。その後，キリスト教会で最大の教父となったアウグスティヌスもキリスト教に回心することで救われる。彼は，人間が神の世界の美や善を望んでいても，肉体の情欲におぼれることから逃れられない矛盾に苦悩する。だからこそ，人間は神による無償の愛によってのみ救われるのであり，この神からの恩寵（贈り物）なくして幸福はないとし，恩寵こそ幸福であると主張したのである。

　ここまで振り返ると，幸福になるために先人が考えているのは，物を手に入れるなどの欲望を満たすことや，身体的な苦痛を避け感覚的快楽を得ることではないといえる。われわれが描く幸福のイメージはややもするとお金や商品などの「見えるもの」になりやすい。しかし，先人が示唆するのは「見えるもの」ではなく，理性のはたらきや信仰など，「見えないもの」のありようである。目には見えない心のあり方，ひいては人間としてのあり方の中に幸福が隠されているのかもしれない。

資料分析*level up*↑

上記①〜④の説明文と最も関連する資料として適当なものを，次の（ア）〜（エ）のうちから，それぞれ選べ。

（ア）「義人はいない，ひとりもいない。…」…なぜなら，律法を行うことによっては，すべての人間は神の前に義とせられないからである。律法によっては，罪の自覚が生じるのみである。…わたしたちはこう思う。人が義とされるのは，律法の行いによるのではなく，信仰によるのである。

（イ）その固有の卓越性に即しての活動が究極的な幸福でなくてはならぬ。それが観照的（観想的）な活動にほかならないことはすでに述べられた。…知性の活動は－まさに観照的なるがゆえに－その真剣さにおいてまさっており，活動それ自身以外のいかなる目的をも追求せず，その固有の快楽を内蔵していると考えられ，…当然の帰結として，人間の究極的な幸福とは，まさしくこの活動でなくてはならないだろう。

（ウ）生の目的は「自然と整合的に生きること」である…これは，実に「徳に従って生きること」と同じことなのである。なぜなら，自然は徳を目標にわれわれを導いて行くからである。…それは，自分を自然の状態に保つことであり，…自然に即してあるものは持ち続け，その反対は斥（しりぞ）けることだ，ということになる。

（エ）これらの欲望について迷いのない考察ができていれば，人はどんな選択や回避も，身体が健康で魂が平静であることこそが，浄福なる生（じょうふく）の目的だからである。

※文献：（ア）「ローマ人への手紙」第3章『小形聖書（口語）』日本聖書協会
　　　　（イ）渡辺邦夫・立花幸司訳「アリストテレス」，高田三郎訳『ニコマコス倫理学（下）』岩波書店
　　　　（ウ）山本光雄・戸塚七郎編『後期ギリシア哲学者資料集』岩波書店
　　　　（エ）山本光雄・戸塚七郎編『後期ギリシア哲学者資料集』岩波書店

解答：【資料分析 level up】　①（エ）　②（ウ）　③（イ）　④（ア）

『クルアーン』

3 ムハンマドとイスラームの成立

ムハンマド

Muhammad（570？〜632）イスラームの開祖

考えよう
○イスラームはユダヤ教やキリスト教とどのような部分が似ているだろうか。
○六信五行を実践することで、何を得ようとしているのだろうか。

人と思想

ムハンマドの誕生

　イスラームは、アラビア半島の**メッカ**に生まれた**ムハンマド**が、唯一神**アッラー**の**啓示**(けいじ)を受けたとして布教を開始したところに始まる。5世紀ごろ、メッカにクライシュ族が定住し商業活動を営むようになった。6世紀には、メッカは中継貿易の重要都市としてアラビア半島で最も栄えるようになった。経済的な繁栄は、貧富の差をもたらしたが、そのような状況のメッカにおいて、ムハンマドは570年ごろに生まれた。クライシュ族の名門ハーシム家に生まれ、早くに両親と死別した彼は、貧しい叔父(おじ)の家業を助けつつ、隊商に加わり各地を旅して歩いた。その中で、ユダヤ教やキリスト教など、一神教の影響を強く受けたといわれる。そして、25歳の時、年上の裕福な未亡人ハディージャと結婚し、経済的に余裕のない生活から解放された。

神の啓示

　40歳のころ、メッカ郊外のヒーラの洞窟(どうくつ)で瞑想(めいそう)していた時に、天使**ガブリエル**を通して「起きて警告せよ」という唯一神**アッラー**の啓示にはじめて接した。その後何度か同じことがおこり、自分は神の言葉を預かる**預言者**(きき)だと確信し、布教活動を始めた。しかし、唯一神への絶対帰依と神の前での万人の平等といった主張は、大商人を頂点とする社会経済体制と、当時多神教であった**カーバ神殿**のもつ宗教的権威を揺るがすものであったため、迫害を受けた。

聖遷(せいせん)（ヒジュラ）

　そこで彼は622年メディナへ移住（**聖遷**、**ヒジュラ**）し、ムスリムの信仰共同体である**ウンマ**を組織した。その地で支持を得た彼は、近隣勢力を破った後、630年にメッカの町を征服した。そして、カーバ神殿にあった様々な偶像(ぐうぞう)360体を

地域情勢	年	年齢？	人物史
ビザンツ帝国とサ	570？	0	メッカで誕生。
サン朝ペルシャと	595	25	ハディージャと結婚。
の対立	610	40	はじめて神の啓示を受ける。
			メッカで布教開始。
	622	52	メディナへ移住（聖遷、ヒジュラ。イスラーム暦元年）。
	630	60	メッカを無血征服。
	632	62	死去。
正統カリフ時代（〜661）	650		『クルアーン』の編纂(へんさん)。
ウマイヤ朝の成立	661		

破壊して、ここをイスラームの聖殿とした。ムハンマドは、アッラーの前での平等を説き、孤児や貧者を救う同胞愛、社会的な正義を唱えて、部族の対立を超えたイスラーム国家を建設した。

イスラームの発展

　ムハンマドは632年に病死するが、彼の死後、その後継者（**カリフ**、**ハリーファ**）が選出された。**4代カリフ、アリー**までの時代を**正統カリフ時代**と呼ぶ。そして、アリー暗殺後、661年にウマイヤ朝が成立した。**ウマイヤ朝**成立の過程でイスラームは、**スンナ派**（ムハンマドの伝えた慣行と共同体の秩序に従う人々）と**シーア派**（アリーを正当な指導者とする立場の人々）に分裂した。

　イスラームの教えとアラビア語を母胎とするイスラーム文化は、古代ギリシャ文化を継承しつつ、独自の文化を形成した。中でも、イスラーム世界でのアリストテレス哲学の研究は、13世紀にヨーロッパに流入し、スコラ哲学の形成（→ p.57）に大きな影響を与えた。

解説　イスラーム世界の成立

　メッカは、古くから商業都市として栄え、伝統的な多神教の神々を祭る聖地であったが、6世紀後半から、**メッカのあるアラビア半島西岸（紅海沿岸のヒジャーズ地方）の重要性が増した**。その理由は、この地域に隣接していたビザンツ帝国とササン朝ペルシャの対立が激化し、オアシスの道（絹(きぬ)の道）の交易ルートが途絶えてしまったからである。ムハンマドの死後、イスラームは**正統カリフ時代**までにエジプトやイランにも勢力を拡大した。そして、ウマイヤ朝時代に、領土は西北インド、アフリカ北岸、イベリア半島にまで至った。

1 唯一神アッラー

原典資料

　（ユダヤ教徒やキリスト教徒に）言ってやるがよい，お前たち，アッラーのことで我々と言い争いをしようというのか。アッラーは我々の神様でもあれば，お前たちの神様でもあるものを。我々の所業はすべて我々のもの，お前たちのすることはみんなお前たちのもの。我々が誠の限りをつくしておつかえ申すのはアッラーのみ。〈井筒俊彦訳『コーラン（上）』岩波文庫〉

資料 解説

　イスラームの神**アッラー**は，ユダヤ教，キリスト教と共通した唯一絶対神である。全知全能にして慈悲深く慈愛あつき神は，万物の創造者であり最後の審判の日の判定者でもある。アッラーは「**生まず，生まれず，一人として並ぶ者はいない**」唯一神なので，どのような形にも偶像化されない（**偶像崇拝禁止**）。

2 六信五行

原典資料

　「われらはアッラーを信じ，われらに啓示されたものを，またイブラーヒームとイスマイールとヤアクーブと（イスラエルの十二）支族に啓示されたものを，またムーサー（モーセ）とイーサー（イエス）に与えられたものを，またすべての予言者〔預言者〕たちに神様から与えられたものを信じます。われらは彼らの間に誰彼の差別は致しません。われらアッラーに帰依し奉ります」と。……

　こうして見ておると，お前（マホメット）は（どっちを向いてお祈りしていいのか分らなくなって）空をきょろきょろ見廻している。……よいか，お前の顔を聖なる礼拝堂（メッカの神殿）の方に向けよ。汝ら，何処の地にあろうとも，必ず今言った方角に顔を向（けて祈る）のだぞ。……

　コーランが，人々のための（神からの）御導きとして，また御導きの明らかな徴として，また救済として啓示された（神聖な）ラマザン月（こそ断食の月）。されば汝ら，誰でもラマザン月に家におる者は断食せよ。但し丁度そのとき病気か旅行中ならば，いつか別のときにそれだけの日数（断食すればよい）。〈同前〉

読解力 power up!

上記資料の内容として，最も適当なものを一つ選べ。
① イスラームの啓典（聖典）は，アッラーが天使を通じて，預言者ムハンマドに啓示を与えた内容をまとめた『クルアーン（コーラン）』のみである。
② 預言者は，唯一神アッラーの言葉を伝えたムハンマドのみであり，ユダヤ教やキリスト教のモーセやイエスは，預言者とはいえない。
③ 礼拝は，可能な限り生涯に一度はメッカを訪れて，メッカで行うものであることから，信者全員が行うものとはいえない。
④ 断食は，ラマダーン月（ラマザン月）の間に行われるものであるが，旅行中や病気などの場合は例外として扱われる。

資料 解説

　ムハンマド（マホメット）が最後にして最大の預言者とされるが，**アダム，ノア，アブラハム，モーセ**，そして，**イエス**も預言者として数えられる。

　神が**預言者モーセ**に下した律法（「モーセ五書」）や，「福音書」（『新約聖書』）なども「**啓典**」（**聖典**）とされる（「**啓典の民**」）が，『**クルアーン**』に完全な教えが記されているとされる。なお，『クルアーン』とムハンマドの言行（**スンナ**）を根拠とし，法学者の解釈を通して定められたものが，**シャリーア（イスラーム法）**である。

イスラーム教についての記述として最も適当なものを，次の①〜④のうちから一つ選べ。
① クルアーンは，ユダヤ教の聖典に倣ってヘブライ語で著わされた。
② すべてのモスクでは，聖地エルサレムに向かって礼拝が行われる。
③ イスラーム教は，五行の一つとして喜捨（ザカート）の義務を定めている。
④ キリスト教徒らと区別して，イスラーム教徒は「啓典の民」と自称する。
〈18本試〉

重要語句

ウンマ：ムスリムの共同体およびイスラーム国家を指す。共同体内に正義を実現し，共同体をより発展させる使命をもつ。

ジハード：イスラーム教徒を守るための聖なる戦いのこと。もともとは，神のために自己のたゆまぬ努力を意味した。

最後の審判：神がこの世の終末に，すべての人を義人と罪人に振り分けること。

カリフ：預言者ムハンマドの後継者とされ，イスラーム世界の指導者である。ムハンマドが最後で最大の預言者であるから，預言者ではない。アブー＝バクルが初代のカリフである。

ムスリムの義務

六信（信仰）
アッラー：イスラーム唯一絶対の神。
天使：神の言葉をムハンマドに伝えた。ガブリエルやミカエル。
啓典：ユダヤ教，キリスト教の聖書を含むが『コーラン』が完全なものとされる。
預言者：アダムやアブラハム，モーセやイエスも含む。最後で最大の預言者がムハンマド。
来世：神の最後の審判のあとに来る。
天命：世界はアッラーの意志に従っている。

五行（実践）
信仰告白（シャハーダ）：「アッラーは唯一の神で，ムハンマドは神の使徒」との証言。
礼拝（サラート）：聖地メッカの方向へ1日5回祈りを捧げる。
断食（サウム）：イスラーム暦9月（ラマダーン）に1か月間行う。日中の飲食禁止。
喜捨（ザカート）：貧者を救うための税金。または，貧者への施し。
巡礼（ハッジ）：聖地メッカへの訪問。

解答：【読解力 power up!】　④　　【大学入試 challenge!】　③

学びの横糸　「信仰」とは

人はどんな時に，何を思い，何に対して祈るのだろう。高度な文明社会の中にあっても人間の力では思うようにいかない時がある。思わず手を合わせ心から祈る時，人は何に対してその思いを語るのか。カトリック教会の修道女であったマザー＝テレサは，インドのコルコタ（カルカッタ）を拠点として病人，孤児，貧者への奉仕に生涯をささげた。彼女の活動を支えたのは，神への深い信仰と祈りであった。それでは，人にとっての信仰とは何だろう。

イエスは，ユダヤ教の形式的な律法主義と選民思想を批判し，十字架にかけられ刑死した。ではなぜ，イエスはユダヤ教を批判したのか。そのひとつは，**①戒律を厳格に守ろうとするユダヤ教**に対し，神の本質はアガペー（絶対愛）にあるとしたからである。もうひとつは，**②イエスは，自らも隣人を愛し，その愛を与えてくれる神への信仰のみが人を救うと考えたからである。**

ユダヤ教やキリスト教の教えを背景に，ムハンマドによって開かれたのがイスラームである。唯一絶対の神アッラーから啓示を受けたムハンマドは，最後の預言者とされる。**③その啓示は完全なる神の言葉として『クルアーン』に記されている。**『クルアーン』は，信者の生活のあらゆる領域の規範である。同じ土壌から成立したキリスト教とイスラームは唯一神を信じる一神教であるという点は共通するが，イスラームにおいては，神から授かった啓示が信者のあらゆる領域の規範となっている。

他方，仏教では，神への信仰による救いではなく，輪廻転生から魂が解放され自ら真理を悟ることをめざしている。

仏教の開祖であるガウタマ＝シッダールタは，何不自由なく暮らしていた生活を捨て，29歳で出家し35歳で悟りに達し，ブッダ（仏陀，覚者）となったといわれる。ブッダによると，人生は，「生・老・病・死」が次々と訪れる。このように，すべてのものは常に変化し続ける（諸行無常）。しかし，人は自分の欲望に心を奪われ名誉や財産に執着する。これが苦しみの根本原因であり，この煩悩を制した時のみ，苦しみは消えるのである。**④安らぎの境地に向かうためには正しい実践である「八正道」**とともに，自らの心の内と向き合いおのれを知り，制することによって人生の苦しみを乗り越えなければならない。しかし，その為しがたさを痛感した人々は，やがてブッダを信仰の対象として崇拝することになる。

いずれにしても，生きることには，いくつもの失敗，挫折，絶望といった苦しみがつきまとう。私たちは，その中から真実を見いだし，生きる力に変えていかなければならない。特定の宗教を信じていなくても人間を超えた大きな力を感じることや，何かに生かされていると思うことがある。それを，宗教的な体験ととらえることもできよう。したがって，生かされていると思える何かに無心に祈ることが生きる支えとなり，希望の光が見えてくる可能性も否定できない。

デューラー原画「祈りの手」

資料分析 level up ↑

上記①〜④の説明文と最も関連する資料として適当なものを，次の（ア）〜（エ）のうちから，それぞれ選べ。

（ア）　旅をしていたあるサマリア人は，そばにくると，その人を見て憐れに思い，近寄って傷に油とぶどう酒を注ぎ，包帯をして，自分のろばに乗せ，宿屋に連れて行って介抱した。そして，翌日になると，デナリオン銀貨二枚を取り出し，宿屋の主人に渡して言った。『この人を介抱してあげてください。費用がもっとかかったら，帰りがけに払います』

（イ）　こうして見ておると，お前は空をきょろきょろ見廻している。…よいか，お前の顔を聖なる礼拝堂の方に向けよ。汝ら，何処の地にあろうとも，必ず今言った方角に顔を向けて祈るのだぞ。…

（ウ）　あなたには，わたしをおいてほかに神があってはならない。あなたはいかなる像も造ってはならない。…あなたの神，主の名をみだりに唱えてはならない。みだりにその名を唱える者を主は罰せずにはおかれない。安息日を心に留め，これを聖別せよ。六日の間働いて，何であれあなたの仕事をし，七日目は，あなたの神，主の安息日であるから，いかなる仕事もしてはならない。

（エ）　比丘たち，では如来がはっきりとさとったところの，人の眼を開き，理解を生じさせ，心の静けさ・すぐれた知恵・正しいさとり・涅槃のために役立つ中道とは何か。それは八つの項目から成るとうとい道である。すなわち，正しい見解・正しい思考・正しいことば・正しい行為・正しい暮らしぶり・正しい努力・正しい心くばり・正しい精神統一である。

※文献：（ア）『新共同訳　聖書』「ルカによる福音書」第10章　（イ）井筒俊彦訳『コーラン（上）』岩波文庫
（ウ）『新共同訳　聖書』「出エジプト記」第20章　（エ）桜部建訳「パーリ語大蔵経相応部経典」『世界の名著Ⅰ　バラモン教　原始仏典』

解答：【資料分析 level up】　①（ウ）　②（ア）　③（イ）　④（エ）

ガンジス川での沐浴

単元の概観

[バラモン教]

　紀元前15世紀ごろ，中央アジアからインドに侵入したアーリア人たちは，前10世紀ごろに氏族制と身分制を基礎とした農耕社会と，宗教性の強い独自の文明をつくり上げた。その身分制度の頂点に立つバラモンは，神々を賛える聖典『ヴェーダ』に基づく儀式と難解な哲学をもったバラモン教を開いた。バラモン教の教義は，奥義書『**ウパニシャッド**』に記され，その思想の中心となるのが無限に生死をくり返す「**輪廻**」とその原因となる行為である「**業（カルマ）**」である。

[ジャイナ教]

　前6～5世紀のインドは，商工業の発達により**クシャトリア（王侯）**や**ヴァイシャ（庶民）**の経済力が高まった。その社会変動の中で，バラモンの教えに頼らず独自に輪廻の苦しみから解脱しようとする動きが生じた。これらの新しい思想家は自由思想家（**六師外道**）と総称され，その代表的なものがヴァルダマーナの開いた**ジャイナ教**である。一方，バラモン教は，2～3世紀にかけて土着の信仰と結びつきながら，現在のヒンドゥー教の基盤となり民衆に定着した。

[ガウタマ＝シッダールタと仏教]

　前5世紀ごろインド北部の小国の王子として生まれた**ガウタマ＝シッダールタ**は，早くから人生の苦しみについて悩みを抱え，29歳で出家したとされる。6年間の苦行生活を経た後に菩提樹の下で瞑想に入り**ブッダ（仏陀）**となった。その後，45年間にわたって各地で教えを広め，多くの弟子や信者を集めた。彼の思想は，この世の苦の原因とそれを取り除く方法であった。ブッダの説いた教えを**仏教**という。

[仏教の発展]

　ブッダの死後100年ほどたつと，仏教教団は，ブッダの教

説をめぐり保守的な**上座部**と新しい解釈を認める**大衆部**に分裂した。この二派は，さらに分裂を重ね，前2世紀ごろには20の**部派仏教**が成立した。前1世紀ごろに新しい仏教運動が発生し，**大乗仏教**がおこり，その教えは**ナーガールジュナ（竜樹）**，**アサンガ（無著）**・**ヴァスバンドゥ（世親）**兄弟の思想により深められ，中国，朝鮮，日本へと伝わった。

年	地域情勢	活躍した人物
前30世紀	インダス文明の成立。	
前15世紀	アーリア人，インド侵入。	
前12世紀	『リグ－ヴェーダ』成立。	
前7世紀～	ウパニシャッド哲学成立。	ヴァルダマーナ（前549？～前477？）
前5世紀～	自由思想家の登場。	
前463？	ガウタマの誕生。	ガウタマ（仏陀）（前463？～前383？）
前3世紀	アレクサンドロス大王，インドへ遠征。	
前268？	アショーカ王が即位。	アショーカ王※生没年不明（位前268？～前232？）
前2世紀？	原始仏教の成立。部派仏教の成立。上座部と大衆部に分裂。	
前1世紀	大乗仏教の興隆。	
129？	カニシカ王が統治。ガンダーラ美術の興隆。ナーガールジュナの活躍。	カニシカ王※生没年不明（位130？～155？）
4世紀	ヴァスバンドゥの活躍。	ナーガールジュナ（竜樹）（150？～250？）ヴァスバンドゥ（世親）（400？～480？）
5世紀	ナーランダー僧院の創立。	
627？	玄奘，インドを旅行する。	玄奘（602～664）

解説　（左）インドの仏教遺跡

　ガウタマが悟りを開きブッダとなった場所が**ブッダガヤー**である。ブッダが最初に説法を行ったとされるサールナートは，巨大国コーサラとマガダの間に挟まれた場所にあった。

解説

（右）仏教の伝播

　ブッダの死後，仏教は数派に分かれ，大乗仏教はインドから北方に伝わり，1世紀に中国，4世紀に朝鮮，6世紀には日本に伝わった（**北伝仏教**）。一方，上座部系の仏教は南方（スリランカ・東南アジア）に伝わった（**南伝仏教**）。

バラモン教

考えよう
○古代ギリシャやキリスト教などの思想と比較して「梵我一如」の特色とは何か。
○「輪廻」を，私たちがイメージできるのはなぜか。

象に乗ったインドラ神

人と思想

バラモン教の展開

　紀元前1000年以後，**アーリア人**がインダス川からガンジス川流域に移住し，**バラモン**（司祭）を頂点とした社会が成立した。バラモンが神々に讃歌をささげ，神を祀る祭式を基盤に発達し，職業の世襲化や**ヴァルナ**（のちの**カースト**）制度を生み出した。聖典『**リグ－ヴェーダ**』はアーリア人の**最古の聖典**であり，前1200年ごろから形成されてきたと伝えられている。バラモンの権威は大きかったが，社会の安定や都市の勃興とともに思想にも変化が見られ，現世の幸せだけではなく**輪廻**からの**解脱**に関心が高まり，奥義書『**ウパニシャッド**』の哲学が形成された。ウパニシャッドでは，苦行や精神統一によって**梵我一如**の真理を自覚し体得すれば，解脱できると説かれた。この考え方は，インド思想の源流として後世に受け継がれていった。

1 輪廻

原典資料

　さて，この世においてその素行の好ましい人々は，好ましい母胎に，すなわち，婆羅門〔バラモン〕の母胎か，王族〔クシャトリア〕の母胎か，庶民〔ヴァイシャ〕の母胎にはいると期待される。しかし，この世においてその素行の汚らわしい人々は，汚らわしい母胎に，すなわち，犬の母胎か，豚の母胎か，賤民の母胎にはいると予測されるのである。

　また，何度でも生きかえってくるこれらの下等動物たちは，この二道（神の道と祖霊の道）のいずれをも通って行かない。「生まれよ」「死ね」と（いとも簡単に）いわれる，これが第三の立場である。……

　それゆえに，人は素行を慎しむにすべきである。

〈服部正明訳「チャーンドーギヤ・ウパニシャッド」『世界の名著1　バラモン教典　原始仏典』中央公論社〉

資料 解説

　「**輪廻**」は，善悪の「**業**」によって現世・来世が決定され，脱出不可能な苦しみが循環するという思想である。バラモン教では，この不安から逃れ，よりよく生まれるために善業を積むことが説かれたが，後に輪廻の循環からの「**解脱**」が求められるようになった。

2 梵我一如

原典資料

　「……実に，このアートマンを知って，婆羅門たちは，息子を得たいという願望，財産を得たいという願望，（天上の）世界を得たいという願望から離脱して，乞食の遊行生活をするのである。……愚者であることをも識者であることをもいとうとき，彼は聖者となる。聖者でないことをも聖者であることをもいとうとき，彼は（真の）婆羅門（すなわち，宇宙の最高原理ブラフマンに合一した人）となるのである」

〈中村元「ブリハッド・アーラヌヤカ・ウパニシャッド」『中村元選集第11巻　ゴータマ・ブッダ―釈尊の生涯―　原始仏教Ⅰ』春秋社〉

資料 解説

　ウパニシャッド哲学における宇宙の絶対不変の最高原理である「**ブラフマン**（梵）」と，生まれ変わっても変化しない生命活動の中心的な霊魂である「**アートマン**（我）」は同一であるという考えを「**梵我一如**」という。これは，ウパニシャッド哲学の真理であり，哲学書『ウパニシャッド』では，真実の自己であるアートマンの自覚により，ただちに絶対的なブラフマンとの合一が実現し，人間は輪廻の苦しみから解脱できると説かれた。

重要語句

『**ヴェーダ**』：バラモン教の聖典である。祭祀のための讃歌や祈禱のための言葉を集成したものであり，自然現象を神格化した神々のための讃歌を集めた「リグ＝ヴェーダ」などからなる。これら『ヴェーダ』に付随して神学的に解説し，世界最古の哲学書といわれるのが「**ウパニシャッド**」（奥義書）である。

業（カルマ）：人間がなす様々な「行為」を意味する。ウパニシャッドにおいては，「輪廻するのは業である」と説いている。

解脱：無限に生死をくり返す輪廻の苦しみから解き放たれ，生死を超えた絶対の境地に至るあり方を意味する。

大学入試challenge!

　古代インドで展開された思想についての記述として最も適当なものを，次の①～④のうちから一つ選べ。

①ウパニシャッド哲学は，真の自己とされるアートマンは観念的なものにすぎないため，アートマンを完全に捨てて，絶対的なブラフマンと一体化するべきであると説いた。

②バラモン教は，聖典ヴェーダを絶対的なものとして重視していたため，ヴェーダの権威を否定して自由な思考を展開する立場を六師外道と呼んで批判した。

③ウパニシャッド哲学では，人間を含むあらゆる生きものが行った行為，すなわち業（カルマ）の善悪に応じて，死後，種々の境遇に生まれ変わると考えられた。

④バラモン教では，唯一なる神の祀り方が人々の幸福を左右するという考えに基づいて，祭祀を司るバラモンが政治的指導者として社会階層の最上位に位置づけられた。　〈17本試〉

解答：【大学入試 challenge!】　③

ジャイナ教

開祖：ヴァルダマーナ（Vardhamāna, 前549？〜前477？）

考えよう
○ジャイナ教が理想とする人間と社会のあり方とは何か。
○不殺生戒を守る人々は，現代社会の状況に対して何と言うと思うか。

エローラ石窟寺院

1 ジャイナ教

原典資料

　恥ずべき行為をつねに捨てることが正行とよばれる。それには不殺生などの戒の区別に従って，五種類があると述べられる
　すなわち，不殺生，不妄語（うそをいわないこと），不偸盗，梵行（邪淫を慎しむこと），不所持（所有欲を持たないこと）（の五種類）である。
　不注意な行為によって植物や動物の生命を奪わないこと，これが不殺生戒とよばれる……
　世人にとって五種類の大戒は順次に五つの遵守（修習）を伴い，不滅の立場（解脱）を成就する〈宇野惇訳「ジャイナ教綱要」『世界の名著1　バラモン教典　原始仏典』中央公論社〉

資料 解説

　ジャイナ教は，仏教の側から見て，異端を意味する**六師外道**と呼ばれるもののひとつで，その教えの中心は「五戒」であり，開祖**ヴァルダマーナ**（前549？〜前477？）は，五戒を遵守することによって，解脱が成就されると説いた。ヴァルダマーナは「**マハーヴィーラ（偉大なる英雄）**」と尊称される。

重要語句

六師外道（自由思想家）：「外道」とは，仏教徒からの見方で「仏教以外の教え」を意味する。バラモン教を否定し，商人階級に保護されながら革新的な思想運動を展開した6つの宗教思想である。

不殺生戒：人間だけではなく，すべての生きものを殺さないというジャイナ教の教え。

ジャイナ教徒　不殺生（アヒンサー）を実践するため，虫や微生物も殺さないようマスクで口を覆い，路上の生物を踏まぬようほうきをもち歩く。

ヒンドゥー教

Hindu　インドの民族宗教

考えよう
○ヒンドゥー教がインドに定着した理由は何か。
○「生活に溶け込んだ宗教」（ヒンドゥー教の特徴）を，日本にあてはめて考えると，どのような事例があるだろうか。

シヴァ神

1 ヒンドゥー教

原典資料

　聖バガヴァット〔クリシュナ〕は告げた。──
　アルジュナよ，この世には二種の立場があると，前に私は述べた。すなわち，知識のヨーガによるサーンキヤ（理論家）の立場と，行為のヨーガによるヨーギン（実践者）の立場とである。
　人は行為を企てずして，行為の超越に達することはない。また単なる〔行為の〕放擲のみによって，成就に達することはない。……
　運動器官を制御しても，思考器官（意）により感官の対象を想起しつつ坐す心迷える人，彼は似非行者と言われる。
　しかし，思考器官により感官を制御し，執着なく，運動器官により行為のヨーガを企てる人，彼はより優れている。
〈上村勝彦訳『バガヴァッド・ギーター』岩波文庫〉

資料 解説

　『**バガヴァッド−ギーター**』は，インドの二大英雄叙事詩のひとつ『**マハーバーラタ**』の1節である。ここでは，戦争を嘆く王子アルジュナに対し，御者に扮した（**ヴィシュヌ神**の化身である）クリシュナが行為の修行としてのヨーガの重要性を説いている。
　ヒンドゥー教は，『**ヴェーダ**』と呼ばれる聖典をもつバラモン教が，民間の信仰や風習を吸収することによって成立した自然神を崇拝する多神教である。現在，ヒンドゥー教徒は，インド人口の約8割を占めると言われている。

重要語句

ヒンドゥー教：古代インド主流の民族宗教であるバラモン教に複雑な民間信仰が混ざり合って成立した民族宗教。**ウパニシャッド哲学**などの影響を受け，『ヴェーダ』の聖典の他，『マハーバーラタ』や『プラーナ』なども聖典としている。明確に体系が整った宗教ではなく，インドの伝統的な宗教の慣習などが集積されたものであり，その意味では，インド宗教の総称と見ることができる。

ヴィシュヌ神：ヒンドゥー教の維持神。危機に際して現れ，無差別に人々を救済する。

シヴァ神：ヒンドゥー教の破壊神。世界を破壊して次の世界創造に備える役目をしている。

ブラフマー神：世界を創造する神。ブラフマーが創造した世界を，**ヴィシュヌ神**が維持し，**シヴァ神**が破壊し，再生するとされた。

ガウタマ＝シッダールタ

Gautama Siddhārtha（前463？～前383？／一説に前566？～前486？） 仏教の開祖

考えよう
○苦しむ人々にブッダは、「縁起」をどのように説明するだろうか。
○「慈悲」は、エロースやアガペーと比べ、どのようなちがいがあるか。

人と思想

　ガウタマ＝シッダールタは、前463年ごろ、インド北部の都城カピラヴァストゥ郊外のルンビニーで釈迦族の王子（**クシャトリア階級**）として誕生した。母のマーヤが、産後まもなく亡くなったため、彼は叔母に育てられた。**ガウタマ**は、父であるスッドーダナの後を継いで王となる身分として、何一つ不自由のない生活を送った。16歳の時、縁者に当たるヤショダラを妃とし、子ラーフラをもうけたが、しだいに人生の無常や**生・老・病・死**という苦について思索するようになった。

　29歳の時、人生の悩みを解決すべく、地位・名誉・財産・妻子のすべてを捨ててバラモンの僧として出家し、修行の道に入ったとされる。しかし、指導者にしたがってひたすら苦行を続けても、心の安らぎや人間の真理について何も得ることができなかった。苦行の無意味を知った彼は、バラモン教を離れ独自の道を選んだ。その後の紆余曲折の後、35歳の時、**菩提樹**の下で一人坐禅を組み瞑想にふけり、様々な誘惑に打ち勝って迷いを捨て、ついに世界の究極の真理を得て、**ブッダ（仏陀、悟りを開いた者）**となった（仏教とは仏陀の教えという意味である）。ブッダは**サールナート（鹿野苑）**において5人の比丘（修行者）にはじめての説法（**初転法輪**）を

行った後、45年間にわたってインド北部のガンジス川流域において人々を悩みから救うために教説を説いた。そして、80歳の時、故郷に向かう旅の途中にクシナガラで**入滅**した。

　彼が生涯において求め、人々に説いた教えは「人生の苦しみの原因とその解決方法とは何か」、「真の心の安らぎとは何か」、「人間としての正しいあり方生き方とは何か」という人間にとっての根本的かつ深淵高邁な真理であった。その教えは、**四法印、四諦、八正道、縁起説**などとして、弟子たちによってまとめられた。

年	年齢？	人物史
前463？	0	カピラヴァストゥで誕生。
前434？	29	出家、苦行生活に入る。この間、様々な師のもとで修行する。
前428？	35	苦行が無意味であることを知る。ブッダガヤー（ガヤ市）で悟りを開きブッダとなる。四諦・八正道を説く。マガダ国・コーサラ国を中心に遊行して説法を続ける。
前383？	80	クシナガラで入滅。

ブッダの思想

```
         ┌─ 一切皆苦 ◀── 煩悩←我執←無明
四法印 ─┤   諸行無常 ─┐
         │   諸法無我 ─┴─ 無常無我 ──▶ 縁起
         └─ 涅槃寂静 ──── 解脱（悟り）
                          慈悲

四諦 ─┬─ 苦諦  人生はすべて苦しみであるという真理
      ├─ 集諦  苦は煩悩の集まりからおこるという真理
      ├─ 滅諦  苦を滅した境地が涅槃であるという真理
      └─ 道諦  苦を滅する方法は八正道であるという真理

八正道（中道）
```

正見	正しく認識すること	正命	正しく生活すること
正思	正しく考えること	正精進	正しく努力すること
正語	正しい言葉を使うこと	正念	正しさを失わないこと
正業	正しく行為すること	正定	正しく心を保つこと

解説

　ガウタマが菩提樹の下で瞑想し、**ブッダ（仏陀）**となり悟った真理は、左図のように要約される。

　彼はまず、この世は完全な満足の得られない世界であるととらえた。そして、何事にも永遠不変の満足が得られないこの世は、苦しみに満ちた世界である（**一切皆苦**）と考えた。

　また、あらゆるものは生滅変化し（**諸行無常**）、外界にも人間の中にも不変な実体はない（**諸法無我**）という真理が存在するとした。この2つの真理を合わせて無常無我という。さらに、世界には独立不変のものは何一つなく、すべては一定の条件・原因によって成り立っているとし、これを縁起の法と表した。そして、**縁起の法**を正しく知ることにより苦の原因である**煩悩**を断ち切って、迷いも苦しみも消えた理想の境地に至る（**涅槃寂静**）ことができると説いた。そこに至るまでの修行を**四諦**としてまとめ、具体的な実践方法として**八正道**を示した。

　四諦は、仏教の根本の教えであり、中心をなす教説である。いかなる修行をすることで**解脱**に至ることができるかを示す4つの真理である。四聖諦や苦集滅道とも呼ばれる。この4つの真理を体得することで、悟りに達するとされることから、仏教徒が理解すべき根本とされた。また、八正道は、ブッダによって説かれた、涅槃に至るための8つの正しい修行方法のことである。この修行に通底しているのは、快楽と苦行のどちらかに極端に傾かない**中道**の思想である。

1 四苦（八苦）

原典資料

比丘たち，とうとい真実としての苦（苦諦）とはこれである。つまり，生まれることも苦であり，老いることも苦であり，病むことも苦である。悲しみ・嘆き・苦しみ・憂い・悩みも苦である。憎いものに会うのも苦であり，愛しいものと別れるのも苦である。欲求するものを得られないのも苦である。要するに，人生のすべてのもの——それは執着をおこすもとである五種類のものの集まり（五取蘊）として存在するが——それがそのまま苦である。〈桜部建訳「パーリ語大蔵経相応部経典」『世界の名著1　バラモン教典　原始仏典』中央公論社〉

資料 解説

ブッダとなったガウタマ（以下，ブッダ）がまず着目したのは，人間である以上，避けられない苦の自覚である。この世に生まれることの苦しみである「生」，自然と老いていくことの苦しみである「老」，誰もがケガや病気にかかることの苦しみである「病」，やがては生あるものすべてが死ぬことの苦しみである「死」が四苦である。さらに，怨んだり憎んだりするものと出会う苦しみである「怨憎会苦」，愛するものとの離別によって生まれる苦しみである「愛別離苦」，欲しいものが得られない苦しみである「求不得苦」，そして，人間の身体・精神作用がもたらす苦しみである「五蘊盛苦」の4つを加え八苦とした。これらは，人間が人間として生きている以上，絶対に避けられない苦しみである。ブッダは，「まずは，そこに執着がある以上，その苦しみを無理に避けようとしても，どうにもならないことを自覚すべきだ」と説いている。ブッダは，これらの苦の原因と正しい解決法について，瞑想によって得られた真理を説いている。

2 縁起

原典資料

わたしのさとり得たこの法は，深遠で，理解しがたくさとりがたい。静寂であり，卓越していて思考の領域をこえる。微妙であってただ賢者のみよくそれを知ることができる。

ところが世の人々は五つの感覚器官の対象を楽しみとし，それらを悦び，それらに気持ちを高ぶらせている。それらを楽しみとし，それらを悦び，それらに気持ちを高ぶらせている人々にとって，実に，この道理，すなわちこれを条件としてかれがあるという縁起の道理は理解しがたい。また，すべての存在のしずまること，すべての執着を捨てること，渇欲をなくすこと，欲情を離れること，煩悩の消滅すること，それがすなわち涅槃である，というこの道理も理解しがたい。もしわたしが法を説いたとしても，他の人々がわたしを理解してくれなかったら，それはわたしにとって疲労であるだけだ。それはわたしにとって苦悩であるだけだ，と。〈同前〉

読解力 power up!

上記資料の内容として，最も適当なものを一つ選べ。
① 五つの感覚器官に気持ちを高ぶらせている人は，縁起の道理を理解するとともに，本当の快楽を得ることができる。
② 五つの感覚器官に気持ちを高ぶらせている人は，因果応報としての縁起の道理を理解できず，煩悩の消えた心の安らぎは得られない。
③ 五つの感覚器官に気持ちを高ぶらせている人は，縁起の道理を理解するとともに，欲望を離れた涅槃に向かうことができる。
④ 五つの感覚器官に気持ちを高ぶらせている人は，勧善懲悪としての縁起の道理を理解できず，煩悩の消えた心の安らぎは得られない。

重要語句

初転法輪：悟りを開いたブッダによる最初の説法のこと。サールナート（鹿野苑）で，苦行をともにした5人の修行者に行ったといわれる。修行者は，ブッダの法に深く帰依し最初の弟子となった。

縁起：この世に独立不変のものはなく，すべてはつながっているという真理。

五蘊：この世に存在しているものを構成している物質的，精神的な5つの要素。**色**（肉体や物質）・**受**（感情，感覚）・**想**（観念）・**行**（心のはたらき，形成力）・**識**（認識，判断）からすべてがつくられる。五蘊は絶えず変化し**無常**である。

四法印（4つにまとめられたブッダの真理）

一切皆苦	人生のすべては苦に満ちた世界であるという真理
諸行無常	この世のすべてのものは生滅変化し，常住不変のものは一つも存在しないという真理
諸法無我	人間の中にも事物にも，不変な実体としての我は存在しないという真理
涅槃寂静	煩悩を断ち切り，迷いも苦しみも消えた涅槃の世界に至ることを理想とする境地

解答：【読解力 power up!】　②　　【大学入試 challenge!】　③

　ブッダは、すべての事物・事象は「縁あって起こる」という**縁起**を説いた。他者がいて自分がいるというように、この世には、独立不変なものは何一つとして存在せず、すべては相互依存で成り立つと考えたのである。彼は、この**縁起の法**について真に理解できないこと（**無明**）によって、苦悩から逃れられず魂を安らげることができないと説いた。資料文中の「法」とは、ブッダの悟り得た真理を意味し、また、その真理を説き明かすブッダの教説を表している。資料にある「五つの感覚器官」とは、視覚・聴覚・嗅覚・味覚・触覚である。**縁起の法**は「**一切皆苦・諸行無常・諸法無我・涅槃寂静**」という**四法印**として整理され、人々に説かれた。

3　苦行と中道

原典資料

　第一にさまざまの対象に向かって愛欲快楽を追い求めるということ、これは低劣で、卑しく、世俗の者のしわざであり、とうとい道を求める者のすることではなく、真の目的にかなわない。また、第二には自ら肉体的な疲労消耗を追い求めるということ、これは苦しく、とうとい道を求める者のすることではなく、真の目的にかなわない。比丘たち、如来はそれら両極端を避けた中道をはっきりとさとった。これは、人の眼を開き、理解を生じさせ、心の静けさ・すぐれた知恵・正しいさとり・涅槃のために役だつものである。〈同前〉

読解力 power up!

上記資料の内容として、最も適当なものを一つ選べ。
①快楽を追い求めること、自分の肉体的な疲労消耗を追い求めることの両方が心の安らぎ（涅槃）のために役立つものである。
②快楽を追い求めることを避け、自分の肉体的な疲労消耗を追い求める苦行が心の安らぎ（涅槃）のために役立つものである。
③快楽を追い求めること、自分の肉体的な疲労消耗を追い求めることの両極端を避けた中道の悟りにより真の目的が見える。
④快楽を追い求めること、自分の肉体的な疲労消耗を追い求めることの両極端を避けた中道の実践により涅槃に達することができる。

　ブッダが人生の苦を解決するために取り組んだ修行は、自分の体を徹底的に痛めつける苦行だった。しかし、６年間続けても真理を得られず、苦行を捨て、身を清め坐禅を組み静かに瞑想にふけることでついに悟りに至った。彼は、苦行が無意味であることを悟り、**中道**という実践道徳にたどり着いた。中道とは、単に中間という意味ではなく、極端な快楽や欲望の生活と極端な苦行生活の両者を避けることが本来の意味であり、偏りのない正しさを表す真理とされる。そして、これにより一切の**煩悩**が解き放たれた境地である**涅槃**に達することができるのである。ブッダは、中道の具体的な修行方法として**八正道**の実践を説いている。なお、資料中の「比丘」とは、仏教で男性の出家者の呼称であり、原義は「食べ物を乞う者」の意である。「如来」はブッダを指している。

4　八正道

原典資料

　比丘たち、では如来がはっきりとさとったところの、人の眼を開き、理解を生じさせ、心の静けさ・すぐれた知恵・正しいさとり・涅槃のために役だつ中道とは何か。それは八つの項目から成るとうとい道（八正道、八支聖道）である。すなわち、正しい見解・正しい思考・正しいことば・正

仏教における煩悩や苦についての説明として最も適当なものを、次の①〜④のうちから一つ選べ。
①「無自性」とは、煩悩によって自分固有の本性を見いだせないでいる状態を指す。それを脱するためには、快楽にまみれた生活にも極端な苦行にも陥ることのない、正しい修行を実践すべきだとされる。
②人間は現世で様々な苦しみにあうが、なかでも代表的な苦として、生きること、老いること、病になること、死を目の当たりにすることの四つが説かれた。それらは「四苦」と呼ばれる。
③「三帰」とは、人間の有する様々な煩悩のうち、代表的なものを指す。それらは、貪りを意味する「貪」、怒りを意味する「瞋」、真理を知らない愚かさを意味する「癡」の三つである。
④人間の身心を構成する、「色」という物質的要素と「受・想・行・識」という精神的要素は、それら自体が苦であると説かれた。そのことは「五蘊盛苦」と呼ばれ、八苦の一つに数えられている。　〈16本試〉

重要語句

無明：真理である**縁起の法**について、真に知ることができないこと。煩悩の中で最も根源的な状況であり、すべての苦しみの原因となるのが無明である。

智慧：**無明**を抜け出し、物事をありのままに把握することをいう。煩悩を消し去り修行を積み重ねることで初めて得ることができるものであり、言語化できないものである。仏教のめざす**悟り**の状態ともいえる。

法（ダルマ）：真理そのものを示すとともに、ブッダが説いた教義を示す。仏教において「法をみる」や「法を悟る」とは、真理をみたり、悟ったことを意味する。

煩悩：苦の原因となる盲目的な欲望のことで、ものごとに執着することにより生じる。

三毒：様々な苦悩のもととなっている煩悩の根源となる、貪（むさぼり）・瞋（怒り）・癡（愚かさ）の３つのこと。

しい行為・正しい暮らしぶり・正しい努力・正しい心くばり・正しい精神統一である。比丘たち，如来はこれをはっきりとさとった。それは，人の眼を開き，知を生じさせ，心の静けさ・すぐれた知恵・正しいさとり・涅槃のために役だつものである。〈同前〉

資料 解説

ブッダは，**苦**の原因である煩悩を滅するために**八正道**の実践を説いた。資料では，それがはっきりと断言されていることが分かる。快楽と苦行の両極端を避け，人として日常的に正しい行いをすることで，心が安らぎ，正しい知恵を得ることができると説いている。

八正道とは**中道**の具体的な実践方法である。それは，正しい見解（正見）・思考（正思）・言葉（正語）・行為（正業）・生活（正命）・努力（正精進）・心の落ち着き（正念）・精神統一（正定）であり，これらを日常的に実践していくことで，様々な迷いである**煩悩**が消え去ると説いた。

5 慈悲

原典資料

> 他の識者の非難を受けるような下劣な行いを決してしてはならない。一切の生きとし生けるものよ，幸福であれ，安泰であれ，安楽であれ。
> いかなる生物生類であっても，怯えているものでも強剛なものでも悉く，長いものでも，大なるものでも，中位のものでも，短いものでも，微細または粗大なものでも，目に見えるものでも，見えないものでも，遠くに或いは近くに住むものでも，すでに生れたものでも，これから生れようと欲するものでも，一切の生きとし生けるものは幸福であれ。
> 何びとも他人を欺いてはならない。たといどこにあっても他人を軽んじてはならない。悩まそうとして怒りの想いをいだいて互いに他人に苦痛を与えることを望んではならない。
> あたかも，母が己が独り子を身命を賭しても護るように，そのように一切の生きとし生けるものどもに対しても，無量の（慈しみの）こころを起すべし。
> また全世界に対して無量の慈しみの意を起すべし。
> 上に下にまた横に，障礙なく怨恨なく敵意なき（慈しみを行うべし）。
> 立ちつつも歩みつつも坐しつつも臥しつつも，眠らないでいる限りは，この（慈しみの）心づかいを確っかりともて。
> この世では，この状態を崇高な境地と呼ぶ。
> 〈中村元「スッタニパータ」『ブッダのことば』岩波文庫〉

資料 解説

ブッダの説く教えは，自己中心的な執着である我執や対象にとらわれる心を捨て，すべての生きとし生けるものを進んで愛そうとする「慈悲」の立場にもとづいたものである。「**慈**」とは，他者に楽しみや安らぎを与えること（マイトリー・与楽）であり，「**悲**」とは，他者の苦を取り除くこと（カルナー・抜苦）である。

「一切の生きとし生けるもの」を**一切衆生**と呼び，ブッダは人間だけではなく，動植物も含めたすべての生命体を慈悲の対象としている。資料では，一切衆生を差別せず生あるものへの平等な慈悲が説かれている。**慈悲**は，縁起の道理を理解した上での思想である。

四法印や**四諦**を認識し，**八正道**を実践して解脱した人は自分が生きているのは自分の力のみによるのではなく，多くの人たちと自然万物のお陰で生かされていることを知る。だからこそ，他人の悩みや苦しみを知り，すべての人に優しくなれるのである。ブッダは，欲やこだわりを捨て，自分も他の生命あるものと同様に，お互いの存在を尊重して平和に生きることこそ人生の正しい道であり，崇高な境地であると説いたのである。

重要語句

渇愛：ブッダが説いた煩悩のあり様。すべての衆生は，常に何か不足を感じつつ，その渇きを満たそうとしていること。強い欲望を起こしている状態とも表現される。

中道：極端な快楽や苦行にかたよらない行のあり方や，偏った見識とならないものの見方という考えにもとづく立場。仏教では，具体的な中道のあり方を**八正道**にしたがって修行を行うことと説明している。

我執：この世界と人生の真理を認識せずに精神的にも身体的・物質的にも自己にとらわれていることで，煩悩の原因そのもののこと。真理を悟ることにより我執が絶たれ，我執を絶つことにより，煩悩が滅し，煩悩が滅すると苦から解放される。

大学入試challenge!

〔1〕仏教の修行法である八正道についての説明として最も適当なものを，次の①～④のうちから一つ選べ。

① 快楽と苦行を避け，中道に生きるための修行法が八正道であり，その一つである正業とは，悪しき行為を避け，正しく行為することを指す。

② 快楽と苦行を避け，中道に生きるための修行法が八正道であり，その一つである正業とは，人の行為と輪廻の関係を正しく認識することを指す。

③ 六波羅蜜の教えに由来する修行法が八正道であり，その一つである正業とは，悪しき行為を避け，正しく行為することを指す。

④ 六波羅蜜の教えに由来する修行法が八正道であり，その一つである正業とは，人の行為と輪廻の関係を正しく認識することを指す。　〈18本試〉

〔2〕仏教の実践としての慈悲の説明として最も適当なものを，次の①～④のうちから一つ選べ。

① 慈悲とは，四苦八苦の苦しみを免れ得ない人間のみを対象として，憐れみの心をもつことである。

② 慈悲の実践は，理想的な社会を形成するために，親子や兄弟などの間に生まれる愛情を様々な人間関係に広げることである。

③ 慈悲の実践は，他者の救済を第一に考える大乗仏教で教えられるものであり，上座部仏教では教えられない。

④ 慈悲の「慈」とは他者に楽を与えることであり，「悲」とは他者の苦を取り除くことを意味する。　〈19本試〉

解答：【大学入試challenge!】〔1〕①　〔2〕④

ナーガールジュナ（竜樹）

Nāgârjuna（りゅうじゅ）（150？～250？）　大乗仏教最大の思想家

（奈良国立博物館蔵／撮影　森村欣司）

人と思想

大乗仏教を確立した思想家。南インドのバラモン階級の出身と伝えられている。インド各地で布教し，縁起説や無我説にもとづいた「空」の理論を説き，大乗仏教の思想の基礎を確立した。

1 「空」の理論

原典資料

われわれは，世間の常識（言説）を承認しないで，すなわち常識を無視してしまって，すべてのものは空である，と言うわけではない。実に，常識に従わないで教法を説くわけにはいかない。

世間の常識を用いないでは最高の真実は説きえない。

最高の真実に従わないでは涅槃は悟りえない，

と言われるように。だから，わたくしのことばと同じように，すべてのものは空であり，すべてのものが本体をもたないことは（常識と最高の真実との）両者において妥当するのである。

〈梶山雄一訳「論争の超越」『世界の名著2　大乗仏典』中央公論社〉

資料 解説

『論争の超越』は，「空」の理論により大乗仏教の根本を確立したナーガールジュナの著書であり，「空」を否定した実在論者への反論を述べた内容となっている。

「空」とは，この世に存在するすべてのものは，縁起の法によって生成消滅するものであるから，永遠不変の実体をもたない（無自性）という大乗仏教の基本的な立場を表した言葉である。ナーガールジュナは，この「空」の思想により，人間は誰しもが苦を解消して解脱し，ブッダになり得ること（仏性）を理論的に証明した。

資料の内容は，「常識の世界では実在するもののみが否定のはたらきをもつのに，空であるものが否定のはたらきをもつという点で常識に反している」という実在論者の非難に対し，ナーガールジュナが，「そのような前提が常識にそむくことであり，他によって生じた実在が空であるということのほうが常識に沿うものだ」と反論し，「空」が最高の真理であると主張している。

重要語句

五戒：在家信者が守る必要のある5つの戒律のこと。不殺生（生き物を殺さない），不偸盗（盗みをしない），不邪淫（愛欲に溺れない），不妄語（嘘をつかない），不飲酒（酒を飲まない）の5つである。

一切衆生悉有仏性：人間だけではなくすべての生きとし生ける命あるものは，解脱し仏となる可能性（仏性）を平等にもっているという教え。

六波羅蜜：大乗仏教の理想とされる6つの修行。布施，持戒，忍辱，精進，禅定，般若をいう。

大学入試 challenge!

大乗仏教についての説明として最も適当なものを，次の①～④のうちから一つ選べ。

①上座部仏教が自らを「大乗仏教」と名のったことを批判した。

②大乗仏教で尊敬の対象とされる菩薩とは，出家修行者のことである。

③大乗仏教の代表的な経典の一つに『般若経』がある。

④大乗仏教は，スリランカから東南アジアへと伝えられた。〈20本試［改］〉

仏教の伝播

チベット仏教

ポタラ宮（チベット，ラサ）

北伝

サールナート遺跡　ブッダ初転法輪の地。

南伝

北 伝 仏 教

〈ガンダーラ〉

タフティバーイ遺跡の仏像（パキスタン，ペシャワール）

〈中国〉

雲崗石窟の磨崖仏（山西省大同市）

〈日本〉

法隆寺百済観音像（奈良県生駒郡）

南 伝 仏 教

〈スリランカ〉

〈ミャンマー〉

アヌラーダプラ遺跡（北中部州，アヌラーダプラ）

バガン遺跡（マンダレー地方域，バガン）

解説

ブッダ（仏陀）の入滅後，彼の教えの解釈をめぐり，ブッダの言行に忠実に従おうとする上座部と，ブッダの精神を重視する大衆部に分裂した。両派は，分裂を重ねて部派仏教が成立した。紀元前1世紀ごろ新しい仏教運動が発生し，「空」の思想を中心に慈悲や利他を強調し，菩薩を理想とする大乗仏教がおこった。大乗仏教は，インドから中国・朝鮮・日本へと伝わったため北伝仏教ともいわれる。上座部仏教は，東南アジアへ伝わったため南伝仏教ともいわれる。この系統の仏教は，今日でも東南アジア諸国で多くの人々に信仰されている。

解答：【大学入試challenge!】③

アサンガ（無著・無着）

Asaṅga（むじゃく）（395 ？～470 ？）　大乗仏教の思想家

考えよう

○唯識の教えに立つと，苦しみや悩みはどのように理解されるか。
○「唯識」の考えは，ブッダのどのような考え方から生まれたと説明できるか。

人と思想

大乗仏教の思想家。ガンダーラのバラモン階級の出身と伝えられている。事物の実在性を否定する唯識の思想を確立した。

1 「唯識」の思想（1）

原典資料

　「対境として顕現する（識）」とは，色形などのありかたをもって顕現する（識）である。「有情として顕現する（識）」とは，自己および他人の身体（相続）において，五種の知覚能力（五根）として（顕現する識）である。「自我として顕現する（識）」とは，（我の観念を構成する）汚れた意（染汚末那）である。（汚れたとは，それがつねに）自我に関する痴愚など（の四種の心作用）を伴うからである。「表識として顕現する（識）」とは，（現象的である）六種の識（眼識・耳識・鼻識・舌識・身識・意識）である。

〈長尾雅人訳「中正と両極端との弁別」『世界の名著2　大乗仏典』中央公論社〉

資料 解説

　アサンガは，弥勒（マイトレーヤ）に「**空**」の思想を学び，大乗仏教に転向した。彼は，「あらゆる存在は，人の心・精神作用によって生み出された表象である」という「**唯識**」の思想を説いた。『中正と両極端との弁別』は，約110の詩頌からなる論書で唯識学者の基本的論書とされている。資料の内容は，現実の「識」とは，唯識の理論において最も中心的で重要な位置を占める概念であり，そのうち現象的な識は6つで，心の認識作用であることを説明している。

重要語句

唯識：外界の事物・事象は，意識の産物に過ぎないという思想。「すべてのものは，心（識）が生み出したもの」と説かれた。
唯識派：唯識説の考えを有する学派。唯識説は，外界の世界が認識の変化にもとづく世界であり，認識の根底にある**阿頼耶識**が根本的な実在であると主張する。唯識派は，意識の根本作用も含めて全ては「**空**」と主張した**中観派**と激しく対立した。
識（認識）：心のはたらき，認識するはたらきのこと。「意識」。感覚器官や心によって行われる6つの純粋な精神・認識作用（眼識・耳識・鼻識・舌識・身識・意識の六識）と，第7に汚れた意（マナス），第8に他の七識が生じるための根底となる阿頼耶識からなる。このうち，現象的な面をとらえるための人間のもつ感覚器官に対応した心の認識作用を六識といった。

ヴァスバンドゥ（世親）

Vasubandhu（せしん）（400 ？～480 ？）　唯識思想の完成者

考えよう

○「唯識」の考え方は，人生のどのような場面で有効と考えられるか。

人と思想

大乗仏教の思想家。アサンガの実弟で，兄とともに唯識の思想を確立し，大乗仏教の多くの著書や注釈書を著した。

1 「唯識」の思想（2）

原典資料

　大乗においては，三種の領域からなるこの世界はただ表象にすぎないものである，と教えられる。経典（『華厳経』）に，
　　勝者の子息たち（仏陀の弟子の呼称）よ，実に，この三界は心のみのものである，
と言われているからである。心，意，認識，表象というのはみな同義異語である。ここに心と言われているのは，（それに伴って起こる心作用と）連合している心のことである。「のみ」というのは外界の対象の存在を否定するためである。

〈梶山雄一訳「二十詩篇の唯識論」『世界の名著2　大乗仏典』中央公論社〉

資料 解説

　資料の著者である**ヴァスバンドゥ**は，アサンガの弟であり，はじめは上座部の仏典を研究し，『倶舎論』で大乗仏教を批判，攻撃したが，兄の戒めにより大乗仏教に転じ，数多くの論書をつくって**唯識派**の基礎を築いた。

重要語句

阿頼耶識：すべての現象を生み出す心の根本的なはたらきのことで，唯識思想の中心原理といえる。人間は阿頼耶識から発生する世界にとらわれているが，すべてが心の作用であることを悟れば，迷いの世界を脱することができる。

大乗仏教と上座部仏教

大乗仏教		上座部仏教
前1世紀ごろ	成立	前283 ？
・「**菩薩**」 ・自利行・利他行 ・六波羅蜜の実践	理想 思想の 特色	・「**阿羅漢**」 ・自利行 ・戒律修行の実践
北伝（中国・日本）	伝播	南伝（東南アジア）

「愛」という言葉は，本やテレビなどにより日常的に耳にする。その際，私たちは，さまざまな「愛」の意味を無意識的に受け入れている。われわれは，「愛」が用いられる対象が人間だけにとどまらず，動物や自然，理念や価値などにも及んでいることを，何気なく受け入れているのである。「愛」の意味は，多義的であり，広範囲にわたっている。このようなさまざまな側面を有する「愛」の対象や意味について，私たちは，どのように理解すればよいのであろうか。ここでは，先哲によって「愛」の考え方を繙いてみよう。

プラトンは，「エロース」という言葉を単に古代ギリシャの「恋愛の神」という意味にとどめなかった。**①彼は，「愛」の意味を真の実在であるイデアの世界を恋い慕う欲求としてとらえた。**

したがって，プラトンが求めた「愛」は，人間としての徳を向上させるための「愛」といえよう。これに対し，アリストテレスは，プラトンが唱える，現実を超越した世界を追い求める「愛」という考え方に従わなかった。**②彼は，現存する人間相互に有する善さによって結ばれた「愛」のはたらきとしての「フィリア」を重視したのである。**

他方，イエスは，神が人間に与える「愛」としての「アガペー」を説いた。日光や雨は，善人や悪人を問わず全員に平等に降り注ぐ。この意味で完全な平等性を有する神は，ただ与えるだけの存在であるとともに，何の代償も求めることはない。

人間は，神のように完全な愛を実現することはできない。しかし，神の「アガペー」から学び，自らの生き方を定めることはできよう。神は，「愛」を万人に与える。人間には，その「愛」を理解し，他者とのかかわりに活かす生き方が求められたのである。

それでは東洋では，「愛」をどのように考えたのであろうか。孔子は「愛」を「仁」という言葉で表した。**③「仁」は，他者を自分と同じ人間であることを認め，他者を愛する心を示す。**この心を培うためには，他人への思いやり（恕）や自分を欺かない純粋なまごころ（忠），自分のわがままを抑える心がけ（克己）が必要となる。

また，**④ブッダは，すべての生命を愛することを「慈悲」という言葉で表した。**ここでいうすべての生命を愛するという意味は，自身の欲などにとらわれない心を捨て去った時に生まれる「愛」に他ならない。

このように見ると人間が「愛」を有するためには，他者などの何らかの対象との関係が必要であることが分かる。つまり「愛」は，自分一人では成立しないものなのである。しかし，「愛」を用いるべき存在との関係を有していなければ，自己のみでは「愛」は生まれない。「愛」の実現のために，私たちは，まず身近な他者との関係から意識しなければならないのかもしれない。

資料分析level up↑

①～④の説明文と最も関連する資料として適当なものを，次の（ア）～（カ）のうちから，それぞれ選べ。

（ア）　愛は寛容であり，愛は親切です。また人をねたみません。愛は自慢せず，高慢になりません。礼儀に反することをせず，自分の利益を求めず，怒らず，人のした悪を思わず，不正を喜ばずに真理を喜びます。すべてをがまんし，すべてを信じ，すべてを期待し，すべてを耐え忍びます。愛は決して絶えることがありません。

（イ）　友とは，互いに相手に対して好意をいだき，相手のために善いことを願い，かつそのことが互いに相手に気づかれているものでなければならない。

（ウ）　子貢問いて曰わく，一言にして以て身を終うるまでにこれを行なうべき者ありや。子曰わく，それ恕か，己れの欲せざるところを人に施すこと勿れ。

（エ）　若し天下をして兼ねて相愛さしめば，国と国と相攻めず，家と家と相乱さず，盗賊あることなく，君臣父子みな能く孝慈ならん。此くの若くならば則ち天下治まる。故に聖人は天下を治むるを以て事と為す者なり。悪んぞ悪むを禁じて愛を勧めざるを得ん。

（オ）　知は最も美しいものの一つであり，しかもエロースは美しいものに対する恋（エロース）です。したがって，エロースは必然的に知を愛する者であり，知を愛する者であるがゆえに，必然的に，知ある者と無知なる者との中間にある者です。

（カ）　何びとも他人を欺いてはならない。たといどこにあっても他人を軽んじてはならない。悩まそうとして怒りの想いをいだいて互いに他人の苦痛を与えることを望んではならない。
　　あたかも，母が己が独り子を身命に賭しても護るように，そのように一切の生きとし生けるものどもに対しても，無量のこころを起こすべし。

※文献：（ア）「コリント人への手紙」Ⅰ13：4～8　（イ）加藤信朗訳『ニコマコス倫理学』　（ウ）貝塚茂樹訳「論語Ⅱ」『中公クラシックス』
　　　（エ）金谷治訳『墨子』『世界の名著10　諸子百家』　（オ）鈴木照雄訳『饗宴』岩波書店　（カ）中村元「スッタニパータ」『ブッダのことば』

解答：【資料分析 level up】　①（オ）　②（イ）　③（ウ）　④（カ）

5 中国思想

泰山（中国，山東省）

単元の概観

[中国思想の源流]

中国では，黄河文明が，紀元前4000〜前3000年ごろ黄河の中・下流域の黄土地帯におこった。その後，殷が前1600年ごろ成立し，前1100年ごろには殷にかわって周王朝が成立した。

[諸子百家の時代]

周は血縁関係を基盤とした封建制度により国家体制を維持していたが，前8世紀ごろから封建制度が崩壊し始めた結果，国力が衰え有力な諸侯が王を名乗って覇を争う乱世となった（前3世紀後半まで）。この時代を**春秋・戦国時代**といい，各地に群雄割拠した典型的な乱世であった。この実力本位の乱世にあって為政者たちは，いかにして国家を統一し，国力を強化し，社会を豊かにさせるかに策を講じた。ここに自由な思想活動が活発になり，数多くの思想や政策を説く人々が現れた。このような人物たちを総称して**諸子百家**（子は尊称で先生，家は学派の意）という。代表的な学派としては，**儒家**，**道家**，**墨家**，**法家**，**兵家**，**名家**などがある。そのうち後に中国思想の二大潮流となったのが孔子や孟子・荀子の儒家と老子や荘子の道家である。

[儒家の思想]

儒家思想の祖といわれる**孔子**は，周の封建社会を理想とし，社会秩序の回復と平和な社会実現を念願し，人間関係の内面的あり方としての「**仁**」と外面的あり方としての「**礼**」を重んじ，政治的には**徳治主義**を主張した。その後を受け継いだ**孟子**は，**性善説**を唱え，人間が本来もつ善の心を育むことを主張した。彼は，孔子の思想を発展させて仁義に基づく君子による政治（**王道政治**）を主張して，儒家の正統的な流れをつくった。これに対し荀子は，**性悪説**を唱えて礼を重んじ，外的教化による**礼治主義**を説いた。儒家思想は，漢代に官学化されて官吏養成の必修となり，宋代には**朱子**を祖とする**朱子学**（宋学），明代には**王陽明**による**陽明学**が成立した。

[道家の思想]

道家思想（老荘思想）は，儒家の道徳主義的な傾向を批判して，社会の平和と人類の幸福が，自我を超えて自然の道に従うこと（**無為自然**）によって求められると主張した。儒家と道家の思想は表裏となって中国人の思想を形成している。

[その他の思想]

荀子の影響を受けた**韓非子**が法と刑罰による**法治主義**を唱え，儒家思想を近親の重視に偏った**別愛**であると批判した**墨子**が万人平等の**兼愛**や**非戦論**（**非攻説**）を説いた。春秋・戦国時代は，思想家たちが他の思想を批判・吸収しながら自らの思想を確立・発展させていった百家争鳴の時代であった。

年	地域情勢	社会・文化と人物
前2000？	夏王朝？	青銅器の使用。
前1600？	殷王朝	甲骨文字の使用。
前11世紀	周王朝が華北統一。	礼政一致の封建制度。
前770年	春秋時代（〜前403）	春秋の五覇。
前479年		孔子死去。
前403年	戦国時代（〜前221）	戦国の七雄。
前4世紀		荘子死去。
前390？		墨子死去。
前359	秦の商鞅（法家）の政治改革。	
前289？		孟子死去。
前235？		荀子死去。
前233		韓非子死去。
前221	秦王政が中国統一，始皇帝と称す。	春秋・戦国時代終了。焚書坑儒
前91？		司馬遷『史記』を著す。

中国思想の源流と儒家思想の展開

○ 春秋時代の諸侯
▢ 戦国の七雄

燕／荀子／孔子 孟子 墨子／趙／臨淄／斉／荘子？／邯鄲／衛／魯 曲阜／朱子（宋代）／魏／晋／宋／黄河／周 洛陽／秦 咸陽／韓／韓非子／楚 老子？／呉／越／邨／王陽明（明代）／長江

学派	人物	思想
儒家	孔子	仁・礼・克己復礼・君子・徳治主義
	孟子	性善説・王道政治・四端・四徳
	荀子	性悪説・礼治主義
道家	老子	道・無為自然・柔弱謙下
	荘子	万物斉同・心斎坐忘
法家	韓非子	法治主義
墨家	墨子	兼愛・非攻・節用・節葬
兵家	孫子・呉子	兵法
名家	恵施	弁論（詭弁）
農家	許行	国民皆農
縦横家	蘇秦	合従連衡
陰陽家	鄒衍	陰陽五行説
儒家（展開）	朱子	理気二元論・性即理
	王陽明	心即理・良知

孔子

こうし，Kong-zi（前551？〜前479）儒家の祖

考えよう

○孔子が説く「道」とは何か。
○「仁」と「礼」はどのような関係か。
○孔子が理想とした「徳治主義」とはどのような政治観か。

人と思想

孔子は**儒家**の祖で，姓は孔，名は丘，字（呼び名）を仲尼といい，魯の曲阜に生まれた。父母とは幼い時死別し，貧困の中で育った。一時魯に仕えたが，その後諸国を遊学し，40歳のころ魯に帰り，国政の改革に努めて後に大司寇（大臣）にまでなったが，政争に敗れて国外に亡命の旅に出た。『**論語**』は孔子とその弟子たちの言行を，後年門人が編集したものである。

その中に「**吾十有五にして学に志し，三十にして立ち，四十にして惑わず，五十にして天命を知る，六十にして耳順う，七十にして心の欲するところに従いて矩を踰えず**」という言葉があるが，世界で最も短い自叙伝であるといえる。

孔子は道（社会と人間の真理）の追究に情熱を燃やしたが，道とはあるべき心のあり方である「**仁**」とそれが行為として外面に表れた「**礼**」のことである。「仁」は，人を愛し他人を思いやり（**恕**），純粋で自分自身をあざむかない（**忠**），自分のわがままを抑える心（**克己**）によって養われるもので，その本質は愛といえる。

年	年齢？	人物史
前551？	0	魯で生まれる。
前550	1	父の死去。
前533	18	息子（鯉）誕生。
前532	19	魯の司職の史となる。
前517	34	昭公に従い斉へ行く。
前501	50	魯の大司寇（大臣）に
前497	54	魯を去り流浪の旅。
前484	67	魯に戻り教育に専念する。
前482	69	弟子の顔淵死去。
前480	71	弟子の子路死去。
前479	72	老衰により死去。

仁の思想

道 …「政治の道・道徳の道」
人の守るべき正しい規範

仁（あるべき心のあり方）
- 忠 自己への誠実さ（真心）
- 恕 他者への誠実さ（思いやり）
- 孝 血縁の道徳（親子・肉親間の情愛）
- 悌 地縁の道徳（友人・知人間の情愛）

礼（仁の具体的表現ー社会規範・秩序）

学問 － 道の実現＝仁と礼 → 人格の完成 → 君子の習得
政治 － 君子の仁徳 → 民衆の感化 ＝ 徳治主義

解説

孔子の説く「**仁**」とは心のあり方のことであり，「**礼**」はそれを形や行為に表したものである。

孔子は「**仁**」とは忠恕であるという。「**忠**」は自分の心に素直なことで，「**恕**」は他人の立場に立って心から理解する思いやりであり，この2つが一体になることが仁である。そして，その根底にあるものを**孝悌**とした。「**孝**」とは肉親に対する情愛の念であり，「**悌**」は友人や知人に対する情愛である。これらは最も自然に人間の心からわき出る本来的な道徳心である。この情愛を同心円に拡大していき，やがては社会全体を包み込むことを理想としたのである。

孔子にとって学問とは，人格を完成し，仁・礼の徳を身につけた理想的人格者である**君子**に至る，**修己治人**のためのものである。したがって，これは道を実現することにもなろう。そして，徳を修めた**君子**が為政者となって道に従い，仁・礼の徳を民衆に教化することによって，秩序と調和にもとづく国を治めることを理想とした（**徳治主義**）。

1 道

原典資料

子曰わく，朝に道を聞かば，夕に死すとも可なり。
【口語訳】 先生がいわれた。「その朝に真実の道をきくことができたら，夕暮に死んでも本望なのに」
〈貝塚茂樹訳「里仁篇」『中公クラシックス　論語Ⅰ』中央公論新社〉

資料解説

孔子が追究した**道**とは，**仁，礼，孝悌，忠恕**などの道徳的規範，人倫の道であるが，ここでの道は，現実に道徳的な理想社会の実現，具体的には，周建国の功臣であった聖人・周公旦が定めた社会秩序を理想とし，その**儀礼的秩序の回復の実現**を意味する。孔子は，元来，宗教的儀礼を意味した礼に心のあり方である仁の具体的実践としての意味をもたせ，仁と礼が人間と社会の道をつくり上げるものであるとした。

重要語句

道：古代中国において，道は，人間としてのあるべき生き方や世界の原理を意味した。孔子の説く道は，人倫の道や道徳規範としての道を意味する。具体的には，仁や礼，忠恕や孝悌であり，これら人の守るべき正しい規範に従うことにより，道徳的人格を完成させることができると説いた。なお，中国思想では，儒家と道家の道のとらえ方に違いがある。道家の道は，世界の原理を意味する。道家の思想家である老子は，すべてのものがそこから生まれそこに帰るという根源を道といい，孔子の人倫の道を超えたものであると説いた。

2 仁

原典資料

（1）有子曰わく，その人と為りや，孝悌にして上を犯すことを好む者は鮮なし。……君子は本を務む。本立ちて道生る。孝悌はそれ仁を為すの本なるか。

【口語訳】 有先生がいわれた。「人間の生まれつきが，孝行で柔順だというのに上役にさからいたがるものは，まず珍しいね。……りっぱな人間は根本をたいせつにする。根本がかたまると道は自然にできる。孝行で柔順だなといわれること，それが仁の徳を完成する根本といってもよかろうね」〈同前「学而篇」〉

（2）子曰わく，参よ，吾が道は一以てこれを貫く。曾子曰わく，唯。子出ず。門人問いて曰わく，何の謂ぞや。曾子曰わく，夫子の道は忠恕のみ。

【口語訳】 先生が曾子をよんでいわれた。「参よ。自分の道は一本を通してきたのだぞ」曾子がこたえた。「わかりました」先生が座を立たれたあとで，門人がたずねた。「大先生のおっしゃったのはどういう意味ですか」曾先生がいわれた。「先生の道は忠恕，つまりまごころと思いやりとにほかならないのだ」〈同前「里仁篇」〉

（3）子貢問いて曰わく，一言にして以て身を終うるまでにこれを行なうべき者ありや。子曰わく，それ恕か，己れの欲せざるところを人に施すこと勿かれ。

【口語訳】 子貢がおたずねした。「ほんの一言で死ぬまで行えるものがありますか」先生がいわれた。「それは『恕』だろうね。自分にしてほしくないことは，他人にしてはならないということだ」〈貝塚茂樹訳「衛霊公篇」『中公クラシックス　論語Ⅱ』中央公論新社〉

（4）樊遅，仁を問う。子曰わく，人を愛す。知を問う。子曰わく，人を知る。

【口語訳】 樊遅が，仁についておたずねした。先生はいわれた。「人を愛することだ」知についておたずねした。先生はいわれた。「人を知ることだ」〈同前「顔淵篇」〉

読解力 power up!

上記資料の内容として，最も適当なものを一つ選べ。

①孔子は，父母や祖先に仕える忠と年長者に従う恕を自然にわき出る義務として仁の根本と考え，それを社会国家にまで拡大することを説いた。

②孔子は，すべての人を分けへだてなく愛する忠恕を仁の根本と考え，それを国家にまで拡大することで侵略戦争を否定する非攻を説いた。

③孔子は，父母や祖先に仕える孝と年長者に従う悌を自然にわき出る義務として仁の根本と考え，それを社会国家にまで拡大することを説いた。

④孔子は，すべての人を分けへだてなく愛する孝悌を仁の根本と考え，それを国家にまで拡大することで侵略戦争を否定する非攻を説いた。

資料 解説

「仁」は，孔子の倫理思想の根本で『論語』の中でいく度となく論じられているが，孔子自身は「仁」を定義せず，弟子や状況に応じて多様に言い表している。理由は，孔子がめざしていたのが仁の理論ではなく，その実践だったことによる。

（1）の**孝**は，血縁関係の人間のあり方や子が父母や祖先に仕える義務。**悌**は，地縁関係にある親愛の情や年少者が年長者に従う恭順の情である。仁はこれら自然な情愛を根底にもつ。（2）の**忠**は，自分を偽らず他人を欺かない真心や自己への誠実さで，（3）の**恕**は，自分の欲しないことは他人にもしない思いやりや他者への誠実さである。これらを統合したものが仁であり，孔子は，仁を国家にまで拡大していくことによる理想社会の実現を説いた。（4）の樊遅に対する回答は，仁の最も平易な説明となっており，孔子の学問や道徳が，人間についてであることが見てとれる。

孔子が説いた「道」は，老子によって批判されているが，両者の「道」についての記述として最も適当なものを，次の①〜④のうちから一つ選べ。

①孔子は，天下に秩序をもたらす道徳的な道を説いたが，老子はそれを作為的なものだと批判し，万物を生み育てる自然の根源としての道を説いた。

②孔子は，万物を貫く理法としての客観的な道を説いたが，老子は，それを精神を疲労させるものだと批判し，心の本性に従う主体的な道を説いた。

③孔子は，子が親に孝の精神をもって仕えることを道としたが，老子は，それを差別的な愛だと批判し，自他の区別なく平等に愛することを道とした。

④孔子は，人間を処罰して矯正する礼や法を道としたが，老子は，それを人民に脅威を与えるものだと批判し，それらを捨てた自然の状態を道とした。〈11本試〉

重要語句

仁：あらゆる徳の根本にあるもの。人間が身近な肉親や仲間の人間に対して抱く親愛の情や敬意（**孝悌**）を根底として，学問や修養で培われた知を磨くことで実現する忠恕・信・愛・克己などを総合したもの。

孝悌：孝とは親子や親族の間の親愛の情を基礎として，子が父母や祖先に仕える義務をいう。悌は年少者が年長者に対して敬意をもって従う義務をいう。孔子は，この孝悌を仁の根源として，家族倫理をつくり，その上に社会倫理，政治倫理を形成した。

忠恕：忠は自己の良心に忠実なこと（真心）で，恕は他人の身になって考える同情心（思いやり）である。忠を欠いては自律的道徳は成立しないが，忠だけでは独りよがりになる危険がある。忠と恕が一体となってはじめて仁といえるのである。

信：他者に対する誠実な心のこと。人間に対して抱く親愛の情の根本としての仁を実現するためには，自己の忠実な良心としての真心（忠）と他者に対する思いやり（恕）や嘘をつかないなどの誠実な心（信）などが欠かせないのである。

解答：【読解力 power up!】 ③　【大学入試 challenge!】 ①

3 克己復礼

原典資料

顔淵、仁を問う。子曰わく、己れに克ちて礼に復るを仁と為す。一日己れに克ちて礼に復れば天下仁に帰す。仁を為すは己れに由る、而して人に由らんや。

【口語訳】 顔淵が仁の徳についておたずねした。先生がこたえられた。「自己にうちかって礼の規則にたちかえることが仁ということである。一日でも自己にうちかって礼の規則にたちかえることができたら、天下中の人がこの仁徳になびき集まるであろう。仁徳の実践は自己の力がたよりで、他人の力にたよってできることではけっしてないのだ」〈同前「顔淵篇」〉

読解力 power up!

上記資料の内容として、最も適当なものを一つ選べ。

① 孔子は、放っておけば欲望のままに行動し悪へと傾きがちな人間を、礼という客観的な規律で矯正することによって仁徳が実践されると説いた。

② 孔子は、狭い自我を乗り越えて、自身が主体的に形成していく規律である礼に自律的に服従することで国家が統一されると説いた。

③ 孔子は、社会の規律や客観的に存在する規律である礼に服従することが、本来の自己である仁の実践と国家の統一に帰結すると説いた。

④ 孔子は、狭い自我を乗り越えて、社会の規律や客観的に存在する規律である礼に自律的に服従することで国家が統一されると説いた。

資料 解説

顔淵は孔子の後継者と目されていた弟子であり、『論語』の中のこの一節は、仁についての最も理論的な問答といわれる。自己の利己的な欲望に打ち勝って客観的な礼の規律に自律的に服従することが仁であり、君子が仁に基づく政治を行えば人民はこれに帰服すると孔子は考えた。「礼」は仁の具体的表現であり、「仁」は礼の内面的充実である。孔子は「人に由らず」と断り、他律的にではなく、あくまで自律的に服従するのが仁徳であると強調している。一方、荀子は性悪説の立場から礼による外的矯正を説いた。

4 中庸

原典資料

子貢問う、師と商と孰れか賢れる。子曰わく、師は過ぎたり、商は及ばず。曰わく、然らば則ち師愈れるか。子曰わく、過ぎたるは猶及ばざるがごとし。

【口語訳】 子貢がおたずねした。「子張と子夏とどちらがまさっていますか」先生がこたえられた。「子張はやり過ぎで、子夏は足りない」子貢が念を押した。「それなら子張のほうがすぐれているというのですね」先生はこたえられた。「やり過ぎでも足りないでも、適度を失していることでは同じだよ」〈同前「先進篇」〉

資料 解説

孔子は、弟子たち一人ひとりを的確に評価し、同じ問いに対しても相手によってまったく正反対の回答をすることさえあった。ここでは子張と子夏の評価に関して、人間の行動の基準として、過不足のない調和のとれた最善のあり方としての中庸を説いている。「中」は過不足がないこと、「庸」は平常を意味する。孔子は、時と場所に応じてこの徳を実践できる人間を君子と呼んだ。

【 重要語句 】

礼：人間が従うべき伝統的社会規範を意味し、政治儀礼、家族儀礼、慣習として社会生活のすべてを覆っている。乱世に生きる孔子は、周代の礼の復興を通して社会の秩序と平和を回復しようとした。

克己復礼：自己の利己的欲望を抑えて礼を実践することを意味し、仁の表れとされる。礼の規範に他律的に服従するのではなく、自律的に礼を実践することが必要であるとした。したがって礼の内実が仁の精神といえる。

大学入試 challenge!

孔子の基本的な道徳観として適当でないものを、次の①～④のうちから一つ選べ。

① 本当の意味で人生を楽しむには、まず利に動かされず真の誠実さによって人に接し、礼に従って行為しなければならない。

② 天の道は人間の相対的な区別をこえており、親子の別さえそこでは意味をもたないから、人は区別をこえた善を希求すべきである。

③ 真にすぐれた人間としての生き方を守るためには、自己の生命をも賭する覚悟をもつべきである。

④ 人間は親への敬愛の精神を、周囲の人々から始めて、広く社会全般にまで及ぼさなければならない。

〈93本試〉

【 重要語句 】

中庸：過不足なく平生で常に適切な態度を保つ徳のこと。ものの見方や行動が偏らず、適度に中間を保持する。中は過不足のないことで、庸は平常を意味する。普通の状態のことで、ものの見方や考え方、生き方が偏らないことが徳に通じるとしている。なお、アリストテレスのメソテースは、中庸と訳された。

「学びて思わざれば則ち罔く、思いて学ばざれば則ち殆し」

孔子は「先王の道を習うだけで考えなければまとまりがつかず、また、考えるだけで習わないと疑いが出てくる」と説いた。孔子は周代以来の礼楽をはじめとする伝統文化を学んだが、単に学ぶだけで自分で何も考えないのではなく、学んだ経験を自分が現実にどのように生かすことができるかを考えることが重要と説いた。

解答：【読解力 power up!】 ④ 【大学入試 challenge!】 ②

5 君子

原典資料

（1）子曰わく，義以て質と為し，礼以てこれを行ない，孫以てこれを出だし，信以てこれを成す。君子なるかな。

【口語訳】 先生がいわれた。「正義をもって本質とし，礼にしたがって実行し，謙遜なことばでいいあらわし，信義をたがえないことによって完成する。このような人こそまことの君子だね」〈同前「衛霊公篇」〉

（2）子曰わく，君子は和して同ぜず，小人は同じて和せず。

【口語訳】 先生がいわれた。「君子は他人と心から一致するが，うわべだけ同調することはしない。小人はうわべだけ同調するが，心から一致することはない」〈同前「子路篇」〉

読解力 *power up!*

上記資料の内容として，最も適当なものを一つ選べ。

①孔子は，身分にかかわらず正義に従い礼によって行動することのできる謙虚な人物を君子と呼び，その反対を小人と呼んだ。

②孔子は，自己の道徳的な人格を確信し徳を実践しようとする浩然の気をもった人物を君子と呼び，その反対を小人と呼んだ。

③孔子は，私利私欲を抑えて理に従い，自己の行動を厳粛にしてつつしみの心を内にもつ人物を君子と呼び，その反対を小人と呼んだ。

④孔子は，人間に先天的に備わっている善悪の判断能力と倫理的な感受性のままに生きる人物を君子と呼び，その反対を小人と呼んだ。

資料 解説

君子とは，仁と礼を修め，さらなる完成をめざす賢人，すなわち，道徳的・人格的理想像，全人的教養人であり，さらには高い志をもち，学問に励み，見識を高めようとしている人物を指す。また，聖人とは，君子をはるかに超えた徳の完全な体現者であり，具体的には古代の帝王たちを指した。君子の反対が小人（無教養人）である。孔子は，君子が政治を行わなければならないと考えた。孔子の教育目標は，君子の育成にあった。

6 徳治主義

原典資料

子曰わく，これを導くに政を以てし，これを斉うるに刑を以てすれば，民免れて恥なし。これを導くに徳を以てし，これを斉うるに礼を以てすれば，恥ありて且つ格し。

【口語訳】 先生がいわれた。「法令によって指導し，刑罰によって規制すると，人民は刑罰にさえかからねば，何をしようと恥と思わない。道徳によって指導し，礼教によって規制すると，人民は恥をかいてはいけないとして，自然に君主になつき服従する」

〈貝塚茂樹訳「為政篇」『中公クラシックス 論語Ⅰ』中央公論新社〉

資料 解説

孔子は，法律と刑罰による法治主義を批判し，仁によって民衆を教化し指導する徳治主義を理想とした。これは，哲人による理想国家を説いたプラトンに通じるものといえる。そしてこの政治を担うのが君子である。修身・斉家・治国・平天下というように，自己の人格を完成することにより，家や地域社会，そして世界を平和にし得るのである。

しかし，後に儒家の荀子によって，礼による矯正を主張する礼治主義が説かれ，さらに荀子に師事した韓非子によって，厳格な法令と信賞必罰による法治主義が説かれることとなる。

重要語句

君子：仁と礼を兼ね備えた人間的にも道徳的にも理想的な人間像。元来は主君に仕える政治の担当者で，位の高い人物を意味したが，孔子は知，仁，勇の徳を兼備した人格者を君子とし，その育成を教育目標とした。君子を超えた完全な有徳者を聖人と呼び，古代の帝王（尭・舜・禹・湯・文・武・周公）たちを指した。

「君子は和して同ぜず」：君子は自分を見失わない人格者であるという意味の言葉。「和」は自分の意見や主義をもちながらも他者と協調することで「同」は表面的に相手に合わせたりつき従うことを意味する。

大学入試 *challenge!*

孔子が考えた「よい生き方」の記述として最も適当なものを，次の①～④のうちから一つ選べ。

①平等の原則に基づいた秩序を尊重するとともに，己の欲望を制限し他者との関係を重視する生き方。

②常に正義の実現を考え，不正の世にあっても身の危険をかえりみず敢然として自己を主張する生き方。

③自らの利益よりも，常に他者のことを考え，差別なき愛に基づいた社会奉仕を第一とする生き方。

④上下の序列に基づいた秩序を尊重するとともに，己の欲望を制限し身を修めようとする生き方。

〈99本試〉

重要語句

徳治主義：孔子が理想とした，君子の徳にもとづく政治のあり方。孔子は，人民に徳をもってのぞめば人民の道徳的自覚も深まって，国は自然と治まると主張し，法治主義を批判した。

修己治人：自己自身の道徳的修養を積み自己の人格を完成させ（修己），その徳によって人々を感化して治める（治人）という，孔子の徳治主義を表す。

「怪力乱神を語らず」：『論語』にある孔子の言葉。孔子は，神や神秘，奇跡など超自然的なことについて語らず，現実世界における人生の生き方やあり方を語った。

「いまだ生を知らず，いずくんぞ死を知らん」：「現実の人生についてわかっていないのに，死後のことなどわかるはずもない」という意味である。死後の世界など，人間の経験を超えた世界について問題とするよりも，まず，今ここに生きている事実と，どう生きるかを重視する孔子の現実主義の考え方が表れている。

解答：【読解力 power up!】 ① 【大学入試 challenge!】 ④

孟子

もうし，Meng-zi（前372？～前289？）　戦国時代の儒学者

考えよう
○孟子の「四端・四徳」とは何か。
○人間の本性を善とする根拠は，具体的にはどこにあるか。
○孟子が理想とした「王道政治」はどのようなものか。

人と思想

　孟子は，姓は孟，名は軻，字は子輿あるいは子車といい，孔子の生地（魯）に近い鄒に生まれ，父とは幼い時に死別した。母が，孟子の教育のために3度転居した「孟母三遷」や，織りかけの機を断って学問の必要と完成までの努力を諭した「孟母断機」の話で知られている。若いころ隣国の魯に遊学し，孔子の孫の子思の門人に学び，孔子の思想を身につけた。後に諸国を遊説するが，為政者の徳を基本とする徳治主義の立場は当時の社会状況からはあまりにも理想主義的で受け入れられなかった。郷里の鄒に退いた孟子は，その理想を守り続け，理想を託すため弟子の教育に専念した。その理想は，門人によってまとめられた『孟子』に見られる。

　孟子の思想は，孔子の思想を受け継いでさらに発展させたものである。孔子の「仁」は天の意志にもとづく道徳で愛を中心とするものであるが，孟子はさらに「義」すなわち敬を中心とする人間の意志にもとづいた道徳を合わせた「仁義」を道徳の根本とした。また彼は，道徳の根拠を人間が生まれながらにもっている本性に求め，性善説を唱えた。孟子によれば，人間の本性は善であり，生まれながらにして善を行う能力（良知良能）を備え，四端という生来の道徳心を発達させることで四徳（仁・義・礼・智）を実現できる。また政治と道徳とを一体のものと考え，君主の徳に基づいて「仁義」の実現する王道政治を唱えた。戦国の乱世に武をもって天下を抑えようとする覇道に対し，孟子は，王道という徳治主義をもって臨んだ。

年	年齢？	人物史
前372？	0	魯の隣国鄒で生まれる。
前351	21	魯で子思（孔子の孫）の門人に学ぶ。
前320	52	梁の恵王に仁義を説き，政界に進出。
前319	53	梁の恵王死去。
前318	54	斉の宣王の信任により国政の最高顧問となる。
前315	57	母死去。
前314	58	宣王と不和になり，斉を去る。
前305	67	鄒に戻り弟子の教育に当たる。
前289ころ	83	死去。

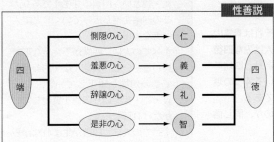

性善説

四端 ─ 惻隠の心 → 仁
　　　 羞悪の心 → 義　　四徳
　　　 辞譲の心 → 礼
　　　 是非の心 → 智

解説

　孟子は，すべての人は四端の心をもっているとして性善説を説いた。四端とは，惻隠の心（他人の悲しみを見過ごすことのできない同情心），羞悪の心（自他の不善を恥じ，悪を悪む心），辞譲の心（謙遜の心，他者を尊敬する心），是非の心（善・悪，正・不正を感じる心）をいう。これら生来の善なる本性を拡充するとそれぞれ，仁・義・礼・智の四徳が実現する。四徳に信を加えたものを五常といい，前漢の儒学者，董仲舒が定着させた。

五倫（墨子批判）

五倫 ─ 父子 → 親
　　　 君臣 → 義
　　　 夫婦 → 別
　　　 長幼 → 序
　　　 朋友 → 信

五倫（孟子）⇔ 兼愛（墨子）

五倫（孟子）：5つの基本的な人間関係とそのあり方

兼愛（墨子）：身分，血縁を超えて，広く平等に愛し合うこと。

儒家の五倫を近親重視の別愛と呼び批判した。

解説

　孟子は，墨子が孔子の孝悌を別愛と批判し平等の兼愛を唱えたのに対して，兼愛はむしろ，社会秩序の源である基本的な人間関係である五倫を混乱させ，世の乱れを生むとして退けた。

　五倫とは5つの基本的な人間関係における徳のことで，親（父子の間の親愛），義（君臣の間の道義，正しさ），別（夫婦の間の男女の区別，役割），序（長幼の間の順序，けじめ），信（朋友の間の信頼）である。五倫のうちの3つが家族関係であり，孔子同様，孟子においても家族道徳が人間のあり方の基本とされた。

　この「五倫」と「五常」（仁・義・礼・智・信の5つの徳目のこと）を合わせた「五倫五常」が，その後の儒教の根本的な徳となった。

1 四端・四徳

原典資料

人皆，人に忍びざるの心ありと謂う所以の者は，今，人乍に孺子の将に井に入らんとするを見れば，皆怵惕・惻隠の心あり。交わりを孺子の父母に内れんとする所以にも非ず，誉れを郷党・朋友に要むる所以にも非ず，その声を悪みて然るにも非ざるなり。是に由りてこれを観れば，惻隠の心無きは，人に非ざるなり。羞悪の心無きは，人に非ざるなり。辞譲の心無きは，人に非ざるなり。是非の心無きは，人に非ざるなり。惻隠の心は，仁の端なり。羞悪の心は，義の端なり。辞譲の心は，礼の端なり。是非の心は，智の端なり。人の是の四端あるは，猶その四体あるがごときなり。

【口語訳】 人間はだれでも，他人の悲しみに同情する心をもっているというわけは，今かりに，子供が井戸に落ちかけているのを見かけたら，人はだれでも驚きあわて，いたたまれない感情になる。子供の父母に懇意になろうという底意があるわけではない。地方団体や仲間で，人命救助の名誉と評判を得たいからではない。これを見すごしたら，無情な人間だという悪名をたてられはしないかと思うからでもない。このことから考えてみると，いたたまれない感情をもたぬ者は，人間ではない。羞恥の感情をもたぬ者も，人間ではない。謙遜の感情をもたぬ者も，人間ではない。善いことを善いとし，悪いことを悪いとする是非の感情をもたぬ者も，人間ではない。このいたたまれない感情は，仁の端緒である。羞恥の感情は，義の端緒である。謙遜の感情は，礼の端緒である。是非の感情は，智の端緒である。人がこういう四つの端緒をそなえていることは，人間が四肢をそなえているようなものである。

〈貝塚茂樹訳「公孫丑章句」上『中公クラシックス　孟子』中央公論新社〉

資料 解説

孟子は，人の性は本来善であり，人が悪をなすことがあってもそれは素質のせいではないと考え，**性善説**の立場をとった。その根拠として，人はみな**四徳**の糸口である**四端の心**をもっていると主張する。人の本性は善であり，四端をもっていない者は人間ではないと孟子は主張する。誰もがもっている4つの端緒を拡充すれば仁・義・礼・智の四徳を完成することができるのである。

これを批判して，人間の本性は悪であるとする**性悪説**を唱えたのが，同じ儒家の荀子である。

2 浩然の気

原典資料

その気たるや，至大至剛，直を以て養いて害なうことなければ，則ち天地の間に塞つ。その気たるや，義と道とに配す。是なければ餒うるなり。是れ義に集いて生ずる所の者にして，義襲いてこれを取れるに非ざるなり。行い心に慊ざるあれば，則ち餒う。

【口語訳】 浩然の気というのは，何物よりも大きく，どこまでもひろがり，何物よりも強く，ちっともたわみかがむことなく，まっすぐに育ててじゃまをしないと，天地の間にいっぱいになる。また，この気というのは，義と道とから離れることはできない。もし分離すると飢えて気は死んでしまう。浩然の気は，義を行なったのが積み重なって発生したものであり，義が浩然の気を突発的に取り込んだのではないのである。人間の行ないが義にかなわず，心を満足させないと，浩然の気が飢えて消えてしまう。〈同前〉

重要語句

性善説：天が与えた**人間の本性は善である**とする説。人が悪事を犯すのは後天的な要素による。したがって，善なる性を損なわずに育て，開化，発展させることが為政者や教育者に求められることである。

四端・四徳：四端とは徳を実現させる本性的な善なる4つの心のことで，**四徳**とは四端の心が拡充して成立する**仁**（他者への思いやり）・**義**（自他への正しさ）・**礼**（他者を尊重するつつしみ）・**智**（善悪をわきまえる分別）のことである。四端の心は四徳の端緒であり，四端をしっかりと育てることによって，誰もが四徳を身につけることができる。

大学入試challenge!

孟子の四端に関する説明として最も適当なものを，次の①〜④のうちから一つ選べ。

①すべての人に，四端が内在している。人は，このように自己に内在する本性を心の底から信じて，それをそのまま発揮することで善を実現できる。

②すべての人に，四端が生まれながらに具わっている。これらは仁・義・礼・智という四徳の芽生えであり，この四端を推し広げていくことで人は善を実現できる。

③すべての人に，四端が不完全な形で具わっている。人は，後天的な努力でこの四端を矯正していき，仁・義・礼・智という四徳を実現していかなければならない。

④すべての人に，四端が生まれながらに具わっている。人はこの四端を拡充し，惻隠や辞譲といった四徳へと向上させていかなければならない。

〈05追試［改］〉

重要語句

浩然の気：道徳にかなった行いをしようとした時に生じる正しい勇気であり，ささいなことにこだわらず，大局を見るおおらかな気である。孟子は，善の完成のために，この気を養うことの必要性を強調し，この気を養い，道徳的な勇気をもつ**大丈夫**を理想の人間像とした。

孟母三遷：『列女伝』に伝えられる。孟子の家の近くには，お墓があり，幼い孟子は，葬式ごっこをはじめた。転居した次の家の近くには，市場があり，孟子は，商売のまねをはじめた。更に転居し，学校の近くに住むと，孟子は，礼法の練習をはじめた。母親は，安心して暮らしたという。

〔1〕**2**浩然の気の原典資料の内容として，最も適当なものを一つ選べ。

①孟子は，すべての人が心の内に備えている浩然の気を養うことの必要性を説き，この気に満ちた人物を大丈夫と呼び，理想的な人間像とした。

②孟子は，心の不満足や人間の行いによって浩然の気が消滅してしまう必然性を説き，この気に左右されるはかなさを大丈夫と呼び，本来的な人間像とした。

③孟子は，義をくり返して行うことで養われる力強い浩然の気を養うことの必要性を説き，この気に満ちた人物を大丈夫と呼び，理想的な人間像とした。

④孟子は，道と一体となることで養われる力強い浩然の気を養うことの必要性を説き，この気に満ちた人物を大丈夫と呼び，理想的な人間像とした。

資料 解説

孟子は，**四徳**が充実することで，天地に満ちる雄大な気を受けて，広く大きく何ものにも屈しない心である**浩然の気**が養われると説いている。そして，この浩然の気を備え，何事にも動じず道を実践する人物を理想とし，**大丈夫**と呼んだ。

3 五倫

原典資料

人の道有るや，飽食煖衣，逸居して教えらるるなければ，則ち禽獣に近し。聖人有りこれを憂え，契をして司徒たらしめ，教うるに人倫を以てす。父子親あり，君臣義あり，夫婦別あり，長幼序あり，朋友信あり。
【口語訳】いったい，人間の人間たる所以はどこにあるか。腹いっぱいに食べ，暖かい衣類を着て，快適な家に住んでいても，教育がなければ鳥獣にかわらない。尭帝はまたこれを憂慮して，契を司徒という役に任命し，人間の倫理を教えさせた。父子の間には親愛があり，君臣の間には道義があり，夫婦の間には男女の差別があり，長幼の間には順序があり，朋友の間には信義があるようになった。〈同前「滕文公章句　上」〉

〔2〕上記資料の内容として，最も適当なものを一つ選べ。

①孟子は，古の聖人である尭帝が教えた，父子の親・君臣の義・夫婦の別・長幼の序・朋友の信をそれぞれにおいて人間関係において守るべき道徳規範とした。

②孟子は，古の聖人である尭帝が教えた，君臣の親・父子の義・夫婦の別・長幼の序・朋友の信をすべての人間関係において差別なく守るべき道徳規範とした。

③孟子は，古の聖人である尭帝が教えた，父子の親・君臣の義・長幼の別・夫婦の序・朋友の信を本来的に人間に備わる道徳規範とした。

④孟子は，古の聖人である尭帝が教えた，父子の親・朋友の義・夫婦の別・長幼の序・君臣の信をそれぞれにおいて守るべき法的規範とした。

資料 解説

孟子は，**墨子**による儒家批判（兼愛の主張）は社会を乱すものだとして退けた。彼は，人間関係を5つにまとめ，それぞれの関係で踏み行うべき義務を**五倫**とした。儒教は，古代より伝統的に受け継がれてきた家族関係を社会全体に適用し，道徳的な社会の秩序をつくるための人間関係のあり方としての道（人倫）を説いている。孟子はこの人間関係のあり方に注目したのである。後に**董仲舒**の示す**五常（仁・義・礼・智・信）**とともに儒家思想の中心をなす。

重要語句

仁義：仁は他人をいたわり思いやる心，**義**は人間社会における正しいあり方，筋道を表す。孟子は，人間が社会の中においてこそ人間たり得るのであるから，仁と義は不可分で表裏一体であり，「仁は人の心なり，義は人の路なり」と述べた。

「自らかえりみて縮くんば，千万人といえども吾往かん」：『孟子』に記されている勇気についての言葉で，孔子が述べたとされている。何度も省みて，自分が正しいと確信するならば，幾千万の相手がいようとひるまずに進むという意味で**大丈夫**の気概や**浩然の気**に通じる言葉である。

大丈夫：孟子が理想とした人間像。浩然の気を養う道徳的意識を高くもち，日々，自己を修養し，向上心を忘れない人物のことである。

天人相関説：天と人を対応しあうものと考える思想である。国家の正統性を天命に求めるのが典型的なものといえる。孟子は，四端の心が天から授かった性質と考えた。

重要語句

五倫：孟子が説く，5つの基本的人間関係とそれぞれにおいて守るべき道徳規範のこと。**父子の親，君臣の義，夫婦の別，長幼の序，朋友の信**が挙げられる。人間関係のあり方や規範は，**人倫**とも呼ばれる。人倫は「人のなかま」「人とそのなかま」の意味であり，さらには人間関係における人としての生き方を意味した。こうした人倫の道が，社会の基底となる人間関係を形成する五倫であった。

五常：孟子の四端説で説かれる「**仁・義・礼・智**」の四徳に「**信**」を加えたもの。前漢の儒学者である董仲舒は，これを五常の道とし定着させた。以後，**五倫五常**は，儒教道徳の根本とされた。

大学入試 *challenge!*

儒学の説く「五倫」の内容として最も適当なものを，次の①〜④のうちから一つ選べ。

①父子の孝，君臣の義，夫婦の別，長幼の悌，朋友の信

②父子の親，君臣の義，夫婦の別，長幼の序，朋友の信

③父子の仁，君臣の義，夫婦の礼，長幼の智，朋友の信

④父子の仁，君臣の忠，夫婦の愛，長幼の智，朋友の敬　〈05本試［改]〉

解答：【読解力 power up!】〔1〕③　〔2〕①　【大学入試 challenge!】②

4 王道

原典資料

　孟子曰く，力を以て仁を仮る者は覇たり。覇は必ず大国を有つ。徳を以て仁を行なう者は王たり。王は大を待たず，湯は七十里を以てし，文王は百里を以てせり。力を以て人を服する者は，心服せしむるに非ざるなり，力贍らざればなり。徳を以て人を服せしむる者は，中心より悦びて誠に服せしむるなり，七十子の孔子に服せるが如し。詩に，西よりし東よりし，南よりし北よりし，服せざる無しと云えるは，此れこの謂なり。

【口語訳】　孟子がいわれた。「表面だけは仁政にかこつけながら，ほんとうは武力で威圧するのが覇者である。だから，覇者となるには，必ず大国の持ち主でなければならない。身につけた徳により仁政を行なうのが王者である。王者となるには大国である必要はない。湯王は僅か七十里四方，文王は百里四方の小さな国からでて，遂には天下の王者となった。武力で人民を服従させるのは表面だけで，心からの服従ではない。ただ力が足りないのでやむなく服従したまでだ。徳によって人民を服従させるのは，心の底から悦んでほんとうに服従するので，七十人の門人が孔子に心服したのが，それである。詩経に『西からも東からも，南からも北からもやってきて，〔武王に〕心服しないものとてはなかった』とあるのは，このことをいったものである。」

〈小林勝人訳「公孫丑章句　上」『孟子（上）』岩波文庫〉

資料 解説

　孟子は，孔子の徳治主義を受け継ぎ，仁政を装いながら実は武力によって国を治める覇道を退け，仁徳をもって人民を服させるという王道を説いた。ここでは，君主は人民のためにあり，政治は人民のために行われるものであることが強調されている。

　また性善説に基づいて王道を説く孟子に対し，荀子は性悪説に基づき，礼による教育によってその性質を矯正し道徳規範を築いていく礼治主義を主張した。

5 易姓革命

原典資料

　斉の宣王問いて曰わく，湯，桀を放ち，武王，紂を伐てること，諸ありや。孟子対えて曰わく，伝にこれあり。曰わく，臣にしてその君を弑す，可ならんか。曰わく，仁を賊なう者これを賊と謂い，義を賊なう者これを残と謂う。残賊の人は，これを一夫と謂う。一夫紂を誅するを聞けるも，未だ君を弑せるを聞かざるなり。

【口語訳】　斉の宣王がたずねられた。「殷の湯王は，夏王朝の桀王を放逐して天下を取り，周の武王は，殷王朝の紂王を討伐して天下を取ったという。それは歴史事実なのか」孟先生がこたえられた。「そういうことが語り伝えられています」「それなら臣下として君主を殺したてまつることは，是認されているのか」「仁の徳を破壊する人を賊といいますし，正義を破壊する人を残と申します。残・賊の罪を犯した人はもはや君主ではなく，一夫つまりたんなるひとりの民となってしまいます。私は武王が一夫の紂を討ち殺したとは聞いていますが，君主である紂を殺したてまつったとは聞いておりません」

〈貝塚茂樹訳「梁恵王章句　下」『中公クラシックス　孟子』中央公論新社〉

資料 解説

　孟子は，古代から伝わる易姓革命の思想を王道政治と結びつけた。彼は天子が代わるのは，民に現れた天の意志によると考え，民意に反した政治を行った時の革命を正当化した。したがって，為政者は人民に支持される有徳な人物でなくてはならない。

重要語句 ••••••••••••••••

王道：孔子の徳治主義を受け継いで提唱した政治思想のこと。徳を身につけた王が仁義の政治を行い，人民の幸福をはかり諸侯の心服を得る政治である。孟子は，武力による政治を覇道と否定した。

大学入試challenge!

〔1〕諸子百家についての説明として最も適当なものを，次の①〜④のうちから一つ選べ。

① 墨子は，侵略戦争を有利に進めるために，自集団の中で習得した知識や技術を積極的に利用しようとして，各地を奔走した。

② 墨子は，道を重んじる立場から，無為自然の理想社会を目指し，自給自足の生活を送る小さな共同体の実現を説いて，各地を奔走した。

③ 孟子は各地を遊説して，人間は美醜や善悪といった区別や対立にこだわるが，本来，万物は平等であるという万物斉同の思想を説いた。

④ 孟子は各地を遊説して，君主は仁義に基づいた政治を行うべきであり，民衆に支持されない君主は，天命を失ったものとして追放されると説いた。　　〈20本試〉

重要語句 ••••••••••••••••

易姓革命：古代中国の天の思想では，天命を果たすことができる人物を天子にする。孟子はさらに，為政者が天子にふさわしくない場合は天命が革まる（革命）と考えた。革命には平和的に位が譲られる禅譲と武力を用いての放伐がある。

大学入試challenge!

〔2〕孟子の思想の記述として最も適当なものを，次の①〜④のうちから一つ選べ。

① 王は民衆の仁義礼智を当てにせず，武力によって世の中を治めるべきだとする王道思想を説いた。

② 人間の本質は善であるので，王は徳によって民衆を平等に愛するべきだとする兼愛思想を説いた。

③ 王が徳に反する政治を行うなら，民衆の支持を失い，天命が別の者に移るという易姓革命を唱えた。

④ 浩然の気に満ちた大丈夫が王となって，民衆の幸福の実現を目指すという覇道政治を唱えた。　〈07本試〉

解答：【大学入試challenge!】〔1〕④　　〔2〕③

荀子

じゅんし，Xun-zi（前298？～前235？）　性悪説と礼治主義を唱えた儒家

人と思想

荀子は，名は況，荀卿，孫卿子とも呼ばれる。趙の国に生まれ，郷里で学問修業を重ねた。50歳の時，斉に遊学し襄王に学識を認められ稷下の学園長を3度も務め，老師として尊敬された。しかし，人のねたみにより辞職し，その後，楚の春申君に仕え，蘭陵の長官となり，弟子たちの教育と著述に専念した。彼の弟子には**韓非子**や秦の始皇帝の宰相の**李斯**がいる。

戦国時代後半，戦乱の被害が深刻さを増す中で，荀子は孟子の「性善説」を批判し，人間は生まれつき私利をむさぼり他人を憎む性質をもつとして「**性悪説**」を唱えた。彼は戦乱を終わらせ，平和を確立するためには，人間の善意に信頼をおく徳治のみでは不可能であると考えた。そこで孔子の説いた「礼」に着目し，礼による教育によってその性質を矯正し，道徳規範を築いていく必要があると説いた。また，国家の統治に必要な法律が礼であるとし，「**礼治主義**」を説いた。この結果，荀子は孟子までの「**天の思想**」を捨て，人間の作為によってつくられたものという考えに信頼を置いた上で，人間自身にも作為としての矯正を施すことで新たな道徳を築き，政治理論へ導こうと考えた。この礼治主義は，法家の韓非子によって受け継がれ「**法治主義**」として主張される。著書に『**荀子**』がある。

年	年齢？	人物史
前298？	0	趙で生まれる。
前256	42	楚の蘭陵の長官となる。
前248	50	斉に行き遊学し，要職に就く。
前238	60	韓非子・李斯が荀子の門人となる。
前235	63	蘭陵にて死去。

性悪説の思想

性善説（孟子）←→ 性悪説（荀子）

王道政治（孟子）　礼治主義（荀子）… → 法治主義

（徳による教化）　（礼による矯正）　（法による統治）

解説

孟子は**性善説**にもとづき，為政者の**徳による王道政治**を説いたが，**荀子**は**性悪説**にもとづき，国家の秩序や平和を実現するためには，**礼による矯正**が必要であるという**礼治主義**を説いた。この礼治主義は，**韓非子**の信賞必罰の**法によって統治する法治主義**の主張に至る。

1　性悪説

原典資料

人の性は悪にして其の善なる者は偽なり。今，人の性は生まれながらにして利を好むあり。是れに順う。故に争奪生じて辞譲亡ぶ。生まれながらにして疾悪するあり。是れに順う。故に残賊生じて忠信亡ぶ。

【口語訳】　人間の本性すなわち生まれつきの性質は悪であって，その善というのは偽すなわち後天的な作為の矯正によるものである。さて考えてみるに，人間の本性には生まれつき利益を追求する傾向がある。この傾向のままに行動すると，他人と争い奪いあうようになって，お互いに譲りあうことがなくなるのである。また，人には生まれつき嫉んだり憎んだりする傾向がある。この傾向のままに行動すると，傷害ざたを起こすようになって，お互いにまことを尽くして信頼しあうことがなくなるのである。

〈澤田多喜男・小野四平訳「性悪篇」『中公クラシックス　荀子』中央公論新社〉

資料 解説

荀子は，人間の本性は悪であるとする**性悪説**を唱えた。人は私利私欲を求めるのが生まれつきの性質であり，その心情のままに行動すると世の中が混乱してしまう。したがって，この混乱を防ぐため，礼による外的な教化が必要と考えた。具体的には，教師による教育や儒教の学習による道徳心の修養，礼楽などによる文化的教養の研鑽を指す。これらの修得が，人間の本性に加えられて人格が高まるのである。彼は，人間の悪という本性が，**礼**という後天的な人為によって矯正可能であると考えた。なお，偽とは人為（人の力によるもの）であり，後天的な資質である。

重要語句

性悪説：人間の本性は悪であるとする説。孟子の性善説に対し，荀子は，人間が生まれつき欲望に従って利を好み，争乱をおこしがちであるとして，徳を実現するために礼に従って悪を矯正することを強調した。ただし，荀子の性悪説はユダヤ教やキリスト教における原罪観とは異なり，人間は努力すれば道徳的人格者になり得るとするものである。人間の本性は「**本始材木**」という言葉で表され，素朴な資質という意味である。その本性に人為（偽）的な矯正が加わって，徳が実現する。

天人分離論：自然界と人間界とは互いに独立しており，相即関係はないとする立場。古代においては自然（天）の動きが人間界に影響を与えているという思想が見られ，特に中国では伝統的に天命や敬などの**天の思想**があり，孔子も孟子も「天」を人間が従うべきものとしていたが，荀子は，**天は自然現象そのもの**で，尊ぶべきものではあるが，事をなすのは人間の力であるとした。彼は，天には天の，人間には人間の法則があり，たとえ自然条件が悪くても政策が良ければ人民は困窮しないと説いた。

2 礼治主義

重要語句

原典資料

　礼なる者は治弁の極なり。強固の本なり。威行の道なり。功名の摠なり。王公これに由るは天下を得る所以なり。由らざるは社稷を隕す所以なり。

【口語訳】　礼というものは国家に整然たる秩序をもたらす最高規範であり、国家を強固にするための根本であり、国の威令が行なわれるための手だてであり、功績と名誉とをもたらす総もとじめなのである。王や三公などの支配者が世界の支配権を獲得するかしないかは、すべてこの礼を模範として政治を行なうかどうかによってきまるのである。〈同前「議兵篇」〉

読解力 power up!

上記資料の内容として、最も適当なものを一つ選べ。

①荀子は、礼を最高法規とする政治によってはじめて功績がもたらされ、国家を強固に支配することが可能になるとして、礼治主義を説いた。

②荀子は、法による信賞必罰の政治によってはじめて秩序がもたらされ、国家を強固に支配することが可能になるとして、法治主義を説いた。

③荀子は、功績ある支配者の威令によってはじめて秩序がもたらされ、国家を強固に支配することが可能になるとして、礼治主義を説いた。

④荀子は、礼を規範とする政治によってはじめて秩序がもたらされ、国家を強固に支配することが可能になるとして、礼治主義を説いた。

資料 解説

　荀子は、聖人が定めた**礼**（礼儀作法や習俗などの社会規範）による秩序の維持を主張した。彼の**性悪説**によると、人民は欲望に従うことから、彼らに礼を徹底させることで、悪い本性を矯正するのである。彼は、礼による矯正によって乱世を終わらせ、道徳的で平和な国家を実現する必要性を説いた。

3 青は藍よりも青く

原典資料

　君子曰わく、学は以て已むべからず。青はこれを藍より取りて而も藍より青く、氷は水これを為りて而も水より寒し。木の直きこと縄に中たるも、輮めて以て輪と為せば其の曲は規に中たり、槁暴ありと雖も復挺びざる者は、輮これをして然らしむるなり。故に木は縄を受くれば則ち直く、金は礪に就けば則ち利く、君子は博く学びて日に己れを参省すれば、則ち智は明らかにして行過ちなきなり。

【口語訳】　「学問は中途でやめてはならない」と君子はいっている。

　青色は藍草から取るが藍草よりも青く、氷は、水からできるが水よりも冷たい。墨なわにぴったりするまっすぐな木でも、たわめて輪にすればコンパスにぴったりの彎曲になり、日にさらして乾かしても、もはやもとにもどらないのは、たわめるという外からの力のためにそうなったのである。だから木が墨なわをあてられてまっすぐになり、刃ものが砥石で磨かれると鋭くなるように、君子もひろく学んで日ごとに何度も反省すれば、知識は確かになり行動にも過ちがなくなるのである。〈同前「勧学篇」〉

資料 解説

　荀子は、教師の教えや、知識・徳などを身につける教育によって、善い人間が形成されると主張した。彼は、古代の聖人の遺した言葉を学ぶことによって、確かな知識や正しい行動を身につけることができるという。このように荀子は、**礼によって悪なる方向へ傾きがちな本性を矯正すること**により、立派な道徳的な人格を形成することができると説いた。

重要語句

礼治主義：**荀子**は**性悪説**に立ち、社会規範である礼によって治安を維持することを主張した。人は悪に走る傾向があるので、人々の性質を矯正しなければならない。礼は、教育や生活習慣により人心を教化するため、未然に悪を防ぐものである。一方、法は、外的な強制力により、人民を支配する。荀子の弟子の**韓非子**や**李斯**は、法律や刑罰による法治主義を主張した。

人の性は悪にして、その善なるものは偽なり：荀子の性悪説を示すことば。人間の本性は悪であり、善は教育や環境などにより後天的に形成されたとする思想を表現したものである。

孟子	荀子
性善説 （人間の本性は善である） 人に忍びざるの心ありと謂う所以の者は……	性悪説 （人間の本性は悪である） 人の性は悪にして其の善なる者は偽なり。
仁の重視	礼の重視
王道政治 （為政者の徳による）	礼治主義 （礼による矯正）
董仲舒（漢代儒教） に影響	韓非子（法家思想） に影響

大学入試 challenge!

荀子に関する記述として最も適当なものを、次の①〜⑤のうちから一つ選べ。

①人間は本来、利己的な存在であるため、礼を学ぶだけでは不十分であり、法律による強制なしには社会は成り立たない。

②生があり死があるのは運命であり、両者を一体と見てありのままに受け入れるところに束縛からの解放があると考えた。

③水のように柔弱なあり方に従い、人からさげすまれる地位に甘んじてこそ、真の勝利者となることができると説いた。

④人に善があるのは、曲がった木が矯め木や蒸気でまっすぐになるのと同様に、後天的な矯正によるものであると主張した。

⑤社会に秩序がもたらされるためには、人間に本性的に備わる欲望が、自然と落ち着いていくことを待つ以外にないと考えた。〈02本20本21本［改］〉

解答：【読解力 power up!】　④　　【大学入試 challenge!】　④

朱子（朱熹）

しゅし（しゅき），Zhu-zi（1130～1200）　朱子学の大成者

考えよう

○朱子の説く「理気二元論」「性即理」「格物致知」とは何か。
○朱子の思想における存在論と道徳論の関係はどのようなものか。

人と思想

　朱子は，宋代の儒者で朱子学の大成者。本名は朱熹といい，字は元晦（または仲晦），南剣州尤渓県（現在の福建省）に生まれた。父の学友について学び，18歳で科挙に合格した。

　朱子の思想の根本は「**理気二元論**」である。**理**とは形はなく万物を生成する法則で，**気**とは万物が成立する材料，つまり物質を意味する。理は気のはたらきに秩序を与えるものである。この考え方は人間にも当てはまるとし，人の心の**本性**（**性**）は，天から授けられた**理**（**理法**）にあるとした（**性即理**）。心の本性は，気のはたらきから生まれる欲求や感情に支配されやすく，「**気質の性**」（感情や欲求に左右される状態）に陥る。そのため，この性質を変化させて，「**本然の性**」にかえることが修養の目的とされた。本然の性とは，**仁・義・礼・智**など本来人間がもっている善の部分であるが，気質によって正邪・善悪・貴賤・賢愚といった差別ができてくる。そこで我欲を捨て精神を統一し（**居敬**），万物に宿る理を窮める（**窮理**）ことを説いた。著書に『**四書集注**』『**資治通鑑綱目**』などがある。

年	年齢	人物史
1130	0	南剣州尤渓県で生まれる。
1143	13	父死去。
1148	18	科挙に合格。
1151	21	官職に就く。
1181	51	陸象山が朱子を訪ねる。
1187	57	陸象山との間で論争。
1190	60	「四書」と「四経」を刊行する。
1196	66	官吏の資格を奪われ，朱子学への攻撃始まる。
1200	70	死去。

1　理気二元論

原典資料

　天地の間（のあらゆるもの）には，理と気があります。理は形而上の道であり，物を生じる根本です。気は形而下の器であり，物を生じる素材です。そこで人や物が生じる際には，必ず（天より）理をうけて，はじめて本性がそなわり，必ず（天より）気をうけて，はじめて形体がそなわります。その本性と形体とで，一身を構成するわけですが，その（形而上の）道と（形而下の）器との間には，きっぱりとしたけじめがあって，乱してはならないものです。

〈荒木見悟訳「朱子」『中公バックス　世界の名著19　朱子　王陽明』中央公論社〉

資料解説

　「**理**」はすべての人に宿っており，人間は，理にもとづいた**本然の性**と，気にもとづいた**気質の性**からなり，人間の本性は理（本然の性）であるとして「**性即理**」を唱えた。

2　格物致知

原典資料

　一身の根本を深く究めるには，物に格ってその知を致めなければなりません。そもそも，物に格るとは，理をきわめることであります。物があれば，必ず理がそなわっております。けれども理は形がなくて，見分けにくく，物は形態があって，目につきやすいものであります。ゆえに物によって理を求め，理が心にはっきりと見えて，わずかのまちがいもなければ，物事に対応するのに，おのずからわずかのあやまりもありません。そこで意は誠になり，心は正しくなって，一身が修まります。家が斉い，国が治まり，天下が平らかになるということまで，すべてこれによるのです。〈同前〉

資料解説

　自分の**知**を窮めるためには一事一物の**理**を窮めなければならない。すべての物に備わっている理を見極めることができれば，常に正しく適切な行動が可能となる。朱子は「意を誠にし」「心を正す」ことで己を修めることによって，はじめて家や国家の人民を平和にすることができる（**修己治人**）と説いた。

重要語句

理気二元論：**理**とは宇宙の根本原理であり，**気**とは物質的な形をもつ運動の原理である。朱子は，道徳についても理・気の二つの要素で説明しようとした。人間は，理にもとづいた本然の性と，気にもとづいた気質の性からなる。人間は，人欲に支配された気質の性を克服して，人間のあるべき姿である本然の性に立ち返るべきなのである。

性即理：人間の本性は理（本然の性）であるとする考え。天から理が与えられることで，理は**五常**（**仁・義・礼・智・信**）となり，道徳の根底をなす。しかし気にまどわされ，欲望などにより本然の性としての理を失いがちであるため，気を取り除いて理のままの性に戻ることが重要とされる。

重要語句

格物致知：事物に内在する理を窮めて，知を完成すること。朱子は，1つ1つの物の理を窮め続けていけば，万物全体を支配する理法を悟ることができると説いた。

居敬窮理：**居敬**とは，私利私欲を抑えて理に従い，厳粛に敬の心をもつこと。**窮理**とは，事物に内在する理を探求し確認すること。人間は，敬（つつしみ）の心を内にもち（居敬），理を窮める（窮理）ことによって本然の性にかえることができるとした。

四書五経：儒学の根本経典の総称。四書とは『論語』『孟子』『大学』『中庸』，五経とは『詩経』『書経』『礼記』『春秋』『易経』で，これに失われた『楽経』を加えて六経という。

王陽明

おうようめい，Wang Yang-ming（1472〜1528）　陽明学の祖

考えよう
○王陽明はなぜ朱子を批判したのか。
○王陽明の説く「知行合一」はどのような場面で有効と考えられるか。

人と思想

　明代の儒者で陽明学の開祖。名は守仁，字を伯安といい，陽明は号。明の憲宗の成化8（1472）年，浙江省余姚に生まれた。早くから朱子学の書物を読みふけるが，当時の形骸化した朱子学に絶望感を抱く。27歳で科挙に合格し官界に入り，34歳で政府を批判して配流となり，学問に専念した。

　王陽明は朱子学の理気二元論に疑問を感じて陸象山の考えを継承し，心は理そのもの（**心即理**）で，人間は生まれながらにして善悪是非の判断能力（**良知**）を備えており，これを完全に発揮し（**致良知**），実践することにより善が実現されると考えた。朱子は居敬窮理・格物致知を説き，知ってから行うという立場をとったのに対して，王陽明は，理はもともと自分の心の内にあるもので，万物に理を求める必要はなく，また，知と行は別物ではなく，真の知は必ず行を前提としているとした（**知行合一**）。著書に『**伝習録**』がある。

年	年齢	人物史
1472	0	浙江省余姚に生まれる。
1484	12	母死去。
1499	27	科挙に合格。
1506	34	投獄，竜場に流されここで「心即理」「致良知」「知行合一」を覚醒する。
1508	36	朱子学格物論を否定する。
1510	38	官界に復帰。
1528	56	匪賊討伐の任務を終え舟中で死去。

1　心即理

原典資料

　心がそのまま理であるのだ。この心が私欲に蔽われてさえいなければ，それはそのまま天理なのであり，それ以上何も外からつけ加えるものはない。この天理に純なる心をこそ発揮して，父に事えればそれがとりもなおさず孝であり，君に事えればとりもなおさず忠であり，交友・治民の上に発揮すればそれが信であり仁であるのだ。とにかくこの心において人欲を去り天理を存する，その功夫を積むこと，これあるのみだ。
〈溝口雄三訳『中公クラシックス　王陽明　伝習録』中央公論新社〉

資料解説

　王陽明は人間の心はそれ自体が完全な理であって，生まれながらに善悪，正邪，美醜の判断力と感受性を備えており，内にある心を充実させることで人間としてのあり方を実現できると考えた。

2　知行合一

原典資料

　知っているという以上，それは必ず行ないにあらわれるものだ。知っていながら行なわないというのは，要するに知らないということだ。……『大学』でも，真の知行をわれわれに示して，「好き色を好むが如く，悪臭を悪むが如し」と説いている。この場合，好き色を識別するのは知に属し，それを好むのは行に属すが，しかし，それを好き色と識別したその瞬間には，もうちゃんとそれを好んでいるのであり，識別した後に改めて別の心が働いてそれを好むというのではないのだ。……

　同じように，痛みを知るという場合も，痛みの体験があってはじめて知るといえるのだし，……。知と行とをきりはなすことなどできるわけがない。そしてまさにそれが知行の本格的なあり方なのであり，人の私意（恣意）によって隔断されうるものではない。〈同前〉

資料解説

　王陽明は，人間の内面に先天的に備わっている善悪の判断能力と倫理的な感受性（**良知**）のはたらきを発揮させることを「**致良知**」と呼んだ。さらに知識と行為は，同じ**良知**から発するものと考えたことから，本当に知っていることとは行動できることであり，行動できることが知っていることと説いた。

重要語句

心即理：現実の心そのものに理が備わっているとする南宋の陸象山の説を王陽明が発展させたもの。心即理は，朱子学の**性即理**に対し，人間的な心の中に理が含まれているとした。

良知：人間の内側に生まれながらに備わっている善悪の判断能力のこと。理の獲得は，朱子が主張する外界の**理**の探究ではなく，人間の内なるはたらきとしての**良心**によると王陽明は主張した。

日本の陽明学者：代表的な人物としては，中江藤樹（→ p.121）や熊沢蕃山の他，近世末期に世直しをとりしきった大塩平八郎（中斎）（→ p.123）も陽明学者であった。

致良知：良知のままに主体的能力を発揮させること。良知は，人間に先天的に備わっている善悪を分別する心の本体をいう。朱子学が理へ従う理論を重視したのに対し，王陽明は，具体的な場面に即して善を実践すべきとした。

知行合一：知（知ること）と行（行うこと）は同じ心の良知から発する作用であり，分離することができないとする考え。王陽明は，知ることは行為の始めであり，行為は知ることの完成であると説いた。

	朱子学	陽明学
人物	朱子	王陽明
特色	理論的	実践的
本質	性即理	心即理
生き方	居敬窮理	知行合一
聖人の道	格物致知	致良知
原理	理と気	良知

老子

ろうし，Lao-zi（？〜？）　道家の祖

考えよう
○老子が説く「道」と儒家が説く「道」とはどのように異なるか。
○老子が儒家を批判したのはなぜか。
○老子が説く「自然」とは何か。また老子は，理想の生き方をどのように考えたか。

人と思想

　老子は，ほぼ紀元前5世紀ごろの人であろうと考えられているが，生没年も不詳で歴史的存在すら疑う人もいる。司馬遷の『史記』の老子列伝によると，姓は李，名は耳，字は聃，楚の苦県で生まれ，周の宮廷図書館の官史であったと書かれている。老子が孔子に礼を教えたといわれているが，これも疑問で，儒家思想に対抗して出てきた伝説とも考えられている。

　老子は，仁・礼を最高の徳とした孔子の立場を，外面的で人為的につくられたものであると否定し，道に従って生きる「無為自然」を説いた。道とは，宇宙の根源であり，時間や空間を超えた無限なもので，われわれの感覚では，到底とらえられない絶対的な実在であり，認識することも説明することもできないので，仮に名づけて「道（タオ）」と呼んだ。また，形がなく名づけようがないことから「無」「無名」とも呼ばれる。老子は，道は作為がなく（無為）おのずからそうなる（自然）のであるから，人間も作為をせず無為自然に自己をむなしくして素朴な人間性に徹することが最上の生き方であるとした。老子の思想は『老子（道徳経）』で知るよりほかないが，真偽は不明である。

老子の思想

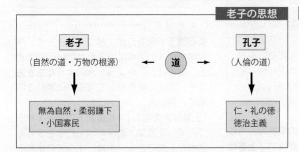

老子		孔子
（自然の道・万物の根源）	← 道 →	（人倫の道）
↓		↓
無為自然・柔弱謙下・小国寡民		仁・礼の徳・徳治主義

解　説

　孔子の説く「道」は**人倫の道**であり，人として守るべき道徳に基づく道といえる。しかし，老子の説く「道」は言葉で表現できない**万物の根源**であり，ありのままの**自然そのもの**を指す。彼は，儒家の思想を作為的なものとして退けた。そして，道と一体となるべく**無為自然**を説き，水のように柔らかく謙虚な生き方（**柔弱謙下**）を唱え，政治的にも少数の人民の自給自足で他国と交わらない素朴な共同体（**小国寡民**）を理想とした。

1　道

原典資料

　道の道う可きは，常の道に非ず。名の名づく可きは，常の名に非ず。名無きは，天地の始めにして，名有るは，万物の母なり。故に「常に欲無きもの，以て其の妙を観，常に欲有るもの，以て其の徼を観る」。此の両いの者は，同じきより出でたるも而も名を異にす。同じきものは之を玄と謂う，玄の又玄，衆妙の門なり。

【口語訳】「道」が語りうるものであれば，それは不変の「道」ではない。「名」が名づけうるものであれば，それは不変の「名」ではない。天と地が出現したのは「無名」（名づけえないもの）からであった。「有名」（名づけうるもの）は，万物の（それぞれを育てる）母にすぎない。まことに「永久に欲望から解放されているもののみが『妙』（かくされた本質）をみることができ，決して欲望から解放されないものは，『徼』（その結果）だけしかみることができない」のだ。この二つは同じもの（鋳型）から出てくるが，それにもかかわらず名を異にする。この同じものを，（われわれは）「玄」（神秘）とよぶ。（いやむしろ）「玄」よりもいっそう見えにくいもの（というべきであろう。それは），あらゆる「妙」が出てくる門である。

〈小川環樹訳「上篇第一章」『老子』中公文庫〉

読解力 power up!

上記資料の内容として，最も適当なものを一つ選べ。
①老子は，すべての根源を仮に道と呼んだが，その本質をとらえることにより天地万物は名づけようのない無から有に変化し存在するのである。
②老子は，すべての根源を仮に道と呼んだが，それは名づけようのない無であり無から有が生まれ神秘的な天地万物の原理を存在させるのである。

重要語句

道：万物がそこから生まれそこに帰る根源であり，ありのままの自然を指す。これを老子は仮に名づけて道と呼んだ。また，形がなく名づけようもないことから無とも呼んだ。孔子の形而下の人倫の道に対して，形而上の人倫を超えたものを道とした。

無為自然：無為とは，小賢しい知恵を捨て人為的努力をやめて無作為になるの意。自然とはおのずからそうなるの意で，道と一体となる時，大いなる摂理がはたらき，秩序が実現される。老子は，無為自然を政治や人間の理想的な生き方であるとした。

「大道廃れて仁義あり」：本来の道を示すとともに儒家の説く道が人為的で相対的なものに過ぎないとする言葉。老子は，あるがままの自然の道が廃れ，仁義などの道徳が説かれるようになり，それがさらに人間の自然なあり方を失わせると主張した。

道教：漢代末，老荘思想に仏教や当時の中国の民間信仰が混ざり合って形成された宗教のこと。民衆に伝統的に受け継がれてきた慣習や道徳および呪術が含まれることから，万物の根本原理としての道に従う道家の思想と区別される。

③老子は，すべての根源を仮に道と呼んだが，それは欲望から解放される
ことによって本質がとらえられる，天地万物を生んだ名づけようのない
無である。

④老子は，すべての根源を仮に道と呼んだが，天地は無から，万物は有から
生まれ，その本質は名づけようもなく無名と呼ばれる神秘的なものである。

　老子の説く「**道**」は，儒家の説く道徳的な道ではなく，天地万物に先立って
存在し，万物を生み，秩序づける根拠であり，原理である。また，この道に従
い，一切の作為を捨てて自然界と調和することが**無為自然**である。

2 柔弱謙下

原典資料

　天下に水より柔弱なるは莫し。而も堅強なる者を攻むるに，之に能く勝
つこと莫し。其の以て之に易うる無きを以てなり。弱の強に勝ち，柔の剛
に勝つこと，天下知らざるは莫くして，能く行なうこと莫し。

【口語訳】　天下において，水ほど柔らかくしなやかなものはない。しかし，
それが堅く手ごわいものを攻撃すると，それに勝てるものはない。ほかに
その代わりになるものがないからである。しなやかなものが手ごわいもの
を負かし，柔らかいものが堅いものを負かすことは，すべての人が知って
いることであるが，これを実行できる人はいない。〈同前「下篇第七十八章」〉

　雨だれは石にくぼみをつくり，川や海は大船を浮かべる。真の柔弱のうちに
真の強さがあり，それが無為自然の生き方であるとした。その意味で「**上善は
水の若し**」といい，水のような柔軟な生き方を理想とした。

3 小国寡民

原典資料

　小国寡民には，什伯の器有りて而も用いざらしめ，民をして死を重んじ
て而うして遠く徙らざらしむ。舟輿有りと雖も，之に乗る所無く，甲兵有
りと雖も，之を陳ぬる所無し。人をして復縄を結んで而うして之を用いし
め，其の食を甘しとし，其の服を美とし，其の居に安んじ，其の俗を楽し
ましむ。隣国相望み，鶏犬の声相聞こえて，民は老死に至るまで，相往来
せず。

【口語訳】　国は小さく住民は少ない（としよう）。軍隊に要する道具はあ
ったとしても使わせないようにし，人民に生命をだいじにさせ，遠くへ移
住することがないようにさせるならば，船や車はあったところで，それに
乗るまでもなく，甲や武器があったところで，それらを並べて見せる機会
もない。もう一度，人びとが結んだ縄を（契約に）用いる（太古の）世と
（同じく）し，かれらの（まずい）食物をうまいと思わせ，（そまつな）衣
服を心地よく感じさせ，（せまい）すまいにおちつかせ，（素朴な）習慣
（の生活）を楽しくすごすようにさせる。（そうなれば）隣の国はすぐ見え
るところにあって，鶏や犬の鳴く声が聞こえるほどであっても，人民は老
いて死ぬまで，（他国の人と）たがいに行き来することもないであろう。
〈同前「下篇第八十章」〉

　老子は，国家においても道に従って無欲に生きる**無為自然**を理想とした。具
体的には，小国家で少数の人民，そして人民は質素で自給自足の生活に満足し，
隣国と鶏や犬の鳴き声が聞こえる近さでも行き来をしない社会を指した（**小国
寡民**）。

〔1〕老子が説いた道についての記述
として最も適当なものを，次の①〜④
のうちから一つ選べ。

①道とは人間の従うべき道徳の規範で
あり，忠恕に基づいた礼の実践によ
り体得されるものである。

②道とは万物を生育する根源であり，
絶えず移り変わる人間の幸不幸を超
えた絶対的なものである。

③道とは万物を貫いている理法のこと
であり，天から我々に授けられた生
まれながらの本性でもある。

④道とは差別がなく万物が斉しい境地
であり，自己の心身を忘れ去ること
で体得されるものである。〈08本試〉

柔弱謙下：無為自然に基づく生き方で，常
に謙虚に人の下手に出て争わない態度のこ
と。老子は，このような**水のような生き方**
こそ，柔よく剛を制して最終的に勝利を収
めると説いた。

「上善は水の若し」：柔弱謙下のたとえを水
で説明した言葉。老子の理想的な生き方を
述べたものである。水は，すべての命ある
ものに恵みをもたらすとともに，他と争う
ことがない。また，誰もが嫌がる低い位置
に満足しているという。

〔2〕老子が説く「争いを避ける生き
方」の説明として最も適当なものを，
次の①〜④のうちから一つ選べ。

①万物を利し，常に人が嫌う低い地に
行き，いかようにも対応することの
できる水のような生き方

②絶えず生滅変化し，あらゆるものを
受け入れ，煩悩にまみれたものを浄
化する川のような生き方

③人為をさしはさまず，無為自然の世
界に遊び，何ものにも囚われない真
人にならう生き方

④四季の循環をつかさどり，すべての
人にその努力に応じた恵みをもたら
す天の命に従う生き方　〈09本試〉

小国寡民：老子が描いた理想郷で，人民が
無欲で，互いに争うこともない平和な小国
のこと。人民が争わないようにするには，
小賢しい知恵を捨てて，素朴に帰ることで
あるとして，社会秩序を重んじる儒家や当
時の王たちを批判した。

荘子

そうし，Zhuang-zi（？～？）　道家の代表的思想家

人と思想

　荘子は，姓は荘，名は周，字は子休といい，孟子よりやや遅れて宋の蒙（河南省）に生まれた。蒙の漆園の番人をしていたという。また，楚の威王が彼に宰相の地位を与えようとしたが固辞し，悠々自適の自由人としての生活を選んだと伝えられる。

　荘子の思想は，老子の「**道**」と「**無為自然**」を受け継ぐが，老子に比べて荘子は政治的現実の世界を超えた超俗的，宗教的関心が強い。また，人間とは何か，宇宙の根本は何か，生と死とは何か，という根本問題に目を向けている。人生は至るところに苦悩が満ちているが，それは人間が自分のまわりに，是非・善悪・美醜・生死などの様々な対立をつくり出すためである。これは相対的なもので人間を離れて独立に存在するものではないという。対立や差別の人為をなくしてありのままの世界を見ること，すなわち無為自然に自らを無限なるもの（自然）の立場におくことによって，生存の不安と苦悩，およびそれを生み出す一切の狭小な価値判断を乗り越え，何ものにもしばられず，名誉や物質的利益にも誘われず，生死に対する憂慮からも解放され，絶対自由の境地に入ることができると説いた。荘子の思想は『**荘子**』に見られる。

年	年齢？	人物史
（一説に）		
前370？	0	宋の国の蒙で生まれる。
前335	35	楚の威王から宰相に推されたが辞退。
前333	37	魏の恵王に会う。
前300？	70	死去。

荘子の思想

すべての存在

道 → 無為自然 → 万物斉同

↓

人間のあり方

心斎坐忘 → 真　人　（理想的人間像）

逍遙遊（理想的な生き方）

解説

　荘子は，**老子の道**の思想を受け継いだ。道と一体となり**無為自然**に生きる時，自然のままの世界には，**一切の対立差別がない**。本来，世界は人の分別を超えた存在であり，**すべてのものは斉しい**ことから，人間の様々な苦悩も人間がつくり出したものに過ぎず，**虚しいものである**。

　人間は，無為自然に生き，すべてのことを忘れることであらゆる差別を超えて**道と一体**となり，**理想の境地に遊ぶ真人**となることができる。

1　万物斉同

原典資料

　可を可とし，不可を不可となす。道は之を行きて成り，物は之を謂いて然りとす。悪くにか然りとするや。然るを然りとす。悪くにか然らずとするや。然らざるを然らずとす。物は固より然りとする所あり，物は固より可とする所あり。

【口語訳】　世の人は，もともと一つであるはずのものを可と不可に分け，可であるものを可とし，不可であるものを不可としている。……

　世の人が習慣的にそうであるとすることを，そうであるとしているまでのことである。……世の人がそうではないとすることを，そうではないとしているにすぎない。

　だが，先に述べた無差別の道枢の立場からみれば，あらゆる対立が無意味なものになる。したがって，この立場からすれば，どのような物にも必ずそうであるとして肯定すべきところがあり，可として認められるべきところがある。〈森三樹三郎訳「荘子内篇　第二　斉物論篇」『中公クラシックス荘子Ⅰ』中央公論新社〉

資料 解説

　荘子の思想の中心は**万物斉同**にある。大小・是非・善悪・美醜・生死といった万物の区別は，人間の狭い立場からの一面的な認識に過ぎない。人間の立場から離れ，ありのままの世界を見ると，善悪，美醜といった価値の対立的な差別は一切消え去り，**すべてのものは斉しい価値をもつ**ことになる。本来，斉同である世界を人間が作為によって区別しているに過ぎないのである。

重要語句

万物斉同：宇宙万物の根源である**道**の立場に立つと，善悪・美醜・是非・真偽・生死などの区別や差別がなく，**すべてが斉しい**価値をもつ，とする考えのこと。荘子は人間のもつ価値観が**相対的**なものに過ぎないと主張した。

胡蝶の夢：荘子の主著である『荘子』にある寓話のこと。荘子は夢で蝶になったが，夢から覚めてみると「自分が夢で蝶になった」のか，「蝶が自分になった夢を見た」のか，分からなくなった。人間の世界では，自分は蝶ではないと明確に区別されるが，ありのままの実在の世界では，すべては斉しい価値をもち，どちらが自分でも蝶でもよいという世界である（**万物斉同**）。

無用の用：一見すると無用なものであっても，実際は，世界に重要な働きを担っているとの考えである。荘子は，**無用**な樹（建材にも薪にも使用できない）を事例にして，無用だからこそ伐採されないという。「無用」であることは，災難を避けることにもつながるという。

2 心斎

原典資料

「若し志を一にせよ。之を聴くに耳を以てする無くして，之を聴くに心を以てせよ。心を以て之を聴くこと無くして，之を聴くに気を以てせよ。聴くは耳に止まり，心は符に止まる。気なる者は，虚にして物を待つ者なり。唯，道は虚に集まる。虚なる者は心斎なり」と。

【口語訳】「まず，お前の心を一つにせよ。耳で聞かずに心で聞け。いや，心で聞かずに，気で聞け。耳は音を聞くだけであり，心は物に応ずるだけのものにすぎない。これに対して，気というものは，みずからは空虚の状態にあって，いっさいの物を受け入れるものである。道というものは，この空虚にだけ集まってくるものだ。この心の空虚の状態が，ほかならぬ心斎だよ」〈同前「第四　人間世篇」〉

3 坐忘

原典資料

「何をか坐忘と謂うや」と。顔回曰わく「枝体を堕とし，聡明を黜け，形を離れ，知を去り，大通に同ず。此れを坐忘と謂う」と。

【口語訳】「坐忘というのは，どういうことかね」顔回は答えた。「自分の身体や手足の存在を忘れ去り，目や耳のはたらきをなくし，形のある肉体を離れ，心の知をすて去り，あらゆる差別を越えた大道に同化すること，これが坐忘です」〈同前「第六　大宗師篇」〉

資料 解説

荘子は，寓話の中に孔子や顔回（顔淵）らを登場させて自らの説を語らせている。「心斎」とは心を虚しくすることで，「坐忘」とはさらに自己を含めたすべてを忘れ去る境地をいう。これによって「道」と一体化することができる。

4 真人

原典資料

古の真人は，生を説ぶことを知らず，死を悪むことを知らず。其の出ずるも訴ばず，其の入るも距まず。翛然として往き，翛然として来たる已矣。其の始まる所を忘れず，其の終わる所を求めず。受けて之を喜び，忘れて之を復す。是れを之，心を以て道を捐てず，人を以て天を助けず，と謂う。是を之，真人と謂う。

【口語訳】　上古の真人は，生を喜ぶことを知らないし，死を憎むことも知らない。この世に生まれ出ることを喜ぶのでもなく，死の世界にはいることを拒むこともない。ただゆうぜんとして行き，ゆうぜんとして来るだけである。生のはじめである無の世界を忘れることはないが，そうかといって生の終わりである無の世界だけを求めることもない。与えられた生は喜んで受けるが，これを返すときも未練を残すことがない。このような態度を「はからいの心をもって自然の道をすてず，人為をもって自然のはたらきを助長しようとしない」というのであり，このような境地にあるものを真人とよぶのである。〈同前「第六　大宗師篇」〉

資料 解説

荘子は，**万物斉同**の真理にめざめ道と一体化し，悠々とその境地に遊ぶことを**逍遙遊**と呼び理想とした。荘子は妻の死に際しても弔問に訪れた恵施に「人の生死というのは，四季の運行と同じこと」と答えたという。

重要語句

心斎坐忘：心斎とは，一切の分別や判断を捨て去り，心の働き自体を停止して道と一体となること。**坐忘**とは，身体，五感を忘れ去り，宇宙や自然のはたらきに身をまかせること。ともに道（無）の境地に至る修養方法である。

真人（逍遙遊）：荘子の説く理想的人間像のこと。**至人**とも言う。万物斉同の真理に従い，**道**と一体になる境地に至り，あらゆるとらわれから自由になった人のことである。あらゆるものを肯定する心をもち，愛も憎しみも，出会いも別れも，老いも若きも，生も死もあるがままに，ありのままに受け入れる無為自然の生き方を体現したのが**真人**である。

大学入試 challenge!

荘子が唱えた「道」についての説明として最も適当なものを，次の①〜④のうちから一つ選べ。

① 「道」とは，人間の従うべき道徳の規範であり，忠恕に基づいた礼の実践によって体得されるものである。為政者は，この「道」に基づき，己を道徳的に修め，人を感化することによって，はじめて人を治めることができる。

② 「道」とは，万物の根源であるだけでなく，また人間の心のなかにも本性としてそなわるものである。しかし，私欲によってその発露が妨げられているので，うやうやしく慎むことによって，「道」を発揮しなければならない。

③ 「道」とは，差別がなく万物が等しい境地であり，自己の心身を忘れることで体得されるものである。そのためには，偏見に囚われずに，心をむなしくする修養を通じて，天地と一体になることが必要である。

④ 「道」とは，天地万物に内在する客観的なものではなく，人間の心のなかに生まれながらに存在するものである。したがって，外界の事物に「道」を追い求めるべきではなく，心のなかの「道」のままに生きるべきである。　　〈15本試〉

墨子

ぼくし，Mo-zi（?～?）　墨家の祖

人と思想

　墨子は，姓は墨，名は翟。その生涯については不明なところが多いが，魯に生まれ，手工業者階級の出身と伝えられる。墨とは古代の王侯に隷属した技能者集団であり，墨子はその統率者であったという説もある。若いころは儒学を学んだが，後に墨家の祖となった。

　彼は天の意志に基づく博愛平等である**兼愛**を説いた。兼愛とは身分や血縁を超えて，広く平等に愛し合うことであり，儒家の説く仁の思想を近親重視の**別愛**として批判した。また，戦国の乱世を憂え，博愛平等の考えから，大国の侵略戦争を否定する**非攻**を主張したが，防禦戦の必要を認め，平和論のための兵法，武器の優れた研究を行い，自らも防禦集団を組織した。その主張と実践は儒家と鋭く対立した。著書に『**墨子**』がある。

年	年齢?	人物史
（一説に）		
前470?	0	魯で生まれる。
前444	26	墨子が説得し，楚の宋攻略を中止させる。
前439	31	楚王に平和論の書物を献じる。
前415	55	子思らとともに魯に仕えていたが斉に去る。
前390?	80	死去。

1　兼愛

原典資料

　若し天下をして兼ねて相愛さしめば，国と国と相攻めず，家と家と相乱さず，盗賊あることなく，君臣父子みな能く孝慈ならん。此くの若くならば則ち天下治まる。故に聖人は天下を治むるを以て事と為す者なり。悪んぞ悪むを禁じて愛を勧めざるを得ん。

【大意】　世界中の人々が広く互いに愛し合えば，国どうし家どうし争いごととはなく，どろぼうや傷害もなくなり，君臣父子すべてがつつしみ従う。こうであれば世界は平和に治まるので，聖人は憎しみを禁止し愛することを奨励する。〈金谷治訳「墨子」『世界の名著10　諸子百家』中央公論社〉

資料解説

　墨子は，すべての人を平等に愛す**兼愛**を唱え，家族の親愛の情を広げていこうとする儒家の思想（仁）を近親重視の**別愛**であると批判した。

2　非攻

原典資料

　一人を殺さばこれを不義と謂う。必ず一の死罪あり。若し此の説を以て往かば，十人を殺さば不義を十重す。必ず十の死罪あり。百人を殺さば不義を百重す。必ず百の死罪あり。此くの当きは天下の君子みな知りてこれを非とし，これを不義と謂う。今，大いに不義を為して国を攻むるに至りては，則ち非とするを知らず，従いてこれを誉めてこれを義と謂う。情に其の不義を知らざるなり。

【大意】　一人の人間を殺害すると，一つの死刑の罪があてられる。この道理をすすめてゆけば，十人を殺害すると十の死刑の罪が，百人を殺害すると百の死刑の罪が適用される。こうした事件は，世界じゅうの知識人はだれでもそれを非難し良くないことだという。ところが，他国を攻撃するという大きな不正義については，それを非難せず，誉めたたえて正義であるといっている。他国を攻撃するのが不正義であるということを，本当に知らないのである。〈同前〉

資料解説

　墨子は，兼愛を説いて国家間の争いがなくなることを理想としたが，さらに，戦争行為は大量殺人に他ならないとして，大国による**侵略戦争を否定**した。

重要語句

兼愛：万人に平等に向けられる無差別の愛のこと。墨子は儒家の近親重視の愛を**別愛**と呼び批判した。彼は，兼愛の心で他者を愛すれば相手もまた自分を愛し，お互いの利益になるという交利のもと，博愛平等の社会が生まれる（**兼愛交利説**）と説いた。

節用：物資などの節約を要求する意味もある。この他，墨子は，非楽（雅楽の禁止）や節葬（華美な葬式の禁止）を説き，貧困のない平和な世界を目指した。

大学入試 challenge!

墨子の兼愛に関する記述として最も適当なものを，次の①～④のうちから一つ選べ。

①兼愛は，聖人になる可能性を共有する人々が，聖人を目指して礼を学ぶことによって実現されるものである。

②兼愛は，人々の社会的地位によって差別されない法の公平な実施を基盤とするものである。

③兼愛は，人間だけでなく世界に存在するすべてのものが平等であるとする思想を実践の根拠とするものである。

④兼愛は，社会の構成員が自利に囚われず互いに利益を与え合う関係を作り上げることを伴うものである。

〈08追試〉

重要語句

非攻：強国の侵略行為を否定する非戦論である。墨子は，戦争は全体から見れば大きな損失であるとして，諸侯に戦争の非を説いた。

韓非子

かんぴし, Han Fei-zi（？～前233？）　法家思想の大成者

人と思想

　韓非子は，戦国時代末期の韓に公子（君主の子）として生まれ，はじめ**李斯**らとともに**荀子**に師事し，**性悪説**や政治秩序を尊び，君主権強化をめざす考えから深い影響を受けた。しかし，儒教の徳治主義については無力有害として退けた。彼は，韓の王に政策を説いたが受け入れられず，韓の使者として秦に赴き，政（後の始皇帝）に注目される。しかし，すでに秦に仕えていた李斯の策略により投獄され，自害した。

　『**韓非子**』にまとめられた彼の思想は，荀子の性悪説をもとに，君主は権力を一手に掌握し**信賞必罰**の法を設けて悪を抑制すべきであり，乱世では仁義礼智のみでは治められず，非情，冷酷な法をもって強力に統制すべきであると説いた。李斯，韓非子ら法家の思想家たちは，**始皇帝**のもと，統一国家の実現のために採用された。

年	年齢？	人物史
前280？	0	韓非子，韓に生まれる。
前260？	20	韓非子・李斯，荀子の門に入る。
前234	46	『孤憤・五蠹』が政（始皇帝）の目にとまる。
前233？	47	李斯に中傷，投獄され，自殺を強要され死去。

1　法治主義

原典資料

　今，世主みな軽く重罰厳誅を釈て，愛恵を行ないて覇王の功を欲するも，亦幾むべからざるなり。故に善く主たる者は，賞を明らかにし利を設けて以てこれを勧め，民を使うに功賞を以てして，仁義を以て賜わらず。刑を厳しくし罰を重くして以てこれを禁じ，民を使うに罪誅を以てして，愛恵を以て免さず。是を以て功なき者は望まず，罪ある者は幸わざるなり。

　【口語訳】このごろ，世の中の君主は，すべて重罰や厳刑による政策を気やすく捨て去り，愛情や恩恵による政治を行って，世界第一の実力者の栄光を得ようとしているが，これは，とうてい望み得ないことである。だから，君主としてすぐれている者は，賞与を明らかにし利益をかかげて民衆を督励し，民衆を働かせるのには，手柄に応じた賞与を与えることにして，仁愛の心で恩賞を施すことはしない。厳刑と重罰によって悪事を禁じ，民衆を働かせるのには，罪に応じた処刑を行なうことにして，愛情や恩恵の心で許すことはしない。こういうわけで，手柄のない者が賞与を望むことはなく，罪を犯した者が処罰をまぬがれることを空頼みしなくなるのである。〈金谷治・町田三郎訳「韓非子」『世界の名著10　諸子百家』中央公論社〉

読解力 *power up!*

上記資料の内容として，最も適当なものを一つ選べ。

①韓非子は，武力による政治を否定し，君主が賞与を明らかにすることで民衆を動かすことができるという法治主義を説いた。

②韓非子は，仁義による政治を否定し，君主による法令と信賞必罰の政策によってのみ民衆を動かすことができるという法治主義を説いた。

③韓非子は，武力による政治を否定し，君主による恩恵と信賞必罰の政策によってのみ民衆を動かすことができるという法治主義を説いた。

④韓非子は，仁義による政治を否定し，君主による教化と礼による政策によってのみ民衆を動かすことができるという法治主義を説いた。

資料 解説

　礼治主義を説いた**荀子**は，人間をよくするには，教育や習慣の定着が必要と考えていたため，厳しい刑罰には否定的であった。しかし，礼治主義を学んだ韓非子は，**法治主義**を唱え，厳格な法に基づく人民の統治を主張した。後に秦の**始皇帝**は，この考えのもと強力な中央集権体制の国をつくり始めた。韓非子の思想の根底には，人間を利己的で打算的な存在であるとする人間観と，政治を統治技術であるとする現実主義的政治観があった。

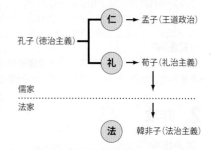

解答：【読解力 power up!】　②　【大学入試 challenge!】　②

美～そのこころとかたち

エレクティオン神殿（アテネ）

　美は，古来人間が求め続けた価値や理念の１つであり，美の追求は至上の快さを与える。そのような快さを与える美を，私たちはいかにしてつくることができるのか。ここでは先哲の思想を通して，美について考えてみよう。

　為政者が地上における天子として絶対性をもった古代中国においては，王はきらびやかな服装や装飾によって権威を示した。孔子は，古くから伝わる礼楽を重んじた。礼は礼節，楽は音楽である。政治や祭礼の儀式には必ず音楽が奏でられ，奏楽や舞踊に通じることが君子の資質として重んじられた。すなわち，理想の君子は美の体現者であり，君子を取り巻く時間と空間はそれ自体が荘厳であったといえよう。そして，礼は人の心と生活を正し，楽は人の心をなごませる。礼の規律性は楽により安穏となり，楽の快楽は礼により節度を保たれる。この両者により民政は整い，秩序が維持される。孔子はさらに礼を深化させ，礼を礼たらしめる心のあり方である仁を説いた。仁により礼は理念化され，礼により仁は具体化される。すなわち，こころとかたちの調和であり，調和こそが秩序の源なのである。

　一方，ギリシャには次のようなエピソードが残されている。ある若者が罪を犯し，捕らえられ裁判にかけられた。その若者はとても美しかった。すると裁判官も傍聴していた民衆も「このような美しい若者が罪を犯すはずがない」と言って赦した。古代ギリシャにおいては，美は「美にして善なるもの」と表現され，山河はその美しさゆえに尊ばれ，人間の内面における善は美として肉体に体現されるとされていた。そのような伝統を受けて，ソクラテスは，知者と評判高い人たちが「善」や「美」に

ついて無知であることを自覚させ，「善とは何か」「美とは何か」を探究した。その結果，彼は「善」と「美」を魂にかかわるものとしてとらえ，万人がロゴス（理性）によって共通に認識し，理念として共有し得るものであると説いた。ここにおいて，美は快楽の対象から倫理的道徳的意味を有し，人間として求めるべき最高の価値となるのである。ではいかにして，人間は美を体現できるのか。ソクラテスは他の徳と同じく，美（の徳）についても，それが何かを知ることができれば，その美（の徳）にもとづいて誰であっても行動できると主張した。また，一般に古代ギリシャでは「最高善は精神と肉体のすべての完全性によって成り立つ」とされ，こころとかたちの調和が求められた。アリストテレスは，芸術や人間の徳，社会や国家体制においても調和の中にこそ美は実現すると説いた。調和は，徳の形成においては中庸の原理となり，社会や国家のあり方としては秩序となる。かくして美は精神の高みにおいて倫理的価値として定位されたといえる。

　このように見ると美は，芸術の対象としてだけではなく，陶酔や快さだけではなく，こころとかたちをもって善や聖とも関連し，一にして全の絶対的価値を形成していることが分かる。こころとかたちの調和。かたちはこころを表し，こころはかたちを求め，さらにこころを深める。そこにこそ価値や理念の本当の具現，そして私たちの生き方そのものの道標がある。

読解力 プラスα

上記文章の内容として，最も適当なものを次の①～④から一つ選べ。

①美は古来人間が求めてきた価値や理念の１つで，それは人間に快さを与えるものであり，芸術の対象であった。芸術は，神性や超越性を建築，絵画，彫刻，音楽などにかたちとして表してきたが，ギリシャ思想においては，こころが求める善と対立するものとしてとらえられていた。

②美は古来人間が求めてきた価値や理念の１つであり，それは人間に快さを与えるものとして，宗教や道徳と対立するものであった。美におけるこころとかたちの調和は人間の生き方の道標であり，それは倫理や宗教を超越した精神の高みを形成するものといえる。

③美は古来人間が求めてきた価値や理念の１つであり，それはこころとかたちの調和によって，人間に快さを与えてきた。古代中国においては特に音楽が重んじられ，為政者は美の体現者としてかたちを重んじ，ギリシャにおいては善美は一体のものであった。

④美は古来人間が求めてきた価値や理念の１つで，それは人間に快さを与えるものであり，宗教や哲学とも様々なかかわりをもっていた。また，美は，こころとかたちをもって善や聖と一体となった絶対的価値を形成する。こころとかたちの調和は価値や理念の具現と私たちの生き方の道標を示すものでもある。

解答：③

人間の本質と生き方について

1 「死の運命はこの世の誰一人としてのがれおおせる者はないのだ。卑怯者でも勇士にしても一旦，こうと定まったからは。」（ホメロス　p.44参照）

ホメロスの作品には神話を題材としつつも作者の明確な人生観・世界観が表現されています。彼の代表作『イリアス』は古くから伝わるトロイ戦争を題材にし，ギリシャの英雄アキレウスとトロイの皇太子ヘクトールの戦いと彼らの勇気や使命感を描いた物語です。

トロイ戦争は，トロイの王子パリスによって連れ去られたスパルタの王妃ヘレネ（パリスはアプロディーテから世界一の美女ヘレネを与えられた）を取り戻すべく起こり，『イリアス』はギリシャ軍がトロイの城壁を落とせずに10年の年月が経ったある日から始まります。

紹介したことばは，決戦にあたり，ヘクトールが妻アンドロマケに語ったことばです。ヘクトールはアキレウスの親友パトロクロスを倒し，その復讐を誓うアキレウスの挑戦を受けます。不死身のアキレウスにかなう者はおらず，闘いは死を意味しました。妻は夫の出陣を必死に止めます。しかし，ヘクトールは祖国のため，自らの使命を全うするために死を覚悟して闘いに赴きます。古代ギリシャ人は，戦いの勝敗も生死も神の定めと考えていました。人間は神意を知りつつも，運命に逆らうことはできません。では，人間はただ神の定めのままに生きるのか。ホメロスはアキレウスとヘクトールをとおして，人間のあるべき姿を提示しています。ヘクトールはアンドロマケに自己の責任と信念を述べます。一方，アキレウスも母である女神テティスからヘクトールを殺した者には，時を経ずに死が訪れると教えられますが，死の定めはいつでも受けると伝えます。ヘクトールは祖国や妻子を守るために，アキレウスは友情や誇りのために，運命に挑みました。ホメロスは，なすべきことを果たそうとする気概こそが人間の尊厳であると説いています。

愛する人のために生命をかけるとか，地位や身分を捨ててまでも正義や信義を守るという物語は，私たちの心に残ります。自分の利害や損得を顧みず，一身をなげうった人に出会ったときやその話を聞いたときなどは，私たちはこの上ない感動を受け，その行為を讃え，また，生きる勇気を与えられます。ホメロスの物語からは，時代や地域を超えて現代の私たちにも通じる理想的生き方がうかがえるのではないでしょうか。

2 「人の性は悪にしてその善なるものは偽なり。」（荀子　p.79参照）

人間の本性とは何か。孟子（p.75）は，人間には誰にも惻隠・羞悪・辞譲・是非の心があり，これらの善なる心を養い育てると，それぞれ，仁・義・礼・智の徳が実現すると説きました。この立場を性善説といいます。

孟子によれば，教育や学びの目的は，たとえ政治が乱れ，社会が不正に満ちていたとしても，人間の本性をありのままに育てることにあります。だだし，孟子は生来の善なる心を損なわずに教え育むことの難しさをよく知っていました。本性とは意外に脆いものです。また，純粋な人ほど，まじめな人ほど，ひとつ間違うと大きな過ちを犯します。偶然の成り行き，些細なことで人は道を踏み外し，転がり落ちます。良知良能の危うさです。だからこそ，教えと学びは大切なのです。

荀子は，孟子とは対照的に性悪説の立場をとりました。人間の本性は悪である。人間は自分本位で，わがままである。したがって，善意善行は教えられ，仕付けられてできあがったと説くのです。そこから，彼は教えや学びの重要性を強調します。人間は悪だからこそ，親や師から教えられ，自らも学ぶことが必要なのです。荀子によれば，それはまず，形から入らなければなりません。ことば遣いや態度を矯正し，礼儀作法を教え，その繰り返しにより人は善の心をもつことができ，善い心が善い行いを生むのです。人間は放任すれば，欲望のままに生き，社会が混乱するから，ルールやマナーをしっかり教えて正しく導かなければならないと荀子は説いたのです。

荀子は外的教化により人間は秩序を守り，道徳を修めるとしています。したがって，彼の立場は必ずしも人間の本性を悪としたとは言えないかもしれません。それに対し，ユダヤ教では人間は本来的に悪であるから，神の律法を守らなければならないとします。さらに，キリスト教では人間は律法を守ることさえもできないからイエスの贖罪があると説きます。これこそが性悪説でしょう。

「人間の本性は悪である」と言う人はいます。しかし，心の底から「自分の本性は悪だ」と言い切れる人はどれほどいるでしょうか。自分の本性が悪だと言える人こそ，謙虚で真摯に自分を見つめている人なのではないでしょうか。そうであれば，ここから人間の本質を善と悪で捉える立場の新たな地平が開かれるかもしれません。

第 **3** 章

日本思想

『源氏物語絵巻』宿木（12世紀）徳川美術館所蔵 ©徳川美術館イメージアーカイブ/DNPartcom

1 日本思想
～日本の風土と人々の考え方～

神社でのお祓い

単元の概観

▶ 日本の風土

和辻哲郎は，著書『風土』の中で，人間が存在している空間的・時間的な構造を見ると，それは風土性と歴史性をもっているとした。彼の論ずる**風土**とは，単なる自然環境としての風土ではなく，人間が生活し，存在を成り立たせているものとしてとらえられている。つまり，社会（共同体）が形成されている仕方，物事に対する意識の仕方，表現形式を含めた言語のつくり方，さらに，生活に必要なものを生産する仕方，家屋のつくり方などに具体的に現れてくるものを，自然環境と関連させてとらえるのである。歴史性についても同様で，単なる過去の出来事の積み重ねではなく，一人ひとりが常に未来へ向かっていくための意識をもった間柄を形成し，それがどのようになっているかという観点で歴史をとらえるのである。こうしたとらえ方によって，人間の存在がどのようになっているかが理解できるとともに，それを通して自分自身の存在も理解できることになる。和辻によれば，人間存在の根底を形成している風土は，「**モンスーン型**」「**砂漠型**」「**牧場型**」の3つに分けることができる。

和辻の風土類型によると，日本はモンスーン型である。モンスーン地域においては，人々は生命あふれる自然の力を受け入れ，暴威に対しては抵抗をあきらめる。「受容的・忍従的」がモンスーン地域の風土的類型である。モンスーン型の中でも，日本には他のモンスーン型とは異なる点がある。それは，一方で「台風」という，季節的ではあっても突発的な猛烈さにおいて世界に比類のない形をとり，他方では，積雪量において世界にまれな「大雪」の形をとる。それは，「熱帯的」「寒帯的」な二重性格と呼ぶこともできる。

和辻が指摘する日本の風土では，モンスーン的な受容性も，特殊な形態で日本の人々に現れる。季節的に吹く台風が突発的な猛烈さをもっているように，感情の移ろいにおいてもまた，予測できない突発的な強さを示すことがある。静かなあきらめの感情が，時に強烈な激情に転化するのである。和辻はこれを，しめやかな情緒と台風的な激情の二重性，あるいは静かなあきらめと戦闘的な力強さの二重性として整理した。

3つの風土類型と概念図

【牧場型】
《風土》夏の乾燥と冬の湿潤の総合としてとらえられた風土。夏の乾燥によって草が茂るところまでは至らないため，草原のような風景を生み出している。
《人々のあり方》一度開墾すると，雑草が茂ることはなく，自然の暴威もないため，穏やかな自然の中で雑草取りといった労力をせず収穫をただ待てばよいという性格が人々に植えつけられている。

【モンスーン型】
《風土》暑熱と湿気が結合した風土。湿潤には，自然の恵みと自然の暴威の二つの意味がある。その風土が，そこにいる人々の根本的性格を受容的で忍従的にしている。
《人々のあり方》四季の変化と自然の恵み・暴威に満ちあふれていることが，人々の感情を豊かなものにするとともに，感受性も鋭敏で，様々な洞察をする力を発揮させている。その一方で，自然の圧倒的な力のために忍従的となり，能動的な気力や意志の弛緩を生み，歴史的感覚の欠如をもたらしている。

【砂漠型】
《風土》乾燥によってとらえることができる風土。乾燥は，自然の恵みをもたらさないため，生の欠乏・死の脅威のみ満ちた自然である。
《人々のあり方》乾燥が生を欠乏させて満ちあふれた死の脅威を生んでいる。そうした中で，生活に必要なものの生産は，自然の側には一切なく，人間の側にしかない。もし少しなりとも自然の側に存在していたら，それを求めて人々は互いに対抗的・戦闘的になることを強いられている。また，生き残るために，服従と団結も強く求められ，そこには感受性は必要とされず，生き残るための強い意志の力が尊ばれる。

▶ 伝統文化と現代の日本を生み出した「忍従」と「感性」

　モンスーン型の日本では，湿気が多く山がちの国土であるため，地域によっては天気も変わりやすい。特に農業を営む場合，天気の変化は農作業と深い関係がある。例えば，山にかかる雲の形で数時間後に雨が降るとか，風が強まるという言い伝えや，春先の樹木の枝の張り具合からその年の台風襲来を見抜く方法がある。これらは，その地域の自然とともに生活しながら，天気の癖を的確に観察した先人たちの智恵の結晶である。天気が規則正しく変化しない傾向が強い中で，いかにその変化を的確につかむか。そうした生活の中で，日本人は自然の変化に対して敏感な感性を育むとともに，人知を超えた自然の猛威を忍従的に受け止め，互いに支え合ってきた。

［忍従］

　忍従の面で見れば，それは伝統音楽にも見られた。江戸時代まで，日本音楽は仏教・儒教思想の影響を多く受けていたため，「楽しむ」ものではなく「修業」の一つとされていた。そこでは，一度弟子入りしたら，師匠との間には親子と同等以上の絆が求められるとともに，その師匠が属する流派といったピラミッド組織の一員として，厳しい上下関係に置かれた自己の位置にふさわしい行動をとらなければならなかった。それは，演奏の中でも求められ，例えば演奏を開始する時は，流派の組織内でランクづけられた演奏家が，自分よりもランクが上の者に遠慮して弾き始め，または歌い始めなければならず，そのために演奏の始まりがそろわないのが当たり前であった。そして，演奏の技術面では，まず師匠が求める水準に達するまで何度もくり返し練習を強いられた。これは，伝統芸能全体に通じる当たり前のことであった。この方法は，学ぶ者の個性や才能を否定する側面をもっていたが，厳しい型どおりの練習をくり返す中で，学ぶ者自身がもっている感性や才能がこれ以上削ぎ落すことのできないところまで到達すると，師匠ははじめてこれを認め，免許を皆伝して独立を認める。これは，最初からその人の個性なり才能なりを認めながら要求を段階的に高めていく欧米の育て方とは逆であるが，最終的にその人の個性や才能を認めているところでは同じである。

　さらに，日本では，音楽の世界に限らず，伝統芸能では広く「修業」の一環として，入門者に対してまず最初に掃除を課した。これは，その芸能には直接的な関係のない，一見すると非合理的な学習過程である。しかし，掃除をすることに込められた意味は，「次使う時には何が必要で，そのためにどのように整理しておく必要があるのか」といった見通しをもたせる力を学ばせることであり，その意味で，何年かかろうとも，掃除ができなければ道具をもたせること自体許されなかった。ここまで掃除を徹底して教え込む文化は，他国には例が少ない。しかし，この伝統は，現代日本に大きな影響を与えた。つまり，能率・効率を考えて生み出された欧米にはない工夫と高い技術が，現代の日本に技術立国という地位をもたらしたということである。例えば，工事現場や工場で整理整頓を第一とするのは，作業中の事故を防ぐためだけではない。前日の作業で使った道具が散乱していたら，翌日作業に取りかかるにしても，その中から今日使う道具を探すと

ころから始めなければならず，そこで時間のロスが生まれる。また，散らかっている分，作業中に転倒したりして怪我をするということがおき，そのために作業日程に遅れが生まれ，作業員たちの気持ちも鈍って作業効率が落ちてしまう。その結果，契約期限までにきちんと完成できないことになる。だからこそ，忍従の面を活かして整理整頓を習慣化させることで作業効率が保障され，質の高いものを期限までにつくることができるのである。

［感性］

　一方，感性の面で見れば，日本は変化しやすい天気や自然現象とともに生活してきたことから，感性面が重視されたために，ヨーロッパのような規則的な気候の変化から生み出された対比的・論理的・法則性というものに乏しい。伝統音楽を見ると，ヨーロッパ音楽の中の古典派やロマン派音楽のような，規則性と論理性に優れた楽曲構成をとっていない。例えば，ヨーロッパ音楽は，和音を重視する。和音が崩れる場面は一つもない。日本の伝統音楽では，和音が崩れる場面がある。しかし，曲全体から見ると，和音が崩れても曲としてのまとまりがある。また，箏曲や三味線音楽では，弦の振動で出た音が長く続かないという特性をもっているため，次の音までの間に必然的に無音の状態が生まれる。この無音の状態が「間の取り方」として重要視されるようになり，演奏者の技術力を見極める要素の一つになっている。こうした「間の取り方」に対する感性は，無音を休符と見る西洋音楽と決定的に異なり，無音の状態にも意味を見いだすことで，演奏する楽器の種類が少なくても味わい深い音楽を奏でることを可能にした。

　このような，**無という "空白の領域" に意味をもたせる方法**は，浮世絵にも見られる。浮世絵の風景画では，印象に残って見る者に対して最も伝えたいところは写実的に描くが，そうでないところには霞を入れて白くし，色を塗らない "空白の領域" にしてしまう。これによって，伝えたい部分が効果的に浮き立ち，見る者の感性を刺激して "空白の領域" も想像力でカバーして１つの意味あるものとして受け止められる。こうした描き方は，幕末に来日したヨーロッパ人によって広められ，印象派の画家らに影響を及ぼしたことはよく知られているところである。こうした空白や間に対して意味を見いだす感性は日本人の日常に根づいている。特に人間関係における相手とのかかわりでは，どのようなかかわりをもっているかを重視することから，雰囲気といった非言語コミュニケーションを読み取る習慣がある。これが**「文字の行間を読みとる」**，**「言外に意をくむ」**あるいは「含蓄」，「含み」，また現代語の「空気を読む」という言葉にみられるような日本独自の文化を生み出している。

和楽器の演奏

日本人の倫理観と「大和魂」

日本人は，古代から私欲のない心を重視してきた。それは，共同体を優先させるために私心を捨てることが価値あることとされているからである。自分自身の心が，他者や共同体に対して後ろめたいものや，やましいところがなく，清純で澄みわたっているまっすぐな心であることに道徳的な価値を置いたのである。だからこそ，私利私欲をなくして，共同体に対して心を開き，何も隠すところなく人々とうちとけ合い，人に危険や脅威を感じさせないで，朗らかで明るい透き通った心をもつことが求められた。この心を，古代人はキヨキ心，アカキ心（清き明き心）と呼び，尊重した。こうして，私をなくして常に公の立場に立ってすべてに向き合う献身的な奉仕と恩愛の情は，時代がたっても大切にされ続けた。

また，共同体の中で清き明き心を乱すことは悪と見なされ，その原因をソトから付着した穢れに求めた。付着したものであるから，その穢れを清らかな水によって洗い流すことで，清き明き心にもどることができると考え，ここから禊と祓が生まれた。例えば，仲直りする時に，「このことは水に流そう」というのは，その名残りである。

このように，清き明き心は，素直さとおおらかさを生み出す。その原型は，『古事記』に描かれている神々である。そこに描かれている素直でおおらかなあり方は，**本居宣長**によって**惟神の道**と名づけられた。惟神の道は，真心として重視され，中国から伝わった儒教や仏教にはない日本古来の原点となるものと位置づけられ，**大和魂**とも呼ばれた。これは，中国から伝わった儒教や仏教の思想に対する言葉で，理屈っぽくない素直で純真な心を指す。

真心に見られる素直で純真な心は，『古今和歌集』や『源氏物語』に見られるしみじみとした心の感動という，女性らしい繊細で素直な感動によって保つことができる。この感動を「**もののあはれ**」といい，その感動にある女性的な優美さ

は「**たをやめぶり**」として重視された。

こうした考え方は，日本人固有の価値観として重視されてきた。日本は，四方を海で囲まれた地理的特徴から，海外の文物を受け入れながら発展してきた歴史をもつ。したがって，外来文化の受容には高い順応性を示す一方で，外来文化の受容に社会全体が傾斜し過ぎると，日本人固有の価値観として「大和魂」が現れて，受容した外来文化の日本化（国風化）がおこることがくり返されてきた。

日本文化の重層的構造

日本は時代をへるたびに，外来の文化を何度も受け入れ日本の文化に取り入れてきたが，時には日本文化が全否定されて海外文化が崇拝されたこともある。しかし，そのような場合があったとしても，従来の文化は滅ぶことなく生き残ってきた。新たな文化が流入すると，それと対峙する古来の文化は色あせるどころか，かえってその特性を研ぎ澄ませて輝きを増すのである。それとともに，日本へやって来た文化も，自らの特性を明らかにしていく。

このように，日本には古い文化も新しい文化も共存しており，これが日本文化の根底に流れる大きな特質となっている。これは，**日本文化の重層的構造**と呼ばれており，日本の文化を理解する上で重要な視点である。

例えば，室町時代に中国から伝わった水墨画は，禅僧によって修行の一環としてもたらされたが，その後雪舟によって絵画として発達すると，色彩のない芸術として日本に定着した。これは，色彩を使って日本の風景を描くことを確立した大和絵と対極をなしている。

重層的構造を構築しながら外来文化を摂取する外来文化受容のあり方は，今日の日本においても脈々と息づいており，今もなお文化や生活の様々な分野に見られる。

解説 日本の思想家の出身地（〜近世）

近世までのおもな思想家は，関東と上方（関西）で活躍したが，その出身地は全国各地に及んでいる。各時代のおもな思想家たちは，中国・朝鮮から思想を学び，同時代の思想家たちとの深い交流を通して自らの思想を高め合った。どの思想家たちも，それぞれの時代としっかり向き合って生き，日本の未来を見すえて，自らの思想を打ち立てた。そうした生き方が，思想の中に息づいて，現代の私たちの心をつかんでいる。

時代	各時代のおもな思想
飛鳥時代	十七条憲法制定。
奈良時代	大仏造立，唐招提寺建立。
平安時代	最澄・空海の帰国。
	遣唐使廃止。
	国風文化と末法思想。
	栄西帰国。
	法然が浄土宗を始める。
鎌倉時代	親鸞が浄土真宗を始める。
	道元が曹洞宗を始める。
	日蓮が日蓮宗をひらく。
	一遍が時宗を始める。
室町時代	蓮如が越前で布教開始。
戦国時代	藤原惺窩が日本的の朱子学を創始。
江戸時代	林羅山が朱子学を確立。
	中江藤樹が陽明学を創始。
	山鹿素行が古学を創始。
	本居宣長が国学を大成。
	民衆思想が確立。

　日本人は，信仰している宗教について日々意識することなく過ごしている人が多いと言われている。しかし，日常生活をみると，言葉や文化，しきたりなど，至るところで無意識にカミやホトケが違和感なく同居している。こうした宗教観は，どのように形成されてきたのだろうか。

　古来，日本人は，自然の中に人知を超えた絶対的無限の存在を感じ，それらをカミと名付け，その聖なる力をもって自らの生活を護ろうとしてきた。**①祭りや宗教的な儀式をとおしてカミと結びついて，人々は集団としての安定を得てきた**のである。つまり，カミは，「個々の人」にとってではなく，カミを中心とした集団の中で形成される様々なしきたりをつくり，独自の政治が行われてきた。

　一方，仏教は，日本へ「蕃神」として受け入れられ，家族主義的な社会意識をともなう信仰の面が強調され，集団の絆をより強固なものにする思想的な基盤となった。しかし，仏への信仰は従来のカミへの信仰とは異なり，個々人と仏との間に成立するものであった。

　こうして仏教は，**②伝来後間もなくして政治に積極的に利用されていった**。平安時代になると，**③ホトケの力を借りて国を導くものとして存在する一方で**，カミとの関わりでは，本地垂迹説のように，どちらかに完全に吸収されてしまうわけでも，お互いに融合して１つの新しいものとして再定義されていく，ということはなかった。例えば，**④亡くなった人を私たちはホトケと呼ぶが，このホトケは祖霊，つまり先祖でもあった**。一方で，**⑤合理的な精神を抱いた思想家がいなかったわけではなく，彼らの中からカミやホトケの教えがかえって人々の心を惑わしているとして，それらの存在を否定する思想家が現れることがあった**。しかし，それは，特異な思想として，過去の歴史に取り残されてきた。

　こうしてみると，日本人は決して無宗教なわけではなく，カミもホトケも信仰し，それを宗教と呼ぶには抵抗があるほど，日々の生活の中に自然に溶け込んでいるのである。

資料分析level up↑

①〜⑤の説明文と最も関連する資料として適当なものを，次の（ア）〜（カ）のうちから，それぞれ選べ。

（ア）　ただ神もなく，仏もなく，祠も寺もなかったら，上下とも，その年長者を年長者とし，その親を親としてうやまい，天下は平和になり，民は恥ずべきことを恥と感ずるようになり，かつ相互の誠意が感通するようになるであろう。…ましていわんや，孔孟はついに鬼神があるとはいってないのであるから，われわれは無鬼論を主張すべきなのである。

（イ）　広くもろもろの経典を抜き見るに，もっぱら謗法の罪を重しとする。悲しいかな，みな，正法の門を出でてふかく邪法の獄屋に入るのである。…貴殿は，はやく信仰の心を改めて，すみやかに実大乗たる法華の一善に帰依しなさい。そうすれば三界はみな仏国となる。

（ウ）　此まれひとなる神たちは……古い形では，海のあなたの国から初春毎に渡り来て，村の家々に，一年中の心躍る様な予言を与へて去った。此まれびとの属性が次第に向上しては，天上の至上神を生み出す事になり，従つてまれびとの国を高天原に考へる様になつたのだと思ふ。

（エ）　人が亡くなって通例は三十三年，稀には四十九年五十年の忌辰に，とぶらい上げまたは問いしきりと称して最終の法事を営む。その日をもって人は先祖になるというのである。……こうして個別に年回を訪う間は，まだこの地方の住民たちの先祖という概念の中には含むことが出来なかったのである。

（オ）　まごころをこめて三宝をうやまえ。三宝とはさとれる仏と，理法と，人びとのつどいとのことである。それは生きとし生けるものの最後のよりどころであり，あらゆる国ぐにが仰ぎ尊ぶ究極の規範である。いずれの時代でも，いかなる人でも，この理法を尊重しないということがあろうか。

（カ）　天にみちる七種の災難は，大乗の経典でなければ，他の何で除くことができようか。将来起こるかも知れない大きな災厄は，菩薩でなければ，どうして起こさずにすませることができようか。…国の宝，国の利益をなすものは，菩薩でなくていったいだれでありえようか。

※出典：（ア）源了圓責任編集『日本の名著23　山片蟠桃　海保青陵』（中央公論社）（イ）紀野一義訳『日蓮　立正安国論ほか』（中公クラシックス）
　　　　（ウ）折口博士記念古代研修所編『折口信夫全集　第２巻』（中央公論社）（エ）柳田国男『先祖の話』（角川ソフィア文庫）
　　　　（オ）瀧藤尊教ほか訳『聖徳太子　法華義疏（抄）　十七条憲法』（中公クラシックス）
　　　　（カ）福永光司責任編集『日本の名著３　最澄・空海』，田村晃祐訳「山家学生式」（中央公論社）

解答：【資料分析 levelup】　①（ウ）　②（オ）　③（カ）　④（エ）　⑤（ア）

法隆寺夢殿（奈良県）

単元の概観

[仏教の伝来]

仏教の日本への公伝は538年（一説に522年）といわれる。百済から伝来した仏教は禍を除き福を招く呪術（蕃神）として受容され，政治的な権力とからんだ崇仏派と排仏派の争いにも発展した。豪族の氏寺を中心に飛鳥文化が栄えた。

[聖徳太子]

日本の仏教の基礎を築いた**聖徳太子**は，仏教思想を深く理解し，中央集権国家体制の確立など政治的にも仏教思想を活用した。また，法隆寺や四天王寺など多くの寺院を建立したと伝えられている。

[奈良仏教]

遣唐使によって唐から伝えられた学問としての仏教（南都六宗）が奈良の大寺院を中心に学ばれるようになった。752年，東大寺に盧舎那仏をかたどった大仏が造られ，東大寺を総国分寺とする国分寺・国分尼寺の組織が整備された。このころ仏教には国家安泰を願う**鎮護国家**としての役割が求められていた。唐から鑑真を招き，754年には東大寺に戒壇院が設けられ，日本での授戒制度が確立した。

[平安仏教]

平安時代になると，仏教本来の目的である悟りのための修行が重視される。俗世から離れ山にこもって修行を行ったことから**山岳仏教**ともいわれる。**最澄**は，万人万物に仏性があるとする『法華経』を最高の経典として**天台宗**を確立。比叡山は仏教の最高学府としての地位を確立した。**空海**は，万人の即身成仏を説き，加持祈禱を行う密教である**真言宗**を確立した。平安中期には貴族の摂関政治が確立し，従来の律令の理念は形骸化した。天台宗も密教化し，病気平癒・出世など，私的な現世利益に応える貴族仏教となった。また，このころには**神仏習合**が盛んになり，権現などの霊験あらたかな**本地垂迹説**が語られ始め，庶民に息づく中世民衆信仰の神を提供

した。さらに国風文化が形成されていく中で，仏教の土着化が進み，天神や怨霊信仰が生まれた。

[末法思想と浄土教]

平安中期以降，あいつぐ戦乱や凶作などの社会不安から，人々の間で絶望的な**末法思想**や死後往生を願う**浄土信仰**が流行する。南無阿弥陀仏の念仏を布教した**空也**や，現世否定の思想を広めた源信などの活動が庶民にまで浸透していった。

[鎌倉仏教]

平安末期から鎌倉時代にかけて，政治の実権が貴族から武士へと移り，民衆は天災や飢饉などによって疲弊していた。こうした民衆を救済する仏教が次々と誕生する。**法然**の**浄土宗**，**親鸞**の**浄土真宗**，**道元**の**曹洞宗**，**日蓮**の**日蓮宗**などで，それぞれが比叡山で自ら修行を重ねた上での主張であり，**念仏や坐禅，唱題**など修行の方法は異なるものの，最澄が唱えた**一乗思想**にもとづいて，誰もが理解し実践できるものであることや，信仰のあり方を重視した点は共通している。

時代	年	関連の出来事
飛鳥	538	百済から仏教伝来。
	604	聖徳太子，十七条憲法制定。
奈良	741	聖武天皇，国分寺国分尼寺建立の詔。
	752	東大寺大仏開眼。
	759	唐招提寺建立。
平安	805	最澄，唐より帰国。
	806	空海，唐より帰国。
	894	遣唐使停止。
	938	空也，京で念仏を広める。
	985	源信『往生要集』を著す。
	1052	末法初年の信仰。
	1168	栄西入宋，同年帰国。
	1175	法然，専修念仏広める。
鎌倉	1224	親鸞，『教行信証』執筆開始。
	1227	道元，宋より帰国。
	1253	日蓮，関東にて法華題目を唱える。
	1274	一遍，念仏勧める。遊行本格的に開始。
室町	1397	足利義満，鹿苑寺金閣造営。
安土桃山	1571	織田信長，比叡山焼き打ち。
	1580	石山本願寺，信長に屈伏。
江戸	1615	江戸幕府，諸宗諸本山法度定める。

解説　日本の宗教の現状

地域別に信仰の有無，信者の最も多い宗派・宗教について見てみると，信仰があると答えた人が多い地域は西日本に集中している。開祖の多くが西日本で生まれ，京都を中心に活動を行っていたことが大きく影響しているのではないだろうか。一方，関東以北では，禅宗系が分布している。鎌倉時代に禅寺が多く建立されたことが，影響していると思われる。日蓮の活動拠点であった山梨でのみ日蓮宗系の信者数が多いことなどを見ると，開祖と地域との密接なかかわりが見えてくる。

宗教を信仰している人が全国平均（64.0％）よりも
- かなり多い
- 多い
- 差なし
- 少ない
- かなり少ない

県内で信者が最も多い宗教・宗派
- 浄土宗・浄土真宗系
- 天台宗・真言宗系
- 禅宗（臨済宗・曹洞宗）系
- 日蓮宗系
- その他

0　200km

〈NHK放送文化研究所編『現代の県民気質』など参考〉

聖徳太子

しょうとくたいし（574～622）飛鳥時代の政治家・思想家

（宮内庁蔵）

人と思想

用明天皇の皇子として生まれる。母は欽明天皇の皇女，穴穂部間人皇女。その当時は仏教の受容をめぐり崇仏派（蘇我氏）と排仏派（物部氏）との対立が激しく，用明天皇の崩御により皇位をめぐる争いが発生した。物部氏討伐の軍に加わった聖徳太子は，白膠木で四天王の像をつくり，戦勝の祈願と仏塔の造営，仏法の弘通に努めるという誓いをたてたと伝えられている。推古天皇の即位の後摂政となり，遣隋使の派遣，「**冠位十二階**」や「**十七条憲法**」の制定など，天皇を中心とした中央集権国家体制の整備を行うとともに，百済の僧慧慈に仏教を学び，寺院の建立や経典の購読を行ったとされている。また摂津国難波に四天王寺，斑鳩に法隆寺（斑鳩寺）を建立した。

太子は，仏の側から見ると人間はみな**凡夫**で，欲望にとらわれた愚かな存在であるから自己へのこだわりを捨て，他者の立場に立つことが自己を活かすことになると説く。これが「和」につながり，日本の伝統的な倫理観となった。また「十七条憲法」には儒家や法家の思想も見られる。なお，『三経義疏』は太子の作とされている。

年	年齢	人物史
574	0	誕生。
587	13	物部氏滅亡。
593	19	推古天皇の摂政となる。四天王寺建立。
594	20	仏教興隆の詔。
601	27	斑鳩宮造営。
603	29	冠位十二階制定。
604	30	十七条憲法制定。
607	33	遣隋使派遣・法隆寺建立。
615	41	『三経義疏』完成。
620	46	『天皇記』『国記』
622	48	斑鳩宮で死去。

1 十七条憲法

原典資料

第一条　一に曰はく，和を以て貴しと為し，忤ふこと無きを宗と為よ。……

第二条　二に曰はく，篤く三宝を敬へ。三宝とは仏法僧なり。……

第十条　十に曰はく，……人皆心あり。心各執るところあり。彼の是は則ち我の非にして，我の是は則ち彼の非なり。我必ずしも聖に非ず。彼必ずしも愚に非ず。共に是れ凡夫なるのみ。……

〈佐伯定胤校訂「十七条憲法」『法隆寺ハンドブック』聖徳宗総本山法隆寺〉

資料 解説

聖徳太子は，仏教や儒教の教えにもとづき，官吏の心得として，十七条憲法を定めたが，これは同時に，豪族を統括するための規範としての意味をもつものであった。第一条で「**和を以て貴しと為**」すとして，政治を司る者は，社会を善いものにしていくために，「和」を大切にせよと説き，第二条で，「篤く三宝を敬へ」として，仏の説く真理によってのみ人は正しく生きられると説いた。第十条では，「共に是れ**凡夫**」として，「仏から見れば，人はみな等しく凡夫である。そのことを自覚して生きよ」と説いた。日本初の成文法である十七条憲法には，仏教や儒教についての彼の深い理解が刻み込まれている。

2 世間虚仮　唯仏是真

原典資料

二月廿二日甲戌の夜半に　太子　崩りたまいぬ　……我が大王の所告いけらく「世間は虚仮にして　唯仏のみ是れ真なり」〈同前「天寿国繡帳」〉

資料 解説

聖徳太子は，「現世は虚しく，仮のものであり，仏だけが真実の存在だ」と，妻の橘大郎女に語ったとされる。この考え方は，十七条憲法における「篤く三宝を敬へ」の考え方と軌を一にする。凡夫である万人が拠りどころとすべきは，ただ仏のみだから，仏（仏陀）・法（仏陀の教え）・僧（仏陀の教えを学び修行する者）という究極の拠りどころを篤く敬えというのである。

重要語句

和の尊重：和とは融和の精神のこと。『論語』の「和を用いて貴しとなす」の影響が見て取れる。

凡夫の自覚：凡夫とは欲望にとらわれた存在としての人間のこと。仏から見れば人間はみな等しく凡夫なのである。

三宝：仏陀と仏陀の教え（真理），修行者としての僧伽およびその共同体のこと。

世間虚仮　唯仏是真：聖徳太子が妻である橘大郎女に語ったとされる言葉。「現世は虚しく仮のものであり，ただ仏だけが真実である」の意。

『三経義疏』：「勝鬘経」「法華経」「維摩経」の注釈書。衆生の救済という彼の視点が現れている。

大学入試 challenge!

日本における仏教の展開についての説明として最も適当なものを，次の①～④のうちから一つ選べ。

①聖徳太子は，『三経義疏』を著し，虚しいこの世を今すぐ捨てて出家すべきことを人々に教えたとされる。

②奈良の官寺を中心に南都六宗と呼ばれる諸学派が生まれ，仏教の理論の学術的研究が進められた。

③鑑真によって，各地の国分寺と国分尼寺に戒壇が設けられ，民衆への授戒制度が整えられた。

④鎌倉時代を中心に成立した新宗派の祖師たちの多くは，高野山での修行を踏まえつつも，新たな教えを展開した。

〈20追試 [改]〉

奈良仏教

考えよう
○天然痘の流行やあいつぐ争乱など，律令政治の確立を妨げる事柄を仏の加護により守ろうとした背景はどのようなものであったか。

東大寺大仏

人と思想

奈良時代に入ると，仏教は政治と深い結びつきをもつようになった。あいつぐ争乱や天然痘の流行などから仏の加護を求める**鎮護国家**的な性格に重きが置かれた。宗教的な実践としては呪術的な祈禱が中心であり，遣唐使によって唐から伝えられた学問としての仏教（**南都六宗**）が奈良の各寺院で流行した。

聖武天皇のころ（724〜749年）には東大寺に盧舎那仏をかたどった大仏が建立され，**東大寺**を総国分寺とする国分寺組織が整備された。仏教の普及にともない，遣唐使を通じて中国やインドから高僧を招き授戒制度を整えようとする動きが高まった。唐から**鑑真**を招き東大寺に戒壇院を設置し，授戒制度が確立された。

奈良時代の仏教は，民衆の救済に直接結びつくものには発展しなかったが，**行基**の師匠でもあり，入唐して玄奘の教えを受けた道昭などは，仏教を政治的に利用することに満足することなく，井戸の掘削作業や橋を架けるなどの社会的な活動を通して，民衆への仏教の普及活動を行ったとされる。

地域情勢	年	仏教の動向
壬申の乱おこる。	672	
僧綱制成立。	683	
藤原京へ遷都。	694	
大宝律令制定。	701	
平城京へ遷都。	710	
	741	聖武天皇による国分寺建立の詔。
	745	行基，大僧正となる。
	752	東大寺大仏開眼供養。
	754	鑑真，東大寺戒壇院設立。
道鏡，太政大臣禅師となる。	765	
平安京に遷都。	794	

鑑真
がんじん（688〜763）

中国唐代の僧で，日本の**律宗**の開祖。若いころから律宗や天台宗を学び，信望の厚い僧であった。奈良時代に入り，仏教が普及するにつれ，戒律のより深い研究が求められるとともに，当時，日本ではまだ正式な僧侶としての資格（「戒」）を授ける授戒制度がなく，正式な授戒制度を設ける必要性が高まってきた。そのため，遣唐使を通じて，中国などの高僧を招聘する動きが強まっていた。そのような中で，鑑真に来日を願ったところ，その求めに応じて彼は日本に渡ることを決意する。しかし日本に渡るのは大変な苦難となり，日本行きの船が何度も難破し，さらに鑑真は失明という不運に見舞われた。それでもなお，使命を深く受け止め，6度目の航海でようやく日本に渡ることができた。

日本に来た鑑真は，早々に東大寺に戒壇院を設け，授戒制度を整えた。孝謙天皇をはじめ皇族・貴族たちが彼に教えを請い，多くの僧侶たちが受戒した。その後，759年に，**唐招提寺**を建立した。なお，仏教以外にも医学，薬学，彫刻の技法など彼の残した功績は多く，日本文化に大きく貢献した。

行基
ぎょうき（668〜749）

河内（大阪府内）生まれ。奈良時代の**法相宗**の僧。僧としての生涯の大部分を，民衆の中での仏教の普及と社会事業に尽くした。特に，土木技術を民衆に教え広め，多くの治水，灌漑や港湾，道路整備に実績を挙げた。しかし，当時の朝廷からは，寺の外での彼の活動が僧尼令に反し，民衆を惑わしているとしてたびたび弾圧されている。その後，民衆の大きな支持もあって朝廷に認められ，聖武天皇から大僧正の位を受けた。

行基は，東大寺大仏の建立にもかかわったが，その完成を見ることなく，81歳で生涯を終えた。その後東大寺では，752年に盧舎那仏開眼供養が行われ，その2年後に鑑真が戒壇院を設けている。

行基は，畿内を中心に仏教の普及活動を行い，彼が訪れた各地には，治水，灌漑などの実績と伝承が残されており，**衆生救済**に尽くし，民衆に慈悲の精神を伝えた行基が，多くの民衆に慕われていたことが分かる。

重要語句

南都六宗：奈良時代の国家公認の6つの仏教集団。法相宗，倶舎宗，三論宗，成実宗，華厳宗，律宗の6つの宗派は，互いに教義を学び合う学派の性質が強く，東大寺を中心に興隆し教学を学び合っていた。

私度僧：官の許しを得ず，自分で出家を宣言した僧侶。

大学入試 challenge!

次の文章は，伝来した仏教の受容過程について述べたものである。（a）〜（c）に入れる語句の組合せとして正しいものを，下の①〜④のうちから一つ選べ。

奈良時代には，鎮護国家を目的として仏教が盛んに取り入れられた。なかでも聖武天皇は，諸国に国分寺・国分尼寺を建立したり，（a）などの護国経典を僧に読誦させたりしている。また，朝廷は，唐から鑑真を招き，僧となろうとする者に（b）を授けるための制度を整えた。他方，行基らは，社会事業を行うとともに，広く民衆に仏教を布教していった。平安中期には，念仏を称えながら諸国をめぐった（c）によって，民衆に浄土信仰が広められた。

① a『維摩経』 b三宝 c叡尊
② a『維摩経』 b戒 c空也
③ a『金光明経』 b三宝 c叡尊
④ a『金光明経』 b戒 c空也

〈16本試［改］〉

解答：【大学入試 challenge!】④

最澄

さいちょう（767〜822）伝教大師，平安前期の天台宗の祖

考えよう

○最澄が説いた法華一乗思想とはどのようなもので，どんな人材を育てようとしたのか。

（観音寺蔵）

人と思想

近江国滋賀郡（滋賀県大津市）に生まれ，渡来人の家系であったと伝えられる。13歳の時近江国分寺に入り，19歳の時東大寺で受戒。その年，比叡山に登り山林修行に入る。その後は天皇の近侍に任じられ，37歳の時，空海とともに入唐し，天台教学を中心に禅や密教を学び翌年帰国。その翌年に日本**天台宗**を開いた。52歳の時，東大寺で受けた具足戒では鎮護国家や衆生救済の役目を果たせないとして自ら破棄し，天台宗の僧侶は比叡山において菩薩戒を受け，得度を受けた後12年間は山中で修行することを義務づけた。晩年には，大乗戒壇の設立を求める運動に力を注いだ。彼の死後7日目，朝廷は比叡山での大乗戒壇設立を認めた。

最澄は『**法華経**』にある**一乗思想**を根本教義とし，人間は誰もが仏となる本性（仏性）をもっているとする『涅槃経』の「一切衆生悉有仏性」を受け，「**山川草木悉皆成仏**」を唱え，あらゆる事物にさえも仏性があるとした。主著は『顕戒論』『山家学生式』など。その後，比叡山は日本仏教の中心として多くの僧侶が学んだ。

年	年齢	人物史
767	0	近江国で誕生。
780	13	出家。
785	18	比叡山に草堂造営。
786	19	東大寺にて受戒。
804	37	入唐。
805	38	帰国。
809	42	空海との交流。
822	55	死後比叡山に大乗戒壇設立許可。

1 国宝

原典資料

　国宝とは何物であるか。宝とは道を求める心である。道を求める心をもつ人を，名づけて国宝という。……直径一寸の玉十個が国宝ではなく，世の一隅を照らす人が国宝である……。

〈田村晃祐訳「山家学生式」『日本の名著3　最澄・空海』中央公論社〉

資料 解説

当時，僧としての戒を授けることができるのは，東大寺，薬師寺，観世音寺だけであったが，最澄は，「一隅を照らす」者，つまり，自らめざめて，苦悩する人々を救おうと励む菩薩僧を「**国宝**」と呼び，天台宗の延暦寺で菩薩戒を与えた菩薩僧も，私度僧ではなく官僧として認めるよう請願した。その際に書かれたのが『山家学生式』である。

2 山岳仏教

原典資料

　我未だ六根相似の位を得ざるより以還，出仮せじ。（その一）未だ理を照す心を得ざるより以還，才芸あらじ。（その二）未だ浄戒を具足することを得ざるより以還，檀主の法会に預らじ。（その三）未だ般若の心を得ざるより以還，世間人事の縁務に著せじ。相似の位を除く。（その四）三際の中間にて所修の功徳，独り己が身に受けず，普く有識に廻施して，悉く皆な無上菩提を得しめん。（その五）

〈頼住光子著『日本の仏教思想－原文で読む仏教入門－』北樹出版〉

資料 解説

この「願文」は，最澄が山林修行に入った際に立てた5つの誓願である。これには，「その一　世の出来事を先入観や煩悩に惑わされず相似の位という修行の段階に至るまでは，比叡山を下りて世間に出ない」などの5つの誓願が書かれている。修行は12年に及んだが，これは，後に最澄が開いた天台宗で学ぶ僧に，12年間の山中修行が義務づけられたことのもととなっており，**山岳仏教**といわれるゆえんともなった。

重要語句

天台宗：中国隋代の僧智顗を始祖とする仏教の宗派。唐に留学した最澄はこの中国天台宗の教えを受け，比叡山に延暦寺を開き，日本天台宗をおこした。

加持祈禱：国家安泰，病気治癒などに現世利益を目的とした呪術的な行為。病気や災いを取り除くことを目的に祈ること（祈禱）と，仏の慈悲の力が衆生の信心と一体化する（加持）ことを指す。

一乗思想：仏の真の教えはただ一つ，『法華経』に説かれているとする思想。

大学入試challenge!

最澄についての説明として最も適当なものを，次の①〜④のうちから1つ選べ。

①具足戒を授けることで官僧を育成する制度を定め，また，『法華経』の教えとともに，密教や禅などの実践も説き示した。

②具足戒を授けることで官僧を育成する制度を定め，また，『法華経』への信仰を強調し，密教や禅などの実践を否定した。

③菩薩戒を授けることで官僧を育成する制度を定め，また，『法華経』の教えとともに，密教や禅などの実践も説き示した。

④菩薩戒を授けることで官僧を育成する制度を定め，また，『法華経』への信仰を強調し，密教や禅などの実践を否定した。

〈19追試〉

空海

くうかい（774〜835）弘法大師，平安前期の真言宗の祖

考えよう
○空海は，即身成仏について，どのように考えたのか。

（高野山金剛峯寺蔵）

人と思想

讃岐国多度郡（香川県善通寺市）に郡司の子として生まれる。15歳で『論語』，史伝などを学び，18歳の時京都の大学寮に入り，漢籍などを学ぶが，翌年ごろから山林での修行に入り，四国の各地で修行した。23歳で『三教指帰』を著し，儒教，道教に対する仏教の優位を説いた。29歳の時，遣唐使の留学僧に選ばれ翌年入唐。恵果に師事し密教を学び，師の死後は20年の留学期間を2年で切り上げ帰国，36歳の時京都の高雄山寺に入り，最澄とも交流した。42歳で高野山の開創に取りかかり，49歳で東寺（教王護国寺）を勅賜され，真言宗の確立に努めた。数々の著作のほか，文芸や書の世界でも広く知られ，満濃池の改修工事などの土木事業や私立の教育施設である綜芸種智院の設立など，広く社会事業にも尽くした。

空海の真言密教によれば，この世界は大日如来の分身である多くの仏によって成り立ち，大日如来と一体化することが密教の目的である。それが，現実に生きているこの身がそのまま仏となる即身成仏である。この思想は西洋における神秘主義に類するものである。著書には上述のほか，『即身成仏義』『十住心論』など多数ある。

年	年齢	人物史
774	0	讃岐国で生まれる。
789	15	母方の舅について『論語』・史伝などを学ぶ。
792	18	京都の大学寮に入学，漢籍などを学ぶ。
793	19	山林での修行。四国各地で修行開始。
797	23	『三教指帰』
804	30	入唐。長安の青竜寺の恵果に師事し密教を学び，遍照金剛の灌頂名を与えられる。
806	32	唐より帰国し，嵯峨天皇の保護下で活動。
812	38	高雄山寺で最澄に灌頂。
816	42	高野山金剛峯寺開創。
819	45	高野山金剛峯寺建立。
823	49	東寺（教王護国寺）を勅賜される。
835	61	高野山で入定。

1 三密と即身成仏

原典資料

是の如くの経論の字義差別，云何。
頌に曰く，
　　六大無礙にして常に瑜伽なり　体
　　四種曼荼各離れず　相
　　三密加持して速疾に顕わる　用
　　重重帝網なるを即身と名づく　無礙
　　法然に薩般若を具足して
　　心数・心王，刹塵に過ぎたり
　　各五智・無際智を具す
　　円鏡力の故に実覚智なり　成仏 ……
　釈して曰く，この二頌八句を以て即身成仏の四字を歎ず。……
　「三密加持して速疾に顕わる」とは，謂く，三密とは，一に身密，二には語密，三には心密なり。法仏の三密は，甚深微細にして等覚・十地も見聞することを能わず，故に密と号ぐ。一一の尊，等しく刹塵の三密を具して互相に加入し，彼此摂持せり。衆生の三密もまた是の如し。故に三密加持と名づく。
　もし真言行人有って，この義を観察して，手に印契を作し，口に真言を誦し，心，三摩地に住すれば，三密相応して加持するが故に，早く大悉地を得。〈頼富本宏訳「即身成仏義」『空海コレクション2』ちくま学芸文庫〉

資料 解説

空海は，「**三密加持**して速疾に顕わる」と説く。**即身成仏**の考え方である。手に印契を結び（身密），口に仏の真言を唱え（語密），心に本尊を観じて（心密），それらが一体となるように修行をすると，「三密相応して加持し」（仏の慈悲と智慧が人に加わり，これを人が受け止めて保持すると，人と仏の一体化がおこり），「速疾に顕わる」（その身たちまちにして仏となる）と説いているのである。これが即身成仏である。こうして現世にいながらにして仏となったものには大いなる力が宿るとされ，雨乞いや疫病除けなど，様々な**鎮護国家**の祈祷も行われるようになっていった。

重要語句

顕教と密教：密教は，ガウタマ＝シッダールタが説いたとされる顕教に対して，法身仏である大日如来が直接説いた教え。
大日如来：密教の本尊。宇宙の真理そのものであり，宇宙の中心・根源である。この宇宙観を図として描いたものが曼荼羅であり，大日如来の分身として諸仏や菩薩・明王などが配置されている。
即身成仏：生きとし生けるものはすべて大日如来の顕現であり，三密の実践によってこの身のままで仏になれるというもの。

大学入試challenge!

空海の説いた真言密教の説明として最も適当なものを，次の①〜④のうちから一つ選べ。

①この世にありながら，仏典の題目を唱えることで，衆生を救う大日如来のはたらきで，仏国土が実現する。
②衆生には，たとえ大日如来の教えに与ることができたとしても，悟りを得ることができない者がいる。
③手に印契を結び，三密の修行を行うことによって，大日如来と一体になり，この身のままで仏になることができる。
④大日如来が説いた秘密の教えは，個人の修行によっては理解できないものであるため，曼陀羅の絵解きを受けることで，人は悟りへと導かれる。

〈16追試 ［改〕〉

解答：【大学入試challenge!】③

空也

くうや／こうや（903〜972）平安後期の浄土教開拓者

考えよう

○あいつぐ争乱により疲弊した民衆の救済を目的とした社会活動を通して定着した浄土信仰とは何か。

（六波羅蜜寺蔵 浅沼光晴撮影）

人と思想

阿弥陀聖，市聖，市上人とも呼ばれる。19歳の時，尾張（愛知県）の国分寺で出家し，35歳のころ京都で念仏を広め，45歳のころ比叡山にて受戒した。70歳の時，東山西光寺（現在の六波羅蜜寺）で死去した。著作を残さなかったため，不明なところも多いが，諸国をまわり民衆に浄土教を広め，また貧民や病人の救済，井戸掘りなどの社会事業や，野ざらしとなった遺体を弔い，死者への鎮魂の念仏を行ったことで多くの伝承を生んだ。

1 市聖

原典資料

尋常時，称┐南無阿弥陀仏┌，間不レ容レ髪。天下亦呼，為┐阿弥陀聖┌。於レ是東西二京，所レ無レ水処レ鑿レ井焉。〈石井義長『空也』ミネルヴァ書房〉

資料 解説

托鉢の行を通して得たものを貧者や病者に与えたり，水のないところに井戸を掘るといった社会活動が，阿弥陀聖，市聖，市上人とも呼ばれたゆえんであり，そうした業績を踏まえて，この『空也上人誄』では，空也上人について，「尋常の時，南無阿弥陀仏と称えて，間髪を容れず。天下また呼んで，阿弥陀聖となせり……」と語っている。

重要語句

阿弥陀聖・市聖：非公式の僧として諸国を遊行。天台僧となっても京の庶民の間で活動した。

六波羅蜜寺の空也像：首から鉦をさげ鉦をたたく撞木と鹿の角のついた杖をもち，わらじを履いたその姿。口からは「南無阿弥陀仏」の6体の阿弥陀像が表現され，苦しみを抱えた民衆と同じ目線に立ち，どんな人にも念仏を勧めた空也の姿をうかがうことができる（上写真参照）。

源信

げんしん（942〜1017）平安後期の浄土教の普及者

考えよう

○なぜ，源信は，末法の世の中で極楽浄土を求めたのか。

人と思想

天台宗の僧侶。大和国（奈良県）当麻郷に中流貴族の子として生まれる。9歳の時，比叡山に入る。44歳の時に『往生要集』を著し，極楽浄土に関する諸説をまとめた。晩年は比叡山横川に隠栖し修行と著述に励み，恵心僧都，横川僧都と呼ばれた。『往生要集』は日本の浄土教を確立した名著である。源信は阿弥陀如来の西方極楽浄土への往生が末法の世をむかえる人々の救いであり，「厭離穢土・欣求浄土」と唱え，そのための行として観想念仏を説いた。

1 念仏を勧める証拠

原典資料

問い。善い行ないは，すべてそれぞれに利益があって，それぞれ浄土に生れることを可能にするのに，なぜただ念仏だけを勧めるのか。

答え。いま念仏を勧めるのは，……最後の臨終のときになって浄土に生れたいと願い求めてもその便宜がえられる〔ものと言えば〕，念仏に及ぶものはないからである。……

また多くの尊い教えのなかには，多く念仏をもって浄土に生れる行為と説いていて，そうした経文はひじょうに多い。

〈石田瑞麿訳『往生要集2』「東洋文庫」平凡社〉

資料 解説

『往生要集』は「厭離穢土」，「欣求浄土」など10章からなる。この「念仏証拠」の章には，極楽に往生するためにはただ〈念仏の一門〉あるのみという考えのもと，「南無阿弥陀仏」の念仏による往生の正当性と重要性が説かれている。文末に「多く念仏をもって浄土に生れる行為と説いていて」とあるが，原文（書き下し文）では，「多く念仏をもつて往生の要となせり」とあり，『往生要集』の名を知らしめている一節である。

重要語句

末法思想：釈迦の入滅後，仏の教えの現れ方の変化に応じて時代を区分する考え方で，正法，像法，末法と展開される。中国で伝えられていた釈迦入滅後2000年目に当たる1052年が末法の始まりであるとして，浄土教が盛んに信仰されるようになった。翌年には藤原頼通によって平等院鳳凰堂が建立された。

厭離穢土・欣求浄土：この世の汚れを厭い，極楽浄土への往生を願うこと。『往生要集』において，地獄や極楽浄土のことが細かく描写されており，浄土信仰を広める上で重要な役割を果たした。

念仏：もともとは広く仏を念ずること。心を集中して仏の姿を思い描く観想念仏と，仏の名を唱える称名念仏がある。源信の時代は観想念仏が主流であった。

法然

ほうねん（1133〜1212）平安後期の浄土宗の祖

考えよう

○法然が説く「専修念仏」の考え方はどのようなものか。

（知恩院蔵）

人と思想

　美作国久米（岡山県久米郡）の押領使の子に生まれる。**浄土宗**の開祖。出家し、比叡山に入った法然は、叡空に師事しながら、その他の高僧のもとを訪ね、彼らの教えを受けるとともに、多くの経典を読み、修行に励んだ。42歳の時、源信の『往生要集』を読み、その中で唐僧善導の「観無量寿経」の講釈書に出会い、「**専修念仏**」に目覚め、比叡山を下りて浄土宗を開き、民衆に**阿弥陀仏**の本願と**念仏**の教えを広めた。その後、旧仏教との対立から念仏弾圧などで迫害され、74歳の時に土佐に流罪となり、78歳で京都に戻るが、翌年死去した。

　法然は旧来の仏教の枠を超え、いかにして個人の魂の安らぎが得られるかを探究した人物である。それまでの仏教は鎮護国家や現世利益の傾向が強く、功徳とされる造寺造塔は貴族や富裕者に限られ、教学研究や修行も厳しいものであった。そのような中で、阿弥陀仏によりすべての人が救われるという教えは武士や庶民の間に広まった。念仏という易行に救いの道を求めた彼の教えは、弟子の親鸞に受け継がれるとともに、わが国の仏教に大きな影響を与えた。主著は『**選択本願念仏集**』、『一枚起請文』など。

年	年齢	人物史
1133	0	美作国で誕生。
1141	8	父殺害される。
1147	14	比叡山戒壇院にて得度・受戒。
1150	17	比叡山黒谷別所に移る。
1156	23	嵯峨清涼寺に参籠。
1175	42	浄土宗開宗（立教開宗）。
1198	65	『選択本願念仏集』を著す。
1204	71	比叡山僧の念仏停止要求（元久の法難）。
1205	72	興福寺衆徒が念仏禁断の奏状。
1207	74	後鳥羽上皇の念仏停止の院宣により、土佐流罪（建永の法難）。
1211	78	京都（吉水）に戻る。
1212	79	『一枚起請文』、京都東山大谷にて入滅。

万人救済と専修念仏

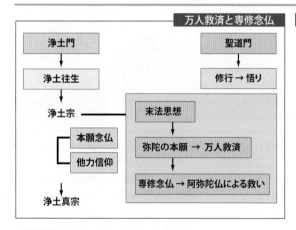

解説

　法然は人間の個人としての精神的な救済を阿弥陀仏の大いなる慈悲に求めた（**他力**）。末法の世に生まれ、財力や能力のない人々には自力の修行（**聖道門**）による悟りは得られない。源信や善導の影響を受けた彼は、阿弥陀仏の本願が万人救済であり、そのための行は誰もがなし得る易行であるとした。易行とは「南無阿弥陀仏」と口で念仏を称える**称名念仏**であり、もっぱら念仏を称えること（専修念仏）により西方極楽浄土に往生でき、次の世での悟りが得られる（浄土門）。

　称名念仏により、すべての人が極楽往生できるという教えは平安時代の浄土教にも見られるが、法然の教えは称名念仏が唯一の行であるとしたところに特色がある。

1 弥陀の本願

原典資料

　「……弥陀如来の本願の名号は、木こり・草かり、なつみ水くむたぐひごときのものの、内外ともにかけて、一文不通なるがとなふれば、かならずむまると信じて、真実にねがひて、常に念仏申を最上の機とす。……聖道門の修行は、智恵をきはめて生死をはなれ、浄土門の修行は、愚痴にかへりて極楽にむまるとしるべし」とぞおほせられける。

〈大橋俊雄校注『法然上人絵伝（上）』岩波文庫〉

資料解説

　「智恵第一の法然房」と称されるほど勉強熱心であった法然は、阿弥陀仏の本願により必ず往生できるとの確信を得た。法然は「真実にねがひて、常に念仏申を最上の機とす」、つまり、本願を信じて、心から往生を願い、常に念仏を称える者こそが必ず往生できる最上の人であると説き、凡夫は、**聖道門**の修行ではなく、**浄土門**の修行としての念仏によってこそ**極楽往生**できるというのである。

重要語句

弥陀の本願：生命あるすべてのもの（衆生）を救おうと願い、その願いが成就しない間は自分も仏にならないと誓って修行をした阿弥陀仏の48の誓願のうち、特に「すべての衆生が、浄土に生まれたいと願って私の名号を称え、往生するまでは成仏しない」という第18願、念仏往生の願を弥陀の本願ととらえる。

聖道門、浄土門：仏教をその修行方法から2つに区分した考え方。浄土門（易行道）は、現世の姿婆世界を厭い極楽浄土を願って専修念仏を行う。聖道門（難行道）は、現世で声聞・縁覚・菩薩などの自力の修行を行い悟りをめざす。法然は、末法の世に生まれた凡夫にとって、聖道門の修行は耐え難く、浄土門に帰依し、専修念仏を続けていくことでしか救いを望めないと考えた。

2 専修念仏

原典資料

念仏は易きが故に一切に通ず。諸行は難きが故に諸機に通ぜず。しかれば則ち一切衆生をして平等に往生せしめむがために，難を捨て易を取りて，本願としたまふか。もしそれ造像起塔をもつて本願とせば，貧窮困乏の類は定んで往生の望を絶たむ。しかも富貴の者は少なく，貧賤の者は甚だ多し。もし智慧高才をもつて本願とせば，愚鈍下智の者は定んで往生の望を絶たむ。しかも智慧の者は少なく，愚痴の者は甚だ多し。もし多聞多見をもつて本願とせば，少聞少見の輩は定んで往生の望を絶たむ。しかも多聞の者は少なく，少聞の者は甚だ多し。もし持戒持律をもつて本願とせば，破戒無戒の人は定んで往生の望を絶たむ。しかも持戒の者は少なく，破戒の者は甚だ多し。自余の諸行，これに准じてまさに知るべし。

まさに知るべし。上の諸行等をもつて本願とせば，往生を得る者は少なく，往生せざる者は多からむ。しかれば則ち，弥陀如来，法蔵比丘の昔，平等の慈悲に催されて，普く一切を摂せむがために，造像起塔等の諸行をもつて，往生の本願としたまはず。ただ称名念仏の一行をもつて，その本願としたまへるなり。〈大橋俊雄校注『選択本願念仏集』岩波文庫〉

読解力 power up!

上記資料の内容として，最も適当なものを一つ選べ。
①造像起塔をもって本願とすれば，貧窮困乏の人々は往生できる。
②智慧高才をもって本願とすれば，愚鈍下智の人々は往生できる。
③多聞多見をもって本願とすれば，少聞少見の人々は往生できる。
④称名念仏の一行をもって，その本願とするからみなが往生できる。

資料 解説

『選択本願念仏集』は，浄土三部教（無量寿経，観無量寿経，阿弥陀経）についての，唐僧善導と法然の解釈を示した。その中で，法然は，「念仏は易きが故に一切に通ず。諸行は難きが故に諸機に通ぜず」として，易行によってこそ，一切衆生の救済が可能だと説き，法然は，末法の世における修行として，「南無阿弥陀仏」と口で称える**称名念仏**と，もっぱら念仏を称える**専修念仏**によってこそ，凡夫は往生できるとした。

3 一枚起請文

原典資料

唯往生極楽の為にハ，
南無阿弥陀仏と申て疑ひなく，往生するぞとおもひとりて申外にはべつの子細候ハす。但し三心四修と申事の候は，皆決定して南無阿弥陀仏にて，往生するぞとおもふ内に籠り候也。此外に奥深き事を存せは，二尊の阿われみにはつれ，本願にもれ候へし。念仏を信せん人は，たとひ一代の法をよくよく学すとも，一文不知の愚鈍の身になして，尼入道の無智の輩に同しく，智者のふるまいをせずして，たた一向に念仏すへし。
〈峰島旭雄監修／服部淳一訳「一枚起請文」『浄土教の事典』東京堂出版〉

資料 解説

法然は仏教を聖道門と浄土門とに区別し，**念仏こそが唯一の正行**であるとする。易行である念仏が，知識ある者に受け入れられ，彼らだけを救うとすると易行の意味はなくなる。たとえ愚かな者でも必ず救われなければならない。大切なのは「信」なのである。法然は，死期が迫る中，「唯往生極楽の為にハ，南無阿弥陀仏と申て疑ひなく，往生するぞとおもひとりて申外にはべつの子細候ハす」として，阿弥陀仏の極楽浄土に往生するためには，ただひたすら「南無阿弥陀仏」と称えることだということを，弟子のために書き記した。

（重要語句）

専修念仏：極楽浄土に往生するためには，ひたすら念仏を称え，他の行は一切行わないということ。念仏は阿弥陀仏が自ら修行のために誓願（本願）し，選んだものであるとして，他の行を一切否定したことから，他の宗派との対立が生じた。

大学入試 challenge!

〔1〕『歎異抄』には，親鸞が，師の法然と自分の信心は同一であると語ったところ，法然も親鸞の主張を認めたと伝えられている。法然の認めた，親鸞の信心理解として最も適当なものを，次の①～④のうちから一つ選べ。
①信心は，悪人こそが阿弥陀仏による救いの対象であることを理解して，救われるために悪行を犯してまでも得たものなのである。
②信心は，阿弥陀仏の姿を実際に見るかのように思いえがいた時，心に生じてくるものであり，同じ阿弥陀仏を心に描いている。
③信心は，自分自身の努力で身につけた知恵や才能によって獲得したものではなく，そもそも阿弥陀仏から頂いたものである。
④信心は，行によって悟りを得ることはできないと知り，あらゆる行をすべて放棄しつくした果てに，おのずと得られるものである。
〈16本試 [改]〉

（重要語句）

一枚起請文：法然が死の直前，弟子の源智の願いに応じて書いた遺言書。
三心四修：浄土宗においては，三心は，至誠心，深心，回向発願心のことで，四修は，恭敬修，無余修，無間修，長時修のこと。

大学入試 challenge!

〔2〕法然の説明として最も適当なものを，次の①～④のうちから一つ選べ。
①『選択本願念仏集』を著し，阿弥陀仏による救済を願って行う専修念仏を人々に勧めた。
②『選択本願念仏集』を著し，阿弥陀仏による救済を願って行う観想念仏を人々に勧めた。
③『往生要集』を著し，阿弥陀仏による救済を願って行う称名念仏を人々に勧めた。
④『往生要集』を著し，阿弥陀仏による救済を願って行う口称念仏を人々に勧めた。
〈20追試〉

解答：【読解力 power up!】④　【大学入試 challenge!】〔1〕③　〔2〕①

親鸞

しんらん（1173〜1262）鎌倉時代の浄土真宗の祖

人と思想

藤原北家につながる下級貴族の子として京都に生まれる。8歳の時京都青蓮院において慈円のもとで出家し，その後比叡山で堂僧として常行三昧堂の堂衆を務めるなど厳しい修行を続けた。自力での修行に限界を感じていた28歳の時，聖徳太子建立と伝えられる六角堂に百日参籠を行い，夢の中に太子の示現を受け，法然の門下に入り，浄土宗に帰依した。34歳の時，後鳥羽上皇の念仏停止に当たり，法然と連座し，還俗させられ越後に流罪となるが，38歳の時赦免され，家族とともに関東各地での布教活動を続ける。後年，京都に帰り，著述と布教に力を注いだ。信仰と教義に関しては身内にも厳しく，長男善鸞を教えをゆがめるものとして義絶した。

親鸞は，法然の阿弥陀仏信仰と念仏行を受け継ぎ，自力では救われない悪人こそ阿弥陀仏により救われるという**悪人正機**，救いは個人の意志や修行にかかわらず阿弥陀仏の慈悲のうちにあるとする**絶対他力**を説き，念仏が救いの道ではなく念仏が救いそのものであるとした。主著は『**教行信証**』，『**和讃**』など。『**歎異抄**』は親鸞の教えを弟子唯円が記した書である。

年	年齢	人物史
1173	0	京都にて誕生。
1181	8	京都青蓮院において慈円のもとで出家得度し，範宴と名乗る。比叡山に入山。
1201	28	比叡山下山，六角堂への百日参籠。95日目の夢の中に聖徳太子の示現を受け，吉水入室。法然から綽空の名を与えられる。
1205	32	善信房と名乗ることを許される。
1207	34	後鳥羽上皇の院宣により専修念仏停止，越後流罪。
1211	38	流罪赦免。
1214	41	常陸国で布教。
1232	59	帰洛。
1247	74	『教行信証』，立教開宗。
1256	83	長男善鸞を教えをゆがめるものとして義絶する。
1262	89	京都，善法房にて示寂。

絶対他力と報恩感謝の念仏

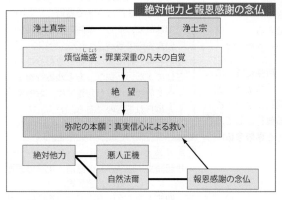

解説

親鸞は，自分は「**煩悩具足の凡夫**」であるとした。しかし，阿弥陀仏は，自力で悟りを得られる善人（自力作善の人）ではなく，自分のような煩悩にとらわれ弱く愚かで罪深いことを自覚している悪人こそを救うのだとする（**悪人正機**）。阿弥陀仏の慈悲は広大無辺であり，救いは信仰や努力によるのではなく，阿弥陀仏のはからいにあり，そのはからいにまかせること（**自然法爾**）にある。このことを**絶対他力**という。

念仏は信心の証しであるが，念仏が救いへの道ではなく，念仏するとは阿弥陀仏が念仏させてくれていることであり，念仏はそれ自体が救いである。したがって，念仏は阿弥陀仏の慈悲への報恩感謝の念仏なのである。

1 悪人正機

原典資料

善人なほもつて往生をとぐ。いはんや悪人をや。しかるを世のひとつねにいはく，「悪人なほ往生す。いかにいはんや善人をや」。この条，一旦そのいはれあるに似たれども，本願他力の意趣にそむけり。……煩悩具足のわれらは，いづれの行にても生死をはなるることあるべからざるを，あはれみたまひて願をおこしたまふ本意，悪人成仏のためなれば，他力をたのみたてまつる悪人，もつとも往生の正因なり。よつて善人だにこそ往生すれ，まして悪人はと，仰せ候ひき。

〈本願寺出版社編『歎異抄（文庫版）』本願寺出版社〉

資料解説

自分の煩悩をどうすることもできずもがき苦しんでいるからこそ，阿弥陀仏は救いの手を差し伸べようとする。すなわち，「煩悩具足のわれら」は，仏から見れば，根源的な意味で悪人である。その凡夫（悪人）の救済が仏の目的であると考える親鸞は，「**善人なほもつて往生をとぐ。いはんや悪人をや**」というのである。

重要語句

『歎異抄』：親鸞の弟子，唯円の著書。親鸞の語録と，異説への批判からなり，異説を歎くという趣旨からこの書名となっている。親鸞の説の核心を物語る言葉を多く書きとめてある。

悪人正機：自分で善行を積む人（善人）が極楽往生するというのは，一見もっともらしいが，そのような自力作善の人は，かえって阿弥陀仏にすがる気持ちが薄い。自分の非力さ，罪深さにあえぎ苦しむ人（悪人）こそ，自力を捨てて，ひたすら阿弥陀仏にすがり，極楽往生を遂げることができるという，他力の立場を示す。

愚禿：出家の身でありながら僧職を追われた親鸞は，戒律を破って肉食妻帯し，偽善を嫌い，非僧非俗の愚禿と称した。

2 自然法爾

原典資料

「自然」ということについて，「自」は「おのずから」ということであり，念仏の行者のはからいによるのではないということです。「然」は「そのようにあらしめる」という言葉です。「そのようにあらしめる」というのは，行者のはからいによるのではなく，阿弥陀仏の本願によるのですから，それを「法爾」というのです。「法爾」というのは，阿弥陀仏の本願によってそのようにあらしめることを「法爾」というのです。「法爾」は，このような阿弥陀仏の本願のはたらきですから，そこには行者のはからいはまったくないということです。これは「法の徳」すなわち本願のはたらきにより，そのようにあらしめるということなのです。人がことさらに思いはからうことはまったくないのです。ですから，「自力のはからいがまじらないことを根本の法義とする」と知らなければならないというのです。「自然」というのは，もとよりそのようにあらしめるという言葉です。

阿弥陀仏の本願は，もとより行者のはからいではなく，南無阿弥陀仏と信じさせ，浄土に迎えようとはたらいてくださっているのですから，行者が善いとか悪いとか思いはからわないのを，「自然」というのであると聞いています。

……阿弥陀仏とは，「自然」ということを知らせようとするはたらきそのものなのです。〈本願寺教学伝道研究所　聖典編纂監修委員会編纂『親鸞聖人御消息・恵信尼消息―現代語版―』本願寺出版社〉

読解力 power up!

上記資料の内容として，最も適当なものを一つ選べ。
① 阿弥陀仏の本願によって，すべてはそのようにあらしめる。
② 阿弥陀仏の本願にもとづく行者のはからいによって「自然」に生きられる。
③ 阿弥陀仏の道理を心得たならば，「自然」について考えることができる。
④ 阿弥陀仏の智慧のはたらきを知るように努力することが必要である。

資料 解説

「**自然**」というのは，「おのずから，そのようにあらしめる」ということであり，そのあり方は阿弥陀仏の本願のはたらきによって「あらしめる」のであるから，「**法爾**」という。往生念仏も，すべては阿弥陀仏のはからいによってさせていただいているのである。親鸞は，このように，法然の「他力」の考え方をいっそう徹底して，**絶対他力**の考え方を主張した。

3 報恩感謝の念仏

原典資料

しかるにいまことに方便の真門を出でて，選択の願海に転入せり。すみやかに難思往生の心を離れて，難思議往生を遂げんと欲す。果遂の誓（第二十願），まことに由あるかな。ここに久しく願海に入りて，深く仏恩を知れり。至徳を報謝せんがために，真宗の簡要を摭うて，恒常に不可思議の徳海を称念す。いよいよこれを喜愛し，ことにこれを頂戴するなり。〈本願寺教学伝道研究所　聖典編纂監修委員会編纂『顕浄土真実教行証文類』本願寺出版社〉

資料 解説

親鸞は，「難思往生の心を離れて難思議往生を遂げんと欲す」と述べ，自力に頼ろうとする自分を，私たちの思議を超えた念仏にすべてを託した往生，つまり絶対他力の信仰に導いてくださった阿弥陀仏の御恩に対する深い感謝の念を表している。親鸞は，弥陀の本願を仏恩として受け止め，「至徳を報謝せん」，つまりこの最高の功徳を報謝するとしている。

大学入試 challenge!

親鸞についての説明として適当でないものを，次の①～④のうちから一つ選べ。

① 念仏も往生も阿弥陀仏の限りないはたらきによってもたらされるものであるという確信から，阿弥陀仏のはからいにすべてを任せることを説いた。

② 念仏は，極楽往生の実現のために自力で行う修行ではなく，阿弥陀仏による救いに対する報恩感謝であると考えた。

③ いくら修行を重ねても煩悩から離れることのできない存在であることを自覚する者は，阿弥陀仏の慈悲にすがることで往生できると考えた。

④ 穢れた世界である現世を厭い離れ，極楽浄土への往生を実現するための手段として，阿弥陀仏の姿や功徳を心に思い浮かべる念仏を勧めた。

〈19追試〉

解答：【読解力 power up!】　①　　【大学入試 challenge!】　④

一遍

いっぺん（1239～1289）鎌倉時代の時宗の祖

（「一遍上人絵伝」）

人と思想

伊予国（愛媛県）の豪族の子に生まれる。**時宗**の開祖。出家した当初は天台宗を学んでいたが，九州の大宰府へ移ってからは，浄土宗を学び，各地で修行を続けた。

35歳のころ，時宗を開宗し，全国を旅し，念仏を勧めながら，「南無阿弥陀仏」と書かれた念仏札を配った。一遍は，後に，**念仏札**の文字を「南無阿弥陀仏　決定往生六十万人」としている。ここからは自らが勧める念仏行により多くの人が救われるという信念を感じ取ることができる。こうした遊行を続ける一遍を，人々はいつしか「**遊行上人**」と呼ぶようになっていった。40歳ごろから，空也の伝承にならい，鉢などを鳴らしながら踊る「**踊念仏**」を始めた一遍は，50歳でその生涯を閉じた。

一遍は，法然や親鸞よりも，名号（仏・菩薩の名，称号のこと）そのものを強く真の実在としている点に特色があり，歌い踊りながらの念仏はより庶民的な行ともいえる。

浄土教の系譜としては，市聖と呼ばれ貧民救済や社会事業を行った空也につながる。

年	年齢	人物史
1239	0	伊予国で誕生。
1251	12	大宰府に移り浄土宗を学ぶ。
1263	24	伊予へ戻り還俗。
1271	32	再び出家。
1274	35	念仏を勧める遊行を開始，時宗開宗。
1276	37	時衆の結成。
1279	40	空也にならい，踊念仏開始。
1289	50	摂津兵庫津にて入滅。

1　踊念仏

原典資料

　重豪と申人，聖の躰みむとて参たりけるが，「おどりて念仏申さるゝ事けしからず」と申ければ，聖，
　　はねばはねよをどらばをどれはるこまの
　　のりのみちをばしる人ぞしる
　　　　重豪
　　心こまのりしづめたるものならば
　　さのみはかくやおどりはぬべき
　　　　聖又返事
　　ともはねよかくてもをどれこゝろこま
　　みだのみのりときくぞうれしき
　其後，此人は発心して念仏の行者となり，……。
〈大橋俊雄校注『一遍聖絵』岩波文庫〉

資料 解説

延暦寺から一遍上人の様子を見に来た重豪は，問答の中で，「念仏が阿弥陀の教えと聞くだけで踊りたくなるうれしさなのだ」という一遍の答えを聞き，一遍に帰依して念仏行者となったという。

2　南無阿弥陀仏　決定往生六十万人

原典資料

　其形木文云，「南無阿弥陀仏　決定往生六十万人」此中に惣じて六八の弘誓を標して，一乗の機法をあかす，引導の機縁かならず六十万人にさだむる事は，仏力観成の要門は諸仏の大悲，ひとへに勤苦の衆生にほどこし，無上超世の本誓は如来の正覚，しかしながら常没の凡夫にとなへて三祇の起行功を衆生にゆづり，六字の名号証を一念に成す。……他力難思の密意をつたへて，一切衆生決定往生の記莂をさづくるものなり。〈同前〉

資料 解説

念仏を唱えれば，阿弥陀仏の本願により極楽浄土に往生できるとの安心の算（念仏札）が，「**南無阿弥陀仏　決定往生六十万人**」である。一遍自身がかかわる人だけでなく，多くの人が往生できるようにと，この算を配ったのである。

重要語句

時宗：一遍を開祖とする浄土教の宗派。ただ今この時を死期と心得て（平生を常に臨終の時と心得て），念仏する臨命終時宗である。諸国を遊行し布教することから，遊行宗ともいう。

踊念仏：空也の伝承にならい，鉢や鉦を鳴らしながら身振り手振りを交えて踊るので，踊念仏とも呼ばれるが，後に，念仏踊りとして農民の芸能として親しまれた。

大学入試 challenge!

鎌倉時代の仏教についての説明として最も適当なものを，次の①～④のうちから一つ選べ。

①日本に臨済宗を広めた栄西は，正式な僧となるには戒律が必要不可欠であるとの考えをもとに，東大寺に戒壇を設立して，僧を育成するための受戒制度を確立した。

②時宗の開祖である一遍は，寺院や道場をもたずに全国を遊行し，踊念仏を広めて衆生を救済することに生涯を捧げ，その教えの内容を『立正安国論』を著して示した。

③日本に臨済宗を広めた栄西は，末法の時代であっても，禅の修行により優れた人物が育つことが鎮護国家をもたらすと考え，その主張を『興禅護国論』を著して示した。

④時宗の開祖である一遍は，ただ一度だけでも「南無妙法蓮華経」と唱えれば，すべての人が極楽へ往生できると主張し，行き会う人々に札を配って布教に努めた。〈19本試［改］〉

栄西

えいさい／ようさい （1141～1215） 鎌倉時代の臨済宗の祖

考えよう

○栄西がもたらした臨済宗の禅の考え方の特徴は何か。

（建仁寺蔵）

人と思想

　備中国（岡山県）の吉備津神社の神官の子に生まれる。13歳の時比叡山延暦寺にて出家，27歳の時に半年，46歳から約4年，南宋へ留学した。栄西自身，仏法復興のためには禅が必要であると考えたようである。帰国後は北九州を中心に布教を行い，禅宗に対する弾圧を受けるが，『興禅護国論』を著して反論する。その後北条政子と源頼家の帰依を受け，59歳の時，政子建立の寿福寺住職に招聘され臨済宗を開く。61歳の時，頼家の支援により京都に禅・天台・真言の三宗兼学の建仁寺を建てる。以後，権力者たちとのつながりをもち，禅宗を広めていった。臨済宗は鎌倉・室町幕府の庇護により発展し，建築・庭園・絵画・書道・茶道・文学などに大きな影響を与えた。栄西は日本に医薬として茶を伝えたことでも知られ，『喫茶養生記』の著作もある。臨済宗では，本質的問題である公案を，師が弟子に与え，それを解きながらの坐禅を悟りへの行とする。また，公案を解く師弟間の問答（禅問答）も特色とする。

年	年齢	人物史
1141	0	備中国にて誕生。
1154	13	比叡山にて出家得度。
1168	27	南宋に留学。
1187	46	再び入宋。
1191	50	臨済宗の印可を受け，宋より帰国。
1194	53	禅宗停止の宣下。
1198	57	『興禅護国論』
1200	59	寿福寺に臨済宗を開く。
1215	74	病没。

1 禅の実践

原典資料

　大綱勧参門とは三あり，一は約教分，二は約禅分，三は約総相分なり。初めに約教分とは諸教をいふ。鈍根の人は先づ諸教諸宗の妙義をうかゞひ禅の旨帰を学して修入の方便となす。――次に約禅分とは仏禅を謂ふなり，文字に拘はらず，心思に繋らず，この故に心意識を離れて参じ，凡聖の路を出でて学す，これ最上利根の人に約するなり，三に約総相とは謂く，教といひ禅といふ，たゞ名字のみあり，参といひ学といふ，……禅宗は文字の相を離れ，心縁の相を離れ，不可思議にして畢竟不可得なり，所謂仏法とは法の説くべきなき，これを仏法と名づく。今いふ禅は即ちその相なり，以前の三義悉くこれ仮名なり，もし人，仏禅に文字・言語ありといはゞ実にこれ仏を謗じ法を謗じ僧を謗ず，この故に祖師，不立文字・直指人心・見性成仏せしむ。〈多賀宗隼『栄西』「人物叢書」吉川弘文館〉

資料 解説

　栄西は，2度目の中国行きで禅の悟りを得て帰国すると，禅の普及に乗り出すが，禅宗の普及が停止される。栄西は，禅に対する誤解を解くため，『興禅護国論』を著し，戒律の重視，坐禅の修行と，禅の本質としての不立文字・直指人心・見性成仏を説いた。その中の第七「大綱勧参門」には，おもに，禅が仏教諸宗派の根本であるとする禅宗の基本が書かれている。

2 茶の効用

原典資料

　茶は養生の仙薬なり。延齢の妙術なり。山谷之を生ずれば其の地神霊なり。人倫之を採れば其の人長命なり。
　天竺，唐土，同じく之を貴重す。我が朝日本，亦嗜愛す。古今奇特の仙薬なり。
　心の臓を建立するの方，茶を喫する是れ妙術なり。厥，心の臓弱きときは，則ち五臓皆病を生ず。〈古田紹欽全訳注『栄西　喫茶養生記』講談社学術文庫〉

資料 解説

　栄西は，かつて最澄がもち帰ったとされる茶を，再度日本にもち込み，医薬として普及させた人として知られる。彼によると，人間の五臓の中では心臓が中心であり，その心臓を強壮にするには，茶がよいと説いている。

重要語句

臨済宗：中国禅宗の一派。開祖は唐代の僧，臨済義玄。栄西の死後1246年に来日した蘭渓道隆とその弟子大応国師により禅宗として純粋化された。水墨画や能，茶道など中世の文化に大きな影響を与えた。

不立文字：禅の悟りは文字や言語で伝えられず，心で悟るもので，師の心から弟子の心に直接伝わるもの（以心伝心）である。

直指人心：坐禅を通して自分の心と直接向き合うこと。

見性成仏：直指人心して自己の心を掘り下げ，それを受け入れることが悟りであるということ。

大学入試 challenge!

次のア～ウの僧侶の活動についての説明で，その正誤の組合せとして正しいものを，①～④のうちから一つ選べ。

ア　日本において臨済宗を開いた栄西は，中国の禅を日本にもたらすとともに，『喫茶養生記』を著して，喫茶の習慣を伝えた。

イ　日本天台宗の開祖である最澄は，唐から帰国した後，広く種々の学問を学ぶことのできる，庶民のための学校である綜芸種智院を設立した。

ウ　日蓮宗の開祖の日蓮は，国難について研究し，『般若経』が興隆することで，国も民も安泰となると説き，「題目」を唱えることを勧めた。

① ア　正　イ　正　ウ　誤
② ア　正　イ　誤　ウ　誤
③ ア　誤　イ　誤　ウ　正
④ ア　誤　イ　誤　ウ　誤

〈21第2日程 [改]〉

道元

どうげん（1200～1253）鎌倉時代の曹洞宗の祖

人と思想

京都に生まれ，父は内大臣久我通親，母は太政大臣藤原基房の娘伊子と伝えられている。3歳で父を，8歳で母を失う。13歳の時，比叡山で出家し，17歳ごろ，建仁寺で栄西の弟子明全に師事する。24歳の時，明全とともに南宋へ渡り，中国曹洞宗如浄より教えを受ける。27歳で帰国し，33歳ごろ，京都の深草に興聖寺を開くが，比叡山からの弾圧を受け，43歳の時，越前（福井県）に行き，翌年永平寺（当初は大仏寺）を開く。47歳のころ，執権北条時頼の招請により鎌倉に下る。教化期間は短かったが，関東における禅興隆の嚆矢となった。その後，道元の教団はその峻厳な教えと行により武士階級の精神的支柱として発展した。なお，**曹洞宗**は永平寺と鶴見（神奈川県）の総持寺を二大本山としている。

道元は栄西の影響を受けつつも，公案をせずに，ひたすら坐禅にいそしむ**只管打坐**を悟りへの唯一の道（正門・聖道門）であるとし，身心ともに一切の執着を離れ，山川草木と一体となった**身心脱落**（無我と慈悲の境地）に入ることを説いた。主著は『**正法眼蔵**』。『**正法眼蔵随聞記**』は弟子懐奘が師道元の言葉をまとめた書である。

年	年齢	人物史
1200	0	京都で誕生。
1213	13	比叡山で出家。
1217	17	建仁寺で明全に師事。
1223	23	南宋へ留学。
		如浄より印可。
1226	26	身心脱落の後，悟りを開く。
1227	27	帰国。
1231	31	『正法眼蔵』著述開始。
1244	44	越前傘松に大仏寺を開く。
1246	46	大仏寺を永平寺に改名。
1247	47	鎌倉に下向，関東で禅興隆。
1253	53	京都にて入滅。

末法思想の否定と只管打坐

```
聖道（難行）門：自力  ＝  坐禅＝悟り  →  曹洞宗

        仏法の器
    （一切衆生悉有仏性）

  末法思想の否定      只管打坐  →  修証一等

                     身心脱落
```

解説

禅宗は，インドの僧達磨（5世紀ごろ）が，中国に伝え発展した仏教の一派。坐禅は仏教の修行法として広く用いられるが，中国では宋の時代に坐禅を修行の中心とする宗派が栄えた。禅の修行は自力による修行（聖道門）であり，その精神は文学や芸術，茶道などの稽古，修行に幅広く影響を与えた。

道元は，**末法思想を否定**し，この世において悟りに至ることを目的とした。その行は礼拝，看経，念仏などを排して，ひたすら坐禅に打ち込む**只管打坐**であり，それにより我執が捨て去られ，自己の身心とすべての存在が一体化する（**身心脱落**）とした。また，栄西が坐禅により悟りが得られるとしたのに対し，道元は坐禅そのものがすでに悟りの証しである（**修証一等**）とした。

1 只管打坐

原典資料

示云，学道の最要は，坐禅，是，第一也。大宋の人，多く得道する事，皆，坐禅の力也。一文不通にて，無才愚鈍の人も，坐禅を専らにすれば，多年の久学，聡明の人にも勝れて出来する。然ば，学人，祇〔只〕管打坐して，他を管ずる事なかれ。仏祖の道は，只，坐禅也。他事に順ずべからず。……

示云，公案話頭を見て，聊か知覚ある様なりとも，其は仏祖の道に，とをざかる因縁也。無所得無所悟にて，端坐して，時を移さば，即，祖道なるべし。古人も，看語，祇管坐禅ともに進めたれども，猶，坐をば，専ら進めし也。又，話頭を以て，悟をひらきたる人，有とも，其も坐の功によりて，悟の開くる因縁也。まさしき功は，坐にあるべし。

〈山崎正一全訳注『正法眼蔵随聞記』講談社学術文庫〉

資料解説

弟子に「語録公案の中には，考えさせられるものがあるが，それでも公案をせずに坐禅のみをするのはなぜか」と問われたことへの返答である。彼は「ただひたすら坐禅を行うこと（**只管打坐**）こそが悟りへの正しい道であり，悟りの証でもある」と説いたのである。

重要語句

坐禅：両足を組んで坐し（結跏趺坐，片足だけのものは半跏趺坐という），瞑想する禅宗の修行方法。それぞれに備わっている法に基づく自利の道（自受用）に入り込む，自受用三昧へのきっかけが坐禅である。臨済宗では公案といわれる問題を考えながら坐する看話禅も行われたが，曹洞宗では坐禅そのものが悟りの姿であるとし，おもにひたすら坐する黙照禅が行われた。

只管打坐：曹洞宗の坐禅の特徴。ただひたすらに坐禅すること。一切の世事や理屈を捨てて坐禅に打ち込むこのやり方については，中国で最初批判的に用いられた黙照禅という呼び方が，日本では肯定的に解釈された。道元は，公案がむしろ悟りから遠ざかるものととらえ，只管打坐を強調した。

2 身心脱落

原典資料

　仏道をならふというは、自己をならふなり。自己をならふといふは、自己をわするるなり。自己をわするるといふは、万法に証せらるるなり。万法に証せらるるといふは、自己の身心および他己の身心をして脱落せしむるなり。悟迹の休歇なるあり、休歇なる悟迹を長長出ならしむ。

〈禅文化学院編『現代訳　正法眼蔵』誠信書房〉

読解力 power up!

上記資料の内容に当てはまらないものを一つ選べ。

①修行に徹するということは、自己中心的なあり方を去り、自己を包むものとしての世界と真に出会うことにほかならない。

②修行に徹するということは、世界を超えた仏の力が自己に入ることであり、自己が仏と一体化していくことを意味する。

③修行に徹するということは、本来の自己に目覚めることであり、そのような自己において、身心への執着は消滅している。〈05センター追試［改］〉

資料 解説

　仏道を習うというのは仏の道を模倣することである。仏のはからいに身をまかせ、自己に対する一切の執着心を捨てることで悟りが生まれ、仏が現れる。つまり**身心脱落**することができると道元は説く。この身心脱落に至るための修行が坐禅であり、只管打坐なのである。この坐禅こそ、かつて諸仏が修行として行い、悟りを開いた行為であり、仏になるために必要な行だと指摘している。

3 修証一等

原典資料

　とうていはく、この坐禅の行は、いまだ仏法を証会せざらんものは、坐禅弁道してその証をとるべし。すでに仏正法をあきらめえん人は、坐禅なにのまつところかあらん。

　しめしていはく、癡人のまへにゆめをとかず、山子の手には舟棹をあたへがたしといへども、さらに訓をたるべし。それ、修証はひとつにあらずとおもへる、すなはち外道の見なり。仏法には修証これ一等なり。いまも証上の修なるゆゑに、初心の弁道すなはち本証の全体なり。かるがゆゑに、修行の用心をさづくるにも、修のほかに証をまつおもひなかれとをしふ。直指の本証なるがゆゑなるべし。すでに修の証なれば、証にきはなく、証の修なれば、修にはじめなし。ここをもて、釈迦如来・迦葉尊者、ともに証上の修に受用せられ、達磨大師・大鑑高祖、おなじく証上の修に引転せらる。仏法住持のあと、みなかくのごとし。

　すでに証をはなれぬ修あり、われらさいはひに一分の妙修を単伝せる、初心の弁道すなはち一分の本証を無為の地にうるなり。しるべし、修をはなれぬ証を染汙せざらしめんがために、仏祖しきりに修行のゆるくすべからざるとをしふ。妙修を放下すれば本証手の中にみてり、本証を出身すれば、妙修通身におこなはる。〈増谷文雄全訳注『正法眼蔵（八）』講談社学術文庫〉

資料 解説

　坐禅の修行は悟りを得るための単なる手段ではない。悟りが坐禅そのもののうちにしか現れないだけでなく、坐禅そのものが悟りの体得であるからである。修行と悟りの体得（証）は切り離すことができないもの（**修証一等**）である。

　悟りを得る、すなわち成仏するとは、ある一定の地点に到達することではない。到達点を越えた無限の修行の継続こそが成仏の本質であるから、只管打坐こそが大切な修行であると説くのである。

重要語句

身心脱落：身も心も抜け落ちるという意味で、道元が師の如浄から受け取った言葉。道元は、一切の雑事雑念を離れてひたすら坐禅することは、身体も心もすべての束縛を離れた境地に達することであると説いた。

大学入試 challenge!

次のレポートは、高校生Cがまとめたものの一部である。　レポート中の（a）・（b）に入る記述を、下のア〜オから選び、その組み合わせとして最も適当なものを、下の①〜⑥のうちから一つ選べ。

レポート

　道元は、（a）、と考えていた。また、時間に関して、本来的な時間とは、一方向に進んでいくものではなく、「今というこの瞬間」が絶え間なく連続しているものと捉えていた。このような時間の捉え方が、（b）という「修証一等」の考えにも関係しているのではないだろうか。

ア　ひたすら坐禅に打ち込み、一切の執着から解き放たれることが重要である

イ　南都六宗の立場から、念仏によらない修行のあり方を捉え直す必要がある

ウ　自らは罪深い凡夫であるため、自力によって悟りを開くことができない

エ　三密の修行によって、仏と一体になることができる

オ　修行とは悟りの手段ではなく、悟りそのものである

① a ―ア　　b ―エ
② a ―ア　　b ―オ
③ a ―イ　　b ―エ
④ a ―イ　　b ―オ
⑤ a ―ウ　　b ―エ
⑥ a ―ウ　　b ―オ　　〈21第1日程〉

重要語句

修証一等：修証一如ともいう。道元の坐禅についての独自の思想。「修」は禅の修行、「証」は悟りの証。悟りは修行の結果ではなく、坐禅の修行が悟りそのものであるという意味。それゆえあらゆるものを捨てて坐禅に徹する只管打坐が求められる。

『正法眼蔵』：禅における仏法（正法）の神髄の意。22年間にわたり著された全95巻からなり、只管打坐、修証一等など道元の禅の思想が網羅されている。

日蓮

にちれん（1222〜1282）鎌倉時代の日蓮宗の祖

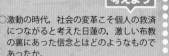

考えよう

○激動の時代，社会の変革こそ個人の救済につながると考えた日蓮の，激しい布教の裏にあった信念とはどのようなものであったか。

（池上本門寺蔵）

人と思想

安房国長狭郡（千葉県鴨川市）に生まれる。自らを「海女の子」と称した。11歳の時，天台宗清澄寺に入り16歳で出家，20歳ごろから比叡山など各地へ遊学し，31歳の時清澄寺に帰り，清澄山頂にて日の出に向かい「**南無妙法蓮華経**」の題目を唱え，初説法を行った。以後鎌倉で布教を開始する。38歳の時『**立正安国論**』を北条時頼に進呈。その後，伊豆（静岡県伊東市）への流刑など数々の苦難の日々を送るが「**法華経**」の教えを説き続けた。伊豆から戻ってからも幕府や諸宗を批判し，腰越竜ノ口（神奈川県藤沢市片瀬，竜口寺）にて処刑されかけるが，佐渡へ流される。この法難は奇跡伝承としても広まった。52歳の時に赦免され，その後，身延山久遠寺（山梨県）を開山し，唱題と説法に一生を送った。また，国難を予言し，その5か月後に文永の役（蒙古襲来）がおこったことも有名である。

日蓮は天台宗の流れをくみ，「**法華経**」を重んじ，特に，仏の教えは1つですべての人は仏となり得るという**一乗思想**と，永遠の生命そのものである**久遠実成の仏**への帰依を強調している。主著は『**立正安国論**』，『**開目抄**』，『**四恩抄**』など。

年	年齢	人物史
1222	0	安房国で誕生。
1233	11	天台宗清澄寺へ入門。
1238	16	出家。
1242	20	比叡山へ。
1253	31	関東に戻って法華題目を唱える（立教開宗）。このころ日蓮と名乗る。
1260	38	『立正安国論』
1261	39	伊豆へ流罪。
1271	49	佐渡へ流罪。
1274	52	身延山久遠寺開山。
1282	60	武蔵国で入滅。

「法華経」信仰と法華至上主義

```
末法思想 → 個人と国家の救済

法華宗    ←  「法華経」信仰
（日蓮宗）     専修唱題        法華至上主義


四箇格言    立正安国        法華経の行者
```

解説

日蓮宗（日蓮法華宗）は，日蓮の死後，関東から京都にかけて布教され，信徒数を増やしていった。

日蓮は鎌倉仏教の他の宗祖と比べて，政治的社会的関心を強くもち，国家と個人の救済を目的とした。天台宗の法華経信仰の影響を強く受け，**法華至上主義**の立場にあり，「四箇格言」に見られるように他宗を排撃した。

「法華（妙法蓮華）経」は聖徳太子や最澄らによっても重んじられたが，日蓮はこれを最高の経典とし，「**南無妙法蓮華経**」とひたすら**題目**を唱えること（唱題）により，個人の悟りである即身成仏も国家や社会の安泰である立正安国も実現するとしたことに特色がある。

---

1 「法華経」のみ

原典資料

此に予，愚見をもて前四十余年と後八年との相違をかんがへみるに，其相違多しといえども，先世間の学者もゆるし，我が身にもさもやとうちをぼうる事は，二乗作仏・久遠実成なるべし。

〈小松邦彰編『「立正安国論」・「開目抄」』角川学芸出版〉

資料 解説

「法華経」と「法華経」以前につくられた諸経との違いは，**二乗作仏と久遠実成**である。日蓮にとってこの2つの教義は釈迦の説法の根幹であり，すべての経典の核となるものであると日蓮は指摘する。だからこそ，これらの教義を説かない他の経典は，すべて致命的な欠陥があると説くのである。

「法華経」の寿量品で明らかにされた「久遠実成の釈尊こそが永遠不滅の本仏である」ことと，「法華経」の迹門である方便品で説かれた「二乗の人々の成仏」などを根拠として，「法華経」がすべての人々を救済する力のあることが明らかであるとして，諸経・諸仏だけでなく，他の修行方法を否定したのである。

重要語句

「法華経」：大乗経典の1つ。妙法蓮華経。真理は1つであるという一乗思想や，歴史的存在としての釈迦と永遠不変の仏の関係などが説かれている。日蓮はこれを絶対視し，「法華経」の題目を唱えることをすすめた。

法華至上主義：国土を安穏にし，人々を救う力があるのは，真実の仏法である「法華経」だけだと説く。中でも「法華経」にある「二乗作仏」と「久遠実成」の教義から，「法華経」がすべての人を救済する力を備えていると指摘している。

二乗作仏：釈尊の説法を直接聞いて悟る声聞と，師につかずに独りで悟る縁覚の，2種の人々が未来に仏になるという予言のこと。

久遠実成：永遠の昔に悟りを開き，長い年月を超え，今もなおその教えを説き続けている仏のこと。

2 他宗排撃

原典資料

釈尊は法華経法師品に，「我が説くところの経典の，すでに説かれた経，今説いた経，これから説くであろう経の中で，法華経が最も第一である」……「法華経は已今当の三説を超えた妙法であるにもかかわらず，これに迷って法華経を誹謗する罪は，未来永劫に地獄の責め苦を受けなければならない」と述べています。〈同前〉

資料 解説

日蓮は「法華経」を絶対視する立場から，「**念仏無間，禅天魔，真言亡国，律国賊**」（**四箇格言**）と他宗を批判し，積極的に折伏を行った。

重要語句

法華経の行者：「法華経」の教えによって修行を行い，その教義を広める人のこと。日蓮は，「法華経」を捨てることは最大の悪事であると悟り，「法華経」を布教する覚悟を決め，①自分が日本の柱となり，この国の滅亡を防ぎ支える，②日本の眼目となって，この国の人々を正しい道に導く，③日本の大船となって，この国の人々を生死の苦海から救い護る，という３つの請願を立てた。日蓮は，「法華経」に，この経を持つ者は迫害を受ける旨のことが記されており，そのとおりに迫害・受難が訪れたことから，自らを「法華経」の行者として自覚し，信心を深めながら，請願の実現に生涯を捧げた。

立正安国：正法を立てて国家を安穏にすることで，「法華経」による鎮護国家を実現すること。鎌倉の世となって，飢饉や地震，争乱が絶えないのは，「法華経」に帰依していないためであると考えた日蓮は，やがて外的侵略にあうことを予言し，それらを『立正安国論』にまとめ，幕府に対し「法華経」への帰依を迫った。日蓮は流罪となったが，1274年の元寇は，予言の現実化として人々に受け取られた。

重要語句

題目：「法華経」に帰依することを意味する「南無妙法蓮華経」の７字のこと。この題目を唱えること（唱題）によって成仏できると説いた。

折伏：仏教における伝道教化の方法の１つ。相手の誤りを鋭く突いて，徹底的に批判し，正法を受け入れさせる方法。

大学入試 challenge!

『法華経』による社会的安定の到来を説いた日蓮についての記述として最も適当なものを，次の①〜④のうちから一つ選べ。

① 『法華経』は，すべての人の救済と浄土はこの世界に実現されると説いているとして，末法の世を否定した。

② 『法華経』は釈迦の説いた究極の経典だから，毎日読経すれば他宗を信仰していても救われると主張した。

③ 『法華経』は久遠実成の阿弥陀仏の教えだから，この仏の名を唱えれば，国土の安穏が約束されると説いた。

④ 『法華経』は正法を広める者が迫害されることを予言しているとして，世を救う己の使命を確信した。

〈06追試［改］〉

その他の仏教思想（貞慶, 明恵, 慈円, 叡尊, 忍性, 夢窓疎石, 一休宗純, 蓮如, 隠元）

仏教に求められる役割が，国家の安平から個人の救いに変化した平安時代末期以降，仏教の新たなあり方が模索され，様々な宗派が誕生した一方，旧来の仏教を信仰する僧侶たちの中にも，新たな試みに挑戦するものが数多くあらわれた。

興福寺の僧侶である**貞慶**は，法然の専修念仏を批判しつつ，禅や念仏の影響を受けた歓心の実践を説いた。また，仏と僧のあるべき姿である菩提心を追究し，戒律の護持と厳しい修行に打ち込んだ華厳宗の僧**明恵**も，専修念仏には菩提心が欠けているとして法然の立場を厳しく批判した。しかし一方で明恵は浄土教系の宗派で採用されている易行も取り入れ，在家の人々にも往生の道を開いた。

『愚管抄』の著者，**慈円**のように比叡山の復興に尽力した僧侶もいた。また奈良では，戒律本来のあり方を厳守すべきであると戒律復興運動を展開し，悲田院や敬田院，施薬院などの社会的弱者の救済施設の設置と運営をはじめとした様々な社会奉仕活動に熱心に取り組んだ律宗の僧，**叡尊**や**忍性**などが活躍した。彼らの社会的な活動はやがて鎌倉幕府や朝廷からも信頼を得るまでのものとなった。

室町時代になると，**夢窓疎石**が足利尊氏の加護を得るなど臨済宗と幕府との結びつきが強まり，五山の制度や禅文化などが整えられていった。一方で，このような禅のあり方に疑問を唱える**一休宗純**のような禅僧もあらわれた。仏教の真のあり方を求め，民衆に説法を説いて回った一休宗純は，庶民だけでなく多くの宗教家や文化人から絶大な人気を誇っていたと伝えられている。この一休宗純とも深い親交のあったのが，戦国時代に本願寺の再興に尽力した**蓮如**である。他宗からの圧力によって，北陸に逃れながらも蓮如の独自の布教活動と教団の改革は休むことなく続けられ，浄土真宗は北陸一帯に広まっていった。

しかし，一向一揆や法華一揆など，宗教的なつながりをもつ集団が政権に対立する事態が度々発生するようになったため，江戸時代に入ると，仏教は徳川幕府に管理されることとなった。幕府によって本末制度に寺檀制度，宗旨人別改帳など，寺院を介した制度が導入され，これによって民衆が統制されることとなった。同じ頃，明から臨済宗の高僧**隠元**禅師が招かれ，明の仏教文化が伝えられた。現在でも隠元禅師を開祖とする黄檗宗では中国様式の作法や仏教儀礼が受け継がれている。

解答：【大学入試 challenge!】④

湯島聖堂（東京都文京区）

単元の概観

日本において，儒教は5世紀ごろから中国と朝鮮を通じて受容された。古代の儒教は漢学であったが，中世には，中国に学んだ五山の禅僧たちによって，中国において学問的に研鑽（さん）（けん）された宋学（朱子学）が受容され始めた。近世に入ると日本独自の発展を遂げ，日本の政治，経済，社会，文化，教育ならびに日本人の道徳意識などに大きな影響を与えた。

近世において儒学が独自の発展を遂げたのは，徳川家康（とくがわいえやす）による儒学の奨励（しょうれい）や，藤原惺窩（ふじわらせいか）による宋学の提唱の影響が大きい。日本において，武士がはじめて政権をにぎったころ，精神的指導の中核は仏教であった。その長い伝統の後に，武士階級が新しくつくり変えられるに当たって，家康は仏教のもっていた精神的指導権を儒教の方に移そうとしたのである。

一方，戦国時代の混乱において，キリスト教がかなりの程度で精神的指導権をにぎり始めた。それが最も顕著（けんちょ）に現れてきたのは，織田信長（おだのぶなが）の晩年から豊臣秀吉（とよとみひでよし）の時代の初期である。しかし，この結果が目に見えて顕著になるとともに，メキシコやペルーでヨーロッパ人により現地の国が征服されたことが伝わると，徳川幕府はキリスト教の精神的指導権を恐れるようになった。家康はこの問題に対処するため，儒者を起用し，儒教をもって武士階級の精神的指導（くわだ）を企てたのであった。

家康がはじめて藤原惺窩を招いて『貞観政要（じょうがんせいよう）』の講義を聞いたのは，秀吉による宣教師追放令の発令から6年後の1593年，51歳の時であった。秀吉が朝鮮出兵に夢中になっていたころ，家康は朝鮮出兵を傍観（ぼうかん）しつつ，安定した政治の運営のために思いめぐらせていたのである。家康は，1599年，57歳になると，儒教の書籍の刊行を始め，学問の奨励をもって統治を始めた。

近世初期において，儒教に大きな影響を与えた惺窩や林羅（はやしら）山（ざん）は，朱子学における太極（たいきょく）を天と重ねてとらえた。理と気の太極からの流出過程は，日月の運行や四季の循環（じゅんかん）と同一視され，天道（てんどう）と呼ばれる。世俗世界は，天によって覆われている世界，つまり天下（おお）としてとらえられる。天下のうちには，世俗世界とは質を異にする原郷世界や辺境世界のような世界は存立していない。天理は，日月の運行や四季の循環などの天地自然を貫いているが，同じように君臣・父子・長幼・夫婦・朋友（ほうゆう）や士農工商などの世俗世界を構成している諸関係をも貫いている。尊卑・上下・男女・老若などの世俗世界のあるべき秩序（そんひ）は，天理によって基礎づけられ，あるべき秩序からの逸脱（いつだつ）や背反（はいはん）は，気の過不足や濁りであるとされた。

近世初期の儒者のほとんどは，朱子学の受容の上に成立した実践的性格の濃い儒学を学んだ。その後山崎闇斎（やまざきあんさい）の出現とともに，朱子学が本格的に理解され受容され始めた。闇斎の学風は朱熹（しゅき）から朝鮮王朝の李退渓（りたいけい）の系譜を引くもので，価値的観点の強い義理の学であり，その弟子浅見絅斎（あさみけいさい），佐藤直方（さとうなおかた）を通じて崎門学（闇斎学）派という朱子学の一派が形成され，その学統は今日に及んでいる。一方，朱子学の立場にありながらも独自の思想を形成した人物に貝原益軒（かいばらえきけん）がいる。彼は広く歴史，教育，生物，鉱物などを研究し，実証主義的方法を唱え，科学的思考の基礎をつくった。

近世日本の社会や文化とのかかわりの中で形成されたことが日本の儒学の特色であり，近代になると，儒学は洋学と接合したり，儒学に基づいて自然法思想や天賦人権の思想が受容されるなど，幕末・維新の時期に1つの展開を見せた。

年	関連の出来事
5世紀ごろ	阿直岐（あちき），王仁（わに）が儒教を伝えたとされる。
1130	朱熹（しゅき）生まれる。
1587	豊臣秀吉，宣教師追放令を発令する。
1593	徳川家康，藤原惺窩の『貞観政要』の講義を聞く。
1603	徳川家康，征夷大将軍となる。
1605	林羅山，家康に謁見する。
1632	林羅山，上野忍岡に私塾を建設（後の昌平坂学問所）。
1649	中江藤樹の『翁問答』刊行される。
1671	山崎闇斎，神道の秘伝を受ける。
1672	熊沢蕃山の『集義和書』刊行される。

解 説

日本の儒学の特色の1つは，1つの学派が圧倒的に支配するというのではなく，多様な学派が併存して相互に刺激し合ったことにあった。学問の自由が比較的保障され，人々がその好むところを選択することができた結果，近世の儒学は日本人の知的能力や道徳意識を高めることに寄与し，経世的問題解決（けいせい）（かいばらえきけん）の知的武器となった。朱子学派には貝原益軒，新井白石などがおり，ほかにも熊沢蕃山や中井竹山，山片蟠桃（やまがたばんとう）らの陽明学派，陽明学も含めた宋・明の新儒学を批判してただちに孔孟の学に帰ろうとした山鹿素行（やまがそこう），伊藤仁斎（いとうじんさい），荻生徂徠（おぎゅうそらい）らの古学派や多くの折衷（せっちゅう）学派，考証学派の人々がいる。

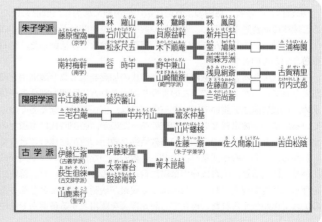

朱子学派
藤原惺窩（ふじわらせいか）（京学） ─ 林羅山（はやしらざん）／石川丈山（いしかわじょうざん）／松永尺五（まつながせきご） ─ 林鵞峰（はやしがほう）／貝原益軒（かいばらえきけん）／木下順庵（きのしたじゅんあん） ─ 林鳳岡（はやしほうこう）／新井白石（あらいはくせき）／室鳩巣（むろきゅうそう）／雨森芳洲（あめのもりほうしゅう） ─ 三浦梅園（みうらばいえん）

南村梅軒（なんそんばいけん）（南学） ─ 谷時中（たにじちゅう） ─ 野中兼山（のなかけんざん）／山崎闇斎（やまざきあんさい）（崎門学派） ─ 浅見絅斎（あさみけいさい）／佐藤直方（さとうなおかた）／三宅尚斎（みやけしょうさい） ─ 古賀精里（こがせいり）／竹内式部（たけうちしきぶ）

陽明学派
中江藤樹（なかえとうじゅ） ─ 熊沢蕃山（くまざわばんざん）

三宅石庵（みやけせきあん） ─ 中井竹山（なかいちくざん）／富永仲基（とみながなかもと）／山片蟠桃（やまがたばんとう）／佐藤一斎（さとういっさい）（朱子学兼学） ─ 佐久間象山（さくましょうざん） ─ 吉田松陰（よしだしょういん）

古学派
伊藤仁斎（いとうじんさい）（古義学派） ─ 伊藤東涯（いとうとうがい）
荻生徂徠（おぎゅうそらい）（古文辞学派） ─ 太宰春台（だざいしゅんだい）／服部南郭（はっとりなんかく） ─ 青木昆陽（あおきこんよう）
山鹿素行（やまがそこう）（聖学）

藤原惺窩

ふじわら せいか（1561〜1619）戦国末期から江戸初期の儒学者

考えよう

○藤原惺窩は，朱子学を禅から独立させながら，どのように朱子学を捉えていたのだろうか。

人と思想

　藤原惺窩は，播磨国（兵庫県）三木郡の細川庄で生まれた。7歳頃に仏門に入り，18歳のとき，叔父を訪ねて臨済宗の相国寺に入る。相国寺は，京都五山の中で五山文学の中心を担っており，漢籍を多く所蔵していたことから，儒学に触れる機会を得た。

　30歳の時に，朝鮮来聘使（のちの朝鮮通信使）が来日し，秀吉から大徳寺で筆録の役を命じられたことがきっかけで，副使の金誠一らから**朱子学**を学ぶ機会を得て，本格的に朱子学を学ぼうと志した。その後，還俗し，儒学者としての道を歩み出したと言われている。38歳の時，朝鮮出兵（慶長の役）で捕虜となった姜沆と出会い，3年間親交を深めて朱子学を本格的に学んだ。

　藤原惺窩は早くから儒学者として名声を得て，徳川家康をはじめ多くの人々から教えを請われる存在となり，弟子にも恵まれ，禅よりも儒学が大切だと主張し，**京学派**の形成に貢献した。

年	年齢	人物史
1561	0	播磨国細川村に生まれる。
1567	7	この頃，仏門に入る。
1578	18	父と兄が別所長治の軍勢に襲われ，戦死。叔父を訪ねて相国寺に入る。
1590	30	朝鮮来聘使の副使金誠一らから朱子学を学ぶ機会を得る。
1593	33	徳川家康に『貞観政要』を講じる。
1596	36	この頃，僧籍を離れる。
1598	38	姜沆と出会い朱子学を学び始める。
1604	44	林羅山と初めて会見を行う。
1605	45	徳川家康から仕官を要請されるが断り林羅山を推薦する。
1619	59	死去。

人倫日用の学

藤原惺窩の時代

戦国時代の影響	➡	道徳秩序の乱れ

〈道徳の立て直しが必要〉
○仏教では立て直しはできない。
○朱子学による立て直しが必要。

⬇

「日常の人倫」の立て直し
※統治者が心を正して五倫を実践すべき。

⬇

◎五倫の実践を社会全体に行き渡らせる。

解説

　戦国時代が応仁の乱から始まって1世紀が経とうとした頃に，藤原惺窩が生まれた。彼が生まれた頃の社会は，個人の名声を重視する一方で，社会道徳が廃れて争いが絶えない状況にあった。惺窩は，こうした現実に対して仏教の力では限界があると感じ，道徳的に心が外界と反応することを求める朱子学こそが，これから求められる学問であり社会に求められるものであると考えた。そして，いち早く日常の人倫を正すために，人倫の実践を重視したことから，格物の捉え方を陽明学的に捉え，まず統治者からそれを実践することで人倫を正して五倫の実践を社会全体に行き亘らせることが急務であると説いた。

1 格物

原典資料

　「格物」林子曰く，このいはゆる物とは，事物の物にあらざるなり。記にいはゆる「人，物に化す」の物なり。このいはゆる格とは，……「その非心を格る」の格なり。心，物に化すること，これを非心と謂はずして何ぞ。故にその非心を格るときは物を格るなり。格とは格去の義なり。〈金谷治校注，藤原惺窩「大学要略」『日本思想体系　藤原惺窩　林羅山』岩波書店〉

資料 解説

　藤原惺窩は，『大学』にある「格物」の解釈を，物事の理に到達することであるとした朱子を批判し，心にある塵，つまり物欲としての非心を取り除くことだとした。そして禅から朱子学を独立させながらも，朱子学の本質である理を現実世界における人倫の実現の根拠となる心のあり方に求めた。例えば『寸鉄録』においては，これに感化されることで人々は従うようになると考えた。

大学入試 challenge!

近世に儒学を学んだ藤原惺窩が主君の命令を守ろうとする理由について解説したものとして最も適当なものを，下の①〜④のうちから一つ選べ。

①偽りない心による主君の正しい行動を見て感化を受ければ，たとえ口で言われなくても，心服して自然に主君の命令を守ろうとする。

②主君の行動が正しいかどうかにかかわらず，主君が口で正しいことを命令したときにだけ，その命令を守ろうとする。

③主君の命令が道理に合っていると思えば，たとえ主君の心に偽りがあっても，その命令を守ろうとする。

④主君の行動が正しいかどうかにかかわらず，主君の心に偽りがなければ，心服して自然に主君の命令を守ろうとする。〈19本試［改］〉

林羅山

はやし らざん（1583〜1657）江戸初期の儒学者

考えよう

○林羅山は，戦国の世を終わらせて天下太平の世をむかえるために，どのようなことを説いて朱子学を道徳の根本にしたのだろうか。

人と思想

　江戸初期の儒学者。京都四条の町家に生まれ，教育を京都建仁寺で受けた。出家をすすめられたが拒否して家に帰り，独学自修した。

　朱子の『四書集注』を読んで朱子学に傾倒し，21歳の時，藤原惺窩に会い，強い影響を受けた。翌年，惺窩のすすめで徳川家康に二条城で謁見し，以後家康から家綱まで4代の将軍に仕え，**朱子学**の官学化を推進するとともに，幕府の法度，典礼，外交などにかかわった。

　47歳の時，上野忍岡に，後の昌平黌（昌平坂学問所）のもととなる学寮先聖殿を建て，多くの門人を育てるとともに，朱子学を幕藩体制における秩序維持の精神的支柱とするために，仏教や老荘思想，キリスト教を排撃した。また，学者としての研究は，漢籍の古文書学，儒学，神道，国文学，植物学など広範囲に及び，辞書，随筆，紀行文も著している。

　朱子学は，**理気二元論**にもとづく，存在論，認識論から人間のあり方としての道徳を論じる体系的な思想であるが，羅山は，朱子が説いた理を人間関係における道徳の根本として強調した。彼によれば，**理**は天地万物をあらしめている原理であり，君臣上下の関係も理にもとづいている。羅山の思想は封建社会における身分秩序を正当化する一方で，武士に社会の指導者としての自覚をもたせた。主著は『春鑑抄』『三徳抄』『儒門思問録』『本朝神社考』など。

年	年齢	人物史
1583	0	京都に生まれる。
1595	12	京都建仁寺に入る。
1597	14	建仁寺より帰宅し，独学で朱子学を学び始める。
1604	21	藤原惺窩に入門。
1605	22	家康に謁見。
1624	41	秀忠に家光の侍講を命じられる。
1629	45	民部卿法印という最高の僧位を授かる。
1630	47	上野忍岡に学寮（先聖殿）を建設。
1635	52	武家諸法度改正を起草。
1648	65	910石余を給される。
1657	74	死去。

儒教の優位性と他の思想・宗教の排撃

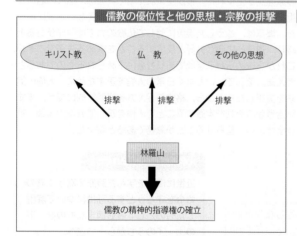

解 説

　羅山は，古来精神的指導権をにぎっていた仏教に代わり，儒教の精神的指導権を確立することをめざし，仏教だけではなく，キリスト教や老荘の学もみな同じく打倒しようとした。

　仏教排撃の理由は，儒教が人倫的組織に即して道を実現しようとする公の立場に立つものであることに対し，仏教の解脱が人倫の道の実現ではなく偽りであり，さらに家の生活を破壊し，公の生活から逃避する私事であるからであった。羅山は，**儒教の人倫思想**をもって仏教やキリスト教にかえようとするとともに，新しく樹立された江戸幕府の封建制度を儒教によって基礎づけること，戦乱の時代を通じて自覚された武士の道義的意識を儒教の道徳に結びつけることをねらった。そして，林家の学を幕府の官学とするとともに，江戸時代を通じて儒学の興隆するもとを開いた。

「上下定分の理」

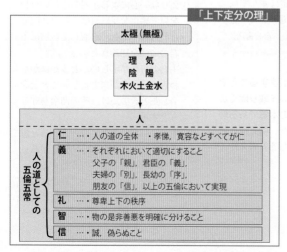

解 説

　羅山は仏教やキリスト教に対抗する立場から，朱子学の形而上学を取り入れた。それによって，仏教やキリスト教と同じく，儒教の人倫の教えの背後に儒教の絶対的なものの把握を示そうとしたのである。その絶対的なものは**太極**あるいは**無極**と名づけられている。この太極が理であり，太極が動いて陽を生じ，静にして陰を生じる。陰陽はさらに分かれて木火土金水の**五行**となり，万物を生じ，人もその1つである。このような形而上学は，仏教やキリスト教のような神話的要素を含まないため，非常に合理的であると考えられた。この形而上学の確信の上に立って，羅山は**五倫五常**を説き，儒教の実現すべき道のある場所として君臣，父子，夫婦，長幼（兄弟），朋友の五倫を挙げた。その中で，礼を，ただの尊卑上下の秩序ととらえ，江戸幕府の階級組織を永遠の真理によって支えられているものとした。

1 上下定分の理

原典資料

孔子曰，「礼先王所以承天之道，以治人之情」と云て，礼と云ものは，先代の帝王の定めをかれた事也。「承天之道」とは，天は尊く地は卑し。天はたかく地は低し。上下差別あるごとく，人にも又君はたふとく，臣はいやしきぞ。その上下の次第を分て，礼義・法度と云ことは定めて，人の心を治められたぞ。程子曰「礼只是一箇序」と云たぞ。「礼は序の一字ぞ」と云心ぞ。「序」と云は，次第と云ふ心ぞ。礼と云ものは「尊卑有序」，「長幼有序」ぞ。尊は位のたかきを云ぞ。卑は位の低きを云ぞ。これには次第がなふてはかなはぬぞ。君は尊く臣はいやしきほどに，その差別がなくば，国は治まるまひ。君にも天子あり，諸侯あり。その差別がなにゝつけてもあるぞ。車にのれども，車のかざりやうがちがふぞ。臣下にも百官の位により，車や衣裳，なににつけてもその差別あるぞ。座敷になをれども，尊きは上座に牛，いやしきは下座にあるぞ。かやうなることが礼と云ものぞ。「長幼有序」と云も，老ひたる人と若き人に差別・次第がありて，老たるは上に居，若きは下もにいるやうに，なににつけてもその法度あるを，礼と云ぞ。〈石田一良校注「春鑑抄」『日本思想大系28　藤原惺窩・林羅山』岩波書店〉※平仮名部分の原文は片仮名。

資料 解説

林羅山は，先王は，自身が定めた礼によって，人の心を治めたという。この場合の礼とは，「天の道」にもとづいて定めた礼儀や法度であり，それは，上下の差別である。それについて羅山は，天は尊く地は卑しく，天は高く地は低く，上下差別があるように，人においても，君子は尊く民は卑しいのだという。この差別がなければ国は治まらない。この「**上下定分の理**」を，規範として具体化したものが礼（礼儀）であるから，天理にかなった生き方とは，君臣・父子・夫婦・兄弟などの上下差別の礼をわきまえて，その秩序に従うことなのだと説く。朱子学における「理」は，本来，万物の中に存在するものであることから，それは，人間社会にも当然あるものである。それが身分秩序というものだと羅山は主張し，封建社会の身分秩序を「理」を用いて基礎づけた。

2 存心持敬

原典資料

礼と云は，根本は心に敬を云ぞ。心に敬によりて，万事について，躾と云ものがあるぞ。躾と云も，兎角人をさきだて，己をのちにするが躾也，礼也。論語，「礼云，礼云。玉帛云乎哉」と云は，礼は敬うが本であるぞ。あながちに御礼にまいるときに，玉や帛或は金銀のつれを持ちてゆくを，礼とは云ふまひぞ。それは心に敬ふと云のしるしに，玉帛・金銀を持ちてゆくぞ。また玉帛・金銀等，それぞれに応じて土産を持ちてゆかぬも，むかひを軽しむるになるほどに，さもなふては敬の心があらはれぬぞ。しかれども，まづ礼はうやまふが本であるぞ。〈同前〉

資料 解説

羅山によれば，「**礼**」とは心に「**敬**」をもつことをいい，そこから「**躾**」が生まれる。「**躾**」とは，他人のことを先にして，自分のことを後回しにすることであり，例えば御礼をもっていくことが「礼」ではなく，心からの敬意をもって先方に出向くことが「礼」であると，具体例を挙げて説明している。

「上下定分の理」とは，人間社会も「理」によって尊卑上下の秩序が決定されていることをいい，「敬」をもって心を保ち，この秩序に従って生きることが要請される。この「敬」を行動に移す際の指針，規範となるのが「礼」であり「躾」である。「礼」には本来「礼儀三百威儀三千」と呼ばれる細かな約束事があるが，この資料では，常に心に「敬」をもつことが「礼」であると強調される。

重要語句 ・・・・・・・・・・・・・・・・・・・・・・・

五倫：君臣・父子・夫婦・長幼・朋友の身分血縁関係のこと。儒教では，これを基本に，家族組織から政治体制までを貫く社会秩序を構成している。羅山は，この人間関係が社会のあるべき秩序となるとし，そこに，「上下定分の理」があるとした。

大学入試 challenge!

レポート中の（ａ）・（ｂ）に入る語句や記述の組合せとして正しいものを，下の①〜④のうちから一つ選べ。

レポート

江戸時代に入ると，儒者たちは，現実的な人間関係を軽視するものとして仏教を盛んに批判し始めた。そうした儒者の一人であり，徳川家康ら徳川家の将軍に仕えた（ａ）は，「持敬」によって己の心を正すことを求めた儒学を講じ，（ｂ）と説いた。一方，太平の世が続き都市経済が発展するとともに，中世以来の厭世観とは異なる現世肯定の意識が町人の間に育まれていった。その過程で，武家社会と異なる様々な文化や思想が町人社会にも形成された。

① ａ　林羅山
  ｂ　「理」を追求するのではなく，古代中国における言葉遣いを学び，当時の制度や風俗を踏まえて，儒学を学ぶべきである

② ａ　林羅山
  ｂ　人間社会にも天地自然の秩序になぞらえられる身分秩序が存在し，それは法度や礼儀という形で具現化されている

③ ａ　荻生徂徠
  ｂ　「理」を追求するのではなく，古代中国における言葉遣いを学び，当時の制度や風俗を踏まえて，儒学を学ぶべきである

④ ａ　荻生徂徠
  ｂ　人間社会にも天地自然の秩序になぞらえられる身分秩序が存在し，それは法度や礼儀という形で具現化されている　〈21第1日程［改］〉

重要語句 ・・・・・・・・・・・・・・・・・・・・・・・

敬：自己の欲望を抑え，日常の言語・動作をつつしみ，常に天理と一体となろうとする心持ちのこと。羅山は，「敬」を「つつしみ」の意味で用いている。

礼：「敬」の行動の指針としての規範であり，五常として示された「序」（序列・秩序）を守ること。

山崎闇斎

やまざき あんさい（1618〜1682）江戸前期の儒学者・神道家

考えよう

○山崎闇斎は，朱子学者としてよりも，垂加神道を提唱した神道家として有名だが，他の朱子学者と何が違うのだろうか。

人と思想

　京都の針医の子として生まれ，14歳ごろから京都の妙心寺に入って僧となり，19歳のころ土佐に移り，南学派の朱子学を知り，25歳の時，僧籍を離れた。その後，京都に帰って，朱子学を講じていたが，40歳ごろに江戸に行き，江戸と京都を往来して，両地で弟子を教えた。その後，会津藩主保科正之が闇斎に師事した。会津藩とのかかわりで神道を学び，垂加の号を得る。彼がおこした神道を**垂加神道**という。朱子学と神道における闇斎の門弟は，佐藤直方や浅見絅斎，三宅尚斎をはじめ数千人に及んだと伝えられている。

　闇斎の朱子学理解の特色は，心身を分けずに一体のものととらえ，心身ともにつつしむこととして「敬」を強調した点にある。主体としての心が確立されてから心が身を修めるという考え方，あるいは身から離れた次元で心をとらえるのではなく，身をつつしむことそのものの意義を強調し，身心相即のうちに心のあり方を打ち立てようとした。また，人倫的存在は儒教の伝統的人間観であるが，闇斎は特に君臣関係を重視して臣下の側から絶対的忠誠を重んじた。そして，このような「敬」としての「道」は絶対不変のものであり，日本においては神道という固有の場として顕現するとし，**儒神二道**を唱えた。

年	年齢	人物史
1618	0	京都の町医者の子として生まれる。
1632	14	京都の妙心寺に入り僧となる。
1643	25	還俗し，儒者となる。『闢異』を著し，仏教を排し儒教を尊する立場を表明する。
1665	47	4代将軍家綱の後見人である保科正之の賓師となる。
1671	53	吉川惟足から吉田神道の伝授を受け垂加の号を授けられる。
1673	55	保科正之の葬儀に出席し，以後京都に留まる。
1682	64	死去。

新井白石

あらい はくせき（1657〜1725）江戸中期の儒学者，政治家

考えよう

○正徳の治の考え方と朱子学はどのようにつながっているのか。

人と思想

　久留里藩（千葉県）藩士の子として，江戸で起きた明暦の大火の翌日に避難場所で生まれた。祖父，父が浪人生活をしていた時期があったことから，貧しい生活の中で育つが，儒学に対する向学心は大変高く，29歳ごろに木下順庵に師事して間もなくして儒学者としての頭角を現した。順庵から学問の理想を問われた時，「天下有用の学」と答えたと言われ，ここから，よりよい社会をつくるために，儒学をとおして国の政治を改めて上からの改革を推進する彼の基本姿勢をみることができる。まもなく彼は，順庵の推挙により37歳で甲府藩主徳川綱豊（6代将軍家宣）の侍講となり，家宣が将軍綱吉の養子になった時に幕臣となり，家宣が将軍になると幕政に関与して正徳の治を行った。しかし，門閥勢力を代表する老中と衝突し，徳川吉宗が8代将軍になると失脚し，以後は学者としての生活を送る。

　白石の思想は，孟子が説いた王道の理念を中核にしており，**王権一元論**と**易姓革命論**によって**将軍の絶対君主化**を目指すものであった。また，彼の学問への姿勢には，広い知見から彼独自の合理的・実証的見解を加えた視点が見られる。彼は，イタリア人司祭シドッチの尋問をとおして，西洋について幅広く見聞を重ねたことから，蘭学の始祖とも言われる。

　しかし，彼は，西洋の諸学問がキリスト教的世界観をもとにできていることを理解することができず，単なる形而下の学に過ぎないと捉えるなど，西洋に対する理解への限界があった。幕臣から失脚した後，彼は精力的に著述活動を行い，当時の幕政や社会情勢についての貴重な史料と評されている自伝『折たく柴の記』や，日本に潜入したイタリア人司祭のシドッチの尋問を基に記された『西洋紀聞』をはじめ，『読史余論』，『古史通』，『蝦夷志』，『琉球国事略』など多数にのぼる。

年	年齢	人物史
1657	0	明暦の大火の翌日，避難先で生まれる。
1686	29	朱子学者木下順庵に入門。
1709	52	直接，シドッチを尋問。このころから正徳の治を推進（〜1715）。
1714	57	貨幣改鋳（正徳金銀発行）。
1715	58	海舶互市新例を定める。『西洋紀聞』完成。
1716	59	徳川吉宗が将軍となり，政治上の地位を失う。『折たく柴の記』完成。
1725	68	死去。

その他の思想家たち

[京学と南学]

　京学は，**藤原惺窩**を祖とする朱子学の一派で，林羅山以後，幕府や諸藩の大名に仕える儒官を多く輩出した。思想的なまとまりよりも，師弟関係によるつながりでまとまっているの

が特徴である。**南学**は，**南村梅軒**を祖とし，門人の谷時中によって確立した朱子学の一派で，海南派ともいう。禅の精神を重んじて『四書』を基にし，儒官に就かず，在野にありながら実践的な朱子学を唱える学風であった。

京学の流れをくむ人たち

木下順庵
きのした じゅんあん（1621～1698）

　江戸前期の儒学者。17歳の頃に藤原惺窩の高弟である松永尺五に師事して朱子学を学び，40歳の時に加賀藩主前田綱紀によって藩儒に登用された。62歳の時，5代将軍徳川綱吉の侍講となった。晩年，水戸藩主徳川光圀によって招かれた朱舜水とも親交を深め，儒学に対する造詣をさらに深めた。

貝原益軒
かいばら えきけん（1630～1714）

　江戸時代前期の儒学者であり本草学者。25歳の時に長崎で医学を学んだ後に江戸へ出て，幕府の儒官林鵞峰を訪れる機会を得た。27歳のとき，藤原惺窩の門人松永尺五，山崎闇斎，さらにはその門人木下順庵らと親交を持ちながら儒学を学んだ。一方で，同藩の藩士宮崎安貞が『農業全書』を著す際に助力した。また，中国から入手した本草学の最新知識や稲生若水らの援助を得て『**大和本草**』を完成させた。晩年には，日々の健康に対する配慮の必要性を具体的に示した『**養生訓**』や，女子教育思想に大きな影響を与えた『**女大学**』など，多くの著作を残した。

室鳩巣
むろ きゅうそう（1658～1734）

　江戸時代中期の儒学者。15歳のとき，加賀藩に仕えて君命を受けて遊学する中で京都の木下順庵に朱子学を学んだ。彼は，人倫は，君臣の分にしたがい，誠意をもって自らを省みることであり，私欲から離れた赤子の心，すなわち**孝悌慈を基礎に持つ仁を拡充してこそ人道が成り立つ**と説き，**武士の本務は義である**と唱えた。1711年，新井白石の推挙を受けて幕府の儒学者となった。

雨森芳洲
あめのもり ほうしゅう（1668～1755）

　江戸時代中期の儒学者。18歳の頃に江戸へ出て，木下順庵の門に入る。師の推挙により，22歳の時，対馬藩に仕えた。彼は，言葉の壁だけではなく，日朝両国のこれまでの歴史を踏まえつつ，文化や風習，価値観の違いを乗り越えてこそ真の国交を担う通詞であるという強い信念を持ち，朱子学が説く仁の根本となっている誠信を基に，**互いに欺かず，争わず真心をもって交わること**を実践した。

南学の流れをくむ人たち

南村梅軒
みなみむら ばいけん（生没年不詳）

　南学の祖。梅軒は，朱子学に基づく道徳的実践として，道に背かず自ら身を慎むよう心がけ，君臣，父子，夫婦の別を人間の道として重んじ（**三綱**），仁義礼智信による道徳（**五常**）を政治の要とする統治の重要性を説いた。また，朱子学を日常生活の中で実践するため，心は身の主にしてすべての根源であるとし，心の定静を失わないように「**日用の事**」にあたることの必要性を訴えた。

佐藤直方
さとう なおかた（1650～1719）

　江戸時代中期の儒学者。22歳の時，山崎闇斎の門下となった。彼は，仁は無私の愛であり，人にも生まれながらにしてその心が備わっており，行いを評価する基準は，仁愛の心に発しているか否かのただ一点にあると説いた。その根底には，**心を主宰する敬があり，居敬の修養によってのみ，仁の温かみは期待できない**と考えた。

浅見絅斎
あさみ けいさい（1652～1712）

　江戸時代中期の儒学者。26歳の頃，晩年の山崎闇斎の門下となり，佐藤直方らとともに崎門三傑と称される人物となった。彼は，君臣の大義として，**臣下が君主に対して忠義をまっとうする義務を重んじ，大義名分を明らかにする**ことが，朱子学の**格物窮理**の目指すことであると考えた。

知良致

中江藤樹書「致良知」（近江聖人中江藤樹記念館蔵）

陽明学とは，狭義には中国の明代の人，**王陽明（王守仁）**の思想をいい，広義には王陽明とその継承者の思想を包括したものをいう。中国において，朱子学が学術思想界の主座を占めた15世紀の思想界の風潮の中で，王陽明は自己の挫折体験を契機に，万人が本来もつ自己能力により自己救済する実践論として，**心即理・知行合一**説を提唱した。さらに**致良知**説を開発して強化した。王陽明のいう**良知**とは，万人が本来的に固有する完全なる自己実現・自己救済能力をいう。日本の**中江藤樹**は晩年，陽明学の影響を受けて，孝の基底に良知すなわち知のはたらきを認めた。良知は，思弁を重ねることなく，推論を用いず，知識の力を借りて習練を積まなくても，おのずから是非善悪を知る生き生きとした心のはたらきである。与えられた良知を発揮すべく，自身の心のはたらきを正さなければならない，と説いた。

藤樹の思想の大きな特徴は，「**孝**」をもって「万事万物の道理」としたところにある。この思想は藤樹自身の体験を基盤とした彼独特のものである。彼は儒学の流れの中で思索し，したがってその思考の過程はすべて儒教的である。しかしその思考をへて組み立てられた思想全体は，あくまでも藤樹独自のものである。特に幕府の官学としての儒学が封建制や階級的社会，組織の基礎づけを主要な課題として動いている時に，民間において「孝」を原理とする体系をつくり出そうとしたことに意義が見いだされる。孝を原理とするということの中には，当時の支配階級の立場を根拠づける官学の意図と正反対に，庶民の立場を道徳的に裏づけ，庶民にも支配階級と同格の人倫的な尊さを付与しようとする意図があったと考えられる。晩年（1644）に『陽明全書』を得て以後は，陽明学に傾倒し，いっそう宗教性の高い思想を展開し，これをもって後に日本の陽明学の祖と称せられたが，その思想内容を陽明学と呼ぶかどうかについては議論がある。

熊沢蕃山は，23歳の時に中江藤樹に儒学を学んだ。蕃山によれば，儒学は現前の為政をいかにすべきかにかかわる学問であり，**時・処・位**，つまり時代や国や地位・身分によって変化していく。聖人は，時・処・位に応じて礼法を説いている。儒者は，聖人の言行の跡にとらわれることなく，聖人が礼法を説いた心を学び，自らのものとしなければならない。蕃山は現前の為政をめぐって，参勤交代制を緩和すべきこと，貨幣経済を抑制すべきこと，武士は村落に戻って農民と一体になるべきことなどを主張した。

陽明学は，官学であった朱子学派と異なり，学派としての系統的発展は見られないが，江戸時代中期には三輪執斎（1669〜1744），江戸時代後期には，**大塩平八郎**や佐藤一斎（1772〜1859）らが出た。佐藤一斎は，美濃国（岐阜県）岩村藩の家老の子として江戸に生まれ，林家の塾頭として昌平坂学問所の儒官に任ぜられた。官学である朱子学を奉ずべき立場にあったにもかかわらず陽明学に傾いていたので，「陽朱陰王」と評された。門下から**渡辺崋山，佐久間象山**らを輩出し，西郷隆盛ら幕末の志士にも影響を与えた。42歳から80歳まで書き続けた箴言を年代順に編んだ『言志四録』などの述作がある。

年	関連の出来事
1472	王陽明生まれる。
1608	中江藤樹生まれる。
1619	藤原惺窩亡くなる。
	熊沢蕃山生まれる。
1629	羅山が『春鑑抄』を著す。
1649	藤樹が『翁問答』を著す。
1672	蕃山が『集義和書』を著す。
1709	正徳の治が行われる。
1805	佐藤一斎が林家の塾長となる。
1833	大塩平八郎『洗心洞箚記』を著す。
1839	蛮社の獄により渡辺崋山らが弾圧される。
1864	佐久間象山暗殺される。

世紀	16	17	18	19
中国	明	清		
日本	安土・桃山時代	江戸時代		

林羅山　1583—1657
中江藤樹　1608—48
熊沢蕃山　1619—91
淵岡山　1617—86
貝原益軒　1630—1714
三輪執斎　1669—1744
佐藤一斎　1772—1859
大塩平八郎　1793—1837

解説

日本に陽明学が紹介されたのは江戸初期であるが，この時，明末・清初期における朱陸論争の余波をもろに受けて，「陽明学は誤まれる思想体系である」という理解が先行した。日本においては陽明学は不幸な出発を強いられたのである。

江戸初期には中江藤樹，熊沢蕃山，中期には三輪執斎が出て陽明学を盛り立てたが，古学派，古文辞学派におされて振るわなかった。

しかし，幕末維新期をむかえると，陽明学は思想運動として最も盛り上がり，佐藤一斎，大塩平八郎（中斎）が活躍したが，とりわけ，佐藤一斎の門下から維新期に活躍した陽明学者が輩出した。

中江藤樹

なかえ とうじゅ （1608～1648）江戸初期の儒学者

考えよう

○彼は，日常生活における道徳として，中国の陽明学をどのように理解したのか。

人と思想

日本における陽明学派の始祖とされる。近江（滋賀県）の農家の子に生まれ，9歳で米子藩士の祖父に引き取られ，翌年主君の転封により伊予国大洲（愛媛県）に移住した。16歳で『四書大全』を読み，朱子学に傾倒していく。18歳の時郡奉行として在職。26歳の時老母を養うことを理由に，藩の許しを待たずに近江に帰り，その後酒を売り米を貸して生計を立てたという。『礼記』の教えどおりに数え年30歳（満29歳）で結婚したことからも分かるように，儒教の礼法の遵守を志していたが，33歳の時伊勢の皇太神宮に参拝し，朱子学の礼法を固守する弊害を感じるようになり，36歳ごろから**陽明学**に傾倒していった。儒学，医学を講じて，熊沢蕃山や淵岡山など多くの門人を養成した。藤樹は江戸時代中期には，清貧の中で道を究め続けた高徳の人として知られ，**近江聖人**と呼ばれるようになった。

藤樹の教化は近隣の農民にも及び，老いた母の喜びをわが喜びとしたなどの逸話は，近代になってからも孝の道徳を表す典型として国定教科書に収められた。また内村鑑三は，日本史上最も理想的な教育者として，『代表的日本人』の中で藤樹の求道生活を紹介した。

藤樹は朱子学の理念的傾向を批判し，陽明学の主体的実践的側面を強調した。特に日常生活における道徳，特に**「孝」**を重んじた。それを親子間の個人的徳とするだけでなく，すべての人倫の根本とし，さらに万物を成り立たせる原理であるとした。藤樹によれば，朱子学が重んじる敬は外面的な規範を示すものであり，それに対して孝は真心をもって人を尊び，人を愛する心である。藤樹は封建社会の身分秩序を否定しなかったが，儒学を庶民の道徳として広めたことは大きな功績である。主著は『**翁問答**』『大学考』『中庸解』など。

年	年齢	人物史
1608	0	近江国高島郡小川村に生まれる。
1624	16	『四書大全』を読む。
1626	18	郡奉行になる。
1634	26	脱藩し，小川村に帰る。
1636	28	大洲藩士や村人が藤樹の門に次第に集まる。
1637	29	高橋久子と結婚する。
1640	32	『翁問答』を著す。
1641	33	伊勢神宮に参詣する。
		熊沢蕃山，門人となる。
1644	36	『陽明全書』を読む。
		淵岡山，門人となる。
1647	39	池田光政の招きを断る。
1648	40	亡くなる。
1650		『翁問答』刊行される。

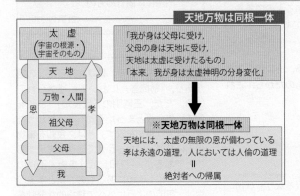

天地万物は同根一体

太虚（宇宙の根源・宇宙そのもの）
天地
万物・人間
祖父母
父母
我
恩　孝

「我が身は父母に受け，父母の身は天地に受け，天地は太虚に受けたるもの」
「本来，我が身は太虚神明の分身変化」

※天地万物は同根一体
天地には，太虚の無限の恩が備わっている
孝は永遠の道理，人においては人倫の道理
＝
絶対者への帰属

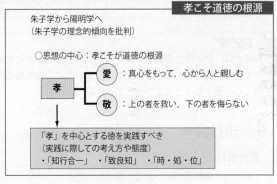

孝こそ道徳の根源

朱子学から陽明学へ
（朱子学の理念的傾向を批判）

○思想の中心：孝こそが道徳の根源

孝 ─ 愛：真心をもって，心から人と親しむ
　　└ 敬：上の者を救い，下の者を侮らない

「孝」を中心とする徳を実践すべき
（実践に際しての考え方や態度）
・「知行合一」　・「致良知」　・「時・処・位」

1 孝

原典資料

　親には敬愛の誠をつくし，主君には忠をつくし，兄には悌を行ない，弟には恵をほどこし，朋友には信をもって交わり，妻には義をほどこし，夫には順をまもり，かりにも偽りを言わず，些細なことでも不義をせず，視聴言動みな道にかなうことを，孝行の条目とするのである。そうであるから，一挙手一投足にも孝行の道理がある。

〈山本武夫訳「翁問答」『日本の名著11　中江藤樹　熊沢蕃山』中央公論社〉

資料 解説

　藤樹は，**「孝」**が，すべての身分の別に関係なく，共通に万人の心に内在しており，一挙手一投足に孝行の道理があると考え，日常的に「孝」を中心とする生活を送ることの大切さを説き，多くの人々の共感を得て，**「近江聖人」**と呼ばれるようになった。

重要語句

孝：孝とは『孝経』の説いているとおりの，親に対する子のふるまい方であるが，藤樹は，その孝を究極の原理に高め，親に対する子のふるまい方としての孝を単にその1つの特殊な現れとした。自分の身は親より受け，親の身は天地から受け，天地は太虚より受けたものであるから，天地万物は同根一体である。孝とは永遠の道理であり，それが特に人に現れた場合に，人倫の道理となる。孝とは絶対者への帰属関係である。人倫関係はこの帰属関係の表現なのであって，すべてが孝の展開にほかならないととらえた。

2 時・処・位
<ruby>時<rt>じ</rt></ruby>・<ruby>処<rt>しょ</rt></ruby>・<ruby>位<rt>い</rt></ruby>

原典資料

　施政の法度の箇条は，所により時に応じて定めるものであるから，多いのが良いとも少ないのが良いとも決めることはできない。また厳しくしても良いこともあり，緩やかにして良い場合もあるから，厳しくするのが良いとも緩いのが良いとも決められない。ただ，時と所と位に相応した道理にしたがうのがよろしい。〈同前〉

資料 解説

　藤樹は，学問や政治，法制，礼法などの本旨は普遍的なものであるが，その実行には時勢・国情・地位の相違などに適合するよう取捨工夫することが必要であり，その際の根拠となるのが，**時・処・位**だと説く。別の箇所では，孝は時期，場所，身分をわきまえて行うものだとする時・処・位論を説いている。また，この時・処・位は「時中の妙」であるとも述べており，熊沢蕃山の時・処・位論に影響を与えた。

3 致良知
<ruby>致<rt>ち</rt></ruby><ruby>良<rt>りょう</rt></ruby><ruby>知<rt>ち</rt></ruby>

原典資料

　全孝の心法は，その広大高明なことは神明に通じ宇宙に行き渡っているけれども，要するに本実は，身を立て道を行なうことにある。身を立て道を行なう大本は明徳にある。明徳を明らかにする大本は良知を鏡として，独りを慎むにある。良知とは，赤子幼童の時からその親を敬愛する最初の一念を根本にして，善悪の分別是非を真実に弁え知る徳性の知をいうのである。この良知は，「磨すれども磷ず，涅むれどもしかも緇まず」の霊明であるから，どんなに愚痴・不肖の凡夫の心にも明瞭にあるものである。だから，この良知を工夫の鏡とし，種子ともして工夫するのである。〈同前〉

資料 解説

　良知とは，幼い時から親を敬愛する最初の一念を根本にする，心に内在する是非善悪の判断力であるという。この良知は誰の心にもあるものだから，これを鏡とし，種として工夫すべきと説いている。

4 知行合一
<ruby>知<rt>ち</rt></ruby><ruby>行<rt>こう</rt></ruby><ruby>合<rt>ごう</rt></ruby><ruby>一<rt>いつ</rt></ruby>

原典資料

　王子（王陽明）がいうには「知は行の始なり，行は知の成るなり」（『伝習録』上，陸原静録）と。この説は易簡で要領を得ている。知っても行なわないのは，「始あらずということなし，よく終あること少なし」という意味（『論語』子張篇，始め知ることは知っても為し遂げる者は少ない）である。知ることが真実でないため，成就することがないのである。
〈同前　伊東多三郎訳「集義和書」〉

資料 解説

　王陽明と孔子の論説を引用して，**知行合一**について答えているが，ここでは，あまり具体的に説明していない。藤樹の弟子熊沢蕃山の上記の著作や藤樹自身によるその他の記述を総合すると，藤樹は，「知」（認識）と「行」（行動）を分け，「知」が先で「行」が後だとする朱子学の考え方と異なる陽明学の「知行合一」の考え方に従い，**「致良知」**の立場に立って，**「孝」**を中心とする徳を実践すべきだと主張した。

重要語句 ....

時：時代，または時勢（とき）。
処：場所または国，地域（ところ）。
位：地位または身分，職能など（身分）。

大学入試 challenge!

次のメモは，中江藤樹の思想について高校生Cが書き留めたものである。メモ中の（a）・（b）に入る語句の組合せとして最も適当なものを，下の①〜④のうちから一つ選べ。

メモ
　中江藤樹は，（a）を道徳の根本に据えた。そして，この（a）という原理を，（b）であるとした。

① a　孝
　 b　人間関係だけでなく，あらゆる事象や事物をも貫くもの

② a　孝
　 b　人間関係のみに当てはまる，人間関係に固有のもの

③ a　愛
　 b　人間関係だけでなく，あらゆる事象や事物をも貫くもの

④ a　愛
　 b　人間関係のみに当てはまる，人間関係に固有のもの

〈21第2日程〉

重要語句 ....

致良知：元来『孟子』に「良知良能」の語があり，『翁問答』においても述べられている。ただ，王陽明の「致良知」（良知を致す）の主張とまったく同一ではなかった。陽明学で「良知を致す」とは，良知を事物の上に及ぼしはたらかせて道理を実現することであるが，「良知」は「愚痴・不肖の凡夫の心にも明瞭にあるもの」だとする藤樹は，陽明のように外への積極的な発動を重視せず，内省の工夫による良知の修養を主旨とした。ここに，彼の学問思想が陽明学でもなく，朱子学でもない，藤樹学や藤樹教といわれる独自性が見られる。

重要語句 ....

知行合一：「知」「行」はもともと一物であり，その本体である心にあるということを説明したもの。王陽明自身の知行合一論の本旨は，「知」と「行」とを分ける考え方を改めるために，知行一体「知は行の始，行は知の成」と教えたもので，言行一致や行動主義などの考え方ではなかった。

熊沢蕃山

くまざわばんざん（1619〜1691）　江戸前期の儒学者

考えよう

○熊沢蕃山は中江藤樹の「時・処・位」を受け継ぎながら，どのように内容を発展させたのか。

（秋山清水画）

人と思想

蕃山は，備前国岡山藩での知行所蕃山村に引退して蕃山了介と称したことに由来する。京都で浪人の子として生まれ，母の里水戸藩士熊沢氏の養子となり，16歳で岡山藩主池田光政に仕えた。4年で辞し祖母の郷里近江に帰り，学問を志し，22歳で中江藤樹に入門した。藤樹のもとで学んだのは4か月ほどであるが，藤樹の思想的影響は大きい。26歳の時，再び池田光政に仕え，3年後，光政に従って江戸へ行き，学者として注目を集めた。後に藩政にたずさわり，様々な治績を挙げたが，39歳で辞し，その後，明石藩主松平信之の庇護を受け，大和郡山，下総古河に住む。しかし，蕃山に好意をもっていたこれらの大名の死後，68歳の時，著書が幕府を批判す

るものとされ，古河に禁固され，そこで死んだ。その真相は，彼の学問を介して浪人たちが集合することを幕府が警戒したためであると考えられる。

蕃山は儒学の礼法を普遍的恒常的なものではなく，それぞれの場所や状況において適用されるものであるとした。また，聖人の人生もそのままに受け取るのではなく，その時代や境涯を踏まえて事績そのものよりも聖人の心を学ぶべきであるとした。蕃山の功績は，藤樹により確立した日本陽明学を，個人道徳の枠を超え，有力大名を通して，社会事業や当時における環境保護など，政治的社会的次元に拡大したことにある。主著は『**集義和書**』『大学或問』など。

1　時・処・位

原典資料

天地の理というのは乗除である。儒法が成り立ちにくいために，改変があるのは当然であろう。土地・人民が移りかわると，今の寺地が屋敷となるように，元の形のまま棺は掘りかえされて，後人の心を悲しませるだろう。これは，戎国で火葬を用いた主意とは違うけれども，時勢には合っている。……儒法というのは，跡である。跡は，その国においても，時が推移すれば，行なわれないことが多い。まして日本においてはもちろんである。儒道・神道・仏道，みな明知の人が，その時・所・位に応じて行なわれた跡である。道そのものの真ではない。〈伊東多三郎訳「集義外書」『日本の名著11　中江藤樹　熊沢蕃山』中央公論社〉

資料 解説

蕃山は，人倫の教えに関心を集中し，その人倫の教えを時・処・位に即して具体的に理解し，個人の体験のうちに活かすことを重視し，古と今，聖人賢人と庶民，士農工商などの相違を踏まえて，**時・処・位**に適した施政・制度・教法の実行の必要性を主張した。

重要語句

時・処・位論：蕃山が，師である藤樹の考え方を受け継ぎ，政治論・教学論などの根拠として用いた考え方であり，彼の著作には「時・処・位に従って」「時・処・位の分別など」「水土」の語が所々に見られる。「水土」は「時・処・位」の「処」に相当するもので，自然環境，風土，地域，国土の特殊性などを意味する。

治山治水：徹底した森林保全主義者であった蕃山は，岡山藩で様々な土木行政にたずさわり，塩田や備前焼，神社造営のための森林伐採を厳しく戒め，「山川は国の元なり。近年，山荒れ，川浅くなれり。これ国の大荒なり」と説き，「水土」論に基づいて植林や砂防工事を行い，治山治水に努めた。

大塩平八郎（中斎）

おおしおへいはちろう（ちゅうさい）（1793〜1837）　江戸後期の陽明学者

考えよう

○陽明学に基づいた政治のあり方として，大塩平八郎が最も大切にしたのは何であったか。

（大阪城天守閣蔵）

人と思想

大坂に役人の子として生まれる。幼くして両親を失い，祖父の後を継いで，大坂町奉行の与力となる。与力在職中は徹底した清廉潔白さと民衆を苦しめる悪に対する辣腕ぶりで知られた。邪教集団の取り締まりや富商と結託した同僚与力の組織犯罪を暴くなどの功績を挙げた。37歳で，与力職を養子に譲って致仕し，与力時代から開いていた家塾で武士や庶民を教育した。陽明学を修め，政治刷新を含む独自の学風を築き上げた。正直かつ峻厳な彼の学問と教育に心を寄せるものも多く，奉行所の与力・同心，医師の子弟や摂津・河内の豪農がその塾に加わった。農民を愛し近隣の村や町場に出講し，諸藩士とも交流した。天保の飢饉のさなか，私財を投じて貧民救済にあたるが，1837年，万策尽きて，町奉行らの施策と大商人の不正に抗議して乱をおこすも失敗し，自害した。陽明学の「**知行合一**」を自ら実践したものとして評価される。

年	年齢	人物史
1793	0	大坂天満に生まれる。
1805	12	与力見習いとして出仕。
1817	24	洗心洞塾を開く。
1820	27	このころ，目安役となる。
1824	31	頼山陽と出会う。
1828	35	王陽明300年祭「祭文」起草。
1837	44	2月，挙兵決起（大塩平八郎の乱）。
		3月，自決。

5 古　学

単元の概観

古学は，山鹿素行から始まった学問で，朱子学の理を重んずるところを批判し，日常に役立つ実用的な学問をめざした。

そのよりどころとしたのは，朱子学の源流となっている孔子・孟子の思想，およびそれに関する古典である。古学は，朱子学以前のどの思想や古典を重視したかによって，3つの考え方に分類できる。

［古学］

古学は，**山鹿素行**が唱え，孔子や周公旦の教えを直接学ぶことを重視した学問で，孔子・孟子の古典に立ち返ることを基本とした文献学の総称である。1615年の大坂の陣で豊臣氏が滅び，戦国時代の乱世がようやく終わりを告げ，天下太平の世が到来した。こうした社会の変化を受けて，武士のあり方も，武勲を立てることを重んじた戦国時代特有の武士道を改め，平和な社会に求められる新しい武士道を模索する動きが現れてきた。もともと兵学者であった山鹿素行は，こうした社会の変化を踏まえて，新たな武士の生き方としての**士道**を完成させた。

［古義学］

伊藤仁斎が唱えたのが**古義学**で，『論語』『孟子』の古典を直接読み込んで，孔子本来の思想を明らかにすべきだとした。江戸時代前期の天下太平の世にあって，豪商たちが日本全土にまたがる商品の流通経路を整えるにつれて，大坂が経済の中心地としてのにぎわいを見せ始めた。そうした中，京都の商人の子として生まれ，伝統文化に触れる機会に恵まれた伊藤仁斎は，儒学を武士だけの教養とせず，町人にも広めようと志した。彼は，はじめ朱子学を学ぶが，孔子本来の思想は**仁愛**であると気づき，古義学を創始し，より多くの庶民に広めた。

［古文辞学］

荻生徂徠が唱えたのが**古文辞学**で，孔子が理想とした周公旦などの先王に関する記載がある「六経」から，先王の政治

を誤りなく読み取ることを重視して，朱子学的な解釈を批判した。この時期は，5代将軍徳川綱吉が，朱子学を政治思想の中心においた文治政治を精力的に展開していた時期であり，経済も大いに発達し，町人たちの自由な経済活動に支えられた元禄文化が花開き，朱子学を中心に様々な学問が成立した時代でもある。そうした時代にあって，徂徠は，朱子学のいう先王の道を批判し，後世にまで社会や人民に恩恵をもたらした為政者を聖人とし，孔子が理想とした中国古代の帝王と聖王たちが，何のために，どのように社会制度を構築してきたかに政治本来のあり方を見いだした。彼は，それを**「先王の道」**と名づけ，その道こそ，社会の秩序が維持され，人々が安泰に生活を営むことができる**「安天下の道」**だとした。

これらの学問と思想はいずれも，後世に大きな影響を及ぼしている。例えば，山鹿素行の士道は，江戸時代の武士の生き方の1つとして定着した。伊藤仁斎の古義学は，庶民の日常生活に役立つ実践倫理として広まり，幕末から明治維新にかけての誠の考え方に影響を与えた。荻生徂徠の古文辞学の学問的方法は，国学の方法論に活用され，実証的研究の発達を促した。

年	関連の出来事
1622	山鹿素行生まれる。
1627	伊藤仁斎生まれる。
1662	仁斎，古義堂を開く。
1665	素行，『山鹿語類』『聖教要録』を完成。
1666	荻生徂徠生まれる。
1685	山鹿素行死去。
1691	仁斎，『童子問』完成。
1704	徂徠，古文辞学を唱える。
1705	伊藤仁斎死去。
1717	徂徠，『弁道』『弁名』を完成。
1728	荻生徂徠死去。

伊藤仁斎
伊藤東涯
京都

山鹿素行
会津

信濃
太宰春台

江戸
荻生徂徠

→山鹿素行の墓前で行われた贈位報告祭　1907（明治40）年に行われ，山鹿素行の思想に多くを学んだ乃木希典が，報告祭で祭文を上奏した。これがきっかけとなって，山鹿素行の思想が掘りおこされた。（乃木神社提供）

解説　日本の思想家の出身地（古学）

古学は，江戸時代前期から中期にかけて形成された。朱子学を批判して誕生した古学は，儒学の徳目を日常生活の実践レベルからとらえ直して，実践倫理にまで高め，多くの人々の支持を得て，後世にも多大な影響を与えた。

山鹿素行

やまが そこう（1622〜1685）江戸時代前期の思想家

考えよう

○山鹿素行は、どうして朱子学を批判したのか。そして、日用の工夫を重視して明らかにした士道とは何か。

（松浦史料博物館提供）

人と思想

　会津若松（福島県）に生まれる。5歳の時に父が仕えていた蒲生家が幕府に領地を召し上げられたため、浪人となり、江戸に移り住んだ。江戸で父は出家して医者となって生計を立て、素行は儒学の書を読んで8歳までに四書五経などを読破したと伝えられている。8歳の時、林羅山に入門し、本格的に朱子学に打ち込むとともに、歌学、国文学、神道、老荘思想などを学び、14歳の時には甲州流兵学（軍学）を修め、20歳で早くも印可を得て、山鹿流兵学（軍学）を創始し、儒学者、軍学者として一家をなした。30歳の時、播州赤穂藩（兵庫県赤穂市）に仕えたが、38歳で致仕し、江戸で著述や弟子の教育に努めた。早くから兵学者として知られ、41歳の時、朱子学を批判して**古学**を提唱する。44歳の時、朱子学批判が幕政そのものへの批判につながるとして、赤穂に蟄居させられるが、塾を開き藩士たちに儒学や軍学を教えた。53歳の時、赦免されて江戸に戻り、講義と著述の生活を送った。

　素行の学問的目的は**武士の道義的基盤の確立**であり、朱子学の唱える窮理が日常の倫理から遊離する可能性があるとして批判し、実践的現実的な思想を求めた。そこで朱子学の源流である孔子や、孔子が理想とした周公旦の教えに帰り、唐・宋・明代の注釈を排して古典そのものを研究することを唱えた。また、素行によると、太平の世における武士は、戦闘者ではなく為政者であり、**農工商三民の指導者**として倫理的自覚をもって天下の道を開く存在である。さらに、武士は自らも道を修め、他者の規範とならなければならないことを説いて、武士が三民の上に立つのは道徳性に由来するとした。主著は**『聖教要録』『山鹿語類』**など。

年	年齢	人物史
1622	0	会津に生まれる。
1630	8	林羅山へ入門する。
1636	14	甲州流兵学を学ぶ。
1637	15	剣術免許を受ける。
1640	18	『論語』『孟子』講義。
1642	20	浄智と結婚する。
1657	35	江戸大火（明暦の大火）。
1660	38	浅野家を致仕。
1665	43	『山鹿語類』『聖教要録』完成。
1666	44	『聖教要録』で朱子学を批判したため赤穂へ配流される。
1675	53	赦免される。
1685	63	没す。

為政者としての士道

古学 ─『論語』『孟子』などの原典を重視

↑↓

朱子学（観念的・内面的修養重視）の批判　学問…日常に役に立つもの

↑↓

士道論 ─ 武士は三民の道徳的指導者

解説

　素行は、身分や置かれた状況に応じた言動、さらには職業として日常生活の中で行っていることに対して、現実的工夫をしながら日々適切に対処できるための学問をめざした。そこで学問の目的を人格の育成とする儒教の精神を尊重し、日常に役立つものとした。特に武士に求められるものは従来の武士道ではなく、為政者としての道徳的修養的な士道であり、その実現が武士の使命であるとして、農工商の上に立つものの責任と自覚を説いた。

1　朱子学批判

原典資料

　後世の儒者たちは、万物は一つの理によって存在しているとして、万物を、その差異を無視して混合してしまったが、これはあらゆる存在を平等とみなす異端（仏教）の説とおなじである。

　聖人の教えはいたずらにその本体をさかのぼって本原の理を究めようというのではなく、現実の形、すなわち、本原からいえばその部分についてその理を明らかにしようというものである。〈田原嗣郎訳「山鹿語類」『中公バックス　日本の名著12　山鹿素行』中央公論社〉

資料解説

　素行は、「万物は一つの理によって存在している」という「居敬窮理」の考え方に基づく朱子学が、ともすれば抽象的な理論と化してしまい、日常の倫理を離れてしまうという。「聖人の教え」とは「現実の形……の部分についてその理を明らかにしようというもの」であり、周公旦や孔子という「聖人」の教えに基づいて、現実に向き合って、その「理」を明らかにすべきだとした。

重要語句

仏教の受容：素行は、日本は、仏教などの外来思想を取り入れ、見事に取り込んでいるという。これを「天縦の神聖」といい、このような受容力を「陶鋳力」と呼んだ。

『聖教要録』：44歳の時刊行したもの。この著書で、朱子学批判を行った。そのため、流罪となり、赤穂藩に配流された。素行は、朱子学の考え方が日常の倫理から遊離し、抽象的になりすぎる嫌いがあると批判した。一方で彼は、孔子の思想や、孔子が理想とした周公旦の教えに返るべきだとして、実践的で現実的な思想を求め、古学（聖学）を主張した。こうして、この書物は古学の出発点となった。

2 士道・士の職分

原典資料

　およそ士の職というものは，主人を得て奉公の忠をつくし，同僚に交わって信を厚くし，独りをつつしんで義をもっぱらとするにある。そして，どうしても自分の身から離れないものとして，父子・兄弟・夫婦の間の交わりがある。これもまた，すべての人が持たなければならない人間関係であるけれども，農・工・商はその職業にいそがしくて，いつもその道をつくすというわけにいかない。士はこれらの業をさしおいて，もっぱらこの道につとめ，農・工・商の三民が，人のなすべきことをすこしでもみだすならば，それをすみやかに罰し，それによって天の道が正しく行なわれる備えをなすものである。だから士には，文武の徳知がなければならない。

　それは，外形としては剣術・弓術・馬術などを十分にこなすことであり，内面においては，君臣・朋友・父子・兄弟・夫婦の道をつとめることであって，このように文道がその内心において充実し，その外形においては武備がととのうようになれば，三民はおのずから士を師とするようになり，士を尊び，その教えにしたがい，ものごとの順序を知ることができるようになるのである。〈同前〉

読解力 *power up!*

上記資料の内容に当てはまらないものを一つ選べ。
①剣術など武士のたしなみのない者は，内面を磨くことに精進すべき。
②馬術などの武士のたしなみと同等に内面の充実は重要である。
③君臣の道は，義の道であり，奉公の忠を尽くすことである。
④農・工・商の三民が人のなすべきことを少しでも乱すならば処罰すべき。

資料 解説

　素行は，武士の職分は，主人には「奉公の忠」を尽くし，同僚には「信」を厚くし，独りをつつしんで「義」をもっぱらとすることにあるという。さらに，**武士としての内心が充実して武備が整えば，農・工・商の三民は，武士を師として尊敬し，その教えに従うようになる。**そして，物事の順序を知ることができるようになると述べている。

3 天命

原典資料

　人が命を知らなければ，心が安らかであることはできないから，安んじ楽しむこともなく，また，覚悟をきめてきっぱりと決断することもないわけである。人間にとってもっとも重大なものは命なのである。この命を大事に思うことは，貴賤・上下・長幼を問わず，いかなる人であっても同じであり，鳥獣魚類にいたるまでその心はあるものなのだ。……天の命とは何かをよく考え，よくその事物について明らかにするならば，天命とは何かがよくわかるであろう。ここにのべてきたところから，命について正しく詳細に知らないとしたら，あるいは恐れて臆病になるばかりで不義の行ないをし，あるいは蛮勇にはやって意味もないのに死に，しかもそれを何とも思わないというようなことになってしまうのである。〈同前〉

資料 解説

　素行は，人間にとって最も重大なものは「命」だという。命を大事に思うことは，貴賤・上下・長幼を問わず，いかなる人であっても同じだとして，命を知ることが重要だという。素行は，四書の一つ『中庸』を踏まえて，「人物の生生，天命ならざる無し。故に曰く，天の命ずるをこれ性と謂ふ」という。**天命**とは，人間のもって生まれた本性であり，それを知ることによって，命を大事にし，臆病になったり蛮勇に走ったりせず，正しく生きることができるという。

重要語句

士道：儒教倫理に基づくもので，三民のリーダーたる武士の職分をいう。素行は，戦乱が収まった後の江戸時代における武士は，武士の職分をよく自覚して三民のリーダーとなるべきだと説いた。

武士道：当時の「武士道」は，戦乱の世における生き方など，武家の家訓のような形で伝えられるものであった。素行は，天下国家を意識した支配階層である武士の心得としての「士道」を説き，それまでの「武士道」の考え方を厳しく批判した。

士の職分：素行は，「士の本とするは職分を知るに在り」と述べた。つまり，内面の道徳性と外形としての武士のたしなみを備えた武士が，この職分を自覚し，三民の理想として尊敬されることが大切であるとする。さらに素行は，文武の徳知を身につけることができないものは，三民となれと説いた。

大学入試 *challenge!*

山鹿素行についての説明として最も適当なものを，次の①〜④のうちから一つ選べ。
①朱子学の説く理を道徳の基礎として重視し，私利私欲をつつしむ心の修養を説くとともに，儒学と神道を融合させて垂加神道を唱えた。
②朱子学の説く理を道徳の基礎として重視し，『論語』や『孟子』などの原典に立ち返ることで，日常的な道徳の規範を明らかにすることを目指した。
③朱子学の説く理が抽象的であることを批判し，私利私欲をつつしむ心の修養を説くとともに，儒学と神道を融合させて垂加神道を唱えた。
④朱子学の説く理が抽象的であることを批判し，『論語』や『孟子』などの原典に立ち返ることで，日常的な道徳の規範を明らかにすることを目指した。〈20本試〉

●山本常朝（1659〜1719）
　鍋島藩士。彼の言行を記録した武士道の書『葉隠』において，「武士道というは，死ぬことと見付けたり」と説いて，武士に死の覚悟を持って事に当たり，主君に対する絶対的な服従・忠節を求めた。戦国時代のような緊張感の維持を求め，山鹿素行の「士道」など，泰平の世を前提としたような，儒教的な士道を批判した。

解答：【読解力 power up!】①　【大学入試 challenge!】④

伊藤仁斎

いとう じんさい（1627～1705）江戸時代前期の思想家

考えよう

○伊藤仁斎は，どのように朱子学を批判し，どのように儒学を分かりやすく実践しやすいものにとらえ直したのか。

人と思想

　京都の材木商の子に生まれ，父母ともに豪商の家の人であった。幼いころから学問に関心をもち，11歳の時『大学』を学び，儒学者をめざした。家族は家業を継ぐか，医者になることを願ったが，弟に家を譲り学問に専念した。はじめ林羅山の敬の思想に心酔して朱子学を学ぶが，しだいに疑問をもち，陽明学や老荘思想へと関心を広げていった。しかし，自己のめざすものを見いだすことができず，精神的な疲弊に陥り，苦悩の日々を送った。33歳の時，朱子学が説く「敬」ではなく，『論語』にある「仁」に改めて気づき，「仁」を自らの学問の中核においた。35歳の時，京都の堀川に私塾**古義堂**を開き，古学の方法を提唱した。以後，彼の学問は息子の東涯に引き継がれ，**古義学派**（堀川学派）として発展していった。仁斎の学者としての名声は全国に広く知られ，各地から数千人の門人が集まったと伝えられる。

　仁斎は朱子学の理論的な偏向を批判し，庶民が親しみ，様々な身分の人々が共感できる儒学のあり方を求め，普段日用に役立つ視点から儒学そのものをとらえ直そうとした。それにはまず，『論語』『孟子』を学ぶことにより孔子，孟子の真の精神を理解することから始めなければならないとした。例えば，孟子の四端説は，朱子は「端は緒」と注釈しているが，仁斎は「端は本なり」と解釈して，四端を人間が生まれながらにもっている心として理解し，これが拡充すれば，仁・義・礼・智の四徳になるとした。彼により，原典の厳密な文献研究方法が確立し，日本儒学の学問的精度が高められた。主著は『語孟字義』『論語古義』『童子問』など。

年	年齢	人物史
1627	0	京都堀川に材木商の子として生まれる。
1641	14	孔孟の儒学を学ぶことを志す。
1662	35	京都に私塾（古義堂）を開く。
1670	43	長男東涯生まれる。
1683	56	『論語古義』『孟子古義』などが完成。
1691	64	『童子問』が完成。
1705	78	死去。

古義学

朱子学（敬の重視）の批判
↓
古 学
　『論語』…最上至極宇宙第一の書
　『孟子』…孔子の思想を理解する義疏（てびき）

古義学　仁　誠　真実無偽
　　　　　　　　愛

解説

　朱子学は宋代の朱子が大成した儒家思想の学問の1つである。江戸幕府は朱子学を官学としたが，仁斎は，**儒学は基本的に孔子と孟子の思想を学ぶものである**として古義学を唱えた。したがって，孔子の言行録である『論語』と孟子の作である『孟子』が重視される。

　古義とは，古代中国で使われていた元来の意味を読み取ることである。古義学の方法は，後世の注釈に一切かかわらず，原典を熟読精思することから始め，次に孔子や孟子の人物像や思想を総合的に理解し，さらに文体などを検証して，語義や意味内容を明らかにしていく手順をとる。こうして，孔子や孟子の真の精神を知り，学ぶことができるのである。

仁愛・誠

仁 ⇔同じ⇒ **愛**

↓

誠（真実無偽）

普段日用の場面

義　親　別　序　信
君臣　父子　夫婦　兄弟　朋友

解説

　孔子が示した「仁」を，伊藤仁斎は「愛」であると理解した。そして，「愛」が実現されるには，日常生活で接する身近な一人ひとりに対して偽りのない純粋な心，すなわち誠をもつことが必要だとした。ここに見られる誠は，古代日本人が大切にしていた**清き明き心**（清明心）に通じるものである。朱子学では，「仁」は生まれつき備わった「心の徳」で，「愛の理」であるとした。よって，孔子の「克己復礼」は，天理の節文である「礼」に返るのが「仁」であるとし，私欲を克服することで得られるものだとしたが，仁斎はこれを批判し，「仁」の原型は，**私を滅して他人に尽くすことにある**とした。

1 仁愛

原典資料

　仁は、徳のうちでも偉大なものである。しかしこれを一語によっていいつくそうとすれば、愛そのものだ。それは、君臣関係においては義といわれ、父子では親といい、夫婦では別（けじめ）といい、兄弟では叙（順序）といい、朋友では信（誠実）といわれる。みな愛から発したものである。……孔子に学ぶ人びとが、仁を徳の第一としているのは、このためであると考えられる。

〈貝塚茂樹訳「童子問」『日本の名著13　伊藤仁斎』中央公論社〉

資料 解説

　仁斎は、朱子学の考え方が独断的で理を重視するあまり形式的になっていると批判し、儒学の根本精神は、「仁」の教えにあるととらえ、それは**愛**だと考えた。あらゆる人間関係が愛を基本にしているというのである。君臣関係においては「義」、父子においては「親」、夫婦においては「別」といい、朋友においては「信」という。続けて「愛は実体ある心情から発するもの」であり、愛に満たされた日常世界を実現することが儒学の理想であると説いた。

2 誠

原典資料

　誠は、実なり。一毫の虚仮無く、一毫の偽飾無き、まさに是れ誠。朱子の曰く、「真実妄無きこれを誠と謂う」。その説当れり。しかれどもおよそ文字必ず反対有り。その対を得るときは、すなわち意義おのずから明きらかなり。誠の字　偽の字と対す。真実無偽をもってこれを解するの最も力を省くとするに若かず。

〈清水茂校注「語孟字義」『日本思想大系33　伊藤仁斎　伊藤東涯』岩波書店〉

資料 解説

　仁斎は、「仁」である「愛」は、「誠」の徳によって成り立つという。この「誠」とは、心に嘘や偽りのない、**真実無偽**のあり方である。仁斎は、この「誠」の徳を得るために、「忠信」と「忠恕」の実践が大切であると説く。そうすれば、人々は互いに仲良くしていくことができると考えた。『童子問』で、彼は、互いに愛し、仲良くするためには、自ら進んで人を愛すれば人は自分を愛するのだ、そうすれば、「相愛し相親しむ」ことができる、と述べている。

大学入試 challenge!

〔2〕伊藤仁斎が朱子学者を批判した内容として最も適当なものを、次の①～④のうちから一つ選べ。

①彼らは、社会で定まっている上下の身分も徳の有無によって入れ替わるという易姓革命の理を説いたため、他者に対してむごく薄情になりがちである。

②彼らは、形式的な理によって善悪のあり方を厳しく判断してしまうため、少しの過ちも許さない傾向に陥り、他者に対してむごく薄情になりがちである。

③彼らは、天人合一のための修養として私欲を抑える愛敬を重んじたが、私欲を抑えることの強制は、他者に対してむごく薄情になりがちである。

④彼らは、心に内在する良知と理としての行為とを一致させるべきであるという知行合一を説いたため、他者に対してむごく薄情になりがちである。

〈11本試〉

大学入試 challenge!

〔1〕江戸時代の儒学者についての記述として適当でないものを、次の①～④のうちから一つ選べ。

①雨森芳洲は、堪能であった朝鮮語の能力を生かして朝鮮使節を応接するとともに、外交関係の構築には誠意と信頼を根本とした「誠信」が重要であると説いた。

②新井白石は、文治主義による政治の実践に関わるとともに、密入国したイタリア人宣教師への尋問を通して、世界の地理やキリスト教に関する新たな知識を摂取した。

③山鹿素行は、朱子学で説かれる理を観念的なものと批判し、古典の言葉を正確に理解する古学の方法によって、六経に記された先王の道を学ぶべきであることを主張した。

④伊藤仁斎は、『論語』や『孟子』に説かれた言葉を、朱子の注釈に拠らずに熟読して深く理解しようとする古義学を唱え、「忠信」の実践による「仁愛」の実現を強く求めた。

〈16追試〉

重要語句

人の道（五倫五常の実践）：五倫とは、孟子が説いた人間が日常において従うべき5つの道（「父子の親」、「君臣の義」、「夫婦の別」、「兄弟の序」、「朋友の信」）であり、五常とは、儒教における個人の基本的な5つの徳「仁・義・礼・智・信」である。仁斎は、この五倫五常はすべて「愛」から発したものであり、そうでないものは偽物だとし、愛がなければ、五倫五常も単なる偽善となると説いた。

忠信：仁斎は、「誠」を得るために、自分を偽らないこと（忠）とともに他者を欺かないこと（信）を実践することを説いた。

忠恕：仁斎は、「誠」を得るために、他者の心情を自分のこととして理解すること（忠恕）の実践を説いた。

真実無偽：仁斎は、仁は愛であるとして、その愛の実現のためには、「誠」が必要であると説く。人間関係における心情において偽りがなく、自他に対して偽りをもたないという「真実無偽」な純粋な心が「誠」だというのである。

荻生徂徠

おぎゅう そらい（1666～1728）江戸時代中期の思想家

考えよう

○荻生徂徠が「道」として最も重視した「先王の道」は，何のためにあるもので，どのようなものか。

人と思想

　上野国（群馬県）館林藩主時代の徳川綱吉の侍医の次男として生まれた。13歳の時に父が綱吉の怒りに触れて流罪となり，一家は上総国（千葉県）へ転居し，極貧生活を強いられた。この時代に貧しい農民や漁夫らの現状を見聞したことが，彼の自己形成に大きな影響を与えた。26歳の時，父が許されて一家は再び江戸へ戻り，父は将軍となった綱吉の侍医へ復帰し，徂徠は学者として若くしてその才能を発揮し，芝増上寺の門前に私塾を開いた。30歳の時，後に大老格となる側用人柳沢吉保に仕え，綱吉に儒学講義を行う栄誉を得た。綱吉が死去し吉保が失脚すると政界から身を引き，日本橋に私塾を開いて後進の指導に当たり，一家をなした。その後，将軍吉宗に請われ政治顧問として活躍し，幕政に影響を与えた。徂徠ははじめ朱子学を学んだが，朱子学の間違いは四書五経の誤読にあるとして，それらを克服する独自の学問体系として儒教の原典に立ち返る**古文辞学**を確立した。特に「六経」を漢文ではなく古代中国語で理解しようとした。彼の思想的特徴は儒学を社会の安定と人民の生活向上を目的とする「**経世済民の学**」としてとらえ，内面的道徳よりも政治思想に重点を置いていることである。日本の朱子学における聖人は道徳的人格者であるが，徂徠は後世にまで社会や人民に恩恵をもたらした為政者を聖人とした。

年	年齢	人物史
1666	0	将軍就任前の徳川綱吉侍医の子として江戸に生まれる。
1679	13	父が流罪となり江戸を離れて極貧生活をする。
1692	26	父が許されて江戸に戻り儒者として私塾を開く。
1696	30	側用人柳沢吉保に仕える。
1704	38	伊藤仁斎に手紙を送るが返事がなく疑心を抱く。
1709	43	柳沢吉保から離れる。
1721	55	幕府からの『六諭衍義』の訓点などの命に応える。
1727	61	吉宗より『三五中略』の校正を命じられる。このころ『政談』完成。
1728	62	死去。

先王の道・安天下の道

古代の帝王＝儒教の古典にある理想の君主

```
伝説の帝王          各王朝を創始した聖王たち
堯・舜              夏の禹，殷の湯，周の文・武・周公旦
          ↓
天下を安泰にしようとする心がけ＝「仁」
          ↓
礼楽刑政で個々人が社会で活躍し，それで社会の秩序が
維持されて安泰となる
```

解説

　荻生徂徠が考えた「仁」は，個々人の修養によって君子（最高の人格者）となるための最大の徳目ではなく，為政者が多くの民を導きながら社会全体に秩序と安泰をもたらすための心がけであった。その心がけは，孔子が理想とした古代中国の帝王と聖王たちが，何のために社会制度を構築してきたかに見いだせる。これを「**先王の道**」といい，その目的である社会の秩序が維持されて，人々が安泰に生活を営むことが「**安天下の道**」だとした。そうした中で，心を尽くし，知力を尽くしてつくり上げられた社会制度は，目の前ですぐに成果が分かるようなものではなく，長期的展望に立った壮大なスケールのものである。これが，徂徠が求めた「道」であった。

1　先王の道

原典資料

　「先王の道」は，先王が創造したものである。天地自然のままの「道」ではないのである。つまり先王は聡明・英知の徳を持つことから，天命を受け，天下に王としてのぞんだ。その心はひとえに天下を安泰することを任務としていたので，精神を使いはたし，知恵の限りを尽くして，この「道」を作りあげ，天下後世の人々をこれによって行動するようにさせたのだ。

〈前野直彬訳「弁道」『中公バックス　日本の名著16　荻生徂徠』中央公論社〉

資料解説

　徂徠は，儒学の本来の精神は，古代中国の，聡明で英知の徳を備えていた理想の君主が創造した「**先王の道**」に立ち返ることだと説いた。この「道」とは，人為的につくった道であり，政治や社会の制度，つまり，「**経世済民**」の道だと説く。

重要語句

朱子学批判（経世済民）：徂徠は，学問の目的は「経世済民」でなければならないとした。先王のような聖人の道とは，朱子学のように，道徳を理によって究めようというものではなく，天下を安泰にしようとする営み，すなわち「経世済民（世を経め，民を済う）」であると説いた。

　荻生徂徠が「経世済民」を説いたことをきっかけに，政治と宗教道徳を分けて考えることが一般的になるとともに，多くの経世思想が登場することになった。

2　安天下の道

原典資料

「先王の道」は，天下を安泰にする「道」であった。その「道」には幾つもの面があるが，結局は天下を安泰にすることに帰着してしまう。その根本は天命をつつしんで守ることにあって，天が自分に天子となれ，諸侯となれ，大夫（諸侯の下にあって国政をとる人）になれと命じたならば，自分の下に臣民がいることとなる。士になれと命じたならば，一族や妻子をかかえることになる。いずれも自分の力に頼って安泰となるべき人々である。しかも士や大夫は，すべてその君主と協力して天から授けられた職務を遂行する者である。だから君子の「道」においては，仁こそが大きなものとされる。〈同前〉

資料 解説

徂徠は，孔子の求めた道は，「先王の道」であり，それは結局のところ，「**安天下の道**」，すなわち天下安泰への道であり，天下を安泰にしようとする営み（「経世済民」）を行おうとする心がけを，孔子の言う「仁」だと説く。徂徠は，こうした「安天下の道」は「六経（りくけい）」の中に表れていると主張した。

3　礼楽刑政（れいがくけいせい）

原典資料

先王が天下の法政の基礎を作り，人間が生活する規範を立てるためには，もっぱら礼に依存した。智者は考えることによってそれを理解しうる。愚かな者はわからないが，礼に従う。賢者は上から礼へと向かう。賢でない者は背のびをして礼にとどこうとする。何か一つのことをし，一つの発言をしようとすることがあれば，礼に照らして考え，それが先王の「道」に合うかどうかを知る必要がある。だから礼という言葉は，具体的なものである。先王の「道」の具体化されたものである。

とはいえ，「礼」を守ることがきびしすぎ，それに「楽」を配合しなかったならば，とうてい楽しみつつ徳を生み出すことはできまい。だから楽は，徳を生む方法である。天下の人々をはげまし，自分の徳をそだてて大きくさせるには，楽にまさるものはない。だから，礼楽の教えは，天地が万物を生み，育てるようなものである。君子はこれによって自己の徳を養成し，小人は自分の習慣を作りあげる。天下はこれによって安らかに治まり，国の伝統はこれによっていつまでも続く。〈同前〉

資料 解説

徂徠は，先王がつくった人為的な道を安天下の道と考え，先王が定めた「**礼楽刑政**」以外に道といわれるものはないと説いた。「礼楽刑政」とは，「儀礼」と「音楽」を配合した「礼楽の教え」により養成される自己の徳と，「刑罰」や「政治制度」などの統治システムを合わせた総称であり，これ以外に安天下の道はないと主張した。

この主張の背景には，朱子学が修身という個人道徳から出発して政治を論じている（修身・斉家，治国，平天下）ことを否定して，もっぱら政治のみを論じようとする徂徠独自の思想がある。また，江戸幕府が開かれてからすでに50年以上もたち，社会や経済の変化に即応した現実的政治改革が求められる中で，すでに理念一辺倒に陥って現実的視点を欠いた朱子学への批判も込められていた。

重要語句 ....

「**六経**」：徂徠が研究対象とした『易経（えききょう）』『詩経（しきょう）』『書経（しょきょう）』『春秋（しゅんじゅう）』『礼記（らいき）』『楽経（がっけい）』のこと。これらを古代中国語で精読し，朱子学にかわる真の聖人（徂徠によれば，古代の理想の君主）の教えを明らかにしようとした。そうした研究をまとめたものとして，彼は『弁道（べんどう）』などを著した。

大学入試 challenge!

日本の儒学者についての説明として最も適当なものを，次の①〜④のうちから一つ選べ。

① 室鳩巣は，もと僧であったが，仏教を出世間の教えであると批判し，還俗して儒学者となった。彼は僧侶などの教養であった儒学を学問として独立させ，林羅山などを育成した。

② 山鹿素行は，はじめ儒学を学んだが，後に日本にふさわしい実践的な道徳として武士道を唱えた。彼の説いた武士道は，主君のために死ぬことを本質とする，伝統的な武士のあり方を継承したものであった。

③ 中江藤樹は，はじめ朱子学を学んだが，後に王陽明の思想に出会ってこれに共感し，日本陽明学の祖となった。彼は，人間には善悪を正しく知る良知がそなわっているとし，良知に基づく日常的な実践を説いた。

④ 荻生徂徠は，聖人のつくった礼楽刑政を重んじた。それゆえ，彼は赤穂浪士の討ち入りについて，浪士たちの示した藩主への忠義は幕府の法秩序に優先すると考え，浪士たちを義士として誉め称えた。

〈18追試〉

その他の古学の人々

● 太宰春台（だざいしゅんだい）（1680〜1747）

信州飯田の生まれ。32歳のとき荻生徂徠の教えを受け，経世学を独自の視点で発展させた。彼は，社会の変化を鋭く観察し，道徳と政治の根底となる経世済民論（けいせいさいみんろん）を展開し，著書『経済録』などを著した。

● 服部南郭（はっとりなんかく）（1683〜1759）

京都の生まれ。長じて柳沢吉保（やなぎさわよしやす）に出仕。そこで荻生徂徠と出会い，古文辞学を学ぶ。漢詩を究めていく中で，古文辞学から得た儒学の知識を用い，日本における近世漢詩分野確立の基礎を築いた。

解答：【大学入試 challenge!】③

6 国 学

本居宣長旧宅。2階に書斎「鈴屋」(本居宣長記念館提供)

国学の思想

[国学とは]

国学が誕生する以前の日本では，儒教や仏教など中国から朝鮮半島をへて伝えられた外来思想が盛んであった。これに対して国学は，『古事記』や『万葉集』など，古代日本の和歌，物語，神話の研究を通して，外来思想を取り入れる以前の日本独自の精神や生き方を追究しようとする学問である。

[思想背景]

古代・中世の日本では，学問は寺院などで盛んに行われていた。仏教や儒教の経典や経文を読むためには，漢学が必要であったためである。これが江戸時代の朱子学派である藤原惺窩や林羅山につながり，彼らの学問は政治理念となり，幕府へも影響を与えていった。

しかし，17世紀末頃からこうした儒学を批判して，新しい学問が登場してきた。日本陽明学派とされる中江藤樹や熊沢蕃山，古学派といわれる山鹿素行，伊藤仁斎，荻生徂徠らである。とくに古学派は，古代の原典に直接当たり，その実証研究を通して古代人の思想を探ろうとする学問方法を確立した。これが国学の誕生に大きな影響を与えた。

[影響]

日本人としてのあり方を模索する国学は，当時の人々に，**藩の枠を超えた国家意識**をめざめさせる1つの契機となった。一方で，復古的・排外的な側面が外来思想批判へとつながり，幕末から明治にかけて**尊王攘夷運動**や**国粋主義運動**へ大きな影響を与えた。

思想家	特色・主著など
契沖 1640〜1701	国学の先駆者。真言宗の僧。実証的な学問方法を確立した。『万葉代匠記』
荷田春満 1669〜1736	京都の神職。契沖と伊藤仁斎の学問に触れ，古語の研究により古代日本の精神を明らかにしようとした。『万葉集僻案抄』『創学校啓』
賀茂真淵 1697〜1769	契沖の実証主義的側面と春満の古道の精神を学ぶ姿勢を統合。国学を学問として体系化した。→ p.133 『国意考』『万葉考』『歌意考』
本居宣長 1730〜1801	国学の大成者。→ p.134 『古事記伝』『源氏物語玉の小櫛』『玉勝間』
塙保己一 1746〜1821	幼少期に失明。賀茂真淵に学ぶ。和学講談所を開設。実証主義的な史料研究を行った。『群書類従』
平田篤胤 1776〜1843	宣長の死後の門人を自覚。復古神道を完成させた。幕末の尊王攘夷運動に影響を与えた。→ p.136 『霊能真柱』『古道大意』

年	地域情勢	活躍した人物
1641	オランダ商館を平戸より長崎へ（「鎖国」の完成）。 武断政治から文治政治へ。	
1669	シャクシャインの戦い	
1687	生類憐みの令	契沖
	元禄文化	
1709	新井白石・間部詮房 生類憐みの令廃止。	荷田春満
1716	享保の改革	
1742	公事方御定書制定。	
1765	真淵『国意考』	賀茂真淵
1767	田沼意次の改革	
1771	宣長『直毘霊』	本居宣長
1787	寛政の改革	
1792	ラクスマン根室に来航。	
1798	宣長『古事記伝』	
1819	塙保己一『群書類従』	
	化政文化	平田篤胤
1824	篤胤『古道大意』	
1834	水野忠邦，老中となる。	
1837	大塩平八郎の乱	
1841	天保の改革	
1846	米使ビッドル浦賀来航。	

契沖 摂津　荷田春満 京都　平田篤胤 出羽
塙保己一 武蔵
伊勢 本居宣長　遠江 賀茂真淵

解説　国学者の出身地

江戸時代には，社会が安定し平和になったこと，および経済活動が活発になったことを背景に，人々の言論活動も活発になり，多様な学問が追究された。

特に，経済発展による庶民の台頭は，学問の新たな担い手を生んだ。中世においては，思想家の個人的な直感や，連想的な思考を中心としたが，江戸時代には，文献に基づき実証的に研究するという方法が現れた。これが，国学を生む思想的背景となった。

契沖

けいちゅう（1640〜1701）

考えよう

○契沖は，これまでの日本の古典をどのような方法で見直し，どのようにとらえ直したか。

人と思想

契沖は，今の兵庫県尼崎市に生まれた。11歳で出家し，のちに，高野山に登り，阿闍梨の位を受けた。その後，いくつかの寺院を巡ったのち，高野山に戻り，再び，山を下りて，1679年，妙法寺の僧となってから，これまで以上に古典の研究に熱心に取り組んだ。特に，これまで，儒教や仏教の枠組みの中で捉えられてきていた『万葉集』などの日本の古典を実証的に見直した。その成果は，1690年の『万葉代匠記』に代表的に見ることができる。契沖は，儒教や仏教の形式的な教えにとらわれず，古典に表現されている人間の自然な感情や感覚をありのままに，自然の流れのまま捉えようとした。こうした契沖の方法論は，のちの国学者たちに継承された。このほかにも，『百人一首改観抄』などの著作を発表している。

年	年齢	人物史
1640	0	今の兵庫県尼崎市に生まれる。
1651	11	出家する。
1653	13	高野山で学ぶ。
1662	22	曼陀羅院の住職となる。
1663	23	阿闍梨の位を受ける。
		このあと数年間，諸国修行の旅に出る。
1676	36	妙法寺の住職となる。
		このころ，仏典や和漢書の研究に没頭。
1690	50	『万葉代匠記』を著す。
1701	61	大坂の円珠庵にて死去。

大学入試 challenge!

〔1〕儒教的な古典解釈を批判した国学者の一人に契沖がいる。契沖に関する記述として最も適当なものを，次の①〜④のうちから一つ選べ。

①日本人の心を伝える文献である『万葉集』の研究に取り組み，『万葉代匠記』を著して，古代日本人の精神を学ぶべきだと主張した。

②『万葉集』の研究によって，日本人の心の典型としての「ますらをぶり」を発見し，儒教や仏教が入る以前の古代精神を復活させようとした。

③『万葉集』や『古事記』などの古典研究の基礎を築き，古語の本来の意味である古義を明らかにしようとする復古神道を開いた。

④『古事記』などの研究に基づいて『霊能真柱』などを著して，儒教や仏教を強く批判して独自の復古神道を広めた。　〈07本試〉

荷田春満

かだの あずままろ（1669〜1736）

考えよう

○春満が日本の古典研究を通して何を明らかにし，それを広めるためにどのようなことをしたのか。

人と思想

荷田春満は，京都伏見稲荷の神官の子として生まれる。1700年に江戸に出て，武士たちに，歌学や神道を教授するようになった。彼は早くから『万葉集』の研究を行っていたが，契沖の『万葉代匠記』に大きく触発された。また，伊藤仁斎の学問にも触れる中で，彼は，古語の研究をとおして古義（日本の古典の意味・内容）を明らかにすることによって古代精神が明らかになると考え，江戸と京都を行き来する中で，『万葉集』のほか，『古事記』，『日本書紀』などを研究した。1723年に徳川吉宗に招かれて幕臣となった。晩年に『創学校啓』を著し，日本の古道を学ぶ学校を京都に創建することを幕府に訴えたが，認められなかった。しかし，こうした動きによって，国学勃興の機運を生み出す上で大きな役割を果たした。著作には，『万葉集僻案抄』，『創学校啓』などがある。弟子に，賀茂真淵がいる。

年	年齢	人物史
1669	0	京都伏見稲荷の神官の子として誕生。
1697	28	妙法院宮尭延法親王（霊元天皇第五皇子）に仕官。
1700	31	江戸に出る。
1713	44	一時帰京。
1722	53	富士山に登る。
1723	54	徳川吉宗に招かれ，幕臣となる。1727年まで仕える。
1736	67	死去。

大学入試 challenge!

〔2〕古典を基に日本固有の精神を探究した国学者の説明として最も適当なものを，次の①〜④のうちから一つ選べ。

①契沖は，古典を原典に即して読解しようとする実証的な方法により，古代日本の精神を伝える『万葉集』を研究し，『万葉代匠記』を著した。

②荷田春満は，儒学・仏教・神道を通して己の理想的な心のあり方を究明する心学の方法を基にして，『日本書紀』を実証的に研究した。

③本居宣長は，『源氏物語』の研究を通して，事物にふれて生じるありのままの感情を抑制する日本古来の精神を見いだした。

④平田篤胤は，『古事記』の研究を通して，身分の相違や差別のない日本古来の理想世界を見いだした。　〈17本試［改］〉

解答：【大学入試 challenge!】〔1〕①　〔2〕①

賀茂真淵

かものまぶち（1697〜1769）江戸中期の国学者

（本居宣長記念館蔵）

人と思想

遠江国（静岡県）浜松の加茂明神の神職の三男として生まれた。生家は経済的に厳しく、養子に出され、養子先も転々とする青年期を過ごした。10歳で江戸の国学者荷田春満の弟子に師事し、その後、浜松で自らの私塾を開いていた。30歳のころ、京都に行き、荷田春満のもとで学ぶ。39歳の時、師が死去すると浜松に戻り、その後、江戸で私塾を開き、国学を講じた。50歳で、徳川家の和学御用掛となり、田安宗武に仕え、64歳で引退した後も、多くの著書を残した。66歳の時、伊勢松坂の彼の宿に本居宣長が訪れた。宣長は、真淵から対面での生涯一度限りの教えを受けた。以後、書簡でのやりとりが行われた。真淵により日本古典を文献学的方法によって研究し、日本古来の精神やあり方（**古道**）を明らかにする国学が確立した。

真淵によれば、古道を明らかにするためには、わが国の古典に当たり古語を研究することが必要である。彼は仏教や儒教の影響を受けた「からくにぶり」や繊細でしとやかな「たをやめぶり」を批判し、『万葉集』の研究から、歌に込められた天地自然に従う素朴でおおらかな雄々しい気風である「**高く直き心**」や「**ますらをぶり**」を見いだし、これらを歌風や個人の心のあり方にとどめず、政治のあり方に広げ、統治の理想とした。主著は『**万葉考**』『**国意考**』など。

年	年齢	人物史
1697	0	遠江国浜松で出生。
1707	10	杉浦国頭（荷田春満の弟子）の私塾で学ぶ。
1723	26	結婚（翌年、妻は死去）。
1727	30	京都で荷田春満に学ぶ。
1736	39	荷田春満が死去し、浜松に戻る。
1737	40	江戸に移り国学を講ずる。
1763	66	伊勢の松坂で本居宣長に会う。
1765	68	『にひまなび』成立。このころに『国意考』が完成したとされる。
1769	72	死去。

1 古道

原典資料

（古道について）

ただ唐国は、心わろき国なれば、深く教えしも、おもてはよき様にて、終に大なるわろごとして、世をみだせり。……我国の、むかしのさまはしからず。只天地に随て、すべらぎは日月也。臣は星也。……

唐国の学びは、其始人の心もて、作れるものなれば、けたにたばかり有て〔理屈っぽくて〕、心得安し。我すべら御国の、古への道は、天地のまにまに丸く平らかにして、人の心詞に、いひつくしがたければ、後の人、知えがたし〔とらえにくい〕。

〈阿部秋生校注「国意考」『日本思想大系39 近世神道論 前期国学』岩波書店〉

資料 解説

主著の1つ『国意考』で、真淵は、中国から伝わった儒教や仏教を、人がつくった理屈っぽく、役に立たない議論として批判している。その上で、日本に古くからある学問、すなわち「古道」については、天地自然に従う素直で素朴な心であるとして、これを高く評価している。

この心こそ、『万葉集』の研究などで見いだされる「**高く直き心**」、つまり、わざとらしくつくったものではない、自然のままに歌い出されたものであり、真淵が理想とするものであった。

一方、『古今和歌集』『新古今和歌集』は、優美で技巧的であり、女性らしい歌風となっており、これを「たをやめぶり」として退けている。

当時は、中世からの和歌に対する心がけとして、仏教、儒教の中にある誠の心を尊重する考えが主流であった。特に、江戸幕府は朱子学を官学としたことから、『大学』の誠意を和歌の心と位置づけ、幽玄を重んじて技巧を凝らす歌風が好まれた。しかし、これでは歌に込めたい心を率直に表せないとの批判が生じ、賀茂真淵は「古道」を説いて、和歌を本来のあるべき姿に戻すとともに、国学を確立させたのである。

重要語句

高く直き心：私欲を取り去った、素朴で高貴な心を指す。そして「高き」の中に「みやび」が、「直き」の中にたくましさ、「雄々しき心」があるものとする。「雄々しき心」とは、おおらかで男性的な精神である「ますらをぶり（益荒男振）」に対応するものであり、真淵の理想とする精神である。

ますらをぶり：賀茂真淵が理想とした、『万葉集』の歌に見られるおおらかで男性的な精神のこと。真淵は、これが日本に儒教や仏教が渡来する前の古代日本のよき心だと考えた。

大学入試challenge!

近世の国学者である賀茂真淵が『万葉集』に見いだした日本人の理想的な精神についての説明として正しいものを、次の①〜④のうちから一つ選べ。

①素朴で力強く、ありのままを重んじる精神

②仏教や儒教を採り入れ融合させる、寛容な精神

③対立を避け、調和と秩序を重んじる「和」の精神

④優しさを重んじる「たをやめぶり」の精神

〈12追試〉

本居宣長

もとおり のりなが（1730〜1801）国学の大成者

考えよう
○「古道」とは，どのようなものか。
○「もののあはれ」とは，どのような心のあり方か。

人と思想

　宣長は伊勢国（三重県）松坂の木綿商の家の次男として生まれた。少年時代から習字や漢籍を学び，22歳の時，医学を学ぶために京都に行き，あわせて儒学や漢学，国学なども学んだ。また，日本の古典に関心をもち，荻生徂徠の古文辞学や契沖の著書の影響を受け，国学を志した。27歳の時，松坂に帰り，医者を務めながら，和歌や『源氏物語』などを研究し，33歳の時，松坂に立ち寄った賀茂真淵に面会して，入門を許された。この面会は生涯一度の対面であり，「松坂の一夜」として知られる。以後，宣長は，書簡のやりとりを通じて真淵の志を受け継ぎ，『古事記』の実証的研究を通して古道論の確立に生涯を傾けた。生涯を市井の学者として過ごした宣長には門人も多く，その半数は，町人や農民といわれる。宣長によれば，日本古来の道（古道）は仏教や儒教などの漢意のない「**惟神の道**」であり，汚れのない「**真心**」の世界である。それは『古今和歌集』に見られる女性的な「**たをやめぶり**」であり，文芸の本質としての「**もののあはれ**」に通じるものであった。主著は『**古事記伝**』『源氏物語玉の小櫛』『玉勝間』など。

年	年齢	人物史
1730	0	伊勢国松坂に生まれる。
1751	21	兄の死去により家督相続。
1752	22	医学を学ぶため京都へ。
1757	27	松坂に帰り，医師を開業。
1763	33	伊勢神宮参宮のために松坂に来ていた賀茂真淵に面会（松坂の一夜）。
1764	34	真淵に入門。『古事記伝』を起稿。
1771	41	『直毘霊』完成。
1782	52	書斎「鈴屋」を設ける。
1796	66	『源氏物語玉の小櫛』完成。
1798	68	『古事記伝』完成。
1801	71	死去。

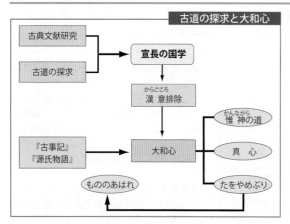

古道の探求と大和心

解説

　宣長は，古典の文献研究を通して，古道の探求を行い，これこそ学問と自負する。その際，学問によって人の生きる道を知ろうとするなら，まず中国から伝わった儒教や仏教などの「**漢意**」の影響を排除する必要があると説く。そうしてはじめて「**大和心**」が分かるのだという。「大和心」は日本固有のものである。

　それは，神の御心のままの「**惟神の道**」としての「**古道**」と，そこにある汚れのない「**真心**」であるという。これは，古くから見られる「**たをやめぶり**」という女性らしさでもあるという。

　これは，『古事記』や『源氏物語』に見られる「**もののあはれ**」に通じるものでもあった。

1　惟神の道

原典資料

　主として奉ずべき筋はなにかといえば道の学問である。そもそもこの道は天照大御神〔天照大神〕の道にて，天皇の天下を治める道，四国万国にあまねく通ずるまことの道であるが，ただ日本にのみ伝わっているものである。それがどういう道かというに，この道こそ『古事記』『日本書紀』の二書に記されたところの，神代上代のいろいろな事跡においてつぶさにそなわっている。

〈石川淳訳「宇比山踏」『日本の名著21　本居宣長』中央公論社〉

資料解説

　宣長は「古道」を，天照大神の道すなわち「**惟神の道**」として，それは，『古事記』と『日本書紀』の二書に記されているとする。それはことさらにあれこれと口にするものではなく，豊かでおおらかな内容であり，生まれながらの真心といえる。その道は，人の作為の結果である道徳や道理などではなく，日本人の生活を平安に保ち続けた神々の習俗であり，人間の心情に訴えかけるものだと，宣長は説く。「道」の探求こそ学問であるとする宣長は，日本の「古道」を，儒教や仏教が伝わる前の神代・上代の出来事の中に見いだそうとした。

重要語句

古道：古代日本において，そもそも道とは何かといったことは論じられることはなかったが，日本の国はしっかりと治まっていた。それは，神の道すなわち「惟神の道」に従い，自然のままに統治していたからである。このような神代すなわち『古事記』『日本書紀』に記された神々の時代から伝わってきた，神の御心のままの，人為を加えない日本固有の道が「惟神の道」という古道なのであり，「真心」の世界だと宣長はとらえた。

真心：人間が生まれながらにしてもっている素直な心のこと。これが文芸の本質であるとし，人が物事に触れた時におこる素直な心の動きを「もののあはれ」という。本居宣長は，真心を人として生きていく上での道と位置づけた。

2 漢意の排除

原典資料

　学問をして人の生きるべき道を知ろうとするならば、まず漢意をきれいさっぱりと取り去らなくてはならない。この漢意がきれいに除き去られないうちは、どんなに古書を読んでも、また考えても、古代の精神は理解しがたく、古代の精神を理解しなくては、人の生きるべき道というものは理解しがたいことなのである。いったい道というものは、本来学問をして理解する事柄ではない。人が生まれたままの本来の真心に立つのが道というものなのである。真心というのは、善くても悪くても、生まれついたままの人間本来の心をいうのである。ところが後世の人は、全体に例の漢意にばかり感化されて、真心をすっかり失ってしまったので、現代では学問をしなければ道を理解できなくなっているのである。

〈大久保正訳「玉勝間」『日本の思想15　本居宣長集』筑摩書房〉

資料 解説

　宣長は、儒教や仏教は、理論ばかりを重視した、人間のつくりごとに過ぎないとする。人間が本来もっている偽りのない「生まれついたままの人間本来の心」すなわち**真心**こそ、日本固有の心であるとした。

3 もののあはれ

原典資料

　「あはれ」というのはもと、見るもの聞くもの触れることに心の感じて出る嘆息の声で、今の世の言葉にも「あゝ」といい「はれ」というのがそれである。たとえば月や花を見て、ああ見事な花だ、はれよい月かなといって感心する。……

　「物のあはれ」というのも同じで、物とは言うを物いう、かたるを物語るという時の物、物見、物忌みなどの物であって、ひろく言うさいに添える言葉である。そして何事にしろ感ずべきことに出会って感ずべき心を知って感ずるのを、「物のあはれを知る」というのであり、当然感ずべきことにふれても心動かず、感ずることのないのを「物のあはれを知らず」といい、また心なき人とは称するのである。

〈西郷信綱訳「源氏物語玉の小櫛」『日本の名著21　本居宣長』中央公論社〉

読解力 *power up!*

上記資料の内容として、最も適当なものを一つ選べ。

① 「もののあはれ」とは、他者やものごとに触れた時に、こまやかに共感する、しみじみとした感情の動きのことである。

② 「もののあはれ」とは光源氏のように、男女の悲哀をものごとの中に読み取る態度のことである。

③ 「あはれ」とは、「ああ」と「はれ」が短縮された語で、抽象的な思考を排し自己の内部の情緒に深く沈潜する態度のことである。

④ 「あはれ」とは、古典を味わうことを生活の指針として重視する態度のことである。　〈00センター追試［改］〉

資料 解説

　宣長は、江戸時代の儒学者が唱える道徳主義的人間観を排し、あるがままの心情にさからわない情的な人間を肯定した。そして『源氏物語』を人間の共感的な「あはれ」を中心に、人間の真の姿を描き出しているものとし、主人公である光源氏こそ、「**もののあはれ**」を知る「心ある人」とした。

重要語句

漢意：中国から伝わった儒教や仏教などの文化に影響、感化され、その考え方や生き方に染まってしまった心のこと。宣長は、著書『玉勝間』において、こうした考え方や生き方は、広く世間一般の人の中にも根付いているという。『源氏物語』を深く研究する中で、宣長は、仏教や儒教の教えは、みな人間の浅はかな考えによるもので、そうした浅はかな知恵や作為を捨て、人間本来の**真心**に変えるべきだと主張した。

重要語句

もののあはれ：「あはれ」とは感嘆詞の「ああ」と「はれ」が短縮された語である。「もののあはれ」とは、人間の心が自然や人間の様々な面に触れた時におこる、しみじみとした感情の動きのこと。

たをやめぶり：繊細で女性的な精神のことで、『古今集』や『新古今集』の和歌にみられる歌風を基にした人間のあり方を示した言葉。賀茂真淵が理想とした「ますらをぶり」に対する語。

大和心：「もののあはれ」を知る心のことで、本居宣長が最も重視した人間の自然のままの性情を肯定した考え方からきており、「漢意」に対する語。

大学入試 *challenge!*

本居宣長が「もののあはれ」について説いた内容の説明として最も適当なものを、次の①〜④のうちから一つ選べ。

① 理屈に偏った漢意を捨て、「もののあはれ」を知ることによって、人は物事の情趣を素直に感受する「心ある人」となることができる。

② 儒教や仏教などの考え方を排し、「もののあはれ」を知ることによって、人は素朴で力強い「高く直き心」を取り戻すことができる。

③ 物語や和歌などを深く味わい、「もののあはれ」を知ることによって、人は無常観を深め、仏に通じる慈悲の心を培うことができる。

④ 『古事記』をはじめとする古い神話や物語を学び、「もののあはれ」を知ることによって、人は古来の経世済民の道を実践することができる。

〈20追試〉

平田篤胤

ひらた あつたね（1776～1843）江戸末期の国学者　復古神道の完成者

人と思想

　篤胤は出羽国久保田藩（秋田県）の藩士の四男として生まれた。19歳の時，無一文同然で江戸に赴き，火消しや飯炊きなどをしながら，勉学に励んだ。24歳の時，勤め先の旅籠で松山藩士の目にとまり，養子となった。25歳の時，本居宣長の著書に接し心酔，夢の中で師弟関係を結んだと述べている。その後宣長の子本居春庭に入門し，30歳の時，私塾を開く。35歳から自己の学問の中核となる著書を次々と出し，国学者としての名声を得た。47歳の時，念願の宣長の墓参を果たす。55歳ごろから，暦日や易学に関心をもち，言語や文字の起源も研究するが，65歳の時，幕府の暦制を批判したことから，秋田への追放と著述禁止を申し渡され，2年後故郷で没した。

　篤胤は，真淵や宣長のような実証的方法で日本古来の思想を解明する姿勢とは異なり，**日本古来の道を神の道**とし，宗教化・神学化をおし進め，**復古神道**を完成させた。また，国学だけでなく，仏教や儒教をはじめ蘭学に至るまで広い知識と見識をもち，それらを神学体系に取り入れて，古典を神秘主義的・理念的に解釈し，わが国の天津神を天地万物の創造神であるとし，神の子孫である天皇を崇拝することこそ神の道であるとした。篤胤は国学を学問から思想的政治的運動へと転化させ，学問的精神を失わせたが，民族意識を高揚させ，**明治維新の思想的背景**の1つを形成した。主著は『古道大意』『歌道大道』『霊能真柱』など。

年	年齢	人物史
1776	0	出羽久保田藩の藩士の子に生まれる。
1795	19	脱藩し，江戸に出奔する。
1801	25	宣長の著書に触れる。
1803	27	『呵妄書』執筆。
1806	30	私塾を開く。
1811	35	『古道大意』『古史成文』など古代研究を執筆。
1812	36	『霊能真柱』完成。
1831	55	易学に関心を示す。
1841	65	幕府から秋田に追放され，以後の著述を禁止される。
1843	67	死去。

1　大和心（御国魂）

原典資料

　真の道というものは，……いたって平易なもので，……だれにも心やすくできることで，みなが知らず知らずその道を歩んでいる。それはどういうことかというと，だれもだれも生まれながらにして，神と君と親は尊く，妻子はかわいいということは，人の教えを借りずともみごとに知っている。……たとえば御国の人はおのずからに，猛く正しくまっすぐに生まれつく，これを大和心とも，御国魂ともいうのであります……なんと真の道というものは，かように安らかなものです。……どうぞこの大和心，御国魂をまげず忘れず修めととのえて，直く正しく，清く美わしい大和心に磨きあげたいものであります。

〈子安宣邦訳「古道大意」『日本の名著24　平田篤胤など』中央公論社〉

読解力 power up!

上記資料の内容として，最も適当なものを一つ選べ。

①大和心を尊王思想と結びつけて日本人に固有な精神と解釈した。

②大和心とは，人間が生得的に身につけているものであり，死者の魂として幽冥界に行くものである。

③大和心は，漢意とは相容れないものであり，儒教批判の根拠となった。

④復古神道は，大国主命の絶対性を説くものであり，神の子孫としての天皇の絶対性は否定する。

資料 解説

　篤胤は，儒教や仏教が，日本固有の純粋な「真の道」の本来の心を曇らせていると批判した。篤胤のいう「真の道」とは，神から日本人に与えられた心で，日本人なら生まれながらにしてもっている純粋で素朴な心のこと，すなわち**大和心（御国魂）**である。そして，このような大和心（御国魂）で神や天皇を崇拝すべきであると説いたのが，**復古神道**である。

重要語句

復古神道：篤胤は，大和心（御国魂）によって神や天皇を崇拝することで心の平安を得られると説いた。この復古神道は，神々の子孫である天皇の絶対性と日本の優越性を主張するものとなり，尊王攘夷論の形成を促した。

大学入試 challenge!

平田篤胤に関する説明として最も適当なものを，次の①～④のうちから一つ選べ。

①古道の研究を，特に歌論の中に展開し，「ますらをぶり」に日本的心情の典型を見いだして，そこにおける「高く直き心」を理想とした。

②仏教・儒教・神道の教えをそのまま受け取るのではなく，教えの成立過程から，それぞれの思想史上の意義を相対的に見ることを説いた。

③功名や利欲を離れた純粋な心情に徹して，己の誠を尽くせば天道と一体になると説き，幕末の志士たちに勤皇の精神を強調した。

④古来の神道の姿を求めて，復古神道を提唱し，現実の生の背後にある死後の霊魂の行方を論じて，その教えは民間にも広まった。

〈04追試〉

解答：【読解力 power up!】　①　　【大学入試 challenge!】　④

日本は，温暖で四季がくり返し訪れる自然の恵み豊かな国である。そして，南北に伸びている国土には，様々な自然の風景を見ることができる。1つの国の中でみられる風景とは思えないほどの，多様な自然の姿を合わせ持っているのである。古来，日本人は，①**四季の変化を感じ取り，自然の恵みに感謝しつつ，その猛威に耐えながら，人間と自然との間にある関わりを大切にしてきた。**そして，自然の織りなす美しさに，底知れぬ神秘さと近寄りがたい荘厳さを見いだし，そこにカミがいることを感じ取ってきた。②**日本人は，人の手が加えられていない自然を，カミの摂理のように，天のことわりとして理解してきたのである。**

また，自然の美しさは，四季の変化の中で見せるその時々の美しさであることから，西洋のような永遠の美を求めるのではなく，瞬間に見せる美に，そこには現れていない何かを感じとってきた。つまり，③**隠れているもの，表面には現れない，趣の深さに美しさを感じ，そこにことわりを見いだす，日本人固有の美意識が形成された。**そして，④**見るもの，感じるものに深く感動し，その心の動きがおもわず表出する時のことばに，日本人本来の感性をみることができると分析したのは，本居宣長であった。**

日本人は，自然との関わりの中で，くり返し移りゆく四季の風景から何かを感じ取り，日本独自の美意識や価値観を形成してきた。これは，⑤**自然の営みから永遠の法則や永遠の美しさを見いだして，自然を支配しようとする西洋の価値観とは異なっている。**日本人には，古代から対象とのかかわりをとおして培われる感性や感受性を大切にして心を浄くすることに価値を求めてきた文化があり，それが日本人の自然観を形成してきたのである。

資料分析*level up↑*

①〜⑤の説明文と最も関連する資料として適当なものを，次の（ア）〜（カ）のうちから，それぞれ選べ。

（ア）「あはれ」というのはもと，見るもの聞くもの触れることに心の感じて出る嘆息の声で，今の世の言葉にも「あゝ」といい「はれ」というのがそれである。……「物のあはれ」というのも同じで，物とは言うを物いう，かたるを物語るという時の物，物見，物忌みなどでの物であって，ひろく言うさいに添える言葉である。

（イ）自然の下僕であり開明者である人間は，彼が自然の秩序について，実地により，もしくは精神によって観察しただけを，為しかつ知るのであって，それ以上は知らないし為すこともできない。…人間の知識と力とはひとつに合一する，原因を知らなくては結果を生じせしめないから。というのは自然とは，これに従うことによらなくては征服されないからである。

（ウ）世界はめぐりめぐって止むことがない。寒さが去れば暑さが来，暑さが往けば寒さがまたおとずれ，夜が明ければ昼となり，昼になればまた夜となり，また万物生ずれば滅び，滅びればまた生ずる。…築いた堤は時々刻々に崩れ，堀った堀は日々夜々に埋まり，葺いた屋根は日々夜々に腐る。これが天理の常である。

（エ）天は海の外にあり，海は天の内にある。外なる天の内に海が備わり，内なる海の内に天が備わり，天の性は海，海の性は天であって，天と海とは互性八気の通・横・逆，日と月は互性，惑星と恒星は互性，運回して一息も止まることなく，万物を生々して尽きることがない。これが活真宇宙の直耕なのである。

（オ）暴風や豪雨の威力は結局人間をして忍従せしめるのではあるが，しかしその台風的な性格は人間の内に戦争的な気分を沸き立たせずにはいない。だから…自然を征服しようともせずまた自然に敵対しようともしなかったにもかかわらず，なお戦闘的・反抗的な気分において，持久的ならぬあきらめに達したのである。日本の特殊な現象としてのヤケ（自暴自棄）は，右のごとき忍従性を明白に示している。

（カ）いかにも申楽の本木には，幽玄ならん人体，まして，心・言葉をも優しからんを，嗜みて書くべし。それに偽りなくば，おのづから，幽玄の為手と見ゆるべし。幽玄の理を知り極めれば，おのれと強き所をも知るべし。されば，一切の似せ事をよく似すれば，余所目に危ふき所なし。危ふからぬは強きなり。

※出典：（ア）西郷信綱訳『日本の名著21　本居宣長』（中央公論社）（イ）桂寿一訳，ベーコン『ノヴム・オルガヌム』（岩波文庫）（ウ）児玉幸多訳『二宮尊徳　二宮翁夜話』（中公クラシックス）（エ）野口武彦責任編集『日本の名著19　安藤昌益』（中央公論社）（オ）和辻哲郎著『風土』（岩波文庫）（カ）野上豊一郎ほか校訂，世阿弥『風姿花伝』（岩波文庫）

解答：【資料分析 levelup】①（オ）②（ウ）③（カ）④（ア）⑤（イ）

民衆の思想

心学の講義

単元の概観

江戸時代の前期から中期にかけて，経済の発展がめざましく，商人たちの利益追求による経済活動が進む中で，町人の思想が形成された。江戸時代の後半に入ると，天候不順や深刻な飢饉がくり返され，さらに貨幣経済の発展による貧富の差の拡大が追い打ちをかけて，地方の農村は荒廃していく。そこで農政家が現れ，農村の建て直しなど地域の改革にかかわる思想を残した。こうした民衆の思想が形成された背景には，江戸時代に入ってから全国的に構築された出版システムがある。これによって，それまで貴族や武士など一部の人々しか手にすることができなかった書物が，広く民衆の手にも渡るようになった。さらに，江戸時代後半に普及した寺子屋の存在が，民衆の識字率を引き上げて，民衆も書物を通して教養を身につけることができるようになった。やがて民衆の思想は身分階級の枠を超えて，武士にも影響を及ぼすものとして高まっていく。その結果，民衆思想の内容は，万人に対する人倫の道の性格をもち，社会全体を視野に入れたものとなり，大きな影響力をもつようになった。

町人の思想を築いた**石田梅岩**は，商人の買利をはじめて認めたが，それは町人の枠を超えて，天地自然の理という大きな視点から考えられ，人間の心の本来のあり方を追究することを目的として展開された思想であった。**心学**と呼ばれる完成したこの思想は，優れた弟子たちによって受け継がれ，今でも実業家たちに大きな影響を与えている。心学は，商人たちによる経済活動の活発化を背景として誕生したが，一方，町人の中でも生活にゆとりのある人々の間では文芸活動を担う者が現れ，民衆を題材とした作品が生まれた。**井原西鶴**はその代表的な人物で，町人たちの人生観や倫理観を描いた。また，義理と人情の狭間で揺れ動く人々を描いた作品が，**近松門左衛門**によって生み出された。

民衆思想は各分野にわたり，独自の思想家を輩出した。大坂町人出身の**山片蟠桃**は仏教を否定し，迷信を排斥して霊魂の存在を認めない**無神論（無鬼論）**を主張した。また，豊後の儒医であった**三浦梅園**は条理という自律的法則が世界を支配しているとした（**条理学**）。

農政家として知られる**二宮尊徳**は，飢饉で荒廃した農村を建て直すために，既存の身分制度を肯定しつつ，天・地・人の高大な徳のおかげで存在しているわれわれは，その徳に報いることが重要であると説いた。実践としては，**分度と推譲**を中核において，農民たちに希望を与えつつ，互いに助け合って農村を経営する手法を打ち立てた。これは**報徳仕法**と呼ばれ，明治後期の地方改良運動や北海道開拓に大きな影響を与えた。天・地・人の高大な徳に報いるという考え方は，現代でも社会的貢献を考える際の一つの視点となっている。

江戸時代の後半に入り，大飢饉による社会不安が増大すると，仁政に対する期待感は薄れていった。**安藤昌益**は，そのような中で，君臣・上下・貴賤・男女・貧富といった差別は単なる表面的で見かけ上のものに過ぎず，どちらか一方だけで存在しているのではない。だからこそ，差別するのではなく，互いに重要な存在としてかかわり合うという社会本来の真の営みに戻るべきであると説く。そして，国を成り立たせるには，農業に立ち返ることが必要だとして，**万人が直耕する自然世**の到来を描き願った。このように，農業に全員が参画する社会を描くことで，自然界の一員であることを一人ひとりが自覚し，貧富の差やそこから生まれる窃盗・強盗などの治安の悪化，支配者たちだけの奢侈な生活からくる政治の乱れを根本から正すことができると考えたのである。彼の思想は，後にH.ノーマンによって現代によみがえった。

年	関連の出来事
1642	井原西鶴生まれる。
1653	近松門左衛門生まれる。
1682	『好色一代男』刊行。
1685	石田梅岩生まれる。
1693	井原西鶴死去。
1703	『曽根崎心中』刊行。
	安藤昌益生まれる。
1724	近松門左衛門死去。
1739	『都鄙問答』刊行。
1744	石田梅岩死去。
1753	『自然真営道』刊行。
1762	安藤昌益死去。
1787	二宮尊徳生まれる。
1822	尊徳，小田原藩士となる。
1856	二宮尊徳死去。

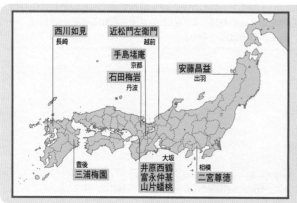

西川如見
長崎

近松門左衛門
越前

手島堵庵
京都

石田梅岩
丹波

安藤昌益
出羽

豊後
三浦梅園

大坂
井原西鶴
富永仲基
山片蟠桃

相模
二宮尊徳

解説 日本の思想家の出身地（民衆の思想）

江戸時代の前半は，これまで文化・経済の中心であった上方（京都・大坂付近）で民衆の思想が形成，発展した。後半になると，幕府の政治が不安定になり，経済の発展とともに貧富の差が激しくなった地域を中心に，民衆の中から様々な思想が生まれた。

思想を担った庶民（町人・農民）は，幕府の官学が朱子学であったことから，儒教的用語を多く用いながらも，神道・仏教の内容も取り入れた独自の思想を形成した。そこには，生業をもたない武士階級への批判が含まれていた。

石田梅岩

いしだ ばいがん （1685〜1744）江戸時代中期の思想家

考えよう

○彼は，どのような考え方で商業活動を社会的に価値あるものとして位置付けたのか。

人と思想

　丹波国（京都府）の貧しい農家に生まれ，当時の慣習に従い，10歳で京都の呉服屋に丁稚奉公したが，主家の経営不振で極貧の中，15歳で帰郷する。その後22歳で再び上京し，豪商に仕え，商人としてよく働きながら読書に励み，独学で仏教や儒学を学んだ。42歳の時，主家を去り学問に専念し，2年後，「聴講自由，座席無料」を掲げて自宅で塾を開いた。最初は人も集まらなかったが，梅岩は聴講者が一人でも講義を続けたと伝えられている。やがて，身分を問わずに聴講者をむかえ，日常の言葉を用いた分かりやすい講義が評判となり，多くの人々が集まった。彼自身大坂に出講するまでになり，生涯独身で，民衆への教育と研究の日々を送った。400人の直弟子の中には，後に梅岩の思想を広める手島堵庵らがいた。

　梅岩は儒学，仏教，神道，老荘思想を総合した**心学（石門心学）**という独自の学問を確立し，町人のための平易な日常道徳を説いた。彼の学問が心学と呼ばれるのは，生来の心のあり方を基本としたからである。彼によれば，心の本体は私利私欲のない清らかなもので，それは天地自然の理に通じる。人としてのあり方は本来の心を悟り，天地自然の理と一体化することであり，心の自然な状態が「正直」であり，町人の日常生活においては**商売で正当な利益を得ること**である。「正直」を実現するための修養が**「倹約」**と**「勤勉」**である。そして，梅岩の学問の目的は，当時経済力を背景に社会的にも勢力をもち始めた町人の営利活動を肯定し，そこに社会的に認められる道義的基盤を与える道徳を構築することであった。

年	年齢	人物史
1685	0	丹波国の農家の子として誕生。
1695	10	京都の商家へ丁稚奉公に上がる。
1707	22	再び京都の商家へ奉公に上がる。
1729	44	京都に私塾を開く。
1739	54	『都鄙問答』を刊行。
1744	59	『倹約斉家論』を刊行した後，死去（生涯独身）。

1 正直

原典資料

　倹約をいふは他の儀にあらず，生れながらの正直にかへし度為なり。天より生民を降すなれば，万民ことごとく天の子なり。故に人は一箇の小天地なり。小天地ゆへ本私欲なきもの也。このゆへに我物は我物，人の物は人の物。貸たる物はうけとり，借たる物は返し，毛すじほども私なく，ありべかかり〔ありのまま〕にするは正直なる所也。此正直行はるれば，世間一同に和合し，四海の中皆兄弟のごとし。我願ふ所は，人々こゝに至らしめんため也。〈柴田実校注「斉家論下」『日本思想大系42　石門心学』岩波書店〉

資料 解説

　梅岩のいう**正直**とは，物や金銭の貸し借りをきちんと約束どおり行い，私欲に流されて不正をしてはならないということである。今日的にいえば，貸し借りの関係に透明性をもつということである。

2 倹約

原典資料

　「世を治る道は，倹約を本とす」といへり。蓋倹約と云事，世に多く誤り吝き事と心得たる人あり。左にあらず。倹約は財宝を節く用ひ，我分限に応じ，過不及なく，物の費捨る事をいとひ，時にあたり法にかなふやうに用ゆる事成べし。〈同前〉

資料 解説

　梅岩のいう**倹約**は，商品を買おうとする者（消費者）が無駄な出費になってしまわないように，商人は正直に商品を販売し，自らも一人の町人として出費を抑え，私欲を抑えることである。

重要語句

商人の買利は士の禄に同じ：これは，石田梅岩の著『都鄙問答』にあり，商人の営利活動をはじめて肯定した言葉として有名である。商人は，他人がつくったものをただ売って利益を得ているとして，道徳的に評価されず，ゆえに身分としても下位に位置づけられていた。その商人でも，営利活動の根本に「正直」と「倹約」があれば，その行為は道徳的に正しいので，得た利益も，支配階級に位置する武士の収入（禄）と同じだと説いた。

正直：私欲を手放して正しい心をもつこと。公私を混同せず，利益を独占せずに，「先も立ち，我も立つ事」を考えて正直に相手のためになることを尽くすこと。倹約は正直によって成り立ち，そのことによって正しい商売を生み出して社会貢献に結びつくという。

倹約：無駄をなくして節約する努力によって余裕を生み出すこと。分相応であることを倹約の常とした。

知足安分：封建的な身分秩序の存在を認めた上で，その中でおのれの職分を受け入れて満足し，正直と倹約に努めて分を超えない営利追求を心がけることを説いた，町人の生活態度をいう。

西川如見
にしかわじょけん (1648〜1724)

江戸時代中期の天文学者。肥前長崎で鍛冶業を営み鉄器販売を行う商家に生まれ，家業を継いだ。25歳の時に長崎で私塾を開いた儒学者南部草寿から朱子学を，長崎の南蛮天文学の祖林吉左衛門の弟子小林義信から天文，暦算，測量学を学び，50歳になって家業を長男に譲り，天文と暦算の研究をはじめ，数々の著述に専念した。著作では，48歳の時に『華夷通商考』を刊行し，日本で最初となる地誌として海外の国々を紹介した。61歳の時には『増補華夷通商考』を刊行し，南北アメリカを初めて日本に紹介した。また，天文学では，72歳の時に8代将軍徳川吉宗より天文に関する意見を求められるほどの知見を備えていた。一方，**人間には貴賤尊卑は無く，皆等しく人間の尊厳を持っている**と考え，質素，倹約，謙譲などの徳目を守って中道と道理を重んじて学問に励み，迷信や不合理な俗習を排して町人の生き方を示した『町人嚢』を著した。また，『百姓嚢』では，質素倹約と農業や農民生活の心得と間引きの戒めを説いた。

富永仲基
とみながなかもと (1715〜1746)

江戸時代中期の儒学者。大坂の醤油醸造業・漬物商を営む商家に生まれ，父が懐徳堂の創設に関わった大坂の5人の豪商（五同志）の一人であったことから，幼少より懐徳堂で儒学を学んだ。長じて，『出定後語』『翁の文』を執筆するなかで，仏教，神道も学び，儒教とともにこれらを同じ水準において，独自に歴史的な視点を加えて比較検討を行い，**加上説**を唱えた。

加上説は，古代の神話や宗教を解釈する仮説の一つで，富永は，思想の発展には，後発の学説は先人の思想をしのぐためにより古い時代に起源を求めて正当化する形で発展を遂げており，語られる思想の内容はどの時代にどのように語られたかという文脈で捉えるべきで，語られる思想の核心には必ず歴史的・社会的・文化的な背景を持った国民性や民俗性が反映されていると説いたのである。

そして，大乗仏教については，釈迦入滅後につくられたものであるということに着目して，**大乗非仏説**を唱えた。これらは，当時としては画期的であったために武士階級等の社会秩序は不変とする人々の理解を得ることができず，彼の死後には忘れ去られた。

三浦梅園
みうらばいえん (1723〜1789)

江戸時代中期の自然哲学者。豊後国東の富清村（大分県安岐町）で，代々医業を営みながら農業も行う家に生まれた。17歳で杵築藩（大分県）の儒者である綾部絅斎に師事して儒学を学び始めたが，長続きせずほぼ独学で学んだ。家業である医業を継いで，3度長崎などに旅をした他は，人生のほとんどを故郷で過ごした。当時は，長崎から，ヨーロッパの天文学が漢訳で入ってきており，それらを入手して西洋の実証的な学問の方法を積極的に学び，「天球儀」の作成や身近な自然現象の観察を通して，30歳の時に，天地万物はみな一つの根本から現れているもので，その現れ方には決まった**条理（筋道）**があると考え，古代中国の易にある陰陽の考え方を基本に，自然現象の法則性を説いた。

また，彼は，生来の知的探究心を発揮して，**メルカトル図法で描かれた世界地図や南天図・北天図**を書き残したほか，物理学，医学，博物学，政治学など幅広い分野にまで探求を重ねた。著書『玄語』には，特に「条理学」を中心とした独自の学問体系が記されており，『贅語』『敢語』とともに「梅園三語」と呼ばれている。

山片蟠桃
やまがたばんとう (1748〜1821)

江戸時代後期の町人学者。播磨国印南郡神爪村（兵庫県高砂市）で，在郷商人でもあった農家に生まれる。13歳の時に，大坂の両替商升屋に丁稚奉公に入り，升屋の方針ですべての丁稚に懐徳堂へ通わせていたことから，彼も懐徳堂で学び，和漢の学問をはじめ，幅広い学識を得た。升屋では，24歳の若さで番頭となり，傾いていた経営を立て直した。

彼の著書『夢ノ代』は，55歳の時に書き始め，死の前年に完成したが，これは，江戸時代後期の実学啓蒙書と評され，彼自身の徹底した実証的合理主義にもとづく思想がまとめられている。とりわけ，霊魂の存在を否定し，迷信はもとより，朱子さえも批判し，また，神道の非合理性を指摘し，西方浄土や輪廻の思想を荒唐無稽と切り捨てて仏教を厳しく攻撃した。彼の徹底した無神論は，**無鬼論**と呼ばれた。また，天文学では地動説を説いた。世界地図で日本の位置を示し，世界の地理を紹介している。

安藤昌益

あんどう しょうえき （1703～1762）江戸時代中期の思想家

（八戸市安藤昌益資料館）

人と思想

　昌益は昭和時代に入り，カナダの外交官 H. ノーマンの『忘れられた思想家』で紹介されてから知られるようになった。生涯は詳細が不明であるが，限られた資料によると，出羽国久保田（秋田県）の農家の次男として生まれた。安藤家は，平安時代中期にこの地にはじめて移り住んだという古い家柄であると伝えられている。小さいころから書物に親しみ，15歳のころ京都へ行って僧侶となった。その後修行を積んだが，しだいに修行生活に疑問をもつに至り，医学の道に転身する。京都で医学を学び，様々な医療現場を経験しながら医師としての力量を高めていった。昌益は当時の差別と偏見に満ちた社会の状態を批判し，理想的な社会（**自然世**）を堕落させたのは，儒教や仏教，神道などだと指摘した。また，武士については，自ら耕さずに，農民の生産物を貪る「不耕貪食の徒」として激しく批判した。そして，身分や貧富の差が生じたことで失われてきた人間性をすべての人々に回復するためには，直耕を通して自然界の摂理を直接知る必要があると訴えた。

　このように，昌益は，同時代の思想家が政治体制や社会機構の存続を前提に諸問題の現実的調整を試みたのに対し，幕藩体制そのものと支配権力の一切を否定し，農業を基本とする無政府主義的・平等主義的な「**万人直耕**」の生産社会を説いた。彼の思想は現実への適応に欠けたが，人間と社会の本質についての洞察力と批判力は他に類のない独創的なものであった。主著は『**自然真営道**』。

年	年齢	人物史
1703	0	出羽国の農家の子として生まれる（1707年？）。
1718	15	このころ京都へ行き，禅修行を始める。その後，修行生活に疑問をもち，仏門を去って名医味岡三伯に入門する。
1744	41	八戸で医者を営む。
1745	42	八戸藩家老を診察し，御側医でも治せなかった病を治して有名になる。
1753	50	『自然真営道』を刊行。
1758	55	このころ，故郷の秋田に移住。
1762	59	このころまでに死去。

1 自然世・直耕

原典資料

　天と海とは一体であって，上もなければ下もない。すべて互性であって，両者の間に差別はない。だから，男女にして一人なのであり，上もなければ下もない。すべて互性であって両者の間に差別はない。世界あまねく直耕の一行一情である。これが自然活真の人の世であって，盗み・乱れ・迷い・争いといった名目のない真のままの平安の世なのである。

〈野口武彦訳「自然真営道」『日本の名著19　安藤昌益』中央公論社〉

資料 解説

　自然界のことは，それぞれが１つにつながっているため，差別はない。本来男女も対等であり，上下の関係にあるのではない。これを社会全体に実現したのが**自然世**で，盗み・乱れ・迷い・争いなどがない。そこにあるのは，すべてが対等に関連し合って活動しているだけである。こうした活動の法則（道）にかなった生き方を**直耕**といい，人として正しい生き方であると位置づけた。

重要語句

法世：法とは，人為的につくられた法律や制度のことで，上下の身分が定められて，差別が存在している日常の現実社会のこと。江戸時代の社会そのものである。

万人直耕：田畑を耕さず，他人が耕作したものを貪り食べることを批判して，全員が直接農業を営んで生活していること。

自然世：万人直耕の平等社会。この理想社会にするためには，領主から諸侯，領民に至るまで，自給自足する分だけを耕し，必要最小限のものだけでみなが生活するように改める。そこには，人々の営みに必要なものがすべて満ちている。このことを昌益は「道」と呼んだ。

大学入試challenge!

近世の思想家の仏教批判についての記述として適当でないものを，次の①～④のうちから一つ選べ。

①富永仲基は，仏典に書かれていることは，釈迦の言葉に後世の人が解釈を加えたものであり，釈迦本人の教えをそのまま伝えるものではないと批判した。

②山片蟠桃は，僧侶たちは霊魂不滅などということを説くが，霊魂など実際にはどこにも存在しないと，合理的な立場から仏教を批判した。

③手島堵庵は，古代の人々が持っていたおおらかで生き生きとした感情を押し殺したとして，儒学の考え方も仏教の考え方も，ともに批判した。

④安藤昌益は，人間の生き方を堕落させ，差別と偏見に満ちた社会を作り出したとして，儒学や神道とともに，仏道を批判した。

〈21第２日程〉

解答：【大学入試 challenge!】　③

二宮尊徳

にのみやそんとく（1787～1856）江戸時代後期の思想家

考えよう
○「報徳」とはどのような考え方で、それを実践する上で重要となる分度と推譲とは何か。

（報徳博物館蔵）

人と思想

相模国（神奈川県）足柄上郡柏山村に生まれた尊徳は、少年期に両親と死別し、災害と父の借金で実家が売られて一家は離散した。叔父の元で昼は農作業、夜は読書と勉学に毎日励んで独力で家の再興を果たし、19歳で独立した。このことが小田原藩家老の耳に入り、25歳の時、財政再建を任され、すぐに成功を収めた。これを機に、小田原藩内の農村復興を手がけ、以後周囲からの妨害や批判的な注目を受けながらも、生涯に約450もの農村復興を成し遂げる。尊徳は公務に励む一方、人間のあり方について思索し参禅の日々を過ごした。その後も藩の土木事業や農業政策に手腕を振るった。そのような毎日を送るある夏の日に、農民がもってきた茄子の味が秋茄子の味になっていることに気づいて**天保の飢饉を予言**し、冷害にも強い稗・粟を植えさせて万が一の対策をした。それが功を奏し、一人の餓死者を出すことなく農村経営ができた。このことが周辺農村に広まって、尊徳の名声は幕府の耳に届き、幕臣として登用されたのである。

尊徳の思想の背景には貧しい農民時代の経験がある。貧しい農民の暮らしを知る一方、確かな知識と技術を駆使して可能限りの創意工夫を行えば事態打開の道が開けることも確信した。彼は、自然とともに生きて、自然の法則を農業生産の過程で活用するとともに、技術的側面を重視し、自然の法則・営みとしての「**天道**」と人間の勤労や技術、叡智である「**人道**」を区別し、人間はまず「人道」に尽くさなければならず、自分の存在にはそれを支えている自然と人々の徳があり、この徳に報いること（**報徳**）が人間としてのあるべき生き方であるとした。主著は『報徳全書』など。

年	年齢	人物史
1787	0	相模国に農民の子として生まれる。
1800	13	父が死去し、2年後母も死去。
1812	25	小田原藩家老の服部家に奉公し、財政再建を任されて翌年成功する。
1822	35	小田原藩などの農村復興に従事。
1833	46	天保の飢饉（～1837年）で餓死者を出さなかったことが評判になる。
1842	55	幕府に登用されて印旛沼開発などに従事。
1856	69	死去。

1 報徳・分度・推譲

原典資料

翁曰、我が教は、徳を以て徳に報うの道なり、天地の徳より、君の徳、親の徳、祖先の徳、其蒙る処人々皆広太也、之に報うに我が徳行を以てするを云、君恩には忠、親恩には孝の類、之を徳行と云、抑此徳行を立んとするには、先づ己々が天禄の分を明らかにして、之を守るを先とす、故に予は入門の初めに、分限を取調べて能弁へさするなり、如何となれば、大凡富豪の子孫は、我家の財産は何程ありや、知らぬ者多ければ、……勤倹を尽して、暮しを立て、何程か余財を譲る事を勤むべし、是道なり、是汝が天命にして、汝が天禄なりと、皆此の如く教ふるなり、是又心旨の者を助るの道なり、夫入光を計りて天分を定め、音信贈答も、義理も礼義も、皆此内にて為すべし、出来ざれば、皆止むべし、……されば義理も交際も出来ざれば為さゞるが、則礼なり義なり道なり、此理を能々弁へて、惑ふ事勿れ、是徳行を立る初なり、己が分度立ざれば徳行は立ざる物と知るべし。〈奈良本辰也校注「二宮翁夜話」『日本思想大系52 二宮尊徳 大原幽学』岩波書店〉

資料 解説

二宮尊徳は、自然の営みを天道といい、それは田畑の作物を成長させるし雑草も生やし、時には災害をもたらす。一方、人間の営みを人道といい、これは天道に従う人間がつくった行為で、怠けると廃れてしまうので、その戒めとして「分度」「推譲」という「報徳」の実践が大切だと説いた。尊徳によれば、「報徳」は天、地、人への恩を自覚することで生まれる勤労への喜びである。この喜びが、生活信条のもととなる勤労意欲を生み出すとともに、労働の能率と質の向上がはかられて社会を活性化させる力になると考えた。

重要語句

報徳：『論語』にある「徳をもって徳に報いる」から来ている。これを二宮尊徳は、「われわれの存在は、天、地、人の高大な徳のおかげであり、その徳に報いるに徳の行いの実践をもってしなくてはならない」と考えた。

分度：報徳の実践方法の1つ。自分の財力を客観的に見つめ直し、その財力に応じて予算を立てて、合理的な生活設計を行うこと。

推譲：報徳の実践方法の1つ。倹約して使わなかった今日のものを明日に、今年のものを来年に、そして、自分の代のものは子孫および他人に譲るという行為をすること。

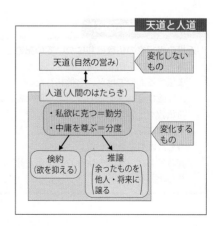

天道と人道

天道（自然の営み） → 変化しないもの

人道（人間のはたらき）
・私欲に克つ＝勤労
・中庸を尊ぶ＝分度

→ 変化するもの

倹約（欲を抑える）／推譲（余ったものを他人・将来に譲る）

井原西鶴

いはら さいかく（1642〜1693）江戸時代前期の浮世草子作家

考えよう

○井原西鶴が作品を通じて描いた町人独自の人生観と倫理観はどのようなものか。

（個人蔵）

人と思想

　大坂の富裕商人の子として生まれた。はじめは俳諧師として活躍していた。談林派の西山宗因に俳諧を学び、師の死去を契機に浮世草子の作家に転身し、『好色一代男』で好評を博した。その後、好色物、武家物、町人物の各ジャンルで数々の作品を生み出し、町人文学を築いた。その背景には、当時成長してきた町人階級の経済的・文化的な台頭があった。彼の作品には、町人の経済活動と遊興の世界を舞台に、**町人独自の人生観と倫理観**が描かれている。

重要語句

人間のもつ欲望の肯定：江戸時代前期は、天下太平の世の中で、商人たちの活動がめざましくなっていった時期である。町人（商人・職人）は、農民と比べて税負担がはるかに軽く、生活水準は高かった。そのような中で、富を求め、その富で自由な生活を楽しみ、今生きている現世をよりいっそう楽しむ風潮（**浮き世の思想**）が生まれ、のびやかで、意欲に満ちた現実重視の思想が形成された。

〔おもな作品〕

『好色一代男』『好色五人女』『武家義理物語』『日本永代蔵』『世間胸算用』など

大学入試 challenge!

〔1〕井原西鶴の考えとして最も適当なものを、次の①〜③のうちから一つ選べ。

①現実の世界は抽象的な理では捉えきれない、生き生きと生成する一大活物である。日常的な行為や心情も活物としての人間の働きであり、その中に条理がある。

②この世は「憂き世」ではなく、「浮き世」である。眼前の日常生活の中で、日々様々な快楽や富を追求するところにこそ、人間の生のありのままの姿がある。

③日常的な欲望や感情は、「やむを得ざる」自然なものであり、朱子学のように否定的に見てはならない。日常にかかわる道の行うことで、優れた治者たりうる。

〈04本試〔改〕〉

近松門左衛門

ちかまつ もんざえもん（1653〜1724）江戸時代中期の浄瑠璃作家

考えよう

○近松門左衛門が社会のしがらみの中で陥る人間の悲しさを通じて訴えたかったものは何か。

（早稲田大学演劇博物館蔵）

人と思想

　越前国（福井県）吉江藩の藩士の次男として生まれた。父が浪人になったことで、一家で越前国を去り、京都に移住した。小さいころから有職故実や古典に親しんでいた知識を活かして、はじめは歌舞伎、後に浄瑠璃作家となり、竹本義太夫とともに活躍した。生涯にわたって約120作の脚本を書き、**人情**に心を傾けると**義理**を失い、時にはわが身を滅ぼすことにもなることを描きながら、人々の情念や生き様を表現した。

重要語句

義理と人情：義理とは朱子学にもとづいた義（正しさ）と理（根本原理）のことで、社会規範や公的制約など人間関係におけるあるべきあり方を示す。人情とは恋愛感情や親子の情愛など内面的・個人的な感情である。義理と人情は同じ人間関係において併存するもので、近松はそこに生じる葛藤に苦しむ姿の中に人間の悲しさと美しさがあるとする。義理を重んじつつも人情を捨てきれない現実を描くことで、人間の情念や意志を大切にする思いが多くの人々の共感を得た。

〔おもな作品〕

『曾根崎心中』『冥途の飛脚』『国性（姓）爺合戦』など

大学入試 challenge!

〔2〕近松門左衛門は浄瑠璃の名作『曾根崎心中』において、「衆生ひしめく浮薄な世に、自ら交じって三十三にお姿を変え、色で導き、情けで教え、恋を悟りへの橋として、渡して救う観音様、その誓願は言いようもなく有り難い」（現代語訳）と、庶民の魂の救いを観音菩薩に託して語っている。この文章についての説明として最も適当なものを、次の①〜④のうちから一つ選べ。

①観音菩薩は、色恋に夢中になっている庶民に対して、様々に姿を変えながら巧みに色恋のむなしさに目を向けさせ、死へと導こうとしている。

②観音菩薩は、俗世の煩悩から抜け出せず、真の悟りに至ることのできない庶民を哀れみ、せめて庶民の求める色恋の道に導こうとしている。

③観音菩薩は、俗世において色恋に苦しんでいる庶民に対して、その俗世での色恋を全うさせることを通して、悟りへと導こうとしている。

④観音菩薩は、たとえ真心に基づく色恋であっても、それに深入りしないよう戒め、色恋にとらわれやすい庶民を救いへと導こうとしている。

〈09追試〉

解答：【大学入試 challenge!】〔1〕②　〔2〕③

日本には，外来文化を受容しながら，固有の文化とも共存するという特徴（日本文化の重層的構造（→ p.96））がある。これは，思想においても同様である。

その例の1つは，明治維新の時である。この時期，近代化の流れが加速度的に進み，啓蒙思想が隆盛した。この思想を紹介した人々は，江戸時代までの古い思想は啓蒙される対象として位置づけ，例えば，福沢諭吉などは，①欧米の精神，現代風にいえば，個人の自立や主体性などに関わる思想を根付かせようとした。

その結果，欧米の思想は広まりはしたものの，江戸時代までの伝統的な価値観と，欧米の価値観との関係をどのようにとらえていくか，どちらかを選択するのかといったことが問われた。特に，明治維新以前まで朱子学が日本人の道徳観のよりどころになってきたが，それを正当化してきた幕府が滅んだことで，②日本人の道徳観の拠りどころを何に求めるかが問われた。例えば，キリスト教の思想家たちは，明治政府によってキリスト教が認められたことを受け，③日本の伝統的価値観とキリスト教とのかかわりをどのようにしてとらえるかという視点から自らの思想を構築していった。

また，明六社の一員であった福沢諭吉の影響を受けて，④日本に基本的人権の思想を根付かせて政府主導の近代化に異議を唱える思想家や，自由民権運動のように，自らの権利を主張して政府と対決して権利を勝ち取る動きが全国に広まると，伝統的価値観へ回帰する動きが生まれた。このような例から，日本では，むしろ新しい思想の中で，古い思想が再評価される形で生かされてきた。大正時代には，政治思想などにおいて，⑤取り入れた西洋思想を手がかりにして，日本独自の価値観を再構築していこうとする動きも見られ，共存のあり方に融合的な要素が加えられていく。

このように，日本では，新旧相反する2つのものが併存してきた。これが，外来の文化や思想を受容する日本の独自性であろう。

資料分析 level up↑

①～⑤の説明文と最も関連する資料として適当なものを，次の（ア）～（カ）のうちから，それぞれ選べ。

（ア）　主権を行用するに当たって，主権者は須く一般民衆の利福並びに意嚮を重んずるを方針とす可しという主義である。即ち……主権の君主に在りや人民に在りやはこれを問うところでない。

（イ）　そもそも志ある士大夫の，その一生はきわめて小さいけれども，そこで護るべき道義はきわめて大きいのである。……それは国家としても同様である。道をふまず義を貫かず，一日一日の安穏をはかるのと，君臣上下が一致して，義により道に従って国家をまっとうしようとするのと，いったいいずれをとるべきかはもはや明白だろう。

（ウ）　一国民の過去の経歴を無視して，宣教師らはキリスト教は新宗教だと要求する。しかるに私の考えでは，それは「古き古き物語」であって，……アメリカ的もしくはイギリス的形式のキリスト教は，武士道の幹に接木するには貧弱なる芽である。

（エ）　顧みて我国現今道徳の状態を観るに，……本邦一種固有の武道と云ふ者ありて，能く人身を鍛錬し以て護国の職を尽さしむるに足るべき力量を有せり。王政維新以来国教とも称すべき儒道は大に其勢力を失ひ，武道の如きは今日復た之を言う者なきに至れり。

（オ）　独立とは自分にて自分の身を支配し他によりすがる心なきを言う。みずから物事の理非を弁別して処置を誤ることなき者は，他人の智恵によらざる独立なり。みずから心身を労して私立の活計をなす者は，他人の財によらざる独立なり。

（カ）　恩賜の民権の分量がどんなに少なくとも，その実質は回復の民権とちっとも違わないのですから，……これをちゃんと守り，大切にあつかって，……時勢がますます進歩し，歴史がますます展開してゆくにしたがって，次第に肥え太り，背が高くなって，かの回復の民権と方を並べるようになる……

※出典：（ア）岡義武編『吉野作造評論集』（岩波文庫）　（イ）松本三之介ほか訳『吉田松陰　講孟余話ほか』（中公クラシック）
　　　　（ウ）矢内原忠雄訳，新渡戸稲造『武士道』（岩波文庫）
　　　　（エ）吉田憲次訳，西村茂樹『日本道徳論』（岩波文庫）　※なお，旧漢字は当用漢字に改めた。
　　　　（オ）永井道雄責任編集『日本の名著33　福沢諭吉』（中央公論社）　（カ）川野健二責任編集『日本の名著36　中江兆民』（中央公論社）

解答：【資料分析 levelup】　①（オ）　②（エ）　③（ウ）　④（カ）　⑤（ア）

8 幕末と洋学

アヘン戦争

単元の概観

江戸時代後半の日本は，享保の改革での「漢訳洋書の輸入制限の緩和」をきっかけとしてオランダ医学をはじめとするヨーロッパの学問・思想が徐々に入ってくるようになるとともに，欧米列強による貿易・開国への要求を受けるようになった。すると，ヨーロッパの学問・思想への関心が高まりを見せ始め，**蘭学**をはじめとするヨーロッパの学問等は**洋学**と呼ばれるようになった。このころ活躍した中で特筆すべき人物に，洋学を学んで日本医学の近代化の礎を築いた**前野良沢，杉田玄白**らがいる。前野良沢らが取り組んだ医学用語の翻訳は，西洋医学に対する専門知識が必要であった。当時は，中国から伝わった漢方の知識が一般的であったため，翻訳に大変苦心し，『解体新書』を完成させた。これは，洋学の発展に大きな第一歩をもたらした。その後，シーボルトが来日して開いた鳴滝塾では，幕末期の日本を担うことになる若者たちが，洋学の知識を直接学んだ。

そうした中，**渡辺崋山**と**高野長英**は，江戸で尚歯会を開いて洋学研究を行い，西洋医学の他に世界情勢に関する知識も学んだ。やがて，モリソン号事件に対する幕府の対応を批判したことで，**蛮社の獄**にあう。

一方，アヘン戦争で清国が敗れたことは，数少ない有能な知識階級の人々に，欧米列強に対峙しながらこれからの日本はどうあるべきかという問題を投げかけた。この問いに対して真正面から取り組んだ人物の一人に**佐久間象山**がいる。彼は，儒学・陽明学をはじめとする様々な思想を学んだ上で，洋学も学んだ学者であった。彼は，アヘン戦争で清が敗れたことに衝撃を受け，欧米列強の実力を早くから見抜いた人物の一人で，「**東洋道徳，西洋芸術**」を唱えた。これは，幕末から明治維新にかけて大きな影響を与えた。また，彼のもとでは，明治維新に向けて日本を動かした**吉田松陰**をはじめと

する多くの者が学び，幕末期に大きな影響を与えた。

吉田松陰は，佐久間象山の弟子の一人で，松下村塾を主宰した人物である。陽明学を学び，孟子の思想に心酔する一方で，ペリーの来航を機に欧米列強に対する関心を強め，これからの日本はどうあるべきかという問題に取り組んだ。彼が説いた**一君万民論**は，武家社会が到来する以前の天皇に対する尊崇にもとづいて，天皇を主君とし万民を国民としてまとめようとしたものである。つまり，万民に対して天皇を中心とする国の安全と永続のために身も心もささげる誠の心を求めようとした。誠の心は，生死をかけた行動を呼びおこす原点として位置づけられ，自らもそれを実践した松陰の言葉を，塾生たちは熱心に学び取っていった。

年	関連の出来事
1793	渡辺崋山生まれる。
1804	高野長英生まれる。
1809	このころ渡辺崋山画家修業に励む。
1811	佐久間象山生まれる。
1820	高野長英医術・蘭学を学ぶ。
1830	吉田松陰生まれる。
1832	渡辺崋山蘭学研究開始。
1838	渡辺崋山『慎機論』を，高野長英『戊戌夢物語』を著す。
1841	渡辺崋山自殺。
1850	高野長英自殺。
1851	佐久間象山が砲術・兵学の塾を開く。
1853	佐久間象山が吉田松陰に海外渡航をすすめる。
1859	吉田松陰処刑される。
1864	佐久間象山暗殺される。

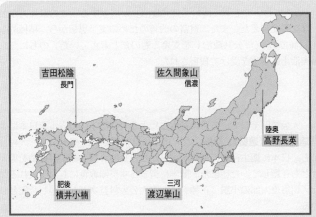

吉田松陰
長門

佐久間象山
信濃

陸奥
高野長英

肥後
横井小楠

三河
渡辺崋山

解説　日本の思想家の出身地（幕末の思想家）

幕末に活躍した洋学者たちは，いずれも日本の思想をしっかり学んでおり，その上で欧米の知識も幅広く求めた好奇心旺盛な人々であった。特に佐久間象山は，幕府の公式学問所として有名な昌平坂学問所の大学頭佐藤一斎の門人の中で，主席の座を争うほどの実力をもっていた。吉田松陰・高野長英・渡辺崋山も，洋学だけに終始せず，日本の思想を広く学んでいた。こうしたことによって，欧米の思想が流入する際にこれからの日本に必要な，学ぶべき事柄を的確に判断して明治維新に影響を及ぼす思想を生み出すことができたのである。

前野良沢
まえの りょうたく (1723〜1803)

　地方藩医であった前野良沢と杉田玄白・中川淳庵は刑死人の解剖に立ち会い，所持していた独人クルムスの解剖書の蘭語訳『**ターヘル＝アナトミア**』の正確さに驚嘆。桂川甫周らを交えてその翻訳を志した。訳述の中心的役割を担ったのは前野良沢で，青木昆陽に蘭語を学んだり長崎に遊学した素養が生きたといわれるが，名声には頓着しなかったようで著者名リストに彼の名は載っておらず，長年彼の業績は埋もれていた。明治に入り『**蘭学事始**』が復刻され，同郷の福沢諭吉の尽力によって彼の名は世に知られるようになった。

杉田玄白
すぎた げんぱく (1733〜1817)

　杉田玄白は，前野良沢・中川淳庵とともに，『**ターヘル＝アナトミア**』の翻訳を志したが，ほとんど手がかりもない中での翻訳活動であり，極めて難航した。翻訳の苦心譚は杉田玄白の回想録『**蘭学事始**』に詳しい。杉田玄白はまとめ役として，清書も担当。外科医としても当代の第一人者として活躍し，「天真楼」と呼ばれる医学塾も開いた。ここで学んだ高弟には『西説内科撰要』を訳した宇田川玄随，蘭学入門書『蘭学階梯』を著した大槻玄沢らがいる。

会沢正志斎
あいざわ せいしさい (1782〜1863)

　幕末期の学者，思想家。水戸学の発展に貢献し尊王攘夷運動に大きな影響を与えた。『大日本史』編纂所である彰考館で学ぶ。この頃，水戸藩領内にもイギリス船が接近しており，その対策として会沢がまとめたのが『**新論**』である。この『新論』では，天皇への忠孝の道によって日本国の統一の自覚を説く。これに海防策としての攘夷論が加わり，国体の統一の下で西洋と対抗すべきだと主張した。その後，教育係を務めてきた徳川斉昭が水戸藩主となると数々の藩政改革に取り組み，藤田東湖らとともに水戸藩校の弘道館の創設に携わった。将軍徳川慶喜には『時務策』にて開国策を進言した。

横井小楠
よこい しょうなん (1809〜1869)

　肥後（熊本）藩出身。**公武合体・開国論**の理論的中心人物。江戸遊学中に藤田東湖と交流，帰国後は藩内で「実学党」を組織して藩政改革を志すも挫折。その後，福井藩に招聘され，福井藩の挙国一致を献策した『国是三論』を著した。彼の政治論は儒学的な「仁義の大道」を基本としている。政治権力の正統性は「公共の天理」によってのみ得られるものであり，公共の天理は「公論」によって得られる。ここにおいて上下一体の「公共政治」が成立する。この考え方が公武合体，公議政体論へ多大な影響を与えた。また，貧富の改善のための実学思想から，積極的な殖産交易こそ民富，富国の根源であり，「公共政治」を支えるものだと考えていた。のちに，京都で出仕していたときに攘夷浪士に襲撃を受けて殺害された。

緒方洪庵
おがた こうあん (1810〜1863)

　緒方洪庵は蘭学医であり，大坂で開業している時に種痘法による天然痘予防の方策を日本に導入した一人。また，私塾「**適々斎塾（適塾）**」を開いた。適塾には福沢諭吉，橋本左内，大村益次郎といった塾生のほかにも，日本に衛生行政の基礎を根付かせた長與専齋，赤十字運動を導入した佐野常民，高松凌雲なども在籍していた。また，蘭学に留まらず英語教育にも力を入れるなど柔軟な教育姿勢を貫いた。司馬遼太郎の小説『花神』にも主人公大村益次郎が入塾した先として適塾が取り上げられている。

高野長英

たかの ちょうえい（1804〜1850）江戸時代末期の洋学者

考えよう
○高野長英は、蘭学を通して海外へ関心を深めた結果、幕府に対してどのような批判をもつに至ったのか。

（高野長英記念館蔵）

人と思想

陸奥国水沢（岩手県）で生まれ、仙台藩一門の水沢領主の侍医であった叔父の養子となり、16歳の時に江戸で蘭学を学び、21歳の時に長崎でシーボルトから蘭学を学んだ。シーボルト事件の後、行方不明となるが26歳の時に江戸で医師として開業し、日本初の生理学書『医原枢要』を著す。このころ、渡辺崋山と出会い、**尚歯会（蛮社）を結成**し、洋学研究に励んだ。34歳の時、『**戊戌夢物語**』を著し投獄され、脱獄し四国・九州を転々として医療と研究を続けるが、江戸で役人に追われ自害した。長英は時代の先駆者として、列強の脅威を伝え幕府の鎖国政策を批判し、日本の未来について提言した。

重要語句

尚歯会：高野長英が渡辺崋山とともに設立した洋学研究グループで、幕府からは朱子学至上主義の観点から南蛮の学問を学ぶ奴らという意味で蛮社と呼ばれた。日本人漂流民を助けて帰国させようとしたアメリカ合衆国船モリソン号に対して、幕府が異国船打払令を根拠に撃退したことについて、博愛主義に反するとして鎖国政策を堅持する幕府を批判した。これによって蛮社の獄で逮捕されることになる。

シーボルト事件：オランダ商館付医師として長崎に来ていたドイツ人シーボルトが、1828年に任期を終えて帰国する際に、もち帰ろうとした日本の文物の中に、国外もち出しが禁じられていた日本地図を所持していたことが発覚した事件。この事件をきっかけにして、幕府の洋学者たちに対する取り締まりや弾圧が強まることになった。

渡辺崋山

わたなべ かざん（1793〜1841）江戸時代末期の洋学者

考えよう
○渡辺崋山は、西洋近代文明の進歩が何によって生み出されていると考えたか。

（高野長英記念館蔵）

人と思想

三河国（愛知県）田原藩家老の子として江戸で生まれ、藩の家老まで務めた。産業の振興、飢饉対策や教育で成果を挙げ、開明的な政治家として名声を博し、高野長英らとともに**尚歯会を結成**し、洋学を研究する。画家としても才能を発揮し、西洋画に近い独自の肖像画スタイルを確立した。モリソン号打払いという幕府の海防政策を批判して『**慎機論**』を著し、蛮社の獄に連座して自害した。彼の洋学の目的は実用かつ民衆の困窮を救うという人間愛に通じたものであった。

重要語句

窮理の精神：西洋における近代文明の進歩は、事物を論理的・合理的に考察する物理学によるものであると考え、これを窮理の精神と呼んだ。これは、自然だけでなく、人間社会のあり方も対象にすることで、科学技術の発展をもたらしていると考えた。崋山は、西洋の科学技術の発達が航海術と軍事力を向上させて日本に迫ろうとしていることを訴えた。

大学入試 challenge!

洋学者の説明として最も適当なものを、次の①〜④のうちから一つ選べ。
① 幕府の命令を受け甘藷栽培に従事した前野良沢は、長崎においてオランダ語の学習に着手し、洋学の基礎を築いた。
② 適塾を開いた緒方洪庵は、実学的な観点から西洋の議会主義を高く評価し、積極的な開国論を主張した。
③ 『解体新書』を訳述した渡辺崋山は、オランダ医学を教授して、人体構造についての正確な知識の普及に努めた。
④ 『戊戌夢物語』を著した高野長英は、国際情勢への知識から、アメリカ商船を撃破した幕府の海防施策を批判した。　〈16追試〉

日本医学の近代化への礎　前野良沢と杉田玄白は、江戸初期から断片的に流入していた西洋医術に対する知識が混乱しており、その原因が西洋医学用語への無知にあると考えた。そこで、ラテン語表記とオランダ語表記の区別をしっかりと踏まえて意味を確定する地道な作業をくり返して、『解体新書』を翻訳した。この作業は、福沢諭吉に影響を与え、日本医学の近代化および日本社会全体の近代化に大きな影響を与えた。（「日本近代文化事始の地」にある『蘭学の泉はここに』の碑　東京都中央区）

解答：【大学入試 challenge!】　④

佐久間象山

さくましょうざん（1811～1864）幕末期の思想家

人と思想

信濃国（長野県）松代藩の下級武士の子として生まれた。若くして学問に専念し，22歳の時に江戸に出て，朱子学者佐藤一斎に師事し，その後，江川太郎左衛門から西洋砲術を学び，洋学にも強い関心をもった。1840年勃発のアヘン戦争で清がイギリスに敗れたことに衝撃を受け，西洋科学技術を積極的に導入する必要性を訴える。1854年，弟子吉田松陰の密航事件に連座して投獄されたがその後許され，京都で開国論・公武合体論を唱え，尊王攘夷派に暗殺された。象山は当代屈指の学者であり，勝海舟や坂本竜馬も門人であった。彼の目的は**東洋の伝統的精神にもとづいて西洋の先進的な知識・技術を導入し，日本を列強と並ぶ近代国家にすること**であった。主著は『省諐録』など。

年	年齢	人物史
1811	0	松代藩下級藩士として生まれる。
1833	22	佐藤一斎に入門し朱子学を学ぶ。
1844	33	洋学と西洋砲術の研究を開始。
1851	40	砲術・兵学の塾を開く。
1854	43	吉田松陰に密航をすすめた罪で下獄，後に謹慎。
1864	53	幕府の命で公武合体・開国論の立場で皇族・公卿に接触するが暗殺。

1 君子の五楽と東洋道徳・西洋芸術

原典資料

君子に五の楽あり。しかうして，富貴は与からず。一門礼義を知りて，骨肉釁隙なきは，一の楽なり。取予苟くもせず，廉潔自から養ひ，内には妻孥に愧ぢず，外には衆民に怍ぢざるは，二の楽なり。聖学を講明し，心に大道を識り，時に随ひ義に安んじ，険に処ること夷のごときは，三の楽なり。西人が理窟を啓くの後に生れて，古の聖賢のいまだ嘗て識らざるところの理を知るは，四の楽なり。東洋道徳，西洋芸術，精粗遺さず，表裏兼該し，因りてもつて民物を沢し，国恩に報ゆるは，五の楽なり。

〈植手通有校注「省諐録」『日本思想大系55 佐久間象山など』岩波書店〉

資料 解説

君子には5つの楽しみがある。それは地位や財産に関係なく，一族が礼儀を心得て不和がないこと。心を清くして妻子・民衆に恥じないこと。聖人の教えを学んで大道を心得て正義を踏み外さず，どんな時でも平常心で対応できること。西洋人が発達させた自然科学から孔子・孟子も知らなかった理を知ること。**東洋道徳**と**西洋芸術**をすべて詳しく研究して，民衆の生活に役立てることである。

2 「先づ武備の学科を興せ」

原典資料

彼を知らず，己を知らざれば，戦ふごとに必ず敗るるは，固よりなり。しかれども，彼を知り己を知るも，今の時にありては，いまだ戦を言ふべからず。悉く彼の善くするところを善くして，しかも己の能くするところを喪はずして，しかる後に始めてもつて戦を言ふべし。詳証術は万学の基本なり。泰西〔西洋〕この術を発明し，兵略もまた大いに進み，曩然として往時と別なり。いはゆる下学して上達するなり。孫子の兵法の度・量・数・称・勝も，またその術なり。しかれども漢と我とは，孫子ありて以来，誦習して講説せざることなくして，その兵法は依然として旧のごとく，泰西と比肩するを得ず。これ他なし，下学の功なきに坐するなり。今真に武備を脩飭せんと欲せば，先づこの学科を興すにあらずんば，不可なり。〈同前〉

資料 解説

詳証術（数学）はすべての学問の基本である。これを発明した西洋は，軍事力が大いに発展しているので，まずこの学科を学ばなければならない。

重要語句

西洋砲術と洋学の摂取：アヘン戦争（1840～42年）で清国が敗れた衝撃は，日本の支配者たちに大きな衝撃を与えた。そこから，日本の防衛力強化が課題となった。象山は，『孫子』の兵法にある「彼を知り己を知れば百戦危うからず」という言葉を引用して，欧米列強との軍事力の差を冷静且つ的確に分析して，軍事力に優れている欧米列強からまずその技術（洋学）を学ぶことが先であるとし，当時勢いづき始めた攘夷論を抑えようとした。

「和魂漢才から和魂洋才へ」：平安前期は，支配者層の教養として漢文学と中国思想を重視する文章経国が盛んであったことから，中国の学問知識を「漢才（からざえ）」と呼んで尊重しながらも，実生活上の知識や行動・人柄などを「やまとだましひ」といって大切にした。幕末になると欧米の学問が入ってきて和魂洋才に変化した。

大学入試challenge!

佐久間象山の「東洋道徳，西洋芸術」の説明として最も適当なものを，次の①～④のうちから一つ選べ。

①東洋の道徳は西洋の芸術に対抗できるものであるから，西洋の芸術を受け入れてもかまわない。

②東洋では道徳が優れており，西洋では技術が優れているので，両者を兼ね合わせる必要がある。

③東洋の道徳では西洋の芸術を理解できないので，西洋の思想も受け入れなければならない。

④東洋の道徳と西洋の技術とは，対抗関係にあるので，東洋の道徳を守る必要がある。

〈02本試〉

吉田松陰

よしだしょういん（1830～1859）幕末期の思想家

人と思想

　長門国（山口県）萩の下級武士の子に生まれ、叔父の養子になり、兵学師範を受け継いで、山鹿流兵学を学ぶ。23歳の時、諸国に遊学し、長崎で海外情勢を学び、海外の書物にも関心をもった。さらに、陽明学に深い関心をもつようになり、実学の追究にめざめ、現実とのかかわりの中で生きた学問をめざした。西洋の兵学や蘭学にも興味をもち、将来の日本のあり方に対しても、従来の固定観念にとらわれずに、現実的な視点による意見をもつようになり、幕藩体制の枠を超えた日本全体の海防の必要性と、身分を超えた国民国家の樹立を訴えるに至る。ここから、**一君万民論**が生み出された。その後も諸国遊学を続け、佐久間象山に師事し、ペリーが2度目に来航した際にアメリカへの密航を企てるが失敗し、投獄された。彼は、獄中でともに過ごした罪人たちとの交流から、人間は教育によって再生できると確信した。そして、釈放後、叔父の**松下村塾**を継いで多くの優秀な弟子を育てる。しかし、日米修好通商条約を調印した幕府に対する激しい批判により、安政の大獄で連座し処刑された。

　松陰は、陽明学に特徴的な実践尊重と日常の道徳を基本に、西洋の先進的科学技術を取り入れ、日本を近代化させることを目的とした。また、朱子学的名分論を尊重し、討幕論には至らなかったが、天皇を天下万民の主君とする尊王論とわが国を諸外国から守る攘夷論を説き、さらには藩の枠組みを超え、一草莽（在野の臣下）としての勤王思想を説いた。松下村塾からは高杉晋作、久坂玄瑞、木戸孝允、伊藤博文、山県有朋ら幕末・明治の逸材を輩出した。主著は『**講孟余話**』『**留魂録**』など。

年	年齢	人物史
1830	0	松陰生まれる。
1835	5	叔父の吉田家の養子となる。
1842	12	叔父玉木文之進が開設した松下村塾に入門する。
1851	21	山鹿流兵学の皆伝を授かる。
1853	23	佐久間象山の弟子になる。諸国遊学の許可を受ける。
1854	24	密航事件をおこし投獄。
1855	25	松下村塾の主宰者となる。
1859	29	処刑される。

1　一君万民論

原典資料

　太平無事の生活にひたって平和を楽しんでいる武士たちがつねにいうところを聞いていると、今の武士は昔の武士のように勇猛なことはとてもできぬ、これも時勢というものだなどという者がいる。僕はこういう言葉を聞くと腹が立ってかなわぬ。自分のなすべきことをみずから怠り、これを時運や天命のせいにするならば、不忠・不孝・不仁・不義、みな時運・天命になってしまう。なんでこれをにくまずにおれようか。

　僕の考えるところをいうならば、国家や夷狄の問題は、もとより君主・宰相の職分ではあるけれども、この神州に生まれた者ならば、天下万民ひとしくみな自分の職分と考えねばならぬものなのである。それゆえ李泌・韓愈の説も、君主・宰相に向かって説いた言葉であるから、そこではただ君主・宰相にのみ重い責任を帰したわけなのである。自分は罪を得て禁錮中の身ではあるけれども、どうして国家の衰乱、夷狄の猖獗を度外視しておくことに我慢できようか。

〈松本三之介訳「講孟余話」『中公クラシックス　講孟余話ほか』中央公論新社〉

資料 解説

　これまで平和な時代を過ごしてきたため、今の武士たちは事がおきても「今はそんな時代だから」といって何もできないでいる。国家存亡にかかわる重要な問題は、君主や宰相だけでなく、天下万民みなが自分事として考えなければならない。ここに、吉田松陰の国を思う気持ちが現れている。

　釈放後、松陰は、松下村塾で多くの弟子を育てるが、29歳の若さで処刑された。日本という国の行く末を案じた松陰の薫陶を受けた者たちが、その後を受け継ぎ、明治維新をやり遂げることとなる。

重要語句

ペリー艦隊への密航失敗：吉田松陰は、師の佐久間象山のすすめにより、再来航したペリー艦隊に乗り込んでアメリカへの密航を企てたが、失敗して投獄された。その獄中で、ペリー来航を機に混乱の度を深めていた幕末の社会で、これからの日本を思い、一君万民論を唱えるに至った。その根拠は、日本は天皇が代々支配していること、神州として一つのまとまりをもっていることである。これによって、欧米列強から不平等な扱いを受けていることに対して藩どうしの連帯を生み出し、挙国的な視点を生むきっかけをつくった。

読解力 power up!

左記資料の内容として、最も適当なものを一つ選べ。

①自分のなすべきことを自ら怠らず、時運・天命のせいにせず、国家の危機について一人ひとりが自分のこととして考えるべきである。

②かつてのように物事が進まないのは、時運・天命のせいであり、国家の危機については君主や宰相が危惧すべき問題である。

③国家の危機の問題については、自分たちが中心となって考えるのではなく、平和になれてしまった武士に任せるべきである。

解答：【読解力 power up!】①

単元の概観

富岡製糸場（国立国会図書館蔵）

開国や使節団の派遣を通じ，欧米の圧倒的な文明に接した日本では，西洋思想が導入・紹介されて近代化を進める動きが始まった。**森有礼**が**福沢諭吉・西周・中村正直**などとともに結成した**明六社**は，西洋文明やフランス啓蒙思想を紹介した。イギリス**功利主義**の影響を受けた福沢諭吉，**自由民権運動**の中心的な思想であるルソーの**社会契約説**を紹介した**中江兆民**，**キリスト教**に国の方向性を見いだした**内村鑑三**らは当時の代表的な思想家である。

文明開化期が終わり，明治政府が不平等条約の改正に苦慮する中で，極端な欧化政策を進め，表面的に列強と肩を並べようとしたことへの反発が生まれてくる。明治中期には，**徳富蘇峰**が下からの近代化を訴えて**平民主義**を唱え，**三宅雪嶺**や**陸羯南**は，他国やその文化を排除しようとする**国粋主義**の運動によって自国の民族や文化の優秀性を評価しようとした。そうした動きは昭和期には軍国主義と結びつき，国体を強調し，排外的な愛国主義へと転化していく。同じころ，デフレ政策によって農民の没落が目立つようになり，農村では小作人が高額の小作料に苦しむようになった。貧困のため農村から都市に流出した者が，日清戦争後の資本主義の発達によって急増した工場で，格好の低賃金労働者として酷使されるなど，様々な社会問題が発生した。その中で，**幸徳秋水**や**堺利彦**は民権論から，**片山潜**，**安部磯雄**，**木下尚江**らはキリスト教的な人道主義から**社会主義思想**を展開していった。

日露戦争以降，教育の普及と国民生活の困窮を背景に，多様な民主主義運動や社会運動が展開された。**吉野作造**の**民本主義**を理論的支柱として，**平塚らいてう**が**女性解放**の思想を説いたり，**普通選挙運動**や**部落解放運動**などの大衆運動がおこるようになっていった。

日本における西洋哲学の受容は，洋学者たちによる翻訳・紹介に始まったが，**西田幾多郎**は西洋哲学の伝統である論理的思考にもとづいて東洋や日本思想を開明し，本質的な理解へと深めていった。また，**和辻哲郎**は西洋思想が個人の確立を重視し過ぎることを批判し，和辻倫理学ともいわれる独自の倫理学をつくり上げた。昭和初期には，**柳田国男**が，明治以降の近代化とともに軽視され，失われていった常民の日常生活に光を当て，**民俗学**を創始した。**折口信夫**は民俗学を国文学に導入し，独創的な考察を展開した。

このように，西欧思想を受容して独自の解釈を加えたものに伝統的思想が融合され，日本独自の近代思想が発展していったのである。

年	関連の出来事
1853	ペリー来航。
1868	明治維新始まる。
1871	廃藩置県・岩倉使節団派遣。
1872	福沢諭吉『学問のすゝめ』刊行。
1873	明六社結成。
1882	中江兆民『民約訳解』刊行。
1889	大日本帝国憲法発布。
1890	森鷗外『舞姫』発表。
1891	内村鑑三不敬事件
1894	日清戦争（〜95）。
1902	日英同盟
1903	内村鑑三，幸徳秋水など『平民新聞』刊行。
1904	日露戦争（〜05）。森鷗外，軍医として従軍。
1905	夏目漱石『吾輩は猫である』発表。
1910	柳田国男『遠野物語』刊行。
1911	辛亥革命。西田幾多郎『善の研究』刊行。
1914	第一次世界大戦（〜18）
1916	吉野作造，民本主義を説く。
1917	ロシア革命おこる。
1931	満州事変
1935	和辻哲郎『風土』刊行。
1941	太平洋戦争（〜45）
1946	日本国憲法公布。

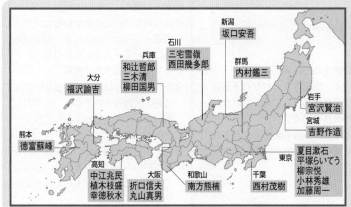

新潟　坂口安吾
石川　三宅雪嶺　西田幾多郎
兵庫　和辻哲郎　三木清　柳田国男
群馬　内村鑑三
大分　福沢諭吉
岩手　宮沢賢治
宮城　吉野作造
熊本　徳富蘇峰
東京　夏目漱石　平塚らいてう　柳宗悦　小林秀雄　加藤周一
高知　中江兆民　植木枝盛　幸徳秋水
大阪　折口信夫　丸山真男
和歌山　南方熊楠
千葉　西村茂樹

解　説　日本の思想家の出身地（近現代）

近代の幕開けとなった明治維新は，"復古"と"維新（近代化）"の両方が並び立つ形で始まった。はじめのうちは，国家神道の形成という"復古"の動きがあり，その一方で明六社という"維新"の動きから自由民権運動が展開した。その後"復古"の動きにもとづく国家主義が現れるが，やがて大正デモクラシーという"維新"の動きにとってかわられる。しかし，世界恐慌のころから"復古"の思想としての国家主義的思想や日本文化を再評価する動きが強まっていく。

福沢諭吉と明六社

ふくざわゆきち（1835〜1901） 日本近代の思想家

考えよう

○福沢諭吉は，西洋近代文明を日本に根付かせるために，どのような概念を示していったのか。

人と思想

　福沢諭吉は，中津藩（大分県）の下級武士の次男として生まれた。すべてが身分で制限される社会を，「門閥制度は親の敵」と表現するほど封建秩序に反発心を覚えた。長崎で蘭学を修め，大坂に出て緒方洪庵の適塾で蘭学を学び，23歳の時，江戸で塾（後の慶応義塾）を開いた。その後，勝海舟を艦長とする咸臨丸の一員として渡米，近代文明と思想を吸収し，幕府の遣欧使節としてヨーロッパにも渡った。5年後再び渡米，明治維新後は啓蒙思想家として活躍し，政府の高官をはじめとする有為な人材の育成に努めた。

　福沢の主張は西洋文明を表面的に輸入するのではなく，西洋の近代社会を根本的に把握し，自由・権利の概念を明らかにすることであり，一般人にも広く世界という観念を提示した。また，慶応義塾における英語の原書による講義や著述活動によって，近代化を妨げる封建的慣習や儒学，官尊民卑の風潮を**天賦人権論**により批判し，功利主義に立つ「**実学**」の必要性や**個人の独立**が国家の独立に不可欠であることを説いた。後に近代化が進み，日本と欧米列強の競争が激化すると富国強兵を重んじ，政治的安定のため**官民調和論**を，欧米によるアジア分割の流れには**脱亜論**を展開していった。主著は『**西洋事情**』『**学問のすゝめ**』『**文明論之概略**』など。

年	年齢	人物史
1835	0	中津藩大坂蔵屋敷に誕生。
1836	1	父死去，中津（大分県）に戻る。
1854	19	長崎に出て蘭学修行。
1855	20	緒方洪庵の適塾に入門。
1857	22	適塾の塾頭になる。
1858	23	江戸で蘭学塾を開く（後の慶応義塾）。
1860	25	咸臨丸で渡米。
1862	27	文久遣欧使節の翻訳方として渡欧。
1866	31	『西洋事情』刊行。
1867	32	幕府の随員として渡米。
1872	37	『学問のすゝめ』刊行。
1873	38	明六社結成に参加。
1901	66	脳溢血で死去。

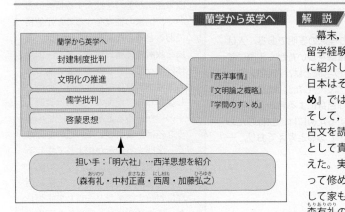

蘭学から英学へ
- 封建制度批判
- 文明化の推進
- 儒学批判
- 啓蒙思想

『西洋事情』
『文明論之概略』
『学問のすゝめ』

担い手：「明六社」…西洋思想を紹介
（森有礼・中村正直・西周・加藤弘之）

解説

　幕末，国内留学の過程で英学の必要性に気づき，欧米への留学経験から，『**西洋事情**』では西洋の知見をいち早く日本に紹介した。『**文明論之概略**』では西洋の文明を目的とし，日本はその文明を追尾すべきであると説いた。『**学問のすゝめ**』では，階級打破の可能性を示し，民衆の支持を集めた。そして，従来の儒学はただ難しい文字を知って理解しがたい古文を読むだけで，日常に近いものとして役に立たず，学問として貴ぶものではないと批判し，**実学**こそ学問であると考えた。実学は，上下貴賤の区別なく人々がたしなむ心得を持って修めれば，各人その分を尽くして家業を営み，身も独立して家も独立し，国家も独立するだろうと説いている。また，森有礼の主唱によって結成された学会である**明六社**に所属し，機関誌「明六雑誌」を刊行し，西洋の近代思想の紹介に努め，開化期の日本に大きな影響を与えた。

　福沢諭吉は，刊行物や研究会などを通し，明治初期の日本に，西洋文明やイギリス・フランスの啓蒙思想を紹介し，人々に国民や国家の進むべき方向を示した。

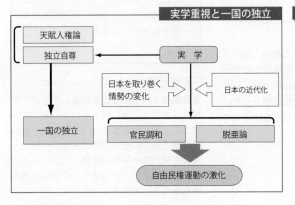

実学重視と一国の独立
- 天賦人権論
- 独立自尊
- 一国の独立

実学
日本を取り巻く情勢の変化 → ← 日本の近代化
官民調和　脱亜論

自由民権運動の激化

解説

　人間は生まれながらに平等であるという天賦人権論を前提にしつつ，学問の有無で貴賤の別が生じるとした。学問とは実学のことで，**実学によって個人が独立することは，一国の独立の基本となる**と説いた。福沢諭吉の思想の核心は**独立自尊**にあった。

　日本が文明化に成功し，欧米列強のアジア分割が再開すると，一国の独立を守るためには，欧米列強と肩を並べてアジアにおける植民地獲得競争に参入すべきであるという考えから，激化する自由民権運動に対し，官民が調和して列強に対抗する**官民調和論**と**脱亜論**が導き出された。

1 天は人の上に人を造らず

原典資料

　天は人の上に人を造らず人の下に人を造らずと言えり。されば天より人を生ずるには、万人は万人皆同じ位にして、生れながら貴賤上下の差別なく、万物の霊たる身と心との働きをもって天地の間にあるよろずの物を資り、もって衣食住の用を達し、自由自在、互いに人の妨げをなさずして各々安楽にこの世を渡らしめ給うの趣意なり。……人は生れながらにして貴賤貧富の別なし。ただ学問を勤めて物事をよく知る者は貴人となり富人となり、無学なる者は貧人となり下人となるなり。

〈福沢諭吉『学問のすゝめ』岩波文庫〉

読解力 power up!

上記資料の内容として、最も適当なものを一つ選べ。
① 人は生まれながらにして平等なので、出自や学問の有無によって貴賤の区別は生じない。
② 人の貴賤を分けるのは、学問の有無である。孔子の思想を学ぶことで、外国と戦争から逃げ去らない者が育つ。
③ 人は生まれながらにして平等だが、貴賤の差は生まれる。それを分けるのは、学問の有無である。
④ 人は生まれながらにして平等だが、孔子の思想を学ぶものは貴人となり富人となる。

資料 解説

　『学問のすゝめ』は、大半が福沢の文章で、自身の理念の表明である。人は生まれながらに貴賤や身分の差別はないと、**天賦人権論**を説いたが、実際に差が生ずるのは、学問の有無によるとした。ここでいう学問とは、「**実学**」で、実際に役に立ち、立身のためのものでなければならないとした。「**独立**」とは自分で考え、自分の判断で行動することで、独立には自身による判断と、独立の生計を立てるという2つの意味をもつとし、独立するためには、立身のための「実学」と、人民自身が独立の「気力」をもつべきであると考えており、一身の独立なくして一国独立はかなわないと主張した。

2 脱亜論

原典資料

　今日の謀を為すに、我国は隣国の開明を待て共に亜細亜を興すの猶予ある可らず。寧ろ其伍を脱して西洋の文明国と進退を共にし、其支那朝鮮に接するの法も、隣国なるが故にとて特別の会釈に及ばず、正に西洋人が之に接するの風に従て処分す可きのみ。悪友を親しむ者は共に悪名を免かる可らず、我れは心に於て亜細亜東方の悪友を謝絶するものなり。

〈福沢諭吉「脱亜論」『続福沢全集第2巻』岩波書店〉

資料 解説

　1885年の論説である。**脱亜**とは、アジアを脱するという意味である。福沢はここで、「日本は、古い慣習・制度を打ち壊し、アジアの中で新機軸を打ち出した。国土はアジアの東端にあるが、国民の精神は西洋の文明に移った。しかし、隣国の中国と朝鮮は、相変わらず儒教主義にもとづいて旧態依然としているので、この2国とともにアジアを興すなどとは考えず、仲間から抜け出して西洋の文明国と行動をともにすべき」であると説いた。

重要語句

明六社：1873（明治6）年、森有礼がおこした洋学者の団体。啓蒙活動を目的に、津田真道、西周、中村正直、加藤弘之など、政府や旧幕臣の知識人が参加。『明六雑誌』の刊行などを行い、日本人の思想に多大な影響を与えたが、1875年に新聞紙条例・讒謗律が出されると、自ら解散した。

天賦人権論：『学問のすゝめ』は、人間は生まれながらにして自由・平等に生きる権利をもつという天賦人権論に立脚している。現実の差別は、学問の有無による生き方によって生ずると説明した。

実学：日用の役に立つ技術に限らず、欧米から流入した物理学、数学、地理学、歴史学、経済学といった近代科学も含まれる。これらを身分に関係なくみなが学ぶことで一身独立し、一家の独立がなされ、一国の独立が可能になるとした。

大学入試 challenge!

福沢諭吉の思想として最も適当なものを、次の①～④のうちから一つ選べ。
① 欧米諸国が勢力を拡大する情勢において、国家の独立を守ることが急務であると考えた。そのためには、国民を政府に従属させることで、国全体の統一を図る必要があると論じた。
② 人間は生まれながらに平等であるとしながらも、現実の人間には貴賤上下の差があることを認めた。このような差は生まれついてのものではなく、学問するか否かによって生じると考えた。
③ アジア全体を興隆させて、ともに西洋に対抗すべきだと一貫して主張した。そのためには、先進的な西洋文明を取り入れようとしない隣国を、文明的に進歩させる必要があると論じた。
④ 国家を発展させるためには、国民一人一人が学問を行う必要があると考えた。その学問とは、実際の生活に役立つ西洋の実学と、社会の秩序を教える儒学であるとした。

〈17追試［改］〉

重要語句

官民調和：自由民権運動が激しさを増す中、福沢は中立を唱え、官と民の歩み寄りを力説した。国会は必要だが、富国強兵や増税は必須である。そのため、国民に、日本の軍備拡張のため権利の主張をしばらくとどめ、国会開設まで参政権なしに租税を徴収されることに耐えるよう説いた。

解答：【読解力 power up!】 ③　　【大学入試 challenge!】 ②

明六社の主な人々

森有礼
もり ありのり（1847〜1889）

　森有礼は，薩摩藩（鹿児島県）藩士の子として生まれる。1865年，18歳の時，五代友厚らとともに，薩摩藩の第一次英国留学生としてイギリスに留学し，その後，ロシアを経て，アメリカに赴き，1868年に帰国。明治新政府に参加し，官僚として活躍する。1870年，23歳の時，アメリカに赴任。1873年に帰国すると，福沢諭吉や西周らとともに明六社を結成する。明六社の機関誌「明六雑誌」では，一夫一婦制を主張した。1875年には，現在の一橋大学の全身である商法講習所を開設。その後，外交官として，イギリスや清国に駐在。1885年，第一次伊藤内閣の時，初代文部大臣に就任し，「学校令」を公布するなど，日本の**近代教育制度**の確立に奔走した。『学制百年史』（1972年，文部省）によれば，「国の発展・繁栄のための教育を重要視していた」と述べられている。1889（明治22）年2月11日，大日本帝国憲法発布式典の日，国粋主義者に刺され，翌日，死去。43歳だった。

西周
にし あまね（1829〜1897）

（国立国会図書館蔵）

　西周は，1829年，石見国（島根県）津和野藩の御殿医の家に生まれる。1857年，28歳の時，蕃書調所の教授並手伝となり，のちに明六社で一緒になる津田真道と知り合う。1862年には，幕府の命令により津田真道・榎本武揚らとともにオランダに留学。1865年に帰国すると，徳川慶喜の側近として務めた。1870年以後には明治政府の兵部省・文部省・宮内省などの官僚を歴任して，近代軍政の整備，確立を進めた。1873年には森有礼・福沢諭吉らと明六社を結成。コントやJ. S.ミルなどの思想を日本に移入・紹介するなど，哲学の基礎を築く啓蒙活動に邁進した。特に，**「philosophy」を「哲学」と翻訳した**ことで有名である。そのほか，「芸術」や「理性」，「科学」，「知識」，「帰納」，「演繹」なども，西周の訳語である。著書に『百一新論』がある。

中村正直
なかむら まさなお（1832〜1891）

（国立国会図書館蔵）

　中村正直は，1832年，江戸の麻布に同心の子として生まれる。昌平黌で，佐藤一斎に儒学を学んだ。のちに，洋学を学ぶ。1866年，34歳の時，幕命によりイギリスに留学するが，幕府の大政奉還により，やむなく帰国。1868年に，静岡学問所の教授となり，イギリスの思想家たちの著作を翻訳した。その中で，スマイルズの"Self Help"『西国立志編』（現在は邦訳名『自助論』が有名）は，西欧的自立を説いたもので，序文の'Heaven helps those who help themselves'を**「天は自ら助くる者を助く」**という訳文は今も使われている。また，ジョン・スチュアート・ミルの『On Liberty』を『自由之理』（現在は邦訳名『自由論』が有名）として翻訳し，自由民権思想の展開に影響を与えた。のちに東京に移り，明六社に参加し，機関誌「明六雑誌」の執筆を行った。

津田真道
つだ まみち（1829〜1903）

（国立国会図書館蔵）

　津田真道は，1829年に，美作国津山藩上之町（岡山県津山市）に生まれた。1850年，21歳の時，江戸に出て蘭学のほか，佐久間象山に兵学を学んだ。1862年に，西周らとともにオランダに留学。維新後，明治新政府に仕えて，1869年には，**人身売買の禁止を建議**するなど，各種の立法に寄与した。**日清修好条規の提携**にも参画した。1873年には，明六社の結成に参加し，コントの実証主義の影響を受けて，科学的・唯物論的な思想を展開した。

【その他】

　明六社には，このほかに，創設時のメンバーとして，西村茂樹（→p.159）や加藤弘之（→p.159），さらにはジョン万次郎に英語を習った箕作麟祥（1846〜1897）などがいる。

中江兆民と自由民権運動

なかえ ちょうみん（1847～1901）日本近代の思想家

人と思想

　土佐藩（高知県）の足軽の子に生まれた。下級武士が中心だった尊王攘夷派には加わらず，藩校に学び，後に長崎でフランス語を学ぶ。後藤象二郎の援助で江戸に出て，フランス公使ロッシュの通訳もした。24歳の時，岩倉使節団に加わりフランスに留学，パリ－コミューン後の自由な雰囲気の中，哲学や歴史，文学に親しんだ。帰国後，ルソーの『社会契約論』の翻訳を手がけ，1882年，「東洋自由新聞」の主筆となったが，政府の圧迫で廃刊したため著述活動に専念し，おもにフランスの政治論・歴史論を翻訳・紹介した。激化した自由民権運動には直接的に関与しなかったが，条約改正運動に当たり，1887年，保安条例で東京から追放された。転居先の大阪では「東雲新聞」を発刊し，自由民権運動の論客として活躍。第1回衆議院議員選挙に当選したが，自由党の土佐派が政府に買収されたことに憤慨して3か月で辞職，その後，実業家に転身するものの失敗して政界に戻り，国民党を結成し，藩閥打倒をめざしたが，志かなわず没した。
　兆民はフランス啓蒙思想の影響を受け，主権在民の民主共和制を理想としたが，まずは立憲君主制を確立し，次に君主制でありながら実質的に人民が主権をもつ君民共治制を唱え，**現実的段階的な民権の実現**をめざした。主著は『**三酔人経綸問答**』『**一年有半**』など。

年	年齢	人物史
1847	0	土佐藩足軽の子として高知に生まれる。
1865	18	土佐藩留学生として長崎に留学。
1871	24	フランスに留学。
1874	27	帰国，東京で仏蘭西学舎を開く。
1881	34	ルソー『民約論』の和文訳草稿できる。
1882	35	東洋自由新聞主筆。兆民と号す。『民約訳解』出版。
1890	43	衆議院議員当選。
1891	44	議員辞職。数々の事業を始める。
1901	54	がんで死去。

自由民権運動

中江兆民

東洋のルソー

フランス留学 → フランス啓蒙思想の紹介『民約訳解』（ルソーの『社会契約論』を翻訳）

↓

立憲君主制の運用
「恩賜的民権」から「恢復的（回復的）民権」へ

植木枝盛

民権思想を堅持
・天賦人権論・抵抗権・主権在民
・東洋大日本国国憲按

解説

　自由民権運動は，大隈重信に代表されるイギリス功利主義の流れと，中江兆民・植木枝盛に代表される『社会契約論』的な急進的思想に大別される。中江兆民は，フランス留学後，ルソーの『社会契約論』を翻訳し，『**民約訳解**』を発刊した。主権在民や抵抗権の思想が，急進派の理論的支柱となっていた。
　中江兆民は，ルソーの『社会契約論』を紹介し，人権はとるべきものであり，もらうものでないと考えていた。しかし，自身は日本の現実を分析し，日本では革命によって一気に恢復的（回復的）人権を実現するのは無理があると考え，恩賜的民権を育て上げれば恢復的民権と同様の価値をもたせることができると説いた。また，人権は君主といえども尊重しなければならないとし，君主を否定したわけではなかった。**植木枝盛**は私擬憲法で主権在民を主張し，抵抗権の保障をうたった。

1 民権・自由

原典資料

　民権これ至理なり，自由平等これ大義なり。これら理義に反する者は竟にこれが罰を受けざる能はず，百の帝国主義ありと雖もこの理義を滅没することは終に得べからず。帝王尊しと雖もこの理義を敬重してここに以てその尊を保つを得べし。この理や漢土にありても孟軻，柳宗元早くこれを覷破せり，欧米の専有にあらざるなり。
〈中江兆民『正続　一年有半』博文館，漢字等の表記変更〉

資料解説

　民権は根本原理であり，自由・平等は大原則である。百の帝国主義があっても，滅ぼすことはできず，そのことは中国では孟子や柳宗元も喝破していると説いている。現実においては，君主制でありながらも実質的に人民が人権をもつ「君民共治制」が適すると唱えていた。

読解力 power up!

左記資料の内容として，最も適当なものを一つ選べ。

①民権は原理で，自由・平等は原則である。このことにより，百の帝国主義をうちやぶることができる。

②民権は原理で，自由・平等は権利である。そのため，皇帝を尊重するわけにはいかない。

③民権は原理で，自由・平等は原則である。皇帝であっても，尊重すべきである。

2 恩賜的民権・恢復的民権

且つ世の所謂民権なる者は，自ら二種有り，英仏の民権は恢復的民権なり。下より進みて之を取りし者なり。世又一種恩賜的の民権と称す可き者有り。上より恵みて之を与ふる者なり。恢復的の民権は下より進取するが故に，其分量の多寡は，我れの随意に定むる所なり。恩賜的の民権は上より恵与するが故に，其分量の多寡は，我れの得て定むる所に非ざるなり。若し恩賜的の民権を得て，直ちに変じて恢復的の民権と為さんと欲するが如きは，豈事理の序ならん哉。……

縦令ひ恩賜的民権の量如何に寡少なるも，其本質は恢復的民権と少しも異ならざるが故に，吾儕人民たる者，善く護持し，善く珍重し，道徳の元気と学術の滋液とを以て之を養ふときは，時勢益々進み，世運益々移るに及び，漸次に肥腯と成り，長大と成りて，彼の恢復的の民権と肩を並ぶるに至るは，正に進化の理なり。

〈桑原武夫・島田虔次訳・校注，中江兆民『三酔人経綸問答』岩波文庫〉

資料 解説

1887（明治20）年出版。兆民は，自由民権運動の実践運動には深入りせず，もっぱら思想的支柱であることを心がけていた。本書が執筆されたのは，民権運動が激化したころである。それぞれ現実主義者・進歩家・急進派の性格をもつ3人の架空の人物の討論という形式で記されている。

その他の自由民権に関する思想家・政治家たち

植木枝盛
うえきえもり（1857〜1892）

植木枝盛は，土佐藩出身。維新後，板垣退助に感化されて1877年に立志社に参加。明六社の演説会や福沢諭吉の影響を多大に受けたが，明治政府は人民の自由を抑圧しているのではないかと疑問視していた。彼は，主権は政府にではなく国家全体にあるもので，その基礎は人民に求められるべきものであり，人民の自主自立を守ることが真の幸福であり，「安寧」と「治安」の本質であると考えた。人民の幸福を守るには人民の独立が大前提であり，人民が真の国家の独立を実現するには，抵抗権・革命権が必要であると説いた。彼が作成したとされる私議憲法**東洋大日本国国憲按**は，主権在民や天賦人権の保障とともに人民の抵抗権・革命権にも言及している。『**民権自由論**』などの著書も残している。第1回の衆議院議員選挙で当選したが，36歳の若さで病死した。

田中正造
たなかしょうぞう（1841〜1913）

田中正造は，下野国（栃木県）に名主の子として生まれた。自由民権運動に参加し，第1回衆議院議員総選挙で当選し，政治家として活躍した。日本初の公害事件とされる**足尾鉱毒事件**では，明治天皇に直訴しようとした。彼はそれを機に衆議院議員を辞職。自らの生涯をかけて鉱毒事件の実態を訴えながら，政府に抵抗を続けた。彼の考え方には，出自である名主としての責任感，つまり名主は，政治的中間層として「公共の職にある者の一分」という意識があったといわれている。また，彼は，『孟子』にある，君主は人民を犠牲にして政治や戦争をしてはならないという，孟子が滕の文公に話した周の大王の逸話から，王道政治と放伐思想を学び，さらに，中村正直の『西国立志編』などから学んだことも，彼の思想の根底をなしている。

次の文章は，近代日本における「市民」の道徳について考えた人物の思想に関する説明である。文章中の（A）〜（C）に入れる語句の組み合わせとして正しいものを，下の①〜⑥のうちから一つ選べ。

幸徳秋水が師事した（A）は，『三酔人経綸問答』の中で「民主平等の制」とは「国人をして皆学に就きて君子と為るの手段を得せしむ」るものだと述べた。「君子」とは，儒教の伝統において有徳者や有徳な為政者を意味する概念である。また彼は（B）を翻訳する際，通常は「市民」と訳される「シトワイヤン」を，「君子」の類義語である「士」と訳した。このような，「市民」とはかつての「君子」や「士」のような道徳的人間であるとする考え方の背景には，彼がフランスで学んだ，「市民の徳」を重視する（C）という思想の影響があった。

① A 片山潜　　　B『社会契約論』
　 C 共産主義
② A 片山潜　　　B『自由論』
　 C 共和主義
③ A 片山潜　　　B『自由論』
　 C 共産主義
④ A 中江兆民　　B『社会契約論』
　 C 共和主義
⑤ A 中江兆民　　B『社会契約論』
　 C 共産主義
⑥ A 中江兆民　　B『自由論』
　 C 共和主義　　　　　　　　〈20本試〉

民権・自由・平等：民権運動によって民意・世論を結集し，憲法をつくり国会を開設することを兆民はめざしたが，それ自体が目的ではなく，「自由権」確立のためのものであるとした。そして，自由権が人間の基本権であると主張した。

恩賜的民権：統治者によって与えられる民権のことで，民権の保障範囲は政府によって制限できるとする。政府主導の近代化をめざす政府は，この立場を貫いて自由民権運動と対立した。

恢復的民権：人民が自ら勝ち取った民権のことで，民権の保障範囲は政府によって制限できないとする。兆民が理想とした民権である。日本の現状を見た兆民は，先に恩賜的民権を育ててから，恢復的民権に改めるべきだと説いた。

解答：【大学入試 challenge!】 ④

内村鑑三とキリスト教

うちむら かんぞう（1861〜1930）日本近代の思想家

考えよう

○内村鑑三は，キリスト教で求められる厳しい倫理観と日本人の伝統的価値観をどのように結びつけようとしたのか。

人と思想

高崎藩（群馬県）松平家家臣の長男として江戸に生まれ，5歳から高崎に移り，父から儒学を習った。彼は，武士道的倫理観のもとで育ち，高崎の塾で英語を学んだ後，東京外国語学校（東京大学の予備課程）に入学した。同級には新渡戸稲造がいた。16歳の時札幌農学校（北海道大学の前身）に入学，当初はクラークの影響を強く受けた先輩のキリスト教勧誘に抵抗したという。その後在学中にキリスト教に回心，卒業後渡米してアーマスト大学で学び，帰国後，第一高等中学校の嘱託職員となるが，教育勅語の奉読式における「不敬事件」で退職した。この後，いくつか教職につくが長く続かず，36歳の時，「万朝報」の英文欄主筆となり，足尾銅山鉱毒事件では財閥を糾弾，日露戦争で非戦論を展開したが，社長の黒岩涙香が開戦論に転向すると，幸徳秋水・堺利彦とともに退社し，以後はキリスト教の研究と「無教会主義」伝道に生涯をささげた。

内村は清廉潔白な日本人こそ真のキリスト者たり得ると唱え，**武士道精神を根幹として社会正義と真理を重んじる無私の心に満ちた日本的キリスト教の確立**をめざした。また，**無教会主義**の立場をとり，各人がイエスと神と直接つながっていることを説いた。主著は『基督信徒の慰め』『余は如何にして基督信徒になりし乎』など。

年	年齢	人物史
1861	0	江戸の高崎藩中屋敷に生まれる。
1877	16	札幌農学校入学。
1878	17	キリスト教徒となる。
1884	23	渡米。
1885	24	アーマスト大に編入。
1887	26	ハートフォード神学校入学。
1888	27	帰国。
1891	30	教育勅語不敬事件。
1897	36	『万朝報』英文欄主筆。
1901	40	『無教会』創刊。
1903	42	非戦論展開，万朝報社退社。
1930	69	死去。

プロテスタンティズムの受容

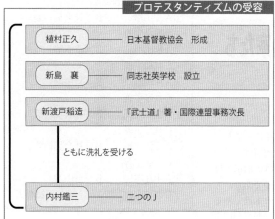

植村正久 —— 日本基督教協会　形成

新島　襄 —— 同志社英学校　設立

新渡戸稲造 —— 『武士道』著・国際連盟事務次長

ともに洗礼を受ける

内村鑑三 —— 二つのJ

解説

明治維新とともに欧米宣教師によって移植されたキリスト教の一派を**プロテスタンティズム**と呼ぶ。その唯一神観と厳しい倫理観は，日本人の近代的自我の確立に大きな影響力をもった。また，神のもとの平等を説くキリスト教は，明治期の価値観と激しく衝突した。

植村正久は，日本プロテスタント教会の指導者で，伝道と教会設立に努力した。**新島襄**は，幕末に渡米し，帰国後，キリスト教の立場から，人格の陶冶に力を入れた教育を実践するために同志社を設立した。同志社大学の創立者である。**新渡戸稲造**は，**内村鑑三**とともに札幌農学校に学び，キリスト教の洗礼を受けた。農政学を中心に幅広い教養を身につけた教育者で，国際親善にも尽力し，「太平洋のかけ橋とならん」ことを掲げ，国際連盟事務次長にも就任した。英文で『**武士道**』を著し，武士道は日本の精神的支柱であり，かつ，キリスト教を受け入れる下地でもあるとした。

二つのJとキリスト教

二つのJ

Jesus（信仰）

Japan（愛国心）

キリスト教

武士道

不敬事件	信仰の対象 → 神のみ	
無教会主義	聖書第一主義	
非戦論	絶対的平和 → 「真の義」	

愛国の道

解説

内村鑑三は，留学中に見た資本主義の発展による腐敗したアメリカ社会を知り，武士道という高潔な倫理観をもつ日本こそ神の義にかなうと考えた。そこで，自らのもつ聖書の扉に「世は日本のため，日本は世界のため，そしてすべては神のため」と書き込み，自らの立場を「**キリスト教愛国**」とした。日本人は武士道精神にもとづく至誠な道徳心をもつとして，**二つのJ**に生涯をささげることを決心し，1891年の教育勅語不敬事件では，良心にもとづいて最敬礼を行わなかった。足尾銅山鉱毒事件では経営者の責任を追及し，日露戦争では**非戦論**を唱えるなど，理想主義を貫いた。その後無教会主義を唱え，教会や儀式にとらわれず，自己の信仰のあり方に重心をおいた信仰を確立していった。

1 二つのJ

原典資料

　私共に取りましては愛すべき名とては天上天下唯二つあるのみであります，其一つはイエスでありまして，其他の者は日本であります，是れを英語で白しますれば其第一は Jesus でありまして，其第二は Japan であります，二つとも J の字を以て始まって居りますから私は之れを称して Two J's 即ち二つのジェーの字と申します，イエスキリストのためであります，日本国のためであります　私共は此二つの愛すべき名のために私共の生命を献げやうと欲ふ者であります。

〈内村鑑三「失望と希望（日本国の先途）」『内村鑑三全集11』岩波書店〉

読解力 *power up!*

上記資料の内容として，最も適当なものを一つ選べ。

①二つの J とは，日本とキリストである。キリスト教信仰は，愛国心より勝るものである。

②二つの J とは，日本とキリストである。日本を愛するのはキリストのためである。

③二つの J とは，日本とキリスト教である。日本のために命をささげることは，キリストによって許されている。

④二つの J とは，日本とキリスト教である。キリスト教の方が日本よりも古く，より厚く信仰すべきである。

資料 解説

　「二つの J」とは，イエス（Jesus）と日本（Japan）のこと。渡米中，日本固有の価値体系と，キリスト教信仰との間で苦しむ中，内村鑑三は，イエスは未来の生命の，日本は現在の生命のあるところなので，イエスと日本は同一のものであるとした。そして，キリスト教を信じることが，愛する日本を救う唯一の力と考えるようになった。日露戦争開戦の約半年前である。

2 非戦論

原典資料

　私は，日露戦争には最始から反対しました。私は第一に，宗教，倫理，道徳の上から反対しました。第二に，両国の利益の上から反対しました。第三に，日本国の国是の上から反対しました。……

　しかしながら奇なることには，私もこの戦争よりある利益を得ました。……

　一，私は第一に，この戦争において，生ける人類の歴史を目撃しました。……その根元に遡りますれば，国民の上に現われたる神の裁判であります。……

　二，日露戦争によって私は一層深く戦争の非を悟りました。……

　三，日露戦争によって私は多くの友人を失いました。しかしそれと同時にまた多くの新たなる友人を得ました。この戦争は，私にとり，友人の真偽を分かつための好個の試験石でありました。〈松沢弘陽訳「日露戦争より余が受けし利益」『日本の名著38　内村鑑三』中央公論社〉

資料 解説

　日露戦争に反対した理由，戦争から得た失望を述べた1905年の論文である。第一に終始一貫して戦争に反対したことを述べ，第二に戦争の非を確認した上で，第三に本来は戦争に抵抗すべき社会改良論者や教会が戦争に協力する立場に落ちたことを痛烈に批判している。ここでの戦争から得た「利益」という表現は，逆説的な意味である。

重要語句

二つの J：J とは，イエス（Jesus）と日本（Japan）のこと。内村は，信仰は国のため，愛国心はキリストのためで愛国者の専有物ではなく，キリストを信じる者の専有物であると考えた。また，自身の信仰を，「武士道の上に接ぎ木されたる基督教」とも表現し，日本精神の柱である武士道とキリスト教は一体をなさないとした。一方，新渡戸稲造は，武士道とキリスト教は一体をなすと考えて『武士道』を著し，日本文化を欧米人に紹介した。

大学入試 *challenge!*

次の文章は，内村鑑三におけるキリスト教の理解と彼の社会的実践についての説明である。（a）〜（c）に入れる語句の組み合わせとして正しいものを，下の①〜④のうちから一つ選べ。

　内村は，一人ひとりが独立した個人として神の前に立ち，聖書そのものに拠ることで，信仰がその心のうちに与えられるという（a）を唱えた。また，社会改良運動などの様々な「事業」に参加する一方，日露戦争に際しては非戦論を提唱するなど，信仰に基づき積極的に社会と関わり続けた彼は，自らの生涯をイエス（Jesus）と（b）という「二つの J」に捧げたのである。さらに彼は「（c）の上に接木されたキリスト教」という言葉を残したように，キリスト教を受容する基礎が，自らの文化的伝承に存していると考えていた。

①a 内部生命論
　b 正義（Justice）　　c 武士道

②a 内部生命論
　b 日本（Japan）　　c 儒学

③a 無教会主義
　b 正義（Justice）　　c 儒学

④a 無教会主義
　b 日本（Japan）　　c 武士道

〈15追試［改］〉

重要語句

無教会主義：聖書の信仰に照らした歴史と自然の理解を研究・伝道するため，『聖書之研究』を創刊した。読者を中心とした「教友会」を組織し，全国に伝道した。内村の無教会主義はプロテスタントの影響を受けている。『聖書』と向き合って自身の内的信仰を深めながら，神の前では独立した人格であることを説き，近代的自我の確立に大きな影響を与えた。

新渡戸稲造

にとべ いなぞう（1862〜1933）

考えよう

○新渡戸稲造は、なぜキリスト教を受け容れる素地に武士道をおいたのか。

（国立国会図書館蔵）

人と思想

　明治，大正，昭和初期の国際的な教育者，農学・農業経済学者。盛岡藩士の家に生まれ，一貫して英語を学ぶ。札幌農学校は二期生で，クラークとは入れ違いであったが，一期生の学生からキリスト教の薫陶を受け熱心な信者となる。1884年に「吾，太平洋の架け橋とならん」と決意して私費で米国留学。そこで農業と経済学の融合の必要性を痛感し，本場のドイツへ渡り，その後は日米で学者として活動する。その間にメアリー夫人と結ばれ，英文で『武士道』を著しヨーロッパでも翻訳された。彼は1920年の国際連盟発足にあたって事務次官に選ばれた。『武士道』においては，日本の道徳観の根本に「武士道」があるとし，それが日本人の精神的支柱であり，キリスト教を受け容れる素地にもなるとした。日本文化と欧米文化の相互紹介をしつつ異文化間の対話と理解の交流活動に生涯にわたって尽力，活動した。また，「学問の第一の目的は心をリベラライズすることにある」として日本の高等教育に自由・教養主義的教育をもたらし，札幌農学校，東大，京大などでの教授や一高での校長だけでなく，労働者の夜学校設立や女子教育にも力を注いだ。

年	年齢	人物史
1862	0	盛岡で生まれる。
1877	15	札幌農学校に入学。
1884	22	アメリカのジョンズ・ホプキンス大学に入学。
1891	29	メリーと結婚。帰国し，札幌農学校教授となる。
1900	38	英文の『武士道』出版。
		このあと，一高校長，東京女子大学初代学長を歴任。
1920	58	国際連盟事務次長に就任。（1926退任。）
1933	71	カナダで開催された第5回太平洋会議に出席。ビクトリア市で客死。

原典資料

　……「負くるは勝」という俚諺があるが，これは真の勝利は暴敵に抵抗せざることに存するを意味したものである。「血を流さずして勝つをもって最上の勝利とす」。その他にも同趣旨の諺があるが，これらはいずれも武士道の窮極の理想は結局平和であったことを示している。（第13章　刀・武士の魂）　　　　　〈新渡戸稲造『武士道』岩波書店〉

新島襄

にいじま じょう（1843〜1890）

（国立国会図書館蔵）

　明治のキリスト教伝道師であり，教育者である。上野国の安中藩士の子として江戸屋敷に住んでいた時に米国の政治体制を知り，同時に漢訳聖書に出会って感銘を受け，当時開港されたばかりの箱館経由で米国に密入国。現地で洗礼を受け，名門校アマースト大学を卒業。大学在籍中にクラークの講義を受けた。岩倉使節団が米国に逗留した際，新島の語学力を必要とした木戸孝允が個人通訳として雇い，そのまま欧州にも同行。新島が所属していたのは清教徒派の「アメリカン・ボード」と呼ばれる団体で，その支援により日本でキリスト教伝道の宣教師として大学を設立するため帰国を果たした（1874年）。そして翌年，京都で同志社英学校を設立。当初は教員2名で学生8名。やがて徳富蘇峰ら「熊本バンド」の一団が同志社に入学し，以後数多くの人材を輩出することとなった。さらに，同志社女学校，京都看病婦学校も設立して，同志社大学設立の基盤が用意されたが，その完成前に病没した。なお，妻は会津戦争で男性とともに戦ったことで著名な山本八重であり，キリスト教的男女平等精神を体現した夫婦像といわれた。

植村正久

うえむら まさひさ（1857〜1925）

（国立国会図書館蔵）

　明治・大正時代の日本における代表的な牧師，神学者で，日本におけるプロテスタント教会の形成に大きな役割を果たした。旗本家に生まれた植村は市民平等で没落した家の再興のため横浜で英学を学んでいたところ，キリスト教に触れて入信。以後は日本各地を巡行して伝道と教会設立に尽力し，聖書や賛美歌の翻訳も行った。東京神学社を設立して日本人伝道師の養成にも務め，日本の教会が独立自律的に布教を行う道を切り開いた。その一方で進化論についても受容するなど，聖書の中にも歴史・科学的な誤りが含まれているという柔軟な姿勢を持っていた。同世代のキリスト教伝道者には熊本バンド出身の海老名弾正や小崎弘道もいる。両者とも同志社総長を務め，後進の育成に尽力した。特に小崎は植村らと共同で東京キリスト教青年会（YMCA）を創設した。「宗教」という訳語は彼に始まると言われる。

国家主義

考えよう
○国益を優先しつつ，どのような考え方で国家の発展をもたらしながら，西洋近代思想に対抗する思想を求めていったのか。

教育勅語原本（東京大学蔵）

　国家主義（ナショナリズム）とは，個人の利益よりも国益を優先させ，国家に絶対的意義を与え，その権力の発動を国の内外に拡大させる思想である。日本では，明治維新が欧米列強の外圧を背景として行われたことから，明治時代の思想は全体的に国家主義的傾向を帯びることになった。国家主義は鹿鳴館外交に代表される**極端な欧化主義への批判**から始まり，明治20（1887）年代以降に，当時のドイツなどで見られた「**国権論的国家主義**」として，大日本帝国憲法の発布，近代的天皇制の確立，日露戦争における挙国一致的国体の成立を背景に思想的に形成されていった。大正時代に入ると，社会主義への反動として展開し，昭和前期にはファシズムのイデオロギーとして強調された。また，日本の国家主義は，天皇制と結びついたことにも大きな特色がある。

西村茂樹
にしむら しげき（1828～1902）

（国立国会図書館蔵）

　西村茂樹は佐久間象山に蘭学を学び，明六社の一員で「啓蒙運動家」として知られているが，同時に儒学の素養を基礎にして和洋の学問に通じた人物であった。日本弘道館を設立して儒教をもとにした**国民道徳**の確立に努め，文部省に出仕して修身科の設置に尽力した。主著『日本道徳論』は皇室中心の価値観から国民道徳を説いたもので，欧化主義を批判し，西洋の技術は儒教道徳を土台として活用すべきであるとした。この立場は，教育と国民道徳の基本を儒教的な「**忠孝**」「**忠君愛国**」に求めた**教育勅語**に影響を与えたとされる。

　西村の思想は国粋主義の先駆であり，同じ系列の思想家には，ドイツ観念論哲学を紹介しつつ，キリスト教を教育勅語に反する反国体的なものとして攻撃し，ドイツ流国家主義の定着に功績を残した井上哲次郎（1855～1944）や，東洋文明は仏教の中にあると主張し，仏教の合理化・体系化に努めつつ教育勅語の普及をはかった井上円了（1858～1919）がいる。

加藤弘之
かとう ひろゆき（1836～1916）

（国立国会図書館蔵）

　加藤弘之は，明治期の法学者，政治学者。現在の兵庫県出身。幕府の蕃書調所に入った当時から，儒教政治を批判するなど，進歩的な思想家であった。明治維新後，『国体新論』などで天賦人権説を主張したが，板垣退助らの民選議院設立の建白には，時期尚早と主張した。その後，スペンサーの影響を受け，『人権新説』を出版。一部の指導層が権力を握る社会的な不平等を**進化論**の摂理にかなうものとして正当化し，天賦人権論を否認した。晩年になってからは，**国家主義**を唱えた。

三宅雪嶺
みやけ せつれい（1860～1945）

（国立国会図書館蔵）

　三宅雪嶺は東京帝国大学（現，東京大）で哲学を学び，文部省に入ったがすぐに辞職し，在野の評論家として活動した。志賀重昂（1863～1927）らとともに政教社を設立し，雑誌『日本人』を創刊，彼は政府の外交政策を「外柔内硬」と批判するなどジャーナリストとして活動するとともに，**日本の伝統的精神・美意識を評価・発揚**し，当時の日本思想界をリードした。三宅の説く国家主義は**国粋主義**といわれ，外国文化の浸透による危機意識から自国の伝統を絶対視し，その維持強化を進め，歴史，文化などを他国よりも優れたものととらえる思想である。

徳富蘇峰
とくとみ そほう（1863～1957）

（日本近代文学館提供）

　徳富蘇峰は，熊本の豪農の長男として生まれる。熊本洋学校，東京英語学校をへて同志社で学び，帰郷後，自由民権運動に参加した。その後上京して民友社を結成，34歳の時，雑誌『国民之友』や「国民新聞」を創刊し，国民大衆の立場からの西洋文明受容と下からの近代化をめざす「**平民主義**」を説いたが，日清戦争後，「**国権論**」に転じ，**国家主義**を唱えた。国権論とは国家の対外的な地位と国益を重視し，国家の権力が強化されてこそ国民の権利が保障されるという理論であり，それにもとづく明治における「国家主義」は，天皇制と結びつきつつも，日本人の国民意識と民族的自覚を世界的視野から啓発することをねらいとした。

　昭和に入り，国家主義は排外的・侵略的民族主義と融合した時に，日本独自の「**超国家主義**」へと変貌した。「超国家主義」は，対外的な面では他国への侵略および排外主義をとり，国内的には国家への絶対的従属を命じるものである。

陸羯南
くが かつなん（1857〜1907）

（国立国会図書館蔵）

陸羯南は，明治の評論家，ジャーナリスト。元々は官僚であったが欧化政策に反対し下野。1889（明治22）年2月11日，大日本帝国憲法発布日に合わせて新聞「日本」を創刊。彼の**「国民主義」**は，いわゆるナショナリズムのことで，「国粋主義」と「国権論」の間に立つものであり，国粋主義に内包されている国家・国民意識を前面に押し出し，日本民族＝国民こそが日本国統治の主体であり，西洋文明は日本の福利のために利用するべきものに過ぎないとする。国民の活動を阻害している藩閥専制には厳しい批判を加えたため，新聞「日本」は頻繁に発行停止処分を受けるが，国家秩序を重視する「国権論」とも一線を画している。また，新聞「日本」は伝統文学の復興による国民精神の発動も目指しており，正岡子規や高浜虚子らに作品発表の場を提供した。新聞「日本」には三宅雪嶺も寄稿しており，新聞「日本」社屋内で政教社が活動していた時期もあった。

岡倉天心
おかくら てんしん（1862〜1913）

（国立国会図書館蔵）

岡倉天心は，明治の思想家で，**日本美術復興運動**の指導者。本名は覚三。横浜の生糸商に生まれ，来店するイギリス人の影響等もあって，英語を身につけた。その後，東京帝国大学の第一期生として入学した時に，講師だったフェノロサが彼の抜群の英語力に目を付けて助手に抜擢。随行して日本各地を巡ったが，明治当初の廃仏毀釈によって寺院・仏教遺産が荒廃していた現状に直面し，日本美術の復興に尽くす決意を固めたと言われる。法隆寺夢殿の救世観音像の開帳エピソードは有名。渡米帰国後には東京美術学校の設立に尽力して日本美術の後進を育て，横山大観や下村観山，菱田春草など後の日本画の大家を輩出した。「美術学校騒動」で職を追われたが，かつての門下生らと在野の美術団体「日本美術院」を設立。主著として，英文三部作の『東洋の理想』『日本の覚醒』『茶の本』がある。『東洋の理想』では，インド・中国文明に代表されるアジアの思想・美術は1つの源流からなっており（冒頭の一節，**「アジアは一つ（Asia is one）」**が有名），日本文化はそれらの諸文化を継承，発展させたものだと説いた。

志賀重昂
しが しげたか（1863〜1927）

（国立国会図書館蔵）

志賀重昂は，明治・大正の思想家。**国粋主義**の論客として紹介されることが多いが，彼は地理学者であり，日本の気候・地勢をまとめた地理書『日本風景論』や世界周遊の紀行・評論文で著名であり，イギリス王立地理学会の名誉会員でもある。愛知県岡崎の儒者の家系に生まれ，札幌農学校に入学（3学年上に内村鑑三，新渡戸稲造），その頃に山野を探索した経験が地理学への志になり，また政治に関心を持ったのもこの頃だという。その後，オセアニア，南太平洋諸島を見聞する機会があり，現地で行われていた欧米による植民地分割の実態に衝撃を受け，帰国後に地理書であり警世書でもある『**南洋時事**』を執筆。のちに南鳥島の日本領土化に尽力したのもこの時の経験に根ざしている。その後，哲学館（現，東洋大学）同人とともに「政教社」を立ち上げ，主筆の一人として機関誌「日本人」で国粋保存の論陣を張った。日本の文化・制度・経済を保守するという立場をとりつつもそれを墨守するものではなく，西欧の事情に通じ，それをよく咀嚼・消化して取り入れるべきであるという立場である。その後，政官界に転身し衆議院議員も務め，後半生は地理学者に専念した。

北一輝
きた いっき（1883〜1937）

（国立国会図書館蔵）

北一輝は，大正，昭和初期の思想家。**超国家主義**の代表として捉えられることが多いが，「徹底した人民主義に，国家社会主義的な現実策を付与した論客」と言うべき存在ともいわれる。新潟県佐渡の出身で，上京後に「平民新聞」に触れて社会主義を志すも，彼らの主張とは異なり，すでに国家を前提とする社会主義を構想していたといわれる。その後はほぼ独学で社会思想・科学を学び，1906年に『**国体論及び純正社会主義**』を著すも，立憲君主制による天皇制を批判したために発禁処分を受ける。その後は中国革命同盟会に入党し，宋教仁に協力して辛亥革命に関わる。大戦後，大川周明の猶存社の中心になって活動していた。1923年，『日本改造法案大綱』を著す。その中では，大正デモクラシーの風潮の中にあっても極めてラディカルな民主主義を主張しており，男子普通選挙や婦人参政権，言論の自由や教育を受ける権利・労働権などの基本的人権の尊重，社会福祉政策のほか，私有財産の上限の設定，利潤や土地の再配分，大資本の国家統制など，国家社会主義的な主張や，アジアの植民地からの脱却と平和外交（ただし軍事力を前提として）なども主張している。こうした考え方に強く影響を受けた陸軍皇道派の青年将校達は，1936（昭和11）年，二・二六事件を起こした。北はその思想的首謀者として民間人であるのにも関わらず軍法会議で有罪とされ銃殺刑に処せられたが，どこまで事件に関わっていたかについては諸説あり，冤罪であったとの説もある。

幸徳秋水

こうとく しゅうすい（1871〜1911）日本の社会主義運動家

考えよう
○幸徳秋水は，資本主義が勃興する中で貧困にあえぐ労働者を救うために，社会主義思想をどのように捉えたのか。

人と思想

高知県の商家に生まれる。年少時から自由民権運動に志し，17歳にして上京するが，保安条例に抵触して大阪に退去し，中江兆民の書生となった。その後「社会問題研究会」に入会し，片山潜と知り合う。これが民権論者から社会主義者として立つ機縁となった。その後，秋水は当時勃興しつつあったジャーナリズム界に入り，「万朝報」で活躍するが，同紙が日露戦争で開戦論に傾くと，辞職して「平民新聞」をおこし，「反戦論」を論じた。34歳の時，渡米して西洋の社会運動を学び，帰国後，**無政府主義**に傾き，労働者のゼネスト決行を主張する直接行動論を唱え，議会主義派と対立し，片山潜らと決別した。1910年，明治天皇暗殺計画の首謀者として起訴され，翌年他の11名とともに絞首刑に処せられた（**大逆事件**）。現在では，秋水は事件には無関係だったとされている。

秋水は兆民から民権思想を学び，**社会主義**へと思想を展開させた。渡米後は急進化し，議会主義を否定したが，日本に科学的社会主義を導入した先駆者として評価される。主著は『二十世紀之怪物帝国主義』『社会主義神髄』など。

年	年齢	人物史
1871	0	高知県で出生。
1888	17	兆民の書生となる。
1898	27	万朝報入社。
1903	32	「平民新聞」発刊。
1905	34	筆禍事件で入獄。
		出獄後渡米。
1907	36	日本社会党大会で
		直接行動論主張。
1910	39	大逆事件で逮捕。
1911	40	刑死。

1 社会主義

原典資料

こころみに思え。もし世界の土地と資本とを，多数人類が自由に生産の用に供することができた，と仮定せよ。彼らが，多額の金利を取られ，法外の地代をかすめられ，もしくは低廉の賃金をもって雇用される必要がなくて，その労働の結果である財富は，ただちに彼らの所有として，自由に消費することができた，と仮定せよ。分配が公平をうしなって，貧富の懸隔する状態が，どうして今日のようにひどくなっているだろうか。しかも現在，彼らは，ただ労働の力をもっているにすぎない。土地と資本とは，ともに，まったく少数階級の専用に帰して，その生産の大部分を彼らにおさめるのでなければ，けっして使用することがゆるされないのである。世界の多数がつねに飢凍線上に転落するのは，すこしもふしぎではないのである。〈神崎清訳「二十世紀の怪物　帝国主義」『日本の名著44　幸徳秋水』中央公論社〉

資料解説

多くの人達が自由な経済活動を行えるならば，今日のような格差は生まれない。しかし多くの人達は現実には労働力しかもたず，土地・資本は一部の人達に押さえられている。多くの人達が貧困にあえいでいるのは当然なのだ。

2 われわれは絶対に戦争を否認する

原典資料

われわれは，絶対に戦争を否認する。これを道徳の立場から見れば，おそろしい罪悪である。これを政治の立場から見れば，おそろしい害毒である。これを経済の立場から見れば，おそろしい損失である。社会の正義は，これがために破壊され，万民の利益と幸福とは，これがためにふみにじられる。われわれは，絶対に戦争を否認し，戦争の防止を絶叫しなければならない。〈同前「平民主義」〉

資料解説

戦争は，道徳から見ても政治から見ても，そして経済から見てもよいことは1つとしてない。社会正義も人々の利益・幸福も駄目になってしまう。われわれは戦争を否認し，その防止を叫ばなくてはならない。

重要語句

深刻な労働・社会問題：この文献が書かれた当時の日本は，資本主義が勃興する一方で，深刻な労働・社会問題が巻きおこっていた。1の資料では，マルクス・エンゲルスの主張に近い意見がきわめて強い筆調で書かれており，秋水が直接行動という激しい路線を歩む兆しが見える。

重要語句

反戦論：「平民新聞」を立ち上げて主筆となった秋水が，社会主義的な立場から大々的に「反戦論」を宣言したのが，2の資料である。日露戦争における世論はおおむね好戦的であったのに対し，資料からは，秋水が反論の余地を与えないまでに激しく戦争を否認している様子がうかがえる。

読解力 power up!

左記1，2の資料の内容として，幸徳秋水の主張として最も適当なものを一つ選べ。

① 幸徳秋水は，アダム＝スミスの自由放任経済思想から大きな影響を受け，経済への国家干渉を拒否している。

② 貧富の差の根本原因を，封建的な身分制度におき，経済活動の自由を主張する。

③ 戦争で不利益を被らないように，全国の労働者を団結させて，正義の戦争を行うべきである。

④ いかなる理由であれ，断固として戦争に反対し，条件付きでも一切の戦争を容認しない。

大正デモクラシー

考えよう
○天皇主権の中で，どのような思想で国民の政治参加と女性の自立が展開されたのか。

吉野作造
よしのさくぞう（1878～1933）

（日本近代文学館提供）

　吉野作造は，宮城県の綿問屋の長男として生まれ，東京帝国大学（現，東京大）に入学し，日本的キリスト教の指導者海老名弾正（1856～1937）からキリスト教的人道主義の影響を受ける。大学院生の時，中国に渡り，**袁世凱**や**孫文**と交流した。その後，東京帝大教授となり，マスコミを通しての評論活動も行い，「中央公論」に「憲政の本義を説いて其有終の美を済すの途を論ず」をはじめ多くの論文を掲載し，「**民本主義**」の立場を説いた。

　吉野はキリスト教や中国での経験をもとに，世界的視野からの寛容なデモクラシーの形成をめざした。「民本主義」は国家主権の運用は国民の幸福を第一の目的とし，政権運用の決定は国民の意向によるとするもので，吉野によれば立憲君主制の日本の現状に即したデモクラシーである。

民本主義

原典資料

　デモクラシーなる言葉は，いわゆる民本主義という言義のほかにさらに他の意味にも用いらるることがある。予輩の考うるところによれば，この言葉は今日の政治・法律等の学問上においては，少なくとも二つの異なった意味に用いられて居るように思う。一つは「国家の主権は法理上人民にあり」という意味に，また，も一つは「国家の主権の活動の基本的の目標は政治上人民にあるべし」という意味に用いらるる。この第二の意味に用いらるるときに，われわれはこれを民本主義と訳するのである。
〈三谷太一郎責任編集「憲政の本義を説いてその有終の美を済すの途を論ず」『日本の名著48　吉野作造』中央公論社〉

資料 解説

　吉野は，「国家の主権は政治上では人民のために用いられるべきである」という意味で「デモクラシー」を「民本主義」と訳した。

重要語句

大正時代の民主政治：吉野作造は，デモクラシーを「人民主権」と「主権活動の目標が人民にある」という2つの概念に分け，あえてその後者をとり，民本主義と訳した。天皇主権の帝国憲法下においても，デモクラシーが実現できるとしたところに，大きな時代的意義があるといえる。また，この論文の中で，具体的な政策として「普通選挙制の実現」と「政党内閣の結成」も説いており，大正時代の民主的政治体制確立に大いなる指針を与えるものでもあった。

平塚らいてう
ひらつからいちょう（1886～1971）

　平塚らいてうは，明治政府の官僚の子として東京に生まれる。日本女子大に学ぶが，当時の封建的な良妻賢母養成の女子教育に不満をもっていたと伝えられている。学生時代から禅などの宗教・哲学に強い関心をもち，また22歳の時には所属していた文学会の講師と心中未遂事件をおこすなど世を騒がす奔放な性格であった。25歳の時，雑誌『青鞜』を発刊し，2年後，論文「**新しい女**」を発表する。その後，**市川房枝**（1893～1981）らとともに「**新婦人協会**」を設立し，女性の政治結社・集会の自由を認めさせる運動をおこし，集会参加の自由を議会で認めさせた。

　らいてうはスウェーデンの思想家エレン＝ケイ（1849～1926）の影響を受け，組織的に**女性解放運動**をおこした最初の人物であり，女性運動家・思想家の先駆者として評価される。

元始女性は太陽であった

原典資料

　元始，女性は実に太陽であった。真正の人であった。……
女性のなすことは今はただ嘲りの笑を招くばかりである。
私はよく知っている，嘲りの笑の下に隠れたる或るものを。
そして私は少しも恐れない。〈小林登美枝・米田佐代子編「元始女性は太陽であった－『青鞜』発刊に際して－」『平塚らいてう評論集』岩波書店〉

資料 解説

　もともと，女性は自ら光り輝く太陽のような存在で，間違いなく「人間」であった，と，平塚は『青踏』の創刊の辞で述べている。女性のなすことは嘲りの悪意にさらされているが，平塚は恐れず立ち向かっていこうとした。

重要語句

新しい女の誕生：『青鞜』は1911（明治44）年，女性だけの文学団体である「青鞜社」によって発刊された雑誌である。この創刊の辞は，女性の根源的な力を訴え，それが失われた現状に異を唱え，女性としての強烈な自我確立への希求を訴えるものであった。良妻賢母主義に代表される古い因習から自己を解放し，自由で自立的な女性の生き方・感性を覚醒させようとするその意志は，「新しい女」の誕生として大きな反響を呼んだ。

その他の社会主義と大正デモクラシーの人々

社会主義

片山潜
かたやま せん（1859〜1933）

岡山県に生まれた片山潜は，長じてアメリカに留学し，キリスト教に入信。帰国後，キリスト教精神にもとづいた社会主義運動を開始。1901年に幸徳秋水らとともに日本初の社会主義政党，社会民主党を結党したが，2日後に結党禁止令をうけ，解散した。その後，穏健な議会主義を提唱し，幸徳らと対立。1910年の大逆事件後，片山はアメリカ，その後，ソ連へ亡命。コミンテルン幹部として，日本共産党の創立に尽力した。

安部磯雄
あべ いそお（1865〜1949）

福岡県生まれ。同志社で学び，新島襄から洗礼を受ける。渡米中に社会主義に目覚め，帰国後，キリスト教社会主義者として活動。1901年の社会民主党創立に加わり，日露戦争では非戦論を説く。大逆事件後，運動を離れるが，後に復帰し，社会民衆党，社会大衆党の委員長を歴任。第二次世界大戦後は，日本社会党の結成に尽力した。

木下尚江
きのした なおえ（1869〜1937）

長野県生まれ。長じてキリスト教に入信し上京。毎日新聞社に入社して，国体批判や反戦論など，政府批判を展開。1901年の社会民主党創立メンバーの1人。社会主義と非戦論に加え，男女平等などを唱えた。

河上肇
かわかみ はじめ（1879〜1946）

山口県生まれ。京都大学で経済学を講じながら，『貧乏物語』を執筆。貧乏を20世紀の大問題として社会に提起した。以後，マルクス主義に近づき，1919年には雑誌「社会問題研究」を通じてマルクス経済学の立場を明確にした。1928年に京都大学を追放されたのち，大山郁夫らと新労農党を結成。1932年，日本共産党に入党。のちに，治安維持法違反で検挙され，懲役5年の刑を受けた。

大正デモクラシー

景山（福田）英子
かげやま（ふくだ）ひでこ（1865〜1927）

「東洋のジャンヌ・ダルク」とも呼ばれた彼女は，岡山県に生まれ，長じて自由民権運動に参加。岸田（後に中島）俊子ら女性の民権運動家の影響を受けながら，男女同権を主張した。自由民権運動の退潮後は平民社に所属し社会主義に転ずるが，内村鑑三の影響も受け，キリスト教に接近しつつ，1907年に雑誌「世界婦人」を発行し，婦人解放に身を捧げた。著作に自叙伝『妾の半生涯』がある。

市川房枝
いちかわ ふさえ（1893〜1981）

婦人解放運動の活動家。新聞記者を経て日本労働総同盟婦人部に加入。1920年，平塚らいてうらとともに「新婦人協会」を設立し，1945年には「新日本婦人同盟」を結成した。同年，男女普通選挙が実現し，翌年の衆議院総選挙では39名の女性議員が誕生。その後，自身も参議院議員となり，再軍備反対などの活動を精力的に続けた。

美濃部達吉
みのべ たつきち（1873〜1948）

憲法学者で貴族院議員。東大教授時代に，統治権は法人としての国家に属し，天皇はその最高機関として統治権を行使するという「天皇機関説」を，『憲法撮要』や『憲法講話』などの著書や論文で主張し，大正デモクラシーや政党内閣の理論的支柱の1つとなった。その後，この説は国体に反する説とされ，軍部，右翼勢力の攻撃の対象となり，不敬罪に問われ，著書は発禁となり，貴族院議員を辞任した。

石橋湛山
いしばし たんざん（1884〜1973）

ジャーナリスト，政治家。1911年に東洋経済新報社の月刊誌「東洋時報」の編集者に。のちに記者に転じ，自由主義の立場をとった。彼は「徹底的個人主義」を掲げ，この立場から女性の社会的自立や民主主義の推進，普通選挙の実施などを主張。第二次世界大戦後には政界に進出し，第一次吉田内閣の時，大蔵大臣に。1956年には鳩山一郎首相の引退を受けて首相となったが，病気のため2ヶ月で辞職した。

夏目漱石と近代文学

なつめ そうせき（1867～1916）小説家

考えよう

○急速な近代化が進む中で，個人の内面における自立を求めてどのような思想が展開されたのか。

人と思想

東京牛込の名主の末子で，本名金之助。生後すぐに里子に出され，そこから養子に出され，14歳で実母と死別するなど家庭的に恵まれない幼少年期を送る。二松学舎，第一高等学校から東京帝国大学に進学し，英文学を専攻し，卒業後，東京専門学校（現，早稲田大学）や東京高等師範・松山中学・五高で教鞭をとる。33歳でイギリスに留学。この留学中に神経衰弱に苦しめられながらも「**自己本位**」にめざめる。帰国後，一高・東大で講義をするかたわら，正岡子規の雑誌「ホトトギス」に『吾輩は猫である』を発表し，その後『坊ちゃん』『草枕』などの高踏的な作品で名声を得る。教職を辞して朝日新聞社に入社するが，その後も著作活動を続け，『三四郎』『それから』『門』の3部作を発表。胃潰瘍や神経衰弱に悩まされながらも『**こころ**』『**明暗**』（未完）など意欲的な作品を発表した。

漱石の思想的課題は，内面に倫理性をもった個人主義をいかにして日本人に定着させるかであった。彼の生きた時代は，日本が欧米列強に追いつこうと，あらゆる分野で西欧化を進展させていた時代であった。反面，そのことが矛盾や葛藤，ひずみを生じさせ，表面的な近代化は成し得ても，日本の伝統思想と西洋近代思想，利己主義と個人主義との矛盾に直面し，知識人たちもその打開への道が拓けない不安と孤独を抱えていた。漱石は自身の内面的苦悩を抱えながらも，それらの矛盾や課題を正面からとらえ，創作活動を通じてそれを克服しようとし，エゴイズムから生じる一切の執着を超え，東洋的・宗教的な世界の理法に従って生きる「**則天去私**」の境地に行き着いた。

年	年齢	人物史
1867	0	東京に生まれる。
1893	26	東大英文科卒。
1900	33	イギリス留学。
1903	36	一高講師となる。
1905	38	『吾輩は猫である』連載開始。
1907	40	朝日新聞社入社。
1910	43	修善寺で大患。
1914	47	『こころ』発表。
1916	49	死去。

1 外発的開化

原典資料

ただ器械的に西洋の礼式などを覚えるより外に仕方がない。自然と内に醗酵して醸された礼式でないから取ってつけたようで甚だ見苦しい。これは開化じゃない，開化の一端ともいえないほどの些細な事であるが，そういう些細な事に至るまで，我々の遣っている事は内発的でない，外発的である。これを一言にしていえば現代日本の開化は皮相上滑りの開化であるという事に帰着するのである。

〈三好行雄編「現代日本の開化」『漱石文明論集』岩波文庫〉

資料 解説

日本の近代化・西欧化について述べた部分である。漱石は，明治の作家の中で最も高度に西洋化した知識人作家の一人とされる。西洋文明を受け入れることで，日本人の生活や心情から何が失われたか，結果的に陥っている不安や孤独，虚無状態といった同時代への批判的精神が表れている。

2 自己本位

原典資料

私はこの自己本位という言葉を自分の手に握ってから大変強くなりました。彼ら何者ぞやと気慨が出ました。今まで茫然と自失していた私に，此所に立って，この道からこう行かなければならないと指図をしてくれたものは実にこの自己本位の四字なのであります。

自白すれば，私はその四字から新たに出立したのであります。そうして今のようにただ人の尻馬にばかり乗って空騒ぎをしているようでは甚だ心元ない事だから，そう西洋人ぶらないでも好いという動かすべからざる理由を立派に彼らの前に投げ出して見たら，自分もさぞ愉快だろう，人もさぞ喜ぶだろうと思って，著書その他の手段によって，それを成就するのを私の生涯の事業としようと考えたのです。〈同前「私の個人主義」〉

大学入試 challenge!

夏目漱石の論じた次の文章中の（a）・（b）に入れるのに最も適当な語句の組合せを，下の①～④のうちから一つ選べ。

それで現代日本の開化は前に述べた一般の開化とどこが違うかというのが問題です。（中略）私はこう断じたい，西洋の開化（すなわち一般の開化）は（a）であって，日本の現代の開化は（b）である。
（夏目漱石「現代日本の開化」）

① a 自然的　b 人為的
② a 内発的　b 外発的
③ a 先進的　b 後進的
④ a 民主的　b 封建的　〈06本試［改］〉

重要語句

外発的開化：外部の力で開化・発展すること。

自己本位：他者に従属する生き方ではなく，自己の個性に即し主体的に開化する姿勢のこと。

個人主義：他人本位ではなく自己本位の個人主義のこと。

則天去私：小さな私を捨て去り，天（大我，自然，運命）に従って生きるという姿勢。

解答：【大学入試 challenge!】②

「私の個人主義」という講演の一部だが，この講演では無反省に西洋化を促進することの滑稽（こっけい）さと危険性についても指摘している。「むやみに片仮名を並べて人に吹聴（ふいちょう）して得意がった男」が他者から批判され，自己自身を嫌悪し，英国人の奴婢（ぬひ）ではない「独立した一個の日本人」として自立する立場としての**「自己本位」**，つまり，西洋の受け売りをしない日本人としての対西洋の立場が語られている。

近代の文学者についての説明として適当でないものを，次の①〜④のうちから一つ選べ。

①与謝野晶子は，戦地へ赴いた弟への「君死にたまふことなかれ」という思いや，男女間の情念の豊かさを詠み，当時の社会通念に一石を投じた。

②夏目漱石は，留学経験などを通じて自己の主体性の確立という課題に向き合い，晩年には則天去私という境地を求めたとされる。

③国木田独歩は，詩集『若菜集』において従来とは異なる新たな形式を用い，自我の芽生えによる喜びや苦しみをみずみずしく歌った。

④田山花袋は，醜悪な部分も含めた自己の内面を，旧来の道徳や思想にとらわれることなくありのままに小説に描くことを目指した。

〈20追試〉

3 則天去私（そくてんきょし）

原典資料

公正の情熱によって「私」を去ろうとする努力の傍には，超脱の要求によって「天」に即こうとする熱望があるのであった。……

我々は先生〔漱石〕の作物から単なる人生の報告を聞くのではない。一人の求道者の人間知と内的経路との告白を聞くのである。……

「私」を去れ。裸になれ。そこに愛が生きる。そのほかに愛の窒息を救う道はない。〈坂部恵編「夏目先生の追憶」『和辻哲郎随筆集』岩波文庫〉

漱石は晩年に，欲望や人間関係の重圧を受容する「天に則（のっと）って私を去る」という境地に至った。この東洋的な心境は，エゴを離れ，運命のままに，天地自然に即して生きようという態度である。漱石は，自我とエゴイズムの葛藤（かっとう）を『こころ』の中で描写し，**則天去私**の考えを「私の個人主義」において示した。

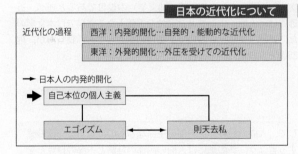

近代化の過程　｜西洋：内発的開化…自発的・能動的な近代化｜

｜東洋：外発的開化…外圧を受けての近代化｜

→ 日本人の内発的開化

｜自己本位の個人主義｜

｜エゴイズム｜ ← → ｜則天去私｜

当時の日本は，外圧により技術や制度を導入（他人本位の開化）したものの，国民の感情・心や内面は「根のない浮き草」のような不安な状態にあった（皮相（ひそう）上すべりの開化）。内面と外面の折り合いをつけ，転換しようと漱石が示したのが**「自己本位の個人主義」や「則天去私」**というものであった。これは，自己の主体性をもちながらも，他者を尊重し，自己の内面のエゴイズムを見つめ克服するという**倫理的な個人主義**であった。

ロマン主義	明治20年代ごろ，自我意識にめざめ，開放的な自由を求めた文学の潮流。封建道徳からの人間性の解放や，近代的自我の確立をめざした。北村透谷（きたむらとうこく），与謝野晶子（よさのあきこ）など。
自然主義	明治の終わりごろ，ゾラやモーパッサンの影響を受けておこった文学の潮流。日本では現実を赤裸々（せきらら）に描くことが重視された。田山花袋（たやまかたい），国木田独歩（くにきだどっぽ），島崎藤村（しまざきとうそん）など。
反自然主義	高踏（こうとう）派…時流から一歩引いて理性的に眺める立場。夏目漱石，森鷗外など。 耽美（たんび）派…官能的な美を求める立場。谷崎潤一郎（たにざきじゅんいちろう）など。
白樺（しらかば）派	自由・民主主義を背景に，人間を信頼する個人主義とキリスト教人道主義を基調とする文学の潮流。雑誌「白樺」により活動した。武者小路実篤（むしゃのこうじさねあつ），志賀直哉（しがなおや），有島武郎（ありしまたけお）など。

近代的自我：明治後期に現れた，内面的・主体的な自己意識のことで，当時の知識人たちがめざしたもの。啓蒙思想や自由民権運動が下火になる中，政府から離れた個人の内面の独立が求められ，ロマン主義がその先頭を担った。その後，自然主義，反自然主義がそれに続き，やがて白樺派へ受け継がれていった。

諦念（ていねん）：あくまでも自己に固執することなく，自由に，傍観（ぼうかん）者的に諦（あきら）める境地のこと。この考え方は，日本が近代化する中で，外面と内面が違うなどの矛盾を直視し，道理を受け入れてむやみに他と争うことなく現実に順応しつつも，その現実に埋没（まいぼつ）しない生き方をする境地である。この思想は森鷗外の作品に見ることができる。

森鷗外は，一族の期待を一身に受けて幼少より勉学に励み，東大医学部を最年少記録で卒業。軍医として最高位の軍医総監（そうかん）まで登りつめながらも，文学博士，翻訳家・劇作家として文筆活動を続けた人物。ドイツ留学の際に出会った女性との恋愛を成就（じょうじゅ）させられないなど，自由に生きることができないという現実を受け入れながらの人生から得た生き方を示したのが，この諦念という思想である。

森鷗外
もり おうがい (1862〜1922)

小説家。陸軍軍医。亀井藩の典医の長男として石見国（島根県）に生まれる。幼少の頃から儒学・蘭学・ドイツ語を学び、東京大学医学部卒業後、ドイツへ留学。留学中、西欧の思想に触れ、特にハルトマンの美学は、彼の評論活動の基礎となった。帰国後は軍医総監などの重役を務める一方、文学活動も精力的におこなった。代表作に、『**舞姫**』、『**高瀬舟**』、『阿部一族』などがある。処女作『舞姫』の主人公・太田豊太郎は舞姫エリスとの出会いの中で近代的自我に目覚めるも、自身を取り巻く環境から恋に殉ぜず立身出世を選択して帰国する。鷗外もまた彼を追って訪日した同名のエリスという女性を、鷗外の家族の説得によってドイツへ返されている。こうした葛藤と苦悩が、後の**諦念**（**レジグナチオン**）という彼の思想に反映されている。鷗外は家族や社会が求める自己像を引き受けつつも、そこに埋没せず自我を手放さなかったのだといえよう。

諦念（resignation）

原典資料

私の考では私は私で、自分の気に入つた事を自分の勝手にしてゐるのです。それで気が済んでゐるのです。人の上座に据ゑられたつて困りもしないが、下座に据ゑられたつて困りもしません。……私の心持を何といふ詞で言ひあらはしたら好いかと云ふと、resignation だと云つて宜しいやうです。〈森鷗外「予が立場」『現代日本文學大系 8　森鷗外集（二）』筑摩書房〉

北村透谷
きたむら とうこく (1868〜1894)

（国立国会図書館蔵）

詩人。評論家。1883年に東京専門学校（現、早稲田大学）に入学した頃から三多摩自由民権運動に参加するも、85年大阪事件をきっかけに失意の中で離脱する。その後、透谷は文学の道で社会の変革を目指すようになる。87年にキリスト教に入信。翌年石坂ミナと結婚。ミナとの恋愛体験を通じて書かれた評論『厭世詩家と女性』では、想世界への憧憬を示すとともに、恋愛があるからこそ理性ある人間は実世界に乗り入る欲望を惹起されるのであると恋愛の本質を論じている。『**内部生命論**』では、人間の内部の生命を描くことこそ文芸（純文学）の役目であると述べ、近代文学のあるべき姿を模索した。透谷は、人間的内面性と社会性を近代人たる立場で日本文学の場に樹立した先駆者であった。また、雑誌『平和』において平和運動家としても活動したが、理想と現実の狭間での懊悩は尽きず25歳で自殺した。

内部生命論

原典資料

……インスピレーシヨンとは宇宙の精神即ち神なるものよりして、人間の精神即ち内部の生命なるものに対する一種の感応に過ぎざるなり。……この感応は人間の内部の生命を再造する者なり、この感応は人間の内部の経験と内部の自覚とを再造する者なり。この感応によりて瞬時の間、人間の眼光はセンシユアル・ウオルドを離るゝなり……
〈北村透谷「内部生命論」『現代日本文學大系 6　北村透谷・山路愛山集』筑摩書房〉

与謝野晶子
よさの あきこ (1878〜1942)

歌人。大阪府の菓子舗駿河屋の家業を手伝いながら古典に親しむ。1900年に与謝野鉄幹と出会い雑誌「明星」に短歌を発表するようになる。鉄幹とは、山川登美子を交えた 3 者で交際したのち熱烈な恋に陥る。翌年には家を捨てて上京し、前妻と別れた鉄幹と結婚した。そのスキャンダラスな恋を詠み込んだ歌集『**みだれ髪**』は、ロマン主義的な自我の高揚と人間性の肯定を描き、明治の封建的な社会に対する批判といわれている。日露戦争へ召集された弟の無事を祈る詩である「**君死にたまふこと勿れ**」は国粋主義の浸透しつつあったなか、反戦的な詩であるとして社会に大きな反響を呼んだ。12人の子を生んだ母である晶子は、大正期には教育問題・婦人問題の評論も多く残している。女性の自覚と人間性の重視を基本に、大正デモクラシーの流れに沿いつつも、現実を批判して鋭い意見を展開した。

『みだれ髪』

原典資料

やは肌のあつき血汐にふれも見でさびしからずや道を説く君
下京や紅屋が門をくぐりたる男かわゆし春の夜の月　〈与謝野晶子『日本の文学 7　みだれ髪』ほるぷ出版〉

島崎藤村
しまざき とうそん（1872〜1943）

詩人。小説家。長野県にある山深い僻村の古い名門に生まれる。後に雑誌『文学界』を共に創刊した北村透谷に傾倒し，ロマン主義文学運動に身を置く。青春期の藤村は，恋人の死，実家の没落など苦悩の日々を送った。なかでも理想に殉じた透谷の自殺は，藤村を，思想よりも現実を，観念よりも肉体を重視する文学者へと動かした。のちに小説家に転身し，小説『**破戒**』によって自然主義文学の代表作家としての地位を獲得した。妻の死後に陥った姪との危険な恋愛関係を懺悔した小説『新生』が世間に大きな衝撃を与えるも，自己の体験を赤裸々に描き出す藤村の手法は「**私小説**」の一つの到達点と見なされた。藤村は小説の中で，生活における自己のエゴを愚直なまでに抉り出した。こうした自己の内部を探る目は，家系という日本的な宿命の意図を辿って，日本近代社会に潜む矛盾を暴き立てながら，近代とは何かを問うまでにいたったのである。

石川啄木
いしかわ たくぼく（1886〜1912）

歌人。岩手県の僧家に生まれ，渋谷村（盛岡市）で成長した。盛岡中学校を中退した後に上京し，与謝野鉄幹の導きで新詩社に入った。常に困窮した生活を送り，職を求めて北海道を放浪したのちに東京に戻った。1910年に刊行された歌集『**一握の砂**』は，生活を口語を交えた3行書きで詠み，明星派ロマン主義の歌人としての地位を築いた。1910年に幸徳秋水らが起こした大逆事件をきっかけに社会主義思想に接近し，評論『時代閉塞の現状』を著し，その中で国家の強権性こそが時代閉塞であると指摘し，その打開のためには国家権力を直視し，「明日」の社会の組織的な考察が必要であると提案したが，生前どこにも発表されず，肺結核により27歳で夭逝した。「呼吸すれば，胸の中にて鳴る音あり。凩よりもさびしきその音！」で始まる『**悲しき玩具**』は，啄木の死後まもなく，友人たちの尽力によって発刊された。

武者小路実篤
むしゃのこうじ さねあつ（1885〜1976）

（『武者小路實篤集』「日本文學全集」37，新潮社）

小説家。劇作家。東京の旧華族の家に生まれる。学習院を経て東京大学社会学科に入学するも，翌年中退。1910年（明治43年），志賀直哉，有島武郎らと文学雑誌「**白樺**」を創刊。これにちなんで**白樺派**と呼ばれ，その思想的指導者となった。初期の作品である『お目出たき人』のような白樺派の文学作品に出てくる人物の高潔さ，まじめさは，自然主義の文学には存在しなかった吸引力となって若い人々を惹き付けた。武者小路はトルストイの影響を強く受け，空想的社会主義の傾向を強くし，1918年宮城県日向に「**新しき村**」をつくる。この「新しき村」は，武者小路が文学において自然主義から脱却し理想主義を志したのと同様に，現実世界においても，平等と自由という理想を実現しようとする試みであった。彼の作品の多くが映画化されている。

有島武郎
ありしま たけお（1878〜1923）

小説家。評論家。東京に生まれる。学習院を経たのち札幌農学校に入り，学友の森本厚吉との交際の中でキリスト教に近づき，内省的な煩悶が始まる。卒業後，1年の志願兵としての軍務を終えると，森本と共にアメリカに留学し，キリスト教徒の実生活を目の当たりにするなかで信仰に疑問を抱くようになり，社会主義思想に近づいた。帰国後「白樺」創刊に参加し文学活動を開始した。これと前後して教会からは退会している。武郎は**人道主義的**な作家として人気を博し，代表作『**或る女**』（1919年）では，世間の価値観を拒否し結果として身を滅ぼすことになるが，それでもなお受難の生活を自ら選ぶ主人公・葉子の確固とした自我を描いている。また，評論『惜しみなく愛は奪ふ』（1917年）では，ベルクソンのエラン・ヴィタールの影響を受けつつ，キリスト教的倫理観から脱却して新しい自己の建設と確立を論じ，独自の「生命哲学」を著した。他にも，『カインの末裔』（1917年），『生れ出づる悩み』（1918年），『小さき者へ』（1918年）などを次々と出版した。

志賀直哉
しが なおや（1883〜1971）

小説家。宮城県石巻の生まれであるが，幼い頃に東京に移り住み，旧藩主相馬子爵家の家令として旧藩邸内に住んでいた祖父のもとで育てられる。ここで育まれた祖父へ強い尊敬の念とその裏返しともいえる父との確執，そして青年期の内村鑑三との邂逅が作家としての志賀を作り上げた。彼の作品は，絶対的な自己肯定と簡潔で極度に装飾を排除した文章が高く評価されている。その後，沈黙の時があるものの，父との対立と和解を描いた作品で復活。1921年からは『暗夜行路』の連載を開始する。彼の作品と作品に登場する人物の高潔さは人々の崇敬の念を集め，批評家からは「**小説の神様**」とまで呼ばれるようになった。代表作には，『和解』『**城之崎にて**』『小僧の神様』『**暗夜行路**』などがある。

西田幾多郎

にしだきたろう（1870〜1945）哲学者

考えよう
○西田哲学の根本である，主客未分の「純粋経験」とはどのようなものか。
○「人格の実現としての善」とはどのようなものか。

人と思想

石川県の旧家に生まれ，学問的な環境の中で育つ。石川県専門学校（四高）に補欠入学するが，翌年，学校の教育方針に反発して退学，東京帝国大学（現，東京大）文科選科生となった。卒業後，能登で中学教師，四高（現，金沢大）講師・山口高（現，山口大）教授をへて，再び四高に戻り10年間在職した。この間の講義を集成したものが，『善の研究』である。ついで学習院（現，学習院大）教授・京都帝国大学（現，京都大）教授となり，退職するまで多くの門下生を育て，「西田学派」を形成した。

日清・日露戦争から2つの世界大戦へ向かう当時の日本は，欧米への劣等感とアジア諸国に対する植民地支配，労働運動や社会主義運動とそれへの政府の弾圧，大正デモクラシーと軍国主義の台頭など多くの矛盾を抱えていた。対外的地位向上のために財閥と軍部が一体となり，国民の自由と権利は制限され，階級社会と貧富の差などの状況の深刻さは西田自身の内的課題でもあった。そのような中で，彼は日本や東洋の伝統的精神を基調として西洋哲学を応用する独自の哲学の構築をめざし，その研究と教育に一生をささげた。西田の生涯は明治維新から敗戦という日本の近代そのものであった。

西田は東洋の形而上学の伝統的な根本原理である「絶対無」の思想を徹底的に理論化することにより，無の概念が有する神秘主義的・非合理主義的側面を西洋近代合理主義の哲学に包合しようと試みた。その思想形成に大きな位置を占めるのが，禅体験である。参禅の中で求めた名利や功名心などを離れた「安心」であり，哲学も「安心」を本旨とする。ここを起点に彼の哲学は西洋哲学に見られる主客の対立を超えた**純粋経験**の観念と境地に至る。西田の功績は西洋哲学の根本概念である「自我」を日本や東洋の伝統的思想の中で思索し，両者を批判的に受容しわが国における体系的な哲学を確立したことである。主著は『善の研究』『思索と体験』『無の自覚的限定』など。

年	年齢	人物史
1870	0	石川県に生まれる。
1894	24	東大哲学科，選考科卒業。
1899	29	四高教授に就任。
1910	40	京大助教授に就任。
1911	41	処女作『善の研究』出版。
1913	43	京大教授に就任。
1928	58	京大を退職。
1940	70	文化勲章受賞。
1945	75	鎌倉で死去。

純粋経験

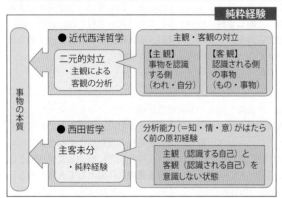

● 近代西洋哲学

二元的対立
・主観による客観の分析

主観・客観の対立
【主観】事物を認識する側（われ・自分）
【客観】認識される側の事物（もの・事物）

事物の本質

● 西田哲学

主客未分
・純粋経験

分析能力（＝知・情・意）がはたらく前の原初経験
主観（認識する自己）と客観（認識される自己）を意識しない状態

解説

西田は，西洋的な二元的な考え方に批判を加えた。認識する自己（主観）と認識される実在（客観）との分離ではなく，何が真の実在であるかを考えた。主観，客観という立場に分離することは，具体的な経験に自己の思考を加えなければできないことである。思慮分別以前の直接経験の段階では，**主観と客観という分離は存在し得ない**。真実在は，感情や意志を排した認識ではなく，全体としての行為的直観によって把握されるものである，とした。この考えには，西田自身の禅体験が影響していると思われる。

善と人格

自己
知・情・意一体
行為する人格

善 ＝自己の発展・完成

自他の別

実在
統一する自己
統一される他

絶対的善 ＝自らの人格の実現＋人類の統一的発展

解説

『善の研究』には，「**善とは一言にていえば人格の実現**である」と示されている。西田は，真の自己は，知・情・意一体の行為する人格であるとした。さらに，真の自己は，自己と他，すべてを包み込む全体であると考える。

また，善とは，自己の能力を実現することであるとした。自らの人格の実現と人類の発展が，弁証法的に統一されることこそが，絶対的な善なのである。

西田は，自己の能力を人格とも位置づけ，自己を否定して私心をなくした純粋な心に真の自己のあり方を求めて，他者や自然との融和をはかろうとした。

1 純粋経験

原典資料

　純粋経験においては未だ知情意の分離なく、唯一の活動であるように、また未だ主観客観の対立もない。主観客観の対立は我々の思惟の要求より出でくるので、直接経験の事実ではない。直接経験の上においてはただ独立自全の一事実あるのみである、見る主観もなければ見らるる客観もない。恰も我々が美妙なる音楽に心を奪われ、物我相忘れ、天地ただ嚠喨たる一楽声のみなるが如く、この刹那いわゆる真実在が現前している。これを空気の振動であるとか、自分がこれを聴いているとかいう考は、我々がこの実在の真景を離れて反省し思惟するに由って起ってくるので、この時我々は已に真実在を離れているのである。〈西田幾多郎『善の研究』岩波文庫〉

資料 解説

　『善の研究』は、金沢第四高等学校で教鞭をとっていた間に書いたものを、後に出版したものである。後に「金沢の街を歩いていて、夕日を浴びた街、行きかう人々、暮れ方の物音に触れながら、それがそのまま実在なのだ。いわゆる物質とはかえってそれからの抽象に過ぎない、というような考えが浮かんできた。」と述べ、それがこの著書の萌芽だったと回想している。このエピソードこそが、西田の原点である「**純粋経験**」である。

2 善・人格

原典資料

　善とは一言にていえば人格の実現である。これを内より見れば、真摯なる要求の満足、即ち意識統一であって、その極は自他相忘れ、主客相没するという所に至らねばならぬ。外に現われたる事実として見れば、小は個人性の発展より、進んで人類一般の統一的発達に至ってその頂点に達するのである。〈同前〉

資料 解説

　真の自己を知れば人類一般の善と一致し、宇宙の本質とも一致するという考え方は、カントの影響も大きく受けている。内面の心のあり方と外面の行動に矛盾がある状態をよしとしない姿勢は、理想と現実のギャップに苦しみながらも、人間性の向上＝**人格**の実現をめざし続けた西田の人生をよく示している。

3 場所の哲学

原典資料

　個物は一つとして考えられない、必ず個物というものは他の個物というものを認めることになっている。自己自身の否定によって個物は個物となる。……
　個物が成り立つという関係がそれがすなわち場所であって、それが本当にアルゲマイネというものである。それが一というものである。だからしてこの場所というものは一である、個物を否定すると同時に個物を成りたたしめる、一が多、多が一。〈西田幾多郎「現実の世界の論理的構造」『日本の名著47　西田幾多郎』中央公論社〉

資料 解説

　「**場所**」とは、個物が成り立つ関係を指している。単独で成り立つものはなく、互いに互いを限定することで成り立つ。様々な有とその否定としての相対的な無との根底にあって、しかもそれらの有や無を成立させる根拠となるところの、**絶対無**の場所というのが、この論理である。

主客未分：主観と客観が区別されていない状態。

純粋経験：思考による一切の付加物を含まない直接の経験のこと。この状態では、主客未分であるとともに知情意の分離がないとする。西田は、西洋の近代的個人主義の根底に見られるデカルト以来の物心二元論を批判して、実在を主観と客観、心と物のように分離し対立する前の主客未分の状態を示して純粋経験と呼んだ。

大学入試 challenge!

次の文章は、『善の研究』から始まる西田幾多郎の哲学的思索の展開について述べたものである。（a）〜（c）に入れる語句の組み合わせとして正しいものを、下の①〜⑧のうちから一つ選べ。
　純粋経験とは（a）の状態で成立するものであるが、純粋経験からすべてを説明するためには、（a）だけではなく、主観と客観の分化を論理的に基礎づける必要がある。そのために彼は、主客の根底を問うて、主観と客観を成立させると同時にそれを包む「（b）」の論理を求めた。西田によれば、「（b）」の論理は、有と無の対立を超えて、事物事象そのものを可能にする「（c）」に基づくものであった。

① a 主客未分　b 空　　c 絶対無
② a 主客未分　b 場所　c 絶対無
③ a 主客未分　b 存在　c 絶対他力
④ a 主客未分　b 場所　c 無我
⑤ a 主客対立　b 存在　c 絶対他力
⑥ a 主客対立　b 空　　c 絶対他力
⑦ a 主客対立　b 場所　c 絶対無
⑧ a 主客対立　b 空　　c 無我

〈13本試〉

人格：理性のはたらき。知覚、衝動、思惟、想像、意志などを総合してはたらかせる統一力のこと。

善：真の自己を知り、人格を実現すること。主客合一の力を獲得すること。

場所：個物と個物が互いに相限定しながら存在するという関係、また存在するという関係そのもののこと。

絶対無：西田幾多郎の存在論の重要概念。絶対無とは「有」に対する「無」ではなく、すべての存在を存在たらしめる根拠となる原理のことである。

和辻哲郎

わつじ てつろう（1889〜1960）倫理学者

人と思想

兵庫県姫路市に医者の次男として生まれる。少年時代から文学や思想に関心をもち，第一高等学校に首席で合格し，哲学を志す。卒業後，東京帝国大学（現，東京大）哲学科に入学し，岡倉天心やケーベルらに師事し，谷崎潤一郎らの『新思潮』同人としても活動する。卒業の翌年24歳の時，『ニーチェ研究』を出版。また，夏目漱石の「木曜会」に加わり，門人として大きな影響を受けた。東洋大学教授，法政大学教授，京都帝国大学（現，京都大）で講師・助教授として倫理学を担当し，実存主義の研究とともに日本文化や日本人の精神的基底，さらには日本の風土と文化的特色を世界的視点からとらえるなど広範な倫理学の構築をめざした。ちなみに京都大講師就任は西田幾多郎や波多野精一に招かれてのことで，京都では西田から大きな影響を受けている。38歳の時，文部省の研究員としてヨーロッパに留学し，ベルリンを拠点として研究するが，イギリス，フランス，イタリアなども訪れ，その経験が**風土論**に活かされたようである。帰国後，東京帝大教授となり文学博士の学位を受けた。また，雑誌「思想」の編集に参画，日本倫理学会会長を務め，文化勲章を受けるなど，各分野で幅広い学問研究に取り組んだ。一方，第二次世界大戦については，東洋人の自由を守るための戦争としてナショナリズムを説き，敗戦後は国家論を修正したが，戦争責任者としての批判も受けた。

和辻は西洋哲学をもとに，日本の伝統文化，日本的共同体

を理論的に再評価し，「解釈学」の立場から倫理学を形成した。特に，人間を**「間柄的存在」**とし，人間には個人と社会の2つの側面があるとしたことは，西洋近代の個人主義的人間観からの脱却を

年	年齢	人物史
1889	0	兵庫県に生まれる。
1909	20	東大哲学科に入学。
1913	24	『ニーチェ研究』出版。
1919	30	『古寺巡礼』出版。
1920	31	大学で教鞭をとる。
1925	36	京都大学で教鞭をとる。
1927	38	ドイツ留学。
1934	45	東大哲学科教授。
		『人間の学としての倫理学』出版。
1935	46	『風土』出版。
1950	61	日本倫理学会初代会長に就任。
1955	66	文化勲章受賞。
1960	71	死去。

かるものとして注目を集めた。また，仏教や日本思想史，文学や美術・建築などの研究においても多くの業績を残した。特に飛鳥・天平の仏教美術や寺院建築様式については，単に両時代に用いられた表現形式の差を比較して理解するのではなく，表現様式の奥底に込められた各時代の精神を理解することが大切だと説いた。主著は『古寺巡礼』『風土』『日本精神史研究』『**人間の学としての倫理学**』『**倫理学**』『日本倫理思想史』など。

和辻の人間観と倫理学

```
実在主義研究        文化史・思想史研究
                         『風土』論

        人間の学としての倫理学

        間柄的存在＝人間

個人性        止揚         社会性
        （弁証法的統一）
```

解　説

「間柄的存在」については，『倫理学』以外に，『人間の学としての倫理学』にも記されており，和辻の人間観の基本である。

和辻は，人間を具体的に理解するために，風土や歴史の考察が不可欠であると考え，『風土』を著す。彼は，風土が人間存在のあり方を規定する重要な契機であるという視点から，独自の日本文化論を展開していく。その土台ともいうべき人間観こそが，この**間柄的存在**なのである。

倫理とは，和辻によれば，人と人との間柄を律する理法であり，人間関係における道理である。彼は，倫理学とはその理法・道理を解明する「人間の学」であるとし，個人と社会の動的関係を考えた。

西洋との違い

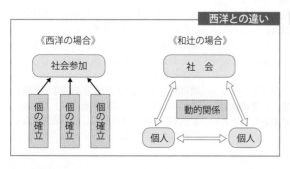

解　説

和辻が個人と社会の関係を動的なものとしてとらえようとしたことには，西洋の近代思想の根底にあるデカルト以来の個人や自我の確立を重視することへの批判があった。そこで，人間は，主体的な自己を自覚する個人としての存在であると同時に，自己の置かれた社会をよりよくしていこうと尽くす社会的存在であるとした。

1 人間は弁証法的統一体である

原典資料

　人間とは「世の中」であるとともにその世の中における「人」である。だからそれは単なる「人」ではないとともにまた単なる「社会」でもない。ここに人間の二重性格の弁証法的統一が見られる。……人間はかくのごとき対立的なるものの統一である。この弁証法的な構造を見すしては人間の本質は理解せられない。〈「倫理学　上」『和辻哲郎全集第10巻』岩波書店〉

資料 解説

　人間は，世の中を形成する存在であるので世の中そのものともいえるが，世の中の成員としての存在でもある。つまり世の中＝社会でもあり，人でもあるという，矛盾・対立する性格をもつものである。

　和辻は，個人と社会，西洋個人主義と東洋的共同体倫理に関して，それぞれが互いに否定性をさらに否定するという弁証法的方法を基点として日本独自の**倫理学**を築いた。倫理学の「倫」が人とのつながりを意味するように，人間のつながり・行為的連関の仕方を求めるのが「**人間の学**」なのである。

2 間柄的存在

原典資料

　簡単に言えば，我々は日常的に間柄的存在においてあるのである。しかもこの間柄的存在はすでに常識の立場において二つの視点から把捉せられている。一は間柄が個々の人々の「間」「仲」において形成せられるということである。この方面からは，間柄に先立ってそれを形成する個々の成員がなくてはならぬ。他は間柄を作る個々の成員が間柄自身からその成員として限定せられるということである。この方面から見れば，個々の成員に先立ってそれを規定する間柄がなくてはならない。この二つの関係は互いに矛盾する。しかもその矛盾する関係が常識の事実として認められているのである。〈和辻哲郎『倫理学（一）』岩波文庫〉

読解力 power up!

上記資料の内容として，最も適当なものを一つ選べ。
①間柄的存在とは，虚無と無限，悲惨と偉大という二重性をもった人間のあり方を示している。
②間柄的存在とは，過度と不足の両極端を避けて，理性に従って中間すなわち「間」を選び，善を実現するという人間のあり方を示している。
③間柄的存在とは，死への存在である現存在が，他者とともに生活し世間の内で生きている世界内存在でもあるという人間のあり方を示している。
④間柄的存在とは，人間存在を他者との関係性でとらえ，他者や社会と相依って存在する人間のあり方を示している。

資料 解説

　私たちは日常的に間柄的存在である。間柄は，それを形成する個人の存在が不可欠であり，反対にその成員である個人は，間柄によって「成員」として限定されるという矛盾をはらんだものである。

　この「**間柄的存在**」は，和辻自身が人間存在をどうとらえていたか，という基本理念である。人間は個人でありながら，必ず他者との関係性をもった存在で，相矛盾する契機をもった存在であるというものである。和辻は人間を，孤立的に存在することはできず，世の中にある個人であると同時に，世の中でもあると考えていた。

大学入試 challenge!

西洋の思想や文化が移入されるなかで，独自の倫理学を生み出した和辻哲郎についての説明として最も適当なものを，次の①〜④のうちから一つ選べ。
①人間はもともと個人として存在するが，他者と共同することによって，社会を成立させると考えた。このような考えに基づき，個人と社会は人間の重要な二つの側面であると主張した。
②社会はそれ自体で存在するが，個人は社会に依存して成り立つにすぎないと考えた。このような考えに基づき，人間を個人として捉える立場を，誤った人間への見方であるとして批判した。
③人間の個人としての側面と社会としての側面は，両立させることができないと論じた。そのうえで，社会に埋没したあり方を否定して，個人としての存在を確立することこそ，人間にとって最も望ましいとした。
④人間のあり方は，個人を否定して社会を実現し，社会を否定して個人を実現する動的なもので，個人と社会はそれ自体では存在しないと論じた。そのうえで，人間が個人か社会かの一方にとどまるのは望ましくないとした。〈17追試〉

重要語句

間柄的存在：人間は人と人との間に存在する，という和辻の倫理学の根本をなす考え方。

　人間は，そもそも人と人との「間」に存在するものであって，個人であると同時に社会的存在でもあり，どちらか一方で存在することはできないと考える。

人間の学：和辻の倫理学のことで，人と人とが互いに社会の中でどのように結びつきながら関係をもち，どのようにして自己をとらえながら自己と社会をより良く築いていこうとするかという視点で倫理学をとらえた。その根底には，人間を間柄的存在としてとらえる和辻の思想がある。

三木清

みき きよし（1897～1945）哲学者

考えよう

○三木清のいう「ロゴスとパトスの統一」とは，どのようなものだろうか。また，「構想力の論理」が行為の哲学と呼ばれるのはなぜだろうか。

人と思想

兵庫県出身。第一高等学校卒業後，京都帝国大学（現，京都大）文学部哲学科に入学し，西田幾多郎に師事。25歳の時，ドイツに留学。その後，マーブルク大学でハイデッガーに師事し，ニーチェやキルケゴールの実存主義を研究。28歳で帰国し，翌年『パスカルに於ける人間の研究』を出版。33歳の時，当時非合法組織とされていた日本共産党に資金提供したという理由で逮捕され，教職追放。その後ジャーナリストとして活動し，近衛文麿の友人たちが組織した「昭和研究会」に参加し，日中関係の改善をはかり，当時における多文化主義を唱えるが，軍部や保守派により解散させられた。45年，治安維持法被疑者をかくまったとして検挙されるが，終戦をむかえても釈放されることなく，9月末に死亡が確認された。

三木は，人間の歴史は人間の行為が築いてきたものだが，その行為そのものを**人間の表現的行為**として考える。人間の行為とは，広い意味でものをつくること，制作，創造であり，それが歴史を築いてきた。その意味では，構想力は歴史を築いていく力でもあるといえる。三木は，この構想力を「神話」「制度」「技術」「言語」の面から考察している。例えば，神話は**ロゴス**と**パトス**が1つになったもの，不可視・可視の統一されたもので，また制度には，擬似的性質，習慣性・伝統的性質，規範性質があり，制度は人間がつくり出したものだが，つくり出す時にはパトスがはたらき，制度を慣習化していくにはロゴスのはたらきが必要であると考えた。主著は『歴史哲学』『人生論ノート』など。

年	年齢	人物史
1897	0	兵庫県に生まれる。
1917	20	京都帝国大学文学部哲学科入学。
1922	25	ドイツに留学。
1924	27	パリに移る。
1925	28	帰国。
1926	29	『パスカルに於ける人間の研究』
1930	33	検挙され，後，刑務所に拘留。
1932	35	『歴史哲学』を出版。
1940	43	『哲学入門』出版。
1941	44	『人生論ノート』『哲学ノート』出版。
1945	48	警視庁に検挙される。終戦後も拘留され続け，獄死。

鈴木大拙

すずき だいせつ（1870～1966）

日本の仏教学者。本名は貞太郎で，鎌倉の円覚寺で参禅し，そこで釈宗演に出会い「大拙」の居士号を得た。釈の推挙で渡米し，『大乗起信論』など英文の禅書を出版して東洋思想を平易に伝えることに努めた。帰国後は各大学で教鞭を執り，戦後は再び頻繁に渡米して講演を行った。彼の思想の基盤に「**霊性の自覚**」がある。この「霊性」とは西洋的な「肉体・物質」に対置される「霊性」とは異なり，アジア的な精神性，宗教意識・経験に近いものと捉えられる。これを自覚することにこそ仏教の根底があり，それは「悟り」に他ならない，というのが鈴木大拙が生涯にわたって追求し続けたテーマである。代表作に『禅と日本文化』（英文），『禅思想史研究』『日本的霊性』がある。

九鬼周造

くき しゅうぞう（1888～1941）

日本の実存主義哲学者で，日本固有の美意識，特に「いき（粋）」という概念を西洋現象学の枠組みで捉え直した『**いきの構造**』を著した。東京帝国大学（現，東京大）卒業後，ヨーロッパ留学中にベルクソンやハイデッガーに師事し，帰国後は京大で近現代哲学を教授して「実存」という哲学用語の定着に貢献した。また，留学時代に，すでに『いきの構造』の草稿を手がけていた。「いき（粋）」とは江戸時代の遊郭における美意識を基本にしたものである。元々「いき」は「意気」であり，意気地，意気込みなどのように「やる気」を根底に含んだ概念であるが，これが男女の間柄の「本気・純潔さ」に通ずるものとして「粋」の字が当てられ，そこに「媚態，艶めかしさ」や「諦め，気っ風の良さ」がともない，いわゆる「宵越しの金は持たない」的な，江戸っ子特有の反骨精神，誇り高さを示す概念へ成長したとする。九鬼はこの「いき（粋）」は西洋に類を見ない日本独自の美意識だと考えた。他の著作に『偶然性の問題』『人間と実存』がある。

柳田国男

やなぎた くにお（1875〜1962）　日本の民俗学者

考えよう

○柳田国男が民間伝承の調査研究を通して考察した日本人の宗教観や日本文化の基底にあるものとは何か。

（日本近代文学館提供）

人と思想

　兵庫県の学者の家系に生まれ，幼少時より抜群の記憶力を発揮していたという。青年時代には森鷗外，田山花袋，国木田独歩らと交わり，自らも「文学界」などに投稿し，ロマン派の詩人としても注目された。東京帝国大学（現，東京大）を卒業後，農商務省に勤務し，その後朝日新聞の論説委員などを務め，農政学的な農民研究を行った。彼は農民研究を通して，全国の農山村を歩き，しだいに農民の生活文化に関心をもち，**民俗学**へと進んだ。晩年は，沖縄や南島文化の研究に取り組み，中国大陸南部から沖縄，南西諸島，九州に至る海上の道を日本文化の起源の一つとして提唱した。柳田は民俗学を日本のみを研究対象にするものととらえ，日本人の自己認識の学問であるとした。その研究領域を農民から日本人全体に拡大し，村落共同体，村社会と生活，民間信仰，伝説や昔話，習俗，社会規範と体系的に論じる民俗学を確立した。また，歴史が常に英雄や偉人を中心に記されたことを批判し，民間伝承の担い手である「**常民**」の生活の中に日本人の文化的基底を求めた。柳田は民俗学を「**新国学**」とも呼び，日本人の精神を研究する学問とし，日本文化研究に多大な功績を残した。主著は農商務省時代の調査をもとにした『**遠野物語**』のほか，『**先祖の話**』『**山の人生**』『**海上の道**』『**明治大正史世相篇**』など。

年	年齢	人物史
1875	0	兵庫県に誕生。
1900	25	東京帝国大学卒業。農商務省に勤務。
1910	35	『遠野物語』出版。
1911	36	南方熊楠との文通始まる。
1915	40	折口信夫と出会う。
1947	72	自宅に民俗学研究所を設立。
1951	76	文化勲章受章。
1962	87	死去。

1 先祖崇拝（先祖祭の観念）

原典資料

　私がこの本の中で力を入れて説きたいと思ふ一つの点は，日本人の死後の観念，即ち霊は永久にこの国土のうちに留まつて，さう遠方へは行つてしまはないといふ信仰が，恐らくは世の始めから，少なくとも今日まで，可なり根強くまだ持ち続けられて居るといふことである。……なほ今日でもこの考へ方が伝はつて居るとすると，是が暗暗裡に国民の生活活動の上に働いて，歴史を今有るやうに作りあげた力は，相応に大きなものと見なければならない。先祖がいつ迄もこの国の中に，留まつて去らないものと見るか，又は追々に経や念仏の効果が現はれて，遠く十万億土の彼方へ往つてしまふかによつて，先祖祭の目途と方式は違はずには居られない。さうして其相違は確かに現はれて居るのだけれども，なほ古くからの習はしが正月にも盆にも，その他幾つと無く無意識に保存せられて居るのである。

〈柳田國男「先祖の話」『柳田國男全集　第15巻』筑摩書房〉

資料 解説

　キリスト教における天国，浄土教系仏教における阿弥陀仏の極楽浄土など「人間の死とは肉体の死であり，魂は不死で現世とは異なる世界に往く」という生命観はどこの国でもあるが，日本においては，異なる世界である「他界」は「現実の世界と一元的なもの」と考えられた。生と死は断絶したものではなく，自然の力によって1つにつながっており，死者の霊は子孫の追慕や祭祀により浄められ，祖先の霊と一体化し，田の神や山の神となって子孫を見守り，幸福をもたらすとされた。

　死んだ人間の魂はそう遠くない地上のどこかにとどまるのだという日本人の信仰は古く，そして今なお存在している。そしてこの信仰はわれわれの生活や歴史におびただしい影響を与えてきたものと考えられる。魂というものをこのように考えるか，仏教的にはるか遠方に行ってしまうと考えるかの違いは先祖祭のあり方を左右する。いろいろあっても，古代からのこの信仰は，われわれが無意識に盆・正月に行うことに保存されている。

重要語句

祖先霊：死んだ祖先の魂が現世に霊としてとどまること。『先祖の話』では，死者の霊が「天国」「地獄」という現世とは別次元の世界に行くのではなく，「祖先霊」としていつでも子孫の元にやってくる，という民間信仰を明らかにしている。確かに現在のわれわれにもお盆には「地獄の釜が開く」という伝承を受け入れる素地がある。特にこの「祖先霊」は山中に漂うことが多く，そこで魂が浄化されて，子孫の弔い方によって守護神にも悪霊にも転ずる，という。平安時代の「御霊信仰」に典型的に現れている考え方だが，柳田は，彼が調査した当代でもその考えが根強いことを明らかにしたのである。

常民：祖霊信仰を共有しながらムラに定住する民衆層のことで，柳田民俗学が学問対象とした人々。おもに自作農民を中心としており，柳田は，文献史学では対象にならない彼らの日常生活の意識に対する歴史を明らかにしようとした。

柳田国男逗留の地（愛知県田原市）　柳田国男は，この地に2か月滞在して，日本民俗学のはじまりとなった書物である『遊海島記』を著した。（渥美半島観光ビューロー提供）

折口信夫

おりくち しのぶ（1887〜1953）　日本の民俗学者

考えよう

○折口信夫による，「まれびと」および「文芸の発生」の考えの中心にある「越境してくる神」の観念とは何か。

（日本近代文学館提供）

人と思想

　大阪の木津村の医師の子に生まれた。幼少時より和歌に特別の興味をもち，若くしてすでに国文学研究者・歌人としての才能を発揮した。歌人・小説家としても高名で筆名は釈迢空。国学院大学を卒業し，文学の研究と創作活動を行っていたが，26歳の時，柳田国男が主催する『郷土研究』に投稿し，知遇を得，民俗学を研究することになる。35歳の時，国学院大学教授，その後慶応大学教授を歴任し，既成の学問にこだわらず，民俗学，国文学，歴史学をはじめ宗教，民間信仰，神話，芸能など広く研究した。特に，それまで学問の対象とはなりにくかった古代信仰や民俗芸能について，独自の理論を展開し，後世に大きな影響を与えた。折口は日本の神と庶民信仰の特色に関心をもち，柳田に促されて訪れた沖縄で，海の彼方の世界（ニライカナイ）から穀物の種がやってきたという伝承から日本神話の「**常世の国**」の原型を着想し，村落の外からやってくる「**まれびと**」に神の原像を見いだし，さらに「まれびと」へのもてなしに芸能の起源があると構想した。民俗学の方法としては，柳田が総じて徹底したフィールドワークから帰納法的に論を展開したのに比べ，折口は広範な資料をもとに，独創的概念から演繹的に論じる傾向をもっていた。主著は『古代研究』，小説『死者の書』，歌集『海山のあひだ』『古代感愛集』など。

年	年齢	人物史
1887	0	大阪府に生まれる。
1910	23	国学院大学卒業。
1913	26	柳田国男の知遇を得る。
1917	30	『アララギ』同人となる。
1921	34	柳田国男に促されて初の沖縄・壱岐旅行。
1922	35	国学院大学教授となる。
1928	41	慶応義塾大学教授となる。
1940	53	国学院大学学部講座に「民俗学」を新設。
1953	66	胃がんのため永眠。

1 まれびと

原典資料

　此まれびとなる神たちは……古い形では，海のあなたの国から初春毎に渡り来て，村の家々に，一年中の心躍る様な予言を与へて去つた。此まれびとの属性が次第に向上しては，天上の至上神を生み出す事になり，従つてまれびとの国を高天原に考へる様になつたのだと思ふ。而も一方まれびとの内容が分岐して，海からし，高天原からする者でなくても，地上に属する神たちをも含めるようになつて，来り臨むまれびとの数は殖え，度数は頻繁になつた様である。〈折口博士記念古代研究所編『古代生活の研究』『折口信夫全集　第2巻』中央公論社〉

資料 解説

　まれびとという神は，古くは海の向こうから初春に訪れて福音を伝えるものとしてとらえられ，後には天上すなわち高天原からの神，そして地上のある地域から頻繁に訪れる多くの神として考えられるようになった。

2 呪詞

原典資料

　呪詞とは，神が土地の精霊に与える詞である。広い意味では日本では祝詞というのだが，祝詞という語には，その通用の時代の範囲があるから呪詞といっておく。……日本の土地にはじめて文学らしいものを生ぜしめたものは，日本のものでなく，つねに海の彼方からわたって来る神の発することばであった。……

　そうしてやってきた常世神の詞がすなわち，呪詞なのである。〈折口博士記念古代研究所編「呪詞」『折口信夫全集ノート編　第2巻』中央公論社〉

資料 解説

　呪詞（もしくは**祝詞**）は海の彼方から訪れる常世神が地神に与える言葉であり，それが日本における文学の始まりであった。

重要語句

神のとらえ方：折口は「まれびと」を日本における神の原型と見た。それは「ムラ」の外側のみならず，海の向こうや天上，果ては黄泉の国から越境してくる者をも神とする。資料ではさらに高天原だけでなく葦原中津国から越境する神すらも視野に入れ，八百万神の説明につなげている点，そして神たる「まれびと」が発した言葉が，「文芸」としての呪詞の発生へとつながっている点が示されており，興味深い。

常世の国：日本神話に描かれる不老不死の神の国。海の彼方にあり，そこにいる神が「まれびと」として訪れ，豊穣をもたらすとされた。

「折口信夫生誕の地」の碑と文学碑（大阪市浪速区，鷗町公園）

その他の民俗学者・文学者たち

考えよう
○南方，柳らの民俗学者の研究は，どのような価値を今日に伝えているか。

南方熊楠
みなかたくまぐす（1867～1941）

南方熊楠は，一般に博物学者・生物学者として評価され，特に「粘菌」の研究が名高いが，「歩く百科事典」とまでいわれた博学をもって，一つの分野に関連性のあるすべての学問を知ろうとする膨大な知識体系をもっていた。その関係から民俗学者としても名高い。イギリス留学から帰国した彼は，イギリスの民俗学者ジョージ＝ゴムの著書を持参しており，それを借り受けた柳田国男は，それまで余技の道楽ととらえていた民俗学を学問として体系化する展望を得たのであった。南方は帰国後は和歌山県田辺に居住し，日本の民俗を世界の広範な事例と比較して論じたが，これは現在の「比較人類文化学」の嚆矢であると評価できる。

また彼は現代の「自然保護運動」や「エコロジー活動」の先駆けをなした人物としても評価されている。1906年に布告された「神社合祀令」によって，全国の神社を一町村につき一社に整理する布告が出された。その時に彼は，古い社や神社林（いわゆる「鎮守の森」）が伐採されて古来の習俗が断たれたり固有の生態系が破壊されてしまうことを危惧し，**神社合祀反対運動**をおこした。なお，この活動によって今に残された「熊野古道」は，2004年に世界文化遺産に登録された。

柳宗悦
やなぎむねよし（1889～1961）

（日本近代文学館提供）

柳宗悦は，生活に即した衣服・食器・家具などの実用品，無名の職人による手仕事に注目し「用の美」を唱え，これを**民芸**と呼んで重視した。彼は当時ほとんど研究対象とされず，美術品としての評価もされていなかった日本各地の民衆的工芸品の調査・収集のため，日本全国を精力的に旅した。こうして収集した工芸品を広く一般に公開したいという考えでつくられたのが東京目黒区駒場にある「日本民藝館」である。この**民芸運動**は全国的な規模に広がり，例えば1995年に白川郷・五箇山の合掌造り集落が世界文化遺産に登録されたが，そのルーツはこの運動にあったと評価してもよい。

柳のもう一つの功績が，朝鮮美術を評価し，その保護保存に尽力したことである。韓国併合によって朝鮮を植民地にしていた当時，ほとんどの日本の文化人は朝鮮文化に興味を示していなかった。その中にあって彼はとりわけ朝鮮の陶磁器や古美術，民画などに注目し，深い理解を寄せ収集した。ある時京城（ソウル）市内の道路拡張のため，「景福宮光化門」（朝鮮王朝時代の王宮の門）が取り壊されそうになり，柳はこれに抗議する評論「失はれんとする一朝鮮建築のために」を発表した（このため光化門は移築保存されている）。文化財のみならず，柳は朝鮮民族の立場にも共感を寄せ，1919年におこった三・一独立運動に対しては，「反抗する彼らよりも一層愚かなのは，圧迫する我々である」と，当時の日本の植民地政策を批判している。

宮沢賢治
みやざわけんじ（1896～1933）

（日本近代文学館提供）

宮沢賢治は，民俗学とはまた違った立場から，岩手県において仏教思想や民話的題材に根ざした独特の詩，童話を発表した。著作『よだかの星』や『銀河鉄道の夜』には，科学的知識の素養を含みつつも，食い食われながら生きなければならない生き物の哀しみと業，それを赦し導く**菩薩のような「利他」の行い**をめざす理想的世界を描いている。それは一切衆生が宇宙の大きなはたらきと一体化し，自らの生命をまっとうする，大乗仏教的な壮大な世界観に高まっている。彼の思想は**「世界が全体幸福にならないうちは個人の幸福はあり得ない」**という言葉や，病床で書きつけた「雨ニモマケズ」の詩に端的に表れている。特に「雨ニモマケズ」には，見返りを期待しない純粋な奉仕の精神が見られる。これは賢治が『法華経』の信者であったことから，常不軽菩薩の心を示しているといわれている。

大学入試 challenge!

民俗学に携わった南方熊楠についての説明として最も適当なものを，次の①～④のうちから一つ選べ。
①フランスの民権思想の影響を受けて主権在民を主張し，自由民権運動の理論的指導者として活動した。
②『先祖の話』を著し，歴史書に記録されない無名の人々の生活や習俗を明らかにすることを試みた。
③足尾鉱毒事件が起こったとき，農民の側に立って反対運動を行い，「民を殺すは国家を殺すなり」と訴え，この公害問題に生涯にわたって関わった。
④神社合祀によって神社やその境内の森林が破壊されることに反対し，鎮守の森の保護運動を推進した。　　　　〈21第1日程〉

その他の現代思想家たち

考えよう

○現代の日本思想家たちは，明治以降形成された日本文化・社会に対してどのような批判をしているか。

小林秀雄
こばやし ひでお（1902～83）

（朝日新聞社提供）

小林秀雄は，東京に生まれた。父はベルギーで学んだ技術者で，幼いころから西洋的な洗練された知性環境の中で育った。東京帝国大学（現，東京大）在学中に『様々なる意匠』を発表し，「文藝春秋」に評論を連載する。その後，川端康成らとともに「文学界」を創刊し，日本古典，外国文学，歴史，絵画，音楽など各分野にわたり，批評という新しい文学を確立した。また，ランボーの詩をはじめとしてフランス文学の翻訳も多い。彼は芸術家の直観がとらえた生そのものを哲学的思索においてとらえ直すことを試み，各人が真摯に生きていることから創造されるものが真に主体的な思想であるとした。また，イデオロギーを優先させて生のダイナミズムを見失った近代思潮の欺瞞性を批判した。主著は『無常ということ』『考えるヒント』『本居宣長』など。

坂口安吾
さかぐち あんご（1906～55）

（日本近代文学館提供）

坂口安吾は，1906年に新潟市に衆議院議員の子に生まれた。第二次世界大戦の敗戦後，それまでの権威や価値観が急激に崩れ，人々は，新しい秩序を求めながら，生きていくための価値観を探し求めた。こうした時代の道徳的な頹廃を見た坂口には，『堕落論』で人間が人間本来の姿に戻ることを逆説的に「堕落」と表現した上で，極限状況で生に向かった時に新しい倫理が生まれるとし，混迷する戦後の道徳観に示唆を与えた。

丸山真男
まるやま まさお（1914～96）

（朝日新聞社提供）

丸山真男は，大阪に生まれた。皇国史観全盛期に，東京帝国大学で社会科学的立場の日本政治思想史を志し，戦後は旺盛な研究発表・論陣で日本政治思想のオピニオン－リーダー的存在となった。第一に，戦争を引きおこした超国家主義を「無責任の体系」に原因するものと分析し，近代日本人が主体的責任意識のとぼしいままに，天皇の権威を権力の基礎としてきたことに批判を加えた。第二に，ムラ社会的温情主義のベースに乗せた「上からの近代化」は，共通の基盤をもたない「タコツボ型」の雑居状態にならざるを得なかったと分析。第三に，近代「国民」意識が江戸儒学や国学思想の中に見えるとし，近代以降，「個の自立・社会の確立」を説いてきた福沢諭吉の研究にも専心して，日本の民主主義確立の可能性を説いていった。

加藤周一
かとう しゅういち（1919～2008）

（朝日新聞社提供）

加藤周一は，東京帝国大学医学部に属しながら，在学中から文学に関心を寄せ，戦後には積極的に文明批評，文芸評論を行った。それらをまとめたのが『雑種文化』で，その中で加藤は，日本の文化の特色は他国の文化を積極的に吸収して成立した雑種性にあるとした。ただし加藤はそこに否定的な意味合いをもたせたというよりは，むしろ日本文化の独自性を見ている。欧米の文化が「純粋種」の典型だとするなら，日本文化は「雑種」の典型であり，そこに一つの優位性があるとする。活動する思想家であった加藤は安保闘争にも積極的に関与し，晩年も「九条の会」の発起人の一人として名を連ねた。サルトルとは深い交流があった。

唐木順三
からき じゅんぞう（1904～1980）

唐木順三は，西田幾多郎に師事。その後，近代文学研究，特に森鷗外を捉え直すことによって日本文化における「型の喪失」の問題を論じた。そこから中世文学・思想の再発見に努め，『中世の文学』『無用者の系譜』『無常』などを著し，観念と実感の両面を見据えた文芸批評に表現の道を見いだし，独自の評論世界を作りあげた。

吉本隆明
よしもと たかあき（1924～2012）

吉本隆明は，戦後の一般大衆の生活の中に自立した「個」としての思考体系を見出していくため，在野の立場から膨大な足跡を残した。例えば戦争責任論，反核運動から左翼思想批判，宗教の検討等と同時に，TVCMやファッション等に代表されるマス・メディア的なポップカルチャーまで広汎に論じて，「現代」を追求し，言語や文学，思想等に関する理論構築を目指した。特に「国家無しに人は生きられるか」という命題について，家族のあり方を含めて徹底的に考察した『共同幻想論』は1960～70年代日本思想界のバイブルとなった。

日本人の芸術と美意識

先日の「倫理」の授業で，先生が次のような話をした。〔先日，『国土交通白書』を読みました。そこに，日本人の感性（美意識）の変化について記している部分があって，興味深く読んだので，みなさんに紹介しますね。その内容を，日本の芸術文化の流れに着目して，明治時代当初までですが，概要として確認しておきましょう。さ

中心の世紀	時代区分	芸術文化
7C	飛鳥時代	飛鳥文化
8C	奈良時代	天平文化
9〜12C	平安時代	弘仁貞観文化
		藤原文化
		浄土芸術
13〜14C	鎌倉時代	鎌倉彫刻
14〜16C	室町時代	北山文化
		東山文化
	安土桃山時代	桃山文化
17〜19C	江戸時代	元禄文化
		化政文化
19〜20C	明治時代	洋画等

て，『白書』では，まず，「日本人にとって，美しい・すばらしいと感じる価値や行動は，各々の時代の社会的な背景により，変化してきている。」というように書いています。そして，『白書』は，「伝統的な文化や風習」の項で，「日本では，例えば，明るい知的な美を『をかし』，しみじみとした情緒美を『もののあはれ』と表現するなど，『美』に対して，ニュアンスの異なるきめ細やかな感覚を有していた。」と書いています。続けて，①「また，日本人の奥深い感性（美意識）として，度々取り上げられる『侘び・寂び』は，簡素で静寂な中

に美しさを感じるという意味で使われている。」と書いていて，その代表的な例として，「東山文化」を紹介しています。

日本人が持っている自然との共生の感覚がわかるような気がします。この『白書』の別な箇所には，「自然を愛でること」の項に「自然を題材とした，または，自然の美しさについて記した書物」として，②『徒然草』の作者である吉田兼好を紹介しています。さらに「自然との調和」の項では，「障子に見られるように，建物の内部と外部をはっきりと遮断せず，自然との連続性を持つことも好まれていた。このような感性（美意識）は『空間の連続性』を大切にするという意識にもつながっており，③平安時代や鎌倉時代の絵巻において，その物語を，場面によって区切ることをせず，連続したものとして表現していること等にもうかがえる。」と書いています。

日本人の感性（美意識）は，④すでに習ったルネサンスの美と趣がかなり違うようです。みなさんも，「倫理」で「日本の思想」を学んだら，是非，日本の美意識という観点で思索を深めてみませんか。〕先生はこう語って，昭和の思想についての授業に入っていった。（引用は，〈『国土交通白書　2019』（国土交通省発行）〉による。）

資料分析 level up↑

①〜④の説明文と最も関連する資料として適当なものを，次の（ア）〜（カ）のうちから，それぞれ選べ。

（ア）　この世にのゝしり給ふ光源氏，かゝるついでに見たてまつり給はんや。世を捨てたるほふしの心ちにも，いみじう世のうれへ忘れ，齢延ぶる人の御ありさまなり。いで御消息聞こえん。

（イ）　（ピアノの技術的完成によって）すでにベートーヴェンの後期の諸作品に対してさえ，以前の諸楽器では対処できなかったであろう。オーケストラ作品は，一般にピアノに編曲されてはじめて，家庭音楽にとって親しみ深いものとなる。ショパンは，自己を完全にピアノに局限した第一級の作曲家であった。

（ウ）　後年，ミケランジェロはローマ教皇の依頼でヴァチカン宮殿のシスティナ礼拝堂天井画と正面大壁画「最後の審判」を完成させています。彼の特徴は彫刻における解剖学的に裏付けられた力強い筋肉表現，絵画における彫刻的立体表現であり，17世紀のバロック芸術に通じる先進性でした。

（エ）　（マイヨールの「地中海」という彫刻作品は）ギリシア文明を生み，ローマ文明を育んだ地中海，そして生命の母としての海。それを豊満な女性の肉体を通して暗示している。……タイトル通り，ギリシアと響き合い，ギリシアの美の女神が，この時代においても彫刻として花開いている。

（オ）　一休の弟子で，足利義政の茶匠であった珠光は，茶の湯の精神に関して弟子に教えるのによくつぎの話をもってした。ある中国の詩人がたまたま左の一聯を作った。
　　前林深雪裡　　昨夜数枝開
　　彼がこれを一友に示したところ，その友人は「数枝」を「一枝」と変えたらいいといった。詩人は友の助言にしたがい，彼を「梅花一字の師」であるとほめた。

（カ）　つれづれなるままに，日暮らし硯に向ひて，心にうつりゆく由なしごとを，そこはかとなく書き付くれば，あやしうこそもの狂ほしけれ。

※文献：（ア）紫式部『源氏物語　第五帖若紫』（イ）安藤英治『マックス・ウェーバー』（ウ）矢倉芳則『先生が教えてくれた「倫理」Ⅱ』
（エ）布施英利『パリの美術館で美を学ぶ』（オ）鈴木大拙『禅と日本文化』（カ）吉田兼好『徒然草』

解答：【資料分析 levelup】①（オ）②（カ）③（ア）④（ウ）

文学と思想をめぐって

1 「罪ふかき人は，またかならずしもかない侍らじ。」（紫式部 → p.133）

紫式部作の『源氏物語』は日本文学史上，最高傑作とされています。本居宣長（→ p.132）により「もののあはれ」の美的理念で知られていますが，罪障と救済を主題として思想的にも優れた作品です。物語は三部構成とされ，第一部では，天皇の子に生まれながらも臣籍に下った光源氏が亡き母への思慕を抱きながら，多くの女性たちとの恋愛をとおして成長し，地位と権勢を得る人生が，第二部では，栄華をきわめた主人公の責罪と苦悩，愛する人との別れをとおして自己の運命を受け入れ信仰の世界へと向かう姿が，第三部では，源氏の死後，宇治を舞台に源氏の子とされる薫と薄幸の姫君たちを登場人物として，救われざる者たちの悲哀が描かれています。

紹介したことばは『紫式部日記』に記されており，前後を意訳すると「世を捨て浄土からの迎えがあるまでは迷いがある。出家を願っていても，自分のような罪深い者は必ずしも願いどおりになるわけではない。宿世の罪深さが分かってくるばかりですべてが悲しい」となります。紫式部は，闇を見つめる心をもっていたようです。

平安中期は，王朝文化が成立し，優美で繊細な日本的美意識と倫理観が形成され，華やかなイメージが持たれるのですが，飢饉や内乱が続き，また，摂関体制から外された中下級の貴族たちは生き甲斐を失い，権勢を誇る皇族や上級貴族も，裏切りや策謀と自らの罪に戦き，不安に怯えていました。このようななかで，末法思想が広まり，厭世観が蔓延りました。源信（→ p.101）が浄土教を説いたのも当時のことです。出家は皇族や貴族たちの究極の安らぎ，来世での救いを約束する手立てでした。

紫式部は，そのような時代精神を厳しく批判します。出家しても，また，阿弥陀仏に念仏を唱えたとしても，救われるわけではない。自らの罪深さと向き合えば，悟りのなしがたさ，救済のなされがたさが分かるはずである。『源氏物語』の最終巻「夢の浮き橋」では，結ばれることのない男女の心の憂いと悲傷が消えることなく，その結末が記されることもなく終わっています。それは，救われざる者という人間観のゆえでありましょう。

一つの思想を理解するには，背景にある歴史，文化，宗教，社会などの諸相を知らなくてはなりません。知っていれば，理解は深まり，楽しみも大いに増します。

2 「山道を登りながら考えた。智に働けば角が立つ。情に棹させば流される。」（夏目漱石 → p.163）

夏目漱石は，『我が輩は猫である』や『坊ちゃん』など初期の作品から飄々とした作家と思われがちですが，実のところ，深遠な近代人でした。門下から，小説家以外に和辻哲郎（→ p.158），『三太郎の日記』で有名な阿部次郎，哲学者で文部大臣を勤めた安倍能成，科学者で随筆家の寺田寅彦らを輩出したことからも分かるとおり，漱石は文化全般にわたり大きな影響を与えました。

上記のことばは初期の名作『草枕』の冒頭の一節で，これに続いて「意地をつくせば窮屈だ。とかくこの世は住みにくい。」とあります。何やら超然とした人生訓あるいは処世術であるようですが，日本人の人生観として当を得た名言です。ちなみに，「情に棹さす」とは情に任せて一層のめり込むという意味で，「流れに棹さす（流れに乗りさらに進む）」と同義です。

漱石の思想的真価は，近代化を推進する当時の日本にあって，将来を見据え，日本の伝統文化と西洋近代文化との相克，すなわち，個人主義が利己主義に転化しがちな日本人の精神的風土と西洋思想における本来的個人主義の確立の困難性と矛盾を指摘し，さらに彼自身の苦悩から真の人格としての自我の確立を目指したことでした。個人主義は今以て，日本人の精神的課題です。そもそも，日本人の生活意識や価値観は集団のなかで自分はいかにあるべきか，何をなすべきかということを基本とし，「個人」や「自己」という概念はありませんでした。「自分」は「自らの分」，つまり，ある人自身の分限，役割，領域という意味です。漱石が「個人主義」とともに用いた「自己本位」も，日常生活で用いる場合は，自分勝手，わがままという意味になります。

漱石が説く「自己本位」は，判断や行為の基準を自己におくことで，その責任は自己自身にあるとする生き方です。これはカント（→ p.211）が説いた「自由」「意志の自律」に通じます。それが真の「個人主義」なのです。漱石のこのような提言はかなり浸透しました。しかし，近年の「個性化重視」については人々の理解が不十分でした。個人主義は，現代でも利己主義という危険性をもっているようです。冒頭のことばは，日本人にとっての個人主義の難しさをアイロニー的に表わしたものかもしれません。その視点からも考えてみてはどうでしょうか。

第4章

西洋近現代思想

クロード゠モネ作「印象・日の出」（1872年）　マルモッタン美術館（パリ）所蔵

1 近代思想の黎明

サンタ−マリア−デル−フィオーレ大聖堂（フィレンツェ）

単元の概観（1）

▶ ルネサンス

ヨーロッパの近代は「**ルネサンス**」と「**宗教改革**」および「**近代自然科学**」から始まる。中世は封建的な暗黒の時代とされてきたが，農業生産力の向上，都市の発達など，社会は安定して人口も増えつつあった。やがて11世紀末に十字軍がおこり，イスラーム世界から様々な文物がヨーロッパにもたらされた。この遠征の過程で封建諸侯が没落し，王権は強化され，イタリア諸都市は遠隔地貿易で得た富によって自治権を獲得し，**ギリシャ・ローマの古典文化の復興**の舞台となった。こうしてルネサンスがイタリアから始まる。

都市の繁栄は，フィレンツェのロレンツォ＝デ＝メディチのような，文芸を奨励し財政的な支援を行うパトロンを生み出した。彼らの支援を背景に多くの芸術家や文人が登場した。中世の理想の人間像はキリスト教の価値観に従順な「祈る人」であったが，ルネサンスのそれは「**万能人**」であった。科学的精神は自然科学の分野だけでなく，人文科学や芸術の分野でも発揮された。絵画にも幾何学や光学などの科学的なアプローチがなされ，人間はギリシャ・ローマを理想とした自由で写実的な表現で描かれた。

十字軍によってギリシャ・ローマの古典文化がイスラーム世界からもたらされると，プラトンやアリストテレスの哲学が再評価された。イスラーム世界からもたらされた古代ギリシャ・ローマやイスラーム・インドの自然科学が広まると，ローマ教会の教義に基づく自然観を，実験と観察によって問い直す動きがおこった。**ガリレオ＝ガリレイ**は仮説にもとづく実験を行って，**コペルニクス**の**地動説**を支持したが，教会によって自説を撤回させられ，ジョルダーノ＝ブルーノは処刑された。それでも観察と実験にもとづく研究は弾圧に耐えて発展し，近代自然科学の成立として結実していく。

ルネサンスの思潮は**人文主義**と呼ばれる。その代表者である**エラスムス**は，聖職者や貴族の現実の堕落した姿を風刺的に描写し，教会批判の先駆となった。文学においてはボッカチォは人間の欲望を肯定的に描き，欲望をもった人間を生き生きと描き出すことで神中心の世界観から抜け出した「個人」を表現した。**ダンテ**はトスカーナ地方の言葉で『神曲』を書いてイタリア語の基礎をつくり，**ルター**のドイツ語訳聖書がドイツ語の形成に影響を与えるなど，文化運動が近代の国民国家形成に果たした役割は大きい。このような時代背景の中で**ピコ＝デラ＝ミランドラ**は人間の尊厳を探究し，**マキァヴェッリ**は現実主義的に行動する理想の君主像を描き，経済力と軍事力にもとづく近代的政治支配を提示した。

地域情勢	年	ルネサンスの動き
第1回十字軍	1096	
	14世紀初	ダンテ『神曲』
英仏百年戦争	1339	
ペストの大流行。	1346	
	1353	ボッカチォ『デカメロン』
	15世紀初～	メディチ家のフィレンツェ支配。
英仏百年戦争終結。	1453	
	1474	トスカネッリの世界地図完成。
	1482頃	ボッティチェッリ「春」
	1486	ピコ『人間の尊厳について』
コロンブス，アメリカに到達。スペインのレコンキスタ完了。	1492	
	1498	レオナルド＝ダ＝ヴィンチ「最後の晩餐」
	1509	エラスムス『痴愚神礼讃』
教皇レオ10世就任。	1513	マキァヴェッリ『君主論』
	1516	トマス＝モア『ユートピア』
	1543	コペルニクスの地動説。
	1633	ガリレオの宗教裁判「地動説の撤回」

解説　近代思想家の出身地（ルネサンス期）

ルネサンスはイタリアに始まった。イタリアでは都市国家や小君主国，ローマ教皇領などが分立し，文芸保護の役割を担っていたが，中でもメディチ家の保護により多数の芸術家がフィレンツェから輩出された。やがてルネサンスはイギリス・オランダなどの北西ヨーロッパ諸国にも波及し，この諸国で展開されたルネサンスの動きを「北方ルネサンス」と呼ぶ。これらの地域では宗教改革の影響も大きく波及し，新教徒の活動が活発であった。また，活版印刷術が普及し，人文主義が開花していた。

ルネサンスの文化運動は，当時の支配階級の人々に限られていたが，近代の基礎となる思想や概念が多く生み出された。

宗教改革

ルネサンスとともに近代の始まりを告げるもう１つの運動が，**宗教改革**である。４世紀にローマ帝国により公認され国教となったキリスト教は，中世に入ると教義が確立し，教会体制も整い，人々の生活と深く結びつくようになった。その一方で，ローマ教皇を頂点とする宗教的階層（ヒエラルキー）が成立したのにともない，教会は世俗権力と結びつき，土地所有や税の徴収など封建領主と同じ側面をもつに至った。中世末期には教会の資金源として**贖宥状**（免罪符）が販売されるなど，教会はキリスト教本来の精神から離れていった。

このような教会と聖職者を批判し，真の信仰とは何かを求め，信仰に生きる人間の生き方を探究する人々が現れた。またルネサンスの**人文主義（ヒューマニズム）**は宗教にも影響を及ぼし，**ヒューマニスト**たちは聖書研究を行い，信仰を学問と個人の内面からとらえようとする動きがおこった。

教会の権威に対する批判は，イギリスのウィクリフ（1320／30～1384）や，ボヘミアのフス（1372ごろ～1415）らによって始められ，**ルター**や**カルヴァン**によって本格的な宗教改革の運動がおこると，神学上の問題にとどまらず，社会そのもののあり方をめぐる対立を引きおこした。ドイツ農民戦争（1524～25）は，教会や諸侯の支配に対する大規模な農民反乱である。宗教改革を支持するプロテスタント諸国とカトリック諸国との宗教戦争は，宗教改革が社会全体を動かしたことの証でもあり，近代の国民国家を形成する契機の１つとなったことを示している。

ルターが**『95か条の論題』**によって宗教改革運動を始めた時，彼自身は自分の疑問を神学上のものと考えていた。贖宥状の販売に反対しただけでなく，神の前にはすべての人が平等であると考えたルターは，**信仰**によって個人が直接神と結びつくことで**自由**を得ることができると考えた。ここから近代ヨーロッパの特徴の１つである**個人主義的自由・平等**などの思想が発展する基礎となった。また，ルターによる新約聖書のドイツ語訳はドイツ語の発展に大きく影響した。

スイスで宗教改革に取り組んだカルヴァンの活動も，近代ヨーロッパの成立に強く影響している。カルヴァンが職業を神から与えられた**召命**と説き，商人の禁欲的営利活動を認めたことは，近代資本主義の精神的エトスを形成したとして，ドイツの社会学者**ウェーバー**によって高く評価された。

一方，カトリック側も教会のあり方について見直しを迫られ，大航海時代を背景に，海外への布教が**イエズス会**を中心に積極的に行われた。ポルトガル・スペインの海外進出とともに，アジアや南米にカトリックが広まっていった。

宗教改革は，ルネサンスの合理的・科学的精神とあいまって，ヨーロッパ近代を形成した要因として高く評価されている。

地域情勢	年	宗教改革の動き
教皇庁大分裂（シスマ）	1376	ウィクリフの宗教改革。
	1378	
	1403	フスの宗教改革運動。
	1415	フス，火刑に処される。
フス戦争（～36）	1419	
スイスがハプスブルク家から独立。	1499	
	1509	エラスムス『痴愚神礼讃』
ドイツで贖宥状の販売開始。	1514	
	1516	トマス＝モア『ユートピア』
	1517	ルター『95か条の論題』
	1521	ヴォルムスの帝国議会。
	1522	ルター，ドイツ語訳新約聖書。
	1523	ツヴィングリの改革。
ドイツ農民戦争（～25）	1524	
	1533	英ヘンリ８世，キャサリン妃と離婚（1534イギリス国教会成立）。
	1534	イエズス会設立。
	1536	カルヴァン『キリスト教綱要』
	1541	カルヴァン，ジュネーヴで二度目の宗教改革。
	1545	トリエント公会議
ユグノー戦争	1562	

□ 神聖ローマ帝国の領土

解説　宗教改革者の出身地

宗教改革運動の多くは，神学的な論争から始まった。宗教改革の先駆となったウィクリフの主張は「ローマ－カトリックの教義が聖書から外れている」という神学上の問題であった。しかし彼の思想がボヘミアのフスにより広められ，フスが火刑に処されると状況は政治的な問題となった。神の前の平等を説き，個人が直接神とつながるルターの万人司祭説は，農民たちに「身分の否定」と受け取られ，ドイツ農民戦争につながった。ルターはこの動きを否定し，神学上の問題と政治的問題を区別した。

カルヴァンの改革運動は，ジュネーヴでの市政改革として進んでいった。ローマ－カトリックの人間観であった「原罪から逃れられず，神にすがるしかない貧しい者」という理想像から，「神の栄光を増すために職業に打ち込む主体的な人間」という新しい人間観を生み出した。

ルネサンス

ダンテ

Dante Alighieri（1265〜1321）イタリアの詩人

考えよう

○ダンテの作品がルネサンスの先駆といわれるのはなぜか。
○ヒューマニズムの思想的意義とは何か。

人と思想

イタリアのフィレンツェで下級貴族の子として生まれる。父の事業がうまくいかず，不安定な少年時代を過ごした。9歳の時に祭りの会場でベアトリーチェに出会い，恋に陥った。その後もベアトリーチェへの憧れをもち続け，18歳の時に再会して恋心はさらに燃え上がったが，家柄の違いにより，ダンテは1285年ごろ許嫁の女性と結婚した。ベアトリーチェは銀行家と結婚し，24歳の若さで病死した。この経験がダンテの人生と文学を決定づけた。

当時のフィレンツェは教皇と諸侯・領主層が対立するイタリアの政治的混乱の渦中にあった。ダンテ自身もフィレンツェの市政にかかわるなど，青年時代は政治家として活動した。1302年，ダンテは，横領などの罪で起訴されフィレンツェを追放されてイタリアの諸都市を流浪していた時代に『**神曲**』を著した。『神曲』の中にはベアトリーチェに対する精神的な愛と，当時の政治への批判や，キリスト教思想などが盛り込まれている。『神曲』は「愛」がいかに人間の魂の救済に必要であるかを謳った作品で，人間性そのもの，人間の「愛」の強さと崇高さが高らかに描かれている。それゆえダンテは最後の中世人でありながら，ルネサンスの到来を予想した最初の人物であるといえる。「自らの道を進め，あとは人々の語るにまかせるがよい」という言葉こそ，ダンテの真意である。主著は『神曲』のほか『新生』など。

年	年齢	人物史
1265	0	フィレンツェに生まれる。
1274	9	ベアトリーチェに一目ぼれする。
1283	18	ベアトリーチェと再会する。
1285ごろ	20	許嫁ジェンマ＝ドナーティと結婚。
1289	24	教皇派（グェルフィ）として戦争に参加する。
1290	25	ベアトリーチェ，死去。
1295	30	『新生』の執筆。
1300	35	フィレンツェの市政に参画する。
1302	37	フィレンツェを追放される。
1306	41	『神曲』の執筆開始。
1318ごろ	53	ラヴェンナに定住し，『神曲』の執筆に専念する。
1321	56	ラヴェンナで死去。

1 愛と幸福

原典資料

「造物主にも被造物にも」と先生は説きはじめた，
「自然的愛や意識的愛に欠けたものはかつて
　存在しなかった，それは息子よ，お前も承知だろう。
自然的愛はけっして誤ることがない，
　だが意識的愛は，目的が不純であるとか
　力に過不足があるとかで，誤ることがある。
その愛が原初の善〔神〕に向かうとか
　第二の善〔物質〕の中で分限を弁えて動くかぎりは，
　罪のある喜びの原因とはなり得ない。
しかしそれが道をはずれて悪に向かうとか，
　本来の務めの度を過したり不足したりすると，これは
　被造物が造物主の意にそむいて行動したことになる。」

〈平川祐弘訳「ダンテ　神曲」『世界文学全集2』河出書房新社〉

資料 解説

『神曲』は3部構成で，各篇が33歌（地獄篇は34歌だが，うち1歌は全体の序である）となっており，3行1連の構成など「3」という要素を重視することで，作品全体を通してキリスト教の「三位一体」の思想を表している。テーマはベアトリーチェに対する「精神的な愛」とダンテ自身の「魂の浄化」という中世的な題材であるが，死後の世界の描写では，ローマ教皇やフィレンツェでの政敵をダンテ自身の独自の正義観にもとづいて地獄に落とすなど，当時の伝統的な権威によらない内容を含んでいる。

中世の要素が色濃く残る時代の中で，ダンテは中世的世界観から脱却し，人間理性による個人間の恋愛を肯定的に描いた。なお，『神曲』はトスカーナ地方の口語で書かれており，公用ラテン語での表記が常識であった当時においては画期的な試みで，ヨーロッパ各国語の成立にも大きな影響を与えた。

重要語句

人文主義（ヒューマニズム）：ギリシャ・ローマ時代の古典を学ぶことを通して，人間のあるがままの姿を肯定するルネサンスの根本思想。中世の禁欲的なキリスト教的な人間観から脱却し，現実の人間の欲望や不完全さを肯定的に描き出す文学作品や美術作品として表された。ダンテの『神曲』はその先駆となった。

自然の愛と理性の愛：前者は宇宙に備わる自然なものであるが，後者は人間の自由意志による理性にもとづくものである。人生の迷いや苦しみから抜け出す精神を表す。

読解力 power up!

ダンテが『神曲』の中で「愛」の性質について述べた内容として，正しいものを一つ選べ。

①人間の愛は，どんな場合にも見返りを求めず相手のために献身し，尽くす性質をもつ。

②人間の愛は，目的の不純さや力の過不足によっては誤り，幸福に結びつかない性質をもつ。

③人間の愛は，理性によって分別をもっているうちは誤り，幸福に結びつかない性質をもつ。

④人間の愛は，神に対して度を過ごす分には誤らないが，不足すると神の意志に反する性質をもつ。

ルネサンス

ピコ゠デラ゠ミランドラ

Pico della Mirandola（1463〜1494）イタリアの人文主義者

考えよう

○人間の尊厳とは何かについて考えよう。
○ピコが説く「自由意志」とは何か考えよう。
○ピコが近代思想に最初に登場する人物とされるのはなぜか。

人と思想

イタリアのミランドラに領主の子として生まれる。若くして才能を発揮し，イタリア各地の大学で教会法やラテン語，ギリシャ語，ヘブライ語，アラビア語を学び，フィレンツェで知識人と交流した。

23歳の時，すべての哲学と宗教の総合をはかり，ローマに諸国の知識人を招いて，900の命題についての大討論会を企画したが，当時の教会の立場からは「異端」とされるものが多く含まれていたこともあり，実現しなかった。異端の疑いをかけられたピコはフランスに逃亡し，捕らえられてパリに幽閉されたが，ロレンツォ゠デ゠メディチの尽力により釈放された。その後はフィレンツェで多くの知識人と親交をもち，恵まれた研究生活を送るが，31歳の若さで死亡した。熱病のためとも，極端な市政改革を進めたフィレンツェの修道士サヴォナローラと親交があったために，メディチ家から危険視された末の暗殺ともいわれている。

ローマでの大討論会のために彼の用意した草稿は『**人間の尊厳についての演説**』として刊行された。その中には，人間の尊厳性・優秀性が強く主張され，**近代ヒューマニズム**の先駆者としてのピコの姿が表れている。彼によれば，神は世界と世界内のすべての存在をつくった後，永遠なものと時間的なものとの中間者として人間をつくった。しかし，人間に特に与えるべきものは何も残っておらず，神は，人間に**自由意志**を与えた。人間は動物にも悪魔にもなり得る反面，神との合一にも達し得る自由を与えられた。ピコは自由こそが人間の本質であると主張している。

年	年齢	人物史
1463	0	ミランドラ市で出生。
1480	17	パドヴァ大学に学ぶ。
1484	21	フィレンツェに出て知識人と交流。
1486	23	ローマで大討論会を企画し，挫折。
1487	24	フィレンツェに戻り，プラトン－アカデミーで研究生活を送る。
1494	31	フィレンツェで死去。

1 人間の尊厳について

原典資料

神は……仰せられました。「……世界のうちに創造せられたものを，おまえがそこから一層容易に観察することができるように，余はおまえを世界のまんなかに据えた。われわれはおまえを天上的でも地上的でもない存在，可死的でも不可死的でもない存在として創造した。……」と。

……創造主はただ人間にだけその生れるときに，ありとあらゆる種類の生活の種と芽とを授けたまいました。銘銘が栽培したものが生長してその実を人間のうちに結ぶのです。もし人間が植物の種を蒔いたのであったならば，それは植物になります。もし人間が動物的なものを蒔いたのであったならば，それは動物になります。理性的なものからは天上の被造物が昇って行き，精神的なものからは天使で神の子であるものが昇って行きます。そして人間が，被造物のいかなる運命にも満足しないで，自分の本質に環帰していくならば，精神は神と合一して，万物に超越する父の立ちのぼる一本の「雲の柱」の形であらゆる被造物のうえに聳えるでしょう。

〈植田敏郎訳，ピコ゠デラ゠ミランドラ『人間の尊厳について』創元社〉

資料 解説

神は世界を創造した後に，鳥には羽を，魚にはひれを与えたが，人間にはもう与えるべきものが残っていなかった。そこで神は人間に「なりたいものになる」ことができる**自由意志**を与えた。感覚にとらわれ快楽だけを求めるならば獣になってしまう。しかし自由意志を正しく行使し，理性によってより高次のものをめざすならば，神に近い存在にもなり得る。

中世の人間観は，人間を神の導きがなければ無価値で無力な存在と考えたが，ピコは自由意志を人間だけがもつ特別な能力ととらえ，この点こそが他の動物との違いであると考えた。人間にとって大切なことは，自分がもつ可能性のうち，最高のものに達しようと理性を正しく使って行動することである。

重要語句

自由意志：ピコによれば，神は人間に自由な選択の能力を与えた。人間は動物になることもできるが，神に近い存在になる生き方を選ぶこともできる自由を得た。

ピコのこうした考え方は，人間の運命を「神の定め」として受け入れる中世的人間観から，人間の本質を「自由」であるとする近代的人間観へ転換するきっかけとなった。

大学入試challenge!

思想家ピコの考えとして最も適当なものを，①〜④から一つ選べ。

①人間の尊厳は，人間がおかれた宇宙の中での位置によって決定されており，人間が被造物として神の栄光に奉仕することで示される。

②人間の尊厳は，自由意志により，宇宙の中での位置を決定できることにあり，自らの生き方の選択も人間の決断次第である。

③人間の尊厳は，前世やこの世での行いに関わりなく，信仰により，来世には必ず自らの欲する姿や形で生まれ変われることに存する。

④人間の尊厳は，自らの環境を受け入れつつ，より快適な環境を自ら創り出す点にある。 〈09追試［改］〉

ルネサンス

マキァヴェッリ

Nicolò Bernardo Machiavelli（1469〜1527）イタリア・フィレンツェの外交官

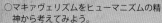

考えよう
○マキァヴェッリの人間観とはどのようなものか。
○マキァヴェリズムをヒューマニズムの精神から考えてみよう。

人と思想

　イタリアのフィレンツェで下級貴族の子として生まれる。青年時代からローマ史を研究し、フィレンツェの外交官としてイタリア各地を訪問し、フランスによるイタリア侵攻や、教皇アレクサンデル6世の子チェーザレ＝ボルジアが中部イタリアを次々に支配下においていく過程を見て、強力な君主によるイタリア統一の必要性を痛感した。フィレンツェで共和制が倒れ、メディチ家の政権になると、フィレンツェ郊外の屋敷で執筆活動に専念するが、反メディチの陰謀に加担した疑いで逮捕・投獄された。外交官として復帰するため、代表作となる『君主論』を書いてメディチ家に贈った。

　マキァヴェッリによれば、強国樹立のためには狐のずる賢さ（策略）とライオンの強さ（武力）を兼ね備えた強力な君主が必要であり、君主は、権力の維持のためには、道徳を無視し虚偽も不正も認められるとし、結果の有効性によって手段のもつ反道徳性は正当化されると主張した。彼の思想は、宗教や道徳とは別個に政治を考察すべきであるとした点で、近代的な国家観や政治学の出発点であるとされるが、彼の本意とは別に、その**権謀術数主義（マキァヴェリズム）**が、非道徳的な政治原理の代名詞となった。マキァヴェッリは、徹底した「事実」の積み重ねと検証によって、後世、「近代政治学の祖」と呼ばれるようになった。主著は『君主論』など。

年	年齢	人物史
1469	0	フィレンツェに生まれる。
1496	27	フィレンツェ共和国第二書記局に採用される。
		以後、イタリア各地・フランス・ドイツなど各地に使節として出向く。
1512	43	フィレンツェ共和国が滅び、政府を解任される。
1513	44	反メディチの陰謀への疑いで投獄される。『君主論』『政略論』執筆。
1517	48	『政略論』完成。
1520 〜	51 〜	フィレンツェ政庁やメディチ家の依頼を受け、作品の執筆
1526	57	や使者としての活動を行う。
1527	58	フィレンツェで死去。

1　君主の資質

原典資料

　そこで君主は、野獣の気性を適切に学ぶ必要があるのだが、このばあい野獣のなかでも、狐とライオンに学ぶようにしなければならない。理由は、ライオンは策略の罠から身を守れないし、狐は狼から身を守れないからである。罠を見抜くという意味では、狐でなくてはならないし、狼どものどぎもを抜くという面ではライオンでなければならない。……

　このようなわけで、名君は信義を守るのが自分に不利を招くとき、あるいは約束したときの動機がすでになくなったときは、信義を守れるものではないし、守るべきものでもない。とはいえ、この教えは人間がすべてよい人間ばかりであれば、間違っているといえよう。しかし人間は邪悪なもので、あなたへの約束を忠実に守るものでもないから、あなたのほうも他人に信義を守る必要はない。

〈池田廉訳「君主論」『マキァヴェッリ全集1』筑摩書房〉

資料 解説

　マキァヴェッリは『君主論』で、ローマ史の研究と、外交官として見聞きした事実や投獄された経験をもとに、「あるべき政治」よりも「実際の政治に役立つ事例」を挙げながら、政治体制を問わず「必要なら悪さえも選び取る必要がある」として君主の資質を説き、メディチ家のロレンツォにささげた。

　その中で「国を維持するためには、信義に反したり、慈悲にそむいたり、人間味を失ったり、宗教にそむく行為をもたびたびやらなければならないことを、あなたは知っておいてほしい」と説き、政治を道徳や倫理から独立させ、国家の安定・防衛のために手段を選んではいけないと論じた。

　君主は上のように「敵を寄せつけない強さ」と「罠を見破る賢さ」の両方をもたなければ、戦争に負けたり、陰謀によって滅ぼされたりする。敵は外国だけでなく、国内の反対派もいる。そうした敵に囲まれているのが、現実の政治を行う君主であると彼は説いた。さらに情報を重視することや、部下や国民の信頼を得て失わないための方法など、具体的な例を挙げて国家を維持する方法を示している。

重要語句

『**君主論**』：マキァヴェッリの主著。君主の現実的な統治技術について論じた作品。君主の評価は結果の有効性のみでなされるので、君主たるものは道徳を離れてでも権力の獲得・維持に努めなければならず、結果が権力維持や国家の防衛・繁栄に役立つものであれば、手段の非道徳性は正当化されうると説いた。

　このように、マキァヴェッリは新しい君主像を示し、近代政治学の祖と呼ばれている。

大学入試challenge!

マキァヴェッリの思想として適当なものを、①〜④から一つ選べ。

①国家は、統治者、防衛者、生産者の三階級が各々の能力を発揮し、調和が保たれることで成り立つ。

②政治は、人間の現実を踏まえた統治技術であり、君主は強さと賢さをもって国家統治すべきである。

③王権は、神から授けられた絶対的なものであるため、人民は君主に逆らわず服従すべきである。

④人々は、権利の自由な行使で生じる戦争状態を脱するため、自らの権利を放棄し、強大な統治者へ譲渡しなければならない。　〈19本試［改]〉

解答：【大学入試challenge!】②

宗教改革

エラスムス

Desiderius Erasmus（1466〜1536）オランダの人文主義者

考えよう

○エラスムスは痴愚神のことばを借りて何を批判したか。
○人文主義者のエラスムスが宗教改革に与えた影響とは何か。

人と思想

オランダのヒューマニストで，ルネサンス期最大の学者として評価されている。司祭の子として生まれるが，早くに両親と死別し，修道院に入った。その後パリで神学と古典を学んだ。さらに聖書研究に取り組み，『新約聖書』のラテン語訳付きギリシャ語原典を出版した。イギリスやイタリア各地を歴訪し，社会の問題点を把握するとともに，**トマス＝モア**（『**ユートピア**』の作者として知られるイギリスのヒューマニスト）をはじめ，当時の学者と親交を結び，さらなる見識を積んだ。

エラスムスは当時の教会・聖職者・権力者の腐敗，堕落を批判し，それをユーモアあふれる風刺として描いた。「宗教改革という卵はエラスムスが産み，ルターがかえした」といわれているように，彼の思想は改革の精神的基盤をつくったが，彼自身は教会の体制からは離れず，過激な運動とは一線を画して，信仰における個人の**自由意志**を認め，神の絶対性を説くルターと対立した。主著『**痴愚神礼讃**』など。

年	年齢	人物史
1466	0	オランダのロッテルダムに生まれる。
1487	21	修道院に入り，読書に没頭する。
1495	29	パリに留学する。
1499	33	イギリスに渡りトマス＝モアらと会う。
1506	40	イタリアに旅行，1509年まで滞在する。
1511	45	『痴愚神礼讃』を出版する。
1516	50	ギリシャ語版『新約聖書』を教皇レオ10世に献上する。
1519	53	ルターから手紙が来る。この後，宗教改革の混乱に巻き込まれる。
1522	56	スイスのバーゼルに移住し著述業に専念する。
1536	70	バーゼルで死去。

1 聖職者批判

原典資料

　現在では，教皇のお役目中いちばん骨の折れる部分は，お閑暇なペテロやパウロにだいたい任せきりにしてありまして，教皇のほうでは，豪華な儀式やお楽しみのほうを受け持っておられます。したがって私のおかげで，教皇様くらい楽しい生活をしているかたがたはいませんね。これくらい心配のない人々もいません。なぜかと申して，神秘的でほとんどお芝居のようないでたちで，「至福」とか「至高」とか「至聖」とかいう称号をまとって現われ出でて，祝聖したり呪詛したりしながら，お儀式で監視の目を光らせさえしていれば，十分キリストのために尽くすことになると思っているからなのですよ。〈渡辺一夫訳，エラスムス「痴愚神礼讃」『中公クラシックス』中央公論新社〉

資料 解説

エラスムスがイタリアを訪れたころ，ローマ教皇ユリウス2世は敵対する諸国とイタリアで盛んに戦争を行った。次の教皇レオ10世は，文化の保護とあわせて派手な生活を送り，教会財産を浪費した。エラスムスは，キリスト教の本来の目的である魂の救済そっちのけで国王のように振る舞う教皇を最も愚かであると風刺している。また，聖職者を高位の者から修道士に至るまで挙げて，彼らの世俗的な実態や，細分化されすぎて聖書の瑣末な表現について論争する当時のスコラ哲学も，愚かであると風刺している。

エラスムスの異議申し立ては宗教改革へのきっかけとなるが，女神モリアの指摘は誰にでも当てはまる。誰もがキリスト教的な理想の人間像に及ばないながらも，不完全なままそれでも生きていくという人間性の解放の側面も有する。

聖職者の世俗化は聖職売買（シモニア）などが当時盛んに行われたことにも見受けられる。「祈る者」として必要な教義への深い理解や神学研究，神への祈祷などは軽視されていた。一方，聖職者も俗人も生身の人間であることは同じである。エラスムスは聖職者の世俗化にあるがままの人間の姿を見いだしたともいえる。

重要語句

『**痴愚神礼讃**』：人間の愚かさを痴愚の女神モリア（Moriae）が聖書やギリシャ・ローマの古典からの引用を多く用いて痛烈に批判した主著。人間の幸福を愚かであることと語らせた。

また，権威や知識を拠り所とする聖職者の偽善や国王の名誉心，哲学者や神学者の空理空論などを皮肉った。特にローマ教皇が戦争をおこし，キリスト教徒の血を流させることを最大の愚行とした。

大学入試challenge!

エラスムスについての説明として最も適当なものを，①〜④から一つ選べ。

①誰が永遠の生命を与えられる者で，誰が永遠に断罪を受ける者であるかは，神の意志によってあらかじめ定められているとした。

②ルターやカルヴァンらの宗教改革に影響を受けて，聖書に忠実であろうとする立場から，ローマ・カトリック教会の教義や教皇のもつ権力を批判した。

③著書のなかで，教会や聖職者の堕落を風刺したが，自由意志を否定するルターとは対立し，激しさを増した宗教改革と距離をおいた。

④新教の勢力に対抗するため，イエズス会を創設し，教皇などの特権的な身分を認めない立場から，教会の改革を行った。〈18追試［改］〉

解答：【大学入試 challenge!】　③

ルター

Martin Luther （1483～1546）ドイツの神学者

○人間が義とされ救済されるために必要な
ことは何だろうか。
○ルターの宗教改革が近代思想に与えた影
響とは何か。

人と思想

　ドイツで鉱夫の子として生まれる。当初は法律家になるために勉学を重ねたが，22歳の時，家を出て大学に向かう途中，激しい雷雨に襲われ，死の恐怖を感じ，「聖アンナよ，助けてください。私は修道士になりますから！」と叫んだという。この経験の後，ルターは両親の反対を振り切って大学を去り，修道院生活に入った。

　29歳で大学の神学部教授となったルターは，神と人との関係について悩んだ末に，信仰によってのみ人は義とされると確信した。この確信から，当時ドイツで大々的に**贖宥状**が販売されていたことに疑問をもち，『**95か条の論題**』を掲示した。当初，神学論争を期待していたが，討論を挑む者はなく，教皇や皇帝の怒りを買い，破門・帝国追放の処分を受けた。しかし，ザクセンの選帝侯フリードリヒの保護のもとで，ルターは聖書のドイツ語訳を完成させるなど，改革運動を続けた。

　ルターは，イエスの教えの根本に立ち返ることを説いた。人間が罪から救われるのは教会のすすめる善行や儀式典礼ではなく，イエスによって示された神の愛を信ずる〈**信仰のみ**〉によって与えられ，その拠りどころは〈**聖書のみ**〉であるとした。主著は『**キリスト者の自由**』など。

年	年齢	人物史
1483	0	ドイツのアイスレーベンで生まれる。
1501	18	エアフルト大学に入学。
1505	22	落雷に遭い，修道士となることを誓う。
1512	29	ヴィッテンベルク大学の神学部教授となる。
1517	34	『95か条の論題』をヴィッテンベルクの教会の扉に打ちつける。
1518	35	ローマから召喚状を受ける。
1520	37	『キリスト者の自由』を出版。
		教皇からの破門威嚇の書状を焼く。
1521	38	正式に破門・帝国追放の処分となる。
1522	39	ドイツ語訳『新約聖書』出版。
1525	42	ドイツの農民反乱の鎮圧を指示する。
		結婚する。
1529	46	シュパイエルの国会でルター派諸侯が「抗議（プロテスタティオ）」する。
1546	63	死去。

ルターの思想

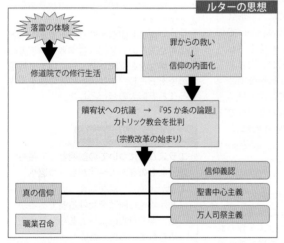

解説

　ルターは「祈ること」だけが重要なのではなく，信仰を内面化することこそ罪の許しに通じるのだと考えている。これはイエス＝キリストが，ユダヤ教の律法主義を批判して「律法の内面化」が救いにつながると説いた点と通じる。内面化とは，キリスト教の価値観を自分の価値観として受け入れ，考えて行動できるようになることである。

　ルターは自らを**福音主義者（エヴァンゲリスト evangelist）**と呼び，イエスの教えに回帰することを説いた。信仰とは各自の内面からのものであり，人は信仰によってのみ神の救いにあずかり（**信仰義認**），個人の内面が重視される限り，司祭と信者との区別はなく（**万人司祭主義**），信仰は聖書のみを拠りどころとする（**聖書中心主義**）。そこでルターはそれまでラテン語で書かれていた聖書をドイツ語に訳し，聖書を民衆のものとした。

1 信仰義認説

原典資料

　きみはまたここで，信仰がすべての掟を満たし，ほかのすべての行ないなくして人を義とすることが，どんな理由で当然だと認められるのかを，知るだろう。なぜなら，きみはここで，信仰のみが，「ただ一人の神をあがめなさい」と命ずる第一の戒めを満たすことを知るからである。たとえきみがかかとに至るまでまったく善行のみであったとしても，それでも義とされるのでなく，……しかし，これをするのはいかなる善行でもなく，ただ心のうちの信仰のみである。

　したがって，信仰だけが人間の義であり，あらゆる掟の実現である。

〈塩谷饒訳「キリスト者の自由」『世界の名著18　ルター』中央公論社〉

重要語句

贖宥状：免罪符ともいう。ローマ教会が発行した免罪の証書のことである。

　贖罪とは，罪に対する罰が赦されることで，贖宥状は元来は布教や教会への援助などの功績があった人に与えられたものであり，販売されるものではなかったが，中世後期以降，教会の財政源としてローマ教会と大商人とのつながりの中で乱発された。教皇レオ10世はサン－ピエトロ大聖堂の改築資金集めのために贖宥状の販売を開始した。贖宥状を購入すればその者のすべての罪は神によって赦され，天国へ召されることが約束されると販売人は説いた。

読解力 power up!

〔1〕ルターが『キリスト者の自由』において「信仰のみが人を義とする」と述べたのはどのような意味か。正しく説明した文を一つ選べ。

①イエス＝キリストを心から信仰し神の恵みを信じるならば，神は救いを差し伸べてくれるので，善い行いを積む必要はない。

②イエス＝キリストを信仰することが義とされ救済される条件なのだから，教会の儀式や秩序はむしろ有害である。

③イエス＝キリストを心から信仰し，その教えを守ろうと努力する心のもちようこそが，救いに最も必要である。

④イエス＝キリストは人間の罪を贖ったのだから，人間は罪を恐れることなく自由に生きていくことができる。

資料 解説

人間が負う原罪は，カトリックの教義や儀式でも軽減されず，ひたすら神の恵みにすがることでしか救われないという思想である。

モーセの十戒の第一戒「あなたは，他の何ものをも神とあがめてはならない」との教えを忠実に守ることを信仰の中心として，『キリスト者の自由』では「信仰はわざにおいて始まるものではない。またわざが信仰をつくるものでもない。信仰はまさにキリストの血と傷と死から湧きいで流れでてこなければならない」「よきわざがよき人間をつくるのではなく，よき信仰がよきわざを生じる」と説いている。

2 万人司祭主義

原典資料

「みんなが祭司である以上，キリストを信ずる者の中で祭司と平信徒との間にいったいどんな区別があるのか」ときみが尋ねるなら，私はこう答える。祭司，僧侶，聖職などという言葉が一般のキリスト者から移されて，今日僧侶階級と呼ばれる少数の人々にだけ適用されているのは，これらの言葉が不当に使われているからだと。聖書は，学者たちまたは聖職者たちを，……キリスト，信仰，キリスト者の自由をほかの人々に説くことを務めとする「奉仕者」「僕」「執事」と呼んでいるだけで，何の区別をも与えていない。〈同前〉

読解力 power up!

〔2〕ルターが『キリスト者の自由』において「みんなが祭司」と述べたのはどのような意味か。正しく説明した文を一つ選べ。

①聖書は僧侶階級を規定しているが，一般信徒との格差はつけていない。

②聖書は教えを説く者を規定しているが，一般信徒と区別はしていない。

③聖書は教えを説く者を規定し，これを特に奉仕者と呼び，僧侶階級とした。

④聖書は僧侶階級を規定しないが，「執事」や「僕」がこれに相当している。

資料 解説

ルターは，キリスト者は信仰を通して万物の王者となるという聖書の引用を基礎として，カトリックの聖職者が特権階級として一般の信徒からかけ離れた生活を送っていることを不当であると批判した。ルターにとって，すべての人が「**信仰を通して神の前に平等**」であるなら，カトリックの身分秩序は不当なものであり，否定すべきものであった。

重要語句

「信仰のみ」：ルターのキリスト教観は，「信仰のみ」「（神の）恵みのみ」「聖書のみ」の３つにまとめることができる。人間は完全ではないため罪から逃れて生きることはできない。また，カトリックが説く善行も，信仰をもってしなければ義とはなされないとして，行為そのものの有無よりも心のありようを問題とした。

人類の罪を贖って十字架で死んだイエス＝キリストへの信仰によってのみ，神の恵みとして救いが与えられるとし，形式主義を排除している。

ルターの徹底した聖書主義は，カトリック教会の贖宥状販売への抗議から始まった。魂の煉獄からの救済を説く贖宥状販売が神学上納得できなかったからである。ヴィッテンベルク大学の扉に掲示された『95か条の論題』は，ルターの神学上の立場からの真摯な抗議であった。公開討論やローマ教皇からの破門などの弾圧を受け，ルターの神学的解釈は最も先鋭な形で純化されていった。その帰結が「聖書のみ」となって結実したものということができる。

重要語句

万人司祭主義：神の前ではすべてのキリスト者が平等であるとし，聖職者の特権的な身分を否定する思想。万人が自己の内面の信仰によってのみ直接神とかかわり，すべての人が等しく神の司祭であると説いた。『キリスト者の自由』では，聖職者階級が権威をもち，一般の信徒は律法や儀式など外面でしかキリストとかかわれなかった当時の教会のあり方を批判している。

こうした批判は，本来は教会の権威や教義を否定し，個人が直接神とかかわる神学上の主張だったが，宗教改革運動の進行とともに，自由で平等な個人という近代社会の人間像の形成にも大きな影響を与えた。

大学入試 challenge!

ルターの思想の説明として正しいものを，次の①〜④のうちから一つ選べ。

①神の前ではキリスト者は平等で，聖書のみが信仰のよりどころである。

②救済はあらかじめ決まっており，世俗の職業生活に励むことが，救いの確証である。

③信仰と理性は，理性が信仰に従うことで補足し合い調和する。

④キリスト者として教会や領主に抵抗することは正当である。

〈11本試［改]〉

解答：【読解力 power up!】〔1〕③ 〔2〕② 【大学入試 challenge!】①

カルヴァン

Jean Calvin（1509〜1564）フランスの宗教改革者

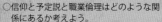
○カルヴァンの予定説とは何か，またその真意はどこにあるのか。
○信仰と予定説と職業倫理はどのような関係にあるか考えよう。

人と思想

　フランス北部のノワイヨンで法律家の子として生まれる。14歳でパリ大学に留学し哲学や神学を学んだ。その後法学を学び，ブルージュ大学を卒業する。1533年，友人に演説の原稿を書いたが，その内容がカトリックと相容れなかったため告発され，スイスに逃亡した。その後帰国したが，フランスで新教派への弾圧が強まると，再びスイスのバーゼルへ逃亡し，のちジュネーヴの宗教・政治の改革にあたる。一度は追放されたが，再び招かれてキリスト教にもとづく理想の政治を実現しようと終生努力した。

　カルヴァンの思想の特色は，神の意志が絶対で，人間の自由意志や努力は何の影響も及ぼすことができないところにある。人はただ，神の栄光を増すためだけに存在し，神は個別の人間の救済について，あらかじめ決定している。彼はルターの**職業召命観**を発展させて職業に打ち込むことを説いた。職業は神が現世での役割として人間に与えたものであり，職業に打ち込むことで人間は救いの確かさを実感できると説いた。また，それまでのキリスト教的価値観では否定されてきた利潤や利子を取ることも認めたため，カルヴァン派は西ヨーロッパの市民階級に支持された。主著は『**キリスト教綱要**』など。

年	年齢	人物史
1509	0	フランスのノワイヨンで出生。
1523	14	パリに留学。
		ルターの福音主義に触れる。
1531	22	ブルージュ大学卒業。
1533	24	コップ演説事件でスイスに逃走。
1536	27	『キリスト教綱要』初版出版。
		ジュネーヴで宗教改革にかかわる。
1538	29	ジュネーヴを追放される。
1540	31	イドレット＝ド＝ヴィルと結婚。
1541	32	ジュネーヴにむかえられ，神聖政治開始。
1559	50	ジュネーヴの市民権獲得。
1564	55	ジュネーヴで死去。

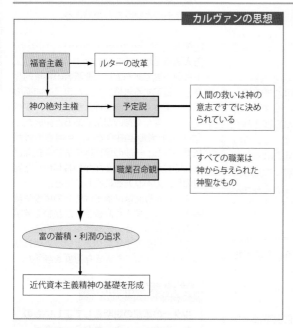

カルヴァンの思想

解説

　カルヴァンの思想が西ヨーロッパで受け入れられた特徴の１つである「**予定説**」は，無価値な人間が神の意思を実現することによって救済に予定されていることを確信することができるという一見非常に厳しいものであった。しかし，カトリックでは価値の低いものとされてきた利潤や利子，経済的な豊かさを肯定されたことの意義は，商工業が発展してきた16世紀の人々にとって大きかった。

　カルヴァンの思想は**カルヴィニズム**と呼ばれ，神の絶対性，救済の予定説，教会組織の聖書準拠，神への服従，**禁欲，勤勉**と倫理的生活の尊重などを特色とする。カルヴィニズムはスイスで生まれ，イギリス，オランダなどで強い勢力をもつに至った。絶対王政，封建体制に対立し，宗教戦争をおこしたが，同時に中世から近代への移行に大きく貢献した。

　彼の思想は資本主義の発展だけでなく，アメリカ合衆国の独立やその後の発展にも，強い影響を及ぼしている。アメリカ建国期におけるあらゆる困難を克服して新天地に理想の国家をつくり，経済的にも成功するという情熱は，こうした宗教的動機によるところが大きい。

1 予定説

原典資料

　我々が「予定」と呼ぶのは神の永遠の決定であって，これによって個々の人間において実現させようと欲したもうたことを御自身の内に定めたもうたのである。すなわち，万人は均一の状態に創造されたのでなく，ある者は永遠の生命に，他の者は永遠の断罪に予め定められた。そのように銘々は別々の目標に向けて造られているから，生命に予定された，あるいは死に予定されたと我々は言う。

〈渡辺信夫訳，カルヴァン『キリスト教綱要　改訳版』第３篇　新教出版社〉

重要語句

予定説：救済の有無が神によってあらかじめ定められているという神学上の説のこと。パウロの書簡に記され，アウグスティヌスが**恩寵予定説**としてカトリックの教義に組み入れた。カルヴァンは，その伝統を受け，個人の信仰心や善行を救済の手だてとすることを否定し，ある者は救われ，ある者は滅びに予定されているとして，神の絶対的な意志を重視する二重予定説を説いた。

「予定説」では，救済の有無はあらかじめ神によって決められている。人間の努力は神の決定に何の影響も及ぼさない。人間は自分の救済について，知ることさえできない。カルヴァンは神の永遠の定めと呼んで，この予定を絶対的なものとした。人間がどれだけ善行を積もうと，また積まなくとも，この予定は変わることがないとした。

一見すると，大変厳しい考え方に見える。しかしキリスト教では，人間は神によって創造されたと考える。カルヴァンは，人間は，神によって「無」から創造されたのだから，神によってのみ人間は無価値な状態から救われ，価値を与えられていると考えた。このことに気づけば，人間は神による救いを確信することができる。カルヴァンは，人間が神の栄光を増すための存在として生きるべきであるとした。

2 職業召命観

原典資料

最後に注意さるべきは，主が我々の一人一人に，生涯のあらゆる行為について，己が召命〔ヴォカティオ〕を注視せよと命じておられる点である。すなわち，人間の精神がいかなる不安に掻き回され，いかなる軽率な思いつきによってあちこち引き回され，いかなる欲望によって野心が様々な物を同時に掴もうとするかを，主は知っておられる。それ故，主は，我々の愚かさと無思慮が一切を転倒して混同することがないように，各々の種類の生活における義務を定めたもうた。そして，その限度を越えることがないように，そのような生き方のことを「召命」と呼びたもうた。だから各々の生き方は，全生涯にわたって無思慮なままに放浪することがないよう主から宛てがわれた，謂わば持ち場である。しかし更に必要なのは，我々の全ての行為がこれによって神の前で評価されるということを知り，それが人間的・哲学的理性の判断とは遥かに異なるという区別を弁えることである。〈同前〉

読解力 power up!

カルヴァンが，『キリスト教綱要』の中で職業について説いたのはどのようなものであるか。正しく説明した文を一つ選べ。

①職業は個人の自由な意志によって選ぶべきであり，労働から得られる利潤も，個人の自由意志によって使われるべきである。

②どのような職業も，神が個々人に与えた義務のようなものであり，勤勉に働くことは神の栄光を増すことになるから得られた利潤もまた尊い。

③人間は，神が定めた職業によってある程度自分に分けられる。この身分の枠を越えて活動することは神の意志に背くことであり，慎むべきである。

④どのような職業を選択しても「貧しき者は幸いである」として禁欲的な生活を説き，富の蓄積は魂の救済から遠ざかるものであるとして戒めた。

資料 解 説

カルヴァンが説いた**職業召命観**は，人間を神の栄光を増すために創造された存在と見なし，神の意志にかなう生き方とは，信仰と神の意志に従って誠実に生活することであると考えた。神が与えた職業は，神聖なものであるから，自分の仕事に対して全力で取り組むことが神の意志の実現であると説いた。神の栄光を増し神の意志を実現する，聖なる活動である労働から得られる利潤や富は，正当なものと考えられた。そしてこれが自らの救いの確証と考え，営利目的に蓄財に励む商人の禁欲的生活を肯定した。これがカルヴィニズムの禁欲的職業倫理である。

〔1〕 カルヴァンの「予定説」の記述として最も適当なものを，次の①〜④のうちから一つ選べ。

①恩寵により救われる者とそうでない者との区別は，この世での行為の善悪に応じて，神が決定する。

②神はあらかじめすべての人間に救いを約束しており，救いと現世での倫理的生活とは無関係である。

③人間の行為は自由な決定によるように見えても，すべてはあらかじめ自然の必然性により決定されている。

④救われる者とそうでない者との区別は，神によってあらかじめ決定されており，人間の行いは影響しない。

〈94本試〔改〕〉

重要語句

職業召命観：職業を神から与えられた使命と考える思想。ルターは，職業を神の召命（Beruf）と考え，カルヴァンは人間の世俗的職業を，神から与えられた神の栄光を実現するための奉仕の場と考えた。また，カルヴィニズムでは救済の確証を得るために，禁欲的に職業に励み，自己を神の意志を実現する道具として自覚した。

19世紀ドイツの社会科学者マックス＝ウェーバーは，著書『プロテスタンティズムの倫理と資本主義の精神』の中で，カルヴァンの唱えた職業観が，経済活動が盛んになっていった16世紀以降の市民階級の台頭に当たって，彼らに心の安らぎと強い信念を与え，西欧諸国で資本主義が形成される原動力となった，と説いている。

〔2〕 カルヴァンについての記述として最も適当なものを，次の①〜④のうちから選べ。

①神によって義と認められるためには信仰のみと主張し，教会の免罪符販売を批判した。

②救済は神によって予定されており，職業に禁欲的に励むことで救いを確信しうると説いた。

③君主が策略を用いて統一すべきと説き，他国に侵略されるイタリアの分裂の克服を訴えた。

④痴愚の女神に託して当時の教会の堕落や神学者の聖書解釈の愚かさを痛烈に批判した。

〈01本試〔改〕〉

解答：【読解力 power up!】②　【大学入試 challenge!】〔1〕④　〔2〕②

その他の近代初期の人文学者・文学者・芸術家

考えよう

○ルネサンスの思想家・芸術家たちが唱えた
人間性尊重の精神とは何か。
○この当時，万能人が理想化されたのはなぜ
か。

トマス゠モア
Thomas More（1478～1535）

　イギリスの人文主義者・政治家。ヘンリ 8 世の治世に大法官を務めたが，国王の離婚問題に端を発したローマ教皇権否定（国王至上権）とイギリス国教会設立に反対したことによって処刑された。20世紀に入り，ローマ教皇から殉職者として聖徒に列せられている。著書の『**ユートピア**』は「どこにもない場所」という意味で，当時の新興地主による囲い込み（エンクロージャー）を批判し，ユートピアでは金は誰もほしがらず，人民の労働時間は 1 日 6 時間だけであるとし，当時の社会を風刺している。また，私有財産制の否定などの原始共産制，信仰の自由と宗教的寛容，聖職者の結婚や女性聖職者などについて述べられている。彼はローマ・カトリックの立場にありながらもヒューマニズムの精神をもって，信仰の本質と宗教の意義について示唆を与えた。

ペトラルカ
Francesco Petrarca（1304～74）

　イタリアの人文学者・詩人。ローマ・カトリックの教皇や枢軸卿に仕え，外交使節として活動する一方，キケロの文献を研究し，ローマ元老院から芸術と知識の勝利を示す桂冠を受ける。キケロの文章を模範として，当時，乱れていたラテン語の文法を整備し，**ルネサンス・ヒューマニズム**の確立に貢献した。また，詩人としての主著『**カンツォニエーレ（俗語断片詩集）**』の大部分は亡き最愛の女性への愛を詠ったもので，この世のはかなさと愁いを感じさせる調べと作風から，ダンテの『神曲』とともにルネサンス文学の先駆的作品とされている。

ボッカチオ
Giovanni Boccaccio（1313～75）

　イタリアの人文学者・小説家。フィレンツェの商人の子に生まれ，早くからダンテの作品を学び，『神曲』の名を広めたことでも知られる。また，ペトラルカと親交を結び，互いに学識を高め合い，思索を深め合った。主著『**デカメロン**』は「十日」の意味で，ペスト流行下のフィレンツェから逃れた男女10人が10日間，郊外の別荘で過ごし，毎日全員が 1 話すつ，幸福，成功と失敗，恋愛などをテーマに当時の社会や人間の暮らしなどを語った100話の物語である。中世イタリア特にフィレンツェの社会風俗の描写は歴史的文献としての価値も有する。

レオナルド゠ダ゠ヴィンチ
Leonardo da Vinci（1452～1519）

　イタリアの芸術家・科学者。フィレンツェ近郊のヴィンチ村に生まれた。幼時から絵画・音楽・数学に天分を見せ，当時有名な画家であったヴェロッキオに弟子入りし，フィレンツェで画家として活動する。初期ルネサンスの画家たちが生み出した線遠近法による三次元的空間表現に飽き足らず，明暗を段階的に使い分け，面で立体の量感を表現する技法を考案し，彼以降の西洋絵画に多大な影響を及ぼした。また，ミラノでは，自ら技術者として才能を発揮し，自然科学の研究をおこなった。今日，天才として評価される絵画においては，「魂の意向を身振りと体の動きで表現する」技法が『**最後の晩餐**』『**モナ゠リザ**』に結実する。ルネサンスの「人間中心主義」は，人間があらゆる能力を発揮することを求め，「**万能人**」を理想的人間像としたが，芸術をはじめ，数学，幾何学，建築学，天文学，地理学，医学，解剖学，文学，軍事における技術者として活躍したレオナルドは「万能人」を体現した人物として評価されている。

ミケランジェロ
Michelangelo Buonarroti（1475～1564）

　レオナルド゠ダ゠ヴィンチと並ぶルネサンス美術最高の巨匠，**万能人**。フィレンツェの銀行家の家柄に生まれたが，彼の誕生時には富裕層ではなかったとされている。ロレンツォ゠デ゠メディチに見出され，プラトン・アカデミーでピコ゠デラ゠ミランドラらと親交をもった。早くから芸術の才能を発揮していたが，ロレンツォの死後の混乱に際し，一時フィレンツェを離れるがほどなく帰還し，ローマに活動を広げ，絵画，彫刻，建築をはじめ多くの作品を残した。彼の絵画や彫刻には写実的な技法のなかに人間がもつ内面的な苦悩やそれを克服した喜び，あるいは神的な崇高さ，深遠さが描かれ，また，建築には造形美と機能美がともに存在している。なかでもローマでの彫刻『**ピエタ**』，フィレンツェでの絵画『**聖家族**』，彫刻『**ダヴィデ**』は西洋美術史上の傑作と評価されている。システィーナ礼拝堂の『**システィーナ礼拝堂天井画**』，祭壇画『**最後の審判**』は，絵画・彫刻・建築を一体化した総合的造形芸術の極致といえる。

近代科学的精神のはじまり

考えよう

○近代自然科学はその後の近代思想・文化にどのような影響を与えたか。現代的視点からも考えてみよう。

　中世まではアリストテレスの自然観をもとにした目的論的な世界観が支配的であった。宇宙は神の意志と目的のために創造され、神が住まう地球が宇宙の中心であり、太陽や惑星は地球の周りを回転するというプトレマイオスの天動説がローマ－カトリック教会公認の学説となっていた。しかし、ルネサンス以降、あるがままに自然を観察し、その事実から一般法則を導き出す近代科学精神が生まれ、地動説の提唱や、万有引力の法則の発見につながった。

コペルニクス
N. Copernicus（1473〜1543）

　コペルニクスは、ポーランドの天文学者、医者で、司祭でもあった。銅の売買を中心とする富裕商人の子に生まれ、ポーランドのクラクフの大学で学んだ後、イタリアに遊学し、神学・天文学・医学を学んだ。コペルニクスは古代ギリシャにおいて、すでに天体の観察から地球が動いているという説があったことに注目し、地球は太陽の周囲を回転しながら動く惑星であるという**地動説**を提唱した。

　コペルニクスはローマ教会から「異端」とされることを恐れ、死の直前まで公表を避けていたが、地動説はその後ガリレイやケプラーらにより、科学的に支持されることになる。コペルニクスの地動説は、アリストテレスの**目的論的自然観**と**キリスト教的世界観**から脱却し、近代科学の端緒を開いたものとして、高く評価される。主著は『**天体の回転について**』など。

ガリレオ＝ガリレイ
G. Galilei（1564〜1642）

　ガリレオ＝ガリレイは、イタリアのピサに生まれ、ピサやパドヴァの大学で教職に就いた。斜めに置いたレールに大きさが同じで重量の異なる玉を転がして両者の速度に違いがないことを実証するなど、諸現象を仮説にもとづく実験によって数学的に検証する科学的方法の確立に努めた。自ら望遠鏡を改良して月や木星の観察を行って地動説を支持し、「天文学の父」と呼ばれる。

　ガリレイは地動説の正しさを望遠鏡を用いた観察によって信じたが、異端の疑いを避けるため主著『**天文対話**』を地球や天体の運動について3人の登場人物が論争する形式で書いた。しかし、1633年に宗教裁判にかけられ、地動説の撤回を余儀なくされた。「それでも地球は動く」という言葉は、弟子による後世の創作といわれるが、彼の科学的信念を表す名言としてよく知られている。

　なお、同時代の**ジョルダーノ＝ブルーノ**（1548〜1600）は地動説を支持し、さらには宇宙を神の表れとする**汎神論**を説いて、火刑となった。

ケプラー
Johannes Kepler（1571〜1630）

　ケプラーは、ドイツの天文学者で、1577年に大彗星を目撃して以来、天文学に興味を抱き、テュービンゲン大学神学部の教養課程で天文学を学んだ。プトレマイオスの天動説とコペルニクスの地動説の両方を批判的に研究した結果、コペルニクスの地動説に傾倒し、**ケプラーの法則**を発見して、地動説の正しさを理論的に証明した。

　ケプラー以前の天文学では、惑星は中心となる天体の周りを完全な円軌道を描いて回転すると考えられていたが、ケプラーは、惑星は太陽の周囲を**楕円軌道**を描いて回転し、太陽からの距離の二乗に反比例する力（引力）によって太陽に引かれていることを数学的に証明した。この引力の発見は、ニュートンが後に万有引力を発見・証明する理論的根拠となった。ケプラーによって、宇宙におけるあらゆる物体の運動を説明するニュートン力学の基礎が築かれたのである。主著は『ケプラーの夢』、『宇宙の神秘』など。

ニュートン
I. Newton（1642〜1727）

　ニュートンは、イギリスの中流地主層の子に生まれ、ケンブリッジ大学でガリレイ、ケプラー、デカルトらの数学・物理学を学んだ。万有引力や二項定理を発見し、微積分学の研究など現代の数学の基礎および、運動の法則や宇宙の体系について研究し、古典力学の基礎を築いた。

　ニュートンは、天体の惑星の運動や地上の物体の運動に共通する原因となる**万有引力の法則**によって、こうした諸現象の進行を数学的に正確に証明しようとした。

　科学についてニュートンは「自然界の事物の原因として事実であり、それらの諸現象を説明するために十分であるより多くのものを認めないこと」というように、古代ギリシャ以来の**目的論的自然観**や聖書にもとづく自然観から離れる態度をとった。これは、後に自然を機械の部品のように因果関係によってとらえ、説明しようとする**機械論的自然観**に結実した。主著『**プリンキピア**』。

ルネサンス芸術とキリスト教

A

B

C

　上に掲げた3つの芸術作品は，ルネサンス期から対抗
宗教改革の時期にかけて作成されたものであり，いずれ
もイエスの生涯を題材にし，聖書のワンシーンを作品に
したに過ぎないが，その時代の人々の心情やドラマに見
る人間の典型を国や時代を越えて現代に伝える力を持つ
傑作である。

　Aは，聖母マリアに天使が神の子を身ごもったことを
伝えるシーンを描いたエルグレコの「受胎告知（じゅたいこくち）」であり，
1600年頃に描かれたとされる作品である。ルネサンス期
に見られる同様の題材を描いた作品よりも天使が高い位
置に描かれ，より神秘的かつ印象的に描かれている点か
ら，対抗宗教改革期にローマ・カトリック教会が聖像を
布教活動に利用しようとしていた影響が窺われる。

　Bは，レオナルド＝ダ＝ヴィンチの「最後の晩餐（ばんさん）」で
イエスがパリサイ派の人々に捕まる直前に弟子たちと食
事をした際，「あなた方うちの一人が私を裏切ろうとし

ている」というイエスの言葉に，弟子たちがどよめくシ
ーンを描いている。この作品でレオナルドは，中世の絵
画のように「聖人としてのイエスとその弟子」を描くと
いうよりも，弟子たちとの間で交錯する人間的な感情を
描いた。さらに当時の科学的世界観にもとづいた遠近法
を取り入れることで，絵画の中に奥行きのある空間を描
いて見せた。レオナルドは解剖学的知識にもとづき人間
をより科学的な視点で描いたとされている。

　Cは，同じくルネサンス期につくられたミケランジェ
ロの「ピエタ」である。「ピエタ」とは「憐み」を意味
し，この作品は，十字架から下ろされたイエスの亡骸（なきがら）を
抱きかかえるマリアの母としての心情が伝わってくる。

読解力　プラスα

「ルネサンス期の芸術について」の内容として，最も適当なものを次の①〜④から一つ選べ。

①ミケランジェロの作品は，解剖学の知識によって得られた科学的なものの見方の影響が色濃くみられ，写実的なルネサ
　ンス期の作品の特徴を備えている。

②エルグレコの作品では初めて遠近法の技法が用いられ，それまでには見られないダイナミックな構図で天使の存在感が
　印象的に描かれている。

③レオナルドやミケランジェロなどルネサンス期の巨匠の作品は，中世まで聖人として描かれていた人々が，より人間味
　を帯びた存在として描かれている。

④古代ギリシャや聖書を題材にすることが多いルネサンス期の芸術作品は，普遍的な価値を有するというよりは，当時の
　人々にのみ理解される心情を作品に込めた点で傑作である。

解答：③

2 近代思想の成立

ニュートンのリンゴの木（東京都文京区，小石川植物園）

単元の概観

［経験論と合理論］

新興市民階級が台頭してきた16〜17世紀のヨーロッパでは，中世のスコラ哲学を批判し，中世的権威を否定して理性や感覚など人間の認識能力を信頼し，新しい学問の方法を確立しようとする大きな2つの流れが現れた。**ベーコンをはじめとするイギリス経験論**と**デカルトに始まる大陸合理論**がそれである。両者は互いに影響し合いながら継承され，発展していくが，どちらかに極化されると，やがて経験論は懐疑論に，合理論は独断論に陥っていく。そこでこの二大潮流を批判的に総合し，近代の科学的思考を哲学的に基礎づけるとともに，人間の理性能力を考察したのが**カント**であった。

［モラリストの精神］

このような時代，16〜17世紀のフランスを中心として，人間を深く鋭く観察し，人間の能力や本性を謙虚にとらえて人としての生き方を探究・反省したのが**モラリスト**と呼ばれる人たちであった。彼らは既成の権威にとらわれず，また独断や偏見を退けて，批判的に自己を内省し，人間観察にもとづいて真の人間のあり方を探究したのである。彼らは不寛容の時代にあって，人々に謙虚さと寛容を訴えた。その方法は随筆（エッセー）や箴言（格言）などの自由な形式をとるが，彼らは小説家でも詩人でもなく，また哲学者・宗教家・道徳家のいずれにも分類できない独特の立場から思想を展開している。

経験論と合理論のその後

```
経験論 ──────→ 懐疑論 ┐
（帰納法）              │
                       ├─→ 批判的に統合
合理論 ──────→ 独断論 ┘       │
（演繹法）                     ↓
                            カント
                          （批判哲学）
```

地域情勢	年	活躍した人物
ドイツ農民戦争	1524	
	1533	モンテーニュ生まれる（〜92）。
エリザベス1世即位（英）	1558	
	1561	ベーコン生まれる（〜1626）。
ブルボン朝開始（仏）。	1589	
	1596	デカルト生まれる（〜1650）。
三十年戦争（独）	1618	
	1623	パスカル生まれる（〜62）。
	1632	スピノザ生まれる（〜77）。
ルイ14世即位（仏）。	1643	
	1646	ライプニッツ生まれる（〜1716）。
王政復古（英）	1660	
	1685	バークリー生まれる（〜1753）。
	1711	ヒューム生まれる（〜76）。
フランス革命	1789	

経験論の系譜

```
ベーコン
  ↓
ホッブズ
  ↓
ロック
  ↓
バークリー
  ↓
ヒューム
```

合理論の系譜

```
デカルト
  ↓
スピノザ
  ↓
ライプニッツ
ヴォルフ
```

モラリストの系譜

```
モンテーニュ
  ↓
パスカル
  ↓
ラ＝ロシュフコー
ラ＝ブリュイエール
```

解説　近代思想家の出身地（絶対王政期）

16世紀から18世紀にかけてのヨーロッパは絶対王政の時代であった。イギリスではテューダー朝（エリザベス1世など）からステュアート朝（ジェームズ1世やチャールズ1世）にかけて，フランスではブルボン朝（ルイ14世など）の時代である。この時代は封建体制から近代主権国家への移行期としてとらえることができ，英仏で市民階級が台頭し，やがて市民革命によってこの絶対王政は打倒されることになる。

一方で経済の停滞や疫病の流行，魔女狩りや食料をめぐる暴動などの社会不安，さらにユグノー戦争（仏）や三十年戦争（独）などの宗教戦争や反乱・革命など困難が続く危機の時代でもあった。三十年戦争の講和条約であるウェストファリア条約は，西欧主権国家体制の確立を意味する。また，他方で17世紀は科学革命の時代であり，アリストテレスの**目的論的自然観**を否定して実験・観察を重んじ，

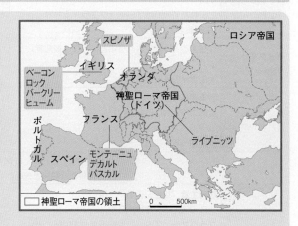

数学的方法で自然を解明する近代自然科学が発達した。このような自然のとらえ方を**機械論的自然観**といい，**ニュートン**によって確立された。

▶ 帰納法と演繹法

帰納法・演繹法の具体例

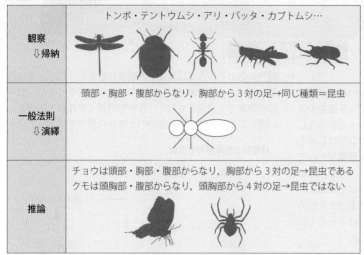

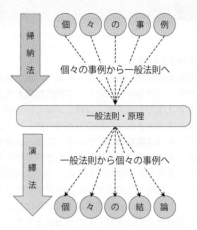

　知識の源を経験に求める経験論の方法が帰納法である。それは実験・観察で集めた事実を整理し仮説を立てて検証し，一般法則や原理を導き出す。一方，生得的理性を正しく使用することにより，確実な真理に到達しようとするのが合理論

であり，その方法が演繹法である。これは確実な一般法則・原理から出発し，正しい推論によって結論を導き出す方法である。

▶ 経験論・合理論の特色とその後への影響

経験論（イギリス）		合理論（ヨーロッパ）	
スコラ哲学批判			
ベーコン (1561〜1626)	学問の目的＝人類の福祉→「知は力なり」 ↓ 4つのイドラ（種族・洞窟・市場・劇場）の除去 ↓ 帰納法（個々の事例から一般法則へ） ↓ 自然を支配（「知は力なり」）	デカルト (1596〜1650)	方法的懐疑 ↓ 「われ思う，ゆえにわれあり」（第一原理） ↓ 演繹法→近代的自我の確立 　　物心二元論（機械論的自然観を導く） 　　高邁の精神
ロック (1632〜1704)	認識論の確立（認識能力の吟味） ↓ 生まれたての心は「白紙（タブラ－ラサ）」 「生得観念」を否定	スピノザ (1632〜77)	一元論・汎神論（「神即自然」） 実体は神のみ・あらゆるものが神の現れ 「永遠の相の下に」（万物を神の自己表現として直観）
バークリー (1685〜1753)	存在するとは知覚されること（存在＝被知覚） ↓ 実在世界の否定	ライプニッツ (1646〜1716)	多元論 実体は「モナド（単子）」 （世界を満たす，分割不可能な精神的実体） 予定調和説（個々のモナドは神によって調和）
ヒューム (1711〜76)	因果関係の否定 実体の否定（「知覚の束」） ↓ 懐疑論（不可知論）		
カント 懐疑的経験論と独断的合理論の批判的総合			
その後への影響	**功利主義**（18世紀後半〜，英） 　スミス，ベンサム，ミル **プラグマティズム**（19世紀後半〜20世紀，米） 　パース，ジェームズ，デューイ	その後への影響	**ドイツ観念論**（18世紀後半〜19世紀後半） 　フィヒテ，シェリング，ヘーゲル

ベーコン

Francis Bacon（1561～1626）イギリスの哲学者

考えよう

○「知は力なり」が近代思想に与えた影響は何か。

○ベーコンの「帰納法」が近代的な学問の思考方法とされるのはなぜか。

人と思想

イギリス経験論の祖。イギリスの絶対王政時代にエリザベス女王に仕える役人（国璽相）の子としてロンドンに生まれる。わずか12歳でケンブリッジ大学のトリニティ‐カレッジに入学するが，2年間在学して学位を取らず大学を去る。ジェームズ1世即位後，40歳を過ぎて頭角を現す。彼のもとで法務官となり，56歳の時国璽相に任命され，翌年臣下として最高の大法官の地位に登りつめる。学問においてもこのころ絶頂期をむかえ，『学問の発達』『**ノヴム‐オルガヌム（新機関）**』などの主著を刊行。しかし，60歳の時，法廷での収賄事件で有罪となり失脚，ロンドン塔に幽閉されるが，国王の助けで釈放され，その後は隠棲して著作活動に専念。『ニュー‐アトランティス』などを執筆した。

ベーコンはイギリスのルネサンス期を代表する思想家であり，彼の功績は，第一に中世以来のスコラ哲学などの古い学問や思想を打ち壊し，感覚的経験にもとづいた知識を重視する「**経験論**」を創始したことであり，第二に，近代の科学的な研究方法（**帰納法**）を打ち立てたことである。

年	年齢	人物史
1561	0	国璽相ニコラス＝ベーコンの末子として，ロンドン郊外のストランドで出生。
1584	23	下院議員となる（エリザベス女王召集第五国会）。
1613	52	法務長官に就任。
1618	57	大法官に就任。
1620	59	『ノヴム‐オルガヌム（新機関）』を主要部分とする『大改革』刊行。
1621	60	収賄罪で告発され禁固刑（2日で釈放），ゴランベリに隠退し著述と研究に専念。
1626	65	肺炎のため，甥に見取られて死去。
1627		『ニュー‐アトランティス』出版。

ベーコンの思想

学問の目的

スコラ哲学批判 → 自然支配＝人類の福祉「知は力なり」

学問の方法 帰納法

4つのイドラ
1 種族のイドラ
2 洞窟のイドラ
3 市場のイドラ
4 劇場のイドラ

凸凹の鏡 → 平らな鏡 → 実験・観察（経験）→ 自然法則（知識）

自然を支配（知は力なり）

解説

ベーコンにとっての学問の目的は，人類の福祉に役立つ力となる知識の獲得である。しかし，人間の心は凸凹の鏡のように事物をゆがめてしまう。その原因が**イドラ**（先入観）である。彼は帰納法を有効にはたらかせて正しい知識を獲得するために，取り除くべき「イドラ」を4つに分類した。それが①**種族のイドラ**（人間の本性に根ざす偏見），②**洞窟のイドラ**（個人のせまい経験に根ざす偏見），③**市場のイドラ**（言葉の不適切な使用による偏見），④**劇場のイドラ**（伝統的権威の盲信からくる偏見）である。イドラを除去した後，**実験・観察**にもとづく**帰納法**によってたどり着いた**一般法則**（知識）によって自然を支配し，実生活を改善する。これが「**知は力なり**」の意味である。

1 知は力なり

原典資料

一

自然の下僕であり解明者である人間は，彼が自然の秩序について，実地により，もしくは精神によって観察しただけを，為しかつ知るのであって，それ以上は知らないし為すこともできない。

二

素手もひとりに任された知性もあまり力をもたず，道具や補助によって事は成しとげられる。それらは知性にとっても，手にとっても劣らず必要なのである。そして手の道具が，運動をば或いは与え或いは制御するように，精神の道具も，知性に或いは助言し或いは用心させる。

三

人間の知識と力とはひとつに合一する，原因を知らなくては結果を生ぜしめないから。というのは自然とは，これに従うことによらなくては征服されないからである。そして〔知的な〕考察において原因にあたるものは，〔実地の〕作業ではルールにあたる。

〈桂寿一訳，ベーコン『ノヴム・オルガヌム（新機関）』岩波文庫〉

重要語句

「知は力なり」（「人間の知識と力は合一する」）：経験によって得られた自然についての知識は，自然を支配し，人類の福祉を向上させる原動力になるという，ベーコンの思想を表す言葉。彼は学問研究の目的について，経験を通して事物の原因を解き明かし，人間が自然に対する支配力を増大するために有用な知識を獲得することでなければならないと考えた。「自然は服従することによってでなければ征服されない」と，ベーコンは人間を自然の下僕に過ぎない存在と見なした。したがって人間が知り得るのは精神が観察したものだけであり，人間の力となるのは自然の観察によって得られた知識だけである。彼は中世における言葉だけによる論争や省察を空論と批判し，経験に基づいた新しい学問体系の構築をはかった。

ベーコンが『ノヴム－オルガヌム』で表現した「知は力なり」とはどういう意味か。正しく説明した文を一つ選べ。

① 人間の精神は，自然のあらゆるものについて，観察を通してそのすみずみまで知ることができる力をもっている。

② 自然の繊細さを前に人間の知性は無力であり，観察を通して事物の原因を解明する力をもつ程度のものに過ぎない。

③ 自然の下僕である人間の知性は無力であり，人間が自然を征服する力となるのは観察によって得られた知識だけである。

④ 自然の解明者である人間は，優れた精神の力によって自然を征服し，下僕とすることによって幸福を実現できる。

資料 解説

ベーコンのこの言葉は，観察と実験にもとづく近代自然科学の姿勢を表している。知識や学問はそれ自体が目的ではなく，自然を人類の福祉に役立たせるための手段である。人間は，自然を観察して自然についての知識（法則性・因果関係）を得，この知識を利用して自然を支配（改造）する。自然についての知識は，人間生活を改善し，人間に幸福をもたらすための力である。真の知識は，人間に幸福をもたらす力をもつ。ベーコンは自然を征服（支配）するために，自然についての知識（自然法則）に従うのだと述べている。

2 帰納法

原典資料

真理を探究し発見するには二つの道があり，またありうる。一つは，感覚および個々的なものから最も普遍的な一般命題に飛躍し，それら原理とその不動の真理性から，中間的命題を判定し発見する，この道がいま行なわれている。他の一つの道は，感覚および個々的なものから一般命題を引き出し，絶えず漸次的に上昇して，最後に最も普遍的なものに到達する，この道は真の道ではあるが未だ試みられてはいない。〈同前〉

資料 解説

ベーコンは，「感覚および個々的なもの」（個別的事例）の列挙による **帰納法** を，「蟻の流儀でただ集めては使用する」ものとして批判する。また「合理派のやり方」（演繹法）を，蜘蛛が「自らのうちから出して網を作る」，すなわち自分で勝手に空論をつくり出すとして退けた。彼は自らの帰納法について，「蜜蜂のやり方」で「庭や野の花から材料を吸い集めるが，それを自分の力で変形し消化する」という。それは多くの事例を収集した後，特殊なものを除外し，仮説に対してできるだけ否定的な事例を考慮して，より一般的な命題へと上昇する方法であり，これこそ「諸学および諸技術の発見と論証に，有用」な帰納法であるとした。

ベーコンによると，伝統的論理学は個別的経験から普遍的な一般法則へ一気に飛躍する軽率な推論であり，誤りやすい。これに対して，十分な経験を秩序正しく忍耐強く積み上げて一般的命題を引き出し，そこから新しい個別的な事例を発見していく「自然の解明」こそ，「真の帰納法」であるとした。デカルトはベーコンの帰納法について，感覚を信頼し，たった一つの否定的事例によってくつがえされる単純枚挙の方法であると批判した。正しい知識を得るには，**先入観（イドラ）** を取り除き，感覚や記憶を適切に補助して，正しい方法（真の帰納法）を用いなければならない。ベーコンの経験を重視する態度は，その後のヨーロッパにおける経験科学に大きな影響を与え，現代の自然科学思想の中にも息づいている。

次のア・イは，ベーコンによるイドラについての説明であるが，それぞれ何と呼ばれているか。その組合せとして正しいものを，下の①～④のうちから一つ選べ。

ア 人間相互の交わりおよび社会生活から生じる偏見。例えば，人々の間を飛び交う不確かな噂を，事実であると信じ込むこと。

イ 個人の資質や境遇に囚われることから生じる偏見。例えば，自分が食べ慣れた好物を，誰もが好むに違いないと思い込むこと。

① ア 種族のイドラ
　 イ 劇場のイドラ

② ア 種族のイドラ
　 イ 洞窟のイドラ

③ ア 市場のイドラ
　 イ 劇場のイドラ

④ ア 市場のイドラ
　 イ 洞窟のイドラ 〈19本試〉

重要語句

イドラ： ベーコンは人間の正しい認識を妨げる要因となる偏見をイドラと呼んだ。イドラとはラテン語で「幻影・偶像」の意味をもつ言葉である。主著『ノヴム－オルガヌム』でベーコンは4つのイドラを指摘する。人間の不完全な感覚から生まれる，人間の本性に根ざした偏見を「種族のイドラ」という。次に，個人の制約された環境や性癖，経験から生まれる偏見を「洞窟のイドラ」と呼んだ。さらに，人間の社会生活において不適切な言葉の使用から生まれる偏見を「市場のイドラ」と呼んだ。最後に，伝統や権威を盲目的に過信し，誤った学説や考えを正しいと見なすことから生まれる偏見を「劇場のイドラ」と呼んだ。

人間が正しい認識に到達するためには，イドラにとらわれず，経験にもとづいて普遍的・客観的真理を獲得しなければならない。そのために帰納法が考案された。

帰納法： ベーコンが主著『ノヴム－オルガヌム』で提唱した，真の意味で人間の力となる，実験・観察にもとづいた知識を得るための思考方法。個々の感覚的経験から出発して一般的原理を導き出す方法で，一般的原理から個別的な結論を引き出す「演繹法」と対をなす。現在，科学の実験である物質を抽出する時，同じ条件で5回行い，その結果の最大値と最小値を除いた3回の平均値を実験値としている。この方法こそ，帰納法が現代の自然科学に今も息づいている実例といえる。

解答：【読解力 power up!】③ 【大学入試 challenge!】④

経験論の展開

考えよう

○ベーコン以後，経験論は近代哲学としてどのように展開したか。
○ロックが説く「白紙」について考えてみよう。

経験論は知識の源泉を感覚的経験に求め，デカルトが主張した生得観念（人間が生まれながらにもつ観念）を否定する。彼らは，知覚（経験）にもとづく認識（知識）はどのように成り立つのかを追究していく。その道徳論は現実主義的で功利主義的な傾向となり，やがて功利主義やアメリカのプラグマティズムへと通じていく。

ロック
J. Locke（1632～1704）

イギリスの哲学者。イギリスの地主層（ジェントリ）の，敬虔なピューリタン（清教徒）の家庭に生まれる。20歳でオックスフォード大学に入学し，哲学・宗教・医学を学ぶ。近代医学の経験主義的実証的方法を身につけた彼は，58歳の時『**統治論**』『**人間知性論**』を出版。革命後の新体制の確立に寄与し，晩年はロンドン郊外オーツで読書と思索の日々を送り，独身の生涯を終えた（72歳）。主著は『人間知性論』など。

ロックは，ベーコン以来のイギリス経験論の完成者で，人間が生来もつ観念や価値意義などはなく，すべての知識は感覚や後天的な経験によって得られるとした。

(重要語句)

白紙（タブラ－ラサ）：人間の心が生まれた時には何も書き込まれていない白紙のような状態であることを表すロックの用語。彼の経験論の立場を主張する言葉である。彼は，観念や知識の材料はすべて感覚と内省を源泉とする経験にあるとし，複雑な知識（複合観念）は単純観念の複合から構成されると説いた。ロックのこうした考え方は，デカルトをはじめとする合理論の生得観念に対する批判として生まれた。こうしてロックはあらゆるものを疑い，真理を自分で獲得する知性の自由を守ろうとした。

バークリー
G. Berkeley（1685～1753）

アイルランドの哲学者・聖職者。1700年ダブリンのトリニティ－カレッジに学んだ後，同校にとどまって助祭となり，研究・著作活動と同時に生涯を通じて聖職者として活動した。思想家としての活動は哲学，宗教，数学，経済学，医学など多方面にわたる。20代なかばに主著『**人知原理論**』（1710）を公表するが，その外的物質の世界を否定する非物質論は冷笑と嘲笑でむかえられ，ある医者は彼を狂人扱いしたほどだった。彼の主張する「知覚の一元論」（**唯心論**）は，キリスト教を無神論（唯物論）と懐疑主義から守ることを目的としていた。

彼が説いた「**存在するとは知覚されること**」の意味は，知覚とは独立に心の外に実在する外的世界は存在せず，存在するのは主観的な観念だけであるということである。人間の知識の対象を「観念」ととらえ，観念が存在するとは知覚されることであるとした。この思想の背景には，実在する外的世界を前提とした懐疑主義（物質についての正しい知識は不可能）や無神論（物質は神と無関係な永遠の存在）への反駁という意図があった。また，バークリーの思想には，「知覚する精神」のみが実体であるとする唯心論が前提されている。さらに，観念の根拠を神に求め，知識の客観性を保証しようとした。

ヒューム
D. Hume（1711～76）

イギリスの哲学者。1711年，スコットランドのエディンバラ近郊のナインウェルズに生まれる。12歳でエディンバラ大学入学（2年後退学）。34年（23歳）にフランスへ赴き3年間遊学。若き日のデカルトも暮らしたラ－フレーシュで主著『**人間本性論**』を執筆する。その後名声を得て駐仏大使秘書・代理大使（1763～65）を務めた後，不遇のルソーを保護し帰国するが，ルソーの誤解から絶交（55歳）し，58歳の時エディンバラへ隠棲，その地で生涯を終えた。

ヒュームは経験論を徹底して**懐疑主義**に到達したが，彼の経験論はカントの「独断のまどろみ」を破って，批判哲学形成の契機となった。

彼の経験論の本質は，「**印象の束（知覚の束）**」という言葉によって表現される。それは，客観的実在としての自我を否定し，自我の存在は習慣にもとづく単なる主観的な「感じ」であることを表現したものである。観念の外に実在する物体の存在を否定したバークリーの思想を徹底し，そのバークリーが実体と認めた精神・自我さえも，次々に継起する知覚の集合に過ぎないと考えた。ヒュームによれば，人はある物体を知覚する経験をくり返すと，その物体についての主観的な「感じ」を誤って客観化してしまう。同様に，くり返し様々な観念が現れると，その担い手として実体的な精神を誤って想定してしまうという。さらに，因果法則も客観的な原理ではなく，二つの観念の習慣的な経験から生まれる主観的な「感じ」であると説いた。

デカルト

Renē Descartes（1596〜1650）フランスの哲学者

考えよう

○デカルトが「近代哲学の父」といわれるのはなぜか。
○「われ思う，ゆえにわれあり」の真意は何か。

人と思想

　フランス中部のトゥーレーヌ州ラ‐エイに高等法院評議員の子に生まれ，10歳で名門ラ‐フレーシュ学院に入り，スコラ哲学的教育を受けた。18歳でポワティエ大学に入り，翌年，法学の学位を取得。中世スコラ的な学問に失望し，「世間という大きな書物のうちに見いだされ得る学問」を求めて，旅行や軍隊生活などで過ごす。22歳で三十年戦争にカトリック軍として参加する。従軍中の1619年11月10日，南独のウルム近郊で宿営中に「霊感に満たされて驚くべき学問の基礎を発見」して学問体系の再構築を決意し，自然学に関する論文の序文として『**方法序説**』を出版した。53歳の時，スウェーデン女王クリスティーナに招かれストックホルムへ行き，翌年風邪から肺炎を併発し，その地で死去した。

　デカルトは，ものごとの真偽や善悪の基準を人間理性に求め，明晰かつ判明なものを真理とする**合理主義（合理論）**を唱え，「新しい学」の建設を志した。思考する主体としての自己（**近代的自我**）を発見したデカルトは，近代哲学の確立に大きく貢献した。

年	年齢	人物史
1596	0	フランスのトゥーレーヌ州ラ‐エイで出生。
1606	10	ラ‐フレーシュ学院に入学。
1614	18	ラ‐フレーシュ学院卒業，ポワティエ大学入学，法学・医学を学ぶ。
1616	20	同大学で法学士の学位を受ける。
1618	22	「世間という大きな書物」に学ぶため旅に出る。オランダで軍隊に志願。（三十年戦争〜48）
1619	23	旧教軍旗下，南独のウルム近郊で宿営中の11月10日，「驚くべき学問の基礎」を発見。
1637	41	『方法序説および三試論』出版。
1641	45	『省察』出版。
1644	48	『哲学原理』出版。
1649	53	『情念論』出版。
1650	54	肺炎を患い2月11日死去。

デカルトの思想

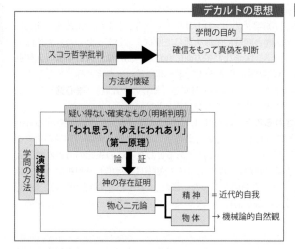

解説

　デカルトが求めたのは，確信をもって生きるために真を偽から分けることであった。彼がその基準としたのが「**明晰判明**」（いくら疑っても疑い得ないということ）である。この明晰判明な真理に到達するために，彼が用いた方法が「**方法的懐疑**」であった。彼はあらゆるものを徹底して疑うことで，「**われ思う，ゆえにわれあり**」という疑い得ない確実な知識に到達した。デカルトはこれを哲学の第一原理として，そこから経験によらず，論証によってさらなる真理を導き出していく。神の存在証明をへて，数学の確実性や感覚的世界への信頼を取り戻した彼は，精神と物体をともに実体として認めた。ここに考える自由な「われ」としての**近代的自我**が確立され，それは，身体を含む自然を因果法則に従う機械と見なす機械論的自然観を準備するものであった。

1 理性の普遍性（良識）

原典資料

　良識はこの世で最も公平に配分されているものである。……
　よく判断し，真なるものを偽なるものから分かつところの能力，これが本来良識または理性と名づけられるものだが，これはすべての人において生まれつき相等しいこと。したがって，われわれの意見がまちまちであるのは，われわれのうちのある者が他の者よりもより多く理性をもつから起こるのではなく，ただわれわれが自分の考えをいろいろちがった途によって導き，また考えていることが同一のことでない，ということから起こるのであること。というのは，よい精神をもつというだけでは十分ではないのであって，たいせつなことは精神をよく用いることだからである。

〈野田又夫訳「方法序説」『世界の名著22　デカルト』中央公論社〉

重要語句

良識（ボン‐サンス）：「理性」または「真偽の判断力」を意味するデカルト哲学の用語。知恵の意味もあり，人は良識をよりよく使うことで知恵に達することができるとする。理性はすべての人間に生まれながら（生得的）に備わっており，理性をもつ点で人はみな平等である。しかしデカルトがそれよりも重要視したのは，理性を正しく使うことである。その結果，理性をよく導き，諸学問において真理を探究するための方法が求められた。彼は実生活においても，人間は自己に備わる理性を十分活用することで，最大の幸福を得ることができると説いた。

上記資料の内容として，最も適当なものを一つ選べ。
① われわれの意見がまちまちであるのは，ある者が他の者よりもより多く理性をもつからである。
② 理性はすべての人において生まれつき相等しいのだから，よい精神をもつというだけで十分である。
③ 大切なことは真なるものを偽なるものから分かつところの能力をよく用いることである。
④ 良識はこの世で最も公平に配分されているのだから，われわれの意見がまちまちであるはずはない。

資料 解説

デカルトは**良識**（**理性**）について，「この世で最も公平に配分されている」ものであり，「よく判断し，真なるものを偽なるものから分かつところの能力」と定義している。真偽の判断基準を外的権威（教会）に求めていた時代に，彼はそれをすべての人に平等に配分されている理性に求めた。また，意見が個人によって違うのは，理性の使い方の問題であるとし，大切なことは理性を正しく用いることであると説いた。彼のこの姿勢は，理性のはたらきを重視する合理論の立場をよく表している。

2 「われ思う，ゆえにわれあり」

原典資料

かくて，われわれの感覚がわれわれをときには欺くゆえに，私は，感覚がわれわれの心に描かせるようなものは何ものも存在しない，と想定しようとした。次に，幾何学の最も単純な問題についてさえ，推理をまちがえて誤謬推理をおかす人々がいるのだから，私もまた他のだれとも同じく誤りうると判断して，私が以前には明らかな論証と考えていたあらゆる推理を，偽なるものとして投げすてた。そして最後に，われわれが目ざめているときにもつすべての思想がそのまま，われわれが眠っているときにもまたわれわれに現われうるのであり，しかもこの場合はそれら思想のどれも，真であるとはいわれない（夢の思想には存在が対応しない），ということを考えて，私は，それまでに私の精神に入りきたったすべてのものは，私の夢の幻想と同様に，真ならぬものである，と仮想しようと決心した。しかしながら，そうするとただちに，私は気づいた，私がこのように，すべては偽である，と考えている間も，そう考えている私は，必然的に何ものかでなければならぬ，と。そして「私は考える，ゆえに私はある」Je pense, donc je suis. というこの真理は，懐疑論者のどのような法外な想定によってもゆり動かしえぬほど，堅固な確実なものであることを，私は認めたから，私はこの真理を，私の求めていた哲学の第一原理として，もはや安心して受け入れることができる，と判断した。〈同前〉

資料 解説

デカルトは当時の哲学について，「論争の余地のない，したがって疑いをいれる余地のないような事柄が，何一つ哲学には存しない」のを知り，「私の行動において明らかに見，確信をもってこの世の生を歩むために」，最も確実な原理（第一原理）を求めた。そのための方法として，彼は疑わしいものをすべて疑う方法的懐疑を用いた。その結果，そのように疑い続ける「われ」（考える精神）の存在を確信し，「われ思う，ゆえにわれあり（〔ラテン語〕cogito, ergo sum ／〔フランス語〕Je pense, donc je suis.）」と表現した。この「考える精神」の発見は，主体的に思考する自己（**近代的自我**）の自覚であり，近代哲学の始まりであった。

また，「考える精神」に対して「延長を本質とする物体」を区別する物心二元論が生まれ，自然を因果関係によってとらえる**機械論的自然観**へつながった。

デカルトが説いた「高邁の精神」についての説明として最も適当なものを，次の①〜④のうちから一つ選べ。
① 高邁は，自分が独断，偏見，不寛容に陥っていないかどうか謙虚に自己吟味を続ける，懐疑主義的な精神である。
② 高邁は，あるがままの人間の姿を現実生活に即して観察し，人間の本来的な生き方を探求する，モラリストの精神である。
③ 高邁は，身体と結び付いた情念に左右されることなく，情念を主体的に統御する，自由で気高い精神である。
④ 高邁は，絶対確実な真理から出発することで，精神と身体・物体とを区別し，機械論的な自然観を基礎付けようとする，合理論的な精神である。

〈21本試〉

重要語句

「われ思う，ゆえにわれあり」（コギト・エルゴ・スム）：デカルトが方法的懐疑の末に到達した，哲学の出発点となる第一原理。あらゆるものが疑わしく，すべてが虚偽であると考えられるとしても，このように疑い，このように考える私が存在することは疑い得ない。この「私」は，身体としての私ではない。なぜなら，身体としての私（散歩をしたり食事をしたりする私）は疑わしいからである。「私」とは，心・精神・意識としての私，すなわち「自我」である。デカルトはこの命題を絶対に疑い得ない真理と見なし，これを出発点として神の存在証明，数学的諸原理の確実性，数学的自然学の妥当性を導き出した。この背景には，当時の懐疑主義の流行があった。デカルトは懐疑主義の流行に対抗して，絶対的真理の可能性を探究したのである。

演繹法：普遍的・客観的原理を個々の事例に適用し，理性による推論によって特殊な真理を導き出す方法である。論理学における「三段論法」が代表例である。デカルトが考案した演繹法が大陸合理論の出発点と見なされる。こうした合理的思考にもとづく学問としてデカルトは数学を重視した。

物心二元論：物体と精神はそれぞれ他に依拠することなく，それ自体で存在する**実体**であるとするデカルトの存在論。デカルトによれば，物体は延長（広がり）を，精神は思惟（思考）を特性とする。人間においては思考する精神が認識するかぎり，身体も物体である（**心身二元論**）。この立場は現代数学にも影響を与えている。

合理論と経験論の展開

スピノザ

Baruch de Spinoza（1632〜77）オランダの哲学者

考えよう
○スピノザの説く「神」とはどのようなものか。
○汎神論を合理論の立場から考えてみよう。

人と思想

　宗教的迫害を逃れてポルトガルからオランダに移住したユダヤ人商人の子としてアムステルダムに生まれた。15歳で学校教育を終えた後，独力でラテン語を習得，『旧約聖書』・ユダヤ中世哲学を研究し，聖書への批判的見解を抱く。24歳の時ユダヤ教団から無神論者として破門され，その後ライデンへ移り，デカルト哲学，自然科学，政治学を本格的に研究した。主著『**エチカ**』，『知性改造論』など。

大学入試 challenge!

〔1〕理性をめぐるスピノザの考えについての説明として最も適当なものを，次の①〜④のうちから一つ選べ。

①自己の身体を「私」が疑うことのできない確実な存在とみなし，この身体が直接的に経験するものが，理性による明晰判明な自然認識の確固たる基礎となると考えた。

②自然の諸事物の中に万物を貫く必然的な法則を見いだす理性的認識が，神と自然の同一性を「永遠の相のもとに」把握することを可能にすると考えた。

③「私は何を知っているか」と問い続ける懐疑的な精神のあり方を批判し，客観的な真理を正しく認識し得る普遍的な方法を見いだすことが，理性の第一の使命であると主張した。

④複雑な全体を一望し直観的に判断を下そうとする精神のあり方を批判し，単純な原理から始め，理性的な推論を段階的に進めていく「幾何学的精神」の優位を主張した。

〈20本試［改］〉

重要語句

汎神論（神即自然）：汎神論とは，すべて（汎）が神の現れであるという主張のこと。スピノザは神（創造主）と自然（被造物）を対立させるキリスト教的な立場をとらず，神と自然（世界）を同一視した（「神即自然」）。彼はデカルトの実体概念を継承しつつ，その心身二元論に対して独自の一元論を展開した。彼によれば，それだけで存在する実体は神だけであり，思惟と延長は神の属性である。心（思惟）と身体（延長）は神という唯一の実体の現れであるから，それ自体では存在しない。ここにデカルトの心身問題は消滅する。そして唯一の実体（神）は，あらゆるものの原因（能産的自然）であり，この実体（神）が変様・発現した結果である様態（所産的自然）と同一であると説く。

合理論の展開

ライプニッツ

Gottfried Wilhelm Leibniz（1646〜1716）ドイツの哲学者

考えよう
○「モナド」と「予定調和」について合理論の思想を踏まえて考えよう。

人と思想

　ドイツのライプツィヒで生まれた。早くから哲学・法学を学び，パリに滞在中，最先端の数学・科学に触れ，微積分法の基礎原理を発見する。神は唯一の実体であり，神以外の実体は**モナド（単子）**という最小の要素により構成され，神の予定調和により保たれていると説いた。主著『**モナドロジー（単子論）**』，『形而上学叙説』など。

大学入試 challenge!

〔2〕実体について考察したライプニッツの説明として最も適当なものを，次の①〜④のうちから一つ選べ。

①実体とは不滅の原子のことであり，世界は原子の機械的な運動によって成り立っていると考えた。

②存在するとは知覚されることであるとして，物体の実体性を否定し，知覚する精神だけが実在すると考えた。

③世界は分割不可能な無数の精神的実体から成り立っており，それらの間にはあらかじめ調和が成り立っていると考えた。

④精神と物体の両方を実体とし，精神の本性は思考であり，物体の本性は延長であると考えた。

〈17追試〉

重要語句

モナド（単子）：単純（分割不可）で空間的な広がり・大きさをもたない，非物体的な実体のこと。広がりをもつ原子とは異なる。広がりがないため，見たり触ったりできない。そのため，モナドどうしは互いに影響を受けず，自己の内的原理にのみもとづき，因果関係は成立しない。これを「モナドには窓がない」という。モナドは唯一の実体であり，現象を基礎づける根源的エネルギーである。

予定調和：ライプニッツ哲学の中心となる概念。宇宙の調和は神があらかじめ定めたものであるという考え。

解答：【大学入試 challenge!】〔1〕②　〔2〕③

モラリスト

モンテーニュ

Michel de Montaigne（1533〜1592）フランスのモラリスト

考えよう

○「ク・セ・ジュ」の意味をモラリストの精神から考えよう。
○モンテーニュの懐疑論を提起した意味を考えよう。

人と思想

　フランス法服貴族の富裕な家庭に生まれる。6歳でボルドーのギィエンヌ学院に入学し，古典の教養を身につけ，その後はボルドー大学・トゥールーズ大学で学問に励む。21歳で父の後任としてボルドー高等法院裁判官に就任するが，37歳で辞任して帰郷し，モンテーニュの城館と呼ばれる自分の居城で『**エセー**』の執筆を始める。その後，ユグノー戦争による混乱の中，ボルドー市長を務めた。

　『エセー』の執筆は16年間に及び，47歳の時最初の2巻が刊行され，1588年には全面改訂された2巻と追加された3巻目を合わせて出版された。彼は様々な経験や日々の思索の変遷をそのつど加筆したため，正しく読むと時代の変化の中，懐疑を重ねて真なる知識を求めた思索の成果と変遷を知ることができる。

　モンテーニュは，人生の様々な問題をテーマとし，真理はすでに見いだされたとする独断論や，真理は知り得ないとする懐疑論の両者を排して「**私は何を知るか〈ク・セ・ジュ〉**」の精神を基調に「人間とは何か」，「いかに生き，いかに死ぬか」を問い続け，フランスの平和を回復するために，理性の尊重と寛容の精神を唱えた。

年	年齢	人物史
1533	0	南仏ボルドーで出生。
1554	21	ボルドー高等法院裁判官就任。
1570	37	裁判官辞任，帰郷。
1572	39	『エセー』執筆開始。
1581	48	ボルドー市長として活躍。
〜	〜	
85	52	
1588	55	『エセー』全3巻を刊行。
1592	59	死去。

1 「ク・セ・ジュ」（私は何を知るか）

原典資料

　けれどもわたしは，こう判断する。―― 神さまがわれわれに明らかにしようとおぼし召された真理のごとく，神聖かつ崇高にして，人知をはるかに越えるようなことがらについては，これをわが心に抱き，宿すことができるためには，神さまが格別にして特別なる恩恵をもって，われわれに手を貸してくださる必要があるのであって，純粋に人間的な手段では，それはまったく不可能だと思われる。もしもそれが可能ならば，古代古代の時代にきら星のごとく出現したところの，天賦〔生来〕の才を豊かにそなえた，希有にして優れた能力の人々の，理性の力をもってすれば，そのような認識にまで達するのに失敗したはずがないではないか。ということは，われわれの宗教の崇高なる神秘を，生き生きと確実に把握できるのは，信仰心をおいてはないのである。……キリスト教徒にとっては，思索や省察のかぎりをつくして，信仰の真理を美しいものとし，広げ，拡大することほど，ふさわしい仕事や試みがないことは疑うべくもない。

〈宮下志朗訳，モンテーニュ『エセー　4』白水社〉

資料 解説

　神についての真理は人知を超えた事柄である。理性は神が人間に与えてくれた生来の能力である。しかし，この理性をもってしても知り得ぬ事柄があることをモンテーニュは述べる。彼は，古典古代に出現した多数の思想家が神の本質を知り得なかったことを，読書（書物）の経験によって自己が知り得た真実として指摘する。これは彼が懐疑によって知り得た知見である。こうした懐疑的思考をへて彼は，宗教の神秘は理性によって認識するものでも，あるいは知るものではなく，信仰心によって把握されるべきものであることを指摘する。キリスト教世界には新旧両派が存在し，現実的に宗教的勢力として争い合い，教義についても論争が存在するが，理性による思索や省察を尽くして信仰の真理を得ることは，キリスト教徒に適った行為であると主張する。

重要語句

「**ク・セ・ジュ**」（私は何を知るか）：モンテーニュが『エセー（随想録）』の中で追求した思索の課題。宗教戦争の最中，モンテーニュは，どちらか一方に絶対的真理を求めるのではなく，両派の主張を正しく理解し，相対化することによって偏見なく真理を追求する謙虚な姿勢を貫いた。そのためには，信仰心を基盤とし，様々な知識や古典の教養，経験を総動員し，理性により思索と省察を尽くし，疑わしいと思われる知識を除く懐疑が不可欠であった。モンテーニュやパスカルのように，謙虚な姿勢で人間の真実や生き方を追求した思想家を**モラリスト**という。

大学入試 challenge!

モラリストを代表する人物にモンテーニュがいる。彼の思想の説明として最も適当なものを，次の①〜④のうちから一つ選べ。

①人間は，「私は何を知っているか」と問い，自らに潜んでいる偏見や独断から脱することができる。

②人間は，行為の正不正に関する道徳的判断をも下す存在だが，この判断は知性ではなく感情の働きである。

③人間は，生の悲惨さを娯楽などの気晴らしに逃避して，気を紛らわそうとする。

④人間は，自由意志に従うと「堕落した下等な被造物」にもなり得るため，自由意志の上位に信仰をおくことによって正しき者になる。〈17本試［改]〉

解答：【大学入試 challenge!】　①

モラリスト

パスカル

Blaise Pascal（1623～1662）フランスのモラリスト

考えよう

○近代的人間愛を踏まえて「考える葦」について考えよう。
○「幾何学的精神」と「繊細の精神」の違いについて考えよう。

人と思想

　フランスの法服貴族の家に生まれる。2歳の時にかかった重い病気が原因で生涯虚弱な体質となる。3歳で母を失い，8歳の時に父親の仕事の関係で一家はパリに転住する。こうした環境の変化はパスカルに孤独と思索を好む傾向を与えた。幼少のころから，数学の分野で才能を発揮し，12歳の時に三角形の内角の和が2直角であることを独力で証明し，16歳で『円錐曲線試論』を発表する。24歳の時『真空に関する新実験』を発表し，30歳で「パスカルの原理」などを発表した。24歳の時デカルトに会うが，『パンセ』では，デカルトは「**幾何学的精神**」はあるが「**繊細な精神**」が欠けていると批判を述べる。その後，「決定的回心」と呼ばれる宗教的体験をへて，人間の原罪と神の恩寵，宗教的厳格さを特徴とするジャンセニスム（キリスト教の一派）に改宗し，ポールロワイヤル修道院での信仰生活に晩年をささげた。

　パスカルによれば，人間の真実の姿は**みじめさ**と**偉大さ**との矛盾にある。みじめさとは，死が終末であると知りながら，それを直視せず〈気晴らし〉によって現実を忘れようとしていることである。しかし，人間は真理と善を求める「**考える葦**」であり，そこに偉大さがある。この矛盾を救うものはキリスト教の信仰しかないとした。

年	年齢	人物史
1623	0	フランスのクレルモンで出生。
1625	2	重病に罹患，生涯虚弱に。
1639	16	数学に才能を発揮し，『円錐曲線試論』を執筆。
1647	24	デカルトに出会う。
		物理学にも才能を発揮し，『真空に関する新実験』発表。
		『流体平衡論』，『空気の重さについて』発表。
1653	30	「パスカルの原理」提唱。
1654	31	「決定的回心」信仰生活へ。
1662	39	死去。
1669		『パンセ（瞑想録）』出版。

パスカルの思想

```
人間（考える葦）
＝中間者
         ┐
悲惨＝弱く小さな存在  ├→ 思考 → 人間の尊厳
         │
偉大＝自己の限界を知る ┘   イエスへの信仰 → 神による救済
```

解説

　パスカルは人間を「**考える葦**」に喩え，悲惨と偉大の両面を見つめ，その「**中間者**」として表現している。葦は簡単に踏みつぶされてしまう，宇宙から見ると極小な存在である。ここに人間の悲惨がある。しかし，この葦はただの葦ではない。「考える」葦なのである。人間のみが自己の限界と有限性を知っている。極大な宇宙は極小な人間のことを思考することはできないが，極小な人間は，極大な宇宙について**思考**することができる。ここに人間の偉大があるとパスカルは考えた。こうして彼は，理性的存在としての人間に，**人間の尊厳**を見いだしたのである。こうした思索は，**イエスへの信仰**と**神による救済**の確信に支えられていた。

1　考える葦─人間の尊厳

原典資料

　人間はひとくきの葦にすぎない。自然のなかで最も弱いものである。だが，それは考える葦である。彼をおしつぶすために，宇宙全体が武装するには及ばない。蒸気や一滴の水でも彼を殺すのに十分である。だが，たとい宇宙が彼をおしつぶしても，人間は彼を殺すものより尊いだろう。なぜなら，彼は自分が死ぬことと，宇宙の自分に対する優勢とを知っているからである。宇宙は何も知らない。

　だから，われわれの尊厳のすべては，考えることのなかにある。われわれはそこから立ち上がらなければならないのであって，われわれが満たすことのできない空間や時間からではない。だから，よく考えることを努めよう。ここに道徳の原理がある。

〈前田陽一・由木康訳，パスカル『パンセ』中公文庫〉

重要語句

「幾何学の精神」と**「繊細の精神」**：幾何学とは，図形という具体的形象をもとに考察する数学の一分野である。例えば，正方形を二等分する斜線を引くと，二つの直角二等辺三角形ができる。それは正方形の原理から証明することができる。このように，「幾何学的精神」はパスカルにとってあまりに明晰で誤りようのない，理性のはたらきによる科学的・合理的思考を特質とする精神である。これが学問的な精神であるのに対し，日常の対人生活では，様々な場面において，心の機微を瞬時に見抜く，愛にもとづいた細やかな精神が不可欠である。これをパスカルは「繊細の精神」と呼び，人間には両者が不可欠であると述べた。

読解力 *power up!*

「考える葦」とはどういう意味か，<u>不適当なもの</u>を一つ選べ。

①人間は，宇宙と比べれば葦のように弱い存在であるが，考えることができることにおいて宇宙に対して優勢であり，そこに人間の尊厳を見いだしている。

②人間は，葦のように宇宙に押しつぶされてしまう弱い存在であるが，この宇宙で生きながら宇宙の沈黙と神秘について考えることに人間の尊厳がある。

③人間は，宇宙に比べて葦のようにはかない存在であるが，宇宙以上に自己の死すべき運命といかに生きるかを考えることができる点で宇宙より優勢である。

④人間は，葦のようにもろい存在であるが，神的存在である宇宙に対して生来の理性をはたらかせて対抗することで優勢となり，宇宙を征服することができる。

資料 解説

パスカルは人間を**考える葦**と表現した。人間は，自然界の生物の中で最も弱く，はかなく，もろいひとくきの「葦」に過ぎない。このように，「葦」とは人間存在の弱さを象徴する表現である。しかし，その葦はただの葦ではない。考えることができる葦なのである。この理性的存在としての人間にパスカルは人間の尊厳を見いだした。宇宙の神秘や沈黙について考えるのではなく，自己の死すべき運命を自覚し，有限な時間の中で人間としていかに生きるべきかを考えることが人間の道徳の原理である。この一節にパスカルのモラリストとしての神髄が述べられているといえよう。

2 人間の偉大さと悲惨さ

原典資料

彼〔人間〕は，自分で自分の中心となり，私〔神〕の助けから独立しようと欲した。彼は，私の支配からのがれ出た。そして，自分のなかに幸福を見いだそうとの欲求によって，自分を私と等しいものとしたので，私は彼をそのなすがままにまかせた。そして，それまで彼に従っていたもろもろの被造物をそむかせ，彼の敵とした。その結果，今日では，人間は獣に似たものとなり，私からあんなにまで遠く離れているので，その創造主のおぼろげな光がかろうじて残っているのにすぎないものとなった。これほどまでに，彼のあらゆる知識は，消し去られるか，かき乱されてしまったのだ。理性から独立して，しばしば理性の主となった感覚は，理性を快楽の追求へとかり立てた。〈同前〉

資料 解説

理性の奢りと感覚による理性の支配を，パスカルは神との関係においてたくみに説明している。『旧約聖書』「創世記」によれば，人間は神の被造物であると述べられている。

人間の尊厳は神によって与えられた理性にあるが，理性的存在である人間は，神と自己を同等と見なし，幸福を求めるあまり感覚による欲望の虜となり，快楽に身をまかせる堕落した存在となった。こうして感覚が理性を支配する獣に似た存在になり果てたことを，パスカルは信仰を拠り所にして厳しく批判する。

パスカルによれば，人間は偉大さと悲惨さ，無限と有限との中間者であり，善なるものを求めても到達できないが，それを求めざるを得ない存在である。彼はその克服をキリスト教への信仰に求めた。モラリストとしてのパスカルは，人間が信仰心を取り戻し，理性が感覚を統御し，謙虚な態度で人間としての正しい生き方を追求すべきであることを説いた。

大学入試 *challenge!*

キリスト教をめぐるパスカルの思想についての説明として最も適当なものを，次の①〜④のうちから一つ選べ。

①社会的な利益を最大化するために自分が人にしてほしいことを他人のためにせよというイエスの教えを，道徳の理想と説いた。

②気晴らしによって無力な自分の現実から目を背けるのではなく，神の愛を信じ自分の惨めさを見つめることが重要だと考えた。

③人間の知識に関する三つの発展段階のうち，乗り越えるべき第一段階として，現象の原因を神に求める説明方法を挙げた。

④自らの職業を神に与えられた使命であると考える倫理観が，近代西欧で資本主義が成立する基盤になったと分析した。〈20追試［改］〉

重要語句

〈理性〉と〈感覚〉：パスカルによれば，人間は理性的存在としての「考える葦」である。人間の弱さは理性の奢りとして表れ，感覚に支配され，ひたすら快楽を追求して人間としての謙虚さを失ってしまったことに表れている。こうした事態が生じたのは，人間が敬虔な信仰心と神への畏怖の念を失い，神の被造物であることを忘れてしまったことにある。モラリストとしてのパスカルは，失われてしまった信仰心を取り戻し，感覚を理性の統御のもとに置くことを説いた。そのためには，謙虚な姿勢で理性のはたらきによって人間としての正しい生き方を追求し，感覚による欲望を克服することが重要なのである。

中間者：人間の偉大と悲惨について思索を深めたパスカルは，人間の悲惨をひとくきの「葦」にたとえ，人間の偉大を広大無辺な宇宙をも思考し得る理性に見いだした。信仰を根拠に人間理性の能力を見極めたパスカルは，人間は神の本質について知ることはできず，さりとて宇宙のように巨大な力を保持するのでもない。つまり人間理性は，神のような完全無欠ではないが，宇宙を思考し得る点において，思考し得ない宇宙よりも優れている。こうした意味において，人間は神と宇宙の〈中間者〉であるという。

合理化と民主社会

われわれが生きている社会は民主制の社会であり、われわれは一人ひとり、法のもと、平等に様々な権利をもち、国民の義務を果たしながら、自由で平和な社会を享受（じゅ）している。こうした現代の民主社会の考え方の特徴は何か、西欧社会に焦点を絞（しぼ）って考えてみよう。

近代以前の社会においては、人による支配が基礎となっており、それは長老制や家長制、封建制といった伝統的な支配であり、伝統の神聖さと、そのことによって権威を与えられ得た者の正当性にもとづいた支配である。しかし、これらはいずれも人による恣（し）意的な統治であったため、統治者の性格や気分、あるいは宗教的な熱狂によって、極めて恣意的になり、非合理であり、支配者層のための政治として、民衆には不平等であり、結果として多くの人々の自由や財産を奪うことになった例が少なくない。しかし、支配者の継続性の強化という観点でいえば、どの政治制度にも一定の合理性がある。例えば長老制の社会では、伝統的という理由によって正当性をもたせており、合理的である。また、恣意性の強い、優れたリーダーシップによるカリスマ、例えばカエサルやアレクサンドロスなどに支配された社会は、リーダーの目標達成という意味で合理的な社会であった。

封建制や身分制の場合にも同様の正当性が見られ、合理的である。しかも西欧の身分制社会においては、国王の政治体制に、常備軍と家産官僚制が加わって、より強固な支配基盤となっていった。こうした政治制度の強化は、以前の制度より極めて合理的である。西欧社会の支配のシステムは、合理化の歴史であったともいえる。では、なぜフランス革命はおきたのか。革命以前のフランスにおいては、身分制社会の中で、多くの民衆が理不尽（りふじん）な抑圧（よくあつ）に苦しんできた。それを正義の観点から見て不合理なことだと考えた民衆は、社会契約説を理論的な根拠としつつ、自由で平等な社会こそ、合理的で、正しい社会と信じ、市民のための社会の樹立を目標に革命をおこした。こうして生まれた西欧市民社会においては、個人の自由・平等・生命や財産を守るため、人民主権のもと、政治権力の均衡をはかる三権分立の制度を構築した。そうした社会を代表するリーダーを選出する仕組みとして、伝統によらず、かつ、個人の力としてのカリスマによらない、主権者である人民が選出する大統領制や議会制などを構築したのである。

現代の民主制の基本的な考え方は、正義にもとづく合理的なシステムということに大きな特徴があるといえるだろう。しかし、この支配形態は、システムとしての合理性や効率性は高いものの、個人の自由・平等・生命や財産を守るという近代民主主義の初心に返る時、理想の民主主義としては、公共の福祉の実現度や、個人の安全と国家レベルの正義との調和の観点から見て、未完成といわざるを得ない。よき君主制のほうが衆愚制（しゅうぐ）に陥（おちい）った民主制よりも優れているという言い分も成立するかのようである。衆愚制は、システムという手段を重んじるあまり、社会善を遂行（すいこう）できない政治となってしまい、個人の主体性を損（そこ）なわせる。

真の民主主義は、各人の正義にもとづく行動が基盤であり、一人の正義が社会全体の善となる理想社会をめざして、私たちは、主体的に、よりよく生きることが重要なのである。

読解力 プラス α

「合理化と民主社会」の内容として、最も適当なものを次の①〜④から一つ選べ。

① 西欧の社会は合理化の歴史であり、長老制からカリスマ制、封建制などをへて、民主制に到達した。高度に合理化された社会は、システムとして優れており、社会善の実現を追求するのに、最もふさわしい社会形態である。

② 西欧の社会は合理化の歴史であり、民主制は優れた社会システムであるが、単に合理的であればよいのではなく、合理的なるものの基本に、正義がなければならず、個人主義の最高到達点が現代の民主制である。

③ 西欧の社会は合理化の歴史であり、その過程で、現代の民主制につながる近代市民社会が成立した。その社会の成立根拠には、自由・平等などの正義を守るという精神があり、それを踏まえながら、社会全体の善を実現すべきである。

④ 西欧の社会は合理化の歴史であり、長老制などのシステムの合理性も、カリスマによる支配の合理性も、同一の合理性であり、一定の合理的な支配形態はそれぞれに良さがあり、その時代の社会善を映した鏡のようである。

解答：③

ドラクロワ画「民衆を率いる自由の女神」

単元の概観

[自然法思想と社会契約説]

　ベーコンやデカルトによって切り開かれた科学的思考，特に理性を確実な原理であるとする合理主義の発達は，社会の現状と国家のあり方についても理性的に考察する傾向を生じさせた。そこに登場したのが人間の社会にも自然法則と同様，人為を超えた**自然法**があり，人間には万人平等に生まれながら与えられた**自然権**があるという思想である。17世紀のイギリスのピューリタン革命，名誉革命の時期と前後して活躍した**ホッブズとロック**は，自然法の考え方に立って，統治者，政府と人民との契約によって成立する国家のあり方を説き，人民に平等に与えられ，保障される権利を主張した。また17〜18世紀のフランスでは，**モンテスキュー，ヴォルテール，ディドロ**らによる啓蒙主義が盛んとなり，その代表者である**ルソー**も，フランス革命の思想的支柱となる**社会契約説**を唱えた。彼らは国家や社会における個人のあるべきあり方という観点から，人間の尊厳について考察した。

[ドイツ観念論]

　イギリスやフランスが近代化を進めているのに対して，当時のドイツでは封建的因習が残存し，産業の育成や軍事力の強化がなされていた。市民の政治的経済的自由は制限され，市民の関心はもっぱら内面的自由や人間の尊厳について向けられた。この状況下で登場したのが，人格そのものに人間の尊さを見いだした**カント**と**ドイツ観念論（理想主義）**の哲学者や文学者，芸術家たちであった。

　カントはデカルトらの合理論とベーコンらの経験論を批判的に総合し，**自然法思想**にもとづく社会契約説に反省を加えて，近代の哲学・倫理学を大成した。カントの思想は**自律**としての**自由**の主体たる人格尊重の精神で貫かれ，自由を意志の自律という内面のあり方，道徳の法則としてとらえ，自他の人格を尊重する道徳的理想社会を「**目的の国**」と呼び，その実現をはかった。カントの哲学は**フィヒテ，シェリング**へと受け継がれ，ドイツ観念論を形成し，**ヘーゲル**において大成される。ヘーゲルはカントの「目的の国」を現実の国家の中で考え，カント的道徳と社会契約説の法とを**人倫**の体系において総合した。彼は，人間・自然・社会・歴史などすべてのものは**弁証法的**に発展し，体系化されているとし，幸福は個人と全体，道徳と法とが矛盾なく調和された人倫において実現するとした。人倫は家族，市民社会を弁証法的に発展させた国家として完成する。

[功利主義]

　19世紀のイギリスでは，**功利主義**が職業召命説やホッブズ・ロックらの政治思想の上に立って，社会と経済の発展に即して生まれた。功利主義は基本的に幸福主義の立場から，個人の幸福の追求と社会全体の幸福の促進とを調和づけようとする思想である。

　経済学者でもある**アダム＝スミス**は，個人の自由な経済活動が社会全体の進歩と幸福のもとであるとして**自由放任主義**（レッセ・フェール）を説くとともに，道徳を他者への**共感**〈**シンパシー**〉という情操的視点から論じた。倫理学として功利主義を確立した**ベンサム**は〈**最大多数の最大幸福**〉原理を説き，彼は，一人ひとりがこの原理に従って自己の幸福の増進に努めるなら，個人の総和としての社会に幸福が実現されると説いた。しかし，労働者の貧困や失業，貧富の差の増大などが社会不安をもたらすに及んで，ベンサムの考え方が修正され，彼の後を受けた**J. S. ミル**は，ベンサムの考え方を利他的な**社会改良主義的功利主義**へと修正し発展させ，人間の真の幸福は**社会的献身**によって得られるとし，**隣人愛**と**良心**からの行為に功利主義道徳を説いた。

[実証主義と社会進化論]

　激しく変動する19世紀に登場してきた思想に，**実証主義**と**進化論**がある。実証主義は社会学の祖といわれるコントにより確立され，経験論や啓蒙思想の影響を受け，自然科学的方法を人間の歴史や生活の研究に生かして，経験的事実にもとづいて確証できる科学的知識を重視した。

　進化論は，実証主義や経験論の影響を受け，進歩と発展のめざましいイギリスの資本主義社会を背景として生まれた。**ダーウィン**の**生物進化論**は生物進化の事実に立って，キリスト教的人間観に大きな衝撃を与えた。また進化論は**適者生存説**などによって，企業競争を生き抜く産業資本家の理論的拠り所ともなった。

　ダーウィンの影響を受けた**スペンサー**は，功利主義を進化論的に展開し，正義と他者愛の実践を強調し，**社会進化論**を説いた。また，社会を生きものとする**社会有機体説**を論じた。

[プラグマティズム]

　19世紀後半から形成された**プラグマティズム**は，功利主義や経験主義の伝統を継承したイギリスからの移住民が，自由な新天地を開拓する中で，アメリカ合衆国の歴史の発展とともにつくり上げてきた思想である。プラグマティズムは開拓精神を象徴し，何よりも**実用性・実証性**を重んじ，科学的・合理的に計画し行動するとともに，宗教的自由を尊重する。プラグマ（pragma）はギリシャ語で行動や実践を意味し，プラグマティズムは人間の知性も行動に役立ち，善をもたらすところに真理性が与えられるとする立場に立ち，**実用主義**と訳される。1870年代の初めに**パース**によって名づけられ，**ジェームズ**をへて，**デューイ**によって哲学的に完成されるに至った。

　ジェームズは**真理の有用性**を重視し，科学的仮説の有用性は行動や実践の成果によって検証されるべきものであり，有用と判断されることによって真理と見なされると説いた。デューイは**道具主義**を提起し，学問的知識や理論は人間生活における諸矛盾や諸問題の改善・改良に役立つ道具になるべきと主張し，道具主義を民主主義や教育に適用した。

近代思想家の出身地（社会契約説，プラグマティズム）

17世紀から19世紀にかけて，西ヨーロッパ諸国は政治的経済的転換期にあり，哲学や思想が隆盛を極めた。

イギリスでは17世紀に**ホッブズ**と**ロック**が**市民革命**の理論的根拠となる社会契約説を展開し，近代社会の基礎が成立した。その後，資本主義社会の発達とともに成立した功利主義が**ベンサム**と**ミル**により説かれた。また，**ダーウィン**が体系化した進化論は生物学のみならず社会全体に大きな影響を与えた。そして，これらの思想の影響を受け，19世紀末からアメリカでも**プラグマティズム**が成立する。

フランスにおいても18世紀に啓蒙思想が盛んになり，**ルソー**により社会契約思想が説かれ，市民社会の形成に大きな影響を与えた。また，19世紀に入ると，**コント**が近代科学の方法を用いた**実証主義**と社会学を唱えた。

一方，ドイツでは市民の政治的経済的自由が未発達という状況の中で，**カント**は経験論と合理論を批判・統合した**ドイツ観念論**をうち立て，道徳としての内面的自由と人格の尊厳を説き，**ヘーゲル**はドイツ観念論を大成し，法や制度において実現される現実の**自由**を論じた。また，世界の本質を精神とし，神である**絶対精神**が自由を歴史の中で展開させると説いた。

▶ 社会契約説の比較

	ホッブズ	ロック	ルソー
人間の本性	利己的な欲望の充足	理性的存在	自己愛と思いやり
自然状態	万人の万人に対する闘争状態	自由・平等	理想的状態
自然権	自己保存の権利	生命・自由・財産	自由・平等・平和
社会契約	主権者／法と剣／平和と安全／自然権の委譲／絶対服従／人民	政府／法／自然権の保障／自然権の信託／抵抗権／人民	政府／奉仕／一般意志／任命／人民

▶ 功利主義

ベンサムとJ.S.ミル

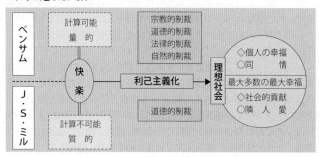

▶ プラグマティズムの比較

	思想の特徴
パース	観念のもつ意義は，その観念にもとづいた実際の行為によって明らかになるとした。
ジェームズ	理論の真偽や行為の善悪はそれが人生において役に立つかどうかによってその価値が決まるとした。
デューイ	日常生活における問題を解決できるような創造的知性こそが重要であるとした。

社会契約説

ホッブズ

Thomas Hobbes（1588〜1679）イギリスの哲学者・政治学者

考えよう

○ホッブスは自然状態を人間観との関わりでどのように考えたか。
○ホッブスの政治論が社会契約説の先駆といわれるのはなぜか。

人と思想

イギリスで貧しい国教会牧師の子として生まれた。オックスフォードで学んだ後，約20年間名門貴族キャヴェンディシュ家の家庭教師などを務めた。当時，有力貴族の家で住み込みの専属家庭教師になることは，結婚を断念することを意味したが，経済的自立の保障がない研究者志望の青年にとって，貴族に雇われ庇護を受けることは，教え子に随行して各地を旅行し見聞を広められるなど学問的にも有意義であった。52歳で発表した『法学要綱』によりホッブズはイギリスで絶対王政の擁護者であると見なされ，身の危険を感じ，フランス，パリに亡命した。この間，同じくパリに亡命中だった皇太子（後のチャールズ2世）に数学を教える。その後，英国で議会派が政権をにぎる中，1651年にロンドンで『**リヴァイアサン**』が出版され，同年末に帰国を果たした。

ホッブズは，各人が生まれながらにもつ**自然権**を譲渡し，統治者からその権利が再分配されることにより，安全と平和が実現するとした。彼の主張は絶対王政の理論的支柱となったが，**自然状態**を克服するための政治権力の構築を，自然権の保障という側面から理論化した点で，近代政治思想の萌芽と言える。

年	年齢	人物史
1588	0	国教会の牧師の子として生まれる。
1600	12	父の死後，叔父に引き取られる。
1603	15	オックスフォード大学に入学。
1608	20	大学卒業後，家庭教師となる。
1620	32	フランシス＝ベーコンの秘書を務める。
1634	46	1637年まで大陸旅行をし，デカルトやガリレイを知る。
1640	52	初の著作『法学要綱』により絶対王政の支持者と見なされ，パリへ亡命する。
1651	63	『リヴァイアサン』出版。英へ帰国。
1679	91	死去。

自己保存の法則

```
自然権 ── 自己保存のために自由に行動できる権利

自然状態 ── 「万人の万人に対する闘争状態」
  恐怖

社会契約
 ┌ 理性に従い自然権を君主に譲渡
 └ 契約を結びコモンウェルス（国家）を設立
       ↓
特徴
    君主に絶対服従
```

解説

ホッブズによれば，人間はもともとその本性に根ざす自然権として「**自己保存の権利**」をもっている。人間はこの権利を君主に譲渡しない限り互いに敵意をもち合うのであり，常に「**万人の万人に対する闘争状態**」という生命の危機的状態に置かれることになる。この危機的状態を脱するためには，理性に従って**自然権**を君主に譲渡し，契約を結んでコモンウェルス（国家）を設立する必要があるのであり，その時，自己の自然権を譲渡した人民は**君主に服従**しなければならない。その背景には，ピューリタン革命前夜の独立派・水平派の主張を取り入れながら，生きる権利の保障を最大限に尊重できる国家の創出が望まれていたことがあげられる。

1 人間の自然状態

原典資料

人間の本性には，争いについての主要な原因が三つある。第一は競争，第二は不信，第三は自負である。

第一の競争は，人々が獲物を得るために，第二の不信は安全を，第三の自負は名声を求めて，いずれも侵略を行なわせる。……

自分たちすべてを畏怖させるような共通の権力がないあいだは，人間は戦争と呼ばれる状態，各人の各人にたいする戦争状態にある。すなわち《戦争》とは，闘いつまり戦闘行為だけではない。闘いによって争おうとする意志が十分に示されていさえすれば，そのあいだは戦争である。〈永井道雄・宗片邦義訳「リヴァイアサン」『世界の名著23　ホッブズ』中央公論社〉

読解力 power up!

「各人の各人に対する戦争状態」の説明として，最も適当なものを一つ選べ。
①競争心，不信感，自負心をもって侵略や戦闘行為がおこった状態のこと。
②争う意志があれば実際に戦闘行為がなくても戦争状態といえる。
③畏怖させるような共通の権力がある場合でも，戦争状態はおこり得る。
④競争心，不信感，自負心をなくすことで戦争状態をなくすことができる。

重要語句

人間の自然状態：「自然状態」とは国家成立以前の法的拘束がない状態の人間社会を想定したもので，そこから社会契約による国家の必要性が説明される。「自然状態」という理論上の仮説を最初に説いたホッブズによれば，人々が自己保存の権利を自然権として認めなければ，人間どうしが絶えず争い合う状態（「万人の万人に対する闘争状態」）がなくなることはなく，生命の安全の確保は困難となる。そこでこの「万人の万人に対する争い」をなくすために，人民の間で契約が結ばれる必要が生じる。それは，（1）人民は自己保存の権利を人間の自然権として認めること。互いに契約関係を結ぶようになるという。（2）生命の安全を確保するために人民を畏怖させるような絶対的な権力を有する君主に自然権を譲渡することである。

解答：【読解力 power up!】　②

資料 解 説

この資料では，まず人間が争いをおこす原因が競争心，不信感，自負心にあることを指摘している。競争心は自分が他者を従わせる主人となれるように，不信感は自己を守るために，自負心は自己に対し他者から過小評価されないように，他者に対し暴力を振るわせることにつながり得る。ホッブズによれば「自分たちすべてを畏怖させるような共通の権力」，つまり，国家権力がない間は，たとえ目に見えて戦闘行為がおきていなくても，人々の中に互いに争おうとする意志が現れている時点で，すでに戦争状態にあるということができるという。

2　自然権譲渡

原典資料

人々が外敵の侵入から，あるいは相互の権利侵害から身を守り，そしてみずからの労働と大地から得る収穫によって，自分自身を養い，快適な生活を送ってゆくことを可能にするのは，この公共的な権力である。この権力を確立する唯一の道は，すべての人の意志を多数決によって一つの意志に結集できるよう，一個人あるいは合議体に，かれらの持つあらゆる力と強さとを譲り渡してしまうことである。〈同前〉

資料 解 説

この資料では，国家が人民による自然権の放棄，または譲渡によって成立するとしている。人民が互いの人権を他者によって侵害されることを防ぐために，人民相互が契約して自然権を全面譲渡することで成立するのが，公共的な権力である国家であるということが語られている。ホッブズはこの主権者としての国家を「リヴァイアサン」と名づけたが，人々は国民として，この国家政府が与える法制度に絶対服従しなければならない。

3　リヴァイアサン

原典資料

自分たちすべての人格を担う一個人，あるいは合議体を任命し，この担い手が公共の平和と安全のために，何を行ない，何を行なわせようとも，各人がその行為をみずからのものとし，行為の本人は自分たち自身であることを，各人が責任を持って認めることである。そして，自分たち個々の意志を彼の意思に従わせ，自分たちの数多くの判断を彼の一つの判断に委ねる。

……その方法は，あたかも各人が各人に向かってつぎのように宣言するようなものである。「私はみずからを統治する権利を，この人間または人間の合議体に完全に譲渡することを，つぎの条件のもとに認める。その条件とは，きみもきみの権利を譲渡し，彼のすべての活動を承認することだ」

これが達成され，多数の人々が一個の人格に結合統一されたとき，それは《コモンウェルス》──ラテン語では《キウィタス》と呼ばれる。かくてかの偉大なる《大怪物》（リヴァイアサン）が誕生する。〈同前〉

資料 解 説

ホッブズは国家を，『旧約聖書』「ヨブ記」に出てくる「リヴァイアサン」にたとえており，人民はこの主権者であるリヴァイアサンの活動を承認し絶対服従すべきであると書いている。この著作で，はじめて国家や社会のあり方を根本的に考えるために自然状態というものを想定し，人々の契約による国家建設と自然権の不可侵を説いている点で，ホッブズは社会契約思想の先駆であるといえる。

大学入試 challenge!

〔1〕 ホッブズが捉えた「自然状態」のあり方として最も適当なものを，次の①～④のうちから一つ選べ。

① 自然状態では，人間は，互いに孤立したまま生きているが，自己を愛するだけでなく他人への憐れみの情をもっている。

② 自然状態では，生まれながらにしてもっている自由の権利が否定されているので，人々は互いに狼となっている。

③ 自然状態でも，人間は善悪を理性的に判断できるので，各人が自然法を執行し，他の人々を裁く権利をもっている。

④ 自然状態では，欲求を満たすために自分の力をどう用いてもよいので，人生は，孤独で貧しく汚らしく残忍で短い。〈07追試〉

重要語句

自然権譲渡：ホッブズは，理性による合理的命令である自然法に従って契約を結び，自己保存の欲求にもとづく自然権を放棄しない限り，人間は戦争状態の恐怖から解放されないと考えた。放棄された自然権は政府に譲渡され，政府は生き物のように主権者として絶対的権力をもつことになる。

大学入試 challenge!

〔2〕 ホッブズの自然権の記述として最も適当なものを，次の①～④のうちから一つ選べ。

① 自己の生命・身体・財産を自己保存の欲求として維持する権利。

② 自己の生命・自由・財産を代表者を選出して保障する権利。

③ 生まれながらの自由・平等を共同体の一般意志として保障する権利。

④ 権力を行政・立法・司法の三権に分け，抑制と均衡を維持する権利。〈18試行調査［改］〉

重要語句

リヴァイアサン：『旧約聖書』「ヨブ記」41章の最後の2節に出てくる巨大な水棲の怪物の名前。口からは炎を吐き，心臓は石のように硬く，恐れを抱くことがない誇り高い最強の怪物である。ホッブズは，人民から自然権を全面譲渡された国家をリヴァイアサンにたとえた。

解答：【大学入試 challenge!】〔1〕④　　〔2〕①

ロック

John Locke（1632〜1704）イギリスの哲学者・政治学者

考えよう

○ロックが考えた自然権について，現代の人権思想を踏まえて考えよう。
○ロックはなぜ近代民主主義思想の父といわれるのか。

人と思想

　イギリス南部のリントンで生まれる。父は弁護士でかつ新興地主（ジェントリ）であった。敬虔なピューリタンの両親に育てられたロックは，オックスフォード大学で哲学や医学を学び，特に当時の最新医学からは観察と実験を重んじる経験主義的方法を学んだ。ロックが生きた時代のイギリス社会は，絶対王政から革命をへて市民社会へと移行する時期に当たり，シャフツベリー伯がかかわる政治的問題に彼も巻き込まれそうになり，一時オランダへ亡命したが，名誉革命の成功を受け，1689年にイギリスへ帰国し，『**統治二論（市民政府二論）**』『**人間知性論**』を発表した。その後は新政府の高官についた。

　『統治二論』で展開された，**国民主権・権力集中の否定（権力分立）・立法権の優位・抵抗権**などの思想は，名誉革命を根拠づけることとなり，後のアメリカ独立宣言やフランス人権宣言にも大きな影響を与え，現代の法の中にもその精神は生き続けている。

年	年齢	人物史
1632	0	リントンで生まれる。
1652	20	オックスフォード大学に入学。
1666	34	アシュリーの秘書兼侍医となる。
1672	40	アシュリーがシャフツベリー伯爵に叙せられ，大法官になる。
1683	51	オランダへ亡命。
1689	57	英国へ帰国。『統治二論』『人間知性論』出版。
1704	72	死去。

ロックの思想

```
自然権 ──── 自由・平等・財産権（所有権）
自然状態 ── 自然法（理性）にもとづく平和（不安定）
社会契約 ── 信託による政府の樹立 → 自然権の保障
            特徴 ↓
国民主権 ┬─ 人民のための政府
         └─ 立法権（議会）の優位
抵抗権 ──── 目的に反する権力の排除・変更
```

解説

　ロックは，人間の自然状態を，互いが他者の自然権である**生命・自由・財産の所有**を尊重する理性をはたらかせるため，基本的には平和に保たれた状態であると考えた。ただし，その理性は十分はたらかない可能性もあり，そうした意味では自然状態は各人の自然権を守る上で不安定であることから，人々は自然権を確かなものとするために**自然権を政府に信託**することになったという。したがって，政府はあくまでも人民の自然権を保障するのが第一の役割であり，もしその目的を達成できていない場合，人民はこれを倒して新たな政府を樹立してよいという**抵抗権**の思想が説かれた。

1　自然状態について

原典資料

　政治的権力を正しく理解し，それがよってきたところをたずねるためには，すべての人が自然の姿でどのような状態にあるかを考察しなければならない。すなわちそれは，人それぞれが他人の許可を求めたり，他人の意志に頼ったりすることなく，自然の法の範囲内で自分の行動を律し，自分が適当と思うままに自分の所有物と身体を処理するような完全に自由な状態である。

　それはまた平等な状態でもあり，そこでは権力と支配権はすべて互恵的であって，他人より多くもつ者は一人もいない。

〈宮川透訳「統治論」『世界の名著27　ロック　ヒューム』中央公論社〉

読解力 *power up!*

ロックが考えた人間の自然状態の記述として，最も適当なものを一つ選べ。
①人間は理性的に行動するので，合理的な政治体制により平和的に生存した。
②生命・自由が自然権として保障され，平等な権利を有し，平和的に生存した。
③不平等で，争いが絶えず，強大な君主に自然権を譲渡して平和的に生存した。
④議会制度の発達により，人民の共通の利益を話し合いで決めて生活した。

重要語句

人間の自然状態：ロックはホッブズと違い，自然状態を権利侵害の可能性はあるが基本的に平和で牧歌的な状態であると考えており，社会契約は自然権の保障をより確実なものとするために結ばれるとした。ロックによれば，戦争状態は専制政治下で絶対君主が人々を支配下におくために武力行使するような場合におこるものであった。

抵抗権・革命権：西欧市民革命の理論的根拠となった重要な思想。ロックとルソーが説いた主張が大きな影響を与えた。ロックの社会契約説では，人民が自然権を政府に信託することにより政府が成立すると考えるが，政府が人民から信託された自然権を保障することができない場合には，人民は政府に対する抵抗権・革命権を行使することによって，その政府を打倒し，新たな政府を組織することによって自然権を保障することができると説いた。抵抗権・革命権は，「アメリカ独立宣言」や「フランス人権宣言」の中に明確に盛り込まれており，市民革命の理論的支柱となったのである。

解答：【読解力 power up!】　②

ロックの自然状態は，各人が自然権（他人の生命・自由・財産を尊重する理性の法にもとづく権利）の範囲内で行動を律し，自分が適当であると思うままにその所有物と身体を扱えるような自由の状態であり，そこではすべての人が平等に権利を有する状態を維持していると考えた。そこには人間理性に対する揺るぎない信頼があった。こうしてロックにとって人間の自然状態とは，自他の自然権を互いに尊重する合理的で対等な権利を有し，かつ平和的な人間社会を構築していたと考えていたのである。

2 自然権の信託

原典資料

人は自分のほうが正しくても，普通は自分一人の力しかないから，害悪から自分を守ったり，犯罪者を処罰したりするのに十分な力をもっていない。こういう不都合が，自然の状態においては人々の財産に混乱をもたらすので，これを避けるためにこそ，人々は結合して社会をつくるのであり，その結果，社会全体の結合した力をもって自分たちの所有権を確保し守ることができ，またそれぞれの所有の限界を定める恒久的な規則をつくり，それによって各人が自分の所有がどのくらいかを知りうるようになるのである。人々が生来もつ権力のすべてを自分たちが入る社会へ委ね，また，共同社会がそれらの人々が適当と思う人の手に立法権を委ねるのは，この目的のためである。その場合，人々は公に宣言された法によって支配を受けようという信託をしたことになるのであるが，もしそうしなければ，人々の平和も安全も所有物も，自然の状態におけると同じように不確実のままにとどまることであろう。〈同前〉

読解力 power up!

ロックが説く自然権の信託に関する記述として，最も適当なものを一つ選べ。

①所有権の確保のためにつくられる政府と規則は力関係によって変化する。
②所有権の拡大のためにつくられる政府と規則は永久不変性を有する。
③生命・所有物・平和のために人民は自然権を政府に委ねる契約を結ぶ。
④人民が代表に自然権を委ねなくとも幸福な自然状態は確実に維持し得る。

資料 解説

ロックにおいては自然権の中でも，とりわけ所有物に対する権利（財産権・所有権）が争いのもとになり，人間を社会契約に向かわせる契機となるものとされた。人々は各人の財産を確実に守るために自然権（生命・自由・財産）を人民が選出した代表（政府）に信託し，そこで定められた法に従うという約束を結ぶことが，ロックが考えた社会契約説の基本的内容である。その思想的特色として，人民の立法権が最も重要視されたこと，政府に信託された人民の自然権は，政府が契約に違反した場合は，人民がそれを取り戻し得る権利（**抵抗権・革命権**）を前提としていたことが挙げられる。

自然権としての所有権・財産権の保障は，西欧市民社会を構成する市民（ブルジョワジー）にとっては最重要課題であった。アメリカ独立革命は，イギリス本国が植民地議会の承認を得ることなく不当な課税を植民地に対して実施したことが大きな原因となって引きおこされたものであり，フランス革命も王が特権身分に対して課税を強行しようとしたことが契機となって勃発した事件である。ロックにとって市民の財産と労働の対価としての報酬を不当な課税による略奪から守るためには，市民が選出する代表者によって政府を構成し，議会による立法によって課税を正当化することが不可欠と考えられたのである。

大学入試 challenge!

〔1〕ロックによるホッブズ批判の説明として最も適当なものを，次の①〜④のうちから一つ選べ。

①自然権は為政者に完全譲渡すべきものではなく，代表者に信託または委任されるべきものであると説いた。
②自然権が為政者の絶大なる権力によって保障されるためには，官僚制と常備軍が不可欠であると説いた。
③為政者の圧政に対する人民の革命権が保障されなければ，立憲君主政は維持できないと説いた。
④自然権としての所有権の保障は共同体の合意が必要であるから所有権は共同体に譲渡される必要があると説いた。〈センター過去問総合［改〕〉

重要語句

自然権の信託：ロックによれば，政府は人民の生命・自由・財産の所有といった権利を保障するために人民の合意によって権力を信用して委ねられた（信託された）のであり，主権はあくまで人民にあるもの（主権在民）とされる。ホッブズの場合，政府は人民から権力を全面譲渡されて成立し，人民の政府に対する絶対服従が説かれることから，主権は自然権とともに政府に譲渡されていることになる。

大学入試 challenge!

〔2〕ロックの思想の説明として最も適当なものを次の①〜④のうちから一つ選べ。

①人間の自然状態は理性的・平和的な社会であり，人間の自由・平等・財産権を保障するために人民と代表者の間に社会契約が締結される。
②人間の自然状態は，万人の万人に対する闘争状態であり，自己の生命や身体の安全，財産を保障するために人民は為政者に自然権を譲渡する。
③人間の自然状態は，生まれながらの自由・平等が実現される共同体であり，人民は共同体の一般意志に対して自己の自然権を譲渡する。
④人間社会において各人の能力や格差は前提されるが，最も恵まれない者が自由競争に参加する権利を認める合意の下に社会的協働を実現する。〈センター過去問総合［改〕〉

解答：【読解力 power up!】 ③ 　【大学入試 challenge!】〔1〕① 　〔2〕①

ルソー

Jean Jacques Rousseau（1712〜1778）フランスの啓蒙思想家

人と思想

　ルソーは、スイスのジュネーヴで時計職人の子として生まれたが、生後間もなく母をなくした。多くの本を読んでくれた唯一の教師でもあった父は、フランス大尉との口論で剣を抜いたとして禁固3年の判決を受けたことに対し、名誉を守るため逃亡し、家族は離散した。ルソーはその後牧師のもとで寄宿生活を送り、徒弟奉公に出たが、職を変えながら各地を転々と放浪した。16歳の時、ヴァラン男爵夫人と出会い、庇護を受けて独学で様々な知識を学んだ。30歳の時パリに出て、妻となる女性テレーズと出会い、5人の子どもをもうけたが、生活苦から全員を孤児院に送っている。このころ、**ディドロ**ら**百科全書派**の人々と親交を深め、『**百科全書**』では音楽のページを執筆する。38歳になると、学問や芸術が人間を堕落させるものであるという『**学問芸術論**』が懸賞論文に当選し、徐々に思想家として名声を得ていくが、1762年刊行された『**エミール**』・『**社会契約論**』が危険思想と見なされ、逃亡し、滞在先でも迫害を受け続け、最後はパリ郊外で孤独と貧困のまま生涯を終えた。

　ルソーは、人間の理想的な状態や幸福を自然の中に見いだし、文明や社会による堕落から人間をいかに回復させていくのかを追究した。彼は人間の自然な感情を重んじ、子どもの自発性と個性を中心とした教育論を述べ、社会契約思想については、そこなわれた自由・平等を回復するために主権が完全に人民にあると主張した。彼の思想は、フランス人権宣言に結実し、現代に至っている。

年	年齢	人物史
1712	0	ジュネーブに生まれる。
1722	10	父が行方不明になる。
1725	13	徒弟奉公に出る。
1728	16	ヴァラン夫人に出会う。
1742	30	パリに行く。
1750	38	『学問芸術論』
1751	39	『人間不平等起原論』出版。
1762	50	『社会契約論』『エミール』出版、弾圧を受けフランスから逃れ、亡命生活を送る。
1776	64	フランスに帰国。
1778	66	死去。

自然に帰れ

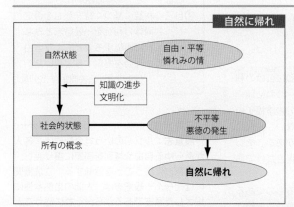

解説

　ルソーは**自然状態**を、**自由・平等・憐れみの情**によって人々が幸福に暮らす理想的状態と考えた。しかし、この自然状態は私有財産制によって崩れ、社会に不平等が生じた。ルソーは、文明社会において、自由・平等、憐れみの情をいかに回復させていくべきかを追究した。

　ルソーの**社会契約説**における政府は、人民の身体と財産の保護を目的とし、**主権は人民**にある。主権は**公共の利益**を志向する**一般意志**を行使する権利とされ、人民には一般意志に従う限りにおいて自由が確保される。ルソーは、各人の一般意志が決定される政治空間として**直接民主制**を支持した。

一般意志

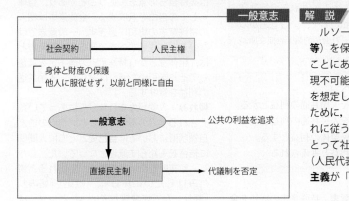

解説

　ルソーの社会契約説の特徴は、人民の**自然権**（**自由・平等**）を保障するために**直接民主制**を理想的政治形態と考えたことにある。これは大規模な近代国家の政治形態としては実現不可能である。ルソーは、小規模な政治的社会（共同体）を想定し、人民全員の参加のもとで、自由と平等を保障するために、人民共通の意志を**一般意志**として決定し、全員がそれに従うことによって自由が実現されると考えた。ルソーにとって社会契約とは、人民が一般意志に服従することを政府（人民代表）と約束することである。このような徹底した**平等主義**が「フランス人権宣言」に大きな影響を与えたのである。

1 不平等の起源

原典資料

　ある土地に囲いをして「これはおれのものだ」と言うことを思いつき，人々がそれを信じるほど単純なのを見いだした最初の人間が，政治社会の真の創立者であった。杭を引き抜き，あるいは溝を埋めながら，「こんな詐欺師の言うことを聞くのは用心したまえ。産物が万人のものであり，土地がだれのものでもないということを忘れるならば，君たちは破滅なのだ！」と同胞たちに向かって叫んだ人があったとしたら，その人はいかに多くの犯罪と戦争と殺人と，またいかに多くの悲惨と恐怖とを，人類から取り除いてやれたことだろう。〈小林善彦・井上幸治訳，ルソー『中公クラシックス　人間不平等起原論・社会契約論』中央公論新社〉

資料 解説

　囲った土地を自分の土地であると主張する人間のことを「詐欺師」と呼び，本来土地は誰のものでもないことを人々に訴えかける人間に，ルソーの立場を重ねることができる。ルソーによれば，私有財産こそが犯罪と戦争と殺人，悲惨と恐怖を人間にもたらしたというのである。しかし，発達した文明社会において，原始共産制の社会に回帰することは不可能である。土地を人民の共同所有のもとに置くことが政治制度（国家）形成の目的であるべきであるという国家観と，不平等の根本原因が私有財産制にあるとのルソーの思想を，本文から読み取ることができる。

2 一般意志

原典資料

　以上にのべたところから，一般意志は，つねに正しく，つねに公けの利益を目ざす，ということが出てくる。しかし，人民の決議が，つねに同一の正しさをもつ，ということにはならない。人は，つねに自分の幸福をのぞむものだが，つねに幸福を見わけることができるわけではない。人民は，腐敗させられることは決してないが，ときには欺かれることがある。そして，人民が悪いことをのぞむように見えるのは，そのような場合だけである。

　全体意志と一般意志のあいだには，時にはかなり相違があるものである。後者は，共通の利益だけをこころがける。前者は，私の利益をこころがける。それは，特殊意志の総和であるにすぎない。しかし，これらの特殊意志から，相殺しあう過不足をのぞくと，相違の総和として，一般意志がのこることになる。〈桑原武夫・前川貞次郎訳，ルソー『社会契約論』岩波文庫〉

読解力 power up!

上記資料の内容として，最も適当なものを一つ選べ。
①個人の特殊意志の総和が一般意志であり，これを人民共通の利益とする。
②個人の特殊意志の総和が全体意志であり，これを人民共通の利益とする。
③個人の特殊意志を全体意志から引いた残りを人民全体の利益とする。
④個人の特殊意志と全体意志の総和が人民全体の利益と考えられる。

資料 解説

　ルソーは，個人の私的利益を追求する意志を**特殊意志**，特殊意志の総和を**全体意志**と呼び，その性質上，不平等を前提とするし，各人が公共の利益を求める意志である**一般意志**と区別した。各人の自由と平等を守ろうとすれば，公共・共通の利益を追求せざるを得ず，一般意志を実現することが特殊意志・全体意志をも充足させると考えた。

（重要語句）••••••••••••••••

不平等の起源：ルソーは文明の中でも私有財産制に人間の不平等の根本原因があるとし，人間を，富をめぐる争いや敵視，嫉妬に満ちた関係へと堕落・荒廃させることになったと考えた。

大学入試 challenge!

ルソーの思想の説明として最も適当なものを，次の①～④のうちから一つ選べ。
①社会的結合の原理として自己愛と憐れみを考え，市民社会に必要なのは，他者の不幸に対する憐れみを格差是正に必要な道徳とみなすことだ。
②不平等の根本原因を私有財産に求め，平等な社会の実現のために各人が私有財産を政府に譲渡し，共産主義社会を建設すべきであると説いた。
③各人の特殊意志の総和を全体意志とみなし，この全体意志の実現のために国民は政府を組織し，全体意志に服従すべきであると説いた。
④自己の利益に基づく特殊意志を否定し，共同体の利益を一般意志とみなし，これに服従することにより自由で平等な社会を実現すると説いた。
〈センター過去問総合［改］〉

（重要語句）••••••••••••••••

一般意志：ルソーのいう社会契約は，各人があらゆる自由や権利を国家に譲り渡し，一般意志に従うことを意味する。立法機関にはたらく一般意志は，人間の自然本性に根ざした意志であるから，それに従うことは実は自らの意志に従うことであり，自律としての自由を意味する。全体意志は個人の特殊意志の総和に過ぎず，一般意志ではないことに注意すべきである。一般意志とは，全体意志から特殊意志の過不足を調整してそれを引いた残りに等しく，人民共通の利益を意味する。

憐れみ：人間が生まれながらにもっていたとされる他者の不幸を悲しむ同情心のこと。自然状態においては**自己愛**とともに人間間に結合をもたらす原理となっていた。しかし，私有財産による不平等が生まれると憐れみはしだいに失われ，「嫉妬」「妬み」「嘲り」などに変質していったとルソーは考えた。

解答：【読解力 power up!】 ③　　【大学入試 challenge!】 ④

カント

Immanuel Kant（1724〜1804）ドイツ観念論を体系化

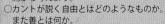

考えよう

○カントの理性批判について近代哲学の展開から考えよう。
○カントが説く自由とはどのようなものか。また善とは何か。

人と思想

　カントは東プロイセンの港町ケーニヒスベルク（現在のロシア連邦カリーニングラード）に馬具職人の子として生まれた。両親はルター派敬虔主義の信者で、この両親から幼いころから道徳的正しさを植えつけられた。「愛情に富んだ、感情ゆたかな、敬虔で正直な婦人であった」母は、カントが13歳の時に、「誠実で勤勉」であった父は22歳の時に亡くなっている。カントは16歳から22歳まで苦学してケーニヒスベルク大学を卒業し、約8年間地方で家庭教師をする。31歳のころ、ケーニヒスベルクへ戻って修士号を取得し、母校の私講師をしながら次々と論文を発表する。46歳の時ケーニヒスベルク大学の論理学・形而上学の教授となり、その後もほとんどこの地を離れることなく、80歳でこの世を去った。当初は自然科学分野の論文が多かったが、自然科学における因果法則などの確実性に懐疑の目を向けた**ヒューム**の影響によって「**独断のまどろみ**」からめざめ、**ルソー**からは**人間愛**を尊重することを学んだ。

　カントは、理性能力を吟味して**経験論**と**合理論**を総合し、**批判哲学**を打ち立て体系的な認識論を構築し、「**人間は何をなすべきか**」を問い、人格の尊厳を唱え（人格主義）、人間の内面的自由を**意志の自律**によって基礎づける**道徳哲学**を説いた。

年	年齢	人物史
1724	0	ケーニヒスベルクで誕生。
1740	16	ケーニヒスベルク大学入学。
1746	22	家庭教師生活始める。
1755	31	ケーニヒスベルク大学の私講師となる。
1770	46	ケーニヒスベルク大学の正教授となる。
1781	57	『純粋理性批判』
1787	63	ベルリン王立科学学士院会員となる。
1788	64	『実践理性批判』
1790	66	『判断力批判』
1795	71	『永遠平和論』
1804	80	老衰のため死去。

純粋理性批判

◇私は何を知り得るか＝「純粋理性批判」

【認識（事実判断）】　　　　　【行為（価値判断）】

現象 →（理論理性）→ 自然法則（因果律） ＜原因と結果＞

物自体に関わる →（実践理性）→ 道徳法則 ＜自由意志による＞

解説

　カントは『**純粋理性批判**』で「**人間は何を知り得るか**」という問題をテーマとした。この問いは事実判断にかかわるが、カントは著書の中で理性のはたらきについて論じるとともに、現象界における**人間の認識能力の限界**を定めた。カントは、ヒュームが経験論を徹底した結果、自然科学における法則までもが疑わしいという結論に至ったことに触発され（「**独断のまどろみ**」からのめざめ）、理性能力そのものの吟味・批判へと向かい、先天的に人間に備わっている**カテゴリー**（**悟性概念**）という思考の枠組みを提示することで、自然法則（因果律）に従う現象界の認識にかかわる**理論理性**を提示し、自然科学の妥当性を裏づけた。

実践理性批判と永久平和論

◇私は何をすべきか＝「実践理性批判」

道徳法則

善意志 → 動機主義
定言命法 → 形式主義

道徳法則 → 意志の自律（自由）＝人間の尊厳

自らの意志による道徳法則の実践

目的の国 ── 道徳法則が実践される共同体

永久平和論 → 平和のための国際組織提唱

解説

　カントは『**実践理性批判**』において、「**人間は何をなすべきか**」という**道徳哲学**を説いた。道徳的行為の価値判断を行う**実践理性**は、人間に「〜せよ」という**道徳法則**を命じ、意志が自ら立法した法則に自発的に従う（**意志の自律**）ところに自由がある。カントは意志の自律としての主体を人格と呼び、ここに人間の尊厳があり、こうした内的動機が認められる行為にのみ道徳性を認めた。さらに、道徳法則の実践により、各人が互いの人格を手段としてではなく目的として尊重し合う理想の道徳的共同体を「**目的の国**」と呼んだ。また『**永遠平和のために**』では、国際社会に道徳法則を適用して、**永久平和**へ向けた国際平和機構の設置と世界連邦の実現の意義を説いた。

1 物自体

原典資料

　私はこう主張する，——　物は，我々のそとにある対象であると同時に，また我々の感官の対象として我々に与えられている。しかし物自体がなんであるかということについては，我々は何も知らない，我々はただ物自体の現われであるところの現象がいかなるものであるかを知るにすぎない，換言すれば，物が我々の感官を触発して我々のうちに生ぜしめる表象がなんであるかを知るだけである。……

　外的な物の実在はしばらくおき，かかる物に付せられる多くの述語について言えば，これらの述語は物自体に属するのではなくて，物自体の現われであるところの現象に属するにすぎない……。

〈篠田英雄訳，カント『プロレゴメナ』岩波文庫〉

読解力 power up!

物自体と現象との関係についての記述として，最も適当なものを一つ選べ。
①物自体とは現象のことであり，それを知覚によって知ることができる。
②物自体とは物そのものを意味し，物はその現れにおいて知ることができる。
③物自体とは物のイデアを意味し，それを想起によって知ることができる。
④物自体とは物の形相を意味し，その質料については知ることができる。

資料 解説

　カントは理性能力の限界を見極めるために「何を知り得るか」という問いを提起し，事物の本質（**物自体**）について，人間にとって認識不可能なものであり，われわれが認識しているのは，あくまで物自体からわれわれの**感性**の形式（時間・空間）の中に現れ出た**現象**に過ぎないことを主張した。

2 善意志

原典資料

　我々の住む世界においてはもとより，およそこの世界のそとでも，無制限に善と見なされ得るものは，善意志のほかにはまったく考えることができない。知力，才気，判断力等ばかりでなく一般に精神的才能と呼ばれるようなもの，——或いはまた気質の特性としての勇気，果断，目的の遂行における堅忍不抜等が，いろいろな点で善いものであり，望ましいものであることは疑いない，そこでこれらのものは，自然の賜物と呼ばれるのである。しかしこれを使用するのは，ほかならぬ我々の意志である，意志の特性は性格であると言われるのは，この故である。それだからこの意志が善でないと，上記の精神的才能にせよ，或いは気質的特性にせよ，極めて悪性で有害なものになり兼ねないのである。

〈篠田英雄訳，カント『道徳形而上学原論』岩波文庫〉

資料 解説

　優れた才能や気質，財産は，それをいかに用いるかを決める意志が**善意志**でなければ，逆に有害なものともなり得る。それゆえ善意志以外に無条件に善と見なされるものはない。カントはある行為の道徳性を判断する基準を，目的や結果にではなく，その行為の**動機**が善意志によるかどうかにあると考えた。この考え方は**動機主義**と呼ばれる。この立場からは，結果主義は自己の幸福を行為の善悪の基準とし，動機主義が示すような普遍妥当的な道徳原理とはなり得ないのである。

重要語句 ……………………………………

物自体：カントは，われわれの認識は，物それ自体ではなく，われわれの先天的な感性の形式である時間と空間の中で現れる現象を認識しているのであり，物自体は知り得ないとする。カントは，神・自由・霊魂などは，純粋理性によっては論じられない問題であるとし，「実践理性」によって基礎づけられるべき問題であるとした。

大学入試 challenge!

〔1〕**カントの主張として最も適当なものを，次の①〜④のうちから一つ選べ。**
①時間・空間の形式をもつ悟性と，量・質などの形式をもつ感性の協働により，認識は成立する。
②受容した素材を，経験に先立って存する形式によって秩序づけるのだから，「認識が対象に従う」のではなく「対象が認識に従う」のである。
③経験を通じて与えられるのは，現象のみであるが，与えられた現象を手がかりとして，物自体にまで，私たちは認識をひろげることができる。
④神，宇宙の始まり，自由など，私たちの経験を超える事柄に関しては，理性は認識の対象にできず，それらの存在は否定されるべきである。

〈16年本試〔改〕〉

重要語句 ……………………………………

善意志：道徳法則への尊敬の念から道徳法則に従って善をなそうとする意志のこと。カントによれば，人間のあらゆる優れた才能や気質，財産も，それが善意志によって使用されてはじめて善いものとなるとし，無条件に善と見なされるものは善意志だけであるとした。

大学入試 challenge!

〔2〕**カントの「自律」の説明として適当なものを次の①〜④のうちから一つ選べ。**
①適切な欲望を自分で選ぶことが重要であり，人間の自由とも結び付く。
②神が与えた道徳法則に自ら従うことが人格の尊厳とも結び付く。
③理性が自ら立てた法則に従うことが，人間の自由とも結び付く。
④構想力が自ら生み出した法則に従うことが，人格の尊厳とも結び付く。

〈12年本試〔改〕〉

解答：【読解力 power up!】②　　【大学入試 challenge!】〔1〕②　　〔2〕③

3 定言命法

重要語句

定言命法：普遍妥当的で，それ自体が善い行為を無条件的に「〜せよ」という形で命じる道徳法則の命令形式をいう。「もし〜を欲するならば〜せよ」という条件つきの仮言命法をカントは否定し，定言命法に従った行為にのみ道徳性を認めている。人間は理性的存在だが，同時に感情や欲望に支配される感性的存在でもあるから，普遍妥当性をもつ客観的な道徳法則は，人間の主観には意志の強制，すなわち命令として表れる。しかし，この命令は，良心，つまり実践理性が命じるのであり，ここにカントの意志の自律（自由）の思想がある。

原典資料

　定言的命法は，ただ一つある，すなわち次に掲げる命題がそれである——「君は，〔君が行為に際して従うべき〕君の格律が普遍的法則となることを，当の格律によって〔その格律と〕同時に欲し得るような格律に従ってのみ行為せよ」。……

　義務の普遍的命法はまたこうも言い現わすことができるであろう，——「君の行為の格律が君の意志によって，あたかも普遍的自然法則と〔自然法則に本来の普遍性をもつものと〕なるかのように行為せよ」。〈同前〉

読解力 *power up!*

上記資料の内容として，最も適当なものを一つ選べ。

① 自然科学の法則同様，道徳法則に基づいて同一の結果になるよう行為せよ。

② 自然科学の法則同様，道徳法則に基づいて普遍的動機になるよう行為せよ。

③ 自然科学の法則同様，道徳法則に基づいて同一の利害になるよう行為せよ。

④ 自然科学の法則同様，道徳法則に基づいて普遍的行為となるよう行為せよ。

資料解説

　定言命法は，カントの道徳法則の根本原理である。自分だけに妥当する主観的な意志の決め方である**格律**（**格率**）が，いつでも，どこでも，すべての人がなすべき法則として通用するように行為せよ，と命じることである。カントは「もし〜なら…せよ」という条件つきの**仮言命法**は，意志（格率）が普遍的とはならず，「無条件に…せよ」という定言命法に従うことが，動機の普遍性という意味で普遍的道徳法則をもつ行為になると判断した。ここからカントの道徳哲学は「動機主義」とも呼ばれる。カントにとって意志の自律こそ人間の自由であり道徳的行為を実現する。

大学入試 challenge!

カントが道徳意識について説明したものとして最も適切なものを，次の①〜④のうちから一つ選べ。

① 人は自らの不正な行いを，自然界の必然性に従って生じた出来事として解釈できる。その場合，人は自分には責めがないことを自らにも他人にも表明する自由がある。

② 人は自らの不正な行いについて，自責や後悔の念に駆られることがある。その場合，人はその行いが自分の判断によってなされた自由な行為であったことを意識している。

③ 人は自らの不正な行いを，自然界の必然性に従って生じた出来事として解釈できる。ただしその行いが遠い過去のことになると，思い出すたびに後悔するようになり，道徳意識が高まる。

④ 人は自らの不正な行いについて，自責や後悔の念に駆られることがある。ただしその行いに対する非難から自分を守るために人は道徳法則に訴える。　〈17年本試［改］〉

4 人格の尊厳，自律と自由

原典資料

　一切の被創造物のなかで，我々が欲しまた意のままに処理し得る一切の物は，手段としてのみ使用され得る。ただ人間だけは，また人間と共に他のいかなる理性的被創造者も，目的自体である，まことに人間は，道徳的法則の主体である。この主体は，彼の自由による自律の故に神聖なのである，……それだから理性的存在者は，決して単に手段としてのみ使用せられるものではなく，同時にそれ自身目的として使用せられねばならない，ということである。

〈波多野精一・宮本和吉・篠田英雄訳，カント『実践理性批判』岩波文庫〉

資料解説

　『実践理性批判』は第二批判と呼ばれ，その中でカントは「人間は何をなすべきか」という問いを提起し，自由について論じた。

　この資料は，実践理性が打ち立てた普遍的道徳法則にわれわれの主体が自発的に従う意志の自律に人間（人格）の尊厳があり，それゆえに人間は常に手段としてのみ扱われてはならず，目的として扱われなければならないと説明している。なお，『道徳形而上学原論』においては，「**あなたの人格およびすべての他人の人格のうちにある人間性を，常に同時に目的として取り扱い，決して単に手段としてのみ取り扱わないように行為せよ**」と記されている。

重要語句

人格の尊厳，自律と自由：**人格**とは，自らが立てた道徳法則に自発的に従う主体のことである。カントによれば，理性が立てた道徳法則に自ら従うことを意味する自律こそ人間の自由であるので，人格は神聖であるという。それゆえ人格は決して手段としてのみ扱われてはならず，他の何ものとも交換することができない絶対的価値（尊厳）をもつ目的自体として，扱われなければならないとされた。また，道徳法則に自ら従う人格の共同体をカントは「目的の国」と呼んで，徳と幸福が結びつく最高善が実現する理想的社会像を示した。

解答：【読解力 power up!】　②　【大学入試 challenge!】　②

5 永遠平和と国際平和機構

原典資料

　国家としてまとまっている民族は，個々の人間と同じように判断されてよい。つまり諸民族は，その自然状態においては（つまり外的法則に拘束されていない場合は），隣りあっているだけですでに互いに害しあっているのであり，そこで各民族は自分たちの安全のために，それぞれの権利が保障される場として，市民的体制と類似した体制に一緒に入ることを他に対しても要求でき，また要求すべきなのである。これは国際連合と言えるが，しかしそれは当然諸民族合一国家ではないであろう。……

　しかしそれにもかかわらず，理性は道徳的に立法する最高権力の座から，係争解決の手続きとしての戦争を断乎として処罰し，これに対して平和の状態を直接の義務とするが，それでもこの状態は，民族間の契約がなければ，樹立されることも，また保障されることもできないのである。——以上に述べた諸理由から，平和連合とでも名づけることができる特殊な連合が存在しなければならないが，これは平和条約とは別で，両者の区別は，後者がたんに一つの戦争の終結をめざすのに対して，前者はすべての戦争が永遠に終結するのをめざすことにある，と言えよう。この連合が求めるのは，なんらかの国家権力を手に入れることではなくて，もっぱらある国家そのもののための自由と，それと連合したほかの諸国家の自由とを維持し，保障することであって，しかも諸国家はそれだからといって，（自然状態にある人間のように）公法や公法の下での強制に服従する必要はないのである。〈宇都宮芳明訳，カント『永遠平和のために』岩波文庫〉

読解力 power up!

上記資料の内容として，最も適当なものを一つ選べ。
①諸民族も諸個人と同様に外的強制に服すので，諸民族合一国家を形成し得る。
②紛争解決手段としての戦争を処罰するのは，平和連合の加盟国の契約による。
③戦争終結を目的とするのは，平和連合も平和条約も同じで，相違はない。
④平和連合の目的は，公法への服従により諸国家が自由を得ることにある。

資料 解説

　この資料でカントは，法的拘束のない自然状態において諸民族の関係は非常に不安定であり，すでに互いを害し合っているも同然であることを指摘し，諸民族は自分たちの安全のため，それぞれの権利が保障される体制にともに入ることを他に要求すべきであるという。この体制下で諸民族が異なる正義を主張した場合には，決着をはかるために戦争という手段に頼ることになるが，理性は平和の状態を直接の義務とするのであり，そのためには民族間の契約が必要である。カントが構想した平和連合とは，あくまでも一時的平和でよしとするものではなく，人類に課せられた使命である「永遠平和」を理念とし，めざすものであった。

　カントの永遠平和論の特色は**目的の国**の実現にある。目的の国とは，個人が互いに相手の人格を手段としてではなく目的として扱うことによって構築される相互信頼的な社会のことである。しかし，自然状態における人間社会には，様々な理由により争いが生じることは避けがたい。したがってカントは，市民社会を外的に統制する国法の制定が不可欠と考える。しかし，平和連合の場合には，平和を求める加盟国間の契約（合意）があるので，戦争当事国を処罰することができる。なぜなら，国際平和は法的強制によって実現されるものではなく，道徳法則に従う人間理性の意志の自律から必然的に要請されるものであるからである。このように考えるカントにとって，公法による強制は不要であり，加盟国間の契約のみで十分であった。

大学入試 challenge!

〔1〕**カントの人間の尊厳についての記述として最も適当なものを，次の①〜④のうちから一つ選べ。**
①霊的存在である人間が，その内にある小宇宙と外にある大宇宙とが合一することを直観する能力に認められる価値
②身体と精神の統一体である人間存在が，公的な制度や社会規範に則って行為することに認められる価値
③理性的存在としての人間の内にある道徳法則と，それに従って自律的に行為する人格に認められる価値
④自然的存在としての人間の内にある欲求と，それに基づいて生を謳歌しようとする人間の意志に認められる価値
〈09追試〉

重要語句

永遠平和と国際平和機構：カントによれば永遠平和は人類に課せられた永遠の課題である。カントの永遠平和論は，国家間の紛争を武力によってではなく国家間の協力や協定によって解決していくことを強調しており，そのために国際機関がつくられるべきであるとした。この理論は後の国際連盟や国際連合の構想の先駆けとなった。

大学入試 challenge!

〔2〕**カントの平和論として最も適当なものを，次の①〜④のうちから一つ選べ。**
①永遠平和を実現するためには，国家の進む方向を国民自身が決定しうる体制をもった諸国家による平和連盟が必要である。
②文化の破滅が戦争をもたらすのであるから，文化の再生によってしか平和は実現できないが，その文化の再生を担うのは個々の人間である。
③個人間の搾取が国家間の搾取の原因であるので，各国内部で労働者が権力を握り階級対立を廃止すれば，国家間の対立に起因する戦争もなくなる。
④人間は好戦的本能を有するが，戦争の原因はこの本能にあるのではなく，社会的制度や伝統，慣習にあり，これらを変えることは可能である。
〈03本試〉

解答：【読解力 power up!】　②　　【大学入試 challenge!】〔1〕③　〔2〕①

ドイツ観念論

フィヒテ

Johann Gottlieb Fichte（1762〜1814）近世ドイツ観念論哲学者

考えよう

○フィヒテの絶対的自我とは何か。また、フィヒテはカントの思想をどのように受け継いだか。

人と思想

　ドイツ観念論の哲学者で、**主観的観念論**と呼ばれる哲学を展開した。カント哲学を学び、ベルリン大学の初代総長になった。フィヒテはカントが認識論と倫理学、つまり理論理性と実践理性のつながりについて十分に説明していない点を、絶対的自我のはたらきによって克服し、カントの哲学を発展させようとした。ナポレオン軍占領下のベルリンで『**ドイツ国民に告ぐ**』という愛国的講演を行ったことは有名である。主著は『**全知識学の基礎**』など。

1　絶対的自我

原典資料

　哲学の内容となるのは、われわれが経験の根拠について何かを考えてゆこうとするという制約のもとに生じてくる必然的な思惟の実在性であって、それ以外の実在性ではない。知性はただ能動的なものとしてのみ考えられるのであり、ただこのような一定の仕方で能動的なものとしてのみ考えられる、と哲学は主張する。〈岩崎武雄訳「知識学への第一序論」『世界の名著続9　フィヒテ　シェリング』中央公論社〉

資料 解説

　フィヒテのねらいは認識論と倫理学との相互関連を説くことであった。実践的自我は理論的自我の前提であり、理論的自我は能動的に非我を克服しようと努力する実践的自我に従う形で統一されるべきであるとした。

重要語句

絶対的自我：フィヒテによれば「対象」とは、自我のはたらきに対し逆らい、またはそれに対して立っているものという意味であるとした。われわれの自我は、あくまでもこの対象を超えて自己自身を定立しようとする無限のはたらきであり、彼はこの自我を絶対的自我と呼んだ。彼は、人間の主観性を強調し、自我と非我（対象）との関係の中で、絶対的自我を実現しようとする意志的な努力こそ、カントの理論理性と実践理性をつなぐものであり、道徳の根本原理となると考えた。

ドイツ観念論

シェリング

Friedrich Wilhelm Joseph von Schelling（1775〜1854）ドイツ観念論の哲学者

考えよう

○シェリングが説いた、主観と客観の対立を統一する絶対者とはどのようなものか。

人と思想

　学識豊かなルター派聖職者の息子として生まれた。哲学的早熟の天才であったシェリングは、15歳にしてテュービンゲン大神学校に入り哲学と神学を学び、5歳年上のヘーゲルや詩人の**ヘルダーリン**との親交を深めた。その後イエナ大学の教授となってからは、啓蒙思想の合理主義に反対して、美的感情を重視する**ロマン主義**の芸術家とも親交をもち、それが思想に影響を与えた。精神と自然、あるいは主観と客観の対立を統一し、すべての根底に絶対者（神）を求める彼の立場は**客観的観念論**と呼ばれる。主著は『**先験的（超越論的）観念論の体系**』『**人間的自由の本質について**』。

1　絶対者

原典資料

　精神のうちにおいて、実存するものは、実存のための根拠と一つである。精神のうちにおいて、ほんとうに二つのものは同時的である。もしくは精神が二つのものの絶対的同一性である。けれども、精神のうえには、原初的な没根拠があり、……一切のものに対して等しい、それでいて何ものにも捉われない、普遍的な統一であり、一切から自由な、それでいて一切を貫いて働く仁慈であり、一言にして言えば、一切のもののうちの一切である愛である。〈渡辺二郎訳「人間的自由の本質」『世界の名著続9　フィヒテ　シェリング』中央公論社〉

重要語句

絶対者：シェリングは自然と精神を統一するためにすべてのものの根底に存在する絶対者を求めた。この絶対者においては、すべてのものが無差別かつ同一であるとした。ここから彼の哲学を同一哲学とも呼ぶ。

　精神において実存するものは、「自我」と「非我」である。この2つのものの根底にあって、この2つのものを生じさせるものがシェリングの考える絶対者である。絶対者を知的直観により直接に把握するのが人間精神である。ヘーゲルはシェリングに弁証法が欠けている点を批判した。

ドイツ観念論

ヘーゲル

Georg Wilhelm Friedrich Hegel（1770〜1831）ドイツ観念論の大成者

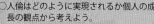
考えよう

○弁証法とはどんな思考か。また，ヘーゲルは自由をどのように考えたか。
○人倫はどのように実現されるか個人の成長の観点から考えよう。

人と思想

ドイツ南部のシュツットガルトに財務官の子として生まれた。少年時代はギリシャ悲劇を愛好する模範的生徒で，同時代を生きたゲーテの著作にも親しんだ。18歳でテュービンゲン大学神学部へ進み，翌年おきたフランス革命に際しては学友であったヘルダーリンやシェリングとともに「自由の樹」を植えて祝ったと伝えられる。大学卒業後しばらくキリスト教研究に力を入れていたが，親友ヘルダーリンの愛の破局を目の当たりにしたヘーゲルは，若き日々の思索と実存的体験をもとに「愛と運命」の問題を『キリスト教の精神とその運命』に結実させた。やがてゲーテの推挙でイエナ大学に職を得るが，ナポレオン軍によるイエナ占領で大学が閉校になり失職し生活に困窮する。このころ『精神現象学』を公刊し，友人の紹介で一時新聞編集者やニュルンベルクのギムナジウム（高校）の校長を務める。その後ハイデルベルク大学教授に就任し，２年後プロイセンの文部大臣の招聘でベルリン大学へ移り，やがて総長に就任した。ヘーゲルは自然・人間・社会・歴史のすべてが弁証法的発展であるとして体系化した。また，**人倫**（倫理）は個人的道徳と社会的規範（法）が統合されたもので，真の自由は人倫において実現するとした。ヘーゲルはドイツ観念論哲学の大成者とされ，弁証法の思想はその後多くの哲学者に影響を与えていった。

年	年齢	人物史
1770	0	シュツットガルトに生まれる。
1788	18	テュービンゲン大学神学部進学。
1801	31	イエナ大学の私講師となる。
1804	34	『精神現象学』出版。新聞編集者になる。
1807	37	ギムナジウム校長となる。
1811	41	マリー＝フォン＝トゥヘルと結婚。
1816	46	ハイデルベルク大学教授となる。
1818	48	ベルリン大学教授になる。
1821	51	『法の哲学』出版。
1829	59	同大総長となる。
1831	61	コレラで急逝。

ヘーゲルの思想

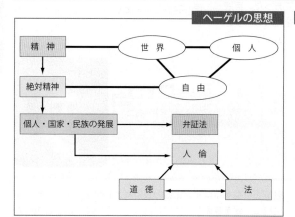

精神 → 世界 → 個人
絶対精神 → 自由
個人・国家・民族の発展 → 弁証法
→ 人倫
道徳 ↔ 法

解説

ヘーゲルは，本来，「対話・問答法」を意味するディアレクティークを，あらゆるものが**テーゼ（正）**と**アンチテーゼ（反）**の矛盾・対立を契機として前段階のよい部分を保存しつつ高い段階である**ジンテーゼ（合）**へと**発展（アウフヘーベン：止揚）**していく「**弁証法**」として独自の哲学を構築した。

ヘーゲルは，個人だけでなく世界の本質もまた**精神**とし，その精神が発展を遂げて究極段階に至った**絶対精神**が，世界史を舞台に自由を実現していくと考えた。ヘーゲルにとって自由とは観念的なものではなく，現実的・具体的なもので，各民族や各国家の中で実現するものとされる。

弁証法と人倫

【弁証法】
合
（ジンテーゼ）
合 → 正 → 反
止揚
（アウフヘーベン）
正 → 反
（テーゼ）（アンチテーゼ）

【人倫】
国家
（自由）
家族（愛） → 市民社会（欲望）

解説

ヘーゲルの哲学体系はおもに論理学・自然哲学・精神哲学からなるが，中でも，精神哲学は主観的精神・客観的精神・絶対精神の発展段階に分けられるとした。この３段階のうち，客観的精神は道徳・法・人倫に分かれ，ヘーゲルにおいては主観的な確信に過ぎないとされる**道徳**と客観的な社会の形式である**法**を統一したものとして**人倫**が説かれる。この人倫はさらに，愛情で結ばれた「家族」，各人が自立し自己の利益をめざす**欲望の体系**としての「**市民社会**」，家族の共同性と市民社会における個人の自立性がともに生かされる「**国家**」の３段階として弁証法的に発展するとした。人倫の完成形態である国家の法は人間の理性の表れととらえることができ，法に従うことが各人の自由を実現することになるという。

1 精神とは何か

原典資料

　真なるものは体系としてのみ現実的であるということ，あるいは，実体は本質的に主体であるということは，絶対者を精神として語る考え方のうちに表現されている。この「精神」というのは，もっとも崇高な概念であり，われわれに近い時代とその宗教とに属する。——精神的なもののみが現実的なものである。それは，まず実在としては，それ自身においてあるもの，すなわち即自的存在である。他方，特定の関係のなかに身をおき，規定されているもの，他としてあり自分に対してあるもの，すなわち対自的存在である。そしてさらに，このように規定され自分のそとにありながら，自分自身のうちにとどまっているものである。すなわち即自的・対自的にある。〈山本信訳「精神現象学序論」『世界の名著35　ヘーゲル』中央公論社〉

読解力 *power up!*

ヘーゲルの精神の記述として，適当でないものを一つ選べ。
①精神が現実的であるとは，対自的存在として自己外化を遂げることをいう。
②精神が現実的であるとは，即自的存在として精神的内容を含むことをいう。
③精神が現実的であるとは，即自的・対自的として規定されていることをいう。
④精神が現実的であるとは，客観的事物として外部に存在することをいう。

資料 解説

『精神現象学』は1807年に刊行されたヘーゲル最初の著作。
　ヘーゲルは，自己の精神を自分の対象としていない状態（**即自存在**）であると同時に，精神を他との関係の中で規定し，自分自身の対象とも見なす状態（**対自存在**）にするべきであるとする。人間は精神を自分自身にとっての対象とすることではじめて精神としての自分を知るようになり，この精神としての自分を語る中に学問が成立するとした。

2 弁証法

原典資料

　花が咲けば蕾が消えるから，蕾は花によって否定されたと言うこともできよう。同様に，果実により，花は植物のあり方としてはいまだ偽であったことが宣告され，植物の真理として花にかわって果実が現われる。植物のこれらの諸形態は，それぞれ異なっているばかりでなく，たがいに両立しないものとして排斥しあっている。しかし同時に，その流動的な本性によって，諸形態は有機的統一の諸契機となっており，この統一においては，それらはたがいに争いあわないばかりでなく，どの一つも他と同じく必然的である。そして同じく必然的であるというこのことが，全体としての生命を成り立たせているのである。〈同前〉

資料 解説

　植物の形態変化に着目すると，蕾，花，果実という３つの段階をへて植物は完成される。それが現状の自己否定により発展するとする思考が弁証法である。蕾は花によって否定され，花は果実によって否定される。植物は否定を契機として自己発展を遂げる。しかも同一の植物の成長の過程として花は蕾であった段階の要素を内に含んでおり，果実は蕾，花の段階の要素を内に含んでいる。そして，それぞれ，現段階におけるもの（正）を否定するもの（反）を含み，両者が止揚されてより高次のもの（合）となる。弁証法とは，ある存在が自己否定を通じて各段階における成長の契機を保ち，高い段階へと上昇していくというものであり，ヘーゲルはあらゆる存在と事象を貫いているものとした。

重要語句

精神：ヘーゲルは精神とは自覚（自己認識）のはたらきであり，その本質は現実の中に自己を外化して反省し，自己のありようについて以前より自覚的になった状態で再び自己に戻るという，自由をめざす運動をするものであるとした。さらに，彼は世界の本質を自己展開していく精神であるとし，その究極である絶対精神は具体的民族や国家の歴史の中で自由を実現するとした。また，すべての存在や歴史の展開は，弁証法の論理によるとした。

大学入試 *challenge!*

〔1〕ヘーゲルによるカント批判として最も適当なものを，次の①～④のうちから一つ選べ。
①責務を担う主体としての私にとって道徳は，自己の実存に関わる真理の次元で考える必要がある。
②責務を果たす物質的手段については，道徳の具体的内容を精神のあり方から考えてはいけない。
③責務を担う場面は，人間関係や社会制度と関わるから，これらを通して道徳を具体化せねばならない。
④責務を果たす目的は，幸福の増大にあるので，道徳的に重視すべきは行為の動機よりも結果である。
〈08本試〔改〕〉

重要語句

弁証法：もとは対話の技術や問答法の意味であったが，ヘーゲルはそれを哲学的論理として確立した。彼は，すべての存在はそれ自身のうちに矛盾・対立の要素を含んでおり，相互に作用し合いながら螺旋を描くように，より新しく本質的な高い次元のものへ統合され発展していくとしたが，この発展の論理が弁証法である。

大学入試 *challenge!*

〔2〕ヘーゲルの哲学的方法を特徴づけるものとして最も適当なものを，次の①～④のうちから一つ選べ。
①世界のすべての事物や事象の存在と発展を支える原理
②理性により正しいと判断された定理に基づき，真理に至る方法
③実験・観察により得たデータを分析・検証し，正しい知識を得る方法
④対話により，相手の無知を自覚させ真の知に導くこと　〈95追試〔改〕〉

解答：【読解力 power up!】　④　【大学入試 challenge!】〔1〕　③　〔2〕　①

3 絶対精神

原典資料

　意識はここまでやってきました。のべてきたのは，自由の原理を実現していく主要な精神の形態です。世界史とは自由の概念の発展にほかならないのですから。が，客観的な自由の表現たる実在の法律は，形式的なものにすぎぬ偶然の意思の抑制を要求します。客観的な法そのものが理性的であれば，人びとの認識も理性にふさわしいものとなり，主観的自由も社会に不可欠の要素となります。わたしたちは自由の概念の進展だけを追いかけ，幸不幸，民族の全盛期，個人の美しさと偉大さ，個人の喜怒哀楽もごもの運命については，くわしくのべてみたい気持をしりぞけねばなりませんでした。哲学は，世界史にうつしだされた理念のかがやきしか相手としないもので，現実世界のうんざりするようなむきだしの情熱的行動については，考察の外におくほかはない。哲学の関心は，実現されてゆく理念の発展過程を，それも，自由の意識としてあらわれるほかない自由の理念の発展過程を，認識することにあるのです。

〈長谷川宏訳，ヘーゲル『歴史哲学講義（下）』岩波文庫〉

読解力 power up!

ヘーゲルの考えとして，最も適当なものを一つ選べ。
① 客観的な法律とは，精神の本質である自由が表れたものである。
② 法が理性的でも，人々の認識が理性にふさわしいものとなるとは限らない。
③ 歴史上の具体的事象の叙述は自由の進展を追うことより意義がある。
④ 理念とは結局目には見えないので，哲学的認識の対象にはならない。

資料解説

　ヘーゲルは，世界史を**自由の理念（イデー）**の発展過程としてとらえた。したがって，一般的な歴史学のように個々の具体的事象を考察するのではなく，具体的事象の中に表れる自由の意識を読み取ろうとするのが歴史哲学であるという。世界史において人間の自由とは一部の人間のみが自由であり，他は不自由であるような古代専制国家の段階から，近代国家におけるように，すべての人民が自由を享受し得る段階へと弁証法的発展を遂げてきたことが，自由の理念の歴史を考察することによって理解することができる。

4 「理性的であるものこそ現実的であり，現実的であるものこそ理性的である」

原典資料

　哲学は，理性的なものの根本を究めることであり，それだからこそ，現在的かつ現実的なものを把握することであって，彼岸的なものをうち立てることではないということである。……
　　理性的であるものこそ現実的であり，
　　現実的であるものこそ理性的である。
　とらわれない意識はいずれも，哲学と同様に，この確信に立っているのであって，哲学は自然的宇宙の考察と同じく精神的宇宙の考察においても，この確信から出発する。

〈藤野渉，赤澤正敏訳「法の哲学」『世界の名著35　ヘーゲル』中央公論社〉

資料解説

　『法の哲学』は1821年に刊行されたヘーゲルの主著の１つ。法，道徳，人倫の３部構成で，**家族，市民社会，国家**という**人倫**の３展開が論じられている。この資料で説明されている「理性的なもの」とは，個人の主観的理性ではなく現実のうちに内在する存在の法則性となるようなものであり，現実において必然的にあらわとなるものという意味である。

重要語句 ....

絶対精神：絶対者または世界の最高原理ともされるもので，主観的精神と客観的精神とが統一された自由を本質とする精神である。芸術・宗教・哲学において精神は完全に自由となる。ヘーゲルは絶対精神が歴史上に表れたものを世界精神と呼び，世界史をこの絶対精神の自己展開の過程と見なした。ヘーゲルはナポレオンがイエナに侵攻した際，「馬に乗っている世界精神を見た」と語っており，世界精神が歴史の中で活躍する個人を操り歴史を動かしていく（理性の狡智）のを目の当たりにした思いでいたことが分かる。ここに「歴史とは自由の意識の進歩である」というヘーゲル特有の歴史観が見て取れる。

自由：精神の本質であり，世界史において絶対精神（神）が自己実現の目的とするものである。ヘーゲルの『歴史哲学講義』に述べられている。

大学入試 challenge!

ヘーゲルの歴史観の説明として最も適切なものを，次の①〜④のうちから一つ選べ。
① 絶対精神は，歴史の発展過程で，人間を道徳によって外側から，法によって内側から規制し，両者の総合した人倫において真の自由を実現する。
② 絶対精神は，自らの抱く理念を実現する過程において，理性の狡知を発揮して人間を繰り，歴史を動かしていくことで，真の自由を実現する。
③ 絶対精神は，歴史の発展過程で，人倫によって人間を外側から，道徳によって内側から規制し，両者の総合した法において真の自由を実現する。
④ 絶対精神は，自らの抱く理念を実現する過程において，理性の狡知を発揮して国家同士を争わせ，歴史を通して対立をさせることで，真の自由を実現する。〈19年本試［改］〉

重要語句 ....

理性的であるものこそ現実的であり，現実的であるものこそ理性的である：ヘーゲルが理性と現実の一致を説いた『法の哲学』序文の言葉。ヘーゲルにとって理性的に考えられたことは現実離れをした空理空論ではなく，理性的なものこそが現実化して存在しているから，当然現実世界は理性によって概念的に把握されるものであった。

解答：【読解力 power up!】　①　　【大学入試 challenge!】　②

5 人倫

〔個別的なものと普遍的なものとの一体性〕の理念の概念はもっぱら精神として存在する。すなわちおのれを知るとともに現実的でもあるものとして存在する。なぜなら精神は，おのれ自身を客体化するはたらきであり，おのれの諸契機の形式を通しての運動であるからである。だから精神の展開はつぎのようになる。

A，直接的もしくは自然的な倫理的精神，――家族。

この実体性はその一体性の喪失態へ，分裂態へ，そして相関的なものの立場へと移る。こうしてそれは，

B，市民社会となる。すなわち独立の個々人である成員たちの結合態，したがって形式的普遍性における結合態，成員たちの欲求を介しての，また人格と所有との安全を保障する手段たる法律体制を介しての，そして彼らの特殊利益と共通利益のための外面的秩序を介しての，結合態となる。こうした外面的国家は，

C，実体的普遍者とこれに捧げられた公的生活との目的および現実性へ――すなわち国家体制ないし憲法へとつれもどされて，おのれをとりもどす。

〈山本信訳『精神現象学序論』『世界の名著35　ヘーゲル』中央公論社〉

読解力 power up!

ヘーゲルの人倫の思想として，最も適当なものを一つ選べ。

①家族は愛情で結びついた共同体であるが，個人の独立性も確保されている。

②市民社会は独立した個々人の思いやりによって結びつく発展段階である。

③国家では，人民が法に従う公的生活を送ることにより個々人が独立できる。

④家族における愛情と市民社会の個人の独立性を維持するのが国家である。

資料 解説

ヘーゲルは人倫が「家族」，「市民社会」，「国家」という形態で弁証法的発展を遂げると考える。「**家族**」は愛情によって結びついた共同体であるが，「**市民社会**」の段階では家族の結合が失われ（**人倫の喪失**），各人は自己の欲求を満たそうと経済活動をすることから欲望の体系と呼ばれる。最終段階である「**国家**」では「家族」の愛情と「市民社会」に見られる個人の独立性という双方のよい点が止揚（アウフヘーベン）され，国家体制や法の中で個人の自由が実現される。

	カント	ヘーゲル
時代背景	プロイセンの啓蒙専制時代	市民革命とナポレオン時代
文化思潮	古典主義　合理性・形式美	ロマン主義　個性・感情
同時代人	フリードリッヒ2世（大王）	皇帝ナポレオン，ゲーテ
理性・精神	認識において有限な理性	無限の可能性をもつ精神
自由の意味	個人の内面的・理念的自由	自己外化による現実的自由
道徳観	意志の自律・個人的道徳	個人と全体との調和・人倫
世界観	現実と理想との区別	現実と理想との一致

〔1〕ヘーゲルが考える「人倫」の説明として最も適切なものを，次の①～④のうちから一つ選べ。

①欲望の体系である市民社会では，内面的な道徳も育まれるために，人倫の完成がもたらされる。

②客観的で外面的な規範である法と，主観的で内面的な規範である道徳は，両者を活かす人倫の内に総合される。

③国家が定める法は，人間の内面的な道徳と対立し，個人の自由を妨げるので，人倫の喪失態が生じる。

④家族のもとでは，国家や法の秩序のもとで失われた個人の自由と道徳が回復され，人倫の完成がもたらされる。　　　　　〈18年本試〔改〕〉

重要語句

人倫：一般に人倫という言葉は，儒教的な意味合いで人間の共同体やその秩序のことを指して使うが，ヘーゲルは倫理が法・道徳という2つの形態を止揚した時に現れると考えた。ヘーゲルはカントの道徳を主観的なものに過ぎないとして批判し，その対極に客観的ではあるがその抽象性が問題となる法を対置して，両者を総合しバランスが取れた状態を「人倫」と呼んだ。この人倫がさらに，社会構造の中で弁証法的発展の論理に従い「家族」「市民社会」の段階をへて「国家」に至る時，人倫は完成され，国家の成員である個人もまた，国家が定める法のもと，自由で理性的な自己を実現する。

〔2〕ヘーゲルの思想として最も適当なものを，次の①～④のうちから一つ選べ。

①婚姻は男女両性の間の法的な契約であるから，男女の愛情における本質的要素ではない。

②市民社会は法によって成り立つとしても，経済的には市民の欲望がうずまく無秩序状態である。

③国家は，市民社会的な個人の自立性と，家族がもつ共同性とがともに生かされた共同体である。

④世界共和国の永遠平和は，戦争はあってはならないという道徳的命令による努力目標である。　　　〈07本試〉

アダム＝スミス

Adam Smith（1723～1790）イギリスの経済学者

考えよう
○「自由放任主義」を時代的社会的背景から考えよう。
○道徳の原理としての「共感」について考えよう。

人と思想

　イギリスの**古典派経済学**の祖とされ，近代資本主義の理論支柱的役割を担ったアダム＝スミスは，1723年スコットランド地方のカコーディに生まれた。父は税関吏，母はジェントリ（地主層）の娘であった。誕生直前に父が亡くなったため，母の手で育てられ，彼自身生涯独身であった。14歳の時グラスゴー大学に入学し，経済学的内容をもつ道徳哲学の講義からロック流の考えを学んだ。17歳から22歳まで聖職者をめざしてオックスフォード大学に留学し古典を学んだが，研究に専念した。28歳でグラスゴー大学の論理学教授，翌年には道徳哲学教授に転じ，神学・倫理学・法学・政治学の講義を行った。晩年にはグラスゴー大学の名誉総長を務めた。経済学の立場から『国富論』を著し，経済学としては**自由放任（レッセ－フェール）**の立場に立ち，自由競争原理を唱え，社会学の立場からは『**道徳感情論**』を著した。

　スミスは，近代市民社会における人間の利己心の抑制，他者への**共感（シンパシー）**に揺るぎない信頼を寄せ，経済社会ならびに**道徳感情**における調和を説いた。これが有名な「**（神の）見えざる手**」と呼ばれているものである。

年	年齢	人物史
1723	0	カコーディ（スコットランド）に生まれる。
1737	14	グラスゴー大学に学ぶ。
1740	17	聖職者育成を目的とする奨学金でオックスフォード大学に留学。
1748～	25	エディンバラ大学で修辞学と経済学を講義，このころヒュームと親交。
1751		
1759	36	『道徳感情論』を公刊。
1762	39	グラスゴー大学副総長に選ばれる。
1764	41	バックルー公爵の付添教師としてスイス・フランスを旅行。大学を退く。
1776	53	『国富論』を公刊。
1787	64	グラスゴー大学総長に就任。
1790	67	死去。

1　見えざる手

原典資料

　もちろん，かれはふつう，社会一般の利益を増進しようなどと意図しているわけではないし，また自分が社会の利益をどれだけ増進しているのかも知らない。外国産業よりも国内の産業活動を維持するのは，ただ自分自身の安全を思ってのことである。そして，生産物が最大の価値をもつように産業を運営するのは，自分自身の利得のためなのである。

　だが，こうすることによって，かれは，他の多くの場合と同じく，この場合にも，見えざる手に導かれて，みずからは意図してもいなかった一目的を促進することになる。かれがこの目的をまったく意図していなかったということは，その社会にとって，これを意図していた場合にくらべて，かならずしも悪いことではない。自分の利益を追求することによって，社会の利益を増進しようと真に意図する場合よりも，もっと有効に社会の利益を増進することもしばしばあるのである。

〈玉野井芳郎他訳「国富論」『世界の名著31　アダム・スミス』中央公論社〉

資料 解説

　人間社会において，各個人の利己的振る舞いが社会全体の利益につながると想像できるであろうか。アダム＝スミスは経済学において，各人の本源的な衝動である**利己心**に従うことは神の摂理と矛盾せず，かえって結果として公共の利益につながると考えた。各人が自己の利己心に忠実に各自の利益を追求していれば，それが神の「**見えざる手**」に導かれて人間社会の利益を増進することになるというのである。このような自由主義経済の基本となる考え方を，**自由放任（レッセ－フェール）**という。彼は主著である『国富論』の中で，国民の富の源泉は労働にあり，社会の発展は労働生産力の向上にあると主張し，この労働生産力向上を促すには，国家が干渉しない自由な経済活動が最善であると考えたのである。よって国家は，その役割を必要最低限にとどめるべきだとして，夜警国家論を唱えた。

重要語句

共感（＝同情心）：他人の感情に共感する利他的感情のこと。アダム＝スミスは人間は本来利己的ではあるが，同時に利他的感情をもっているとする。他人が悲しんでいる時，自らも悲しさにとらわれることがあり，しかもこれは人道的な人間に限られたものではないという。そしてこの共感（同情心）こそが行為の是非について判断する際の「**公平な傍観者**」である。人間は利己心に駆られながらも，「公平な傍観者」の声を聞きつつ，自己の欲望を追求しているのである。

大学入試 challenge!

アダム・スミスの思想の記述として最も適当なものを，次の①～④のうちから一つ選べ。

① 自然状態における善良な人間は，自己保存を求める自己愛と他人の不幸を憐れむ同情心とを具えていた。

② 共感という道徳的な感情が，利己心にもとづく各人の行動を内面から規制して，私益と公益との調和が図られる。

③ 純粋な愛である他者への同情によって現象の根底にある生への意志が弱まれば，苦悩から解脱できる。

④ 他者の気持ちを表情などから思いやる共感が，心理的な発達の基礎になって，友情や恋愛などが生まれる。

〈08本試［改］〉

解答：【大学入試 challenge!】②

功利主義

ベンサム

Jeremy Bentham（1748〜1832）イギリスの法学者・倫理学者

考えよう

○イギリスの伝統思想を踏まえ，功利主義の特色を考えよう。
○「最大多数の最大幸福」を近代市民社会の理想という観点から倫理的に考えてみよう。

人と思想

弁護士の子としてロンドンに生まれた。誕生後の彼は身体が弱く，家庭内で読書に熱中する学問好きの少年として育った。教育熱心であった父の影響で4歳でラテン語，7歳でフランス語をマスターし，またヴァイオリン，オルガン，ピアノなども習わされた。12歳でオックスフォード大学に入学した。18歳で法律学の学位を取得，28歳の時『政府論断片』を著して，**功利主義思想**を提唱した。その後は政治改革や選挙法改正の運動に参加し，晩年は著述と研究に専念した。

ベンサムは，従来のイギリス社会にはびこる多数者の苦痛を踏み台にした**少数者の最大幸福**を批判し，国家は個人を人間として等しく扱い，「**最大の幸福を最大の多数に与えなければならない**」と主張する。彼にとって道徳とは，幸福に役に立ってのみ善で，国家も個人の幸福を増進させるためのものに他ならなかった。彼が**快楽計算**を用い，幸福を万人に等しい基準から計算することで「**最大多数の最大幸福**」を実現する，民主的社会の建設を唱えたのは，このような思想背景にもとづいている。著書は63点を数える。生涯独身を通した。思想的功績は倫理と立法はともに「最大多数の最大幸福」を目的とすべきであるという思想を道徳および立法の根本原理にまで高めた点にある。主著は『**道徳および立法の諸原理序説**』など。

年	年齢	人物史
1748	0	ロンドンで出生。
1760	12	オックスフォード大学クイーンズ - カレッジ入学。
1766	18	マスター - オブ - アーツの称号と弁護士資格を取得。
1771	23	プリーストリの『政府論』を読み「最大多数の最大幸福」の言葉に会い，決定的影響を受ける。
1772	24	リンカーンズ - インで廷内弁護士の資格を得て，弁護士である父の業を継ぐ。
1776	28	『政府論断片』を匿名出版。
1789	41	『道徳および立法の諸原理序説』出版。
1792	44	フランス名誉市民の称号を贈られる。
1804	56	『政治経済学原理』を最後に経済学研究から離れる。
1832	84	死去。

1 最大多数の最大幸福

原典資料

功利性の原理ということばは，もっと明瞭で有益な言い方をすれば，前に述べたように，最大幸福の原理と呼ぶことのできるものをさす名称として，他の人々によっても，私によっても使用された。「この原理は危険だ」〔とウェダーバーンは言った〕。彼のことばは，ある程度までまったく真実である。統治の唯一の正しい，そして正当視することのできる目的は，最大多数の最大幸福であるという原理——このような原理がどうして危険なものとして否定されるのであろうか。〈山下重一訳「道徳および立法の諸原理序説」『世界の名著38　ベンサム　J. S. ミル』中央公論社〉

資料 解説

ベンサムは人間の行為はどのように決定されるべきかという問いに対し「**最大多数の最大幸福**」を指向する行為こそ正しいと主張した。彼は，人間には快楽を求め苦痛を避けようとする心理学的事実があることを強調するとともに，他方，人間は快楽の拡大化に努力すべきであるといった。そもそも幸福の追求とは，快楽を求め苦痛を退けることに他ならないと考え，幸福を生むものが善であり，苦痛または不幸を生む行為が悪であるという功利の原理を打ち立てた。さらに道徳の原理たる社会の善とは，それを構成する個人の善の総計であるとし，人間の行為の結果によって快楽を享受できる人々の人数を量的に計算し，できるだけ多くの人ができるだけ大きな快楽および幸福を得られる＝「最大多数の最大幸福」こそが社会の善であると主張し，社会の善を導く行為こそが正しい行為であるとしたのである。

重要語句

制裁：個人の利己主義に陥らないように，個人の幸福と公共の幸福とを一致させるようにはたらく強制力のこと。ベンサムは物理的，政治的，道徳的，宗教的の4つを考え，特に政治（法律）的制裁を重視した。

快楽計算：ベンサムは快楽の算出基準として①強度，②持続性，③確実性，④時間的遠近，⑤多産性，⑥純粋性，⑦それが及ぶ範囲という7つの観点を挙げ，客観的な量によって計算し，快楽の量が勝っているものを行為として善であるとした。

大学入試 challenge!

ベンサムの主張として最も適切なものを次の①〜④のうちから一つ選べ。

①快楽の量と質の区別を重視し，感覚こそが，利益を尊重すべき存在かを見分ける境界線になるとした。
②最大多数の最大幸福を目指し，幸福の量を計算できる知性が，権利を尊重すべき存在かを判別するとした。
③道徳感情を正と不正の判断基準とし，苦しみや痛みを感じる能力は，他の能力とは根本的に異なるとした。
④快楽を善，苦痛を悪とみなして，苦しみや痛みを感じる能力こそが，必須の能力であるとした。

〈12年本試 ［改]〉

解答：【大学入試 challenge!】　④

3　近代思想の展開　223

J. S. ミル

John Stuart Mill（1806〜1873）イギリスの功利主義者

人と思想

　ベンサムの親友であった功利主義思想家・経済学者の子としてロンドンに生まれ，父の英才教育により，幼児期から秀才の名をほしいままにした。3歳でギリシャ語，8歳でラテン語，12歳で論理学，さらに算術・代数・幾何などを教えられただけでなく，自身も歴史など多くの本を読んだ。1823年東インド会社に入社し，以後35年間在職した。20歳の時「精神的危機」が訪れたが，ワーズワースの思想に導かれてその危機を脱し，同時にベンサム主義の限界を知り，対立する思想の意義を自覚するようになった。17歳で功利主義協会を指導し，新進の学者として活動した彼の生涯を決定づけたのは，人妻ハリエットとの出会いである。互いに理想の異性を見いだした二人は，周囲の非難にもかかわらず，互いを高め合い，20年の交際をへて結婚した。1858年，東インド会社の廃止とともに公職から退いたが，間もなく妻に先立たれた。その打撃を克服して『自由論』『功利主義』などの円熟した思想を残した。

　ミルの功利主義は，**精神的快楽**を重視する**質的功利主義**であり，キリスト教の黄金律を道徳の理想としたように，神の愛，隣人愛の実践，キリスト教の信仰に裏づけられるものである。

年	年齢	人物史
1806	0	ロンドンで出生。
1813	7	ミルの一家がベンサムの居宅の隣に移住。
1821	15	『立法論』を読み，熱烈なベンサム主義者となる。
1822	16	功利主義協会設立。
1823	17	東インド会社に入社。
1830	24	ハリエットに出会う。
1836	30	父死去。ミル自身も健康を害し静養。
1838	32	「ベンサム論」で従来の功利主義に批判的な姿勢を示す。
1843	37	『論理学大系』刊行。
1851	45	ハリエットと結婚。
1859	53	『自由論』刊行。
1863	57	『功利主義』刊行。
1865	59	下院議員就任。
1873	67	フランスで死去。

ミルの思想

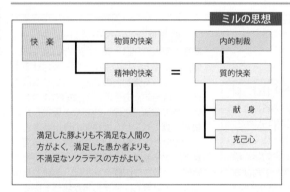

満足した豚よりも不満足な人間の方がよく，満足した愚か者よりも不満足なソクラテスの方がよい。

解説

　ミルは快楽を**精神的快楽**と，**物質的快楽**とに分類したが，精神的快楽とは必ずしも自分にとっての快楽ではないとも主張した。「**献身**」としてたとえば，自分が苦労したことであったとしても，そのことで誰かに幸福をもたらすことができたならば，直接自分の快楽ではないにしても，あるいは自己の利害とは無関係であったとしても，自分が為したことによって幸せになったその誰かを見ることで自分も幸せになれる，すなわち精神的満足を得られることもある。

　ミルは，この**精神的満足**こそが他の動物と人間が区別される尊厳であり品位であるという。

1　質的功利主義

原典資料

　二つの快楽のうち，両方を経験した人が全部またはほぼ全部，道徳的義務感と関係なく決然と選ぶほうが，より望ましい快楽である。両方をよく知っている人々が二つの快楽の一方をはるかに高く評価して，他方より大きい不満がともなうことを承知のうえで選び，他方の快楽を味わえるかぎりたっぷり与えられてももとの快楽を捨てようとしなければ，選ばれた快楽の享受が質的にすぐれていて量を圧倒しているため，比較するとき量をほとんど問題にしなくてよいと考えてさしつかえない。……

　高級な能力をもった人が幸福になるには，……より多くの点で苦悩を受けやすいにちがいない。しかし，こういった数々の負担にもかかわらず，こんな人が心底から，より下劣と感じる存在に身を落とそうなどとは決して考えるものではない。……

　満足した豚であるより，不満足な人間であるほうがよく，満足した馬鹿であるより不満足なソクラテスであるほうがよい。〈伊原吉之助訳，ミル「功利主義論」『世界の名著38　ベンサム　J.Sミル』中央公論社〉

重要語句

イエスの黄金律と功利主義道徳：「己の欲するところを人に施し，己のごとく隣人を愛せよ」。ミルはイエスの説いた黄金律および隣人愛の中に功利主義道徳の理想的極致があるとした。それは他者の幸福に自己の幸福を見いだす精神的快楽であり，他者への献身的行為は利己心から出るものではなく，純粋な他者への奉仕を意味するからである。イエスが説いた神の愛および隣人愛は，神への揺るぎない信仰を説くものである。このように，快楽を精神的なものと考えると，ベンサムにおける計算可能な量的快楽とは異なる功利主義が説かれたことが理解できよう。

　ミルの功利主義の源泉はキリスト教信仰にあるが，現代ヒューマニズム思想にも共通の基盤が見られる。

〔1〕ミルの功利主義の記述として，最も適当なものを一つ選べ。

①質的快楽は精神的快楽であり，量的快楽と比較することはできない。
②質的快楽より量的快楽を選ぶ人間には道徳的制裁が必要である。
③量的快楽は動物の本能的な欲求に等しく，人間的快楽ではない。
④質的快楽は精神的満足を意味し，ソクラテスのように徳の知を求める。

資料 解説

　ミルは**精神的快楽**こそが高質であり，物質的快楽はその下位にあると位置づけた。このことは，快楽の質を考慮せずその量を計算することが可能であるとしたベンサムの功利主義とは本質的に異なるものであった。ミルが主張する質の高い快楽とは，人間と動物（豚）に共通するような単純で感覚的な快楽ではなく，人間の尊厳や品位にふさわしい快楽である。この点でベンサムの量的功利主義に対し**質的功利主義**と呼ばれる。ベンサムは快楽と苦痛に善悪の基準を求めたが，人間には時として苦痛の中にも質の高い幸福，精神的満足があることをも説いたのである。

2　思想・言論の自由

原典資料

　もし一人をのぞいたすべての人類が同意見で，ただ一人の人間がそれに反対の意見をもっているとしても，人類がその一人を沈黙させることが不当なのは，その一人が力をもっていて人類を沈黙させるのが不当なのとまったく同様である。……しかし，意見の発表を抑えることのもつ特有の害は，それが全人類から（幸福を）奪うという点にある。……また，その意見を支持する人々からのみならず，それにもましてそれに反対する人々から，略奪するのである。もしその意見が正しいとすれば，人々は，まちがいを真理ととりかえる機会を奪われる。また，もしその意見がまちがっているとすれば，彼らは，前の場合とほとんど同じくらい大きな利益，すなわち真理とまちがいとの衝突から生まれる真理のいっそう明らかな認識やいっそう生き生きとした印象を失うのである。

〈同前　早坂忠訳，ミル「自由論」〉

〔2〕ミルの主張に合致する記述として，最も適当なものを一つ選べ。

①一人の発言の機会を奪っても多数者の意見が全体の意見になればよい。
②一人の発言の機会を奪うことで発言の機会均等が失われてしまう。
③一人の発言の機会を奪うことでその反対者の発言の機会が奪われる。
④一人の発言の機会を奪うことで真理を認識する機会が失われ得る。

資料 解説

　ミルは『自由論』の中で，社会が発展するためには個々人がもつ思想の自由こそが重要であると説いた。それは，各人の個性が自発的に成長することが結果として人類全体の進歩につながると考えたからである。法律の中に「平等」と書かれていたとしても，それが全員に同じ考えを強要するための「平等」であるならば，その社会が発展することは考えにくい。反対にたとえ少数者の意見であっても，自由な討論の場が保障されることにより，各自が他者からの批判や検証を受け入れる機会となり，各自の個性に何らかの影響を与えることとなる。これこそが個性の発展であり，社会全体の進歩につながると考えたのである。

　ミルの自由論は生命倫理にも影響を与えた。末期状態にある患者が延命治療を行わない意思を示す「リヴィング－ウィル」は，他人に危害を及ぼさない限り，生命に関して本人の**自己決定権**が優先されるべきであるという考え（**他者危害の原則**）を表明するものである。

〔1〕ミルに関する説明として最も適当なものを，次の①〜④のうちから一つ選べ。

①快楽に質的差異を認め，人間の良心や利他的心情を重視するとともに，行為の善意の基準を，その行為が幸福をもたらす人数と総量に求めた。
②豊かな社会を実現するには，自己の幸福を求める個人の自由な活動を認めるべきであり，構成員の相互的な愛情や親切心に頼らなくてもよい。
③個々人の幸福追求が社会の最大幸福につながるように，行為の是非を判断する方法を提案し，正しい行為を促す様々な制度的工夫を行った。
④すべての人が幸福になるためには，各自が無秩序に利益追求を行うのではなく，計画的に経済活動を行い，富を公平に分配する必要があるとした。〈04本試［改］〉

重要語句

同情心：人間には利己心と利他心とがあり，ミルは利他心の方を重んじた。利他心とは他者への同情心や，他者と連帯しようとする社会的感情のこと。

内的制裁：道徳を破った時に感じる精神的苦痛のこと。ベンサムの外的制裁に対して，ミルはすべての人間がもっている良心の声が内的制裁として人間を拘束するとした。

〔2〕J.S. ミルが個性の発展について述べたものとして最も適当なものを，次の①〜④のうちから一つ選べ。

①個性の自由な発展は，自我の安定のために有益であり，それを社会が認めないと，無意識の欲望が抑圧されて自我の不安を覚える。
②個性の自由な発展は，個人の幸福だけではなく，社会全体が進歩するためにも有益であり，他人に害を与えない限り，制限してはならない。
③個性の自由な発展は，人間が生まれながらにもつ自然権の一つであり，それを社会が抑圧しようとするのは，絶対に許されない。
④個性の自由な発展は，人間が神から与えられた才能を開花させることで，それを抑圧するのは，神を信じることのできない人間の傲慢に基づく。〈13年本試［改］〉

解答：【読解力 power up!】〔1〕①　〔2〕④　【大学入試 challenge!】〔1〕①　〔2〕②

ジェームズ

William James（1842〜1910）アメリカの哲学者・心理学者

考えよう
○経験論，功利主義を踏まえてプラグマティズムの特色を考えよう。
○ジェームズのいう価値の有用性とは何か。

人と思想

　ニューヨークに宗教家の子として生まれるが，一家はアメリカを離れ，ヨーロッパ各地で暮らした。自由な家庭の雰囲気の中で育ち，7歳から3年間小学校に通って以降，大学までは学校教育を受けていない。18歳のころ一時画家をめざして絵を学ぶが，しばらくして断念する。19歳の時，ハーバード大学理学部に入学して化学・生理学・医学・比較解剖学などを学ぶ。そのころドイツに留学，医学・生理学の他に心理学や哲学に関心を深める。30歳でハーバード大学生理学講師に就任以降，学者の生活に入った。ジェームズは，観念は何らかの行動の中で確認され，検証されるものであり，行動の過程で有用とされるものが真理であり，価値を有するとした。この立場を**実用主義**という。実用主義の観点からジェームズは宗教についても独自の考え方をもつ。すなわち，神の存在の有無などについて概念的な議論は不要で，その人にとって幸福を与えるのであれば，神は存在し信仰は真理である。

年	年齢	人物史
1842	0	ニューヨークに生まれる。
1861	19	画家を断念しハーバード大学理学部に入学。
1867	25	ドイツに留学。心理学や哲学に関心を深める。
1872	30	ハーバード大学生理学講師となる。
1876	34	同大生理学助教授。
1878	36	アリス＝ハウ＝ギベンスと結婚。
1880	38	ハーバード大学哲学助教授となる。
1884	42	論文「情緒とは何か」を発表。心霊学会の会員となる。
1885	43	ハーバード大学哲学教授となる。
1890	48	『心理学原理』を著す。
1894	52	心霊学会会長を務める（翌年まで）。
1906	64	スタンフォード大学教授を兼任。
1907	65	『プラグマティズム』を著す。
1910	68	死去。

1 真理の有用性

原典資料

　真理について，「それは真理であるから有用である」ともいえるし，また「それは有用であるから真理である」ともいえる。これら二つのいい方は正確に同じことを，すなわち，これこそ充足され真理化されうる観念だ，ということを意味している。真とは，いかなる観念にせよ真理化の過程を惹き起こすような観念の名であり，有用とは，その観念が経験のうちで真理化の作用を完成したことを表わす名なのである。
〈桝田啓三郎訳，ジェームズ『プラグマティズム』岩波文庫〉

読解力 power up!

ジェームズの思想に合致する記述として，最も適当なものを一つ選べ。
①真理の基準は，その実用化の可能性の有無によって決定されるべきである。
②真理の基準は，原理における論理的整合性によって決定されるべきものである。
③真理の基準は，経験における有用性によって決定されるべきものである。
④真理の基準は，仮説による検証の成否によって決定されるべきものである。

資料 解説

　そもそも**プラグマティズム**とは，従来の哲学に見られた形而上学的な側面を拒否し，観念や信念，知識が個人の実生活にどうかかわるのかの方が重要だと考えるところが出発点であった。よって，一見正しいとされている観念だとしても，実際に正しいかどうかは行動や実践を通じて検証されなくてはならない。その結果，その観念が人生において役に立つ（**有用である**）ならば真理であり，そうでなければ偽であるという立場をとるのである。プラグマティズムでは，真理を主観的・相対的なものととらえるため，その意味では絶対的真理は存在し得ないことになる。観念が個人によって有用か無用か分かれることもあるとする。

重要語句

プラグマティズム：「行為，行動」を意味する，ギリシャ語のプラグマ「Pragma」に由来している。**パース**によって真理探究の論理学的方法として提唱され，ジェームズによって広く適用され，後に道具主義を唱えたデューイによって大成された。思考や観念を行為の一段階と見なし，これらの真理性を実際的な効果・効用によって吟味する立場に立つとともに，思考や観念を固定したものと考えず，行為において絶えず検証，修正されることによって発展するものと考える。

大学入試 challenge!

ジェームズの考え方として最も適当なものを，次の①〜④のうちから一つ選べ。
①真理を主張するには，個人の性癖や境遇などに囚われることで生じる偏見を排除することが必要である。
②ある主張は必ずそれと対立するものを含んでおり，それらを統一するところに真理の認識があると考える。
③個々人の精神はモナドであり，それぞれが表現する真理は，異なったままにあらかじめ調和がとれている。
④真理というものは自分にとって役立つものであり，個別的で相対的であるとともに条件的なものだと考える。
〈07追試［改］〉

解答：【読解力 power up!】　③　　【大学入試 challenge!】　④

プラグマティズム

デューイ

John Dewey（1859〜1952）アメリカの哲学者・教育学者

考えよう

○近代主義と創造的知性とのかかわりを考えよう。
○デューイの思想が民主主義の哲学とされるのはなぜか。

人と思想

　アメリカ合衆国のバーモント州バーリントンで食料品店を経営する家庭で生まれた。バーモント大学に進学し，進化論の講義を担当していたダーウィンの影響を受けた。卒業後はペンシルヴァニアで高校教師となり，一時故郷に帰ってジョンズ－ホプキンス大学大学院で哲学を学ぶ。ここで心理学，倫理学，プラグマティズムを学び，ミシガン大学の講師となった。その後しばらくヘーゲルに傾倒するがジェームズの心理学に影響されてプラグマティズムに傾く。35歳の時シカゴ大学の哲学・心理学・教育学部長となり，37歳の時実験学校を開設し，進歩主義教育理論を主張した。

　デューイは哲学者としてはプラグマティズムを「**実験主義**」「**道具主義**」として大成させた。彼によれば，人間の生活や行動は**問題解決の探究**の場であり，知識や概念はそのための手段である。哲学的真理とは普遍的価値ではなく，幸福や利益を得るための**道具**である。教育学者としては「**進歩主義教育**」「**問題解決学習**」の原理を確立して，日本を含む諸外国にも大きな影響を与えたほか，政治学や社会学の分野にも貢献した。主著は『**哲学の改造**』『**民主主義と教育**』『**学校と社会**』など。

年	年齢	人物史
1859	0	バーモント州バーリントンにて出生。
1875	16	バーモント大学入学。
1879	20	バーモント大学卒業。高校教師となる。
1884	25	ミシガン大学の講師となる。
1894	35	シカゴ大学主任教授となる。
1896	37	教育学の実験学校を開設。
1899	40	『学校と社会』を著す。
1905	46	コロンビア大学の哲学教授となる。
1916	57	『民主主義と教育』を著す。
1919	60	日本・中国を訪れ，哲学・教育学について講義する。
1920	61	『哲学の改造』を著す。
1944	85	アメリカ教育連盟の名誉総裁となる。
1952	92	死去。

デューイの思想

```
功利主義    進化論    実証主義

ピューリタニズム   プラグマティズム   フロンティア精神

       実用主義        道具主義

価値＝実用    創造的知性    知性＝道具
```

解説

　プラグマティズムは，経験論・功利主義・社会契約論などに加え，アメリカ的な行動重視の思想を基調に形成された思想である。

　知識や価値の問題を行動との関連においてとらえ，有効性ないし有用性の観点から規定し，具体的経験の中に科学的方法を生かすことを目標とし，知識や観念を行動によって検証するところに特徴がある。

　パースによれば，観念の意味は，その観念をもつわれわれがどのように行動し，いかなる結果を生じるかということにある。ジェームズはこの考え方を一般化し，ある観念が真であるということは，その観念によってわれわれの経験がうまく導かれていくことだとした。

　さらにデューイは，観念や思考は，われわれが環境に適応したり，状況を積極的に変えていったりするための「道具」にほかならないことを強調した。

1　道具主義

原典資料

　或る結果を生む——すなわち，鍛冶屋が熱い鉄に或る形を与え，医者が回復を早めるように患者の手当てをし，科学の実験者が他のケースにも当て嵌まる結論を引き出すことが出来るような——ことを意図した行動の方法，反応の仕方は，問題の性質から言って，その結果によってテストされないうちは試験的なもの，不確かなものである。……これらのものは，それらをテストする行動の基礎として理解すべきであって，究極的なものとして理解すべきではない。この事実を認めることは，頑固なドグマを世界から一掃することである。それは，概念，理論，思想体系は，使用されることを通じて常に発展し得るものであることの確認である。……概念，理論，思想体系は，道具である。すべての道具の場合と同じように，その価値は，それ自身のうちにあるのではなく，その使用の結果に現われる作業能力のうちにある。〈清水幾太郎・清水禮子訳，デューイ『哲学の改造』岩波文庫〉

重要語句

創造的知性（実験的知性）：デューイによれば，人間と環境の関係である状況が不安定になると，その解決のために探究が始まるが，この探究を担うのが知性である。知性は人間が日常生活において出会う具体的な問題について見通しを立てて解決しようとすると同時に，新しい世界を創造しようとする。すなわち知性は，生活改善や社会構造に役立つ道具であると同時に，創造的なはたらきをするものである。こうした知性のあり方をデューイは創造的知性（実験的知性）と呼んだ。道具としての知性の性格から見れば，知性の価値は，有効性のうちにあり，科学と同様に，経験によってその真理性が試され，豊かになってゆくものである。

〔1〕デューイの主張として，最も適当なものを一つ選べ。

①仮説や理論の正しさは，それを現実に適用した結果の善し悪しで決まる。

②仮説や理論の検証は，現実に適用する過程の正しさにより決まる。

③仮説や理論は現状の改善の道具であり，その使用の適否が重要だ。

④仮説や理論は知識の改善のための手段であり，思考過程の適否が重要だ。

資料 解説

デューイによれば，知識や概念，思想の価値とは，それ自体にあるのではなく，それを「道具」として使った結果もたらされた有用性の中にあるとされる。彼は人間の生活や行動とは問題解決のための探究であるととらえ，知識や概念，思想は人間が現実の生活環境の中で遭遇する困難や障害を解決するための「道具」であると主張した。ところで「道具」とは遭遇する問題によって，あるいは使用方法によって，もたらされる結果（**有用性**）も異なることになる。この点から彼は，知識や概念，思想は永遠不変のものではなく，あくまでも仮説であり，使用の過程で絶えず検証，改善されるべきものであるとの立場をとった。

2 民主主義社会の実現

原典資料

われわれの判断基準の二つの要素はともに民主主義を指向している。第一のものは，共有された共同の関心が，より多くの，より多様な事柄に向かうことを意味しているだけでなく，相互の関心を社会統制の一要因として確認することにより深い信頼をおくことをも意味している。第二のものは，……社会集団が互いにより自由に相互作用することを意味しているだけでなく，社会的習慣に変化が起こること ―― すなわち，さまざまな相互交渉によって産み出される新たな状況に対処することによって絶えずそれを再適応させること ―― をも意味しているのである。……

教育の面で，われわれはまず次のことに注目する。すなわち，いろいろな関心が相互に浸透しあっており，進歩すなわち〔次々に生じる新たな状況への〕再適応が考慮すべき重要問題になるような，そういう種類の社会生活を実現するために，民主的共同社会は，他の共同社会よりも，計画的で組織的な教育にいっそう深い関心を向けるようになる，ということである。〈松野安男訳，デューイ『民主主義と教育（上）』岩波文庫〉

読解力 *power up!*

〔2〕デューイの民主主義的教育に関する記述として，最も適当なものを一つ選べ。

①民主的交渉による社会の新たな環境への適応力は自然に成長する。

②民主的交渉による社会の新たな環境への適応力の育成が教育の価値である。

③新たな社会の状況への適応をめざす時に注目されるのが教育である。

④民主的交渉による社会の相互作用は教師の指導によって育成される。

資料 解説

民主主義の実現をめざしたデューイは教育を人間の改造ととらえた。なぜなら，人間がよりよく生きていくためには，知性を活用することで環境に適合したり，社会を改良したりしていかなくてはならないが，そのためにはまず人間自身を教育によって改造し知性を身につけさせ，知性を身につけた人間によって社会が改造され，その結果，民主主義が実現すると考えたからである。**「教育とは未来の新しい価値の創造である」**と，彼は自身の教育哲学を述べるが，民主教育は社会集団間の相互作用により社会的習慣に変化をもたらし，新たな環境への適応力を育成するものであるとデューイは考えた。

大学入試 *challenge!*

〔1〕環境への人間の適応に関するデューイの主張として最も適当なものを，次の①〜④のうちから一つ選べ。

①非人間的な環境を生み出す資本主義を廃棄して社会主義を実現するために，労働者階級の団結を主張した。

②できるだけ多くの人々が環境に適応して幸せになることが最善であるとし，善悪の基準を功利性に求めることを主張した。

③人間は，知性を道具として活用することによって，よりよく環境に適応し，社会を改良するのだと主張した。

④社会環境は適者生存のメカニズムにより良い状態になるから，個人の自由な活動を放任すべきだと説いた。

〈07追試［改]〉

重要語句

デモクラシー（民主主義）： デューイはデモクラシーを単なる政治の形態ではなく，集団生活の形式，すなわち，互いの経験を共有し理解し合う生活様式ととらえた。民主主義の本質は自由の精神であり，それは教育によって育まれるものであると考えたデューイは教育を重視し，教育による民主主義の実現をめざした。

問題解決学習： デューイの学習理論。学習の本質は，自ら問題を発見し解決していく能力を身につけていく点にあると規定した。戦後の日本でもその重要性が指摘され，問題解決学習が導入された。

大学入試 *challenge!*

〔2〕プラグマティズムの説明として最も適当なものを次の①〜④のうちから一つ選べ。

①プラグマティズムは，経験論の伝統を継承し，知識を結果によって検証しようとする思想である。

②プラグマティズムは大陸合理論を基盤とし，キリスト教により育まれた米国独自の思想である。

③プラグマティズムは，ギリシア語の「行為」を語源とするが，思弁的で抽象的な思想である。

④プラグマティズムは，科学的認識より実用性を重視し，日常生活の知恵を基盤とする思想である。

〈04追試［改]〉

解答：【読解力 power up!】〔1〕③　〔2〕③　【大学入試 challenge!】〔1〕③　〔2〕①

実証主義と進化論

考えよう
○実証主義とはいかなる思想か。
○進化論はその後の思想にどのような影響を与えたか。

実証主義は人間社会に関する仮説をもとに自然科学的手法を用いて観察・実験を行い，仮説の真偽を証明しようとする思想であり，フランスの**コント**によって提唱され，社会学が創設された。**ダーウィン**によって提起された**進化論**を人間社会に適用した理論が**社会進化論**であり，イギリスの**スペンサー**によって提起された。両者に共通するものは，科学的に厳密な手法により人間社会の法則を究明しようと試みる学問的態度である。

コント
A. Comte（1798～1857）

フランスの哲学者。社会学の創始者で**実証主義**の確立者。フランスのモンペリエに生まれ，幼少期よりすでに天才の誉れ高く，特にラテン語と数学において頭角を現した。1814年にパリのエコール－ポリティニックに入学。パリで数学の私塾を開き，生計を立てた。19歳から社会主義者サン＝シモンの秘書となり大きな影響を受けた。その後自宅で実証哲学の講義を始めるが，心的過労と家庭不和のため精神に異常をきたし，精神病院に収容されている。また29歳の時投身自殺を企てるなど，結婚生活は17年間で破綻した。31歳の時に実証哲学の講義を再開し，その年の秋に完結。それをまとめたものが代表的著作である『実証哲学講義』6巻である。

コントは超経験的なものを排して，経験的な観察によって現象の内にある法則を探求する実証主義の立場に立ったことで知られる。人間の知識は超自然的な**神学的段階**，**形而上学的段階**をへて，合理的精神に基づく**実証的段階**へと発展するとし，その精神の発展に対応して，社会は**軍事的**，**法律的**，**産業的**という段階をへて発展するとした。さらに社会を1つの有機体と見なす社会有機体説の立場から社会学を創始した。なおコントは，知識の三段階において，実証的段階を最高の段階とし，社会学を最高の科学であるとした。

ダーウィン
C. R. Darwin（1809～1882）

イギリスの博物学者。イギリス中西部シルスベリーに生まれる。はじめエディンバラ大学で医学を，次いで牧師をめざしてケンブリッジ大学に進学したが，興味をもつ生物研究への意欲を抑えがたく，ケンブリッジ大学の植物学教授ヘンローに師事した。その後，南太平洋への探検に赴くイギリス測量船ビーグル号に乗り組み，5年間，南アメリカ，ガラパゴス諸島，オーストラリア，ニュージーランドの自然環境や生活風俗を見聞したことが**進化論**の素地となった。帰国後，採集した資料の整理と著書の執筆に専念した。生物を進化させる要因については，マルサスの『人口論』にヒントを得て，**自然淘汰＝適者生存**という仮説を提起した。1859年，『**種の起源**』を公刊。賛否両論の反響が巻きおこったが，支持者たちの活躍により進化論の勝利がもたらされた。

ダーウィンは『種の起源』において，生物の種は個別に創造されたのではなく，他の種から生じたとする**生物進化論**を唱えた。環境により適応した変異をもつ個体は生存し，そうでない個体は死滅する（適者生存の法則）という自然による淘汰（選択）を進化の原理と考えた。進化論は，種は神によって創造され不変であるとする，キリスト教の教義とまったく異なっていたため，宗教や信仰の面で社会に大きな波紋を投げかけた。

スペンサー
H. Spencer（1820～1903）

イギリスの哲学者，社会学者。イギリスのダービーに生まれた。若いころ大学に入学することを拒み，地質学の研究から進化の概念を社会に適用し，1850年『社会静学』を著した。次いであらゆる有機体の発展が同質から異質への変化の法則を含むことを知り，『発展の仮説』において進化と創造を比較した。その後晩年に至るまで続けられた研究・著作は，彼の総合哲学および諸科学の一大総合体系をなした。彼の哲学は，進化の法則を生物学・心理学・社会学・倫理学などの各個別領域に適用した，総合的な学問といえる。

スペンサーは，ダーウィンの進化論を人間社会にも適用しようとし，天体の現象から社会の現象に至るまで，すべての領域を進化の原理で説く**社会進化論**を唱えた。また，道徳的感情は祖先から受け継がれた資質で，利己的感情から利他的感情へと進化するという**進化論的倫理学**を説き，人間社会を有機体ととらえ，人類の社会生活への適応能力の進化とともに，社会は**軍事型社会**から**産業型社会**へと進歩して，やがて人為的規制をまったく廃した完全な自由の実現する**無政府状態**が出現するとした。この考え方は進歩史観の提起として，歴史家や人文・社会科学全般に大きな影響を与えた。しかし，人間社会の変化には生物とは異なる予測不可能な諸現象が生じ，直線的・単線的に発展するものではなく，多方向に拡散的に変化していく要因もある。その点についてダーウィン・スペンサー的生命観はベルクソンによって批判された。

ルネサンスは神中心の世界観から人間を解放し、ヒューマニズムの精神を育む歴史的契機となった。ピコ＝デラ＝ミランドラは、人間の自由意志を神によって賦与されたものと見なし、人間はどのように生きることもできると説いた。ここに近代的意味における人間性と自由・道徳について、考察し得る可能性が生まれた。

合理主義と啓蒙主義の普及は、人間理性による不合理な旧体制の批判を生み出し、市民革命によって近代市民社会を成立せしめた。こうして人間としての基本的権利が主張されるようになった。近代自然法思想とその核心をなす自然権の概念、社会契約説がそれである。ロックやルソーが主張する社会契約説は、人間の生まれながらの権利として自然権を主張し、それを保障するために人民と為政者が結ぶ社会契約によって、政治的社会が成立すると説いた。こうして国家による自然権の保障によって、人間性の発揮、自由と道徳が個人的善として認められたのである。そして社会契約説は、政治的社会形成以前における人間の自然状態を合理的に想定し、そこでの個人の生命・自由・幸福追求は生来の権利として認められ、個人的善が個人間に行き渡る社会が前提されるようになった。

ドイツ観念論は人間性と自由・道徳の問題を哲学的に深める思索を展開した。カントは、実践理性による道徳的な意志決定を想定し、善意志にもとづき無条件に意志決定する近代的個人に道徳法則の適用を見た。カントによれば、意志の自律こそ、人間の自由である。ヘーゲルは、人間の自由は絶対精神の自己実現によるものと考え、家族・市民社会・近代国家によって完成される人倫を弁証法的に思考した。

近代市民社会の成立ならびに資本主義は、人間性の豊かさと近代的個人の幸福を考える思索を深めた。功利主義は、快楽の追求を人間の幸福、個人的善と見なし、ベンサムは物質的富を快楽と見なし、「最大多数の最大幸福」の実現を説き、ミルは永続する精神的快楽を功利主義と見なし、イエスのように、献身的行為を個人的善と見なした。アメリカでは、理性を人間の幸福実現のための手段と見なし（道具主義）、行為の結果によって真偽を判断するプラグマティズムの思想が発達した。ジェームズやデューイの思想は、政治や教育、科学などあらゆる分野に及び、豊かな人間性、個人的善の追求に貢献した。

このように、人間性と自由・道徳は個人的善の追求とともに、近代市民社会の成立を契機に、近代的個人によって追求された。近代的個人を市民社会の細胞のように考え、人間性の解放、自律と独立を前提に、自由な行為の主体と見なす思想が道徳や個人的善の追求に貢献したことが理解できよう。アダム＝スミスは『道徳感情論』において、自己の欲望を少なめに抑え、他人の不幸により強く同情する市民の共感（シンパシー）を市民間の結合原理と見なし、利己心を肯定した。それは法による強制によって得られるものではなく、放任（レッセ－フェール）されるべきものであった。

読解力 プラスα

「人間性と自由・道徳」を読み、次の文の空欄【X】に入れる同一語句を考え、その語句を入れた際に正しい解説となる文として最も適当なものを、次の①～④のうちから二つ選べ。

① ピコ＝デラ＝ミランドラは、主著『人間の尊厳について』において、人間の【X】意志を認め、人間は神的な存在として生きることも、獣的存在として生きることも可能であると述べたが、ルターはこのようなピコの考え方を否定した。

② ロックは主著『統治二論』において、人間は自然権として生命・【X】・財産権を保障されており、この自然権を政府に信託する社会契約説を主張したが、圧政を行う政府を暴力で倒す人民の革命権については否定的な立場を示した。

③ カントは主著『実践理性批判』において、人間の【X】を意志の自律とみなし、おのれの良心の声に従い、自己の意志の格率をすべての人の行為と一致するように道徳法則に基づいて行為するよう命ずる人間の理性を実践理性と考えた。

④ デューイは、主著『民主主義と教育』において、プラグマティズムの立場から、人間の【X】は民主主義の実践において実現すると考え、創造的知性を育む教育を重視し、その結果としての労働者による社会改良の役割と可能性を指摘した。

解答：①・③（空欄【X】には「自由」が入る）

4 現代思想の黎明

映画「モダン-タイムス」

単元の概観

[現代思想の黎明期]

　人間理性は，議会制民主主義の発展や近代市民社会の形成，資本主義の発展，近代科学技術のめざましい発達をもたらしたが，他方，負の遺産として2度の世界大戦をおこし，核兵器などの大量殺戮兵器を登場させ，人類を存亡の危機に直面させた。このような人類の歴史の光と闇は，いずれもわたしたちに残された課題である。現代思想の黎明期において**社会主義**と**実存主義**，**現代ヒューマニズム**が生まれ，こうした歴史の変革期に近代的個人としてどのようなあり方をするかという思想が追求されたのは，精神史的帰結の1つであった。それは，普遍的・客観的真理の探究としての役割を果たしてきた西洋近代哲学への厳しい批判でもあった。

[現代思想の黎明期における思想の二潮流]

　西洋近代哲学への批判は2つの潮流において展開された。

　1つは，資本主義社会に生じた諸矛盾を社会の変革において解決することをめざす社会主義である。社会主義は，理想的な労働環境の追求を実践として試みた**初期社会主義（空想的社会主義）**に始まり，資本主義社会の矛盾の諸原因を科学的に分析し，プロレタリア階級を主体とする社会革命によって共産主義（社会）の実現をはかる**マルクス主義**と，議会制民主主義にもとづく社会改良により，**社会民主主義**の実現をはかる**修正社会主義**として展開していった。

　もう一つの潮流は，歴史の変革期に近代的個人としての人間としてのあり方，本来の自己のあり方を見定めようとする**実存主義（実存哲学）**である。実存主義の背景には19世紀ヨーロッパに蔓延した**ニヒリズム**，不安定な資本主義の将来に対する不安がある。近代的個人を絶え間なく襲う不安や戦争に対する恐怖が，個人のあり方・生き方を問う実存主義に結びついたといえよう。また，資本主義や工業化社会の発展により生み出された大衆消費社会の中で，近代的個人は自己のあり方・生き方を問うこともなく，水平化・平均化された個人，すなわち大衆・群衆となる。こうした近代から現代へ向かう時代の転換期において，本来の自己のあり方を問う実存主義はきわめて大きな役割を果たしたということができよう。

```
                    ヘーゲル
フォイエルバッハ      実存主義        生の哲学
マルクス主義        キルケゴール
マルクス・エンゲルス   ニーチェ        ニーチェ
レーニン           ヤスパース       ベルクソン
スターリン          ハイデッガー      ディルタイ
                   サルトル
                    現代思想
```

地域情勢	年	出来事
イギリスのカナダ支配	1760	サン＝シモン誕生。
	1771	オーウェン誕生。
第1回ポーランド分割	1772	フーリエ誕生。
ライプツィヒの戦い（ナポレオン敗北）	1813	キルケゴール誕生。
	1818	マルクス誕生。
	1844	ニーチェ誕生。
	1849	キルケゴール『死に至る病』
	1850	ベルンシュタイン誕生。
	1867	マルクス『資本論』第1巻完成。
ドイツ統一	1871	
	1875	シュヴァイツァー誕生。
	1883	ヤスパース誕生。
	1885	ニーチェ『ツァラトゥストラ』
	1889	ハイデッガー誕生。
ロシア革命始まる（血の日曜日事件）。	1905	サルトル誕生。
第一次世界大戦勃発。	1914	
	1927	ハイデッガー『存在と時間』
世界恐慌おこる。	1929	
ナチス政権獲得。	1933	
第二次世界大戦勃発。	1939	
	1943	サルトル『存在と無』
第二次世界大戦終結。	1945	

キルケゴール	デンマーク
マルクス，エンゲルス，ニーチェ，ベルンシュタイン，ヤスパース，ハイデッガー	ドイツ
オーウェン，ウェッブ夫妻，バーナード＝ショウ	イギリス
サン＝シモン，フーリエ，シュヴァイツァー，サルトル，メルロ＝ポンティ，ベルクソン	フランス
マザー＝テレサ	アルバニア
	オーストリア－ハンガリー

解説　現代思想家の出身地（社会主義，実存主義，ヒューマニズム）

　空想的社会主義は，産業革命が最初におこり，資本主義・科学技術が発達したイギリスで生まれた。労働者の貧困や人間疎外に考察の目が注がれたのも，資本主義の発達を背景としてのことであった。**マルクス・エンゲルス**の**科学的社会主義**は，ドイツから生まれた。近代から現代への移行期に生まれた**実存主義**の創始者**キルケゴール**は，デンマーク出身の哲学者であったが，その後ドイツの**ニーチェ，ヤスパース，ハイデッガー**に受け継がれ，さらにフランスでは，**サルトル**が第二次世界大戦中に『存在と無』を刊行している。

▶ 社会主義

社会主義	代表的思想家	思想の特色	理想とする社会主義のあり方
①空想的社会主義 （18世紀後半）	オーウェン サン＝シモン フーリエ	人道主義的立場から労働者の環境改善をはかる ※労働者の貧困や人間疎外の原因に対する科学的分析の欠如	労働者主体の理想郷（共同体）の建設 産業者が支配する産業社会の建設 農業を基盤とする協同組合の建設 →理想社会（ユートピア）の建設に失敗する
②科学的社会主義 （19世紀前半〜後半）	マルクス エンゲルス	唯物論的立場から，資本家による労働者の搾取と人間疎外の原因を科学的に分析 ※階級闘争の歴史，革命によるブルジョワジーの打倒	階級闘争からの解放，生産手段の共有 →労働者主体の社会主義国家の建設（共産制） 修正マルクス主義 ロシア革命（1917年） 中国革命（1949年）
③修正社会主義 （19世紀末〜20世紀）	ベルンシュタイン ウェッブ夫妻 バーナード＝ショウ	議会制民主主義による社会主義の実現 ※暴力革命の否定（穏健的）	社会民主主義の実現 →イギリスにおける労働党内閣の成立 ドイツのワイマール共和国

資本主義社会では，**資本家階級（ブルジョワジー）** が生産と利潤の拡大のために**労働者階級（プロレタリアート）** を搾取することによって労働問題が生み出された。児童や婦人の長時間労働，労働者の貧困，**人間疎外**などの諸問題がそれである。知識人ならびに工場経営者の中には，人道主義的見地から労働問題の解決をはかろうと試みる者も現れた。こうした実践の中から生まれた思想が**空想的社会主義**である。

社会主義とは，生産手段の社会的所有を実現することによって資本家と労働者の階級対立を解決し，貧富の差のない平等な社会の実現をはかる社会思想である。19世紀前半に見られた初期社会主義は，知識人ならびに工場経営者の人道主義的配慮によって，労働者にとって理想的な生活環境の実現をはかろうとするもので，空想的（ユートピア）社会主義と呼ばれた。この思想は結果的には実現されなかった。資本家と労働者の階級対立や労働者の人間疎外の原因に対する科学的分析が欠けていたからである。この点を鋭く指摘し，資本主義的生産様式の廃棄と生産手段の労働者による社会的所有をはかる社会主義的生産様式の出現が歴史的必然であることを，**唯物史観**によって科学的に説明したのが，**マルクスとエンゲルス**による**科学的社会主義**であった。社会主義革命は資本主義が最も高度に発達していたイギリスで最初に生じるはずであった。しかし，現実にはそうならなかったのは，イギリスにおける議会政治の進展と漸進的な社会改革によるものであった。暴力革命によらない漸進的な社会改革によって，合法的な社会主義の実現をはかる社会主義を提起したドイツの**ベルンシュタイン**，イギリスの**ウェッブ夫妻**，**バーナード＝ショウ**に代表される**修正社会主義**が，イギリスやフランス，ドイツでしだいに主流となっていき，議会制民主主義にもとづく社会民主主義の実現がめざされた。彼らの思想は**ユーロ－コミュニズム**と呼ばれる。

▶ 実存主義

思想家	現在の自己	実存に目覚める契機	本来の自己（実存）
キルケゴール	絶望した自己	実存の三段階	宗教的実存に生きる〈単独者〉 自己と神との関係における自己
ニーチェ	ニヒリズムに陥った自己	運命愛，永劫回帰の自覚	現実を乗り越えて生きる〈超人〉
ヤスパース	現存在	限界状況（死・苦悩・争い・罪責）に直面して挫折 →包括者（超越者）との出会い	理性的存在としての〈実存〉 →実存的交わり，愛しながらの闘いをもって生きる
ハイデッガー	現存在 世界内存在として気遣い（関心）のもとに生きる〈ダス－マン（ひと）〉 ※非本来的存在	被投性，「死への存在」の自覚 →先駆的決意による投企	死の自覚をもってかけがえのない時間を生きる〈実存〉 ※本来的存在
サルトル	対自存在（自己意識）	投企的存在としての意志決定 →アンガージュマン（社会参加）	主体的自己としての〈実存〉 →意志決定への責任の自覚

▶ 現代ヒューマニズム思想

ヒューマニズムは本来「人間中心主義」という意味をもち，近代科学技術は理性によって自然を利用・征服する手段として生み出され，人間生活を飛躍的に便利で豊かにした。しかし，資本主義と近代科学技術や帝国主義と植民地主義は，貧富の差を拡大し，先進国と発展途上国の格差や人種差別を生み出した。こうした状況において，ヒューマニズムに普遍的価値を見いだして献身的行為や奉仕活動に取り組む思想家が現れた。**シュヴァイツァー**，**マザー＝テレサ**，**キング牧師**はキリスト教の教えにもとづいて献身的行為による実践と奉仕活動を行った。また**ガンディー**は，非暴力主義の実践によりインドの独立をめざした。

空想的社会主義

考えよう

○空想的社会主義とはどのような思想か。またその背景には何があったか。
○その思想の限界はどこにあったか。

　空想的社会主義とは，18世紀後半から19世紀前半のイギリス・フランスを中心に，人道主義的見地から労働者の生活・労働環境の改善をはかることをめざした初期社会主義のことで，マルクス・エンゲルスが命名した思想のことである。その名称は，資本主義における資本家と労働者の階級対立や，労働者の人間疎外に対する科学的分析を欠き，初期社会主義者が理想と考えた社会はユートピアに過ぎないと批判されたことに由来する。

オーウェン
R. Owen（1771～1858）

　オーウェンは，イギリスの北ウェールズに生まれ，小学校を出て徒弟をしながら読書に励み，18歳から紡績業に従事し，27歳でニューラナークの総支配人となる。自社で働く労働者の教育・生活改善に取り組み，31歳で『新社会観』を発表する。38歳の時「性格形成学院」を開院して世界初の幼稚園を創設した。54歳でアメリカ合衆国に渡り，「ニュー－ハーモニー村」を創設して労働者の環境改善に取り組むが，全財産を失う。

　彼は，人道主義的立場から人間の性格は環境によって形成されるという**性格形成論**を展開し，「性格形成学院」を創設して幼稚園教育を創始し，労働者の貧困と堕落を改善し，労働者の教育や環境改善に取り組む。「ニューラナーク村」・「ニュー－ハーモニー村」の建設は失敗に終わるが，彼の思想は**協同組合運動**や**労働組合運動**の指導に生かされた。また彼の思想には唯物論の影響が強く認められる。主著『**新社会観**』では，労働者の物質的諸条件ならびに労働環境の改善が社会改良に結びつくと考えたが，貧困問題の解決のみで社会主義が実現されるものではないことは，後のマルクス・エンゲルスの科学的社会主義によって厳しく批判されることになった。オーウェンには貧困を生み出す諸要因を，資本主義の内在的矛盾として分析する科学的思考が根本的に欠落していたが，社会環境が人間形成に与える影響について考えたことは教育的にも評価できる。

サン＝シモン
C. H. Saint-Simon（1760～1825）

　サン＝シモンは，パリの名門貴族に生まれ，19歳でアメリカ独立戦争に参加して負傷するが，産業社会の重要性を認識する。28歳で退役し，北フランスの領地で生活するが，37歳まで投機に熱を上げ，結局失敗する。38歳から学問研究に専念し，当時の著名な文人・芸術家・科学者らと交流しながら自己の思想を形成し，万人が労働し，科学に裏づけられた合理的で新しい産業社会を理想と考え，64歳で主著『**産業者の教理問答**』を出版する。

　彼は，搾取のない産業社会の建設をめざし，「すべての人間は労働しなければならない」という平等な労働観に基づき，科学的で合理的な，新しい産業社会の建設を理想と考え，**サン＝シモン主義**と呼ばれる思想を形成した。しかし，彼の思想は社会主義的要素が少なく，私有財産の保障を目的とした資本主義社会の発展をめざしたものである。なお社会学の創始者コントは彼の弟子である。

　ブルボン復古王政の支配階級となった特権階級（貴族・地主・僧侶）ではなく，産業者（資本家・商人・銀行家・労働者）が管理し，支配する社会がサン＝シモンが提起した産業社会である。それは，人道的キリスト教の兄弟愛で結ばれた共同社会で，科学的・合理的な精神を基盤とする社会であると構想されていた。

フーリエ
F. M. C. Fourier（1772～1837）

　フーリエは，フランスの富裕な商人の家庭に生まれた。18歳の時パリを訪れ，パレ－ロワイヤルの景観に感動し，後の**ファランジュ**の原型が生まれたという。26歳の時，パリのリンゴの価格がルーアンの約100倍の高値で売られていたこと，また27歳の時，飢饉時の価格の高騰を見越して備蓄されていた米が腐ってしまい，米を海に捨てるよう店主に命じられた時，産業社会の矛盾と欺瞞を感じ，36歳で主著『**四運動の理論**』を出版した。

　フーリエは，各地を訪れ，産業社会の矛盾と欺瞞を実体験し，理想社会の建設を構想する。そのためには労働の多様性と変化，継続性，食生活の豊かさを実感できる農業を基幹産業とし，人間の情念を解放し，満足させることを主眼にして，共同社会ファランジュを構想した。その中では個人の私的所有が部分的に認められたが，それがなくなれば勤労意欲や家族愛も消失し，情念も満足できないからであった。フーリエが構想した理想社会は，「**ファランジュ**」と呼ばれ，農村的な協同組合的組織体により生産・分配・消費を共同で行う共産的な共同社会である。この組織体を世界中に広め，互いに結合させることにより，個人と社会全体の利害の一致と完全調和，両性の解放，快適な労働を実現することを最終目的とした。

マルクス／エンゲルス

Karl Heinrich Marx（1818〜1883）マルクス主義の提唱者
Friedrich Engels（1820〜1895）マルクスの協力者

考えよう
○「人間疎外」はなぜ生じるか。
○唯物史観とは何か。またその思想的意義は何か。

人と思想

◆マルクス

　ドイツのライン州トリールに富裕なユダヤ人の家庭に生まれる。父は弁護士であった。ボン大学で法律を学び，ベルリン大学ではヘーゲル左派の影響を強く受けた。イエナ大学から学位を授与されたが，当時の大学の保守反動的風潮（ふうちょう）を嫌い，「ライン新聞」編集主幹（しゅかん）となり，ジャーリストとして活躍し，農民の生活の窮乏（きゅうぼう）と国家による思想統制に直面する。学生時代から婚約していたイェーニとの結婚後はパリへ移住し，『独仏年誌』編集で知り合った**エンゲルス**と共著で『**共産党宣言**』を執筆する。ロンドンへの亡命後，『**資本論**』第1巻を出版する。社会主義運動の指導者としてエンゲルスとともにインターナショナルを結成し，万国の労働者の団結を呼びかけた。主著は『資本論』全3巻。

　マルクスはヘーゲルから学んだ弁証法と古典派経済学の理論，**フォイエルバッハ**から学んだ唯物論を総合して，**マルクス主義**と呼ばれる科学的な社会主義の理論体系を構築した。彼は生産力と生産関係との矛盾により生産様式は変化発展し，経済が土台となって政治・文化・哲学が構築されるという**唯物史観**を唱え，資本主義は必然的に崩壊（ほうかい）し，**プロレタリア階級**による**社会主義社会**，さらには**共産主義社会**が成立するとした。

◆エンゲルス

　ドイツのライン州の富裕な紡績（ぼうせき）業者の家に生まれ，24歳の時パリで**マルクス**と出会（お）い，生涯に及ぶ経済的支援を惜しまず，マルクスの遺稿（いこう）を完成させて『資本論』第2・3巻を出版する。主著に『**空想から科学へ**』などがある。

年	年齢	人物史
		《マルクスの生涯》
1818	0	ドイツ（プロイセン）トリールで出生。
1835	17	ボン大学入学，法学を学ぶ。
1842	24	パリに移住，「ライン新聞」編集主幹。
1848	30	イェーニと結婚。『共産党宣言』出版。
1849	31	ロンドンに亡命。
1859	41	『経済学批判』出版。
1864	46	第1インターナショナル結成。
1867	49	『資本論』第1巻出版。
1883	65	肝臓ガンのためロンドンで死去。

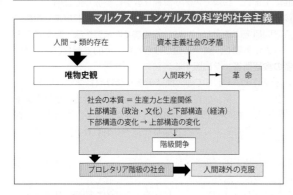

マルクス・エンゲルスの科学的社会主義

人間 → 類的存在
→ 唯物史観

資本主義社会の矛盾
→ 人間疎外 → 革命

社会の本質＝生産力と生産関係
上部構造（政治・文化）と下部構造（経済）
下部構造の変化→上部構造の変化
→ 階級闘争

プロレタリア階級の社会 ➡ 人間疎外の克服

解説

　マルクス・エンゲルスは自分たちが提唱（ていしょう）する社会主義を「**科学的社会主義**」と呼び，初期社会主義を「空想的社会主義」と呼んで厳しく批判した。その理由は**労働者階級（プロレタリアート）**が**資本家階級（ブルジョワジー）**の搾取（さくしゅ）により人間疎外に陥る原因の科学的分析の欠如にあった。マルクス・エンゲルスによれば，物質的生産関係（**下部構造**）が政治・文化（**上部構造**）を規定するのであって，生産力の向上は資本家による労働者の搾取を強化するので，労働者は革命により資本主義を打倒し，**社会主義**が実現されると考えたのである。

1　人間疎外

原典資料

　さて，労働の外化〔疎外〕とはどんな形を取るのか。

　第一に，労働が労働者にとって外的なもの，かれの本質とは別のものという形をとる。となると，かれは労働のなかで自分を肯定するのではなく否定し，心地よく感じるのではなく不仕合（ふしあ）わせに感じ，肉体的・精神的エネルギーをのびのびと外に開くのではなく，肉体をすりへらし，精神を荒廃（はい）させる。だから，労働者は労働の外で初めて自分を取りもどし，労働のなかでは自分を亡くしている。……労働が労働者にとって外的なものだということは，労働がかれ自身のものではなく他人のものであり，他人に属すること，労働のなかでかれが自分ではなく他人に帰属していることのうちに見てとれる。

〈長谷川宏訳，マルクス『経済学・哲学草稿』光文社古典新訳文庫〉

重要語句

人間疎外：人間性の喪失（そうしつ）や自己らしさの喪失のことである。「疎外」とは，「別のものになること」，「はじき出されること」である。人間が本来もっているもの（人間性および人間らしさ）が，人間から離れて疎遠（そえん）なものとなり，人間に自己喪失感をもたらすことを意味する。具体的には，やさしい感情や生きがい，理想の喪失を示す。哲学史的には，ヘーゲルによって指摘され，19世紀後半から，マルクスや実存主義哲学者たちの思想的出発点となった。

人間疎外の原因の説明として，最も適当なものを一つ選べ。

① 労働力が労働者の所有ではなく，資本家の所有のもとにおかれるため。

② 資本家が労働者の労働の強度を強め生産力を高めようとするため。

③ 資本家が労働者に長時間労働を課し，生産量を増やそうとするため。

④ 資本家が工場で機械を用いた単調な長時間労働を労働者に課すため。

資料 解説

資本主義的生産様式においては，資本家階級と労働者階級という2つの階級が対峙し，労働者階級（プロレタリアート）は資本家階級（ブルジョワジー）に自己の労働力を売って，その対価を賃金として得て生活手段を購入する。労働者の人間疎外は，労働力を所有する資本家が資本ならびに利潤増大のために，労働者に劣悪な労働条件のもとで長時間労働を要求することに起因する。労働者が身心をすり減らし，精神を荒廃させる状態を労働の疎外（**労働疎外**）という。この問題を解決するには，労働者が生産手段と労働力を自己の所有のもとに取り戻す以外にはないことをマルクスは究明したのである。

2 唯物史観

原典資料

人間たちは，自らの生活を社会的に生産するさいに，彼らの意志から独立した，一定の〔その生産に〕必要な関係を受け容れる。人間の物質的生産諸力の一定の発展段階に対応する生産諸関係が，その関係である。この生産諸関係の総体が社会の経済的構造を形成している。この社会の経済的構造こそ，法的および政治的な上部構造がその上にそびえたつ現実的な土台であり，さらに一定の社会的意識形態が対応する現実的な土台である。物質的生活の生産様式が社会的，政治的および精神的な生活のプロセス一般を制約しているわけである。人間の意識が人間の存在を規定するのではない。逆に人間の社会的存在が人間の意識を規定する。社会の物質的な生産諸力は，その発展のある段階に到る前までは，既存の生産諸関係の内部で拡大を続ける。しかしその発展のある段階に達すると，既存の生産諸関係と矛盾するようになる。あるいはまた生産諸関係を法的な表現に代えただけだが，所有諸関係と矛盾するようになる。この諸関係は，生産力を発展させる形式から，これを束縛するものに転じる。社会革命の時代（Epoche〔エポック〕）はこの時に始まるのである。経済的土台の変化にともない，巨大な上部構造の全体が徐々に，でなければ急激に転換する。

〈木前利秋訳「経済学批判 序言」『マルクス・コレクション3』筑摩書房〉

資料 解説

唯物史観とは，資本主義的生産様式の没落による社会主義（共産主義的生産様式）成立の歴史的必然性を提示したマルクスの理論である。資本主義的生産様式における物質的諸関係とは，資本家と労働者の生産関係のことである。資本家は利潤獲得のために労働者に不払労働を課し，資本の増殖に努める。そのために生産力は絶えず発展するが，それが歴史的には労働の質的強化，長時間労働，人間疎外等を生み出す。こうした生産力と生産関係の矛盾が原因となって，労働者階級が資本家階級を打倒して生産手段の社会的所有をはかる社会主義（共産制）への変革（社会主義革命）が実現されると考えた。

マルクスの思想の説明として最も適当なものを，次の①〜④のうちから一つ選べ。

① 生産力と生産関係の矛盾から新しい生産様式が生まれ，資本主義的生産様式は，革命によって必然的に共産主義的生産様式に移行する。

② 資本主義社会の矛盾は，資本家の人道主義的改革によって労働者の待遇改善を図り，労働者は生産協働組合を結成し主体的労働を回復する。

③ 資本主義社会の矛盾は，革命ではなく，議会制民主主義により漸進的に解決されるべきものと考え，社会民主主義の普及と発展に努めた。

④ 労働者の人間疎外は資本家と労働者の生産関係の矛盾を解決すべきと考え，古典派経済学の分析ではなく，人間解放の哲学の構想に専念した。

〈18試行調査［改］〉

重要語句

疎外（自己疎外）：元来はヘーゲルの用語で，自分の中にあるものが外に表れ，人間から離れ人間を支配する力となり，人間性に属するものが人間から独立して，人間性を損なうものとなることを意味する。マルクスは人間の本質は労働にあるとし，特に労働疎外を強調した。

労働疎外：マルクスによれば，労働は類的存在である人間の自己実現であり，最も基本的で喜ばしい活動であるはずである。しかし資本主義社会では，労働の生産物は労働者自身に所属せず，資本家の私的所有物すなわち商品となり，また労働者自身にとって，労働は生存のための手段，商品の一形態となっている。労働は労働者自身にとって外的な自分自身と対立する存在となり，それによって労働者が支配されるようになる。このことを労働疎外という。

階級闘争：マルクス主義における階級は，単なる社会階層とは異なり，客観的な基礎をもつ概念であるとされる。生産手段の所有によって規定され，生産手段を所有している支配階級と，生産手段から排除されている被支配階級がそれである。支配階級は常に被支配階級を搾取することによって富を独占し続けてきた。それゆえに，この両階級の利害は根本的に対立し，過去の歴史はこの両者の階級闘争の歴史でもある。

社会主義

修正社会主義

考えよう
○社会民主主義とはどのような思想か。
○マルクスの社会主義が修正されたのはなぜか考えよう。

　修正社会主義とは，社会民主主義のことである。議会制民主主義を基盤に，民主主義的手段による漸進的な社会改革と社会主義の実現を説いた。マルクスによる資本主義の必然的崩壊，プロレタリアートの一党独裁という移行過程を否定し，ドイツ社会民主党やイギリス労働党，フランス社会党に理論的影響を与えた。

ベルンシュタイン
E. Bernstein（1850〜1932）

　ベルンシュタインはドイツのベルリンに生まれ，ドイツ社会民主党の理論的指導者として活躍する。38歳の時政府の弾圧によりロンドンに亡命し，資本主義と議会制民主主義の発達を受けて成立した労働立法などによる労働者の生活環境の改善を目の当たりし，社会主義の新たな展開について考案した。晩年のエンゲルスとも交流している。

　イギリスの現状は，議会制民主主義の発展による労働立法，政府の諸政策による社会改革が漸進的に進められていた。このような社会的現実を受け，ベルンシュタインは暴力革命を否定し，漸進的に社会主義を実現する**修正社会主義**の思想を生み出した。政治的立場は，第一次世界大戦後のワイマール共和国において，社会民主党から国会議員を務めたことにも表明されている。

ウェッブ夫妻
シドニー＝ウェッブ
S. J. Webb（1859〜1947）
ベアトリス＝ウェッブ
B. W. Webb（1858〜1943）

　シドニー＝ウェッブはロンドンに生まれ，31歳でフェビアン協会に加入し，2年後ベアトリスと知り合い，結婚する。以後夫婦はよきパートナーとして著述や研究活動，実践をともにする。35歳で『労働運動組合史』を出版し，晩年は労働党執行部の一員として活動し，マクドナルド労働党内閣の商務大臣を務め，労働党の福祉国家政策の実現に努める。夫妻の思想の特色は，議会による**漸進的な社会改革**の実現にあったといえよう。

　ウェッブ夫妻の思想はイギリスの伝統的な議会政治を基盤に培われたもので，**フェビアン協会**の理想とした漸進的な社会改革と社会主義の実現を構想するものであった。彼らの思想にはロックの経験論哲学と自由主義的な議会制民主主義思想，ベンサムの功利主義やオーウェンの空想的社会主義など，イギリスの社会思想の大きな影響が認められる。ウェッブ夫妻の思想は，労働党内閣の社会政策において実現された。

　フェビアン協会は1884年に結成され，その思想は**民主社会主義**ともいわれた。ウェッブ夫妻とバーナード＝ショウはこの組織の指導者として活躍し，研究や宣伝，様々な活動において主導的役割を果たした。

バーナード＝ショウ
G. B. Shaw（1856〜1950）

　バーナード＝ショウは，アイルランドのダブリンに生まれ，貧困の中で生活し，社会への関心を高め，28歳の時フェビアン協会設立に参加した。ジャーナリスト，劇作家，小説家として活躍し，機知や皮肉に富み，警句に満ちた作品は高く評価された。また，第一次世界大戦後は反戦論を唱え，1925年にノーベル文学賞を受賞した。

　彼は，作品の中で貧困や労働問題，女性労働者の低賃金や売春などの現実を取り上げ，文学者としてフェビアン協会が主張した**漸進的な社会改革**の必要性を風刺的に表現した。この点に彼の思想の特色が見られる。マルクスが説いた暴力革命や資本主義の必然的没落を否定する一方で，イギリスの社会的現実を鋭く見据えた文学的表現の数々はイギリス国民に大きな影響を与えた。

革命家の思想
孫文／レーニン／毛沢東

　孫文（1866〜1925）は1911年，辛亥革命を起こし，清朝を打倒し，中華民国を建国して臨時大総統に就任した。主著『三民主義』で民族主義・民権主義・民生主義からなる**三民主義**を唱えた。

　レーニン（1870〜1924）は，1918年，ロシア社会民主労働党左派（ボリシェヴィキ）を率いて二月（三月）革命を起こし，ロマノフ朝を倒して史上初の**社会主義革命**を成功させ，マルクスの理論を革命によって実現した。帝国主義を資本主義の最高段階である独占資本主義とみなしたレーニンの思想は**マルクス・レーニン主義**ともいわれる。主著は『**帝国主義論**』，『国家と革命』，『哲学ノート』等。

　毛沢東（1893〜1976）は，1949年中国革命を起こし，社会主義国家中華人民共和国を建国した。彼の思想は**新民主主義**といわれ，革命を反帝国主義・反封建主義の革命，次に社会主義革命へと進む二段階革命論を唱えた。主著は『**矛盾論**』，『新民主主義論』等。

キルケゴール

Sören Aabye Kierkegaard（1813〜1855）実存哲学の創始者

考えよう

○主体的真理とはいかなるものか。
○宗教的実存とは何か。
○キルケゴールの思想は彼の人生とどのようにかかわっていたか。

人と思想

　デンマークの首都コペンハーゲンで富裕な毛織物商の家に生まれる。父は学者や芸術家を保護し，町の名士として活躍した。父からルター派プロテスタントとしての厳格な宗教的教育を受け，信仰に忠実であることを教えられて育つ。コペンハーゲン大学神学部で神学・哲学を学んだ後，22歳で自ら「大地震」と呼んだ人生最大の出来事を体験する。それは敬愛していた父が過去に神を呪ったことがあり，先妻が病床にあった時，女中（後のキルケゴールの母）と不倫の関係にあったことを知ったことであった。父の秘密と自己の罪深さに悩み苦しんだ彼は，絶望と自己嫌悪に陥った。この原体験が，本来の自己を実存として発見し，主体的真理を得るための思索の出発点となった。キルケゴールは，24歳の時レールダム家で当時14歳の美貌の少女レギーネ＝オルセンと知り合い，27歳の時に婚約するが，翌年自ら一方的にこの婚約を破棄し，以後彼は，レギーネへの愛を内に秘めながらも哲学研究と著作の執筆に没頭し，『あれかこれか』，『死に至る病』などの代表作を出版する。

　キルケゴールは自己存在の独自性を「例外者」の自覚から認識し，万人に通じる客観的真理ではなく，自己にのみかかわる**主体的真理**を求め，不安と絶望のなかで真の自己（**実在**）への道を模索した。彼は快楽に喜びを得る**美的存在**，倫理的道徳的な生活を送る**倫理的実存**をへて，神の前に**単独者**として生きる**宗教的実存**に至るという三段階を説いた。

年	年齢	人物史
1813	0	デンマークのコペンハーゲンで出生。
1830	17	コペンハーゲン大学入学。神学・哲学を学ぶ。
1835	22	「大地震」を経験する。
1837	24	レギーネ＝オルセンと知り合う。
1840	27	レギーネと婚約。
1841	28	レギーネとの婚約を一方的に破棄。以後，著作活動に没頭する。
1843	30	『あれかこれか』出版。
1849	36	『死に至る病』出版。
1855	42	路上に倒れ，死亡。

キルケゴールの思想

```
自己の存在＝例外者
    ↓
主体的真理の探究 ──┬── 美的実存 ── 享楽的生
    ↓            │
不安・絶望        ├── 倫理的実存 ──「あれかこれか」
    ↓            │
  実 存 ──────────┴── 宗教的実存 ──「神の前の単独者」
```

解説

　キルケゴールは本来の自己のあり方を実存と見なし，弁証法的に発展すると考えた。三段階とは**美的実存，倫理的実存，宗教的実存**のこと。美的実存とは，美的対象に憧憬を抱き，**享楽的生**に本来の自己のあり方を見いだすが，倦怠や堕落により**絶望**に陥る。次に，この段階を否定し，人間としての正しい生き方を倫理的実存に求めるが，行為の**不完全性**のゆえに悔恨から絶望に陥り，こうして倫理的実存も否定される。結局，自力で本来の自己のあり方を見いだすことが不可能であると悟り，**信仰**に救いを求め，神と自己との関係のあり方に本来の自己のあり方を見いだす**宗教的実存**を実存の完成態と見なし，単独者として生きる道を選んだ。

1　主体的真理

原典資料

　もともと私に欠けているのは，私がなにをなすべきかについて，私自身で決着をつけること，なのである。それは，私がなにを認識すべきかについてではない。もちろん，あらゆる行為には，ある認識が先行すべきだということは別としてである。問題は，私の使命を理解すること，私がなすべきこととして神がそもそもなにを欲しているのかを知ることである。重要なのは，私にとって真理であるような真理を見出すこと，私がそのために生き，かつ死ぬことをねがうような理念を見出すことである。いわゆる客観的真理を私が発見したとしても，それが私になんの役に立つというのか。哲学者たちの諸体系を研究しつくして，求められる場合には，それについての論評を書き，その一つ一つの円環の中にある不整合を指摘できたとしても，なんの役に立つというのか。

〈小川圭治訳『人類の知的遺産48　キルケゴール』講談社〉

重要語句

主体的真理：キルケゴールが探究した自己にとっての生き方を示す固有の真理のこと。彼はヘーゲル哲学を研究して，弁証法的思考や西洋の哲学諸体系を学んだ結果，西洋哲学の諸体系は，普遍的・客観的に妥当する科学的真理を探究する学問であり，そこから主体的真理を得ることはできないとした。キルケゴールは，自分がそのために生き，かつ死ぬことを願うような**理念（イデー）**を見いだすことが，神が自己に与えた使命であると自覚したのである。それは，彼にとっては，神と自己との関係のうちに見いだされるものであった。

　自己を見失い，絶望と自己嫌悪に陥ったキルケゴールは，そこからの脱出を可能とするような自己の人生にとっての真理，指針，理念（理想）を西洋哲学の諸体系のうちに見いだそうとしたが，学問としての哲学は，普遍的・客観的な真理を知るために自ら思考し，正しい認識を得る知的営みである。しかし，哲学的思考によって得た認識は普遍的・客観的な知見であって，自己がそれを拠り所にして生き，かつ死ぬことができるような，自己にとっての真理や理念（理想）ではない。信仰に生きる彼は，神と自己との関係のうちに本来の自己（**実存**）を見いだすことが，神が欲する自己の使命であることを自覚したのである。

2　絶望―死に至る病

原典資料

　絶望は精神におけるすなわち自己における病であり，そこでそこに三様の場合が考えられうる。――絶望して，自己をもっていることを意識していない場合（非本来的な絶望）。絶望して，自己自身であろうと欲しない場合。絶望して，自己自身であろうと欲する場合。……

　「死に至る病」というこの概念は特別の意義のものと考えられなければならない。普通にはそれはその終局と結末とが死であるような病の謂い〔意味〕である。そこでひとは致命的な病のことを死に至る病と呼んでいる。こういう意味では絶望は決して死に至る病とは呼ばれえない。それにキリスト教の立場からすれば，死とはそれ自身生への移行である。その限りキリスト教においては地上的な肉体的な意味での死に至る病などは全然考えられえない。むろん死が病の終局に立っているにはちがいないが，しかしその死が最後のものなのではない。死に至る病ということが最も厳密な意味で語らるべきであるとすれば，それは，そこにおいては終局が死であり死が終局であるような病でなければならない。そしてまさにこのものが絶望にほかならない。

　だが絶望はまた別の意味で一層明確に死に至る病である。この病では人は断じて死ぬことはない（人が普通に死ぬと呼んでいる意味では），――換言すればこの病は肉体的な死をもっては終らないのである。反対に，絶望の苦悩は死ぬことができないというまさにその点に存するのである。

〈斎藤信治訳，キルケゴール『死に至る病』岩波文庫〉

読解力 power up!

キルケゴールは「死に至る病」をどのように考えたか。最も適当なものを一つ選べ。
①自己自身であろうと欲しない者が自死を決断できないこと。
②自己自身であろうと欲する者がキリスト者としての自己ではないこと。
③自己を意識していない者が自己喪失のあまり死ぬことができないこと。
④自己自身であろうと欲する者が自己を取り戻せない状態にあること。

資料 解説

　「絶望」には3類型がある。（1）絶望して，自己をもっていることを意識していない場合―非本来的絶望―自己喪失による絶望。（2）絶望して，自己自身であろうと欲しない場合―自己嫌悪による絶望。（3）絶望して，自己自身であろうと欲する場合―自己自身であることができないことによる（キリスト者の）絶望。ここでキルケゴールは自己の絶望が（3）であることを提示する。キリスト者にとって神と自己との関係は永遠に続く関係であるから，肉体的死はささいな出来事である。キルケゴールにとっての絶望とは，神との関係性に気づいた自己が，精神的な意味で永遠に死ぬこともできず，さらに，キリスト者として正しく生きようとしても正しく生きることができないという意味である。

〔1〕**幸福について考えたキルケゴールの説明として最も適当なものを，次の①～④のうちから一つ選べ。**
①欲求の充足のうちに幸福を求める享楽的な生き方は，結局，自己を見失い，絶望に至ることを免れないと説いた。
②人間にとっての最高の幸福は，人間固有の能力としての理性によって，真理の認識を楽しみつつ生きることのうちにあると説いた。
③社会全体の幸福を目指すためには，単なる感覚的な快楽のみでなく，精神的な快楽の増大についても考慮すべきであると考えた。
④幸福を追求して行われる人間の行為は，単に自然な利己心の傾向に従って生じているにすぎず，道徳的な価値をもたないと考えた。

〈19年追試〔改〕〉

重要語句

絶望：キルケゴールの実存哲学において，絶望とは，「精神におけるすなわち自己における病」であり，キルケゴールにとってのキリスト者としての絶望を意味する。絶望は「自己における病」であり，医学的見地における精神的病のことではない。

〔2〕**キルケゴールによる実存の諸段階についての説明として適当でないものを，下の①～④のうちから一つ選べ。**
①宗教的実存とは，絶望の果てに罪の意識におののきながらも，神と向かい合うことで，信仰に生きることである。そして，苦しむ他者を救うことによる喜びによって，社会性が獲得される。
②倫理的実存とは，「あれか，これか」の決断をし，責任をもって良心的に社会生活を営む生き方である。だが，倫理的に生きようとすればするほど，かえって自己の無力さに絶望することになる。
③美的実存とは，「あれも，これも」と欲望に導かれて，快楽を求める生き方である。だが，結局のところ心が満たされないばかりか，かえって自己を見失うことによって，やがて絶望に陥ることになる。
④実存の諸段階をめぐる考察は，実存

解答：【読解力 power up!】②　　【大学入試challenge!】〔1〕①　　〔2〕①

3 単独者

原典資料

　アブラハムが普遍的なものを踏み越えたのは、民族を救うためでもなく、国家の理念を主張するためでもない、また怒れる神々を宥めるためでもない。もしかりに神が怒っていたということが言えるとしたら、神はただアブラハムひとりに対して怒っていたにすぎないであろう。そして、アブラハムの行為全体は普遍的なものとなんらかかわりをもたず、純粋に私的な企てなのである。してみると、悲劇英雄はその人倫的な徳によって偉大であるのに、アブラハムは純粋に個人的な徳によって偉大なのである。アブラハムの生涯において、父は子を愛すべきである、という表現より以上に高い倫理的なものの表現はない。……

　アブラハムは、いったいなぜ、あのようなことをするのか？　神のために、またそれとまったく同じことであるが、彼自身のためにするのである。神のためにするというのは、神が彼の信仰のあのような証明を要求されるからであり、彼自身のためにするというのは、彼がその証明をなしえんがためである。これら二つのものの統一は、この関係を示すためにつねに用いられてきたことば、それは試練である、試惑である、ということばのうちにまったく適切に表現されている。試惑、しかしこれは何をいうのであろうか？　ふつう人を試惑すものとは、もちろん自己の義務を果たすことを妨げようとするもののことである。ところがここでは、倫理的なものそれ自身が試惑であって、これが神の意志をおこなおうとする彼を妨げるのである。しかしそれでは義務とは何なのか。義務とはまさしく神の意志の表現にほかならないのである。〈桝田啓三郎訳「おそれとおののき」『世界の大思想24　キルケゴール』河出書房新社〉

読解力 power up!

キルケゴールはアブラハムの行為についてどのように考えたか、その説明として最も適当なものを一つ選べ。
①宗教的義務は、人間の道徳的義務の前に当然断念されるべき行為である。
②宗教的行為が赦される唯一の可能性は、神の愛によるものである。
③宗教的義務は、神の意志であるから無条件に従わなければならない。
④宗教的義務は、道徳的義務を犠牲にした人間として利己的な行為である。

資料 解説

　『旧約聖書』「創世記」中のアブラハムの試練の挿話の宗教的意味について論じながら、キルケゴールは「**単独者**」として生きる自己のあり方を提示する。この挿話は、神の命に従って父アブラハムが子イサクを犠牲（いけにえ）として神にささげようとする話であり、人生最大の試練を意味する。神はアブラハムに人生最大の試練を課して信仰の証明を要求し、アブラハムはその要求に従うことによって自己の信仰の正しさを証明する。こうしてキルケゴールは、父は子を愛すべきであるという最高の倫理的・道徳的義務を棄ててまで自己の宗教的義務を遂行しようとしたアブラハムを評価する。

　キルケゴールの思索は例外者意識を出発点として本来の自己のあり方、「実存」への思索として結実する。それが神の前にひとり立つ「単独者」としての自己のあり方である。「単独者」としての自己のあり方は、キリスト者一般のあり方ではなく、キルケゴールのみに妥当し得る個人的主体的あり方である。キルケゴールにとってアブラハムの宗教的義務の遂行は、自己と神との関係によってのみ信仰を証明したという点において、彼自身が説く「単独者」としての宗教的実存に通じるあり方であった。

の質的弁証法と呼ばれる考え方を表現している。それは、世界のあり方を説明するものというより、現実に生きている主体的な自己のあり方を明らかにする思想である。〈15年追試〉

重要語句

例外者：キルケゴールの思想の出発点となる概念で、他の人々とは異なり、一般的な生活や価値観から投げ出された存在ということ。そこから彼の「主体的真理」追究が始まった。それは自己の外部に求められる真理ではなく、例外者としての自己の内面の追求によって得られるべき真理であった。

単独者：絶望を克服するため、本来の自己のあり方を宗教的実存に見いだしたキルケゴールが、キリスト者として生きる自己に対して名づけたもので、自己がひとり神の前に立ち、自己の信仰の正しさを問うあり方である。そこでは神の愛に包まれる喜びと、絶えず神の前で自己の信仰の正しさを証明しなければならないという苦悩とが表裏一体となった、宗教的な意味における自己矛盾の状態に自己が放置されることを意味する。自己と神との関係において、自己の信仰の正しさを証明しなければならないのは自己であり、それを要求し、かつ認めるのは神のみである。換言すれば、自己と神との関係において正しく表現され得るのは、神の意志のみということである。キルケゴールのいう単独者は、一般者ではない自己のみがひとり神の前に立つことができるという意味において、例外者に通じることに留意したい。

実存の三段階：キルケゴールは実存を3段階に分類した。第1は**美的実存**であり、欲望や本能のままに感性的享楽の生活の中に満足感を求める生き方であるが、そこでは自己を見失い、絶望に陥る。その絶望から自己を取り戻すところに**倫理的実存**が開かれる。これは人生において考えられる多くの可能性の中から「あれかこれか」を選び、責任をもって良心的に生きることである。しかし、倫理的に生きようとすればするほど、良心の呵責にさいなまれ**絶望**する。その絶望から最後に到達するのが**宗教的実存**であり、自己の真実の生き方を求める中で、罪の意識におののきながらも、神にすがらざるを得ない自己を自覚し、神の前の**単独者**として生きることである。

あれかこれか：キルケゴールが説いた主体的生き方を表す言葉。人生を真に生きるということは、自己の責任において、「あれかこれか」の1つの行動を決断することであるとした。

ニーチェ

Friedrich Wilhelm Nietzsche（1844〜1900）ドイツの実存哲学者

考えよう

○「神は死んだ」の意味をニヒリズムとの関連で考えよう。
○「超人」とはどのような存在か、「力への意志」とは何か考えよう。

人と思想

ドイツのザクセン州にルター派の牧師の子として生まれ、父親から厳格な宗教教育を受けた。幼少より学問に優れた才能を発揮し、大学では神学と古典文献学を学ぶ一方で、**ショーペンハウアーの厭世主義（ペシミズム）**に強い影響を受けるとともに、音楽家ワーグナーと交友を結び、彼の楽劇に「ディオニュソス的精神」を見いだす。その後古典文献学研究が高く評価され、24歳の若さでバーゼル大学の教授となり、28歳で『悲劇の誕生』を出版するが、学界からは孤立した。その後偏頭痛に悩まされ、35歳で大学を辞職し、交友関係においても才媛ルー＝ザロメとの恋愛スキャンダルや、ワーグナーと絶交するなど、後半生は波乱に満ちたものとなった。

持病と闘いながら、思索と執筆に励む日々を送り、『**権力への意志**』、『**ツァラトゥストラ**』などの数々の著作を書き上げるが、45歳の時、進行性麻痺症のため発狂して精神病院で入院生活を送り、死去した。

ニーチェは当時における**ニヒリズム**と人間の堕落の元凶はキリスト教にあるとし、愛の教えを**奴隷道徳**であると否定した。彼は「**神は死んだ**」と宣言し、既成の価値が崩壊した時代に求められる超人を説いた。新たな価値を創造し、自覚的に人生を生きる**超人**こそニヒリズムを克服する存在であるとした。

年	年齢	人物史
1844	0	ドイツのザクセン州レッケンに生誕。
1864	20	ボン大学入学。神学・古典文献学研究。
1865	21	ライプツィヒ大学へ転学。
1869	25	バーゼル大学員外教授に就任。
1872	28	『悲劇の誕生』出版。
1878	34	このころ、反ユダヤ主義を批判。
1879	35	偏頭痛のため大学を辞職。
1880	36	このころ、キルケゴールの著作を読む。
1882	38	『権力への意志』出版。
1885	41	『善悪の彼岸』出版。
1886	42	『ツァラトゥストラ』出版。
1889	45	トリノ広場で倒れ発狂、精神科病院入院。
1900	56	錯乱状態のまま死去。

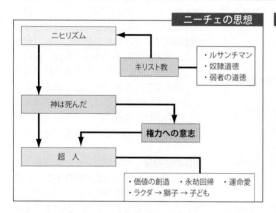

ニーチェの思想

解説

ニーチェは19世紀ヨーロッパに蔓延した**ニヒリズム（虚無主義）**の原因をキリスト教道徳に求める。なぜなら、キリスト教とは、弱者に強者への服従を求める奴隷道徳を説く教えであり、その根底には、弱者の強者への**ルサンチマン（怨恨感情）**があるという。したがって、ニヒリズムの克服には、権力への意志をもって新たな価値を創造して生きる超人が必要である。ニーチェは『ツァラトゥストラ』において、**超人**の教えを説く。それは、すべてが同じことのくり返しである**永劫回帰**を受け入れ、おのれの運命を愛し（**運命愛**）、新たな価値の創造のために強くたくましく生きる人間の創造を説くものであった。こうしてキリスト教は否定（"**神は死んだ**"）された。

1 キリスト教批判

原典資料

キリスト教は、無私や愛の教えを前景におしだすことによって、個の利害よりも類の利害が価値高いと評価してきたのでは断じてない。キリスト教本来の歴史的影響、宿命的な影響は、逆に、まさしく利己主義を、個人的利己主義を、極端に（——個人の不死という極端にまで）上昇せしめたことである。……この普遍的な人間愛が、実際には、すべての苦悩する者、出来そこないの者、退化した者どもの優遇なのである。じじつそれは、人間を犠牲にする力を、責任を、高い義務を、低下せしめ弱化せしめてしまった。キリスト教的価値尺度の範型にしたがえば、いまなお残っているのはおのれ自身を犠牲にすることのみである。しかし、キリスト教が容認し勧告すらする人身御供のこの残りも、全体の育成という見地からすれば、まったく無意味なのである。類の繁栄にとっては、はたして個々人の誰かがおのれ自身を犠牲にするかどうかは、どうでもよいことであるからである。〈原佑訳『ニーチェ全集12 権力への意志（上）』筑摩がくげい文庫〉

重要語句

キリスト教批判：ニーチェは、19世紀ヨーロッパに蔓延したニヒリズム（虚無主義）の根本原因は、キリスト教的価値観と道徳にあるとする。キリスト教は彼によれば、普遍的な人間愛を共通の価値尺度として、それに従うよう個々人に強いる教えである。これが個人的利己主義を生み出した。

奴隷道徳：ニーチェは神の愛や隣人愛を奴隷道徳と呼んだ。人間は本来、より強くより豊かになろうとする意欲をもつが、神の愛は弱い者、貧しい者へと向けられ、人間は向上欲を失い、ますます堕落し、これが生きる意味を失ったニヒリズムへと人々を導いたとする。

〔1〕ニーチェによるキリスト教批判の説明として，最も適当なものを一つ選べ。

①個を犠牲にし全体への奉仕を説く無私や愛の教えを批判した。
②神の権威への服従を説いて個人の意志を犠牲にする教えを批判した。
③普遍的な人類愛の教えが個人的利己主義を蔓延させたと批判した。
④愛の教えが弱者はもとより強者も弱者へと退化させた点を批判した。

資料 解説

　キリスト教の教えがニヒリズムを生んだ根本原因であることを述べた文である。キリスト教が説く普遍的な人類愛は，個々人の生への欲望や力を自己犠牲に付し，奴隷根性をもってキリスト教的価値観や道徳に従うのみの弱者，退化した者にしてしまう。結局，キリスト教は人類全体を繁栄に導くどころか，個々人が自らの救済のみをめざす個人的利己主義をはびこらせるだけである。ここからニーチェは，個々人がキリスト教的価値観や道徳の支配・束縛から解放され，自己の力や欲望を自覚して新たな価値観の創造をめざして生きる超人の生き方を模索していく。

2 ニヒリズム—神は死んだ

原典資料

　「人間のところへ行かず，森にとどまるがいい！　行くなら，動物のところへ行け！　なんで，わしのようになろうとしないのか？　——熊たちのなかでは熊に，鳥たちのなかでは鳥になろうとしないのか？」

　「じゃ，聖者のあなたは，森で何をしてるのですか？」と，ツァラトゥストラはたずねた。

　森の聖者が答えた。「歌をつくって，歌っておる。歌をつくるとき，わしは笑い，泣き，うなる。そうやって神を讃えるのじゃ。

　歌い，泣き，笑い，うなって，わしは神を讃える。わしの神をな。さて，あんたは何をプレゼントしてくれるのかね？」

　ツァラトゥストラはその言葉を聞いてから，森の聖者にお辞儀して，言った。「与えるようなものなんて，もってませんよ！　さあ，もう行かせてほしい！　あなたたちから何も取ったりしないように」。——こうしてふたりは別れた。ふたりの子どもが笑うような調子で笑いながら，その老人とこの男は別れた。

　ツァラトゥストラはひとりになったとき，自分の心にむかってこう言った。「こんなことがあるのだろうか！　あの老人の聖者は森のなかに閉じこもっていて，まだ何も聞いてないのだ！　神が死んだ，ってことを」
——〈丘沢静也訳，ニーチェ『ツァラトゥストラ（上）』光文社古典新訳文庫〉

読解力 *power up!*

〔2〕「神が死んだ」という表現の意味の説明として，最も適当なものを一つ選べ。

①利己的に生きる森の聖者が信仰の支えとしているキリスト教的な神が，信仰に値しないことに気づいていないという意味。
②世間との交わりを絶ち，ただひとり信仰に生きる森の聖者に対し，その生き方が隣人愛を説くキリストの教えに反することを伝える意味。
③森の聖者の利己的な生き方がキリストの教えに反し，神への偽善に等しい生き方であることを伝える意味。
④人生のよりどころとなる新たな価値を創造する超人の生き方にとって，いかなる信仰も無意味であることを伝える意味。

大学入試 *challenge!*

〔1〕ニーチェの説く超人の説明として最も適当なものを，次の①〜④のうちから一つ選べ。

①意味や目的のない世界をあえて引き受け力強く生きる。
②意味や目的のない世界を離れて芸術的創造に癒しを求める。
③意味や目的のない世界を破壊して理想的社会を建設する。
④意味や目的のない世界を傍観してつねに超然と生きる。　〈06本試〔改〕〉

重要語句

ニヒリズム：虚無主義と訳され，精神的拠り所や価値観を見いだすことをせず，すべての価値観や道徳を否定する思想を意味する。ニヒリズムという語をはじめて用いたのはロシアの文豪ツルゲーネフといわれているが，ニーチェは否定のみに終わる逃避的ニヒリズムを批判し，それを克服するために，一切の既成価値を打倒し，新たな価値を創造する能動的ニヒリズムを説いた。

「神は死んだ」：ニヒリズムの到来を示す言葉。ニーチェはキリスト教は創造や変革を否定し，無気力・無責任なニヒリズム（逃避的ニヒリズム）をつくり出したとする。そして価値や権威が失われ，人間は自らの手で神を死に至らしめたとする。

　ニーチェは，ニヒリズムを克服し，新たな価値観の創造へ向けて生きる超人，ツァラトゥストラを主人公に，彼に徹底的なキリスト教批判を語らせる。

大学入試 *challenge!*

〔2〕ニーチェについての説明として最も適当なものを，次の①〜④のうちから一つ選べ。

①キリスト教の教義に基づく禁欲的な道徳を，強者の自己肯定に根ざした高貴な者たちの道徳として賞賛した。
②個々人が，必ずや訪れる自らの死と向き合うことを通じて，本来的な自己のあり方に目覚める重要性を説いた。
③既成の道徳や価値観への信頼が失われた事態を正面から引き受け，新たな価値を自己自身で創造しつつ生きることを求めた。
④他者や世俗的な出来事の中に埋没し，本来的な自己のあり方を見失ったまま生きる人間を「ダス・マン（世人）」として批判した。　〈20年本試〉

　ツァラトゥストラは山を下りる途中，森の聖者に出会う。動物と戯れ，歌をつくって歌い，神を讃える孤独な生活を送っていた。聖者が動物と戯れるのは，俗世間との交わりを絶ち，人間嫌いに陥っているためである。そこで彼の救いは，自己にとっての神を讃える歌をつくって歌うことのみであった。普遍的な人類愛こそキリスト教的価値観や道徳が説く教えであるが，彼は自己の救いのみを願う利己主義者となっていた。こうした隠者としての孤独な生き方からは新たな価値は生まれない。普遍的な人類愛が個人的な利己主義に退化している点を見抜いたツァラトゥストラは，「**神は死んだ**」という表現によってキリスト教を否定した。

3　超人とは何か

原典資料

　ツァラトゥストラは群衆にむかってこう言った。
　「超人というものを教えてあげよう。人間は，克服されるべき存在なのだ。君たちは人間を克服するために，何をしてきた？
　これまでの存在はみんな，自分を超える何かを創造した。君たちは，この大きな満ち潮に逆らう引き潮であろうとするのか？　人間を克服するよりも，動物に戻ろうとするのか？
　人間にとって猿とは何か？　物笑いの種だ。あるいは痛いほど恥ずかしいものだ。超人にとって人間もその猿と変わりがない。物笑いの種だ。あるいは痛いほど恥ずかしいものだ。
　君たちは，虫から人間への道を歩いてきた。おまけに，君たちのなかにある多くのことは，まだ虫のままだ。昔，君たちは猿だった。いまでもまだ人間は，どこかの猿より，もっと猿だ。
　君たちのなかで一番賢い者も，植物と幽霊が裂けて混じり合ったものにすぎない。だからといって俺は君たちに，幽霊や植物になれ，と命令するだろうか？
　いや，君たちに超人のことを教えてやろう！
　超人とは，この地上の意味のことだ。君たちの意志は，つぎのように言うべきだ。超人よ，この地上であれ，と！
　兄弟よ，俺は心からお願いする。この地上に忠実であれ！地上を越えた希望を説くやつらの言うことなんか，信じるな！　やつらは毒を盛る。自分が毒を盛っているとわかっていても，いなくても。〈同前〉

読解力 power up!

超人についての説明として，最も適当なものを一つ選べ。
①ニヒリズムを克服して生きる神のような人知を超えた超越者。
②キリスト教的道徳を否定し，無信仰者として孤独に生きる者。
③キリスト教を否定し，新たな価値を創造して俗世間に生きる者。
④退化した人間を新たな進化や創造へと知的に高める科学者。

資料 解説

　人間は「克服されるべき存在」である。人間は猿から進化した。しかし，人間の現在の思想状況は，まるで猿や虫のごとく退化し，生ける死者のようである。その原因はキリスト者にある。彼らが人間を退化させ，生ける死者としたからである。こうして**ニヒリズム**が生まれた。ここでツァラトゥストラは，「**超人**」を創造する。超人とは地上（大地）を意味し，生命の根源である。彼が「この地上に忠実であれ！」と説く意味は，キリスト教的道徳とニヒリズムを克服する「新たな価値観」を自ら生み出して生きる超人の生き方に学べということである。

重要語句

超人：「神は死んだ」今，既成の価値や権威を打破し，新しい価値を創造してニヒリズムを克服するものが"超人"である。
　ニーチェはキリスト教的神に代わるものとして，人類の理想的人間の姿を超人とした。超人はヘルダーリンやゲーテも唱えているが，ニーチェはその具体像をツァラトゥストラに求め，ラクダの忍耐心，権威の象徴である竜をかみくだく獅子の強さ，小児の純粋さと創造性をもつものであるとした。超人はまた，「永劫回帰」や「運命愛」の概念とも結びついている。苦悩に満ち，同じことがくり返される無意味な人生にあたって，「人生とはそういうものか，よしそれならばもう一度」と叫んで，人生のあるがままの姿を肯定し愛して，悲惨さを乗り越えていく人間も超人の姿である。

権力への意志：ニーチェが，ショーペンハウアーの生への盲目的意志とダーウィンの生存競争説から形成したもの。すべて生きようとする意志は，より強大になろうと闘って競争に打ちかつ意志を本質とする。したがって，生きようとする意志は権力をめざし，権力への意志となる。従順・勤勉・禁欲・節制を徳とするキリスト教文明が人間を弱者（権力の奴隷）にしたとして，ニーチェは強者の道徳，すなわち強大となり，高まろうとするものに役立つものをもって善とする。

永劫回帰：永劫回帰とは，すべての存在と事象が同じものとして完全に何度も永遠にくり返されることである。すなわち，すべての出来事はかつて永遠の過去におこったことであって，永遠の未来にわたっても同様に無限にくり返される。これこそがニヒリズムの極限形式である。そして，同じことが永遠にくり返されるとしたら，くり返す勇気があるかが次の課題となる。これが人生か，さればもう一度，と運命を愛すること（運命愛）が大切なのであり，超人とは，この永劫回帰に耐え，運命を愛する人のことでもある。

『ツァラトゥストラはこう言った』：ニーチェのライフワークともいうべき作品で，ツァラトゥストラを主人公に「神は死んだ」，超人，永劫回帰，運命愛などの思想が語られ，ヨーロッパの文化と道徳を支配してきたキリスト教中心の価値観の終焉が語られる。なお，ツァラトゥストラとは，古代ペルシャの宗教家ゾロアスターのことで，ゾロアスター教はキリスト教よりはるかに古い歴史をもち，ユダヤ教にも影響を及ぼしたとされている。

実存主義

ヤスパース

Karl Jaspers（1883〜1969）ドイツの実存哲学者

考えよう

○限界状況について日常生活の中から具体的に考えよう。
○包括者とはどのような存在か，実存との関連で考えよう。

人と思想

　ヤスパースはドイツ北西部オルデンブルクの銀行家の家に生まれた。家庭は知的雰囲気に包まれ，教養と自由を尊重する気風のもとで成長した。18歳でハイデルベルクとミュンヘンの大学で法学を学ぶが，翌年医学へ転向し，ベルリン大学，ゲッティンゲン大学，ハイデルベルク大学で精神病理学を研究し，『精神病理学総論』で認められ，1916年ハイデルベルク大学助教授に就任する。その後マックス＝ウェーバーの影響を受け，哲学を研究し同大学の哲学教授に就任する。

　彼が哲学研究に傾注した時期はナチスが政権を取得する時期に重なり，ユダヤ人の妻との絶縁を勧告され，大学教授を免職されても研究を続けた。戦後はスイスのバーゼル大学に復帰して，実存主義の立場から，国際政治や平和などの諸問題について積極的に活動した。

　ヤスパースによれば，私たちは至るところで**限界状況**に囲まれており，それに直面してはじめて自己の有限性を知り，挫折や絶望を超え出る時，自己と世界を支える**包括者（超越者）**に出会う。人間はその出会いによって，真の実存的生き方に達する。主著は『世界観の心理学』『**哲学**』『**理性と実存**』など。

年	年齢	人物史
1883	0	ドイツ北西部オルデンブルクで出生。
1901	18	大学で法学を学ぶ。
1902	19	精神病理学に転向。
1913	30	『精神病理学総論』出版。
1921	38	ハイデルベルク大学哲学教授に就任。
1932	49	『哲学』全3巻出版。
1935	52	『理性と実存』出版。
1937	54	ユダヤ人の妻との離婚拒絶により免職。
1948	65	スイスに移住。
1969	86	バーゼルで死去。

ヤスパースの思想

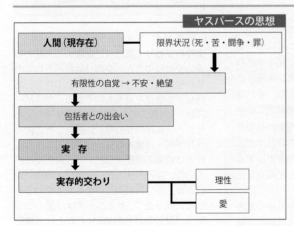

解説

　ヤスパースにとって本来の自己のあり方（**実存**）は，**限界状況**に直面して挫折した時はじめて自己に開示される。限界状況とは，「**死**」・「**苦**」・「**闘争**」・「**罪**」といった，人生において誰もが直面する避けて通ることのできない壁のような状況である。このような状況におかれた時，誰もが挫折を体験する。しかし，現存在としての人間は，理性的存在者であるから，他者との「**実存的交わり**」において，こうした限界状況全体を超越する「**包括者**」との出会いによって限界状況を突破する可能性を自己に開示する。こうした自己のあり方がヤスパースが考える実存である。こうしたヤスパースの実存哲学は，戦間期の西欧に生きる希望を与える思想となった。

1　限界状況

原典資料

　私はつねに状況の中に存在し，争いや苦悩なしに生きることはできず，不可避的に責めを自分に引き受け，死ななければならないものである，といったような状況のことを，私は限界状況と名づける。限界状況は変化することがない。変化するとすればただその現象面においてだけである。限界状況は，われわれの現存在に関係させてみるとき，最終的なものである。限界状況は，見渡されることのできぬものである。われわれの現存在においては，われわれは限界状況の背後に，もはや限界状況以外の何物をも見ることがない。限界状況は，壁のようなものであって，われわれはそれにぶつかっては挫折するだけである。限界状況は，われわれによって変えられるものではなく，ただ明るみへともたらされるだけのものであるが，しかし限界状況をほかの何か或るものをもとにして説明したり導出したりすることはできない。限界状況は，現存在自身といっしょになっているからである。〈小倉志祥・渡辺二郎・林田新二訳，ヤスパース『中公クラシックス　哲学』中央公論新社〉

重要語句

限界状況：人間の力では解明も克服もできない状況のことで，具体的には死，苦悩，闘争，罪責などを指す。ヤスパースによれば，人間は常に限界状況に囲まれているが，気晴らしや一時の享楽にふけり，そのことを忘れ，本来の生き方を失っている。限界状況は，真の実存に至る契機であり，そこから**包括者（超越者）**との出会いや真の自己をめざす，実存的交わりが生まれる。

有限性：人間の無力さ，限界のことで，ヤスパースは，限界状況における挫折・絶望の中で有限性を自覚し，そこから実存への道が開けるとした。

限界状況の説明として，最も適当なものを一つ選べ。
①恒常・不変的で最終的な状況であり，自己に必ず随伴するものである。
②人間が理性的思考によってその原因を究明し，対処し得る状況である。
③現存在が直面する全体状況であり，信仰によってのみ，克服し得る。
④自己との関係において開示され，哲学的思考によってのみ究明し得る。

資料 解説

　人間が普遍的・不可避的に直面せざるを得ない「死」・「苦」・「闘争」・「罪」が「**限界状況**」である。その特質は，（1）不変性・恒常性，（2）自己にとって最終的な状況である究極的存在，（3）先を見渡すことができない不透明性，（4）壁のように乗り越え不可能な拒絶性（挫折），（5）何かあるものをもとに説明・導出することが不可能な対象化・客観化の拒絶，（6）人間の現存在と一緒になった自己との随伴性・付帯性，である。限界状況に直面した自己にとって，それが「明るみへともたらされる」ためには，限界状況を包み込む自己を超越した全体者「**包括者（超越者）**」との出会いにおいて，本来の自己（実存）にめざめる必要がある。

2　実存的交わり

原典資料

　　実存的交わり —— 交わりを通して私は私自身に出会ったことを知るが，交わりにおいて他者はただこの他者である。すなわち唯一性こそは他者というこの存在の実体性の現象である。実存的交わりは前もって範を示されず，後から模倣もされず，絶対的にそのつどの唯一回性のうちにある。この交わりは，幾多の代理者ではなく，まさにただこの自己であり，それゆえに代置されえない二つの自己の間に存する。この自己は，絶対的に歴史的であり外部からは認識されない交わりとしての，この実存的交わりのうちに，みずからの確実性をもつ。ただこの交わりにおいてのみ自己は自己に対して相互的な創造のうちにある。交わりにおいて自己存在を把握するために，自己は歴史的な決断において交わりと結ぶことによって孤立した自我存在としての自己存在を止揚したのである。

　　他者が彼自身でありかつそうであろうとし私が他者と共にありかつあろうとするとき，私は己れの自由において私自身である，という命題の意味は可能性としての自由からのみ把握される。意識一般と伝統における交わりは認識可能な現存在の必然性であって，これなくしては無意識なもののなかへ沈没することは避けがたいが，これに対して実存的交わりの必然性はまさしく自由の必然性にほかならず，したがって客観的には理解しえないものである。本来的な交わりを回避しようとすることは私の自己存在の放棄を意味する。その本来的な交わりから離脱するならば，私は他者とともに私自身をも裏切ることになる。〈同前〉

資料 解説

　限界状況の中で人は挫折するが，そこからの超越の可能性を開くのが「**実存的交わり**」である。現存在としての自己は歴史的に他者と出会う。それは代置され得ないただ1回の，かけがえのない出会いである。2つの自己が出会い，相互的な承認のもとで交わることによって，互いの実存，すなわち本来の自己を発見し，かつ創造するのである。

　実存的交わりにおける2つの自己の交わりは，外部から客観化して理解することはできない。この交わりは当事者固有のものであって，現実に交わっている2つの自己以外には把握され得ない。他者とは知の対象ではなく経験の内にあるものである。

自己について考察したヤスパースに関する説明として最も適当なものを，次の①〜④のうちから一つ選べ。
①いまここにある自己が，他者とは異なるただ一人の自己として生きることの重要性を説き，自らの主体的真理の探究を主張した。
②つねにすでに世界の中に投げ出され，様々な事物や他者と関わりながら生きる自己は，「世界内存在」というあり方をしていると論じた。
③各人は自己のあり方を自由かつ自覚的に選択できるが，その選択は，社会や全人類のあり方と強く結び付いていると説いた。
④孤独と絶望に耐えながら真実の自己を追求する者同士の，全人格的かつ理性的な交わりを，「愛しながらの戦い」と呼んだ。　〈20年追試［改〕〉

重要語句

実存的交わり：真の自己を求める人格の相互の交わりのこと。交わりは自己としての私が他の自己とともにあり，他の自己と関係して私自身を得るものである。ヤスパースは，「人格的交わり」を「現存在の交わり」と「実存的交わり」に区別した。前者が科学的・経験的な交わりであるのに対し，後者は前者の限界から始まり，真のかけがえのない自己と他の同じかけがえのない自己とが，互いに緊張関係をもって交わるところに成り立つ。ヤスパースは，「愛しつつ戦う（愛しながらの戦い）」ことに「実存的交わり」を求めた。

包括者（超越者）：限界状況に直面して挫折する人間に対して，そこからの飛躍（超越）の可能性を開示する全体者のことである。包括者は人間を含めたあらゆる存在を包括するものであり，人間存在もこれに包まれているので完全な認識はできず，理性的対象化は不可能なものである。

　包括者には，自己の外にある「存在そのものである包括者」と自己の内にある「我々がそれである包括者」とがあり，前者は世界（自然）と超越者（神），後者は現存在（日常的存在），意識一般，精神，実存（真の内面的自己）に分かれ，それぞれの最終段階が，超越者と実存であり，自己の実存に達した者が存在そのものである超越者と出会う。

実存開明：限界状況の中で有限性を知った自己が包括者と出会い，自らの生き方について決断し，真の実存を明らかにすること。

解答：【読解力 power up!】　①　　【大学入試 challenge!】　④

実存主義

ハイデッガー

Martin Heidegger（1889〜1976）ドイツの実存哲学者

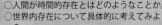

人と思想

ドイツ南西部メスキルヒに牧師の子として生まれる。20歳の時フライブルク大学に入学し，神学を研究して当初は聖職者をめざすが，哲学研究に転ずる。師フッサールから**現象学**を学び，現象学的手法のもとに存在論を研究し，存在を了解している現存在を起点に存在の意味を探究し，主著**『存在と時間』**により世界の哲学界に大きな波紋を投げかけた。39歳の時フライブルク大学教授に就任し，44歳の時ナチスに入党し，大学総長に就任するが，翌年辞任している。終戦後ナチス協力の責任が追及され，教職から追放されるが，1951年には復職している。

晩年は哲学的思索に耽り，存在の真理を探究し続けた。ハイデッガーは，初期においては存在の現象に関心をもち，存在の意味を了解している**現存在**（人間としてのあり方）を探究し，**時間的存在**，**死への存在**の自覚が現存在に至らしめるとした。

後期においては，人間を主体として存在へ向かう立場を離れ，人間は存在が明らかになる場の体現者あるいは提供者，すなわち存在から人間へ向かう立場に立つ。人間は存在するものへ向かうのではなく，存在が明らかになる場にある存在（**脱自存在**）であるとした。主著は『存在と時間』，**『ヒューマニズムについて』**など。

年	年齢	人物史
1889	0	ドイツ南西部メスキルヒで出生。
1909	20	フライブルク大学で神学・哲学を学ぶ。
1919	30	母校私講師，フッサールの助手となる。
1927	38	主著『存在と時間』出版。
1933	44	フライブルク大学総長就任，ナチス入党。
1934	45	総長辞任。
1945	56	ナチス協力の責任により教職追放。
1976	87	メスキルヒで死去。

ハイデッガーの思想

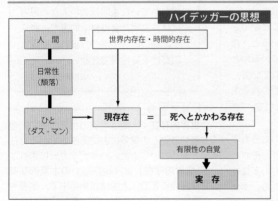

解説

ハイデッガーは，人間のみが存在の意味を了解し，現実にそこに存在するという意味で，《**現存在**》（**ダーザイン**）と呼ぶ。存在の意味への問いは，存在の意味を了解している現存在のあり方を問えばよい。私たちは普段は日常性に埋没し，世間一般の《**ひと**》（**ダス−マン**）として生活している。このような人間のあり方は非本来的存在であり頽落と呼ばれる。《**ひと**》（ダス−マン）に対して，現存在は人間としての本来的存在であり，「**死へとかかわる存在**」である。自己の存在の有限性を自覚した時，**世界内存在**としての事物的存在者や他の現存在への**気遣い**（**関心**）において，世界の内に自己を投企するという本来の自己（**実存**）にめざめる。

1 現存在

原典資料

人間というこの存在者をわれわれは術語的に現存在と表現する。……現存在がこのように際立っていることを暫定的に看取できるようにすることが，肝要である。……

現存在は，他の存在者のあいだで出来するにすぎない一つの存在者ではない。現存在が存在的に際立っているのは，むしろ，この存在者にはおのれの存在においてこの存在自身へとかかわりゆくということが問題であることによってなのである。だが，そうだとすれば，現存在のこうした存在機構には，現存在がおのれの存在においてこの存在へと態度をとる或る存在関係をもっているということ，このことが属している。しかもこのことは，これはこれで，現存在が，なんらかの仕方で表立っておのれの存在においておのれを了解しているということにほかならない。この存在者に固有なのは，おのれの存在とともに，またおのれの存在をつうじて，この存在がおのれ自身に開示されているということである。存在了解はそれ自身現存在の一つの存在規定性なのである。現存在が存在的に際立っているということは，現存在が存在論的に存在しているということによる。〈原佑・渡辺二郎訳，ハイデッガー『中公クラシックス　存在と時間Ⅰ』中央公論新社〉

重要語句

現存在：ハイデッガーのいう本来的存在のこと。「現存在」の対立概念が「ひと（ダス−マン）」で日常生活に埋没して平均化・画一化され，没個性的となった非本来的あり方である。

ハイデッガーによれば，「現存在」とは，「**世界内存在**」としての自己を見つめ，世界の中に投げ出され，他の人々や事象とかかわり共存して，それらへの配慮と交渉に生きていることである。また「現存在」が引き受けなければならないことは，人間が「**時間的存在**」であるということである。

人間が人間として生まれた限り，必然としてあるのが死ぬという事実である。しかし，死を見つめることはつらく，人間は気晴らしや享楽の中に身をおいて「**死への存在**」であることを忘れようとし，また逃れようとする。しかし，本来的自己である「現存在」はその事実を受け入れ，不安の中で真の実存を確立していく。

前記の資料で，現存在の存在を問うのはなぜか，その説明として最も適当なものを一つ選べ。
①現存在の存在を問うことにより，事物の存在を問うことができる。
②現存在の存在を問うことにより，他の現存在の存在を問うことができる。
③現存在の存在を問うことにより，その存在了解内容を問うことができる。
④現存在の存在を問うことにより，自己と他者の関係を問うことができる。

資料 解説

現実に存在する人間を「**現存在（ダーザイン）**」として，存在了解の内容を問うことが，存在論の出発点である。なぜなら，現存在のみが自己の存在においてあるべき態度をとり，自己の存在を了解する唯一の存在者であるからである。

ハイデッガーは，認識論から人間の存在様態と存在了解の内容を問う人間存在論へと，伝統的な西洋哲学の思考の枠組みを転換することに挑み，存在論の地平から西洋哲学史の書き直しを試みる。存在の意味への問いの道標となったのは，フッサールから学んだ現象学であり，それは存在者の存在を存在者自身の方から見えるように存在者自身によって開示して見せる思考であった。

2 世界内存在

原典資料

存在者が世界の内部で事物的に存在している存在者に接することができるのは，その存在者が初めから内存在という存在様式をもっているときだけなのである——その存在者が，現にそこに開示されて存在しているのとともに，世界といったようなものがその存在者にすでに暴露されていて，この世界のほうから存在者が，接するというかたちをとって，おのれをあらわにすることができ，かくしてその存在者の事物的存在において近づきうるものになるときだけなのである。……

現存在の世界内存在は，現存在の現事実性とともに，内存在のもろもろの特定の在り方のうちへと，おのれをそのつどすでに分散したり，それどころか寸断したりしている。内存在のそうしたもろもろの在り方の多様性は，以下のようなものをあげることによって，範例的に暗示される。すなわち，何かにかかわり合っている，何かを作りだす，何かを整理し世話する，何かを役だてる，何かを放棄し紛失する，企てる，やりとげる，探知する，問いかける，考察する，論じあう，規定する等々が，それである。内存在のこれらもろもろの在り方は，配慮的な気遣い〔関心〕という，さらに立ち入って性格づけられるべき存在様式をもっている。配慮的な気遣いという在り方に属するものには，中止，怠慢，断念，休息という欠損的様態もあれば，配慮的な気遣いの諸可能性に関連する「わずかに……しかしない」というすべての様態もある。「配慮的な気遣い」という名称は，差しあたってはその前学問的な意義をもっているのであって，何かを遂行する，片づける，「さっぱりと処理する」ということであることがある。
〈同前〉

資料 解説

ハイデッガーは，『存在と時間』において，現存在と事物的存在者のそれぞれの存在様態を開示する契機として，「世界」と「内存在」という２つの存在様態を分析する。前者は現存在が生活する「環境（身の回り）世界」であり，後者は事物的存在者の世界における存在様態のことである。事物的存在者が世界において現存在に出会い得るのは，現存在が配慮的な気遣い（関心）をもって何かを企図する場合である。事物的存在者は，何かを遂行しようと企図する現存在の関心の対象として，世界の方から現存在に開示される。これが事物的存在者の内存在としての存在様態である。

ハイデガーの思想についての説明として最も適当なものを，次の①〜④のうちから一つ選べ。
①西洋文明は，存在するものを科学的に対象化したり技術的に支配したりすることに没頭し，あらゆる存在の根源にある存在を忘れ去ってしまうという，存在忘却に陥っている。
②文明の進歩を約束すると思われていた理性は，外的自然のみならず人間の感情などの内的自然をも支配するものであり，人間の目的達成の道具にすぎないため，今や新たな野蛮を生み出している。
③従来の西洋哲学は，すべての存在を自己に同化しようとする全体性の立場に固執し，自己の理解を超えた他者の他者性を抹殺している。
④西洋社会の人々よりも知的に劣ると思われていた未開社会の人々の思考には，文明社会の科学的思考に劣らず，構造的な規則が含まれ，西洋文明だけを特権視できない。
〈18年追試［改〕〉

重要語句 ……………

世界内存在：人間は現実の世界の中で，他者や事物との関係において生きている存在であるということ。ハイデッガーによれば，「世界内存在」は「現存在」の本質的なあり方のことで，人間は世界の中で，他者や事物との出会いにおいて，それらが存在する意味を了解し，配慮しながら生きる存在である。

不安：キルケゴールの実存思想でも登場するが，ハイデッガーによれば，自明であった日常の世界や価値観が崩壊し，無に直面して，自己の存在を知った時の気分のことである。人間は不安により，自己の存在を問い，真実の存在に気づくのである。

存在忘却と近代技術批判：「死へとかかわる存在」であることを忘れた「ひと」としての非本来的なあり方をハイデッガーは「**存在忘却**」と呼び，これを近代技術批判として展開した。近代以前において事物存在は，農作物のように，制作・作品的な存在性格を有していた。しかし近代技術は，事物の制作・作品的な存在性格を奪い，工業生産のための物的・人的資源としての存在に変質せしめた。このように，存在が自らの拠りどころを失った状況をハイデッガーは，「**故郷の喪失**」と呼び，その要因となった近代技術文明を鋭く批判し，存在の故郷を見つめる思索を展開した。

解答：【読解力 power up!】 ③ 【大学入試 challenge!】 ①

実存主義

サルトル

Jean-Paul Sartre（1905〜1980）フランスの実存主義者

 考えよう

○「実存は本質に先立つ」とはどういうことか。人間の特質という観点から考えてみよう。
○「人間は自由の刑に処せられている」とはどういうことか。

人と思想

1905年，パリに生まれたサルトルは，2歳で父を亡くし，母方の祖父のもとで養育された。19歳でパリの高等師範学校に入学し，生涯の伴侶**ボーヴォワール**と出会い，メルロ＝ポンティとともに学んだ。卒業後は国内の各地で高等中学（リセ）の教師を務め，28歳でベルリンへ留学し，フッサールやハイデッガーの講義を聞き，現象学を学んだ。第二次世界大戦が始まると対独レジスタンスに参加し，ファシズムに抵抗した。戦後は**メルロ＝ポンティ**らと雑誌の刊行にかかわり，著述家としてのみならず，反核・平和運動や政治運動にも思想家として参加した。また，小説家，劇作家，映画脚本家としても広く活躍した。晩年はマルクス主義に傾倒する。

サルトルは他の事物がその**本質**（そのものの特質）により価値をもつのに対し，人間は**存在すること自体**に価値を有するとして，「**実存が本質に先立つ**」と述べた。人間はいつでも自らをつくり出し，何かに向かって自らを選択していくものなのである。そこに人間の**自由**があり，自由であるからこそ，自らをつくり上げる決断において，不安を乗り越え，自己の責任を負って生きなければならない。このように，主体的自由に生きる時，その人生は他の人の人生，社会や人類とかかわるのである。

主著『**存在と無**』『**実存主義とは何か**』『**弁証法的理性批判**』など。

年	年齢	人物史
1905	0	パリに生まれる。
1924	19	高等師範学校入学。
1929	24	ボーヴォワールと契約結婚。
1933	28	ベルリン留学，現象学を学ぶ。
1938	33	『嘔吐』出版。
1939	34	対独レジスタンスに参加。
1943	38	『存在と無』出版。
1945	40	このころからマルクス主義に傾く。
1946	41	『実存主義とは何か』出版。
1960	55	『弁証法的理性批判』出版。
1964	59	ノーベル賞辞退。
1966	61	ボーヴォワールと一緒に来日。
1980	75	パリで死去。

サルトルの思想

```
人　間 ──── 投企的存在
              「実存が本質に先立つ」
                    │
        ┌─ 不 安 ─┐  │
  自 由 ─┤         ├→ アンガージュマン
        └─ 責 任 ─┘     （社会参加）
```

解説

人間の意識の対象は自己の生への関心を示す事柄で占められており，自己はその「何か」に対して，自己の生への関心にもとづき，一つの価値観を選択し，どういう態度をとるかを自分の意志で決め，何事かを企図する**投企的存在**である。これが実存であり，「**実存が本質に先立つ**」。そのために人間は常に自由でなければならない。サルトルは「**人間は自由の刑に処せられている**」と述べる。自由は人間を不安に陥らせるとともに，投企に対しては責任をともなうという意味である。投企により人間は**社会参加**（アンガージュマン）するが，意志決定に対する責任を負う。例えば，社会主義者は，社会主義に加担したことに対する責任を負うのである。

1 実存が本質に先立つ

原典資料

この両者〔キリスト教信者と無神論的実存主義者〕に共通なことは，「実存は本質に先立つ」と考えていることである。……

たとえば書物とかペーパー・ナイフのような，造られたある一つの物体を考えてみよう。この場合，この物体は，一つの概念を頭にえがいた職人によって造られたものである。職人はペーパー・ナイフの概念にたより，またこの概念の一部をなす既存の製造技術——けっきょくは一定の製造法——にたよったわけである。したがってペーパー・ナイフは，ある仕方で造られる物体であると同時に，一方では一定の用途をもってもいる。この物体が何に役立つかも知らずにペーパー・ナイフを造る人を考えることはできないのである。ゆえに，ペーパー・ナイフにかんしては，本質——すなわちペーパー・ナイフを製造し，ペーパー・ナイフを定義しうるための製法や性質の全体——は，実存に先立つといえる。つまり私のまえにある，あるペーパー・ナイフ，ある書物の存在は限定されているのである。すなわちこれは一種の技術的世界観であり，この世界観では生産が実存に先立つのだといえる。〈伊吹武彦・海老坂武・石崎晴己訳，サルトル『実存主義とは何か』人文書院〉

重要語句

実存が本質に先立つ：存在の意味を問う場合，2つの類型がある。1つは，そのもののもつ機能や特質に意味のあるもので，もう1つは，存在することそのものに意味をもつものである。たとえば，ナイフは何かを切るものであって，切れなくなったナイフはナイフとしての存在の意味がない。このような存在のあり方を**本質的存在**という。しかし人間の場合は，はじめに本質（個性・役割，社会的立場）があるわけではない。人間はまず存在し，そののち，各人の自由意志によって自らがつくり上げるものとなる。したがって，人間は存在することそれ自体に存在の意味をもつ。このことを現実存在すなわち**実存**という。人間の場合，「**実存が本質に先立つ**」のである。

「実存が本質に先立つ」という表現の意味の説明として，最も適当なものを一つ選べ。
①ペーパーナイフを使う目的が利用者の意志決定に先立つということ。
②ペーパーナイフの定義よりも利用者の意志決定が先立つということ。
③ペーパーナイフの用途の知識が利用者の意志決定に先立つということ。
④ペーパーナイフの製法の知識が利用者の意志決定に先立つということ。

資料 解説

「実存が本質に先立つ」という表現は，サルトルが提起した実存主義の定義である。「実存」が使用者の「主体性」といい換えられている。この場合，「主体」とは，ペーパーナイフを使用する「主体」としての使用者自身を示す。だとすれば，「主体性」とは，ペーパーナイフの利用を思い立つという使用者の企図のことである。この使用者によるペーパーナイフの利用の企図が，使用者に対してペーパーナイフとの出会いを可能にする。したがって，「実存」（主体性）の立場から見ると，ペーパーナイフの「本質」よりも使用者の「実存」（主体性）が優先される事態であることが分かる。

2 アンガージュマン

原典資料

もし実存が本質に先立つものとすれば，そしてわれわれが，われわれ自身の像をつくりつつ実存しようと欲するなら，この像は万人のために，そしてわれわれの時代全般のために有効である。このように，われわれの責任は，われわれが想像しうるよりもはるかに大きい。われわれの責任は全人類をアンガジェ〔アンガージェ〕するからである。もし私が労働者であり，コミュニスト〔共産主義者〕になるよりもむしろキリスト教的シンジケートに加盟することを選び，この加盟によって，諦めがけっきょくは人間にふさわしい解決であり，人間の王国は地上には存在しないことを示そうとすれば，私はたんに私一個人をアンガジェするのではない。私は万人のために諦めようとするのであり，したがって私の行動は人類全体をアンガジェしたことになる。……こうして私は，私自身にたいし，そして万人にたいして責任を負い，私の選ぶある人間像をつくりあげる。私を選ぶことによって私は人間を選ぶのである。〈同前〉

資料 解説

1つの価値観を選択する自己の自由な意志ならびに態度決定が，価値観を共有する社会集団への**アンガージュマン（社会参加）**を意味し，それが人類全体に影響を与え，その意味において自己は人類全体に「責任」を負うと考える投企の社会的意義を述べた文。「自由は責任をともなう」という主張はサルトルにとって実存主義の根本テーゼである。例えば，1933年におけるドイツの総選挙でナチスに1票を投ずることを決めたドイツ国民は，ナチスのファシズム（全体主義）陣営にアンガージェ（参加）したことによって，ファシズムが人類全体に及ぼした惨禍に対して責任を負うのである。サルトルはこのように自己の自由な意志決定の社会的意義（参加と責任）を論じた。

サルトルは近代以降成立した人間の無限の可能性や世界の進歩を確信する考え方を批判し，社会における個人のあり方を問い，その中で人間の自由や生命の尊厳をつらぬくことを課題とした。

彼の活動は思想の領域にとどまらず，実存主義を基調に文学や芸術にも影響を与え，様々な展開を遂げた。

サルトルの人間観についての説明として最も適当なものを，次の①～④のうちから一つ選べ。
①人間は，自由となるべく運命づけられている存在で，自由でないことを選択することはできない。このように自由という刑に処せられている人間は，逃れようもなく孤独である。
②人間は，単に内省によって自己を捉えるのではない。人間は，現実の世界に働きかけて自己の理想を世界のうちに表現し，矛盾を克服しながら自己を外化していく存在である。
③人間は自己の利益を追求して経済競争を行う。しかし，この利己的な人間同士の競争は，共感に媒介されることで，おのずと社会全体に利益をもたらすことになる。
④人間は，純粋に善をなそうとする善意志をもつ。人間の道徳的な行為は，よい結果がもたらされたかではなく，善意志が動機になっているかで評価されるべきである。〈17年追試 [改]〉

重要語句

投企的存在：サルトルによれば，人間は自らの行為に責任をもち，自己にかかわる対自存在であるため，現にある自己を否定し，常に未来に向かって自己を投げかけ，本来的な自己実現をめざすことになる。このことを「投企的存在」という。

アンガージュマン：サルトルが投企的存在である人間の社会的意義として指摘した概念である。「アンガージュマン」は名詞で「社会参加」を意味し，サルトルによれば，人間は，自分をとりまく状況の中で，人類全体に何らかの影響を与えるという意味において，自己の自由な意志決定・態度決定に関して「責任」をもたねばならない。

自由の刑：サルトルにとって人間の存在とは，自由であることである。サルトルの「自由」とは求められるべき理想でもなければ，人間の本質でもない。それは人間のあり方そのものなのである。人間は自由以外のあり方はできないことになる。ところで「**もし神が存在しなければ一切が許されるであろう**」というドストエフスキーの言葉に表されているように，人間にとって一切の価値観は行為の選択の責任回避の手段とはなり得ない。人間は自己の選択に対して全面的な責任があり，そこから逃れることはできない。その意味で「**自由の刑に処せられている**」のである。

解答：【読解力 power up!】②　　【大学入試 challenge!】①

その他の実存主義者

サルトルが「実存主義とはヒューマニズムである」と述べ、実存主義のテーゼを表明してから、戦後のヨーロッパにおいて実存主義の運動が展開されていった。**ボーヴォワール**は自立した女性のあり方・生き方を実存主義の立場から追究し、**マルセル**は自己の身体を起点に実存についての思索を深め、

カミュは文学作品において、実存主義的立場から人間と社会を描き、戦後における世界の知識人に多くの影響を与えた。**フッサール**は現象学を提唱し、**メルロ=ポンティ**は実存哲学や現象学・心理学を学び、独自の思想を展開した。

ボーヴォワール
S. Beauvoir（1908〜86）

ボーヴォワールは1908年フランスのパリに生まれ、パリの高等師範学校で**サルトル**と知り合い、契約結婚を結び、生涯の伴侶となる。**メルロ=ポンティ**とも交友を結び、サルトルとともに実存主義の興隆に貢献する。女性の立場から実存主義を論じ、主著『**第二の性**』で、既成の女性像を否定し、「**人は女に生まれるのではない、女になるのだ**」と説く女性解放の思想は、**フェミニズム論**、ジェンダー論に大きな影響を与えた。ヨーロッパでも男性上位の社会的風潮が依然として強かった戦後において、社会が女性に求めた「女性らしさ」が男性によってつくられたイメージに過ぎないことを『第二の性』で主張した。女性の社会的地位の向上、フェミニズム論やジェンダー論の台頭に大きく貢献し、その著書は世界中の人々に幅広く読まれている。

彼女にとって、出生時の性が第一の性だとすれば、人間として女になることが第二の性である。「女性らしさ」を男性上位の社会によってつくられた既成のイメージに過ぎないとして否定し、自由に生きることで「女になること」を説く思想は、男性の呪縛から解放された新しい女性の生き方を示した。彼女自身が結婚という法的束縛に捉われず、サルトルと生涯をともにしたことは自由な女性のあり方、実存主義による新しい女性像を体現したものであったといえよう。

マルセル
G. Marcel（1889〜1973）

マルセルは、1889年パリに生まれた。父は国会議員、国立図書館長などを歴任し、教養ある人物であったため、マルセルも音楽（作曲）や美術、演劇などに造詣が深く、それが晩年の思索の深まりと広がりに大きな影響を与えた。第一次世界大戦中にフランス赤十字の奉仕活動に参加し、行方不明兵士の調査活動に従事した経験から実存にめざめ、哲学的思索を開始した。「私は身体である」というテーゼを主著『存在と所有』に結晶させ、独自の身体論を展開した。

マルセルは、実存を基盤に、他者論、身体論を展開し、自宅のサロンには**サルトル**や**レヴィナス**、リクールら戦後のフランス思想を導く俊英が集まり、自由な雰囲気のもとで哲学的思索を深めた。自己の身体を思索の起点とし、他者との峻別、存在を神秘化する思想は、**メルロ=ポンティ**の**身体論**やレヴィナスの**他者論**の先駆となった。

マルセルの「身体論」は、自己の身体を思考の契機とし、「**私は身体である**」というテーゼを展開する。晩年はこれを他者論と結びつけ、死者の記憶を「**私が愛しているということはあなたが死なないということだ**」と表現し、存在を神秘化する思想に深めていった。

カミュ
A. Camus（1913〜60）

カミュは、1913年フランス領アルジェリアに生まれる。大学卒業後、ジャーナリストとして活躍し、大戦中に発表した小説『異邦人』が注目され、小説家・劇作家として活躍する。特に小説『ペスト』は世界中でベストセラーとなり、1957年ノーベル文学賞を受賞する。

カミュの実存主義は、**不条理**に生きる人間のあり方を作品で表現したことであり、『**シーシュポスの神話**』はその代表作である。また、評論『反抗的人間』の発表を契機に生じた「カミュ−サルトル論争」では、マルクス主義に関し、革命か、反抗かをめぐる論争に対して、前者を肯定するサルトルに対してカミュは後者を主張した。二人の実存主義のとらえ方や自由についての考え方の違いを知ることができる。

カミュは作品において、不条理を生きる人間の実存を描いた。『シーシュポスの神話』では、神によって罰として課された、大きな岩を山頂に上げながらも落とされ続ける連続の中で、同じことをくり返して生きる主人公の運命を描いた。この罰は主人公の意志とは無関係に、しかも彼の一生を左右し、人生のすべてに等しい出来事である。こうした一人の人間の不条理を、カミュはこの作品では人類全体の運命として描いた。

フッサール

Edmund Husserl（1859〜1938）現象学の提唱者

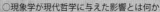

○現象学とはどのような哲学か。
○現象学的還元とは何か。
○現象学が現代哲学に与えた影響とは何か。

人と思想

　オーストリア領プロスニッツにユダヤ人の家庭に生まれる。25歳から27歳までウィーン大学で師ブレンターノの講義を聴講し、数学から哲学研究へと方向を転じる。41歳の時『論理学研究』第1巻を出版し、**現象学**の諸構想が芽生える。48歳の時「現象学の理念」で、**現象学的還元**の構想に触れる。54歳の時現象学派の機関紙「年報」に「**純粋現象学および現象学的哲学の諸構想（イデーン）**」を発表し、世界の哲学界から注目される。以後フライブルク大学教授として**ハイデッガー**を支援し、1927年の「年報」に「存在と時間」を掲載させた。

　フッサールの哲学は主観に生じた現れ（現象）を分析して事象の本質に迫る現象学である。現象学を厳密な学として確立することにより主観はどのようにして客観をとらえるかという認識論上の難問の解決を意図し、ハイデッガーをはじめ、**サルトル、メルロ＝ポンティ、レヴィナス**らの研究に大きな影響を与えた。主著は『**厳密な学としての哲学**』、『**イデーン**』など。

年	年齢	人物史
1859	0	オーストリアに生まれる。
1876	17	ライプツィヒ大学で数学を学ぶ。
1881	22	ウィーン大学でブレンターノの講義を聴く。
1900	41	『論理学研究』第1巻公刊。
1901	42	ゲッティンゲン、フライブルク大学で学ぶ。（〜1928）
1907	48	「現象学の理念」講義。
1913	54	『イデーン』公刊。
1933	74	ナチスにより大学教授資格剥奪。
1938	79	死去。45000頁あまりの遺稿をルーヴァンに保管。「フッサール文庫」創設。
1950		『フッサリアーナ』刊行開始。

重要語句

主観はいかにして客観に一致するか：デカルト以降、近代哲学は人間がいかにして外界の事物を認識できるのかを大きな課題とした。物自体の認識を不可能と論じたカント、絶対精神の弁証法的展開を論じたヘーゲルは、認識する主観と認識される客観の一致の問題に取り組む。この世界認識を現象界における物自体の現れととらえ、その本質を究明しようと試みる哲学が、フッサールが提起した現象学である。その方法は、意識は常に何ものかを志向し、何ものかを意識に現出させる自己意識のはたらき（ノエシス）によって自己意識に現れた対象（ノエマ）を、その現れに即して内容と本質を直観により定立するものである。

現象学的還元（エポケー）：事象の本質を直観によって定立する認識の方法のこと。現象学は、自己意識の「現れ」（現象）を現れに即して分析し、事象の本質の確定を試みる。認識とは自己意識に現れた「何ものか」についての意識であり、自己意識はその何ものかへの志向性をもつ。フッサールは、意識に現れた「何ものか」の「現れ」を直観によって記述しようとした。その根拠・条件として、意識の何ものかへの志向性（ノエシス）と、そのはたらきによって現出した対象（ノエマ）に関して一切の判断停止（エポケー）が不可欠とされる。

メルロ＝ポンティ

Maurice Merleau-Ponty（1908〜1961）フランスの現象学者

○メルロ＝ポンティが説く身体性とはどのような概念か。
○精神と身体の関係について考えよう。

人と思想

　1908年フランスのロシュホール‐シュール‐メールに生まれる。18歳の時高等師範学校に入学し、**サルトル、ボーヴォワール、レヴィ＝ストロース**らと知り合う。21歳の時**フッサール**の講演を聴講し、現象学に傾注する。以後現象学の立場から身体論を構想する。37歳の時主著『知覚の現象学』を出版するとともに、サルトルと『レ‐タン‐モデルヌ（現代）』誌を発刊する。戦後はパリ大学文学部教授となり、児童心理学・教育学を研究する一方、冷戦激化の状況の中、マルクス主義に幻滅し、サルトルとは決別した。メルロ＝ポンティは知覚の主体である**身体**を、主体と客体の両面をもつものとしてとらえ、世界を人間の身体から柔軟に考察することを唱えた。身体から離れて対象を思考するのではなく、身体から生み出された知覚を手がかりに、身体そのものと世界を考察した。

　主著は『**知覚の現象学**』『**見えるものと見えないもの**』など。

年	年齢	人物史
1908	0	フランスに生まれる。
1926	18	高等師範学校に入学。サルトル、ボーヴォワールと知り合う。
1930	22	哲学教授資格試験合格。
1942	34	『行動の構造』出版、身体論を提起。
1945	37	『知覚の現象学』出版。サルトルと『レ‐タン‐モデルヌ』誌発刊。
1949	41	パリ大学文学部教授就任。
1953	45	マルクス主義をめぐりサルトルと対立。『レ‐タン‐モデルヌ』と絶縁。
1959	51	『見えるものと見えないもの』刊行。
1961	53	急逝。

「ルビンの杯（壺）」と身体性の概念： メルロ＝ポンティは現象学を基盤とし，これを人間の行動の構造と身体の性質（機能）による知覚の構造に適用し，現象学的身体論を展開する。メルロ＝ポンティは，認識を人間の行動としてとらえ直し，認識の出発点を知覚に求め，身体の性質から知覚の本質に迫った。主著『知覚の現象学』では，人間の知覚の特質を，「地」と「図」の関係として説明する。「ルビンの杯」の事例では，白色の紙の上にこぼれた黒インクのない白色部分が「地」となっている場合は，意識は黒インクに集中し，それが「図」となって描く図形は「向き合う二人の人間」のように見える。一方，黒インクが「地」となっている場合，意識は黒インクのない白色部分に集中し，それが「図」となって描かれる図形は「杯」のように見えるのである。

このように，人間の知覚は，意識の志向性や視覚が集中する箇所の差異，「地」と「図」の関係の変化，身体の性質（機能）が原因となって，同一の視界が「杯」のようにも見

ルビンの杯（壺）

えたり，「向き合う二人の人間」のように見えたりもする。これは人間にとって身体の性質（身体性）に起因するものとポンティは考えた。

「幻影肢」と身体性の概念： メルロ＝ポンティは生理学として病理として説明されていた「幻影肢」の概念を現象学的身体論の見地からとらえる。「幻影肢」とは，手や足を失った患者がその失われた身体の部位に痛みを感じるという身体的感覚のことで，生理学的見地からは人間の病理として説明されていたが，ポンティは，身体性から説明する。「幻影肢」は病理ではない。失われた身体はもはや誰のものでもない，いわば匿名（幻影）の身体であり，この痛みの感覚は自己の身体が「匿名性」の性質を有していることに起因するものであると考える。人間の認識や感覚は「身体性」の概念からとらえることができる。

実存主義をめぐる思想家たち―生の哲学

ベルクソン

Henri Louis Bergson（1859～1941）フランスの哲学者

考えよう

○エラン‐ヴィタールと「創造的進化」とは何か。
○ベルクソンの生命観の特色は何か。

人と思想

1859年，フランスのパリに生まれる。高等中学校（リセ）では西洋古典学から自然科学まで様々な学問を学び，優秀な成績を修め，19歳で高等師範学校へ入学，22歳で教授資格国家試験に合格するなど早熟の天才であった。以後，『意識に直接あらわれたものについての試論―時間と自由』，『物質と記憶』，『創造的進化』，『精神的エネルギー』などの著作を続々と発表し，フランス哲学界の領袖として活躍した。

彼の哲学は，生命観を特色とし，生を持続と変化の相のもとにとらえ，生物進化の本質を，機械的生命観でも目的論的自然観でもない，自己を自ら創造する起爆力によって説明する「生命の飛躍」（エラン‐ヴィタール）を提起するなど，生の哲学を提起した。1928年にノーベル文学賞を受賞し，その名を不朽のものとした。ベルクソンの生の哲学は，フランス現代思想やポストモダンの思想家に大きな影響を与えた。主著は『精神のエネルギー』，『時間と自由』，『物質と記憶』など。

年	年齢	人物史
1859	0	フランスのパリに生まれる。
1878	19	高等師範学校入学。
1881	22	教授資格国家試験に合格。
1888	29	『時間と自由』発表。
1896	37	『物質と記憶』発表。
1900	41	コレージュ‐ド‐フランス教授就任。
1907	48	『創造的進化』公刊。
1919	60	『精神のエネルギー』公刊。
1928	69	ノーベル文学賞受賞。
1932	73	『道徳と宗教の二源泉』公刊。
1941	82	パリで死去。

重要語句

エラン‐ヴィタール（生命の飛躍）： 生命の創造進化を説明するベルクソンが『創造的進化』で提起した概念が「エラン‐ヴィタール（生命の飛躍）」である。生命進化とは，自己を創造する推力によって実現されるもので，予測不可能であり，爆発的に多方面・多方向に拡散する生命の飛躍（エラン‐ヴィタール）によるものであることを主張した。例えば，燃え盛る花火の火花のように，多方面・多方向に強く拡散し，予測不可能の様相を呈し，最後に残った燃えかすが新たに創造された物質であるかのようである。この生命体の自己創造の起爆力は分析不可能であり，直観により把捉されるべきものであると説いた。『精神のエネルギー』では，タンパク質や脂肪，炭水化物などの栄養素をベルクソンは「爆発物」と表現している。なぜなら，これらの爆発物が動物の体内に摂取されることによって，動物の行動を飛躍的に拡大し，動物

の生命に新たな可能性を与えるからである。これもまたエラン‐ヴィタールの思想の表現として読むことができよう。

ベルクソンの生命観： ベルクソンの時代には２つの生命観が対立していた。機械論的自然観と目的論的自然観を基調としたものである。前者は生命進化を機械の諸部分における機能の故障にたとえられる突然変異と見なす理論であり，後者はある１つの目的実現のために生命体がその目的へ向けて段階的に進化すると考える理論である。ダーウィンの進化論は後者に属する。ベルクソンはその両者を否定し，生命進化とは，自己を創造する推力によって実現されるもので，予測不可能であり，爆発的に多方面・多方向に拡散する生命の飛躍（エラン‐ヴィタール）によるものであることを主張した。これは知的直観によってのみとらえることができるとベルクソンは考えた。

現代ヒューマニスト

シュヴァイツァー

Albert Schweitzer（1875〜1965）フランスの医師・音楽家・神学者・哲学者

○現代ヒューマニズムが成立した背景は何か。
○自己と他者との関わりを「生命への畏敬」から考えよう。

人と思想

独仏の長い争いが続いたフランス国境地帯のアルザスにドイツ人牧師（ぼくし）の子として生まれ，敬虔（けいけん）な両親のもとで育つ。

1893年ストラスブール大学に入学し神学・哲学を学び，卒業後は神学部講師，牧師，オルガン奏者として活躍した。しかし，21歳の時「30歳までは学問と芸術のために生き，その後は直接人類に奉仕する道を進もう」と決意し，その誓（ちか）いどおり，30歳の時アフリカの密林で医師として生きるため医学の勉強を始める。1913年に38歳でそれまでのすべての地位を捨て，アフリカのガボンのランバレネに新婚間もないヘレン夫人をともなって渡り，医療活動とキリスト教伝道の活動に従事した。戦争中は一時中断したが，戦後再びその地を訪れ，熱帯の厳しい環境の中で人類への奉仕の実践を続け，「**アフリカの聖者**」と呼ばれた。1952年にはノーベル平和賞を受けた。

1965年，彼を慕う忠実な弟子たちに囲まれ，ランバレネの病院で90歳の高齢で生涯を閉じた。

シュヴァイツァーはキリスト教の愛の教えを基盤として，人間だけでなくすべての生命に尊厳を認め，人間はあらゆる**生命への畏敬**をもって自己と他者，自己と自然との共生をはかるべきであるとした。主著は『**水と原生林のはざまで**』『**文化と倫理**』など。

年	年齢	人物史
1875	0	アルザスで誕生。
1890	15	パイプオルガンを習い始める。
1893	18	ストラスブール大学に入学。
1902	27	ストラスブール大学神学部講師となる。
1905	30	医学の勉強を開始。
1913	38	アフリカに渡り，病院を建設。キリスト教の布教と医療活動を開始。
1915	40	「生命への畏敬」を実感。
1923	48	『水と原生林のはざまで』を出版。
1924	49	第一次世界大戦で中断していた活動を再開するため，再びアフリカへ渡る。
1952	77	ノーベル平和賞を受賞。
1957	82	原水爆実験禁止を訴える。
1965	90	アフリカのランバレネで病死。

1 生命への畏敬

原典資料

　私の生きんとする意志のなかには，生きつづけようとする憧憬（どうけい），意志の神秘的高揚状態への憧憬があって快楽と呼ばれ，生きんとする意志の破壊と神秘的な毀傷（きしょう）に対する恐怖があって苦痛と呼ばれるが，そうしたものはまた，私を取巻く生きんとする意志のなかにも，たとえ私に対して声を発しようが発しまいが，存在する。

　それゆえ倫理は，私が，すべての生きんとする意志に，自己の生に対すると同様な生への畏敬をもたらそうとする内的要求を体験することにある。……すなわち，生を維持し促進するのは善であり，生を破壊し生を阻害するのは悪である。……

　必然的な道徳根本原理はしかし，善悪に関する通常の見解のたんなる秩序化と深化とを意味するだけでなく，その拡大をも意味する。人間は，助けうるすべての生命を助けたいという内的要求に従い，なんらか生命あるものならば，害を加えることをおそれるというときにのみ，真に倫理的である。〈氷上英廣訳『シュヴァイツァー著作集　第7巻　文化と倫理』白水社〉

資料 解説

シュヴァイツァーは「**生命への畏敬**」を「人間とは，生きようとする生命に取り囲まれている存在」であるとし，そこから，生命を守り，その活動を促（うなが）すものが善であり，生命を無視したり，阻害するものは悪であると考えた。この考え方は，拡大解釈をすると真の倫理は，「生きようとする意志」をもつ生きとし生けるものすべてに対する無限に拡大された責任を意味する。常に自分を取り巻くあらゆる生命に敬意を払い，その生命に対して忠実に行動する時，人間は真に倫理的な状態にあると言えるのではないだろうか。

重要語句

生命への畏敬：生命には「生きようとする意志」があり，人間以外にもすべての生命にこの意志は備わっている。自分を大切にするように，他者やすべての自分の周りを取り巻く命に関心をもち，それらの生きようとする意志を尊重しなくてはならない。このすべての生命に対する「生命への畏敬」こそが，自己と他者の共存をめざす新しい倫理となるとシュヴァイツァーは述べている。

読解力 power up!

シュヴァイツァーの思想に適さないものを一つ選べ。

①新しい倫理として自己や他者を一体と見なす思想をもつことが必要であると考えた。

②人間は理性をもっているためすべて平等であり，人間の生を維持するために自然を役立てることは善である。

③倫理の根本原理とはすべての生命に対する責任であるから，一匹の虫も殺さないように注意しなくてはならない。

④生命とは人間だけを指すのではなく，すべての生命に価値を見いだし，畏敬することが世界に平和をもたらすと考えた。

解答：【読解力 power up!】②

ガンディー

Mohandas Kavamchand Gândhî（1869〜1948）インドの独立運動の指導者

考えよう
○ヒューマニズムの視点から「サティヤーグラハ」について考えよう。
○非暴力主義の実践の真意について考えよう。

人と思想

インドの小藩王国の家老職（かろう）の末子として生まれ，19歳の時英国ロンドン大学に留学して法律を学び，卒業後には弁護士となった。インド人商社の顧問（こもん）弁護士となり，南アフリカに渡ったが，南アフリカの人種差別政策を目の当たりにし，虐（いた）げられるインド人同胞（どうほう）のために抵抗運動を行い，何回も投獄（とうごく）されたが屈しなかった。1915年に帰国し，民族解放運動に専心したが，第一次世界大戦後，戦争協力の見返りに自治を認めるという約束を破ったイギリスに対し，不服従運動を組織して国民会議派の指導的役割を担った。この運動の中心は，**スワラージ（インドの独立）**，**スワデーシ（国産品の愛用）**であり，インド人の反英闘争が広がった。独立達成後，ヒンドゥー教徒とイスラーム教徒の対立を融和（ゆうわ）させるため，全国的な行脚（あんぎゃ）と断食（だんじき）を行ったが，1948年に狂信的なヒンドゥー教徒の青年に暗殺された。発砲された瞬間，ガンディーは額に手を当て相手に許しを与えたという。非暴力を徹底した最期（さいご）であった。「**インド独立の父**」として，今なお尊敬されている。主著は『インドの自治』『倫理宗教』『自叙伝（じじょでん）』など。

年	年齢	人物史
1869	0	インド，ポルバンダルでヴァイシャではあるが裕福な家に誕生。
1882	13	同じカーストの女性と結婚。
1888	19	ロンドンに留学し，法律を学ぶ。
1891	22	帰国後，弁護士として活躍。
1893	24	南アフリカへ商社の顧問弁護士として渡る。インド人に対する差別に直面し，抵抗運動を開始。
1906	37	南アフリカで大衆運動を行う。
1915	46	帰国後，インド国民会議派に加わる。
1920	51	スワデーシ運動を開始。
1923	54	『自叙伝』の執筆を開始。
1930	61	イギリスの高率塩税と製塩禁止法に反対し，「塩の行進」を行い，380km歩く。
1944	75	獄中で妻が死去。
1947	78	インドが独立。
1948	79	暗殺により死去。

1 非暴力の精神

原典資料

暴力否定は悪に対するあらゆる現実の闘争を止めるだけでは成立しない。予（よ）〔私〕の考えでは，悪に対抗して結局これを拡大させるような復讐（ふくしゅう）よりも，一層積極且（か）つ現実なる闘争が必要である。不道徳と闘うため，精神的即ち道徳的抵抗を考える。尖鋭（せんえい）なる刀剣で暴者と衝突するのではなく，相手が物的抵抗を見るだろうとの期待を誤らせて，暴者の剣を完全に鈍らせるのである。暴者は圧迫から退避（たいひ）する予の精神的抵抗を見るであろう。この抵抗はまず彼を幻惑（げんわく）せしめ，次いで屈服（くっぷく）を余儀（よぎ）なくするのである。
〈蒲穆訳『ガーンディー聖書』岩波文庫〉

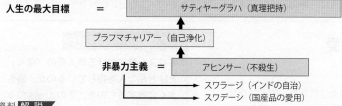

人生の最大目標　＝　サティヤーグラハ（真理把持）

ブラフマチャリアー（自己浄化）

非暴力主義　＝　アヒンサー（不殺生）
　├─→　スワラージ（インドの自治）
　└─→　スワデーシ（国産品の愛用）

資料 解説

ガンディーは，追求されるべき目標が正しいことであったとしても，それが誤った手段によって実現されるならば，真に正しいことにはならないという。正義を実現するには，正しい手段で実施されなければならない。それが非暴力である。この**非暴力主義**の根本にあるのは，相手の人間性に対する信頼である。ガンディーはサティヤーグラハを体現するため，武力による弾圧に対しても非暴力・不服従で対抗することで相手に自省を促（うなが）し，相手を道徳的に高めることによって，インドの独立という目標を達成しようとした。

ガンディーの非暴力主義による民族解放運動は多くの共感を得て，彼は「マハトマ（偉大なる魂）」と呼ばれるようになり，1947年には長年の目標だったインドの独立を勝ち取ることとなった。

重要語句

サティヤーグラハ（真理の把持）： ガンディーの根本思想で真理の把持を意味する。宇宙の根源にある真理を把握し，その真理を自己の生き方や社会において実現することをいう。サティヤーグラハはガンディー自身の生涯をかけての最高目標であり，それに向けて彼は具体的に肉体的節制をはじめとする厳しい禁欲（きんよく）を自己に課すブラフマチャリアーとアヒンサーの実践を説いた。

ブラフマチャリアー（自己浄化）： ガンディーの根本思想の1つで，ガンディーは献身や奉仕を実践するためには，肉体と精神の両方の要求を満たすことはできないと考え，徹底した厳しい禁欲の誓いを立てた。禁欲は，単に肉体的なものに限らず，感情や言葉の節制，憎悪や暴力の節制も意味した。

アヒンサー（不殺生）（ふせっしょう）： 古くからインドの教典にある言葉で，不殺生を意味する。これは，殺生をしない，他の生命に危害を与えないことを意味するだけではなく，一切の生命を同胞と考え，あらゆる暴力に対する非暴力の精神を意味し，彼はアヒンサーにもとづき，インドの独立運動において徹底した非暴力・不服従運動を展開した。

現代ヒューマニスト

キング

Martin Luther King Jr.（1929〜1968）アメリカの公民権運動の指導者

考えよう

○キングは，非暴力主義の実践を通じて世界にどのような影響を与えたのか。
○キングがアメリカ社会に与えた影響とは何か。

人と思想

　アメリカ合衆国ジョージア州アトランタに牧師の子として生まれた。小学校入学後，白人の友人から「もう一緒に遊んではいけないと父から言われた」と告げられ，現実を知る。ボストン大学卒業後，黒人差別の根強いアラバマ州の教会の牧師となる。1955年，モンゴメリーで黒人差別に反対してバ

ス‐ボイコット運動を始め，**公民権運動**の指導者となった。インド独立の指導者ガンディーに強い影響を受け，非暴力主義を貫いて公民権法案の成立を勝ち取り，ノーベル平和賞を受賞したが，1968年，非暴力主義に反対する急進派の白人に暗殺された。

1　I Have a Dream

原典資料

　さて，わが友よ，われわれは今日も明日も困難に直面しているが，私はそれでもなお夢を持つと申し上げたい。それはアメリカの夢に深く根ざした夢である。……そして私は，私の四人の小さな子供たちがいつの日か，皮膚（ひふ）の色によってではなく，人格の深さによって評価される国に住むようになるであろう，という夢を持っている。私は今日夢を持っている！
〈梶原寿『マーティン＝L＝キング』清水書院〉

資料 解説

　これは1963年8月28日，25万人を動員して行われた「ワシントン大行進」での演説の一節である。彼の理想は，黒人が公民権を獲得し，白人と対等に人間としての尊厳をもって共存する平等な社会の実現であった。彼が民衆に与えた黒人差別撤廃の「夢」が多くの人の心を動かし，公民権法案の成立を実現させた。

現代ヒューマニスト

マザー＝テレサ

Mather Teresa（1910〜1997）インドで活動したカトリックの修道女

考えよう

○マザー＝テレサの愛の実践は世界にどのような影響を与えたのか。
○他者への愛の具体的実践について考えよう。

人と思想

　現北マケドニアのスコピエに生まれる。本名はアグネス＝ゴンジャ＝ボワジュ。18歳でアイルランドの修道会に入り，インドに派遣された。シスターとなってテレサと改名。カルカッタ（現コルカタ）の女学校で歴史や地理を教えていたが，「貧しいものに仕えよ」という神の言葉を聞き，貧困者を救済する活動を始めた。インド国籍を取得し，1950年に「**神の**

愛の宣教者会」を設立し，このころから「マザー」と呼ばれる。その後，見捨てられた病人を収容する「死を待つ人の家」や「孤児の家」，ハンセン病患者のための医療施設も設立した。1979年にはノーベル平和賞を受賞。1997年9月5日に心臓発作で87歳の生涯を終えた。主著は『マザー・テレサ　―神さまへのおくりもの―』など。

1　求めるのは愛，与えるのは愛

原典資料

　最大の罪は愛と憐（あわれ）みをもたないことです。搾取（さくしゅ）されたり，堕落（だらく）したり，赤貧（せきひん）の中にいたり，病気でこまっていたりする隣人を目にしながらおそるべき無関心でいることです。……
　そこにあるのはいつも同じ飢えです。……飢えている人は一切れのパン，一枚の布がなくて泣いているのではなく，つまり自分が愛されていない，愛し愛される人を誰も持っていないと感ずる無辺の孤独感，おそろしいまでの欠乏（けつぼう）感に泣いているのだと思います。〈支倉寿子訳，G.ゴルレ，J.バルビエ編『マザー＝テレサ　愛を語る』日本教文社〉

大学入試 challenge!

キリスト教における隣人愛の「隣人」とはどんな人を指しているのか。最もよく合致するものを，下の①〜④のうちから一つ選べ。
①宗教社会で宗教的実践を行う者。
②血縁共同体の成員を大切に扱う者。
③社会的弱者に経済支援を行う者。
④神の愛の下で共に生きる者。
〈02本試 [改]〉

資料 解説

　マザー＝テレサは，貧困を生む真の原因である愛の欠如による孤独感を神の愛と隣人愛により癒やし，共同生活により神の愛に包まれて生きることをめざした。

宗教観の諸相

中世のヨーロッパでは生活や文化のあらゆる領域にカトリック教会の精神的支配が行きわたっていた。修道士に課された徳目は「勤労・清貧・貞潔」であり、最も重視されたのは「祈り」であった。しかし、宗教改革によってこうした中世的な宗教観は覆されていく。ここでは近代的個人の形成においてキリスト教が果たした役割とその思想的意義について考察してみることにしたい。

ルターは聖書のドイツ語訳を完成し、聖書を書物として民衆に普及させることに大きく貢献した。彼はカトリック教会の権威を否定し、万人が司祭であると主張し、職業は神の思し召しによるという職業召命説を唱えた。この思想は職業を天職と見なす点においては信仰の深まりに貢献したが、各人の職業を固定したものと見なす点においてまだ保守的であった。職業召命観を近代的な職業観の確立へと転換するのに大きな影響を与えたのはカルヴァンの思想である。カルヴァンは禁欲的な職業倫理を説くことによって、商人の蓄財を肯定した。ドイツの社会学者ウェーバーは、『プロテスタンティズムの倫理と資本主義の精神』において、新大陸で活躍したプロテスタントの禁欲的な職業倫理が、資本主義形成の精神的エトスとなったことを究明した。ウェーバーによれば、プロテスタントにとって禁欲的行為としての商人の営利・蓄財は、神の栄光を増す行為であるとみなされた。このように、宗教改革は、「教会」の教えから「聖書」の教えへの転換によって、「聖書」を拠りどころとした

個人の信仰の深まりと、禁欲的職業倫理にもとづく商人の営利・蓄財を肯定したことによって、近代的個人の精神的・経済的自立へ向けて大きく貢献した。

近代市民社会の成立は、共同体への依存から個人を解放し、個人の自立を政治・経済の両面において可能にした。しかし、それは一方において共同体の利益よりも自己の利益を目的に活動するという個人主義を生み出し、個人を社会と対立する存在へと陥らせる一因ともなった。個人の尊厳を求め、自己にとっての価値観の実現をめざして生きることに本来の自己のあり方を発見する実存思想には、キリスト教が大きく影響している。キリスト者としての自己と神との関係に本来の自己のあり方を見いだしたキルケゴールの思想は、宗教的実存を拠りどころとする思想であり、他者との実存的交わりによって限界状況の克服が可能であるとヤスパースが主張したのは、自己が包括者(超越者＝超越した自己)と出会うことができると考えたからであった。現代ヒューマニズムにおいて、アフリカでの医療活動に生涯をささげたシュヴァイツァーは、キリスト教の伝道を目的とし、マザー＝テレサは「神の愛」を最も恵まれない人々に伝え、献身的行為によって人々に生きる希望を与えることを自己の使命と見なして実践した。彼らは個人の尊厳を出発点として全人類の愛を唱えた。このように、キリスト教は近代的個人の精神的・経済的自立に大きな影響を与え、献身的行為によって個人主義克服の可能性を示した。

読解力プラスα

近代の宗教観に関し、次の空欄 a ・ b に入る人名として最も適当なものを人名①〜④のうちから、 Ⅰ ・ Ⅱ に入る言葉として最も適当なものを言葉①〜④のうちから、それぞれ一つずつ選べ。

西欧近代社会においてキリスト教的宗教観が果たした役割を無視することはできない。 a は、プロテスタンティズムが資本主義発達に果たした役割を実証し、 Ⅰ と考えた。これに対し、宗教的実存を自己本来のあり方とみなした b は Ⅱ と考えた。このように、近代的な宗教観は、近代的個人の経済活動や人間としてのあり方に大きな影響をあたえた。

人名 ①シュヴァイツァー ②キルケゴール ③ウェーバー ④サルトル
言葉 ①人間は自由の刑に処せられている
②自己と神の関係を問い直す単独者として生きるべきである
③禁欲的な職業倫理に努めることは神の栄光を増す行為である
④生を維持し、促進するのは善である

解答：a—③, b—②, Ⅰ—③, Ⅱ—②

ゴッホ画「画家の自画像」

単元の概観

[近代理性批判から始まる現代思想]

近代理性が生み出した近代科学技術は，物質文明を飛躍的に発展させる一方で，戦争遂行と人間生活を破壊する「**道具的理性**」と堕したのである。「**批判的理性**」を用いて近代理性に厳しい反省を迫った**フランクフルト学派のホルクハイマーとアドルノ**，理性の復権を主張した**ハーバーマス**，全体主義を定義づけ，公共的な政治空間について考察した**アーレント**，**現象学**から独自の**他者論**を展開した**レヴィナス**らは近代理性を批判し，新たな思想を唱えた。

[構造主義の展開]

構造主義は，実存主義とマルクス主義には西洋近代思想における思考の枠組み（構造）に対する批判が欠けていたと批判した。代表的人物には言語学の**ソシュール**，文化人類学の**レヴィ゠ストロース**，知の考古学を提唱した**フーコー**，精神分析学の**ラカン**，マルクスのテクストに構造主義的読解を試みた**アルチュセール**らがいる。構造主義の思想的意義としては，文明／野蛮，理性／非理性，主観／客観などの二項対立で西洋中心主義的思考様式を静態的構造として提起したこと，人類共通の思考様式を構造として発見したことである。

[現代思想の潮流]

ポスト構造主義や**ポストモダン**の思想家たちは構造主義を批判し，ロゴス（言葉，論理，理性）中心主義的思考に対する批判，主体の同一化に関する思考等，多様な展開を示した。

現代思想の諸潮流を代表する人物には，ポストモダンを定

義づけた**リオタール**，複製技術時代の芸術の特質を表現した**ベンヤミン**，ロゴス中心主義を批判した**デリダ**，英米系の哲学として**分析哲学・科学哲学**の潮流に**ウィトゲンシュタイン**，**クーン**，**クワイン**らがいる。また，功利主義，社会契約説の成果を摂取して，**正義論**を提起した**ロールズ**，人間の**潜在能力**の開発を説いた**セン**らは政治学・経済学にも大きな影響を与えた。

地域情勢	年	出来事
第一次世界大戦	1914〜18	
	1916	ソシュール『一般言語学講義』
	1918	ウィトゲンシュタイン『論理哲学論考』公刊。
世界恐慌発生	1929	
ナチス政権獲得	1933	
	1935	ベンヤミン『複製技術時代の芸術作品』発表。
第二次世界大戦	1939〜45	
	1947	ホルクハイマー，アドルノ『啓蒙の弁証法』公刊。
	1951	アーレント『全体主義の起原』公刊。
	1960	クーン『科学革命の構造』公刊。
		クワイン『ことばと対象』公刊。
	1961	レヴィナス『全体性と無限』公刊。
	1965	アルチュセール『マルクスのために』公刊。
	1967	デリダ『グラマトロジー』公刊。
	1971	ロールズ『正義論』公刊。
	1972	ドゥルーズ，ガタリ『アンチ゠オイディプス』公刊。
	1981	ハーバーマス『コミュニケーション的行為の理論』公刊。
東欧社会主義政権崩壊	1989	
ソ連邦解体	1991	

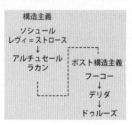

フランクフルト学派
ベンヤミン
ホルクハイマー
↓
アドルノ
↓
マルクーゼ
↓
ハーバーマス

構造主義
ソシュール
レヴィ゠ストロース
↓
アルチュセール
ラカン
↓ ポスト構造主義
フーコー
↓
デリダ
↓
ドゥルーズ

分析哲学
マッハ
ホワイトヘッド
ラッセル
↓
ウィトゲンシュタイン
↓
カールナップ
↓
クワイン

科学哲学
クーン

ホルクハイマー
アドルノ
ベンヤミン
ドイツ

ソシュール
スイス

オーストリア
ウィトゲンシュタイン

アメリカ
クーン
クワイン
ロールズ

フランス
レヴィ゠ストロース
アルチュセール
フーコー，リオタール
ラカン，デリダ
ドゥルーズ

インド
セン

解 説 現代思想家の出身地

現代思想誕生の地はフランスである。フランスは，実存主義とマルクス主義に対するアンチテーゼとして現代思想を提起した。**構造主義**と**ポストモダン**の思想は，フランス現代思想と呼ばれ，カント，ヘーゲルによって体系化された西洋形而上学批判という形で展開された。

分析哲学・科学哲学は英米系の哲学の主流をなす一派であるが，戦後のアメリカは資本主義のみならず，科学技術の先進国として諸科学を主導する地位にあったことが，こうした哲学の発達を見た思想的背景として重要である。さらには科学的な視点を重視する功利主義やプラグマティズムの思想の影響も見逃せない。

▶ フランクフルト学派と近代理性批判

フランクフルト学派の思想家	近代理性批判の観点	理性の新しい役割と思想的業績
①ホルクハイマー （1895〜1973）	自然科学的方法で人間社会の現実を認識・理解しようとする「実証主義」「科学主義」を批判	フランクフルト社会研究所創設 マルクス主義的立場に接近→「批判理論」を構築 アドルノとの共著『啓蒙の弁証法』，『理性の腐食』
②アドルノ （1903〜69）	西洋近代における自己同一的な思考（例：ナチズムのドイツ民族の純血性を求める自己主張）を多方面から批判	啓蒙的理性批判→自己同一的なもの（本来の自己）を求め，異質なものを排除する近代理性を批判 主著『否定弁証法』，『啓蒙の弁証法』
③ハーバーマス （1929〜）	権力や支配を合理化し，大衆を一元的に支配する近代理性を「合理的理性」と見なして批判	社会学的見地から「対話的理性」を提唱 市民間の対話（コミュニケーション）による合意形成を公共性と考える。主著『コミュニケーション的行為の理論』

　フランクフルト学派は，ホルクハイマーがフランクフルトに創設した社会研究所に集まった彼の仲間たちによって，1930年代に形成された。特に戦後はナチズムに対する反省から近代理性批判を展開した。この学派の創始者ホルクハイマーは，近代理性を人間や社会を支配する手段と化した「道具的理性」と見なし，鋭く批判する「批判理論」を構築した。アドルノは啓蒙的理性としての近代理性が，自己同一的なものを求め，他を排除する思考を『否定弁証法』において糾弾

した。ハーバーマスは，社会学的見地から人間のコミュニケーション的行為の役割を追求し，市民間の自由な対話（コミュニケーション）による合意が公共性を獲得する役割を重視し，権力や支配を合理化する「合理的理性」から「対話的理性」への転換を主張した。
　以上のように，近代理性を様々な見地から批判し，現代における理性の新たな可能性を探究したフランクフルト学派の功績は大きい。

▶ 構造主義による西洋近代文明批判

構造主義の代表的思想家	西洋近代文明批判の観点	構造のとらえ方
①ソシュール （1857〜1913）	物自体の存在を前提し，言葉と物とは一対一対応し，言語が世界を意味づけるという西洋近代的言語観を批判	構造主義言語学の提唱 言語間の差異の関係を「構造」と見なす 言語の恣意的な差異の関係が世界を分節化し，意味づける
②レヴィ＝ストロース （1908〜2009）	西洋近代の思考を中心に未開社会の思考を野蛮な思考と見なす西洋中心主義の文明観を批判し，相対化する	文化人類学に構造主義的視点を導入 未開社会の交叉イトコ婚による親族交換方式に独自の思考（野生の思考）と人類共通の思考様式を発見
③アルチュセール （1918〜90）	マルクス主義の立場から，西洋近代国家（ブルジョワ国家）の諸制度が労働者を支配するイデオロギー装置として機能し，資本主義体制を強化する機能を発見	マルクスのテクストを構造主義的に読解し，ブルジョワ国家における権力と権力装置を析出し，労働者の暴力革命による権力奪取と権力装置の破壊により社会主義国家の建設を意図する独自の革命理論を構築
④フーコー （1926〜84）	西洋近代における理性／非理性，正常／狂気などの二項対立的思考において，理性による非理性（狂気）を排除する権力関係を見いだす	理性が非理性（狂気）を排除し，権力に順応させようと意図する思考に，理性による権力関係（構造）を発見 パノプティコン（一望監視施設）を例示する

　構造主義は西洋近代における思考様式に西洋中心主義的な価値観を見いだし，他を排除しようとする共通の「構造」を析出したことに功績がある。特にソシュールによる構造主義言語学の提唱と，レヴィ＝ストロースによる「野生の思考」

の発見，フーコーの理性による非理性の排除と権力の実証は，西洋近代における思考様式に多方面から根本的な反省を迫るものであった。

▶ 現代思想の潮流

現代思想の代表的思想家	西洋近代思想批判の観点	思想のポストモダン的性格
①クーン （1922〜96）	既存の理論の欠陥を克服する新しい科学理論の登場によって科学が進歩するという進歩主義を否定 科学革命が生じる要因を科学史的に分析	科学的知の理論的な枠組み（「パラダイム」）を提唱 パラダイムの転換における偶然的・社会的要因を重視 主著『科学革命の構造』
②デリダ （1930〜2004）	西洋近代思考における伝統的なロゴス（言葉，論理，理性）中心主義を否定 テクストの背後に真理を読み込む思考を否定	「脱構築」（ディコンストラクション）の手法により，西洋形而上学に伝統的なロゴス中心主義を解体し，テクストの新たな読解を試みる。主著『グラマトロジー』
③ロールズ （1921〜2002）	自由主義社会において万人が認める「公正としての正義」の可能性を倫理学的立場から理論化 功利主義，社会契約説を批判的に継承	「公正としての正義」の諸原理を提示。競争への参加の機会均等，自由競争の結果生じる不平等を不遇な人の待遇改善を条件に正当な「格差」として認める。主著『正義論』

フランクフルト学派

フロム

Erich Fromm（1900～1980）ユダヤ系の社会心理学者

考えよう

○権威主義的パーソナリティとは何か。またフロムはファシズムの成立をどのようにとらえたか。
○社会的性格について具体的に考えてみよう。

人と思想

　新フロイト学派の社会心理学者で精神分析学者，ヒューマニズム思想家。アメリカを拠点に活躍した。32歳の時，フランクフルト社会研究所に入る。当時発表した諸論文・調査報告は，**初期フランクフルト学派**の代表的な業績となった。ほどなくアメリカに亡命し，以後は**アドルノ**との対立を深め，

39歳の時，フランクフルト学派を離脱し，批判的ヒューマニズムの道を歩む。後にアメリカに国籍を得て，軍縮や平和運動にも活躍した。主著は**『自由からの逃走』**（1941年），『愛するということ』（1956年）。

---

1 権威主義的パーソナリティ

原典資料

　権威主義的性格の人生にたいする態度やかれの全哲学は，かれが感情的に追求するものによって決定される。権威主義的性格は，人間の自由を束縛するものを愛する。かれは宿命に服従することを好む。宿命がなにを意味するかは，かれの社会的位置によって左右される。兵士にとっては，それはかれが進んで服従する上官の意志や鞭を意味する。……ピラミッドの頂上にいるものにとっても，それは根本的に同じことである。ちがっているのは，ただ人間が服従する力の大きさや一般性であって，依存感情そのものではない。〈日高六郎訳，フロム『自由からの逃走』東京創元社〉

重要語句

権威主義的パーソナリティ：もともと新フロイト学派を出発点とし，フロムをへて，フランクフルト学派に受け継がれ，そのファシズム論の中心視点とされた社会心理学的中心概念。社会の政治的・経済的構造によって形成された，人々に共通する行動の特性を，**社会的性格**と呼ぶが，フロムは，上位者の権威に盲従しつつも，下位者に自らへの服従を求める，非合理的なナチズムの専横を支えた社会的性格を，**権威主義的性格**と名づけた。

フランクフルト学派

ホルクハイマー／アドルノ

Max Horkheimer（1895～1973）フランクフルト学派の創始者
Theodor W. Adorno（1903～1969）ドイツの哲学者・社会学者・美学者

考えよう

○批判理論および「道具的理性」とは何か。
○近代理性批判の根拠は何か。

人と思想

◆ホルクハイマー

　ドイツのユダヤ人の企業家の家に生まれた。1931年フランクフルト大学附属社会研究所の所長になった。34年，アメリカに亡命。戦後フランクフルトに帰り，学長も務めた。同僚のアドルノと亡命先のカリフォルニアで書いた**『啓蒙の弁証法』**（1947）では，**啓蒙的理性**が，人間性の圧殺と文化の貧困化を生む支配の思想に堕して，**道具的理性**だけが理性の形態になってしまった過程が論じられた。

◆アドルノ

　富裕なワイン商のユダヤ系の父とイタリア人歌手の母との間にフランクフルトで生まれた。1931年フランクフルト大学の講師となった。ナチスの政権掌握後，イギリスへ亡命，38年渡米。50年代にドイツに帰り，社会研究所の再建に努め，盛んな著作活動を通じて脚光を浴びた。戦後の**フランクフルト学派**に全盛期をもたらした。各領域にわたる広範で鋭い批評活動を通じて，戦後のドイツ思想を代表する旗手となった。

重要語句

道具的理性：理性は合理的で自由な社会の中で，自然を支配するための技術的な「道具」と化した。ファシズムによる野蛮の原因は，この道具的理性が人間を支配し管理したためである。

批判理論：道具的理性が支配的思想を理論的に構築するための道具・手段となる理性であるのに対し，支配的思想の問題点・矛盾点を暴露する理性が批判的理性である。そのためには，支配的思想が依拠する学問的な枠組みを解体する批判的思考が不可欠である。アドルノとホルクハイマーは，フランクフルト社会研究所において全体主義の矛盾を指摘し，その管理的・権威主義的性格を究明し，西欧近代思想の限界を問う批判理論を構築した。

ハーバーマス

Jürgen Habermas（1929〜）フランクフルト学派第2世代の哲学・社会学者

考えよう

○ハーバーマスは西洋近代社会をどのように批判したか。
○「対話的理性」について「近代理性」との比較において考えよう。

人と思想

ドイツ，デュッセルドルフの中産階級の家に生まれた。ゲッティンゲン，チューリヒ，ボンの各大学で哲学，歴史学，心理学を学んだ。1956年からフランクフルト社会研究所の助手として，**アドルノ**および**ホルクハイマー**から大きな影響を受ける。61年ハイデルベルク大学教授に就任。64年よりフランクフルト大学教授となるが，1971年から81年まで「科学技術化された世界における生活条件の研究」という長いタイトルのマックス−プランク研究所の所長となる。1983年フランクフルト大学に復帰し，**フランクフルト学派第2世代**の中心的存在となる。

彼は，ホルクハイマーやアドルノのように，ヨーロッパの近代的理性＝啓蒙的理性を一方的に批判するようなことはせず，近代にはまだ「未完」のものではあるが積極的なものとしての合理性が含まれていると考えた。それが「**コミュニケーション的合理性**」である。

2004年，第20回京都賞（思想・芸術部門）受賞。主著は『コミュニケーション的行為の理論』『公共性の構造転換』。

年	年齢	人物史
1929	0	デュッセルドルフで生まれる。
1945	16	ギムナジウムで学ぶ。
1954	25	博士号取得（ボン大学）。
1956	27	フランクフルト社会研究所に入り，アドルノの研究助手となる。
1961	32	ハイデルベルク大学教授に就任。
1962	33	『公共性の構造転換』刊行。
1964	35	フランクフルト大学教授に就任。
1981	52	『コミュニケーション的行為の理論』2巻本で刊行。
1994	65	フランクフルト大学教授を辞し，同名誉教授となる。

1 対話的理性　生活世界の植民地化

原典資料

　　形式的に組織された行為領域の生活世界のコンテクストからの分離が可能になるのは，生活世界そのものの記号的（シンボル）構造が十分に分化しつくしてしまった後である。社会的な諸関係を徹底して法制度化するためには，価値の高度な普遍化 ── 社会的行為が広範囲にわたって規範的なコンテクストの拘束から解放され，具体的な倫理が道徳性と合法性とに分離していることが心要である。生活世界が徹底的に合理化され，ついには倫理的に中性化された行為領域が，法規範と根拠づけという形式的な手続きさえ通せばすべてOK，というところまでゆかねばならない。文化的な伝統は徹底的に骨抜きにされ，ついには，秩序の正当性が，伝統に根を下ろした（おろ）ドグマの基盤なしにでも成立しうるようにならなければならない。そして各人は，抽象的かつ普遍的に規範化された行為領域で ── 多少の種差はあっても ── 自律的に行為でき，自己のアイデンティティを危機にさらすことなく，これまでの道徳的に定義されてきた了解に定位された行為の諸連関から，法的に組織された行為領域へとスイッチの切り替えができなければならない。〈丸山高司・丸山徳次訳，ハーバーマス『コミュニケイション的行為の理論（下）』未来社〉

資料 解説

マックス＝ウェーバーの近代的な合理化の道筋を，ハーバーマスの文脈で要約した箇所からの引用である。ハーバーマスは，「生活世界」と「システム」の対立を問題にする。一方で，人間的なものの拠点で，家族や隣人などの生身の人間どうしで対話される**コミュニケーション的行為**の領域を「生活世界」と呼び，他方で，権力と貨幣で行為の調整を行う市場経済や行政組織の領域は「システム」として設定される。

生活世界のコンテクスト（文脈）からシステム（形式的に組織された行為領域）が分離される過程が述べられる。社会制度を法制度化するために，システムとして「価値の高度な普遍化」が必要で，生活世界としての「文化的な伝統」からシステムとしての「抽象的かつ普遍的に規範化された行為領域」が設定される。

重要語句

対話的理性　生活世界の植民地化：理性には，自然，他者，そして主体自身をさえ「計算可能」なものに変え，支配しようとする**道具的理性**の非情な一面，ないし目的追求的・戦略的な機能がある。

理性のもう一つの形こそ，「**対話的理性**」（コミュニケーション的合理性）であり，現実の社会では様々な要因によってゆがめられている。この合理性を十全な形で実現し，私たちが住む「生活世界」の人間らしさを守ろうとすることを，ハーバーマスの社会理論はめざしている。

大学入試 challenge!

次のア〜ウのうち，近代理性批判の説明として正しいものの組合せを，次の①〜⑦のうちから一つ選べ。

ア　フロムは，一般大衆に見られる権威への盲従を権威主義的パーソナリティーとよび，全体主義を支える人々に共通する社会的性格とみなした。

イ　ホルクハイマーとアドルノは，自然を支配する道具的理性を批判し，近代理性の野蛮的側面を暴く批判理論を確立する必要を説いた。

ウ　ハーバーマスは，人間の生活領域を労働・仕事・活動に分け，活動における公共性を重視し，対話的理性による合意形成の必要を説いた。

①ア　　②イ　　③ウ　　④アとイ
⑤アとウ　　⑥イとウ
⑦アとイとウ〈センター過去問総合［改]〉

解答：【大学入試 challenge!】 ④

ハンナ＝アーレント

Hannah Arendt（1906〜1975）ドイツ生まれ，アメリカの政治思想家

考えよう

○アーレントは全体主義がどのように成立するとしたか。
○アーレントの説く活動と公共性との関連について考えよう。

人と思想

　ドイツのハノーヴァーでユダヤ人の中産階級の家庭に生まれ，ケーニヒスベルクで育つ。マールブルク大学で**ハイデッガー**に，ハイデルベルク大学では**ヤスパース**に学び，『アウグスティヌスにおける愛の概念』で博士号取得。ハイデッガーとは半世紀に及ぶ情熱的な恋愛関係，そして友人関係をもったことは有名である。ナチズムの台頭とヒトラーの政権掌握とともに，1933年にはパリに亡命。1940年にフランスがドイツに降伏すると，脱出を余儀なくされ，1941年にニューヨークに亡命。ニュースクール－フォア－ソーシャルリサーチなどで教鞭をとる一方，代表的論客として，活発な言論活動を亡くなるまで展開した。

　思想家としての名声は1951年に出版された『**全体主義の起原**』である。同書は，ナチズムとスターリニズムの社会を，「**全体主義**」として展開した。「全体主義」とは，自発的で，自律的な，共同性を支えるものすべてが失われた，総動員と規律化の徹底した体系という意味をもつ。そしてそれは，強制収容所を究極の頂点とするのである。

　アーレントは，自ら経験した全体主義とそれを生み出した現代社会の病理を究明し，古代ギリシャのポリス的な政治空間に，「**活動**」という人間的条件の復権の可能性を見いだした。主著は『**全体主義の起原**』『**人間の条件**』など。

年	年齢	人物史
1906	0	ハノーヴァー郊外のリンデンに出生。
1924	18	各大学でヤスパース，ハイデッガーらに哲学と神学を学ぶ（〜29年）。
1928	22	ヤスパース指導のもと博士号取得。
1933	27	母マルタとともにフランスに亡命。
1941	35	アメリカへ亡命。
1951	45	『全体主義の起原』刊行。アメリカの市民権を取得。
1958	51	『人間の条件』刊行。
1963	57	シカゴ大学教授に就任。
1968	62	ニュースクール－フォア－ソーシャルリサーチの教授に就任。
1969	63	ヤスパース死去。
1975	69	心臓発作によりニューヨークの自宅で死去。
1976		ハイデッガー死去。

1 全体主義

原典資料

　戦前の専制政治からわれわれが知る旧式の官僚制支配と全体主義支配との間の際立った相違の一つは，前者がその政治領域内に属する臣民の外的運命を支配するだけで満足し，精神生活まで掌中に収めようとはしなかったことである。全体主義的官僚制は絶対的権力の本質を一層よく理解し，市民のあらゆる問題を私的なものであれ公的なものであれ，精神的なものであれ外的なものであれ，同じ一貫性と残虐さをもって統制する術を心得ていた。その結果，古い官僚制支配のもとでは諸民族の政治的自発性と創造性が圧殺されたに止まったのに対し，全体主義支配は人間の活動のすべての領域における自発性と創造性を窒息させてしまった。政治的非創造性のあとに続いたのは全面的な不毛性だったのである。

〈大島通義・大島かおり訳，アーレント『全体主義の起原2』みすず書房〉

資料 解説

　官僚制的支配と全体主義的支配を比較しながら，全体主義的支配の特質を浮き彫りにした一節である。アーレントによれば，専制政治における官僚制的支配とは，専制君主とその臣民である官僚が政治的運命を共有するという意味における支配以外には及ばない。ところが全体主義的支配においては，臣民の精神生活の全領域を支配・統制し，それを全体（国家）の目的遂行のための手段として利用するという特質を有する。思想・良心の自由や信仰の自由など，精神の自由は否定される。精神文化は国家政策のためのプロパガンダ（宣伝活動）のために統制・利用されるのみである。こうした精神状況において独創的文化は，政治であれ，学問であれ何も生まれない。自発性と創造性が否定されているからである。そこにあるのは不毛性のみである。

重要語句

全体主義：20世紀に登場した，社会のすべての領域を一元的に支配・統制し，全体（国家）を優先する，集権的な政治体制の特徴を表す政治思想。イタリアのファシズム，ドイツのナチズム，ソ連のスターリニズムに共通する支配体制を示す。最も広い意味では，個人的・私的生活領域の自律性を廃棄し，画一的な統合をはかるような管理社会の状況に対しても用いられる。

　全体主義の特徴は以下の点にある。
1）世界観としての性格をもつ公式の「イデオロギー」。
2）国家体制を超える運動としての性格。
3）指導者による統合。
4）合法的・行政的な大量殺戮。

労働・仕事・活動：アーレントは『人間の条件』の中で，古代ギリシャを例にとり，人間の基本的活動における三領域を区別する。「労働」とは生活の資を得るための生命維持活動であり，「仕事」とは，道具製作などの文化的活動を意味し，「活動」とは，人間が「労働」・「仕事」以外の時間を利用して，政治について語り合う自由な言語活動のことである。この市民による自由な「活動」こそ，公共的な政治空間としての役割（公共性）を担うものであるとアーレントは主張した。

戦争と倫理（他者）

レヴィナス

Emmanuel Lévinas（1906～1995）ユダヤ人哲学者

考えよう

○全体性と他者とはどんな関係にあるか考えよう。
○他者の他性としての「顔」の意味とは何か。

人と思想

レヴィナスは1906年ロシア領リトアニアのカウナスで，ユダヤ人書籍商の長男として生まれた。後にフランスに帰化し，1995年12月25日にパリで没した。したがってレヴィナスは，20世紀という時代をほぼ丸ごと生きたことになる。この世紀が2度の世界大戦とその後の東西冷戦という「戦争の世紀」だったとすれば，その主たる戦場の一つであるヨーロッパで，その現実の最大の被害者であるユダヤ人の一人として，この時代を生き抜いた。

フッサールの現象学と**ハイデッガー**の存在論から学んだレヴィナスは，現象学をフランスに伝えるとともに，暴力の時代のただ中で，その超克の可能性を他者論における哲学的課題とした。これは現象学の新たな展開を告げるものとなった。1961年に発表された主著『**全体性と無限**』では，**全体性**に包括され得ぬものとして**他者論**を提起し，1974年に公刊された『**存在の彼方へ**』では，他者の無限としての**他性**を究明した。レヴィナスの他者論の独自性は，現象学的アプローチだけでなく，ユダヤ思想からも他者論を提起したことにある。こうしてレヴィナスは，ハイデッガー以後における最大の哲学者の一人として高く評価されている。

年	年齢	人物史
1906	0	カウナス（コヴノ）に生まれる。
1929	24	博士論文「フッサール現象学における直観の理論」を提出。
1930	25	パリに移住。ソルボンヌに通う。
1938	33	フッサール死去。
1940	35	ドイツ軍のパリ進攻中に捕虜となる。
1946	41	生還して「東方イスラエル師範学校」校長に。
1947	42	『実存から実存者へ』出版。
1961	56	『全体性と無限』で国家博士号取得。
1967	62	パリ第十大学哲学科の教授に。
1973	68	ソルボンヌのパリ第四大学哲学科の教授に（1976年退官）。
1974	69	『存在の彼方へ』刊行。
1995	89	死去。

1 他者の「顔」，他者の「他性」

原典資料

　〈他者〉が私に対置するのは，だから，より大きな力——計量可能で，したがって全体の一部をなすかのように現前するエネルギー——ではない。全体との関係において，〈他者〉の存在が超越していることそのものである。〈他者〉が対置するのはどのような意味でも最上級の権力ではなく，まさに〈他者〉の超越という無限なものである。この無限なものは殺人よりも強いのであって，〈他者〉の顔としてすでに私たちに抵抗している。この無限なものが〈他者〉の顔であり本源的な表出であって，「あなたは殺してはならない」という最初のことばなのである。無限なものは殺人に対する無限な抵抗によって権能を麻痺させる。この抵抗は堅固で乗り越えがたいものとして，他者の顔のうちで，無防備なその眼のまったき裸形のうちで煌めく。〈超越的なもの〉の絶対的な開在性である裸形のなかで煌めいている。そこにあるものは，きわめて大きな抵抗との関係ではなく，絶対的に〈他なるもの〉であるなにものかとの関係である。それはつまり，抵抗をもたないものの抵抗，倫理的な抵抗なのである。

〈熊野純彦訳，レヴィナス『全体性と無限（下）』岩波文庫〉

資料 解説

　フッサールの現象学によれば，自己と他者とは同一の主観を有する理性的存在者である。したがって，他者の思考を理解・追体験することが可能であった。しかし，レヴィナスは他者を自己にとって「絶対的に他なる存在」として位置づける。換言すれば，自己にとって他者の**他性**とは，「自己意識に取り込めない無限な超越的存在」であることを示す。

　レヴィナスは自己と他者との接点を「**顔**」として提示する。「顔」をもって他者が発する無言のメッセージに対して私は応答する「責任」がある。戦争が絶え間なく行われた時代において，人と物は戦争遂行のための手段として一元的に定義される「全体性」が成立した。しかし，他者は至高の存在者として，自己の外部から「顔」をもって，「あなたは殺してはならない」という物理的抵抗における無抵抗，暴力を告発する無言の倫理的抵抗を行う主体なのである。

重要語句

全体性と無限：「全体性」とは自己にとって同一化できるものすべてを示し，「無限」とは他者の他性を示す。自己にとってあらゆるものが自己意識に取り込めるものであるが，他者のみはそれが不可能である。レヴィナスは自己と他者の同一化を否定する。他者は無限として自己の外部で高みに立ち，自らの「顔」をもって自己に「あなたは殺してはならない」と訴えかける存在である。そうした他者の「顔」の無言の呼びかけに私は応答する責任がある。レヴィナスにとって他者とは，自己が歓待すべき至高の存在者であるからである。

大学入試 challenge!

レヴィナスの思想の説明として最も適当なものを，次の①～④のうちから一つ選べ。

①他者は顔をもって私に向き合う責任を課す無限の存在者である。

②他者は私と同じ共同存在をなし，自己の存在了解をわが身に問う。

③他者は私が実存的交わりによって向き合う理性的存在者である。

④他者は自由な存在であり，社会参加を決める主体性を有する。

〈19本試［改］〉

レヴィ＝ストロース

Claude Lévi-Strauss（1908〜2009）フランスの人類学者。構造主義の創唱者

考えよう

○野生の思考とは科学的思考に対してどのような思考のことか。
○「構造主義」とはどのような考え方のことか。

人と思想

ユダヤ系フランス人として両親の滞在先であるベルギーで生まれ，フランスのヴェルサイユで育った。パリ大学で哲学を学び，27歳の時サンパウロ大学教授となり，ブラジル奥地の先住民族を研究した。この時の研究が，後の『悲しき熱帯』の執筆へとつながった。1939年第二次世界大戦勃発で兵役についた。ナチスの迫害を受け，1941年にアメリカに亡命し，帰国後，『親族の基本構造』で文学博士号を取得。51歳の時にコレージュ－ド－フランスの社会人類学講座の初代教授となる。その後ブームを引きおこす『**野生の思考**』を刊行，『神話論理』4巻を刊行，その構造分析は**構造主義**ブームを引きおこし，人文諸科学の方法論に大きな影響を与えた。1949年刊行の『親族の基本構造』は，イトコ婚の制度を例に，近親婚のタブーが親族集団間の互酬的な女性の交換を促す視点を提示し，**構造人類学**の最初の成果となった。

レヴィ＝ストロースは文明社会と未開社会との価値的優劣を否定し，**文化相対主義**の立場から西欧文明を絶対視する**自文化中心主義**を批判し，西欧中心の文化観・歴史観を批判した。彼の思想はその後の文化人類学や倫理学に大きな影響を与えた。主著は『野生の思考』など。

年	年齢	人物史
1908	0	12月，ブリュッセルに誕生。（1か月ほどでフランスのヴェルサイユに帰る。）
1932	24	高校の哲学教師となる。
1935	27	高校教師辞任。ブラジル行きを決定。
1947	39	このころ『親族の基本構造』完成。
1955	47	『悲しき熱帯』刊行。
1962	54	『野生の思考』刊行。
1977	69	10月，来日講演。
1983	75	『はるかなる視線』刊行。
1996	88	『サンパウロへのサウダージ（郷愁）』（サンパウロの情景を集めた写真集）をブラジルで刊行。
2009	100	死去。

1 野生の思考

原典資料

野生の思考で取り扱いうる特性は，もちろん科学者の研究対象とする特性と同じではない。自然界は，この二つの見方によって，一方で最高度に具体的，他方で最高度に抽象的という両極端からのアプローチをもつのである。言いかえれば，感覚的特性の角度と形式的特性の角度である。しかしながらこの二つの道は，少なくとも理論的には，そしてパースペクティヴに突然の変動が起らなければ，当然合流して一つになるべきものであった。これによって理解できるようになるのは，この二つの道がどちらも，時間および空間の中において相互に無関係に，まったく別々であるがどちらも正方向の，二つの知を作り出したことである。一方は感覚性の理論を基礎とし，農業，牧畜，製陶，織布，食物の保存と調理法などの文明の諸技術を今もわれわれの基本的欲求に与えている知であり，新石器時代を開花期とする。そして他方は，一挙に知解性の面に位置して現代科学の淵源となった知である。〈大橋保夫訳，レヴィ＝ストロース『野生の思考』みすず書房〉

資料 解説

レヴィ＝ストロースは，西欧中心主義的な文明観を批判した。その背景には西洋が，未開から文明という進歩史観によって，西欧的ではない民族社会を野蛮で遅れたものと考えていたことがある。彼は，文明の思考に対して，未開社会の思考を，原始的ではなく，「**野生の思考**」と考えた。彼は，未開社会における近親婚の禁忌（タブー）や神話の分析を通して，人間は未開と文明の区別なくその社会に固有の「構造」を前提として生活すると主張する。

原典資料では，自然界には，野生の思考と文明の思考とがあり，一方の野生の思考は「最高度に具体的」つまり感覚的特性の面で，それは「農業，牧畜，製陶」といった「われわれの基本的欲求に与えている知」である。他方の文明の思考は「最高度に抽象的」であると説明されている。

「構造主義」はすべての歴史，社会，種族に共通な，つまり人類に共通で普遍的な「構造」の存在を認め，それを究明しようとする思想であり，西欧中心主義的な進歩史観を否定する点にその特徴がある。

重要語句

野生の思考：西欧近代の「科学的思考」と対比される民族社会の「野生の思考」が，文明社会の科学的思考と同じように論理性をもつことを彼は主張した。「野生の思考」は，文明の思考と比べて劣等な未開・野蛮の思考ではなく，人類に普遍的な知のあり方を示すものと考えた。

レヴィ＝ストロースは，科学的思考を技師の計画的作業にたとえ，野生の思考を，器用人（ブリコルール）によるブリコラージュ（器用仕事）にたとえる。

大学入試challenge!

レヴィ＝ストロースの構造の記述として最も適当なものを，次の①〜④のうちから一つ選べ。
① 構造は，親族の構造として提示され，野生の思考は，非合理的でありながら文明人の思考と同じ結果になる。
② 構造は言語の構造として提示され，言語表現と意味するものとの関係性によって構築されるものである。
③ 構造は無意識の構造として提起され，現実界・想像界・象徴界の関係によって提示されるものである。
④ 構造は，消費社会の神話として提起され，差異が商品への飽くなき欲望を高めるシステムを意味する。
〈センター過去問総合［改］〉

解答：【大学入試challenge!】①

フーコー

Michel Foucault（1926〜1984）フランスの哲学者

○「理性」と「権力」はどう関係するか考えよう。
○西洋近代において「狂気」はいかにして排除されたか。

人と思想

　フランスのポワティエで医師の長男として生まれた。高等師範時代に哲学と心理学を学び，アルチュセールの指導を受けた。44歳から没年までコレージュ－ド－フランス教授を務め，「思考体系の歴史」と題する講義を担当した。後年は，世界各地での講義や政治活動も行った。一時はフランス共産党にも入党し，**サルトル**が死去した後，西欧で最重要，かつ最先端の，行動派思想家だった。また，同性愛志向への悩みから自殺未遂をくり返したが，1984年エイズで死去した。このことはフーコーにとって決して恥辱ではなく，**禁忌（タブー）**を侵犯するという自らの思想の実践者でもあったというべきである。

　フーコーは，狂気と理性，異常と正常といった区別は「歴史」の中でつくられたものであるとし，「理性」「主体」などの西欧近代の既成的な概念を脱中心化した。そして，**狂気**や異常を区別し差別化して囲い込むような権力の構造・管理の視点を徹底的に分析し，批判したのである。彼の仕事は，16か国語に翻訳されていることからも分かるように，現代の知的な戦術・戦略を主導し，その衝撃は深刻で，多大なものがある。主著は『**監獄の誕生**』など。

年	年齢	人物史
1926	0	フランスのポワティエ市に生まれる。
1944	18	連合軍によるパリ解放。
1946	20	パリの高等師範学校に入学。
1952	26	リール大学文学部の助手（心理学）に。
1961	35	主論文「狂気と非理性」および副論文「カントの人間学の起源と構造」の審査を受け，博士号を授与される。『狂気と非理性－古典主義時代における狂気の歴史』出版。
1963	37	『臨床医学の誕生』出版。
1966	40	『言葉と物』出版。
1969	43	『知の考古学』出版。
1970	44	コレージュ－ド－フランスの教授に。はじめて，日本への講演旅行。
1975	49	『監視と処罰－監獄の誕生』刊行。
1984	58	パリで死去。

1 狂気

原典資料

　閉鎖され，細分され，各所で監視されるこの空間，そこでは個々人は固定した場所に組み入れられ，どんな些細な動きも取締られ，あらゆる出来事が記帳され，中断のない書記作業が都市の中枢部と周辺部をつなぎ，権力は，階層秩序的な連続した図柄をもとに一様に行使され，たえず各個人は評定され検査されて，生存者・病者・死者にふりわけられる──こうしたすべてが規律・訓練的な装置のまとまりのよいモデルを組立てるのである。〈田村俶訳，フーコー『監獄の誕生』新潮社〉

資料 解説

　フーコーの主著の一つ『監獄の誕生』において，一望監視方式について述べた文。中央に監視塔を備え，そこから放射状に伸びる独房に収監された囚人の動静を一望のもとに監視できる，ベンサムが考案した「パノプティコン（一望監視施設）」について，フーコーはそこに理性と非理性，正気と狂気，正常と異常を振り分けて区別し，狂気を排除して巧みに管理・統制する近代理性による権力構造を指摘する。正気と狂気の判定・区別は国家権力の行使によるものであり，狂気と判定され，独房に閉じ込められた囚人は権力によって一定の規律に服するように訓練され，権力に従順な主体が形成される。こうして非理性は理性によって排除されるべきものとなる。極言すれば，フーコーにとって非理性は，理性によって生み出されたものということもできよう。

　フーコーは『監獄の誕生』において，近代における監獄制度の成立に関して研究を行う。監獄は一望監視施設（パノプティコン）となっており，囚人は一定の規律・訓練に服し，一望のもとに監視され，管理されていたことが分かる。ここからフーコーは，**狂気（非理性）**を近代理性が閉じ込め，統治・管理するシステムとして監獄制度が創設されたと見なし，近代理性の権力的性格を究明した。

重要語句

知のエピステーメー：フーコーは『言葉と物』において，一時代の知の枠組みである「エピステーメー」がどのように変遷したかを分析し，知の考古学を提唱する。中世，ルネサンス，古典主義の時代（17〜18世紀），近代，以上4つの時代において，知のエピステーメーは，中世からルネサンスまでは「類似」を特質とし，古典主義時代には「同一性と差異性」にもとづき，数学のように理性による比較分析が行われ，近代に入り，「人間の誕生」が見られたという。

大学入試 challenge!

フーコーの思想の説明として最も適当なものを，次の①〜④のうちから一つ選べ。

①科学的知の枠組みは，従来の枠組みでは説明不可能な事実の集積によって覆され，新しい枠組みができる。

②古典主義時代の模倣を特質とする知の認識が近代では同一性と差異性の関係を思考する認識に変わる。

③命題の真偽の判断は，個々の命題ではなく，命題体系を対象とする知の全体論として行うべきである。

④近代理性が陥った野蛮を露わにする道具的理性を厳しく糾弾する批判的理性を構築すべきである。

〈センター過去問総合［改］〉

解答：【大学入試 challenge!】②

その他の構造主義者

　構造主義は言語学，マルクス主義，精神分析学に大きな影響を及ぼした。**レヴィ＝ストロース**や**フーコー**のほか，代表的思想家としては，構造主義言語学を構築した**ソシュール**，マルクスのテクストに構造主義的読解を試み，マルクス－レーニン主義による革命理論を構築した**アルチュセール**，フロイトへの回帰を主張し，精神分析学に構造主義的アプローチを試み，独自の主体論・他者論を構築した**ラカン**らがいる。構造主義は多面的な思想として発展し，現代思想の中核となった。

ソシュール
F. Saussure（1857〜1913）

　ソシュールは，スイスの言語学者であり，記号論ならびに構造主義言語学の提唱者である。1907年から1911年までジュネーヴ大学で「一般言語学」と題する講義を行った。その講義録が彼の主著『一般言語学講義』である。彼は，言語の起源や歴史的推移を問う従来の言語学に対し，言語の静態的な「構造」を問う言語学の構築を試みた。

　彼は，言語の体系を「**シーニュ**」（**記号**），「**シニフィアン**」（**意味するもの**），「**シニフィエ**」（**意味されるもの**）の諸概念を用いて説明する。英語を例に説明すると，表音文字「シスター（sister）」は「シニフィアン」であり，姉（妹）がその「シニフィエ」である。sister と書き込むことによって，書き手である自分の姉（妹）を示すことが言語の機能である。日本語の場合，表意文字＝「シニフィアン」，姉と妹は「シニフィエ」として区別される。前者は自分よりも年長，後者は年下を意味することが表記によって判明する。しかし英語の場合，表音文字 sister は自分から見て姉か妹かのいずれか，要するに女性を示すことを主眼とし，自分との年齢関係を示す機能はない。これは日本語圏と英語圏の言語体系（システム）の差異を示す。この言語体系（システム）の「差異」が，ソシュールが発見した言語の静態的「構造」である。

アルチュセール
L. P. Althusser（1918〜90）

　フランス領北アフリカのアルジェ近郊に生まれ，1939年高等師範学校に入学する。第二次世界大戦中に捕虜収容所でマルクス主義に出会う。1945年に復学し，哲学を研究し，1948年共産党に入党。1950年から高等師範学校で哲学を教える。『マルクスのために』（1965），『資本論を読む』（1965）により，マルクス主義哲学の理論的革新の旗手として大きな影響を与えた。1981年に精神錯乱に陥り，妻を絞殺する。精神鑑定の結果免訴とされ，精神病院で晩年を過ごした。

　アルチュセールはマルクスのテクストに構造主義的な読解を試み，ブルジョワ国家の権力構造と「**国家のイデオロギー装置**」を析出する。彼は，『再生産について』において，法，議会，教育，家族，組合など合法的に存在する様々な社会制度が，ブルジョワ階級が労働者階級をはじめとする他の諸階級を支配するブルジョワ国家のイデオロギー装置として機能する実態を鋭く分析し，社会主義国家建設のためには，合法的に存在する社会主義政党に結集する労働者階級が装置の外部勢力として成長し，暴力革命によってブルジョワ階級から国家権力を奪取し，ブルジョワ国家の権力装置を破壊することが不可欠であることを説いた。

ラカン
J. Lacan（1901〜81）

　伝統的なフランス精神医学から出発しつつ，フロイトの思想の解釈とその理論の実践に新生面を拓いたフランスの精神科医・精神分析家。フロイトへの回帰を主張して国際精神分析学界と袂を分かち，独自の精神分析家の団体パリ－フロイト派を1964年に樹立するが，1981年，腸の悪性腫瘍のため生地パリで生涯を閉じた。主著は『エクリ』。

　ラカンは，自己意識が他者によってつくられた虚像であることを分析し，独自の他者論を展開して主体の形成について考察した。そのためにラカンが構築したのが「**鏡像段階**」論である。この理論は，乳幼児期における自己認識の形成過程を分析したもので，乳幼児にとって「現実界」は，未知の世界であるが，優しい母が鏡に映す自己を自分であると認識する。つまり，自己の外に自分を発見する。この母に寄せる信頼において自己と鏡像としての自分の一致を確信するのは「想像界」での出来事である。しかし，この母との信頼関係に外部から侵入して言語によって秩序づけられた世界を「象徴界」において教える役割を果たすのが父である。言語は秩序づけられた世界を自己に知らせる役割において**大文字の他者**であるということができる。自己にとって象徴界の仕組みは言語の構造に従った無意識なものであり，そういうものとして主体は自己を確立するのである。このように考察したラカンは，自己というものが他者によってつくられた虚像であることを提示することによって主体の主体性を否定するが，主体の形成は言語という象徴的世界において他者によってつくられることを明らかにした。ラカンの功績は，主体の主体性を自明の前提としてきた西洋近代の知の枠組みを根底から覆した点にあるといえる。

分析哲学・科学哲学

考えよう
○分析哲学が現代の思想や文化に与えた影響は何か。
○パラダイムの転換，ホーリズムとは何か。

イギリス・アメリカを中心に発達した**分析哲学・科学哲学の動向**は，**ウィトゲンシュタイン，クーン，クワイン，ポパー**の思想からうかがうことができる。分析哲学は世界の意味を言語によって説明する哲学の一派であり，ウィトゲンシュタインを出発点とする。クーンによれば，科学哲学によって，知の体系，知の枠組み（パラダイム）の転換が近代科学の成立をもたらしたことを究明し得ると説く。クワインは仮説と観察実験の結果が一致しない理由を，全体論（ホーリズム）から説明を試みた。

ウィトゲンシュタイン
L. J. J. Wittgenstein（1889〜1951）

ウィーンに生まれ，14歳まで家庭で教育を受けた。1911年，ケンブリッジ大学のラッセルから数理哲学を学ぶ。第一次世界大戦従軍中に『**論理哲学論考**』を構想した。その著作で彼は，「**語り得ぬものについては沈黙しなければならない**」と述べ，人間の思考の限界を，言語の限界として設定し，「倫理」や「価値」については「語り得ぬもの」として人間の思考を超えたものであり，言語の論理によっては説明不可能であると考えた。人間は言語によって真理を述べ，これが事実として成立するのは論理の真偽の分析による。このようにしてウィトゲンシュタインは，事実の成立について論理記号を駆使して分析する分析哲学の手法を確立した。晩年の著作『**哲学探究**』においては，言語の論理を**言語ゲーム**として分析し，トランプのジョーカーがゲームによって異なる意味を有するように，事実の成立が必ずしも普遍的とはなり得ないことを究明した。

クーン
T. S. Kuhn（1922〜96）

（『科学革命の構造』みすず書房より）

アメリカの科学史家・科学哲学者。ハーバード大学で物理学の博士号を取得し，科学史講義を担当した。クーンの功績は「パラダイム」という概念を提起し科学の展開を新たな視点から構築したことである。「**パラダイム**」とは，ギリシャ語で「手本，モデル」を意味したが，クーンは科学的探究を規定する理論の枠組みとして強調した。彼によれば，科学はパラダイムの中で成立し，「**科学革命**」は「**パラダイムの転換**」による。より正しいことを理由に生じるのではなく，偶然的・変則的要素や社会的要素を理由に生じるとクーンは主張する。例えば，天動説から地動説への転換は，ガリレオがカトリック教会の権威による宗教裁判の前に自説の撤回を迫られたように，宗教的権力の介入がパラダイムの転換の促進を阻む要因として反作用的に影響を及ぼしていると理解できるとする。科学革命の構造としてパラダイムの転換を指摘したクーンの理論は，自然科学分野のみでなく，人文・社会科学分野においてもパラダイム論が議論される契機となった。

クワイン
W. V. Quine（1908〜2000）

アメリカの哲学者，論理学者。50年代から70年代にかけて，英米哲学・分析哲学に大きな影響を与えた。主著の一つに『ことばと対象』がある。

クワインの業績としては，「**ホーリズム**」（全体論）を提起したことが挙げられる。彼はある系（システム）全体を，部分と全体との関係において考えると，全体は部分の算術的な総和以上のものであると考え，部分に対する全体の優越性を主張する。クワインは，仮説と観察結果とは必ずしも一対一対応が成り立つとは限らないことを「ホーリズム」を提唱することによって主張した。彼によれば科学理論においては部分の総和が全体ではない。例えば，水星の軌道のずれは，ニュートン力学において説明不可能であることは，アインシュタインの相対性理論によって証明されたが，これは観察結果の部分的修正によって判明したのではなく，科学理論全体としてのニュートン力学そのものに誤りがあったことから判明したのである。科学理論全体の見直しの必要性を説いたクワインの思想的意義は大きいといえよう。

ポパー
Karl. Raimund. Popper（1902〜94）

イギリスの科学哲学者。ウィーンでユダヤ系の中流家庭に生まれ，ウィーン大学で哲学の博士号を取得するが，ナチスによる迫害を逃れるため，ニュージーランドへ移り，第2次世界大戦後はイギリスに定住し，ロンドン・スクール・オブ・エコノミクスの教授を務める。ポパーの科学哲学の立場は，**批判的合理主義**とよばれる。彼によれば科学的真理は**反証可能性**を有するものであるため，無謬性は成立しない。科学的真理は**誤りから学ぶ**ことによって，批判を合理的思考によって受け止め，修正を繰り返すことによってより優れた科学的理論へと発展するものである。

このような考えをポパーは社会哲学にも適用し，歴史主義を批判し，唯物史観を唯一かつ無謬の歴史法則とするマルクス主義の歴史観を厳しく批判した。社会の哲学は，誤りや失敗から学ぶことで，人間社会を一歩一歩改善・改良することに資するべきであると主張し，**漸進的社会工学**を提唱した。主著は『開かれた社会とその敵』，『科学的発見の論理』，『歴史主義の貧困』など。

現代の思想家たち

考えよう

○ポスト構造主義とはどんな思想か。
○ポストモダンの思想的特徴は何か。
○現代の思想家たちが求めたものは何か。

　現代の代表的思想家として，**ベンヤミン**，**リオタール**，**デリダ**，**ドゥルーズ**の思想を取り上げる。「**ポストモダン**」とは，「近代以後」における思想を意味するが，西洋近代哲学が理性の可能性や自由の実現など，一元的な価値観の実現を求めて体系的で壮大な理論体系を「大きな物語」として構築したのに対し，ポストモダンは「大きな物語」の終焉を背景に，専門化・細分化された知の枠組みにおいて個々の状況に適応した思考，すなわち「小さな物語」を追求する思想であることにその特徴がある。しかし，それは弱体化した思考ではない。西洋近代に支配的であったロゴス（言葉，論理，理性）中心主義と西洋的価値観を覆し得る強靭な思考である。

ベンヤミン
W. Benjamin（1892〜1940）

　ベルリンの裕福なユダヤ人の家庭に生まれる。大学では哲学と文学を学び，マルクス主義やユダヤ教の神秘思想の影響を受けている。ナチスが台頭する中，1933年にフランスに亡命した。そして，亡命先のフランクフルト社会研究所の援助により，代表作『**パサージュ論**』を完成するが，ナチスの追及から逃れられず，自殺に追い込まれた。

　彼は『**複製技術時代の芸術作品**』において，複製された絵画や写真，20世紀前半から大衆芸術として流行し始めた映画にポストモダン的性格を見いだした。写真や映画は高度な複製技術を駆使することによって被写体を様々な形象においてクローズアップし，大量生産により世界中に作品を広めることによって，大衆芸術としての地位を確立することに成功した。

　古来優れた芸術作品は，畏敬・崇拝の対象となる「いま，ここ」だけの本物としての真正性を意味する「**アウラ**」（オーラ）を放っていた。個展において鑑賞者を驚嘆・堪能させるのは作品が放つアウラである。しかし，近代において登場した複製技術は外部から侵入して作品の独自性・一回性を奪い，「**アウラの喪失**」を招いた。ところが，くしくも近代芸術作品が**大衆芸術**としての地位を確立するのは，このアウラの喪失によるのである。これは逆説ではない。

　畏敬・崇拝の対象だった芸術作品は，複製技術により娯楽的・遊戯的性格を獲得する。その一方で近代芸術作品は，**チャップリン**が自己の映画作品で，資本主義的大量生産によって機械に支配される労働者を自己演出により表現したように，人間疎外を表現する思想的媒体としての役割をも担う可能性を開拓した。マルクス主義に傾倒したベンヤミンは，大衆芸術にこうした役割を期待したが，ファシズムの嵐が吹き荒れる時代のうねりの中で，大衆芸術はナチズムのプロパガンダ（宣伝）として大衆動員に利用される媒体と化していた。

リオタール
J.-F. Lyotard（1924〜98）

　フランスのヴェルサイユで生まれ，ソルボンヌで哲学を学び，現象学研究から出発した。しだいに政治運動にかかわり，マルクス主義の立場を取るが，1980年代から「ポストモダン」を提唱した。リオタールは主著『**ポストモダンの条件**』（1979年）において，世界ではじめて「**ポストモダン**」（近代以後）概念の定式化を行った。彼によれば，「ポストモダン」とは，ヘーゲル哲学やマルクス主義のように，世界を統一的に意味づけるイデオロギー体系，つまり「**大きな物語**」の終焉を意味する概念のことである。1991年におけるソヴィエト連邦の解体はそれを象徴する出来事であった。ポストモダンにおいて理性や自由などの普遍的価値の実現をめざした絶対的な知は成立不可能であり，学問・科学の専門化・細分化が進む知的状況の中で，個々の具体的な状況のうちで思考する「**小さな物語**」が求められた。その背景には，戦後めざましく進展した高度情報化社会，大衆消費社会があり，それらの関連においてポストモダンの意味を考察することが必要であろう。

　ポストモダンという言葉が最初に流行したのは，建築の分野においてであった。近代建築は，合理性・機能性・利便性を極限まで追求した建築様式を実現したが，ポストモダン建築は，近代建築に対するアンチテーゼとして登場し，伝統への回帰，ゆとりや安らぎの空間など，一元的な価値観の追求ではなく，様々な要素を盛り込んだ複合的な空間を演出しているのが特徴的である。そしてそれは，高度消費社会として大量の消費者を集客する消費空間を意味するものでもある。思想界においては「**ポスト構造主義**」という言葉が流行した。それは構造主義以後における思想の総称であるが，ポストモダンとはそれのみにとどまらず，専門化・細分化された知の枠組みにおける思想の刷新を意味するものであり，特に西洋近代哲学に特徴的であったロゴス（言葉，論理，理性）中心主義，西洋的価値観を覆す精緻で強靭な思考であった。

デリダ
J, Derrida（1930～2004）

アルジェリアで，ユダヤ人として生まれる。1949年にフランスに渡り，高等師範学校在学中に『フッサール哲学における発生の問題』を書いた。その後ソルボンヌや，米国の諸大学でも定期的に教えた。「ポスト構造主義」あるいは「ポストモダン思想」の代名詞と見なされるデリダは，「脱構築（ディコンストラクション）」と呼ばれる概念を提出した。「構造主義」の共通性とは，「それぞれの"主体"が，自分としては自由に考え，行為しているつもりでも，"主体"の主体性は，その"主体"を生み出した見えない構造によって無意識の次元で規定されている」というものである。ここに構造主義者が，その見えない構造を発見するまでの思考自体が，別の次元の構造（メタ構造）によって規定されているという問題が生じる。メタ構造の無限の連続が構造主義の限界である。そしてここに「ポスト構造主義」の問題意識の出発点がある。

デリダが試みた「脱構築（ディコンストラクション）」の概念は，西洋哲学に支配的であったロゴス中心主義を否定し，著者の思考をテクスト，つまり「エクリチュール」（書かれたもの，作品）に見いだす伝統的な思考を解体し，著者の思考でも読者の読解でもない，テクストの中に著者の思考，言葉（ロゴス）を解体する契機が潜んでいることを露呈させることによって，思想をテクストにおいて再構築することを意図した思考の実践である。

デリダは，プラトンが師ソクラテスの思想を言葉（ロゴス）によって伝えようと意図して書いた対話篇を読解することによって，ソクラテスの言葉自体にソクラテスの思想，言葉（ロゴス）が解体する契機が潜んでいることを発見する。論文「プラトンのパルマケイアー」では，「良薬」と「劇薬（害毒）」の両義性を帯びたギリシャ語「パルマコン」が，ソクラテスの言葉（ロゴス）を覆し，ロゴスによる思想伝達を不可能にする契機となっていることを指摘する。

ソクラテスが国家の認める神々を認めず，青年に「害毒」を流しているという告発理由を不正として拒絶し，ポリスの国法に従って「毒杯（害毒）」を飲んで刑死するという事実は，ソクラテスが意図した「良薬」による思想伝達が否定すべき「害毒（毒杯）」によって拒絶されるというメタファー（隠喩）を意味することであり，ロゴスに「差異」（差延，ずれ）が生じたということである。この出来事は言葉（ロゴス）によるソクラテスの思想伝達は断絶し，エレアからの客人（プラトン自身）による思想伝達が始まることの予告であるかもしれない。思考する主体は著者でもなければ読者でもなく，著者の思考の外部から侵入した意図せざるテクストの言葉（ロゴス）であることを，デリダは「脱構築」によって示したのである。

ドゥルーズ
G. Deleuze（1925～95）

ポスト構造主義の思想家。パリに生まれ，パリ大学で学んだ。1969年にパリ第八大学の教授となり，1987年に退官した。1995年，自殺。ヒューム，ベルグソン，ニーチェ，カント，スピノザ，ライプニッツなどの哲学史的研究の後，主著『差異と反復』によって，西欧哲学におけるプラトン主義的伝統を「同一性」の哲学として排斥し，「差異」の哲学を提唱した。プラトンのイデア論は，イデアはオリジナルとして同一性を保持し，感覚がとらえる事物はオリジナル（＝同一性）からのコピーである。しかも，そのコピーは，オリジナルと比べ，差異が大きければ大きいほど，劣化する。こうした思考によっては差異の本質はとらえられず，思考不可能である。理性的・合理的に思考されることがない差異は，排除されるからである。ドゥルーズは，この差異を回復しようと試みた。これまでは反復も同一性を取り戻すことであったが，彼は差異をつくり出す「反復」という概念を考案する。そうすると絶え間ない差異の生産・生成が問われ，それを生み出す「欲望」論も生まれる。

ドゥルーズと精神分析学者フェリックス＝ガタリとの共著『アンチ－オイディプス』は「欲望」を論じる。「欲望」は無意識の欲望であり，目的ももたずひたすら活動し続ける"機械"としてとらえ，自己増殖し続ける無意識的な欲望の連鎖のことを「欲望する機械」と呼んだ。『アンチ－オイディプス』は，同じくガタリとの共著である『千のプラトー』とあわせて『資本主義と分裂症』という著作の第1部，第2部を構成する。ドゥルーズとガタリは，資本主義社会を分析したマルクスの思想と，その資本主義社会において生きている人間（個人）の分析を行ったフロイトの精神分析を，ともにとらえ直し，そして最近の諸科学の知見を摂取して現代資本主義社会の分析を試みた書物である。彼らは，同一性に執拗にこだわる「偏執者・パラノ」に対し，同一性に固執しないで欲望の多様性をめざす「分裂者・スキゾ」や「遊牧民・ノマド」を対立させ，「逃走」を語る。「逃走」は社会の外に出ることではなく，欲望を一つの方向（目的）に縛ることなく，自由に戯れさせることである。それは欲望を，あらゆる社会的規則や規制といったものから解放しようとする意図がある。こうして彼らの思想は現代思想に大きな衝撃を与えた。

アメリカの文学研究者，評論家・歴史家。パレスティナのエルサレムにキリスト教徒として生まれたアラブ人（パレスティナ人）である。アメリカへ移住後，プリンストン大学，ハーヴァード大学で学び，コロンビア大学で英文学・比較文学の教授を務めた。

サイードの思想家としての評価を確立したのは**オリエンタリズム**の理論である。オリエンタリズムは元来，西洋と東洋を分け，対立させて考える立場のことである。西洋（オクシダント）から見てオリエントは「日が昇る地方」，「東洋」を意味し，そこからオリエンタリズムは「異国趣味」を意味したが，西洋近代における東洋文化に関する学問的知識の蓄積により，東洋文化に対する西洋文化の優位，東洋文化に対する誤解や偏見を意味するようになり，その結果ヨーロッパによるアジアの植民地支配を正当化する役割を果たすようになった。

サイードは，オリエンタリズムを文学・思想等の文献の精緻な読解により批判的に究明した。サイードのオリエンタリズム批判は，東洋に対する西洋の優位を否定し，異なる文化や価値観の共存を認める思想として国際社会に大きな影響を与えた。主著は『オリエンタリズム』，『文化と帝国主義』等。

フランスの女性思想家。ユダヤ系の両親の下に生まれ，リベラルな雰囲気を持つ家庭で育てられ，才気煥発な女性として成長する。後に『幸福論』で有名な哲学者アランに師事し，学問の真の意義，思想と現実の一致の重要性を学び，体験重視の姿勢を自らの強靭な意志で生涯実践した。

ヴェイユは，25～26歳までの2年間印刷工場のプレス工として働き，工場労働と失業，極限の貧困を経験した。低賃金と重労働に苦しむ工場労働者にとって，労働は**重力**と同様に抗えない物理的な力のように身体に作用する力であり，病苦と共に**不幸**を意味した。工場体験を終えたヴェイユは，キリスト教がニーチェとは異なる意味での「奴隷の宗教」であるとの確信を深めた。以後のヴェイユにとっての救いは，社会主義思想や労働運動ではなく，神の恵み＝**（恩寵）**であった。ヴェイユのキリスト教理解は，イエスの復活によりイエスをキリスト＝（救世主）とみなす信仰ではなく，キリストとみなされる以前のイエスが人間として最大の不幸を経験した宗教的事実を受容することで，あらゆる人間が自己の不幸に向き合い，恩寵を受けることができるという確信であった。

ヴェイユの思想は，数少ないフランスの女性思想家として実践により自己の思索を深めることで，後世に大きな影響を与えたことにある。主著に『工場日記』，『重力と恩寵』，『神を待ちのぞむ』，『根をもつこと』等がある。

ドイツの社会学者。哲学，宗教，政治等に関する思想や，歴史学，経済学，政治学等の学問の成果を社会科学的手法で組み直しながら，西洋近現代社会の特質を研究した。

ウェーバーは，**『プロテスタンティズムの倫理と資本主義の精神』**において，**禁欲的職業倫理**を説くプロテスタンティズムが営利・蓄財を肯定する考え方を形成し，**資本主義**の原理形成に大きな影響を与えたと主張した（→ p.189）。そして，禁欲的で勤勉な職業労働を生み出す力，働きを，彼は「エートス」と呼んだ。

また，ウェーバーは，西洋の近代化を「**脱呪術化（脱魔術化）**」，「**合理化**」と捉えた。例えば，『支配の社会学』においては，政治的支配のシステムにその傾向が顕著だとして，支配の形を①伝統的支配，②カリスマ的支配，③合理的支配の3類型で分析した。そのなかで，近代の合理的支配の大きな特質は，**官僚制**が社会の隅々に浸透することであると説いた。なお，合理化の観点は，音楽の世界でも見ることができ，西洋の音階は合理的形式であると論じている（『音楽社会学』）。

近代官僚制についてウェーバーは，西ヨーロッパにおいて実現した条件として，貨幣経済の発達，行政事務の量的・質的発達，組織構成員の技術的優秀性，首長への行政手段の集中（行政官の行政手段からの分離），社会的差別の水準化（大衆デモクラシーの成立）などをあげている。その一方で，官僚制組織が陥りやすい負の状況として，形式主義，セクショナリズム，画一主義，権威主義，個人の責任回避，独善性，規制万能主義，先例踏襲などをあげている。

このようなウェーバーの多方面にわたる社会学の特徴は，自らが「**理解社会学**」と呼んだ方法にある。ウェーバーは行為者の主観的な動機に着目して，社会的行為のプロセスと結果を分析した。その際，主観と客観の整理を行ったうえで「**価値自由**」の立場をとり，社会現象分析の手段として「**理念型**」（**イディアル・ティプス**）を用いて客観的分析を行った。彼の研究の成果は，のちのフランクフルト学派に大きな影響を与えた。

ハイエク／ノージック／サンデル／マッキンタイア

ハイエク（1899〜1992）は，**新自由主義（ネオ・リベラリズム）**の経済哲学者。市民生活の試行錯誤の結果維持されている自生的秩序に含まれる言語・道徳・コモン＝ロー・市場等を尊重し，これらのものに対する政府の介入を否定した。

ノージック（1938〜2002）は，**自由至上主義（リバタリアニズム）**の哲学者。ロールズの『正義論』を批判し，**権原理論**を唱えた。紛争を解決するための小規模な集団を統合する最小国家によって，人々が最初から所有していたものや他人から譲渡されたものを保障する役割が正義であるとし，人間社会の原初状態を見直す見解を主張した。

サンデル（1953〜）は，**共同体主義（コミュニタリアニズム）**の政治哲学者。個人の自由は，共同体において歴史的・伝統的に形成される価値観との関連で保障されるべき権利であり，ロールズが提起した原初状態における個人の自由を認める**リベラリズム（自由主義）**は，共同体に伝統的価値観への政府の関与を認めない点において正義論としては不十分であるとした。共同体の成員としての個人の側面を重視して，

個人の権利を共同体における**共通善**の視点から見直し，政府（国家）の政治的役割の重要性を説いた。

マッキンタイア（1929〜）は，イギリスの哲学者。コミュニタリアニズムの立場から，徳倫理学を提唱し，人生の目的や善を追究することなく，正義や法を説くリベラリズムを批判した。ポリスの目的が最高善（幸福）の実現にあると説いたアリストテレス哲学を模範として，理性的存在である人間は同時に動物として生存・繁栄する存在でもあり，そのために相互依存が不可欠であると論じ，相互依存関係にある共同体に相応しい共通善を倫理学の目的とした。

現代アメリカの政治から見ると，リベラリズムは小さな政府を志向し，市場原理主義を重視する共和党の施策に活かされ，コミュニタリアニズムは大きな政府（福祉国家）を志向する民主党の施策に生かされている。いずれにせよ，公正としての正義，共通善（公共善）の実現のために国家（政府）の役割は必要不可欠なものであり，個人の権利は最大限に尊重されねばならないものでもある。

オルテガ／リースマン／バターフィールド

オルテガ（1883〜1955）は，スペインの思想家。主著『**大衆の反逆**』を著し，究極の実在である個々人の生を普遍的な生へ統合する**生の理性**を唱え，近代社会はエリートと大衆で構成され，自己の権利のみを主張する大衆を反逆する者と捉え，統治には真の貴族階級の台頭が必要であると説いた。オルテガの言う大衆とは労働者階級のことではなく近代化のなかで形成された各分野の専門家層や学者たちを示し，エリートとは内面的意味でのエリートであるとする見方もある。

リースマン（1909〜2002）は，アメリカの社会学者。『**孤独な群衆**』を著し，現代社会における大衆は自己の明確な思想や価値観を持たない孤独な群衆であるとし，他人の行動や流行に自身の生活を合わせる**他人指向型**の大衆文化を形成していると主張し，均質的・没個性的な大衆社会を批判した。

他人指向型（外部志向型）は，周囲の人々（他人）やマスメディアが情報提供する同時代あるいは同じ地域や社会に生きる人々（他人）の考えや動きを自己の判断・行動の基準とする。このような立場をとると，自己の主体的な思考や信念ではなく他人に同調すること，他人から受け入れられることなどを重視し，他者に気を配り，人間関係と自己の存在を保つ生き方をする。リースマンは，他人指向型を第二次世界大戦後のアメリカの中間層にみられる社会的性格とし，現代に生きる人々は大衆のなかに埋没し，孤独と不安のなかで実体の不明確な他者に依存し，迎合すると説いた。

リースマンは，社会的性格として，他人指向型のほかに，**伝統指向型**と**内部指向型**をあげている。彼によれば，伝統指向型とは，慣習，儀礼などの伝統的規範にしたがって自分の判断や行動を定める立場で，主に中世以前にみられる。内部指向型とは旧来の伝統や固定的な因習にとらわれず，自己の内面的な思考や良心を重んじ，主体的に判断し，行動する生き方を求める立場で，主に近代市民社会にみられる。

バターフィールド（1900〜79）は，イギリスの歴史学者。『科学の誕生』を著し，そのなかで，近代の成立とその特色について論じた。一般に近代はルネサンスや宗教改革により始まり，人間性尊重の動きや信仰の内面化・個人主義か近代精神を形成したとされているが，バターフィールドは，17世紀に成立した近代自然科学こそが，近代という時代と社会をつくりあげたとする。近代自然科学の具体的事例には，コペルニクスの地動説，ケプラーの惑星の法則，ガリレイの自由落下の法則，ニュートンの万有引力の法則，ハーヴェイの血液循環説などがあるが，バターフィールドはこれら一連の動きを産業革命に倣って**科学革命**とよんだ。M・ウェーバーは近代化とは脱呪術化すなわち合理化であると説いたが，合理化とは理性により思考し判断することであり，その対象が自然界に向けられると自然科学が成立し，やがて現代における高度な科学・技術の発展へとつながっていった。

ロールズ

John Rawls（1921〜2002）アメリカの政治哲学者・倫理学者

考えよう

- ○ロールズが説いた「公正としての正義」とは何か。
- ○現代社会における格差とその原因について具体的に考えよう。

人と思想

アメリカ，メリーランド州ボルティモアに生まれる。プリンストン大学卒業後，兵役につき，占領軍の一員として来日し，広島の惨状を目にした。除隊後，同大学院に進学し，1950年「倫理の知の諸根拠に関する研究」で博士号取得後，

1962年にハーバード大学の哲学教授となる。91年には同大学名誉教授となる。論理実証主義の支配下にあって「倫理学は学問たり得るか」という難問と格闘し，独特の倫理学方法論を編み出した。主著は『**正義論**』（1971年）。

1 公正としての正義

原典資料

初期状態の人びとは〔効用原理とは〕かなり異なる二つの原理を選択すると主張したい。その第一原理は，基本的な権利と義務を平等に割り当てることを要求する。第二原理は，社会的・経済的な不平等（たとえば富や職務権限の不平等）が正義にかなうのは，それらの不平等が結果として全員の便益（そして，とりわけ社会で最も不遇な〔＝相対的利益の取り分が最も少ない〕人びととの便益）を補正する場合に限られる，と主張する。

〈川本隆史・福間聡・神島裕子訳，ロールズ『正義論　改訂版』紀伊國屋書店〉

資料 解説

初期状態（原初状態）において，言い換えれば，自分の将来について具体的な情報がなく，社会のどの地位も占め得るとする「**無知のヴェール**」という条件のもとで，人々が合理的に選択するであろう，正義の二原理が説明されている。

重要語句

公正としての正義：ロールズは，功利原理が正義の原理を欠いている点を批判し，社会契約説を再構成した「公正としての正義」（1958）を提唱した。これは，自由で平等な契約当事者が，社会制度の基本ルールを相互に承認し合うという「公正」を社会正義の中核に据えたもので，主著『正義論』で社会倫理学の復権を提起し，公正としての正義の第一原理として「平等な自由の原理」を，第二原理として「格差原理」をあげ，貧困層の便益を保障するという条件のもとでの自由競争と，その結果生じる貧富の差を肯定した。

セン

Amartya Sen（1933〜）イギリス領インドのベンガル地方で生まれた経済学者

考えよう

- ○センが説いた「潜在能力」とは何か。具体的事例をあげて考えてみよう。
- ○センはなぜ「潜在能力」の育成を求めたか考えよう。

人と思想

9歳の時に，死者300万人に上ったベンガル大飢饉（1943年）を経験して経済学を志した。カルカッタ大学を卒業後ケンブリッジ大学に留学。59年博士号取得後，デリー大学，オックスフォード大学などをへて，87年からハーバード大学教授。開発経済学に出発しながら，ホモ‐エコノミクスという

人間像が「合理的な愚か者」であると指摘し，自己利益の追求にとどまらない「共感」といった道徳感情を対抗軸に据える。1998年，経済学と倫理学を橋渡しした功績で，アジア人初のノーベル経済学賞を受賞し，2001年には国連「人間の安全保障委員会」共同議長に就任した。

1 潜在能力

原典資料

自由を得る機会については，一般に「潜在能力（ケイパビリティ）」という考え方が有意義なアプローチを示してくれます。潜在能力とはすなわち，人間の生命活動を組み合わせて価値のあるものにする機会であり，人にできること，もしくは人がなれる状態を表わします。

〈東郷えりか訳，アマルティア゠セン『人間の安全保障』集英社〉

資料 解説

センは単に，所有する財の多寡ではなく，財によって何をなし得る自由が可能性として与えられているかを重視する。人間の「よき生」を構成する諸機能の組み合わせを「**潜在能力**」と呼び，その拡大が経済開発の使命だとした。

重要語句

潜在能力：アマルティア゠センは，人間の福祉（よき生）に「効用」や「財」に加えて，「機能」と「潜在能力（ケイパビリティ）」という概念を導入する。機能とは，財の利用によって達成できる状態や活動である。潜在能力とは，様々な機能を選択できる自由である。福祉についての潜在能力アプローチとは，福祉を各人が重要と考える機能を達成するための「自由」で評価しようとする立場である。彼によれば貧困とは基本的な潜在能力の欠如なのである。だからこそ，所得を増やすだけではなく，識字率や衛生状態の向上が必要になる。

　古来，知性においても体力・気力においても有限な存在としての人間は，視覚的，概念的把握を超えたところに「無限なるもの」を志向し，これを「神」と呼び，信仰の対象としてきた。しかし，科学的世界観が登場した近代以降，その存在をめぐる論争は弱まり，哲学においては，それまで既存の宗教に見られた人格性をともなう「神」のイメージを脱して，「超越者」や「無限なるもの」として語られるようになった。ここでは実存哲学や生の哲学を学ぶことを通して，人間と「無限なるもの」・「超越者」とのかかわりや，「真の自己」のあり方について考えてみよう。

　近代哲学を大成し，客観的・普遍的真理としての絶対精神を説くヘーゲル哲学を批判したキルケゴールは，私がそのために生き，そのために死にたいと思えるような自己にとっての「主体的真理」が必要であると説き，実存哲学を提唱した。彼は，不安や絶望を克服し，真の自己を確立するには，３段階の生き方があるとした。まずは快楽の中に人生の喜びを得る美的実存，次に他者や社会との共存の中で善を実践しようとする倫理的実存を見いだす。しかし，そのどちらにも絶望し，有限性を自覚する個人として，神と自己との関係のあり方に真の実存である宗教的実存を見いだすと，キルケゴールは説いた。

　ヤスパースもまた，あらゆる存在を超越した神的なものとの関係のうちに人間本来のあり方が実現されると考えた実存哲学者である。彼は，人生における死や苦悩，争い，罪といった限界状況に直面した時，人間は，自己と世界の全体を包括する包括者（超越者）と出会い，他者との人格的共存的交わりによって，限界状況の彼方に真の自己のあり方を見いだすという，有神論的な実存哲学を説いた。

　キルケゴールとともに実存哲学の端緒を開いたニーチェは，あらゆる儀式や戒律を守ることによって神による救済を求める奴隷道徳にもとづくキリスト教道徳こそがニヒリズムの原因であると指摘し，人生は無限に同じ人生をくり返すと想定する永劫回帰と運命愛に生きる超人の思想を説き，現実を乗り越えてたくましく生きる新しい人間像を示した。ニーチェの実存哲学は無神論的であるが，永劫回帰の思想には永遠のくり返しの中で自己はどのように生きるかを問い，「無限なるもの」との関連が見うけられる。

　一方，躍動する「生命」という観点から人間の生を考えた哲学者にベルクソンがいる。ベルクソンは宇宙における生命は法則や目的に縛られず，むしろそれらを乗り越えて創造的進化を遂げる生命の飛躍（エラン－ヴィタール）を説いた。進化の原動力である生命の飛躍は，時間感覚としては純粋持続としてとらえられる。こうして彼は，計測の対象とはなり得ない生命の飛躍を支える時間感覚を，自己の内面において直観することが重要であると指摘した。

　これまで見てきた実存哲学や生の哲学は，普遍的真理を求める理性主義の哲学に対し，人間がそれぞれ理性ではとらえられない固有の感性や意志をもつ個別的で有限な存在であるという認識に立ち，まず自分自身の主体性や生に向き合うことの重要性を説いたものと考えることができる。その先に「超越者」や「無限なるもの」のイメージが実感をもって語られ，さらには自己のあり方を問い直す人間存在の地平が開拓された。社会の諸状況に個人の意識やあり方が左右されがちな現代において，われわれが自分の生を充実したものにしようと思う時，これらの哲学から学び得ることは多大なものがある。

読解力 プラスα

「有限と無限」に関し，次の空欄　a　・　b　に入る人名として最も適当なものを人名①〜④のうちから，　I　・　II　に入る言葉として最も適当なものを言葉①〜④のうちから，それぞれ一つずつ選べ。

西欧近代社会における個人は，真なる自己のあり方を追求した。　a　は，宗教的実存に自己の真のあり方を求め，絶望を克服するために，　I　と考えた。これに対し，　b　は無神論的実存主義を唱え，　II　と考えた。このように，実存主義は自己の内面を深く思索することで有限な生の彼方にある無限を見出そうとしたということができよう。

人名　①ニーチェ　②ヤスパース　③ハイデガー　④キルケゴール

言葉　①人間は限界状況に直面し，理性的な思索により真の実存に目覚める
　　　②人間は死へと関わる存在であることを自覚し，自己を世界に被投的に企投する
　　　③人間は動物と超人の間に張り渡された一本の綱のようだ
　　　④私がそのために生きる主体的真理を発見することが重要である

解答：a−④，b−①，I−④，II−③

他者との出会いとより善き人生

1 「地上に無知と悲惨があるかぎり，本書の如き書物も無用ではあるまい。」（ユゴー）

ユゴーは，フランスロマン主義を代表する文学者で，J.S. ミル（→ p.222），マルクス（→ p.234），キルケゴール（→ p.241）らと同時代の人物です。本書とは彼の代表作『レ・ミゼラブル』のことで，ナポレオン時代から第二共和制へと向かう激動の時代を背景に，登場人物の人生を通して，社会の悪や不正を厳しくみつめながらも，善へと向かう人間への限りない信頼が描かれています。

ジャン・ヴァルジャンは，幼い甥と姪のためにパンを盗み，19年間刑に服し釈放されたが，身を寄せた教会で銀の燭台を盗み捕らえられる。しかし，教会のミリエル司教は，自分が与えたのだと言って彼を赦した。これを機にジャンは改心したが，前科者の社会復帰は認められておらず，正体を隠し，ある町に住み人望を得て市長にまでなる。だが，ジャベール警部はジャンを疑う。あるとき，ジャンと間違えられて捕まった男がおり，苦悩の末，ジャンは正体を明かし，その男を救う。市長を退いたジャンは，旧知の女性の遺児コゼットを悲惨な境遇から救い出し，彼女と親子のように暮らし，初めて人間らしい幸福を得た。だが，ジャベールは執拗に彼を追い詰める。やがて，コゼットは美しく成長し，マリウスという青年と愛し合うようになり，ジャンは寂しい日々をおくる。ときは七月王政後の動乱期。マリウスは共和派の一員として反乱に加わり，ジャベールはスパイ容疑で捕らえられた。ジャンは彼を逃がし，傷ついたマリウスを助け出し，再びジャベールとまみえるが，ジャベールは二人を守り，悔恨の思いでセーヌ川に身を投げた。コゼットとマリウスは結婚し，ジャンは一人残されるが，ジャンの正義と愛を知ったマリウスはコゼットと共に訪れ，二人の愛に包まれ，ジャンは息を引き取る。その枕元にはミリエル司教から与えられた銀の燭台があった。

ユゴーは，悪は人間が人間にもたらしたものであると言います。したがって，悪の根絶は人間の使命なのです。ミゼラブルは「哀れな」「惨めな」の意味で，上記のことばにある「無知」とは善悪をわきまえる力の無さのことでしょう。無知と悲惨の元凶は愛の欠如です。自分を愛する。自分を大切にする。すると，自分の周りいる人たちが見えてきます。誰が大切な人なのか，自分を愛してくれているは誰なのか。その真実が分かるのです。

2 「私は他者とともにのみ存在する。」（ヤスパース → p.244）

ヤスパースは，私たちは至るところで限界状況に囲まれ，それに直面したときに，自己の有限性や無力さに気づき，自己の実存が開かれると説きました。ヤスパースによれば，その実存において，世界と自己のすべてを支え，包み込む包括者に出会うのです（→ p.245）。

ヤスパースは，包括者には自己の内に在るものと外に存するものとがあるとし，内なる実存を自覚した者は存在そのものである超越者（神）と出会います。さらに，自己と同じく，実存を自覚した他者とも出会います。孤独，不安，絶望のなかで実存を自覚した者は，真の自己を求める人格が互いを高め合う他者との実存的交わりを結ぼうとします。この交わりこそがすべての真理を真理たらしめ，信頼を信頼たらしめるのです。

紹介したことばは，『哲学入門』からのもので，次のように記されています。「今日までの歴史においては，…人間と人間との自明な結合が存在していたのであります。孤独な人間でさえもなお，彼の孤独においていわば支えられていたのです。ところが今日では，人々は益々お互いを理解し合わなくなってゆき，…崩壊が最もよく感知されるのであります。…しかし，私は他者とともにのみ存在します。ただ一人だけでは私は無であります」。

当然のことながら，他者がいなければ自己はいません。自分という存在は他者がいてこそのものであって，他者が認めてくれなければ自己は存在しないのです。ヤスパースによれば，自己と他者とを繋ぐのは交わりであり，その交わりを成り立たせるのは互いの理性です。したがって，これは遊び仲間の気晴らしや表面的な友好ではないのです。あるときは厳しく，あるときは苦しいもので，闘争とよばれることさえあります。しかし，その背後には普遍的な，正真正銘の愛がある。これをヤスパースは「愛しながらの闘い」と呼びました。

儒教経典の一つ『易経』には，「子曰わく，同声相応じ，同気相求む。」ということばがあります。希望をもった，夢を描いた。でも，その道のりは険しく遠い。自分の力の無さを痛感する。不安になる，孤独になる。しかし，自分を支えてくれる人がいる。志を同じくする仲間がいる。互いに励まし高め合う友がいる。そのような人生を善き人生というのではないでしょうか。

第 **5** 章

現代社会の
諸問題

アメリカ映画「12人の怒れる男」（1957年）
監督／シドニー＝ルメット 出演／ヘンリー＝フォンダほか

1 生命倫理

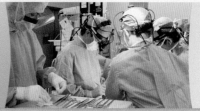

臓器移植手術（2010年，岡山大学病院提供）

医療に対する考え方の底流には，**パターナリズム**（paternalism，父権的温情主義）があるといわれている。医療を施そうとする者（個人，団体，あるいは国家など）が，医療を受ける者の意向にかかわらず医療を受ける者自身のためになると考えて医療を施すという，善意による干渉のことである。これは，ギリシャ時代から，医師は患者のために自分が最善だと信じる医療を献身的に施すことが，医師としてとるべき態度であると，長年にわたり代々教え継がれてきた考え方である。例えば，「ヒポクラテスの誓い」の中で「致死薬は誰に頼まれても決して投与しません。またそのような助言も行いません。」とあるが，これは，従来の医療の目的が，すべての人間の生命は侵すことのできない絶対的な価値をもっていて，最優先にされるべきものだという「SOL」（Sanctity of Life　生命の尊厳）という考え方にもとづいていることを意味している。

こうした医師のパターナリズムに対し，アメリカでは，1960年代に入ってから，様々な人権問題の1つとして患者の人権運動がおこり，その中で患者の自己決定権が叫ばれるようになり，医療行為に対する不満などを，裁判に訴えるケースが急増していった。法廷では，医師が診療に当たって患者に何をどのように説明したか，検査や治療の前にどのような説明をしてどのような同意を得ていたかなどが追及され，医師が患者の人権をいかに尊重していたかという点が争点になった。（こうした裁判において判断基準とされたのは，1947年に作成された「ニュールンベルク綱領」である。）その後，医療現場におけるパターナリズムは，「患者の権利」あるいは「患者の自己決定の自由」を侵害するものとして否定的に扱われ，「**パターナリズムからインフォームド‐コンセントへ**」という標語のもと，パターナリズムは克服するべきものとして扱われるようになった。

日本においても，1997年に改正された医療法の第1条の4により「インフォームド‐コンセント」の考え方が規定され，医療現場に導入されるようになった。また，同年に施行された臓器移植法により，脳死を前提とした臓器移植が可能になり，自己決定権が患者の権利として広く認識され始めている。

こうした「パターナリズムからインフォームド‐コンセントへ」という流れの背景には，脳死下における臓器移植術の施行や人工呼吸器による延命処置などの医療技術の進歩と，それにともなう生命観の変化があると考えられる。つまり，生きていること，生存していることを重視する「SOL」の考え方から，「**QOL**」（Quality of Life，生命の質 または生活の質）の考え方が重視されるようになったということである。これは，生命の価値，寿命の長さを絶対視するのではなく，生命や生活の質を重視し，どのような質が良いかの判断を個人に任せるという考え方である。この考え方にもとづけば，尊厳死の選択もあり得るのである。

生命の尊厳の問題は，医療技術の進歩によって，生存することが最優先であるという考え方から，どのように生きていればよいかという質の問題に変化してきた。生命を尊重するために進歩してきた先端技術が，逆に，そうした先端技術を行使することによる生命の尊厳のあり方という倫理的な問題を生み出した。先端医療技術の進歩がもたらした生命倫理をめぐる問題は，いつでも誰にでも生じ得る。誰かがこの問題に対峙したならば，必ずや「生命のあり方とは何か」という葛藤に苛まれ，それぞれが自らの生命のあり方について究極の選択を迫られる。こうした倫理的な問題について，一定の社会的な合意を形成することは困難を極めるが，現代に生きる私たちにとって，合意形成は，非常に重要なことであり，そのために，医療従事者や研究者の考え方を手がかりに，一人ひとりが生命のあり方について考えていくことが大切である。

読解力 power up!

上記の文章の内容として，最も適当なものを一つ選べ。

①日本の医療現場における「インフォームド‐コンセント」の考え方は，パターナリズムと同義で扱われている。

②医師のパターナリズムは，医師としてとるべき態度であると，長年にわたり代々教え継がれてきたが，今日では，患者の「自己決定権」を侵害するものとして批判にさらされている。

③アメリカにおける医療訴訟では，検査や診療にあたって患者の人権がいかに尊重されていたかという点が訴訟の争点になるケースが多くあったが，そのような裁判での判断基準は確立されていない。

④今日，生命倫理をめぐる問題についての社会的な合意を形成することは困難を極めるので，それらの議論は専門的な知識を有する医療従事者や研究者らに任せるべきである。

重要語句

インフォームド‐コンセント：日本語では，「十分な説明を受けた上での同意」，あるいは簡単に「説明と同意」と訳される。インフォームド‐コンセントの実施によって患者の自律を尊重する医療が行われる。医療情報の公開，医師のパターナリズムや患者側のお任せ医療からの脱却など，まだ克服すべき課題があるといわれるが，意思決定能力のある患者本人の意思を尊重する手段としての有効性は高い。

「ニュールンベルク綱領」：第二次世界大戦中にドイツのナチスが行った非人道的な人体実験によってユダヤ人が大量虐殺された事件の反省に立って，このような非人道的な人体実験が二度と行われないようにと，ニュールンベルク国際軍事裁判（1945〜46年）がその経験を生かして作成したもの。第1条の冒頭には，「医学的研究においては，その被験者の自発的同意が本質的に絶対に必要である」と宣言されている。

解答：【読解力 power up!】②

1 医療倫理の 4 原則

（例）がんにかかった患者がいたとすると…

原　則	考　え　方
自律尊重原則	（医療者は様々な情報や示唆を与えるにしても…）基本的には患者の選択にゆだねるべきである。
無危害原則	（患者が重篤で回復も見込めず，安楽死を望んだとしても…）医療者は，患者を傷つけたり殺したりするわけにはいかない。
善行原則	（患者が恐怖感から手術を断っても…）医療者は，手術が最善と考える時は患者を説得しなければならない。
正義原則	（治療が高額で，資源は限られているが…）貧しい人たちも治療を受けられるように，公平性を保たなければならない。

解　説

　臨床場面で倫理的葛藤が生じた際には，行為指針が必要となる。その際使用される倫理原則として，生命倫理学における系統的な議論の組み立てを試みたジョージタウン大学のT.L. ビーチャム（Tom L. Beauchamp）と J.F. チルドレス（James F. Childress）が考案した 4 つの原則がある。
　彼らは，「自律尊重（respect for autonomy）原則」，「無危害（nonmaleficence）原則」，「善行（beneficence）原則」，「正義（justice）原則」の相対的に独立した 4 つの基本原則を挙げた。これらの原則によってはじめて，単にその場まかせの決定ではなく，原則や規則に媒介された安定した「道徳的推考（moral reasoning）」が可能になるとした。

2 リヴィング – ウィル

　患者本人あるいは健常な人が，将来，判断能力を失った際に自らに行われる医療行為に対する意向を，前もって指示しておくことを，アドヴァンス – ディレクティブ（advance directives, 事前指示）というが，これには，①医療行為に関して医療者側に指示を与える，②自らが判断できなくなった際の代理決定者を委任するという 2 つの形態があり，①を「内容指示型（an instruction directive）」，②を「代理人指示型（a proxy directive）」といい，①を文書で表したものを，一般にリヴィング – ウィル（living will）と呼んでいる。
　アメリカでは双方の指示型ともに法整備が進められ，その地位を確立しているが，そのきっかけとなったのは，カレン゠クインラン事件である。植物状態になったカレン゠クインランという女性が生前に表明していた「延命治療を拒否する」旨の意思（書面）を有効なものにするかどうかが争われた裁判で，1976年，ニュージャージー州最高裁判所の判決において「死ぬ権利」が認められた。
　同年，カリフォルニア州は，リヴィング – ウィルに法的効力を認めた「カリフォルニア自然死法（the Natural Death Act）」を制定した。日本では，現在のところ，リヴィング – ウィルについては，法的に認められていない。

読解力 power up!

リヴィング – ウィルについて，最も適当なものを一つ選べ。

①リヴィング – ウィルとは，患者本人またはその家族が示す医師への医療行為の指示書である。

②リヴィング – ウィルとは，患者本人の意思が不明確になった時，医学的判断を優先する指示書である。

③リヴィング – ウィルは，アメリカ・カリフォルニア州などでその法的効力が認められている。

④リヴィング – ウィルは，日本でも，2000年に，その法的効力を認める国会決議がなされている。

3 安楽死

1995年横浜地裁判決における 3 つの分類

①積極的安楽死	苦痛から免れさせるため，意図的・積極的に死を招く措置を取る
②消極的安楽死	苦しむのを長引かせないため，延命治療を中止して死期を早める不作為型
③間接安楽死	苦痛を除去・緩和するための措置を取るが，それが同時に死を早める可能性がある治療型

重要語句

安楽死（euthanasia, ギリシャ語で「良い死」）：不治の病気や重度の障害などによる肉体的，精神的苦痛から解放するため人為的に死亡させること。オランダやベルギーでは安楽死が合法化されており，医師の刑事責任は問われない。日本では殺人もしくは嘱託殺人に該当する。1995年の東海大学安楽死事件に対する横浜地裁の判決では，積極的安楽死に関して，①患者に耐えがたい激しい肉体的苦痛がある。②死が避けられず，死期が迫っている。③肉体的苦痛を除去・緩和する方法を尽くし，他に代替手段がない。④生命の短縮を承諾する患者の明示の意思表示がある，という 4 要件が示された。

尊厳死：脳死状態や植物状態になることによって，人間としての尊厳（人間らしさ）が保てないような場合に，権利として認められるべきであるとする死を指す。日本では尊厳死は法的に認められていない。

4 脳死と臓器移植

臓器移植法の改正のポイント

		改正前	改正後	
年齢・脳死	15歳未満	対象外	年齢制限なし	脳死は「人の死」
	15歳以上	臓器提供時のみ脳死は「人の死」		
臓器提供		本人と家族の同意が必要	本人の意思が不明の場合，家族の同意で提供可能	
その他		親族への優先提供なし	親族への優先提供可能	

（『朝日新聞』2009.6.19などより）

脳死
脳幹を含む脳全体の機能が失われ，回復する可能性がない。自力で呼吸できない。

大脳／小脳／脳幹

植物状態
脳幹の機能が残り，回復する可能性もある。自力で呼吸している。

脳死と植物状態の違い

解説

臓器移植法は1997（平成9）年10月に施行された。臓器移植の場合に限り，脳死が「人の死」と認められた。臓器提供者（ドナー）が生前に脳死下での臓器提供の意思表示をし，家族が承諾した場合に限って，法的脳死判定を行う。

2008（平成20）年，国際移植学会が海外渡航移植を原則禁止とするイスタンブール宣言を発表すると，国内でも法改正議論が急速に進展し，2009（平成21）年7月に改正臓器移植法が成立した。①脳死を「人の死」とする，②本人が拒否の

意思表示をしていなければ，家族の同意による臓器提供を可能にする，③15歳未満の子どもの臓器提供を可能とする，とした。なお，脳死は「人の死」であるが，臓器移植に同意した場合は，脳死判定をへて臓器移植を行い，臓器移植に同意しない場合は，治療行為を継続する。また，知的障がい等で意思表示が困難な場合及び15歳未満で虐待による死亡の場合は，臓器移植ができない。

臓器提供意思表示カード（ドナーカード）　左が表。

《 1．2．3．いずれかの番号を◯で囲んでください。》

1. 私は、脳死後及び心臓が停止した死後のいずれでも、移植の為に臓器を提供します。

2. 私は、心臓が停止した死後に限り、移植の為に臓器を提供します。

3. 私は、臓器を提供しません。

《 1 又は 2 を選んだ方で、提供したくない臓器があれば、×をつけてください。》
【 心臓 ・ 肺 ・ 肝臓 ・ 腎臓 ・ 膵臓 ・ 小腸 ・ 眼球 】

[特記欄： 　　　　　　　　　　　　　　　　　　　　　]

署名年月日： 　　　　 年 　　　 月 　　　 日

本人署名（自筆）： 　　　　　　　　　　　

家族署名（自筆）： 　　　　　　　　　　　

大学入試challenge!

2009年の臓器移植法改正後，臓器を提供する側のドナーについて，臓器提供が行われる条件について調べた。ドナー候補が臓器提供について書面による有効な意思表示をしていない場合に着目し，ドナー候補の年齢と臓器提供への家族の承諾の有無という二つの条件で分類して，次の表のケースA〜Dを考えた。このうち，脳死判定後に臓器を提供できるケースの組み合わせとして最も適当なものを，下の①〜⑨のうちから一つ選べ。

	ドナー候補	臓器提供への家族の承諾
A	15歳以上	有
B	15歳以上	無
C	15歳未満	有
D	15歳未満	無

①AとBとCとD　　②AとBとC　　③AとB　　④AとC
⑤A　　　　　　　⑥B　　　　　③C　　　　⑧D　　　　⑨提供できるケースはない　　〈21現社本試〉

解答：【大学入試challenge!】④

5 生殖補助医療

　子を望む夫婦にあって，何らかの理由で不妊という状態が続くと，医療の力を借りてでも子をもちたいと考えるケースが増えている。近年の生殖補助医療の進歩はめざましく，人工授精や代理（母）出産がそのような人々の希望を叶える技術として広く認知されてきている。

　しかし，そこには，当事者だけでは解決できない法律上の問題や倫理的な問題がある。例えば，**代理（母）出産**（自らは不妊である女性が第三者〔代理母〕の子宮を借りて出産すること）である。代理母は契約を結んで，不妊の夫婦の受精卵または夫の精子によって妊娠・出産する。代理出産で子どもが生まれた場合，その子どもにとって代理母と依頼者のいずれを戸籍上の母とするのかが大きな問題となるのである。

　日本産婦人科学会は会告で代理（母）出産を禁止し，国内では自主規制の形をとっているが，法的拘束力がなく，実際には，これまでに複数の代理（母）出産が行われた例がある。日本では法的・倫理的な問題が整備されないまま生殖補助医療が行われている経緯があり，その解決が今後の大きな課題となっている。

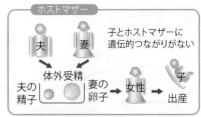

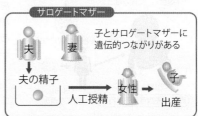

代理出産のしくみ　サロゲートマザーは，子宮を貸すだけでなく，卵子も提供する。

<日本の裁判>

　日本の最高裁判所は最近の判決の中で，家族関係を規律する基本法である民法は，「懐胎し出産した女性が出生した子の母であり，母子関係は懐胎，出産という客観的な事実により当然に成立することを前提とした規定を設けている。」と述べ，現行法のもとでは，代理出産で生まれた子を依頼者の実子として認めることはできないとした。

<アメリカの裁判>

　1986年にアメリカでおきた「ベビーM事件」は，代理母契約を結んで女児を出産した女性が，心変わりして子どもの引き渡しと報酬の受け取りを拒否したものである。2年にわたる裁判の結果，子どもは依頼者夫婦に渡され，代理母には親権として訪問権のみが許された。代理母制度はこのような問題を生じさせる可能性もある。

6 遺伝子解析―ヒトゲノムの解読

　約30億対の文字配列からなる**ヒトゲノム配列**の解読は，1990年にアメリカを中心に6か国の共同プロジェクトとして開始され，2003年4月に解読完了が発表された。このことは，遺伝研究や遺伝子技術を向上させ，人類の健康や福祉の発展，新しい産業の育成などに大きな影響を与えようとしている。

　一方，ヒトゲノム・遺伝子解析研究は，個人を対象とした研究に大きく依存し，研究の過程で得られた遺伝情報は，提供者およびその血縁者の遺伝的素因を明らかにすることから，その取り扱いによっては，様々な倫理的，法的または社会的（**ELSI**：Ethical, legal and Social Implications）問題を引きおこすことが懸念される。

　欧米では，「ELSI」は，この研究の重要なキーワードの1つであり，研究費の約1割を割いているといわれている。この研究は，人間の尊厳および人権を尊重し，社会の理解と協力を得て，適正に実施することが必要不可欠である。

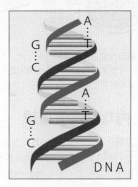

DNAの二重らせん構造

<遺伝子治療>

　病気の治療を目的として，正常な遺伝子を細胞に補ったり，病気に関与する遺伝子のはたらきを抑えたりすることを遺伝子治療という。世界最初の遺伝子治療は，1990年にアメリカで行われたADA欠損症の患者に対するものであった。こうした治療は，生命の根幹である遺伝子を操作する治療法であるため，倫理的な問題点も多い。日本でも遺伝子治療が始まりつつあるが，現在では体細胞のみに限っており，生殖細胞については認められていない。また，将来その病気が発症するかどうかを調べる発症前診断，また遺伝性の病気の保因者であるかどうかを調べる保因者診断，胎児の遺伝病を調べる出生前診断など，患者の遺伝情報を調べて診断を行う遺伝子診断の分野ではすでに成果が出始めているが，これらの遺伝情報はいずれも究極の個人情報であるため，プライバシー保護の問題や管理体制などの課題はきわめて多い。

重要語句

ヒトゲノム：ゲノムとは生命の設計図であり，1ゲノムとは精子や卵子に含まれる親から子へ伝えられる遺伝情報に相当する。ゲノムの本体はDNAと呼ばれるひも状の物で，A（アデニン），G（グアニン），T（チミン），C（シトシン）の4種類の塩基によって構成されている。ヒトゲノムの場合，約30億個の塩基によって構成されている。ヒトゲノムの塩基配列を解読しようとするヒトゲノム計画は1991年から始まり，2003年に読解が完了した。現在ヒトの遺伝子数の推定値は2万1787個とされている。

7 クローン

「クローン人間」のしくみ

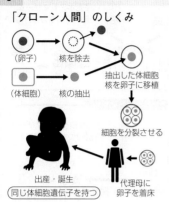

（卵子）　核を除去

（体細胞）　核の抽出

抽出した体細胞核を卵子に移植

細胞を分裂させる

代理母に卵子を着床

出産・誕生

同じ体細胞遺伝子を持つ

解説

1996年，イギリスで，**クローン羊**「**ドリー**」が誕生した。こうしたほ乳類の体細胞クローン作製は，クローン人間の作製を現実的なものにし，その是非についての議論が高まった。

各国では規制の方向性を打ち出しており，日本でも，2001年にクローン規制法が施行された。ヒトクローンの研究目的は何か。クローン技術は何をめざすべきなのか。現時点では，人間の尊厳を傷つけないことを前提に，生殖補助医療や臓器移植あるいは再生医療においてクローン技術を適用することが考えられる。なお，クローン羊「ドリー」は子「ボニー」をもうけたのち，2003年に死亡している。

8 iPS細胞

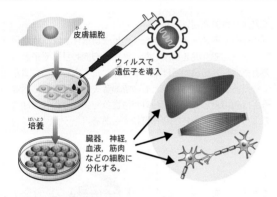

皮膚細胞

ウィルスで遺伝子を導入

培養

臓器，神経，血液，筋肉などの細胞に分化する。

iPS細胞作成の流れ　2011年には，京都大学のグループがiPS細胞から精子のもととなる生殖細胞を作り，マウスを誕生させることにも成功した。

解説

iPS細胞は，神経や筋肉，血液など様々な組織や臓器の細胞になる能力がある新型万能細胞のことであり，生命の元である受精卵を壊してつくる万能細胞「**胚性幹細胞**」（**ES細胞**）に比べ，倫理的な問題がなく，患者の体細胞からつくれるため，拒絶反応の問題も回避できる。

2006（平成18）年に京都大学の山中伸弥教授を中心とする研究チームが，世界ではじめてマウスの皮膚細胞から，次いで2007（平成19）年には，世界ではじめて，ヒトの皮膚細胞からiPS細胞をつくることに成功した。事故や病気で失われた機能を回復する再生医療や，病気の原因解明，新薬開発への利用が期待され研究が進んでいるが，がん化などの懸念もあり，安全性の向上が課題となっている。

9 内なる優生思想

優生思想というのは，「優れた生命が望ましい」とか，「生命をより優れたものにしていこう」と考える思想のことであるが，それは決して生命の尊厳を踏まえた思想ではなく，社会善につながる思想でもない。具体的には，第二次世界大戦中のナチス−ドイツの優生学と，それにともなうユダヤ人大量虐殺がすぐさま想起され，20世紀に現れた思想の中でも，生命軽視の思想の代表と考えられている。

したがって，それ以後は，優生思想は実現していないものと考えられがちであるが，実際には，日本でも，戦時中の1940年に優生思想を反映した国民優生法が制定されて，1948年には，その精神を受け継いだ「**優生保護法**」が成立している。この法律は，「不良な子孫の出生を防止する」ための優生手術（子どもを産めないようにする手術）などを規定したもので，女性の人工妊娠中絶を規定するための法律でもあった。この差別的な条項を含んだ法律は，1996年，障がい者団体などからの長年の改正要求を受け入れる形で，「**母体保護法**」と名前を変えて改正されるまで存在していた。

条文から，「不良な子孫の出生の防止」というような優生思想が削られたが，それだけでわれわれの社会から優生思想が消滅したといえるのだろうか。優生思想は，**遺伝子診断**や**出生前診断**が急速に発展している現在，その成果を踏まえて，より巧妙にわれわれの社会の底辺に浸透しようとしている。今日問われなければならないのは，われわれ一人ひとりの心の内部にまで染み込んでしまっている差別意識，いわゆる「内なる優生思想」である。

大学入試challenge!

先端医療技術についての説明として適当でないものを，次の①〜④のうちから一つ選べ。

①医療に応用可能な技術の一つとして，遺伝子の特定の箇所を探し当てた上で，その箇所を変更しようとするゲノム編集がある。

②生殖補助医療の一つとして近年よく用いられる顕微授精は，女性の体内にある卵子に精子を直接注入する技術である。

③障がいや遺伝病の有無を出生前に診断することが可能になっているが，この技術が命の選別につながるという指摘もある。

④iPS細胞には，様々な再生医療の可能性が広がることへの期待があるが，同時に過剰な生命操作につながることへの懸念もある。　〈21本試〉

解答：【大学入試 challenge!】②

10 ケアの倫理

原典資料

ジェイク〔11歳男〕にとって責任とは，他人のことを考慮して自分のしたいことをしないということを意味しています。それにたいして，エイミー〔11歳女〕にとっての責任とは，自分自身のしたいこととは無関係に，他人が彼女にしてもらいたいと願っていることをすることを意味しています。どちらの子どもも，傷つくことを避けることに関心があるのですが，その問題〔道徳的にジレンマが生じる問題〕を異なった方法で解釈しているのです。ジェイクは攻撃性の表出によって人は傷つくものだと考えていますし，エイミーは，自分の要求が応えてもらえないときに人は傷つくのだと考えているのです。

〈岩男寿美子監訳，キャロル＝ギリガン『もうひとつの声』川島書店〉

読解力 *power up!*

上記資料の内容として，最も適当なものを一つ選べ。

①ケアの倫理によれば，私たちには他者との関係性が大切なので，他者に対する危害を禁止するような一般的なルールが存在する。

②ケアの倫理によれば，人は生きるためにお互いに配慮し合うべき存在であるから，積極的に他の人々を気遣わなければならない。

③ケアの倫理によれば，私たちは自分の行為が人を傷つけることがあり得ることを認識し，他者に干渉することは避けなければならない。

④ケアの倫理によれば，私たちが他者を頼りにするのは当然であり，そのことによって他者が傷つくかもしれないとまでは考えなくともよい。

解 説

ハーバード大学の女性心理学者キャロル＝ギリガンは，心理学や文学，著者自身の研究データをもとに『もうひとつの声』を著し，男女の道徳推論の相違から，道徳問題を権利や規則の問題ととらえる男性原理的な「正義の倫理」に対して，道徳問題の核心を「人間関係におけるケアと責任」ととらえる女性原理的な「**ケアの倫理**」を提唱した。ただし，ギリガンが強調するのは，正義とケアの相互に異なる道徳的観点があることであって，決して女性的な「ケアの倫理」の無批判な賞賛ではない。

重要語句

終末医療：現代の医療技術では回復の可能性のない末期患者に対して，痛みなどの身体的苦痛や，死の恐怖などの精神的な苦痛を緩和することを目的とした医療。ターミナル－ケアともいい，このような目的を担う施設をホスピスと呼ぶ。

11 ノーマライゼーション―「インクルーシブ教育」

障がい者も健常者も，高齢者も若者もみな人間として普通に暮らし，生きていく社会こそノーマルだとする実践運動や施策を**ノーマライゼーション**という。また，障がい者などが普通の生活ができるよう，身体的・精神的な障壁（バリア）を取り除こうという考え方を**バリアフリー**という。

こうした中，すべての人が平等に使える機器や製品をデザインしようという考え方を**ユニバーサルデザイン**といい，アメリカの建築家ロン＝メイスが1980年代から用いた。彼は，①誰でも公平に利用できる，②使用上自由度が高い，③使い方が簡単，④必要な情報がすぐに理解できる，⑤うっかりミスや危険につながらない，⑥少ない力でも楽に使える，⑦ア

クセスしやすい大きさとスペースを確保する，という7つの原則を主張した。

また，近年，障がい児教育のあり方をめぐる議論の中で「インクルーシブ教育」もしくは「インクルージョン教育」という考え方が出てきた。これは，1994年のサラマンカ宣言においてうたわれた，「万人のための教育政策」であり，ことに障がいをもつ子どもたちを，そのニーズに見合った教育内容をもって普通学校に包摂（インクルージョン）することをめざすものであり，2006年12月，国連総会において「国連障害者の権利条約」が採択され，日本も2007年9月に署名し2014年1月に批准した。

大学入試 challenge!

何を障害と感じるかは人や状況によって異なり，障害であることを感じさせない状態にする方向性として，次のX・Yの二つの記述に表されるものがある。下のア～ウのaとbの事例をX・Yのいずれかの方向性に区分した場合に，Xにあてはまるものの組合せとして最も適当なものを，下の①～⑧のうちから一つ選べ。

X　あらゆる人が使いやすいようにすることを方針として設計やデザインをしていく。

Y　特定の人が感じる障害を取り除くために特別な配慮をしていく。

ア a　公共施設の階段に車椅子専用の昇降機を設置する。　　b　公共施設に入口の広いエレベーターを設置する。

イ a　シャンプーの容器にのみ横に突起をつけ，触ることで他の容器と区別できるようにする。

　 b　アルコール飲料の缶容器に点字で「おさけ」と刻印する。

ウ a　大きくて見えやすい国際的に使われているピクトグラム（絵文字）を用いて施設の案内をする。

　 b　日本語表記のほか，英語表記を用いて施設の案内をする。

①アーa イーa ウーa　②アーa イーa ウーb　③アーa イーb ウーa　④アーa イーb ウーb

⑤アーb イーa ウーa　⑥アーb イーa ウーb　⑦アーb イーb ウーa　⑧アーb イーb ウーb 〈21現社本試〉

どうして遠くの貧しい人を助けなければならないのか？　～倫理思想を応用する～

「倫理」の授業になると，いつも「こんな昔の人の考えを勉強して何の意味があるんだろう」と疑問に思ってしまう私。ある午後の授業中，私はいつものように疑問に思いながら，ついウトウトとしてしまった。私の夢……

重要語句

コミュニタリアニズム：共同体主義。個人のもつ価値観（善）よりも，それらを調整する原理（正義）を優先させるロールズなどのリベラリズム（自由主義）に対して，共同体の価値（共通善）を重視する政治思想。代表的な思想家にマイケル＝サンデルら。

リバタリアニズム：自由尊重主義，完全自由主義，自由至上主義など。ロールズのリベラリズム（自由主義）が個人的・政治的な自由は広汎に認めても，経済的自由に関しては政府の介入の余地を認めるように解釈されるのに対して，個人的・政治的な自由，経済的な自由の双方を重視する考え。他者に危害を加えない限り，各人の自由を最大限尊重すべきだというロックやミル以来の自由観を受け継ぐ。代表的な思想家にロバート＝ノージック。

シンガー：ピーター＝シンガー（1946～）。オーストラリアの哲学者。功利主義者で知られ，動物解放論などの主張でも有名。

私　　「…なになに，日本のＯＤＡ（政府開発援助）実績は，162億6000万ドル（2020年）なのか。様々な問題点が指摘されているとはいえ，世界有数の援助大国であることは間違いないなあ。しかし，格差社会といわれて久しい現代日本にあって，国内にも貧困に苦しむ人がいるのに，どうして遠くの貧しい人を助けなければならないのかなあ。私が考えたいのは，現実のこういう問題であって，生活スタイルも社会制度もまったく異なる数百年前の人々の考え方じゃないんだよなあ。」

（穏やかな表情の老紳士が登場）

ロールズ　「ねえ，きみ，過去の思想家の考えや倫理思想を応用して，現代社会の問題について考えてみることができますよ。」

私　　「うわ！　ロールズさんだ！　正義について考えたあなたなら国際援助の問題についてどのように考えるんですか？」

ロールズ　「グローバルな正義については実は私個人はあまり問題にしていなかったんです。まず優先すべきは正義にかなった社会とは何かを考えることだと思っていたもので。ただ，私の論敵である**コミュニタリアニズム**や**リバタリアニズム**の人々も，私と同じように，国内の人々を優先していると思いますがね。自分たちの所属する国家や共同体を超えて正義について考えるというのは，なかなか難しいですね。」

ミル　「ちょっと待ちたまえ。ロールズ君。」

私　　「今度はミルさんだ！　功利主義ではグローバルな正義についてどう考えるんですか？」

ミル　「うん，いいことを聞いてくれた。私たち功利主義者は『最大多数の最大幸福』をスローガンにしているんだが，この範囲を１つの国内にとどめておくべき理由はない。関係者全員の効用を計算すべきだとすると，自国だけでなく他国も含めて計算しなくてはいけない。現代の功利主義者の**シンガー**君なんか，先進国の人々には途上国を援助する義務があると言っているよ。」

ロールズ　「義務ということは，援助しないのは道徳的に不正ということですね。かなり厳しい意見ですね。」

私　　「義務というなら，あの人の意見も聞きたいなあ。」

カント　「どうやら私の出番ですね。」

ロールズ　「これはカント先生。わざわざすいません。カント先生は援助の問題をどうお考えになりますか？　功利主義のように義務と考えるんでしょうか？」

カント　「実は私は義務をいくつかに分類しているんだよ。約束の場合のように，義務を果たさなければ相手の権利を侵害し不正を犯すので罰せられるよう

な義務を**完全義務**といい，他人に親切にする場合のように，義務を果たさなくても誰かの権利を侵害しているわけではないので，不正を犯したわけではなく罰せられることはない義務を**不完全義務**としました。途上国への援助というのは不完全義務に当たるな。要するにやらなくても非難されないが，やったほうがいい行為というわけだ。」

私　「なんかカントさんのイメージと違いますね。もっとガチガチにうるさい人なのかと思っていました。」

ロールズ　「超義務という考えもありますね。これはやらなくてもいい，つまり義務ではないけど，やれば賞賛される行為のことです。この観点でいうと，途上国への援助は行えば賞賛されること。立派な人であり，立派な政府ということになる。いかがですか，アリストテレス先生。」

アリストテレス　「いいところに気づいたなあ。カント君にせよミル君にせよ，義務かどうかということばかり気にしているけれど，それをすることで功績になる。徳のある人間，立派な人間であろうとするならそうすべきという視点はもてないかなあ。例えば私の正義についての考えにはこういう視点があるんだけどね。」

私　「あれですね，配分的正義とかの話ですね。」

イエス　「君たち，**よきサマリア人**の話を知らないんですか？」

ミル　「これはイエス様じゃないですか。そうですね。よきサマリア人の話は，一方的な無償の愛（アガペー）についての最も美しい話です。アリストテレスさんにせよロールズさんにせよカントさんにせよ，気づいておられないようですが，究極の愛，究極の道徳というのは，相互性を超えるんですよ。ある意味，功利主義はイエス様の教えを哲学的に解釈しているといえます。」

ロールズ　「さてさて，話は尽きないようですが，お分かりですか？　過去の思想家について学ぶということは，ただその人の思想内容や時代背景を思想史的に学ぶということではないんです。私たちの問題意識や考える時に使用した概念は，あなたたちを取り巻く現代の問題を分析する際の，多様な観点を与えたり，効果的な道具になったりするんです。」

　　ようやく私は目を覚ました。授業を受ける姿勢が真剣になっている気がする。過去の思想家たちの問題意識や概念から，自分が将来取り組みたいグローバルな正義について解決するヒントはないか探り出すために，さあ，授業に集中しよう。

〔重要語句〕……………
完全義務と不完全義務：完全義務とは，義務を果たすべき相手に権利を生みだすもので，義務を果たさなければ，不正を犯したことになる義務のこと。

　不完全義務とは，義務を果たすことは期待されているものの，義務を果たすべき相手に権利を生み出さないもので，義務を果たさないからといって不正を犯したことにはならない義務のこと。

　カントは完全義務として，自殺をしない（自己に対して），約束を守る（他者に対して），不完全義務として，勤勉（自己に対して），親切（他者に対して）を挙げている。

よきサマリア人：『新約聖書』「ルカの福音書」にある隣人愛とは何かを示す寓話。ある人が旅行中盗賊に襲われ道に倒れていた。祭司やレビ人はその人を見捨てて立ち去ったが，サマリア人はその人を介抱し，宿屋に連れて行き費用まで支払った。この3人の中で誰が盗賊に襲われた人の隣人となるだろうか。

読解力 プラスα

この文章から言えることとして最も適当なものを，次の①〜④から一つ選べ。

①功利主義では，効用を計算する際に「関係者全員の幸福」を考慮に入れなければならないが，この関係者は計算する者と同じ価値観をもつ者に限定されなければならないとされる。

②ロールズの第一の関心は正義にかなった社会制度とは何かであるため，国家間の正義は主要な論点となり，国際社会において正義の二原理が幅広く適用されるべきだと考えた。

③カントは，義務を分類する中で，他者への善行は，義務を果たすべき相手に権利を生み出すもので，義務を果たさなければ，不正を犯したことになる完全義務に当たるとした。

④道徳を権利や義務ではなく，人格的な完成をめざすような視点からとらえる立場からは，途上国への援助などは，義務ではないが，行えば賞賛される超義務としてとらえることができる。

解答：④

2 環境倫理

伐採された熱帯雨林（アマゾン川流域）

私たち人類は，これまで，豊かで快適な生活を追求し，一部の国や人々がその成果を享受してきたが，その一方で，20世紀に入り，世界各地に「**公害**」が発生し，大きな社会問題となった。1970年代に入ると，一国内の「公害」問題というカテゴリーだけではとらえきれない，国境を越えた地球規模の環境破壊が大きな問題になっていった。先進国における大量生産・大量消費・大量廃棄に加えて，発展途上国における人口爆発や経済発展にともなう新たな環境破壊など様々な要素が加わったためである。

こうした情勢を受けて，1972年，国連人間環境会議で採択された「**人間環境宣言**」において，はじめて環境問題への国際的な取り組みが明言された。この宣言では，**地球環境問題**として，地球温暖化，オゾン層破壊，酸性雨，熱帯林の減少，砂漠化，そして野生生物種の減少などが挙げられている。

これらの地球環境問題は互いに強く影響を与え合っていることによって，因果関係（原因と結果）が多岐にわたっている。そのため，問題が複雑化してきており，一国だけによる課題解決はきわめて難しいことから，多くの国々が協力してそれらの解決のために積極的に取り組んでいくことが必要である。

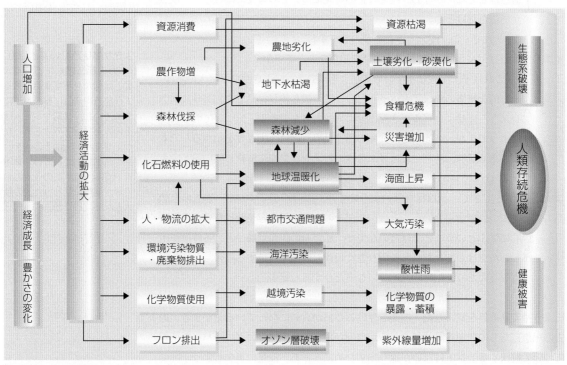

地球環境とその相互関係

読解力 *power up!*

上記の文章と図から読み取れることとして，適当でないものを一つ選べ。

①砂漠化は，干ばつなどによる自然的な要因に加えて，過放牧，過耕作，薪炭材の過剰採取，不適切な灌漑などの人為的影響の両方に起因する。

②砂漠化は，その防止に向けた人類の取り組みによって，現在以上に進行する心配はなくなっている。

③先進諸国においては，二酸化炭素の排出量を減らすために，省エネルギーだけでなく，再生可能エネルギーの利用・開発の技術が求められている。

④環境税や排出量取引，排出削減技術・設備導入のための補助金などを組み合わせることによって，民間の二酸化炭素の削減努力を奨励することができる。

解答：【読解力 power up!】　②

1 沈黙の春

原典資料

アメリカの奥深くわけ入ったところに，ある町があった。生命あるものはみな，自然と一つだった。……

あるときどういう呪いをうけたのか，暗い影があたりにしのびよった。いままで見たこともきいたこともないことが起りだした。若鶏はわけのわからぬ病気にかかり，牛も羊も病気になって死んだ。どこへ行っても，死の影。農夫たちは，どこのだれが病気になったというはなしでもちきり。町の医者は，見たこともない病気があとからあとへと出てくるのに，とまどうばかりだった。そのうち，突然死ぬ人も出てきた。何が原因か，わからない。大人だけではない。子供も死んだ。元気よく遊んでいると思った子供が急に気分が悪くなり，二，三時間後にはもう冷たくなっていた。

自然は，沈黙した。うす気味悪い。鳥たちは，どこへ行ってしまったのか。みんな不思議に思い，不吉な予感におびえた。裏庭の餌箱は，からっぽだった。ああ鳥がいた，と思っても，死にかけていた。ぶるぶるからだをふるわせ，飛ぶこともできなかった。春がきたが，沈黙の春だった。

〈青樹簗一訳，レイチェル＝カーソン『沈黙の春』新潮文庫〉

解説

環境問題について，先駆的に警告を発したのが，アメリカの海洋生物学者**レイチェル＝カーソン**（Rachel Carson，1907〜64）である。彼女は，1962年に『沈黙の春』を刊行し，当時大量に使用されていたDDT（合成化学物質）をはじめとする農薬散布が自然環境を破壊すると警告を発した。

1972年には，民間の科学者団体であるローマクラブが『**成長の限界**』を発表し，現在のペースで人口増加や環境破壊が続けば，資源の枯渇や環境の悪化によって1世紀以内に人類の成長は限界に達すると警鐘を鳴らした。

また，経済学者**ボールディング**は，地球は有限で閉じられた環境である，ととらえる「**宇宙船地球号**」という概念を提唱した。

2 苦海浄土

原典資料

うちは，こげん体になってしもうてから，いっそうじいちゃん（夫のこと）がもぞか（いとしい）とばい。見舞にいただくもんなみんな，じいちゃんにやると。うちは口も震ゆるけん，こぼれて食べられんもん。そっでじいちゃんにあげると。じいちゃんに世話になるもね。うちゃ，今のじいちゃんの後入れに嫁に来たとばい，天草から。

嫁に来て三年もたたんうちに，こげん奇病になってしもた。残念か。うちはひとりじゃ前も合わせきらん。手も体も，いつもこげんふるいよるでっしょが。自分の頭がいつけんとに，ひとりでふるうとじゃもん。それでじいちゃんが，仕様んなかおなごになったわいちゅうて，着物の前をあわせてくれらす。ぬしゃモモ引き着とれちゅうてモモ引き着せて。そこでうちはいう。（ほ，ほん，に，じ，じい，ちゃん，しよの，な，か，お，おな，ご，に，なった，な，あ。）うちは，もういっぺん，元の体になろうごたるばい。親さまに，働いて食えといただいた体じゃもね。病むちゅうこたなかった。うちゃ，まえは手も足も，どこもかしこも，ぎんぎんしとったよ。

……もういっぺん元の体にかえしてもろて，自分で舟漕いで働こうごたる。いまは，うちゃほんに情なか。

〈石牟礼道子『世界文学全集Ⅲ-04　苦海浄土』河出書房新社〉

解説

日本において環境問題について先駆的に警告した人物としては，明治政府の神社合祀令に鎮守の森の保護の観点から反対した**南方熊楠**や，足尾銅山鉱毒事件に抗議し天皇への直訴を行った**田中正造**などが挙げられる。

第二次世界大戦後，高度成長期に発生した**公害病**は，環境問題への意識を広く国民に喚起することとなった。

『苦海浄土』は，1950年代に熊本県水俣地方の漁村に発生し八代海一帯に広がった，チッソ水俣工場の排水が原因の有機水銀中毒である**水俣病**と，その原因企業，地域社会の様子，患者の苦しみや叫びを克明に描写した文学作品である。

作者の**石牟礼道子**（1927〜2018）は，熊本県天草出身で，水俣で育った小説家・詩人である。石牟礼は水俣病が「公害」であるという認識が定着する以前に，「奇病」とされていた時期から取り上げ，『苦海浄土』の原型となる作品を地方文芸誌に発表していた。

四大公害病

	水俣病	四日市ぜんそく	イタイイタイ病	新潟水俣病
発生場所	熊本県水俣湾沿岸	三重県四日市コンビナート周辺	富山県神通川流域	新潟県阿賀野川流域
原因物質	有機水銀	亜硫酸ガス	カドミウム	有機水銀
発生源	チッソ水俣工場	コンビナート8社	三井金属神岡鉱山	昭和電工鹿瀬工場
判決	原告（患者）側全面勝訴	原告（患者）側全面勝訴	原告（患者）側全面勝訴	原告（患者）側全面勝訴

3 環境倫理の三本柱

地球有限主義	地球の生態系は開いた宇宙ではなくて閉じた世界であり、この閉じた世界では、利用可能な物質とエネルギーの総量は有限である。
世代間倫理の問題	現在世代は、未来世代に対して、その生存条件を保証する完全義務を負っている。
自然の生存権の問題	人間だけでなく、生物の種、生態系、景観などにも生存の権利があるので、勝手にそれを否定してはならない。

4 持続可能な開発

　地球環境問題の解決に取り組む基本的な考え方として、近年いわれているのが、「**持続可能な開発**」（Sustainable Development）である。これは、1987年に発表された国連の「環境と開発に関する世界委員会（ブルントラント委員会）」の報告書"Our Common Future"（邦題『地球の未来を守るために』）の中心的な概念で、「未来の世代が自分たち自身の欲求を満たすための能力を減少させないように、現在の世代の欲求を満たすような開発」のこととされる。つまり、「地球上の生命を支えている自然のシステムを危険にさらさない」「生態系の全体的な保全をはかることが必要」であり、環境と開発を互いに反するものではなく共存し得るものとして、環境保全を考慮した節度ある開発が重要という考え方である。そして、この報告書には、「持続的開発のためには、大気、水、その他自然への好ましくない影響を最小限に抑制し、生態系の全体的な保全をはかることが必要である」という記述もあり、これまでのように、資源を大量に消費し、廃棄物をたくさん出して環境や生物の生存を脅かすことをあまり考慮せずに開発してきた姿勢を改め、環境や生物の生存を守ることに重点をおいた開発を進めていくことが求められている。

　その後、1992年には、ブラジルのリオデジャネイロで「環境と開発に関する国際連合会議」が開催された。10年後の2002年には、南アフリカのヨハネスブルグで「持続可能な開発に関する世界首脳会議」（ヨハネスブルグサミット）が開かれ、「持続可能な開発」は世界の環境保全のスローガンとして定着していった。この会議をめぐっては、先進国と開発途上国との格差という南北問題の深刻化が進んでおり、問題解決に向けた真剣さが感じられないという批判も出てくるなど、国際社会における地球環境問題の解決に向けた取り組みに影響をもたらしているという声もある。
※日本政府は、2002年のヨハネスブルグサミットで、日本の市民と政府が共同で「**持続可能な開発のための教育（Education for Sustainable Development）の10年**」を提案し、2002年の第57回国連総会において、「ＥＳＤの10年」に関する決議（案）を提出し、46か国による共同提案に対し、満場一致で採択され、2005年から2014年までの10年間が「ＥＳＤの10年」となった。これは、その後も継続され、現在は「ESD for 2030」として取り組まれている。

解説

　倫理学者加藤尚武（1937〜）によれば、環境倫理学の考え方を、①「地球有限主義」、②「世代間倫理」、③「自然の生存権」の3つにまとめている。

　すなわち、①地球の生態系という有限空間においては、②環境を破壊し、資源を枯渇させるという行為は、現代世代が加害者になり未来世代が被害者になるという構造をもっている。未来の世代の生存条件を保証するという責任が現在の世代にある以上、資源、環境、生物種、生態系など未来世代の利害に関係するものについては、人間は自己の現在の生活を犠牲にしても、保全の完全義務を負うということである。また、③人間だけではなく、生物の種、生態系、景観などにも生存の権利があるので、人間は勝手にそれを否定してはならない、というものである。

　このように、近年の「環境倫理」の考え方は、自然環境は将来の利用のために保護するという人間中心主義の立場から、自然環境それ自体の価値のために保護するという発想への転換を求めていると考えられる。

重要語句

地球有限主義：地球は無限だという前提でこれまでのシステムは構築されてきたが、これからは有限だという前提で様々なシステムを根本的に改編すべきだという考え方。一方で、この考え方は、「地球全体のためならば、個人や社会的構成体の欲望・自由もある程度制限されてよい」とする考え方につながることがあり、こうした考え方を極端におし進めていくと、自由主義・個人主義に抵触する場合や「環境ファシズム」に陥る危険性などが指摘されている。
グリーンコンシューマリズム：消費者の立場から、企業に対して環境によい行動を求める運動のことで、そうした運動に参加したり、買い物をする時に、可能な限り環境に配慮した製品を購入するようにする消費者のことをグリーンコンシューマーという。

読解力 *power up!*

上記の文章の内容として、最も適当なものを一つ選べ。
① 「持続可能な開発」とは、「環境と開発に関する世界委員会」（ブルントラント委員会）の報告書『地球の未来を守るために』で示された考え方である。
② 「持続可能な開発」とは、環境保全と開発とは対立するものではなく、不可分のものとしてとらえ、環境や資源の保全、持続、拡充によって経済成長をめざそうとするものである。
③ 「持続可能な開発」をめざすということは、これまで環境に悪影響を及ぼしていた先進国が発展途上国を除いて持続可能性を追求することである。
④ 「持続可能な開発」とは、先進国がさらなる経済成長を抑制する一方で、発展途上国の経済成長を促進させるという考え方である。

解答：【読解力 power up!】 ①

5 世代間倫理

解説

　環境倫理学は，未来への責任を倫理的な原理に導入する。その代表的な学者の一人である**ハンス＝ヨナス**（Hans Jonas，1903〜93）は，『責任という原理──科学技術文明のための倫理学の試み』（1979）の中で，現代の科学技術は，その影響を及ぼす射程を飛躍的に拡大させることとなり，その科学技術の能力は，深刻な自然破壊をもたらし，さらには地球環境の危機，および地上における人類の存続をも脅かすものとなったと分析する。

　そして，このような状況認識のもとで，科学技術の及ぼす影響力が未来世代の人間に影響を与えることに対応して，「**未来世代の人間に対する責任**」が現在に生きる私たちに課せられているのだと主張した。現在世代は，未来世代に対して，その生存条件を保証する完全義務を負っているというのである。

6 土地倫理

原典資料

　これまでの倫理則はすべて，ただひとつの前提条件の上に成り立っていた。つまり，個人とは，相互に依存しあう諸部分から成る共同体の一員であるということである。個人は，本能の働きにより，その共同体のなかで自分の場を確保しようとして他人と競争をする。だが同時に，倫理観も働いて，他人との協同にも努めるのである（それとて，競争の場を見つけるためなのかもしれない）。

　土地倫理とは，要するに，この共同体という概念の枠を，土壌，水，植物，動物……を総称した「土地」にまで拡大した場合の倫理をさす。

　これは簡単なことのように聞こえる。これまでもすでにわれわれは，自由人の土地や勇者の故郷としての我が国土を讃え，愛し，恩義を感じてきたのではなかったか。そうだ，しかし，何を，誰を愛したというのか。土壌でなかったことは確かだ。現にわれわれは，土壌を川下へ流出させて平然としている。水でなかったことも確かだ。水はタービンをまわしたり，艀を浮かべたり，汚水を流したりする以外の役目はないものと，われわれは思い込んでいる。植物でなかったことも確かだ。ある植物の共同体を全滅させる仕事を，われわれは眉ひとつひそめずにやってのけているではないか。動物でなかったことも確かだ。きわめて大型の，しかもきわめて美しい種の多くを，われわれはすでに絶滅させてしまった。土地倫理といえども，むろん，こうした「資源」の改変や管理，そして消費を防ぎきれるものではない。しかし，これらの資源が存続する権利，少なくとも場所によっては自然の状態で存続する権利を保証する働きはする。

〈新島義昭訳，アルド＝レオポルド『野生のうたが聞こえる』講談社学術文庫〉

解説

　レオポルドは，「倫理とは生態学の立場でいうなら生存競争における，行動の自由に設けられた制限のことである」とし，倫理を最初は個人間の関係を律し，続いて個人と社会の関係を律するものとしてとらえ，その適応範囲の拡大が土地にまで及んだ倫理を，「**土地倫理**」であるとした。

　レオポルドにとって，土地とは生態系とも置き換えることができ，共同体であり，その共同体の「一構成要素」として，土壌，水，植物，動物を理解することができる。人間の個人間の関係も共同体であるが，レオポルドの土地倫理の基礎には，その共同体を土地にまで拡張する考え方がある。

　「土地倫理」とは，「土地」の支配者的立場から相互に依存し合う生態系における「一構成要素」へという，人間の立場の転換であり，そして人間は，一構成要素として，その共同体でくり広げられる相互作用を意識した態度が必要とされる。

重要語句

世代間倫理：先祖から授かった自然を破壊することなく，次の世代に伝えていかなければならないとする世代間における責任のことで，現在世代が未来世代の生存の可能性を狭めるようなことがあってはならないとする環境倫理学の考え方の一つ。現在世代が加害者となり，未来世代を被害者にさせてはならないという考え方である。

重要語句

保全保存論争：20世紀初頭，アメリカヨセミテ国立公園内のヘッチヘッチダムの建設をめぐって行われた，森林局長官ジフォード＝ピンショーと自然保護派のジョン＝ミューアとの間の自然保全保存論争のことで，「開発か保存か」という論争の原型ともいわれる。

　「保全」説の立場からすれば，自然保護の目的は，持続可能性に着目した立場に立ち，永続的な自然利用のためであるとし，ピンショーは「森林保護官の中心的な考え方は，森林は人間のための利用を推進し永続化することであり，これは他の自然資源にも適用できる。究極的な目的は，最も長い時間にわたって最大多数の最大善に奉仕させるようにすることである」と主張した。

　一方，自然の美と尊厳を守るための自然保護，すなわち「保存」説であるが，ミューアは宗教的な美意識を意識した自然観を重視して，あるがままの状態での「保存」という自然中心主義寄りの主張を掲げた。この対立は結局政治決着により，ダムは建設されることになった。

おもな自然の権利訴訟

大雪山ナキウサギ訴訟
諫早湾干拓訴訟
高尾山訴訟
藤前干潟訴訟
オオヒシクイ訴訟
生田緑地訴訟
相模大堰訴訟
奄美訴訟

0　200km

7 動物の権利

原典資料

　動物解放運動は，……すべての生命が同等の価値をもっているとか，どんな利益についても人間の利益と他の動物の利益がみんな同等の重さをもつ，と主張するわけではない。この運動が主張するのは，動物と人間が同様の利益をもっている場合——たとえば，肉体的な苦痛をさけることに対しては人間も動物も共通の利益をもっている——その利益は平等に考慮されるべきであり，人間でないからという理由だけで，自動的に利益を軽視されるということはあってはいけないということである。単純な点だが，それでもやはり，この主張は広範囲にわたる倫理革命の一部なのである。

〈戸田清訳，ピーター＝シンガー『動物の権利』技術と人間〉

解説

　ピーター＝シンガーは，1975年に出版した『動物の解放』で，人間に基本的人権があるように，動物にも生きる権利が尊重されるべきであるとし，人間という種に属さないという理由で，その動物の生きる権利を奪い，虐待することを許さないと主張している。しかし，これはおもに，人間の利益のために犠牲にされる実験動物や家畜に適用され，功利主義の立場に立つシンガーは，**平等な配慮**という原則を強調し，人間中心主義で動物の権利を守るものとして，人間の義務を確認することの必要性を唱えた。

大学入試 challenge!

次のPとQの会話は，ある大学病院に置かれた石碑の写真をめぐる会話である。文章中の（a）・（b）に入る記述の組合せとして正しいものを，正しいものを，下の①〜④のうちから一つ選べ。

図　実験動物慰霊碑

Ｑ：この石碑，いろんな動物のイラストがかわいいね！

Ｐ：ちゃんと石碑の文字を読んだ？　これは，薬の開発などで，大学病院で実験の犠牲となった動物のために造られた慰霊碑みたいだよ。

Ｑ：そうか…。動物実験のことなんて意識していなかったよ。この石碑を見て，犠牲者の歴史については（a）というPの立場を思い出したよ。

Ｐ：それだけじゃなく，動物も慰霊の対象にしようという発想を知って，「自然の生存権」の基礎にある，（b）という考え方も思い出したよ。

① a　正しい書き方は決められず，その書き方は全て自由にするべきだ
　 b　現代の人間にとって有用な自然を優先的に保護する

② a　正しい書き方は決められず，その書き方は全て自由にするべきだ
　 b　人間だけでなく自然そのものにも価値があることを認める

③ a　恣意的な取捨選択に委ねず，忘れることなく書かれるべきだ
　 b　現代の人間にとって有用な自然を優先的に保護する

④ a　恣意的な取捨選択に委ねず，忘れることなく書かれるべきだ
　 b　人間だけでなく自然そのものにも価値があることを認める

〈21本試［改］〉

解答：【大学入試 challenge!】④

8 地球環境問題への国際的な取り組み

問　題	対　策
地球温暖化	①気候変動枠組条約（地球温暖化防止条約）（1992） ② COP 3（地球温暖化防止京都会議）（1997） 「京都議定書」採択 　対象国・地域：先進国のみ 　削減目標：先進国全体で1990年比5.2%の削減 　達成義務：あり 　実施期間：2008〜12年 　削減方法：共同実施，クリーン開発メカニズム，排出量取引など ③ COP21（2015） 「パリ協定」採択 　対象国・地域：途上国含むすべての国 　削減目標：気温上昇を 2 ℃未満に 　達成義務：なし 　実施期間：2020年以降 　削減方法：加盟国が 5 年ごとに現行目標を超える削減目標提出義務
その他	①ラムサール条約（1971）（湿地保護と水鳥保護） ②国連人間環境会議（1972，ストックホルム） 　スローガン：「かけがえのない地球（Only One Earth）」 　宣言：『人間環境宣言』 　内容：国連環境計画（UNEP）の設立 ③ワシントン条約（1973）（絶滅の危機にある野生生物の国際取引禁止） ④ロンドン条約（1975）（廃棄物の海洋投棄を規制） ⑤国連環境開発会議（地球サミット）（1992，リオデジャネイロ） 　スローガン：「持続可能な開発（Sustainable Development）」 　宣言：『リオ宣言』 　内容：アジェンダ21，気候変動枠組条約，生物多様性条約（生物多様性の保全） ⑥バーゼル条約（1992）（越境有害廃棄物の規制） ⑦持続可能な開発に関する世界首脳会議（環境開発サミット）（2002，ヨハネスブルク） ⑧生物多様性条約第10回締約国会議（COP10）（2010） 　「名古屋議定書」（遺伝資源の利用によって生じた利益の公正配分） ⑨国連持続可能な開発会議（リオ＋20）（2012，リオデジャネイロ） ⑩水俣条約（2013）水銀製品の製造，輸出入の原則禁止

大学入試 challenge!

現代の環境問題に対する提言，取決め，スローガンについての記述として適当でないものを，次の①〜④のうちから一つ選べ。
①ストックホルムで開催された国連人間環境会議では，「かけがえのない地球」をスローガンに人間環境宣言が採択され，環境問題に取り組むことが世界各国の義務であるとされた。
②環境問題の一つとして，人間による動物の取扱い方の問題があるが，ピーター・シンガーは，動物には権利を認めずに人間のみを特別扱いするのは種差別だとして，「動物の権利」を主張した。
③リオデジャネイロで開催された地球サミットでは，ラムサール条約が締結され，「宇宙船地球号」という考えから，生物の多様性や地球環境の持続性を損なわない経済開発が提唱された。
④ノーベル平和賞を受賞した環境保護活動家のワンガリ・マータイは，「もったいない」という日本の言葉を知り，この言葉を世界共通のスローガンとして提唱した。　　　　　　　　　　　　　　　　　　　〈20追試［改］〉

科学とは何か

重要語句

占星術：天体の位置や動きと人間や社会の動きを関連づけて説明する占い。

バーナム効果：誰にでも該当するような，曖昧（あいまい）で一般的な性格を表す記述を，自分だけに当てはまる正確なものだととらえてしまう心理学の現象。

帰納法：個々の経験的事実から出発して，それらに共通する一般的な法則・原理を導き出す方法。観察と実験を重視する。

演繹法：理性によって絶対確実とされた一般的な法則・原理を前提として，論証によって（経験によらず）個々の経験的知識を導き出す方法。論証を重視する。

父　親　「何をそんなに真剣にケータイをのぞいてるんだい？」

娘　　　「明日の占いだよ。血液型と星座の組み合わせで明日の運勢が分かるんだ。」

父　親　「それはまた非科学的なことをやってるなあ。まあ星占いはもともと**占星術**（せんせい）といういれっきとした学問だったんだけどね。」

娘　　　「星座はともかく，血液型の性格判断は科学的根拠があるんじゃないの？」

父　親　「それはどうかな。ある心理学者が，雑誌に掲載されていた「本物」の血液型性格判断から，血液型と性格についての記述をそっくり入れ替えた「偽物」の性格判断を作成して，それぞれ２つのグループに見せて，その性格判断が「当たっている」と感じるかどうか答えてもらうという実験をしたんだ。するとね，どちらのグループも，約65％が「当たっている」と答えた。結局２つのグループの間に違いは見られなかったんだ。つまり，この実験から，血液型性格判断には，もともと血液型と無関係に，大体の人に当てはまるような記述が多いので，自分の性格が言い当てられたように感じるという結論を出した。これは**バーナム効果**といわれるんだけど，血液型性格判断の科学的根拠の無さを示すエピソードだと思わないかい。」

娘　　　「言われてみるとそうかもしれない。じゃあ，そもそも科学って何なのかな。」

父　親　「科学とは，観察や実験を積み重ね，帰納法（きのう）や演繹法（えんえき）などを用いた論証によって自然を理解しようとする営みとして始まったって『倫理』で習わなかったかい？」

娘　　　「習った気がする。」

父　親　「それはけっこうだね。今日は，もう少し詳しく考えてみようよ。**帰納法**や**演繹法**の長所と短所って何かな？」

娘　　　「長所と短所？」

父　親　「例えば，サンマにもサバにもマグロにも鰓（えら）があることから，すべての魚には鰓があると結論づけたとしよう。これは帰納法の例だけど，最初はサンマとサバとマグロについての話だったのに，結論ではすべての魚に鰓があるという話になっている。だから，イワシにもサケにも鰓があるというように推論されているね。このように，最初は分からなかった新しい情報が増えることが帰納法の長所なんだね。でも，もしかしたら，いつの日か鰓のない魚が見つかるかもしれないよね。つまり，帰納法の短所は，結論の正しさが保証されていないことなんだ。

　　　　演繹法では，すべての魚に鰓があるという話から，サンマにもサバにもマグロにもイワシにもサケにも，ウナギにも鰓があるということが推論される。演繹法では前提が正しければ結論も必ず正しい。これは演繹法の長所。ところがよく考えてみると新しい情報は増えていない。これが短所だな。」

娘　　　「新しいことに強いのが帰納法で，正しいことに強いのが演繹法ってことかなあ。」

父　親　「さて，ここで19世紀のウィーンの医師**ゼンメルヴァイス**という人のことを取り上げてみよう。彼は自分の病院でお産した女性の多くが産褥熱(さんじょくねつ)を発して死んでしまうことに悩んでいた。ところがあることに気づいた。それは医師が立ち会うお産よりも助産婦が立ち会うお産の方が母親の死亡率が低いことと，死体の解剖をした医師の中に，産褥熱と似た症状を発症する者がいたことだ。これらの事実から彼は，帰納法的に死体に含まれる物質が原因で産褥熱を発症すると考えた。そうだとすると，次に，医師が手を洗うようにすると，死体に含まれる物質も洗い流されて，産褥熱の発生率が低くなるということが，演繹法的に推論できる。そこで手洗いを励行(れいこう)してみると，実際に産褥熱の発生率は低くなったんだ。このように様々な事実から帰納法によって仮説を打ち立て，そこから演繹法によってある結論を推論し，実験によってそれを検証する方法を**仮説演繹法**というんだよね。これは，科学的な方法論の代表例といえるんじゃないかな。」

娘　　「帰納法と演繹法のいいとこ取りってわけね。」

父　親　「方法論以外にも，科学と疑似科学を区別するやり方があるよ。それが**反証可能性**だ。」

娘　　「反証されるなら，正しいとはいえないんじゃない？」

父　親　「例えば超能力者を自称する人がテレビ番組で実験に参加する。ところが超能力によっておこったと思われる現象は何もおきなかった。普通なら，ここで彼の超能力は嘘だったんだと結論できそうだ。ところがその自称超能力者は集中できなかったとか，いろいろと言い訳して，超能力はあると主張し続ける。」

娘　　「往生際(おうじょうぎわ)が悪いし，なんかうさんくさい。」

父　親　「そうだね。科学的であるなら，あらかじめ実験でこういう結果が出たらこの理論は間違いだということが示されていないといけない。さっき言っていたように，反証されるなら，それは誤った『科学』理論だったことになる。しかし，さっきの超能力者のように，どんな実験結果が出ても反証できないものはもはや『科学ではない』といえるよね。」

娘　　「なるほどなあ。科学が何か，何となく分かった気がする！」

重要語句
ゼンメルヴァイス：イグナーツ＝フィリップ＝ゼンメルヴァイス（1818〜65），ハンガリー人の医師。オーストリアのウィーン総合病院産科に勤務し，消毒法の先駆けとなった。

仮説演繹法：実験や観察で得られたデータを説明する仮説を立て，その仮説から予言を演繹し，その予言の確かさを実験や観察で検証する方法。

反証可能性：検証されようとしている仮説が，実験や観察によって反証される可能性があること。科学哲学者のカール＝ポパーは，反証可能性をもつ仮説のみを科学的な仮説とした。

読解力 プラスα

この文章の内容を踏まえた上で，科学的な方法論の例として最も適当なものを，次の①〜④から一つ選べ。

①A君はプロ野球のファンで，４月になるとその年の順位の予想を立てる。Xチームが昨年と一昨年と続けて優勝したし，Xは自分が応援しているチームでもあるので，A君は今年も優勝はXチームだと予想した。

②Bさんは，読書が好きだ。ジャンルは幅広いが，四季の移ろいをはじめとした自然についてのこまやかな描写に富む文章や詩が特に好きだ。最近は，科学の成果が盛り込まれている図鑑や写真集を見ることも多くなり，ますます，自然に深い興味を抱くようになっている。

③C君は，小さい時から，まっすぐな棒が水に入ると折れ曲がって見えるのが，不思議でたまらなかったが，光の屈折について学校で教えられ，疑問が解けて，満足している。

④Dさんは，地球の温暖化に関する情報を集めている。そして，温暖化が本当に進行しているなら，海水の温度も上昇するはずであり，その結果，台風が数多く発生するだろうと推理した。現在，自分の予想を確かめるために，気象関係のより正確なデータの入手に努めている。

〈94追試〉

解答：④

塾やお稽古に忙しい現代っ子

3 家族の変容と地域社会

▶ 家族の変容と女性の社会参画

　右のグラフを見ると，1953年には5.0人だった平均世帯人数が1973年には3.33人まで減少している。

　この時期の日本は1960年ごろ〜1973年までの高度経済成長期に当たり，過疎化・過密化が同時に進行した時期でもある。若い世代が職を求め都会へ出て行った時期であり，都市に人口が集中する「**都市化**」が見られるようになった。

　若い世代は，故郷に戻らず，そのまま都市で生活し，家庭をもつ。その家族のあり様は，従来の，親と一組の子ども一家が同居する「**直系家族**」型ではなく，一組の夫婦とその子どもからなる「**核家族**」型であった。

　こうした家族形態が増加したことが，平均世帯人数の減少を引きおこしたおもな要因と考えられるが，その後も平均世帯人員は減り続け，2019年には2.39人にまで減少している。

　この要因としては産業化の進展や出生率の低下，夫婦のあり方の変化などが考えられるが，女性の社会進出というのも無視することはできない。1979年に採択された女性差別撤廃条約を受けて1985年に制定された**男女雇用機会均等法**（1997年，2006年に改正）や，1999年に，男女が互いの権利を尊重し合いつつ能力を十分に発揮できる社会をめざして制定された**男女共同参画社会基本法**を受けて，徐々に性別役割分担にとらわれないライフスタイルが是とされるようになった。女性の管理職もめずらしくない，当たり前の社会となってきており，旧来の家父長制的直系家族を基盤とする家族のあり方についての価値観の時代は終わりを告げた。

　こうして，核家族化の進行は「家族の変容」を引きおこし，従来家族がもっていた機能が外部の機関に吸収され，家族の機能が縮小するという「家族機能の外部化」を加速させた。それにより家族のもつ固有の機能がより重要であることが明らかになったともいえる。現在では，一人暮らし世帯を含めた「**世帯の縮小化**」が進み，さらなる「家族の変容」が進行している。

世帯数と平均世帯人員の年次推移

（Trends in number of households and average number of household members. 1953-2019）

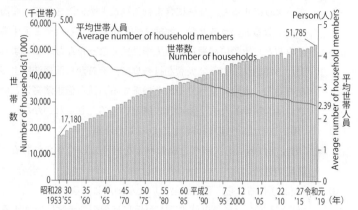

世帯構造別にみた世帯数の構成割合の年次推移

（Trends in percent distribution of households by structure of household, 1986, 1989, 1992, 1995, 1998, 2001, 2004, 2007, 2010, 2013, 2016, 2019）

	①	②	⑦ ③	④	⑤	⑥
昭和61年 (1986)	18.2	14.4	41.4	5.1	15.3	5.7
平成元年 ('89)	20.2	16.0	39.3	5.0	14.2	5.5
4 ('92)	21.8	17.2	37.0	4.8	13.1	6.1
7 ('95)	22.6	18.4	35.3	5.2	12.5	6.1
10 ('98)	23.9	19.7	33.6	5.3	11.5	6.1
13 (2001)	24.1	20.6	32.8	5.7	10.6	6.4
16 ('04)	23.4	21.9	32.7	6.0	9.7	6.3
19 ('07)	25.0	22.1	31.4	6.3	8.4	6.9
22 ('10)	25.5	22.6	30.7	6.5	7.9	6.8
25 ('13)	26.5	23.2	29.7	7.2	6.6	6.7
28 ('16)	26.9	23.7	29.5	7.3	5.9	6.7
令和元年 ('19)	28.8	24.4	28.4	7.0	5.1	6.3

①単独世帯
One-person household

②夫婦のみの世帯
Household of couple only

③夫婦と未婚の子のみの世帯
Household of couple with unmarried children

④ひとり親と未婚の子のみの世帯
Household of a single parent

⑤三世代世帯
Tree-generation-family household

⑥その他の世帯
Other households

⑦核家族世帯
Nuclear family household

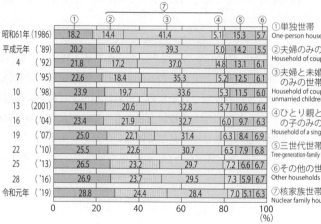

読解力 power up!

上の文と二つのグラフに関する記述として，最も適当なものを一つ選べ。

①平均世帯人員が減少し，世帯総数が増加しているのは，核家族化と少子化による。
②平均世帯人員が減少し，三世代世帯数は減少しているのは，少子化による。
③世帯総数が年々下降しているのは，少子化と高齢化による。
④ひとり親と未婚の子のみの世帯数が増加しているのは，夫婦関係の変化による。

> **重要語句**
>
> **フェミニズム**：男性中心の社会や価値体系に異を唱え，女性差別の撤廃と男女平等の実現をめざす女性解放運動のこと。

解答：【読解力 power up!】　①

1 合計特殊出生率

解 説

先進国においては，一人の女性が生涯に産む子どもの**平均出生率（合計特殊出生率）**は低下傾向にある。

この要因の１つとして，女性の高学歴化と経済的自立や社会進出の拡大といったライフスタイルの変化の影響が大きいと考えられている。女性の働きやすさを示す指数が高いほど出生率も高くなるというデータも見られる。

わが国の合計特殊出生率は，2005年に過去最低の1.26まで低下，2018年には1.42まで回復したもの，人口減少傾向を回避できるところまで回復してはいない。

養育費の高さや，仕事と子育ての両立に対する条件の整備不足（保育所不足や産休後の復職のしにくさなど）も，子ども

を産むための障害になっている。

出生率低下が深刻な問題であったヨーロッパ諸国では，近年，出産・育児手当の給付や税の優遇，育児休暇制度などの福祉政策が充実し，出生率の向上が見られる国も出てきているが，一方で，これらの施策の中には，多大な財政支出をともなうものも多く，財政上の問題も生じており，新たな課題となっている。

出生率の低下は将来の生産年齢人口の減少に直結しており，労働力需給のバランスや社会保障制度の存続に大きな影響を及ぼすだけではなく，世代間の隔絶や対立にも発展し得る重要な問題であるといえる。

諸外国の合計特殊出生率の動き（欧米）

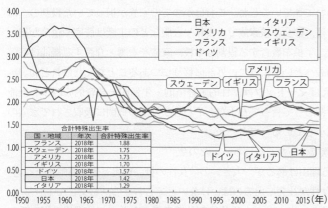

合計特殊出生率		
国・地域	年次	合計特殊出生率
フランス	2018年	1.88
スウェーデン	2018年	1.75
アメリカ	2018年	1.73
イギリス	2018年	1.70
ドイツ	2018年	1.57
日本	2018年	1.42
イタリア	2018年	1.29

諸外国における年齢（3区分）別人口の割合

国名	年齢（3区分）別割合（%）		
	0〜14歳	15〜64歳	65歳以上
世界	26.2	65.6	8.2
日本	12.1	59.5	28.4
シンガポール	12.6	78.3	9.0
ドイツ	13.2	65.6	21.2
イタリア	13.7	64.3	21.9
韓国	13.8	73.4	12.9
ポーランド	14.8	69.4	15.7
スペイン	14.9	66.4	18.6
カナダ	16.0	68.0	16.1
ロシア	16.9	69.6	13.6
スウェーデン	17.3	63.1	19.6
イギリス	17.6	64.5	18.0
中国	18.1	72.6	9.3
フランス	18.4	62.8	18.9
アメリカ合衆国	19.2	66.1	14.6
アルゼンチン	25.2	64.1	10.7
インド	28.4	65.9	5.6
南アフリカ共和国	29.3	65.7	5.0

2 育児・介護休業法

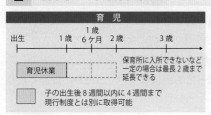

育 児	介 護
	介護休業（対象家族1人につき93日まで）
	勤務時間短縮などの措置（介護休業とあわせて93日まで）
	介護休暇（家族1人につき年5日まで，年10日を上限）

解 説

1992年に施行された育児休業法により，男女とも申請によって１歳に満たない子の養育のための休業をとることができるようになった。1995年には家族の介護を行うための休業も含む「**育児・介護休業法**」が施行され，扶養義務のある者の介護のため，上限日数つきで複数回の休業が認められるようになった。

しかし，育児休業については，男性の取得率がいまだ１％強に過ぎず，今後の課題である。2011年６月に男女ともに仕事と育児を両立させやすいよう柔軟な対応を可能とするため，育児休業の分割取得が可能になるなど改正された。

重要語句

少子高齢化：総人口に占める年少人口が減少し，老齢人口の比率が高くなること。

高齢社会：65歳以上の人口の割合が14%を超えた社会。日本は1970年に7.1%となって「高齢化社会」に突入し，1995年に14.6%となって「高齢社会」に突入した。2020年には28.8%になった。

介護保険制度：2000年から実施されている，介護が必要になった国民に対して，在宅または施設で介護サービスを提供する社会保険制度。市町村・特別区を運営主体とし，40歳以上の全国民が保険料を負担する。65歳以上を中心として40〜64歳も対象に含み，介護費用の１割を利用者が負担し，残りを公費・保険料で負担する。

大学入試challenge!

社会保障制度と日本の高齢化に関する記述として最も適当なものを，次の①〜④のうちから一つ選べ。

①日本の現行の後期高齢者医療制度では，制度の対象となる高齢者は保険料を原則として徴収されていない。

②日本の現在の性別年齢別人口構成は，少子高齢化の進行に従い「つぼ型」になっている。

③一定期間に支給する年金をその期間の現役の労働者が支払う保険料で賄う方式は，積立方式と呼ばれる。

④日本は少子高齢化が急速に進行しているものの，総人口が減少する人口減少社会にはなっていない。　〈21現社本試〉

家族・性の多様化

重要語句

直系家族：拡大家族のうち，複数いる子どものうちの一人だけが結婚後も親と同居する形態の家族。

核家族：一組の家族と未婚の子どもで構成される家族。

大衆社会：匿名的・受動的・孤立的な存在である大衆が社会の動向を左右する社会。

家族機能の外部化：従来家族がもっていた機能が外部の機関に吸収され，家族の機能が縮小すること。

マードック：(1897～1985)アメリカの文化人類学者。主著『社会構造』で核家族説を主張。

少子高齢化：総人口に占める年少人口が減少し，老齢人口の比率が高くなること。

性別役割分担意識：性別によってその役割を遂行することを期待する意識。

フェミニズム：女性差別の撤廃と男女平等の実現をめざす女性解放運動。

高齢化社会：65歳以上の人口の割合が7％を超えた社会。
高齢社会：65歳以上の人口の割合が14％を超えた社会。

生産年齢人口：15歳以上65歳未満の人口。

ＬＧＢＴ：Lesbian, Gay, Bisexual, Transgender の頭文字をとって組み合わせたことば。

孫 ① 「おじいちゃん元気だった？　みんなで来たよ。」

祖 父 「おお，よく来たなあ。」

孫 ① 「この間ね，家族のあり方の変化について授業でやったよ。」

孫 ② 「第二次世界大戦が終わるころまでは，日本の家族は，親と子と孫が同居する『**直系家族**』が中心だった。ところが，高度経済成長期に入り，若い世代が親元を離れ，今では，一人暮らしもかなり増えているんだって。」

孫 ① 「僕もおじいちゃんとは一緒に住んでいないもんね…。」

祖 父 「そうだね。その結果，世代間のつながりが失われて家事育児やしつけ・道徳なども受け継がれにくくなっているんだろうね。それに高度経済成長期以降，社会が合理化効率化を求めていく中で家族機能の外部化なんて現象が言われてきているしね。これはかつての家族が担っていた役割の一部が，例えば，都会の**核家族**では食料や衣服などの生産は農家や企業が担っているし，子供を教育する役割は学校，家族を看護・介護する機能は病院や福祉施設へというように，外部に移りつつあることなんだけれどね。」

父 「そういえば**マードック**は，性的・経済的・生殖的・教育的の四つの機能が家族にあるって言ってたよな。それらが外部の機関に吸収されて家族の機能が縮小しているってことか。」

孫 ① 「なぜ家族でやらなくなっちゃったの？」

祖 父 「いろいろ理由はあるが，大きいのは女性の社会進出と**少子高齢化**だね。」

母 「あら，女性が社会に出るのはいけないとでも言うの，お父さん！」

祖 父 「そうではないよ。ただ，**性的役割分担意識**のもとで家族機能の担い手として女性にかかる負担が大きかったのは確かだっただろうね。」

祖 母 「だった，じゃなくて今もでしょ。おじいさん！」

祖 父 「(ゴホンゴホン)。**フェミニズム**の動きもあって，高度経済成長期以降，女性の就業者数は増え続け，今や全体の4割になろうとしているんだ。そうなると，多くの機能を家族だけで賄うのは難しくなる。」

孫 ① 「確かにお母さんも，仕事から帰っても毎日ご飯つくったり，掃除したり大変だよね。」

孫 ② 「何でお母さんがご飯を作るっていうイメージが強いのだろう？」

父 「この間，新聞にちょうど性別役割についての調査の記事が載っていたぞ。異性に対する思い込みや偏った考えが，相手のことはもちろん，自分の可能性をも狭めてしまうそうだ。」

祖 父 「そのとおり。「女らしさ」や「男らしさ」といった性差の先入観が悪影響を及ぼすことがあるんだ。」

孫 ① 「単純に「男性」「女性」とくくるのではなく，ＬＧＢＴのように多様な性の表現を認め合うことが大事だね。」

孫 ② 「そうだね。それと，同性婚や自治体が同性カップルとして証明するパートナーシップなどの社会制度の整備も必要だね。」

祖 母 「性の多様化以外にも過疎化，外国人労働者問題など，制度面や環境面で考えなければならない課題も多いね。」

父 「今や過疎化が進んでいる市町村数は半数近くを占めているのだよ。」

母　「人口が急激に減少し，住民の生活水準を維持するのが困難になってしまうのよね。」

孫　①　「人口が減ると地域社会の機能が低下したり，人材の不足も深刻だね。」

祖　母「そのために，一定の専門性や技能をもっている外国人を労働者として受け入れる制度が創設されたね。」

父　「今の若い人たちをはじめ多くの人が社会の課題に少しでも目を向け，色んな仕組みを有効に活用すれば，今よりももっといい社会になるのではないかな。」

祖　父「一人ひとりのほんの少しの気持ちが集まれば，それは必ず世の中を前に進める大きな力になるんだよ。」

性別役割に対する考え

	男性　上位10項目（回答者数：5069）	（%）
1	女性には女性らしい感性があるものだ	51.6
2	男性は仕事をして家計を支えるべきだ	50.3
3	デートや食事のお金は男性が負担すべきだ	37.3
4	女性は感情的になりやすい	35.6
5	育児期間中の女性は重要な仕事を担当すべきでない	31.8
6	男性は人前で泣くべきではない	31.0
7	男性は結婚して家庭をもって一人前だ	30.3
8	共働きでも男性は家庭よりも仕事を優先するべきだ	29.8
9	家事・育児は女性がするべきだ	29.3
10	家を継ぐのは男性であるべきだ	26.0

	女性　上位10項目（回答者数：5165）	（%）
1	女性には女性らしい感性があるものだ	47.7
2	男性は仕事をして家計を支えるべきだ	47.1
3	女性は感情的になりやすい	36.6
4	育児期間中の女性は重要な仕事を担当すべきでない	30.7
5	共働きでも男性は家庭よりも仕事を優先するべきだ	23.8
6	共働きで子どもの具合が悪くなった時，母親が看病するべきだ	23.2
7	家事・育児は女性がするべきだ	22.9
8	組織のリーダーは男性の方が向いている	22.4
9	大きな商談や大事な交渉事は男性がやる方がいい	22.4
10	デートや食事のお金は男性が負担すべきだ	22.1

（「そう思う」＋「どちらかといえばそう思う」の合計）　▨男女両方で上位10位に入っている項目

性別役割意識（性・年代別）

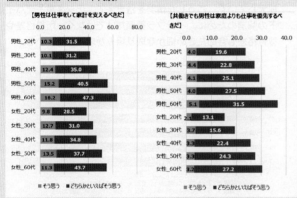

過疎地域の年齢階層別人口構成比の推移

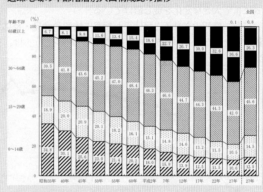

市町村数，人口，面積

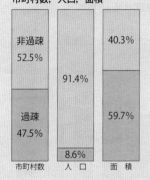

産業別外国人労働者数の推移

読解力 プラスα

本文とグラフおよび図表から読み取れる主張として，最も適当なものを次の①〜④から一つ選べ。

①核家族化の進行により世代間のつながりが強化され，伝統や社会を新たに担った若者世代により，過疎化という新しい，活力に満ちた地域社会が進行しつつある。

②女性の社会進出を主たる要因とする家族機能の外部化によって引き起こされた少子高齢化は，外国人労働者の受け入れや若者世代の結婚・出産の増進で食い止めるのが現実的解決方法である。

③20〜30代の男女間での「共働きでも男性は家庭より仕事を優先するべきだ」とする意識に大きな差はみられない。

④男性自身，女性自身も「男らしさ」「女らしさ」といった意識を強く思い込んでいることもある。

解答：④

ランドセルにＩＣタグ

4 情報社会と倫理

▶ 情報技術の発達

情報が重要な価値を占め，コンピュータとそのネットワークが核になる社会を**高度情報社会**（＝**情報化社会**）という。1988年にアメリカで商用利用が始まったインターネットの利用は，1995年の Windows95 の発売や，その後の高速通信回線の普及などによって急速に普及し，下図のように2002年までは前年比10%以上の伸びを記録した。その後の伸びは鈍化しているが，その利用は PC からのみならずスマートフォンやタブレット，ゲーム機，家電製品からのアクセスも行われるようになるなど多様化しており，2010年以降はスマートフォンが PC を上回っている。

このようなコンピュータやインターネット，スマートフォンなどの急速な発達・普及は，社会のあり方や人々の生活様式にまで大きな変化を促し続けている。

また，情報の送り手と受け手が相互に情報や意見・反応を返すことができる「**双方向性（インタラクティブ）**」は，従来の政治・経済のあり方を変える力になるという指摘もある一方で，年齢別のモバイル端末の利用状況を見ると高齢者と若年者の状況の差が顕著である。さらに世帯年収別のインターネット利用率を見ると，年収600万円を境に高所得世帯と低所得世帯の格差が発生している。こうした情報能力の格差を**デジタル－デバイド**といい，インターネットなどの急速な普及の陰で，個人の年齢や能力・収入，国家間の経済格差などによって情報通信を利用できる人とそうではない人の格差が広がっていると指摘されている。特に所得の格差が情報活用能力の格差に直結しており，活用できる人はそれによってさらに経済的な力を蓄えていき，使えない人は取り残されていく。これは国内・国外を問わず，場合によっては組織の内部でも発生し得る格差であり，それは社会の隅々に拡散し，拡大していく。こうした情勢を踏まえて，デジタル－デバイドの解消のために，インフラ整備だけではなく，所得格差や教育格差も含めたきめ細かな取り組みが求められている。

インターネット利用率（『情報通信白書』令和3年度版）
（出典）総務省「通信利用動向調査」各年版を基に作成

スマートフォンやタブレットの利用状況（年齢別）
凡例：1. よく利用している　2. ときどき利用している　3. ほとんど利用していない　4. 利用していない　無回答
（出典）内閣府（2020）「情報通信機器の利活用に関する世論調査」を基に総務省作成

スマートフォンやタブレットの利用状況（年齢別）
（『情報通信白書』令和3年度版）

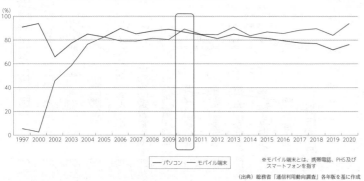

インターネットを利用する際の利用機器の割合（『情報通信白書』令和3年度版）
※モバイル端末とは，携帯電話，PHS及びスマートフォンを指す
凡例：パソコン／モバイル端末
（出典）総務省「通信利用動向調査」各年版を基に作成

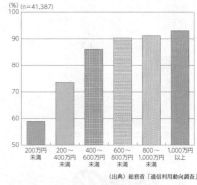

世帯年収別のインターネット利用率
（『情報通信白書』令和3年度版）
（出典）総務省「通信利用動向調査」

読解力 *power up!*

上記の四つのグラフから読み取れる内容として，最も適当なものを一つ選べ。

①インターネットの利用は80%程度でとどまっており，これ以上の伸びは期待できない。
②どの年代もスマートフォンの利用頻度が高く，PCやその他の機器を上回っている。
③世帯年収が多いほどインターネットの利用率は低くなっており，その差も大きい。
④スマホなどからのインターネット利用がPCを超えたが，その中心は59歳以下の現役世代である。

解答：【読解力 power up!】　④

1 モラルとリテラシー

多彩な情報を批判的に検証し、活用・適応できる能力のことを「**情報（メディア）リテラシー**」といい、情報社会を生き抜くために不可欠な能力といわれている。

例えば、インターネットをはじめとするネットワーク上には様々なプログラムや情報が存在し、回線をつなげばクリック1つでそれらにアクセス（接続）し、情報を得ることができる。そして、その双方向性（インタラクティブ）によって、情報を受け取るだけではなく、発信することも容易になった。反面、それらの情報の中には虚偽や有害なものも数多く存在し、それによって犯罪に巻き込まれたり、他者に物理的・心理的危害を加えてしまう事例も増加している。

また、公共の場での携帯電話使用やインターネット上での誹謗・中傷、ひいては「いじめ」がネットワーク上で行われるといった「モラル」や「マナー」の問題も発生している。

今まさに「モラル」や「マナー」を含めた「**リテラシー**」が、すべてのネットワーク利用者に求められるようになっており、学校や企業においても、「リテラシー教育」が行われるようになった。

2 知的財産権

発明・デザイン・著作などの知的形成物に関する権利。知的所有権とも訳されている。商号や商標の詐称やプログラム・著作などのコピー使用による損害を避ける目的で、物件や債権に並ぶ権利として主張され、著作物に対する著作権と、特許や商標などの工業所有権に大別される。

近年では、著名な日本のキャラクターを無断で模倣したいわゆる"パクリ遊園地"騒動や、人気スマートフォンの意匠や技術をめぐる訴訟など、国境を越えた知的財産権侵害に関するトラブルが多発している。

重要語句 ......

高度情報社会：情報が重要な価値を占め、コンピュータとそのネットワークが核になる社会（＝情報化社会）。

ＩＴ革命：1990年代以降に顕著になった、コンピュータやインターネット、携帯電話などの急速な発達・普及を背景とした社会や人間生活の大きな変化のこと。近年ではＩＣＴ革命ともいわれる。

バーチャルリアリティ：コンピュータの中に構築される仮想世界。物理的には存在しないが、機能としては存在するもので、仮想現実とも訳される。

インタラクティブ：情報の送り手と受け手が相互に情報や意見・反応をやりとりできること。双方向性。

3 プライバシーと管理社会

原典資料

印刷技術の発達によって世論の操作が容易になり、映画やラジオは、それを更に推し進めた。テレビが開発され、技術の進歩によって、ひとつの機器で受信と発信が同時にできるようになると、私的な生活といったものも終わりを告げることになった。全市民、少なくとも警戒するに足る市民は全員、一日二十四時間、警察の監視下に置くことができたし、他のチャンネルを全て閉鎖して、政府による公式な宣伝だけを聞かせることもできた。国家の意志に完全に従わせるにとどまらず、あらゆる事柄についての意見を完全に画一化するという可能性が、初めて生まれたのだ。〈高橋和久訳、ジョージ＝オーウェル『一九八四年［新訳版］』ハヤカワ epi 文庫〉

解説

本来「私事・私生活をみだりに公開されない権利」のことであったプライバシー権は、近年の情報化の進展を受け、「**自己に関する情報をコントロールする権利（情報プライバシー権）**」と定義されるようになり、個人情報保護とも結びつけられるようになった。日本でも1988年に「行政機関の保有する電算処理に係る個人情報保護法」が制定され、2003年には、個人情報保護法をはじめとした個人情報保護関連5法が制定されている。また、1999年には、政府の活動を国民に説明する責任（アカウンタビリティ）を通して、公正で民主的な行政を推進することを目的とした情報公開法が公布され、知る権利の重視とプライバシー保護の観点に立った施策が推進されている

しかし、中には、知る権利にもとづいて公表されてもよい情報が、「個人情報の保護」の名のもとに、秘匿・隠蔽される事例も生じている。表現の自由にもかかわる「知る権利」とプライバシーの権利、「自由」であることと「安全」であることとの対立が激化し、コンピュータの発達による情報の一元管理が進んだこともあって、個人情報を管理される危険性が高まり、「**指導者の存在しない管理社会**」という現象もおこり得るということが指摘されている。

大学入試challenge!

ジョージ・オーウェルが1949年に発表した『1984年』は、ビッグ・ブラザー（偉大な兄弟）が支配する監視社会を描いた小説であり、現代社会の様々な問題を予見したことで知られている。左の文章を読み、その説明として最も適当なものを、下の①〜④のうちから一つ選べ。

①マスメディアが、事実に即した正確さよりも疑似イベントの提供に奔走する危険性を予見している。

②双方向性の通信技術を用いて、個人の行動や思想が統制される危険性を予見している。

③現実世界から切り離された仮想現実（バーチャル・リアリティ）のなかに個人が埋没する危険性を予見している。

④ハッカーによる不正アクセスやコンピュータ・ウィルスにより、個人情報が漏洩する危険性を予見している。

〈10本試［改］〉

解答：【大学入試 challenge!】 ②

情報社会の思想家①

リップマン

Walter Lippmann（1889〜1974）アメリカのジャーナリスト

考えよう

○リップマンは現実の環境と人間の行動の間に何を見たのか。
○人々の関心はどのような「事実」に向くのか。

人と思想

アメリカのニューヨーク市マンハッタン区にドイツ・ユダヤ系移民の三世として生まれる。ハーバード大学卒業後はジャーナリズムの道へ進むが，第一次大戦時には和平準備のための専門委員会で大統領との間の主任連絡官や対独心理戦に情報将校として参戦したのち，和平に関する「十四ヵ条」の原案作成グループに参加したものの，和平工作が完了する前に官職を辞した。

1922年に刊行された主著『世論』のなかで「ステレオタイプ」という言葉を「固定化・単純化されたイメージ」という意味で用い，それが時には偏見・差別や敵対的行動を助長する危険性があることを指摘した。

1 ステレオタイプ

原典資料

われわれはたいていの場合，見てから定義しないで，定義してから見る。外界の，大きくて，盛んで，騒がしい混沌状態の中から，すでにわれわれの文化がわれわれのために定義してくれているものを拾い上げる。そしてこうして拾い上げたものを，我々の文化によってステレオタイプ化されたかたちのままで知覚しがちである。人類の大事を解決するためにパリに集まったそうそうたる顔ぶれのうち（1919年ヴェルサイユ講和会議），何人が自分たちをめぐるヨーロッパの状況をよく見ることができただろうか。〈掛川トミ子訳，リップマン『世論（上）』岩波文庫〉

資料 解説

ヴェルサイユ条約の苦い経験は，人々があたえられた二次的ニュース，噂話，憶測によって成り立つ「疑似環境」に反応しているだけで真の環境に照応する事実を捉えていなかったことによって，煽動や宣伝の餌食になってしまったと考えたリップマンは，もともと新聞業界の用語であった「**ステレオタイプ**」という語を用いてその危険性を指摘した。

重要語句

ステレオタイプ：リップマンは，現実の環境と人間の行動の間には頭の中に映っている環境のイメージ（＝「疑似環境」）が介在しており，人間の行動はこのイメージに対する反応であると考えた。このイメージ構築の際に人間が持つある種の固定観念（＝「ステレオタイプ」）によってイメージが左右され，ステレオタイプが確固としている場合，人々の関心はステレオタイプを支持するような事実に向かい，それに矛盾する事実から離れやすいと説いた。

大学入試 challenge!

マスメディアについて考察した人物にリップマンがいる。例えば，ある街で起きた事件が報道された結果，その街全体が危険であるかのような誤った印象が広まることがある。マスメディアがこうした印象を生じさせる要因は，リップマンの主張に従うと，どのように考えられるか。次のア〜ウのうち，正しい要因の組合せとして最も適当なものを，下の①〜④のうちから一つ選べ。

ア　マスメディアが提供する情報は，常に人々から疑いの目を向けられ，本当らしい情報としては受け取られないから。
イ　マスメディアが伝達するものは，多くの場合，選択や加工，単純化などを経たイメージであるから。
ウ　マスメディアが提供するイメージによって形成される世界は，人間が間接的にしか体験できないものだから。

①アとイ　　②アとウ　　③イとウ　　④アとイとウ　　〈21本試〉

情報社会の思想家②

マクルーハン

Marshall McLuhan（1911〜1980）カナダのメディア学者・英文学者

考えよう

○マクルーハンはメディアをどのように捉えていたか。

人と思想

1911年カナダ・アルバータ州エドモントンに生まれる。マニトバ大学，ケンブリッジ大学を卒業後は大学で教鞭を執る一方で，『グーテンベルグの銀河系』（1962年）では印刷技術の発明によって口承伝承が文書へと変化し，「個人主義と国家主義を生み出した」と論じ，『メディア論』（1964年）ではメディアを人間の感覚の外的拡張と捉え，「メディアはメッセージである」と宣言した。

1 「メディアはメッセージである」

　言い換えれば，キュービズムは二次元のなかに内側と外側，上部と下部，背面と前面，などなどを表現することで，遠近法の幻想を捨てて全体の瞬間的知覚を取る。キュービズムは瞬間の全体的知覚をを取ることで，突如として「メディアはメッセージである」と宣言したのであった。連続性が瞬時性に道を譲ったとたんに，人は構造と構成の関係の世界に入っている。……そのことは，絵画や詩歌，それにコミュニケーションにおいてばかりか，物理学においても生じていることではないか。特殊化された局部に注がれていた注意が全体に向けられるようになり，いまこそきわめて自然に「メディアはメッセージである」ということができる。電気の速度と全体的視野が得られる以前には，「メディアがメッセージである」ということは明らかでなかった。この絵はなについて描いたものかと人がよくたずねたように，メッセージは「内容」であるかのごとく見えた。けれども，この曲はなについての曲か，この家あるいは服はなについての家あるいは服か，などと尋ねてみようとは，人は思ってもみなかった。このようなものの場合，人々は全体のパターンについて，統一体としての形式と機能について，ある程度の認識を持っていたのだ。しかし，電気の時代になるや，この構造と構成についての全体的な観念が非常に優勢になり，教育理論もその問題を取り上げるにいたった。

〈栗原裕・河本仲聖訳，マクルーハン『メディア論　人間の拡張の諸相』みすず書房〉

資料 解説

　マクルーハンは人間の生み出した技術・技法を「メディア」と呼び，それは人間の感覚の「延長」であり，メディアが示す内容よりもメディアそのものが重要であると説く。また，①アルファベット，②活版印刷技術，③エレクトロニクス技術が，西欧人類文明史における三大メディアと考えた。

重要語句

「メディアはメッセージである」：マクルーハンの言う「メディア」は，日本で我々が普段使う「メディア」よりも広い概念で使われている。そのメディアがきっかけになって起こる人間世界の変容の重大さはメディアの内容の比ではないということを，マクルーハンは「メディアはメッセージである」と表現した。

情報社会の思想家③

ブーアスティン

Daniel Boorstin（1914〜2004）アメリカの文明史家・社会学者・作家

考えよう
○ブーアスティンはメディアはどのような「事実」を報道していると説いたのか。
○人々の関心はどのような「事実」に向くのか。

人と思想

　アメリカのジョージア州アトランタのユダヤ人の法律家の家に生まれる。ハーバード大学卒業後はローズ奨学生としてオックスフォード大学で学び，イェール大学で博士号を取得した。その後シカゴ大学の教授を25年にわたり務め，他にもスミソニアン博物館の国立アメリカ歴史博物館館長などの要職を兼任した。

　1962年に刊行された『幻影（イメジ）の時代—マスコミが製造する事実』ではマスコミや広告業界の欺瞞を鋭く指摘，1974年に刊行された『過剰化社会—豊かさへの不満』では大量消費社会の弊害を指摘した。

1 疑似イベント

　（銀盤写真からカラーテレビへの技術の進化を受けて）実物に近く見えるということは，新しい意味を持つに至った。今やフランクリン・デラノ・ルーズベルトの実際の声や身振りに，新しい現実性と親近感を全国民に与えることが可能になったばかりでなく，いきいきとしたイメジのほうが青ざめた現実を圧倒するに至ったのである。……出来事を報道し，複製するこのような新しい技術が発達した結果，新聞記者は出来事が起こる以前に，起こりそうなイメジを描き，報道を準備しておくという誘惑に陥った。人間はしばしば自分の技術を必需品と勘違いするようになった。読者や観客は，報道の自然さよりも物語の迫真性や写真の〈本当らしさ〉を好むようになった。

〈星野郁美・後藤和彦訳，ブーアスティン『幻影（イメジ）の時代　マスコミが製造する事実』東京創元社〉

資料 解説

　写真やラジオ・テレビ技術の発達によって報道の対象をより身近に感じることができるようになって，人々は「真実」よりも「本当らしさ」を求めるようになり，報道する側もそれを求めて取材・報道するようになっていくことを，ブーアスティンは「疑似イベント」と呼んだ。現代においてもドキュメンタリー等において「リアル」よりも「リアリティ」を求める風潮が少なからずあるのも事実であり，その行き過ぎが問題になる事例も頻発している。

重要語句

疑似イベント：ブーアスティンは，メディアが人々が求めるような形に事実を再構成して提示することを「疑似イベント」と呼び，事実より「本当っぽく」理解しやすい疑似イベントによって物事を見る目や考え方が左右されてしまうことを指摘した。

5　異文化理解と倫理

タヒチの女性を描いたゴーギャンの絵

　現在，人・モノ・金・情報が国境を越えて自由に行き交う**グローバリゼーション（グローバル化）**が進展している中，インターネットや各種SNSなどの普及により，情報が瞬時に国境を越えて伝達されるようになった。それらの情報は，時には一人歩きし，想定を超える広がりを見せ，2011年に西アジアや北アフリカでおこったいわゆる「ジャスミン革命」や「アラブの春」のように，国のあり方そのものに大きな影響を与えるケースも見られる。

　このようにグローバリゼーションは，国境を越えた人々の交流や社会参加をもたらす反面，文化や伝統・習慣の違い，立場による利害関係などによる混乱や対立も引きおこす。そうした時代にあって，人類が平和に共存していくためには，私たちは，自分たちの知らない文化を，「分からない」，「違う」などという理由だけで否定せずに，それらの文化を理解しようとすることが必要ではないだろうか。

　そもそも文化は，ライフスタイルや生活習慣，価値観，伝統などを基盤としているものであり，文化のあるところには，その地域・気候・風土・価値観を色濃く反映した「生活」がある。1970年代以降にカナダ・オーストラリアを中心に広がった「**多文化主義（マルチカルチャリズム）**」の考え方では，各民族の多様性・複雑性・アイデンティティを保持し共存していくことが提唱された。相手も同じ人間であり，それぞれの地域で懸命に生きているという事実を正しく認識することで，過度な**自民族中心主義（エスノセントリズム）**などに陥ることなく互いを理解できるという。

　人は自分の生まれ育った社会の文化を基準に物事を判断しがちである。もちろん，自文化を誇りに思い，尊重しようとする態度はきわめて大切なことである。しかし，異なる文化をもつものどうしが出会うグローバリゼーションの時代にあっては，互いの文化を異なるものと認識し，協力し合っていくことによる共存や共生が今，求められている。そのため，人間と同様に，それぞれの文化もまたかけがえのないものであることを認識し，ステレオタイプな認識によって生じる偏見や過度なエスノセントリズムを排除し，互いに，相手の文化を理解しようと努めることが必要である。

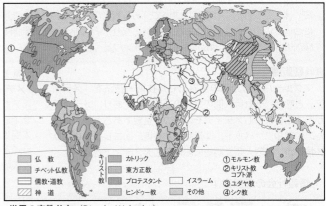

世界の宗教分布　（Diercke Weltatlas）

世界の紛争と子どもたち

世界の人道危機
（2020年末時点）

出典 Humanitarian Action
for Children 2021, UNICEF
（赤は人道危機のために緊急支援を要請している国）

読解力 *power up!*

上記の「世界の宗教分布」の地図，「おもな紛争・対立地域」の地図，300ページの「一人当たりの国民総所得」の地図を比べて見いだせる事項として，最も適当なものを一つ選べ。

① 紛争・対立の発生している地域は，すべてキリスト教やイスラームなどの一神教が信仰されている地域である。
② 紛争・対立の発生している地域は，ヨーロッパがカトリックをもち込んだ旧植民地地域に集中している。
③ 紛争・対立の発生している地域は，一人あたりの国民所得が995ドル以下の低い地域のみに集中している。
④ 紛争・対立の発生している地域は，一人あたりの国民所得や宗教上の争いとの関連性が見られる。

【 重要語句 】

ステレオタイプ：行動や考え方が型にはまって，画一的・固定的であること。
文化相対主義：それぞれの文化は固有の歴史に育まれて形成されたものであり，それぞれの文化に序列や優劣はつけられないという考え方。

多文化主義（マルチカルチャリズム）：各民族のもつ文化の多様性やアイデンティティを守り，それらを共存させていこうとする考え方。オーストラリアでは1970年代に主張され，「白豪主義」政策の廃止へとつながった。

解答：【読解力 power up!】　④

1 グローバリゼーションとナショナリズム

原典資料

　イギリスの政治学者デヴィッド・ヘルド（1951〜）の政治哲学的な定義によると，グローバル化とは，「社会的相互作用の超大陸的なフローとパターンの規模と範囲が広がっているだけでなく，そのインパクトも強まっていることを表わすもの」ということになります（『グローバル化と反グローバル化』2002）。

　……第二次世界大戦の後，冷戦状態のもと東西真っ二つに分かれていた世界各国は，1960年代から70年代前半にかけて，地球全体が一つの問題を共有しているという認識を持つようになりました。

　それは地球環境問題をはじめ，各地の貧困問題や人権問題のことを指しています。こうした問題を解決するため，政治の世界では国際会議が開かれる一方，学問の世界においても，国境横断的な関係や国家間の相互依存関係について研究が進められるようになりました。そして1990年代に入ると，情報革命の影響もあり，グローバリゼーションに対する認識は一般の社会にも広がっていきました。

〈小川仁志『はじめての政治哲学──「正しさ」をめぐる23の問い』講談社〉

2 エスノセントリズム

　私たちは，日常的に，「われわれ」や「私たち」という言葉を用いる。私たちは，行動や思考の基準をこのような「われわれ」や「私たち」という自分が所属するあるグループに求め，それとは相容れない行動や思考を排除したり否定したりする傾向が見られる。この傾向は，子どもでも大人でも見られる。例えば，高校に入学した時，高校生活の中で「自分の中学では…」のように，中学時代の価値観で行動を判断しようとすることは，誰にでもある。異なる習慣や文化をもつ別の国の人と出会った時には，とりわけ自分の体験をもとにして，自民族や自国の文化を優先して，他国の文化などを低いものだと判断しがちである。

　サイードは，こうした**エスノセントリズム**や西洋中心の**オリエンタリズム**などの考え方を帝国主義的であるとした。そして，自分の帝国が世界の文明を発信し，それを自負していることにより，植民支配している国々は文明的にも後塵を拝しており，帝国の進出が文明化という恩恵をもたらしたと考えて価値観をおしつけていることを批判した。

解説

　ナショナリズム（nationalism）は，一般的には「政治的な単位（国家）と文化的あるいは民族的な単位を一致させようとする思想や運動」のことを意味する。

　一般にネイション（nation）とステイト（state）は区別される。前者は言語，文化，宗教などを共有する集団（民族）を意味し，後者は政治的統一体としての国家を意味する。本来この両者は一体ではないが，ナショナリズムではこの両者を一致させることをめざす。すなわち，国家（ステイト）を，言語，文化，宗教などを共有する集団（ネイション）によって構成しようとする。このような「国民国家」（nation state）においては，国民（ネイション）は言語，文化，宗教などを共有するよう強制される。

　一方で，このようなネイションとステイトの壁を越えるグローバリゼーションの波が押し寄せているのが現代の世界である。

重要語句

エスノセントリズム：自民族中心主義。自民族や自国の文化を最も優れたものと考え，他国や他民族の文化は価値の低いものだと判断するような見方・考え方。

サイード：1935〜2003年。パレスチナ出身の思想家・文明批評家。異国趣味や無知・偏見・誤解にもとづく西欧の東洋観を「オリエンタリズム」と呼び，西洋近代中心のとらえ方を批判した。また，パレスチナ問題ではパレスチナ人の権利を擁護しつつも，パレスチナ人とユダヤ人との共生による新国家建国を主張した。

オリエンタリズム：「西洋」対「東洋」という対立の枠組みの中で近代西欧社会が前者に重点をおき，後者を後進的で奇異な他者と見なす思想方法。サイードが用いて西洋近代中心の考え方を批判した。

大学入試 challenge!

次のア〜ウは，近代西洋文明における自民族・自文化中心主義を批判した思想家であり，A〜Cはその思想に関する記述である。これらの思想家とその思想の組合せとして正しいものを，下の①〜⑤のうちから一つ選べ。

ア　サイード　　イ　レヴィ゠ストロース　　ウ　フーコー

A　未開民族のもつ「野生の思考」には，文明人の科学的思考に少しも劣ることのない複雑な構造があることを明らかにし，西洋文明こそが優れており未開社会は野蛮で遅れていると文化に優劣をつけることは間違いであり，諸文化は対等の価値をもつと主張した。

B　近代以降の西洋文明社会は，人間理性を基準として，近代的秩序から逸脱するものを狂気，病気，犯罪といった「異常」とみなしてきたが，多様な人間や文化のあり方を，西洋近代の価値観を基準に序列化することには必ずしも根拠がなく，それが社会の監視や管理を強めてきたと批判した。

C　近代西洋社会は，東洋を自分たちとは正反対の，後進的で神秘的な他者とみなすことで，自分たちは先進的で文明化されているという自己像を作り上げたとし，こうした西洋の東洋に対する思考方法を「オリエンタリズム」と呼び，それが西洋による植民地支配を正当化してきたと批判した。

①アーA　イーB　ウーC　　②アーB　イーC　ウーA　　③アーB　イーA　ウーC
④アーC　イーB　ウーA　　⑤アーA　イーC　ウーB　　⑥アーC　イーA　ウーB

〈11追試〉

国際平和と人類の福祉

学ぶ・知る・考える絵本
アフリカの村から
〜エリナの物語〜

MDGs 啓発の絵本　©UNDP

　世界各地で多発する紛争とそこから生まれる貧困。グローバル化が進む現代において浮き彫りとなる途上国の貧困。先進国と途上国の格差が広がり，さらには，途上国間でも経済的な格差が指摘される今，真の平和と福祉を実現するためにはどうすればよいのか。

　第二次世界大戦中，戦争に巻き込まれた国家は，戦争終結後には人類の平和と福祉がきっと訪れるだろうと予見していた。しかし，第二次大戦後の世界に待っていたのは「資本主義」対「社会主義」という**イデオロギー対立**であった。全世界を巻き込む戦争状態は確かに終結したが，新たな冷戦構造という枠組みの中で多くの紛争がおき，多くの人命が失われ，解決すべき多くの課題が噴出した。

　長い**冷戦**の後，1989年12月の**マルタ会談**で米ソ首脳がその終結を確認し合った後，今度こそ人類の平和と福祉がきっと訪れるだろうと人々は期待したが，イデオロギーの枠が外れたことで，逆に新たな地域紛争が多発するようになり，それにともなって貧困や経済格差も拡大していった。

　冷戦が終結し30年以上が経過した今でも，新たな課題が生まれ続け，それらは絡み合って複雑化し，一国だけでは解決し得ない深刻な問題ともなっている。特に深刻なのは，世界各地で続発する紛争・対立と，発展途上国の現状である。下のグラフを見ると，発展途上国，特に後発発展途上国（LDC）におけるBHN（ベーシックヒューマンニーズ＝基本的な生活基盤）の不十分さが際立っている。下の地図中の一人当たりの国民総所得が995ドル以下の低い地域と278ページの紛争発生地域を見比べると，貧困と紛争の間に，根強い因果関係が見えてくる。

　このような状況に国際社会も何もしていないわけではない。国連ではUNDP（国連開発計画）が**人間開発指数**を開発し，長命で健康な生活，教育，人間らしい生活水準という人間開発の3つの基本的な側面に関して，一国の平均的達成度を示す測定値を示し，その実現に向けて世界の協力を呼びかけている。2000年9月には国連ミレニアムサミットにおいて「**国連ミレニアム宣言**」が採択され，より安全で豊かな世界づくりへの協力を約束した。一方で，UNCTAD（国連貿易開発会議）や環境問題をめぐる諸会議，サミットなどの場が開かれていても，先進国と発展途上国の間で強調が進まないどころか，対立が深まっているような状況もある。

　このような課題に対して私たちはどのように向き合い，どのような解決策を考えることができるだろうか。

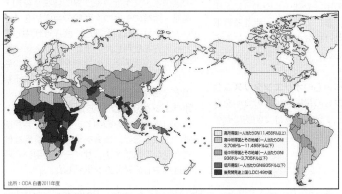

出所：ODA白書2011年度

一人当たりの国民総所得

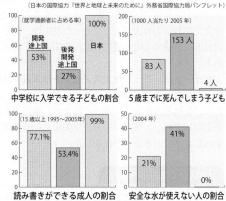

（日本の国際協力『世界と地球と未来のために』外務省国際協力局パンフレット）

（就学適齢者に占める率）
開発途上国 **53%**　後発開発途上国 **27%**　日本 **100%**
中学校に入学できる子どもの割合

（1000人当たり 2005年）
83人　**153人**　**4人**
5歳までに死んでしまう子ども

（15歳以上 1995〜2005年）
77.1%　**53.4%**　**99%**
読み書きができる成人の割合

（2004年）
21%　**41%**　**0%**
安全な水が使えない人の割合

1　ミレニアム開発目標 （Millennium Development Goals）

SUSTAINABLE DEVELOPMENT **GOALS**

解　説

　2001年に策定されたミレニアム開発目標（MDGs）を発展的・批判的に継承した持続可能な世界を築くための国際的行動目標が「**持続可能な開発目標（Sustainable Development Goals：SDGs）**」である。2015年9月の国連総会ですべての加盟国によって同意され，2030年までに達成を目指す17の目標（goal）と19のターゲット（target）からなる。国際機関，政府，企業，学術機関，市民社会，子どもも含めたすべての人がそれぞれの立場から目標達成のために行動することが求められている。キーワードは「だれ一人取り残さない」とされている。

2 人間の安全保障

重要語句

アマルティア゠セン：インドの経済学者。1998年に飢餓防止，社会的選択論などの発展へ高い功績を認められ，ノーベル経済学賞を受賞した（→ p.270）。

人間の安全保障：人間の生存・生活・尊厳に対する広範かつ深刻な脅威から人々を守り，人々の豊かな可能性を実現できるよう，人間中心の視点に立った取組みを実践する考え方。

人間開発指数：ＵＮＤＰ（国連開発計画）が開発した人間開発に関する指標。平均寿命，教育水準，国民所得を用いて算出する。長命で健康な生活，教育，人間らしい生活水準という３つの基本的な側面に関して，一国の平均的達成度を示す測定値。

原典資料

〈人間的発展〉の概念は，ＧＮＰ（国民総生産）を基準に発展のプロセスを理解するのではなく，人間の自由と「潜在能力（ケイパビリティ）」を全般的に高めることに焦点を絞るべきだ，とする考え方です。当然のことながらここでは，〈人間的発展〉に欠かせない要素として，基礎教育に中心的な役割が与えられています。私がマーブブル・ハクのために作成した「人間的発展指標」は，識字力と学校教育を，人間の潜在能力を増大させるための中心的存在として，また〈人間的発展〉の総合的な指標に不可欠なものとしています。

……人びとを読み書きも計算もできないままにせず，基礎教育をほどこし安定した生活が送れるようにはかる責任こそ，〈人間の安全保障〉が求めるところを理解するうえで重要なのです。もちろん，社会の義務を，国家だけが負う役割と混同してはいけません。〈人間の安全保障〉の主張は，〈人権〉を促進し人間の不安を減らすのに役立つ，すべての制度や組織に向けられたものなのです。

〈東郷えりか訳，アマルティア゠セン『人間の安全保障』集英社〉

解説

国家の安全保障を補完し，強化するものとして提唱されたのが，「**人間の安全保障**」である。

この概念をはじめて公に取り上げたのは，ＵＮＤＰ（国連開発計画）の1994年版人間開発報告書であった。この中では人間の安全保障を，飢餓・疾病・抑圧などの恒常的な脅威からの安全の確保と，日常の生活から突然断絶されることからの保護の二点を含む包括的な概念であるとし，個々人の生命と尊厳を重視する視点を提示している。

その後，「人間の安全保障委員会」の創設が発表され，共同議長に**緒方貞子**国連難民高等弁務官（当時）とケンブリッジ大学トリニティ－カレッジの**アマルティア゠セン**学長が就任し，まとめられた報告書において，安全保障の焦点を国家のみを対象とするものから人々を含むものへと拡大する必要があり，人々の安全を確保するには包括的かつ統合された取り組みが必要であること，人間の安全保障は「人間の生にとってかけがえのない中枢部分を守り，すべての人の自由と可能性を実現すること」と定義され，人々の生存・生活・尊厳を確保するため，人々の「**保護（プロテクション）と能力強化（エンパワーメント）**」のための戦略の必要性が訴えられた。

大学入試challenge!

次の文章中の（カ）～（ケ）には，SDGs（持続可能な開発目標）のうち特に関連する５つの目標のいずれかが入り，下の図はそれらをロゴによって示している。（カ）および（ケ）に入る SDGs のロゴの番号の組合せとして最も適当なものを，下の①～⑧のうちから一つ選べ。

WFP は，学校給食の提供を行ってきた。子どもが給食以外に十分な食事をとれないこともしばしばあり，（カ）を目指すプログラムだが，無償の食事は，両親が子どもを通学させる動機になることから，（キ）にもつながっていく。特に女子教育には，様々な効果があるとされる。まず，女子が早くに結婚させられてしまうことが減って，幅広い進路選択が可能になり，（ク）に資する。さらに，一定の教育を受けた女性が養育する子どもは栄養状態が良く，乳幼児期の死亡率が低くなるとされ，（ケ）にも影響を与えている。男女とも，修学すると高収入の職に就く可能性が高まることから，貧困解消にも寄与する。

UNICEF は，地域の女性たちによる共同菜園を奨励するプログラムを実施してきた。これは，干ばつに苦しむ地域での食料確保という意味で（カ）に関わる。また，摂取カロリーの不足分を賄うだけでなく，多品種の野菜や果物によって栄養バランスを整え，（ケ）にもつながる。収穫物を販売すれば，貧困の解消にも寄与する。菜園の運営をきっかけに，女性が地域社会においてさらに積極的な役割を果たす仕組みが定着すれば，（ク）にも資するだろう。

図　SDGs のロゴ（一部抜粋）

①カ－2　ケ－3　　②カ－2　ケ－15　　③カ－3　ケ－2　　④カ－3　ケ－4

⑤カ－4　ケ－5　　⑥カ－5　ケ－2　　⑦カ－15　ケ－3　　⑧カ－15　ケ－4

〈21現社本試〉

解答：【大学入試 challenge!】①

人間の条件〜人間とＡＩの間〜

ＡＩ（人工知能）：人間の知的能力をコンピュータ上で実現する様々なコンピュータ技術・システム。

サイバネティクス（cybernetics）：アメリカの数学者ウィーナーが命名した言葉で、一般に、通信、制御、コンピュータなどの科学と生理学、心理学などの人間に関する分野を連動・統合させ、例えば、人工頭脳の実現を目指すような学問のこと。

アンドロイド：人型ロボットなど人間を模した機械や人工生命体の総称。

ベルクソン：フランスの哲学者。p.8及び251参照

ホイジンガ：オランダの歴史学者。p.8参照

カッシーラー：ドイツの哲学者。p.9参照

サルトル：フランスの実存主義哲学者。p.247〜248参照

リンネ：スウェーデンの生物学者。p.8参照

アリストテレス：古代ギリシャの哲学者。p.40〜43参照

ベーコン：イギリスの経験論哲学者。p.195〜196参照

デューイ：アメリカのプラグマティズム哲学者。p.227〜228参照

アメリカの人気ＳＦドラマ「新スタートレック」にこんなエピソードがある。

サイバネティクスの科学者であるマドックス中佐が、**アンドロイド**（ＡＩ）であるデータ少佐の複製を作ろうとし、宇宙艦隊にデータ少佐の分解を願い出た。データ少佐はそれを拒否し、宇宙艦隊を辞職しようとしたが、「アンドロイドは宇宙艦隊の『所有物』であり辞職は無効である」とマドックス中佐は主張し、法廷で争われることとなる。マドックス中佐の代理人はデータ少佐の片腕を取り外したり、背中のスイッチを押して完全に機能停止させるなど、データ少佐が単なる機械であることの証明に努めた。一方、データ少佐の弁護側は、データ少佐が、知性、自己認識力、知覚力の３つを有しており、これは心を持っていることであり、ゆえに知的生命体だと主張するが、敗色濃厚であった。

このエピソードでは、アンドロイドであるデータ少佐が「人間（と同等の存在）」なのか「機械でありモノ」なのかが争点になっている。双方の主張に関わるいくつかの先哲の思想を見てみよう。

「人間とは何か」について、**ベルクソン**は「人間は自然に働きかけてものをつくり環境を変えていく存在である」として人間は「工作人（ホモ＝ファーベル）」であるとした。**ホイジンガ**は「人間の理性は「遊び」を通して発達した」ことから人間を「遊戯人（ホモ＝ルーデンス）」であるとした。**カッシーラー**は人間はシンボルを介して世界を理解し、文化を作り出す存在であるとして人間を「アニマル＝シンボリクム（象徴的動物）」であるとした。データ少佐はこのエピソードの冒頭で仲間とポーカーに興じていたり、数々の功績・武勲を立てていることから考えると、「人間と同等の存在」ということはできるかもしれない。

一方、**サルトル**によれば人間はまず存在し、各人が自由意志によって自らをつくりあげるという「実存が本質に先立つ」存在であり、この点からみればデータ少佐はあくまで艦及び艦隊運用士官として"作られた"存在である以上「機械でありモノ」にすぎないともいえる。他方、この物語の登場クルーの中で必要不可欠な存在であり、自らの意思と感情によって判断し行動しているという点では「人間と同等の存在」ということはできるかもしれない。

人間の「知性」については、**リンネ**が「人間は他の動物に比べて理性的な思考をするところに特徴がある」として、人間は「知性人（叡智人・ホモ＝サピエンス）」であるとした。**アリストテレス**は、真理を認識する知恵や善の実現を目指す中庸を命ずる思慮などの徳を「知性的徳」と呼んだ。**ベーコン**はその著書の中で、経験によって得られた自然についての知識が自然を支配し人類の福祉を向上させることを「知は力なり」という言葉で表現した。**デューイ**は、知性は生活改善や社会構造に役立つ道具であると同時に創造的なはたらきをするもので、こうした知性の在り方を「創造的知性」と呼んだ。この物語の中で、エンタープライズ号のクルーたちは数多くの困難や試練に遭遇し、そのたびに経験や知識を生かして危機を乗り越えており、その際にデータ少佐は冷静な状況判断とアイディアを提供して貢献してきた。このことから考えると、データ少佐は「人間と同等の」知性を備えているといっていいかもしれない。

「自己認識力」については，**ソクラテス**は，自らの無知を自覚するという意味の「無知の知」の自覚を出発点して物事を探究していった。**パウロ**は，私達は心に思っていてもいざ行うとなるとできない弱さや隙を持っており，これが原罪の源であると説いた。**聖徳太子**は，十七条憲法の第10条で人間は仏から見れば皆等しく凡夫であるという「凡夫の自覚」を説いた。**親鸞**は，自分は「煩悩具足の凡夫」であり，阿弥陀仏は自分のような煩悩に囚われ弱く愚かで罪深い事を自覚している悪人こそを救うという「悪人正機説」を説いた。**山鹿素行**は，人間の持って生まれた本性を天命といい，それを知ることによって正しく生きることができると説いた。これらの思想に共通しているのは人間の弱さについての自覚である。劇中でもデータ少佐が自分自身の弱さ（繊細さ）について弁護をしてくれたピカード艦長に告げるシーンがあり，この点においても「人間と同等の」自己認識力を持っているといっていいかもしれない。

「知覚力」について，**バークリー**は「知覚の一元論」を主張，「存在するとは知覚されること」と説いた。この考えは「知覚する精神」のみが実態であるという唯心論が前提になっている。

ヒュームは，「知覚の束（印象の束）」という言葉で自我の存在は習慣にもとづく単なる主観的な「感じ」であることを表現した。彼はバークリーの思想を徹底し，バークリーが実体と認めた精神・自我さえも知覚の集合に過ぎないと考えた。言語哲学者サールによる問題提起「中国語の部屋」によると，たとえどんな答えをコンピュータから引き出したとしても，コンピュータ自身は「記号」（文字）の意味そのものを理解していないし，理解のないところに知性はない。つまりコンピュータに知性はないというものである。これらの考えに従うと，データ少佐のクルーとのコミュニケーションは，映像や音声の入力に対するＡＩの情報処理とそれによる反応の「出力」が為されているに過ぎないということになる。となればデータ少佐は「機械」ということになるのだろう。ただ，それは他の"人間"のクルーにもいえることなのではないだろうか。実際**ライプニッツ**や**ホッブズ**，**デカルト**らは，「あらゆる理性的思考は代数学や幾何学のように体系化できるのではないか」という可能性を探究し，**ラッセル**をはじめとする数理論理学者たちの理論が人工知能研究の後押しとなった例もある。そう考えると（逆説的な言い方になるが）この点も「人間と同等」なのかもしれない。

2005年にアメリカの発明家・フューチャリストのレイ・カーツワイルは「**シンギュラリティ（技術的特異点）は近い**」と宣言したが，この考えは2012年以降のディープラーニングの普及とともに大きな注目を浴び，現実味を持って議論されるようになった。これがいずれ現実化し，人間の能力を超えるＡＩが生み出されたとき，我々は"彼ら"とどう向き合うのか。この問いはＡＩのみならず我々人間の関係から動物・自然との関係にもかかわる大きな問いである。

重要語句 ·················
ソクラテス：古代ギリシャの哲学者。p.32〜35参照
パウロ：原始キリスト教の伝道者。p.54〜55参照
聖徳太子：飛鳥時代の政治家。p.39参照
親鸞：浄土真宗の開祖。p.106〜107参照
山鹿素行：江戸時代の古学派儒学者。p.125〜126参照

バークリー：アイルランドの経験論哲学者。p.197参照

ヒューム：イギリスの経験論哲学者。p.197参照

ライプニッツ：ドイツの合理論哲学者。p.200参照
ホッブズ：イギリスの社会契約論哲学者。p.207〜208参照
デカルト：フランスの合理論哲学者。p.198〜199参照
ラッセル：イギリスの数学者・哲学者。ウィトゲンシュタインの師。
シンギュラリティ（技術的特異点）：人工知能（ＡＩ）自身の「自己フィードバックで改良，高度化した技術や知能」が，「人類に代わって文明の進歩の主役」になる時点。カーツワイルは2045年に到来するとしている。
ディープラーニング：深層学習と訳されている。一般には，人工知能などの研究の１つとして，コンピュータによる物事の理解のための機械学習の方法を指す。

読解力 プラスα

アンドロイドのデータ少佐を，知的生命体ととらえるのか，あくまで機械として扱うのか，次の観点を参考に考えてみよう。
①あなたはどちらの立場をとるか，データ少佐側，マドックス中佐側双方の立場で先哲の思想を用いて論証してみよう。
　その際，自らの主張だけではなく，相手の主張への反論も行ってみよう。
②生命体は，生まれながらにして自由なのか，時代や社会背景の影響を受けるものなのか，考えてみよう。

自由と平等～正義とは何か？～

ギリシャ神話に登場するテミスといわれる正義の女神の像※は，目隠しをして，右手に剣をもち，左手に天秤をもっている姿とされることが多い。右手の剣は力を，左手の天秤は「等しいものは等しく扱う」という公正さを意味している。そして，目隠しは，余計な情報は考慮せずに判断を行うことを意味するとされる。それでは，目隠しをしている女神が正義について判断する際に考慮に入れるものとは何なのだろうか。すなわち正義にとって重要なものとは何か。ここでは「自由」と「平等」に着目してみよう。

イギリスの政治思想家バーリンは，自由を「消極的自由（negative liberty）」と「積極的自由（positive liberty）」に区別する。消極的自由が権力や他者の干渉「からの自由（liberty from）」を意味するのに対して，積極的自由は自己支配や自己実現「への自由（liberty to）」を意味する。

消極的な意味での自由とは，自分のやりたいことを誰からも妨害されることなく行えることであり，誰かからの干渉によって自分がやりたいことを行えないのであれば，それは自由ではないということになる。このような自由観は，ホッブズ，ロック，アダム＝スミス，J.S. ミルらおもにイギリスの思想家によって重視され，近代市民革命における**自由権（国家からの自由）**の主張の根拠となった。J.S. ミルは，主著『自由論』において，他者に危害を加えない限り，各人には最大限の自由が保障されなければならないと説いた。たとえ，「彼のためになるとか，彼を幸福にするであろうとかいう理由」であっても，他者がある行為を妨げることは正当化できないのである。ミルがこのように主張したのは，こうした自由が保障されることで各人が個性を発展させ幸福になれば，結果として社会全体の幸福も増大すると考えたからである。

しかし，消極的自由の確保によって，人々が必ずしも自分の個性を発展させ幸福につながるような行為を選ぶとは限らない。欲求や衝動のままに流され，理性的に考えると自分にとって不利益な行為をする人もまた自由に生きているのであり，「彼のためになるとか，彼を幸福にするであろうとかいう理由」でその行為を妨げることは正当化できないのだ。

これに対して，自由を，自分が何を行い，何を行わないかを自分で決定する「自律」ととらえるのが積極的自由である。例えば，ルソーは，各人が自己利益を追求する特殊意志を公共の福祉を追求する一般意志に従わせた時，その人は自由なのであり真の自己を実現しているとした。また，カントは，欲求や衝動のままに生きる人は，そうした欲求や衝動に奴隷のように支配されているという意味で不自由であり，理性によって自らを律することこそが自由だと考えた。

このような自由観は，ルソー，カント，ヘーゲル，マルクスらおもにヨーロッパ大陸の思想家によって重視され，20世紀になって**社会権（国家による自由）**の主張の根拠の一つとなった。

しかし，積極的自由にもまた問題が生じ得る。積極的自由の意味は，いわば理性的な自己が非理性的な自己を支配するということである。これが社会全体に拡張されると，理性的な人々が非理性的な人々を真の自己へと導くため「自由を強制する」という事態も考えられ得る。このようにバーリンの自由に関する2つの解釈は，それぞれに重要な洞察と問題点をはらんでいるといえよう。

重要語句

バーリン：アイザイア＝バーリン（1909～97）。ロシア帝国の支配下にあったラトビア生まれのユダヤ系の政治思想家。自由を積極的自由（positive liberty）と消極的自由（negative liberty）とに分類する彼の議論はその後の自由論に大きな影響を与えた。

自由権（国家からの自由）：個人の領域に対して，国家が介入することを排除して，個人の自由を保障する権利。

社会権（国家による自由）：社会的，経済的弱者が，人間に値する生活を営むことができるように，国家の積極的な関与を求める権利。

インドの経済学者センは，「時の試練に耐えて生き延びてきた社会制度に関するいかなる規範的理論も，その理論が特に重要であると見なしている何かに関する平等を要求している」という。正義についての重要なものとしての平等とはどのようなものか。

例えば，ベンサムは，**快楽計算**の際に「誰をも一人として数え，誰も一人以上には数えない」とする。すなわち，功利主義は「最大多数の最大幸福」を求める際に各人を平等に扱うといえる。一方，功利主義を批判したロールズは，どんな生き方を選ぶにしても，必要不可欠な「**社会的基本財**」はその社会の最も不遇な人々の立場を改善するものでない限り，平等に分配されるべきと考える。

また，ロールズの正義論を批判的に継承したセンは，「**ケイパビリティ（capability）**」の平等を重視する。平等については，何の平等かの問題に加えて，どのような観点から平等を保障していくかという問題もある。法律などによる一律な取り扱いという観点で平等を保障しようという「形式的平等」と，それぞれの人の現実の状況を考慮して，合理的な区別を導入して格差を是正していこうとする「実質的平等」とがある。

「形式的平等」は，法的な取り扱いを一律にすることで形式的に機会を均等にしようという「機会の平等」であり，「実質的平等」は，格差を生み出している状況を是正し，結果として平等をもたらそうという，「結果の平等」と言い換えることもできる。

「実質的平等」を確保するための政策的取り組みの一つとして，アファーマティブ・アクション（Affirmative Action，積極的差別是正措置）が挙げられる。これは，歴史的経緯や社会環境を考慮に入れた上で，差別的扱いを受けている集団への社会的な処遇を是正するための改善措置のことである。例えば，日本では，障がい者について，障がい者雇用促進法で一定規模以上の事業者に対して法定雇用率が定められている。

これまで，正義に関する重要な観点として「自由」と「平等」を見てきた。ここで私たちは自由と平等が単純に対立するものではないことに気づくだろう。それは重要な視点だ。例えば，市場における自由競争を重視し，その結果生じる経済格差は甘受すべきと考える人は，一見すると自由を重視し，平等を軽視するように見えるかもしれない。しかし，見方によっては，機会の平等を結果の平等よりも重視するとか，消極的自由を積極的自由よりも重視しているととらえることもできる。正義とは何かを私たちが考察する時には，このように重要な「自由」と「平等」の関係を多面的に理解するよう努める必要がある。

※ギリシャ神話では，ゼウスは二番目の妻としてテミスをめとり，二人の間に，エウノミア（秩序の女神），ディケー（正義の女神），エイレーネー（平和の女神）の三女神が生まれるとしている。テミスとは古代ギリシャ語で，「変わらぬ掟」という意味である。

読解力 プラスα

この文章の内容を踏まえた上で，実質的平等の考え方に沿った政策の例として最も適当なものを，次の①〜④から一つ選べ。
①一定の年齢に達した国民に，国会議員などの公職の選挙に立候補する資格を認めること。
②公平な裁判所による迅速な裁判を受ける権利を，国民に対して等しく認めること。
③経済的事情によって就学が困難な者に対して，授業料を免除したり奨学金を支給したりする制度を設けること。
④高等学校や大学の入学者選抜試験において，志願者の人種や性別，社会的身分を考慮しないこと。 〈03政経・本試〉

解答：③

*赤字は人物

・E.H. エリクソン・J.M. エリクソン『ライフサイクル，その完結』
Copyright©1997 by Joan M. Erikson. Used by permission of W.W. Norton & Company, Inc.,
through Japan UNI Agency, Inc., Tokyo.

・フーコー『監獄の誕生』
Michel Foucault:《Le Panoptisme》in Surveiller et punir
©Editions Gallimard, Paris, 1975
著作権代理：（株）フランス著作権事務所

・レイチェル＝カーソン『沈黙の春』
SILENT SPRING by Rachel Carson
Copyright ©1962 by Rachel L. Carson
Extracted by the permission of Frances Collin Literary Agent, Trustee under the will of Rachel Carson,
through Tuttle-Mori Agency, Inc., Tokyo

・（ダニエル・ジョセフ・ブーアスティンの肖像）University of Chicago Photographic Archive, [apf1-00807], Hanna Holborn Gray Special Collections Research Center, University of Chicago Library. wirojsid / Adobe Stock

写真提供（敬称略）

朝日新聞社
渥美半島観光ビューロー
アート・エフ
アフロ
アマナイメージズ
雨森芳洲庵
近江聖人中江藤樹記念館
共同通信社
建仁寺
国立国会図書館
国連開発計画駐日代表事務所
国連難民高等弁務官駐日事務所
シーピーシー・フォト
松陰神社
髙志直全
高野長英記念館
知恩院
東京大学史料編纂所所蔵模写

東大寺大仏殿
長崎県観光連盟
奈良国立博物館
日本近代文学館
乃木神社
八戸市安藤昌益資料館
備前市教育委員会
福澤旧邸保存会
便利堂
松浦史料博物館
三位正洋
本居宣長記念館
悠工房
ユニフォトプレス
理化学研究所
早稲田大学演劇博物館
Alamy
JANA Press

JTBフォト
PANA通信社
PPS通信社
ほか

監修者

矢倉　芳則
村田　尋如
元紺谷尊広

編集統括・執筆者

佐藤　克宣

編集・執筆者

久保　真理
倉部　英利子
黒津　豊輝
酒井　絵里
高梨　晃弘
高谷　康博
横山　茂
渡邊　昭博
渡辺　祥介

執筆者

阿部　保澄
伊藤　竜司
井上　結香子
岩渕　啓介
江尻　憲昭
太田　麻奈美
菊地　潤子
木村　哲也
日下　志織

小林　孝
櫻田　典子
鈴木　究
膳亀　奈美枝
田澤　秀子
立野　統子
田中　文佳
照本　健
中野　俊光

中野　由亘
福本　正規
前田　寛
松井　恵一
宮良　長
村中　典彰
柳野　五十秀
山口　晴敬
横平　麻紀子
（五十音順）

最新版　倫理資料集

2023 年 2 月 20 日　　　第 1 刷発行

■発行者　野村久一郎
■印刷所　広研印刷株式会社
■製本所　広研印刷株式会社
■発行所　株式会社　清水書院
　　　東京都千代田区飯田橋 3 － 11 － 6
　　　〒 102 － 0072
　　　電話　東京 03（5213）7151（代）
　　　振替口座　00130 － 3 － 5283
　　　http://www.shimizushoin.co.jp/

表紙写真　ルノワール作「ムーラン・ド・ラ・ギャレット」（1876 年　パリ　オルセー美術館蔵）
表紙・本文デザイン／図版作成　ペニーレイン
地図作成　テイクスリー
イラスト　スタジオアップ・山谷和子　　　DTP作成　新後閑

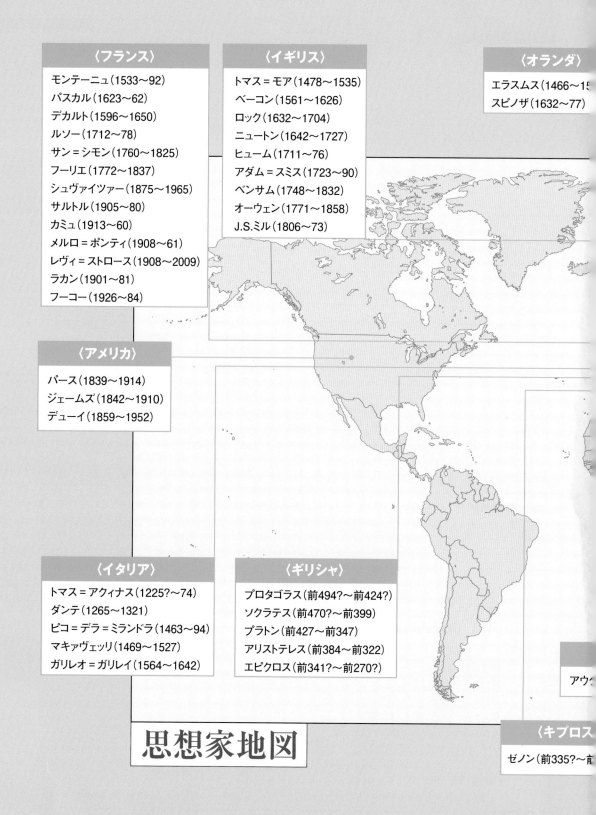

〈フランス〉

モンテーニュ（1533〜92）
パスカル（1623〜62）
デカルト（1596〜1650）
ルソー（1712〜78）
サン＝シモン（1760〜1825）
フーリエ（1772〜1837）
シュヴァイツァー（1875〜1965）
サルトル（1905〜80）
カミュ（1913〜60）
メルロ＝ポンティ（1908〜61）
レヴィ＝ストロース（1908〜2009）
ラカン（1901〜81）
フーコー（1926〜84）

〈イギリス〉

トマス＝モア（1478〜1535）
ベーコン（1561〜1626）
ロック（1632〜1704）
ニュートン（1642〜1727）
ヒューム（1711〜76）
アダム＝スミス（1723〜90）
ベンサム（1748〜1832）
オーウェン（1771〜1858）
J.S.ミル（1806〜73）

〈オランダ〉

エラスムス（1466〜15
スピノザ（1632〜77）

〈アメリカ〉

パース（1839〜1914）
ジェームズ（1842〜1910）
デューイ（1859〜1952）

〈イタリア〉

トマス＝アクィナス（1225?〜74）
ダンテ（1265〜1321）
ピコ＝デラ＝ミランドラ（1463〜94）
マキァヴェッリ（1469〜1527）
ガリレオ＝ガリレイ（1564〜1642）

〈ギリシャ〉

プロタゴラス（前494?〜前424?）
ソクラテス（前470?〜前399）
プラトン（前427〜前347）
アリストテレス（前384〜前322）
エピクロス（前341?〜前270?）

アウ

〈キプロス

ゼノン（前335?〜前

思想家地図